Reihe Politik und Bildung – Band 69

Wolfgang Sander (Hrsg.)
Handbuch politische Bildung

Reihe Politik und Bildung – Band 69

Handbuch politische Bildung

Herausgegeben von
Wolfgang Sander

Unter Mitarbeit von
Barbara Asbrand, Helle Becker, Anja Besand, Stephan Bundschuh,
Paul Ciupke, Carl Deichmann, Joachim Detjen, Karlheinz Dürr,
Andreas Eis, Sebastian Fischer, Thomas Goll, Hans-Georg Golz,
Tilman Grammes, Johannes Greving, Benno Hafeneger,
Carole L. Hahn, Reinhold Hedtke, Thomas Hellmuth,
Peter Henkenborg, Alfred Holzbrecher, Klaus-Peter Hufer, Li Hui,
Ingo Juchler, Kerry J. Kennedy, Andreas Kost, Christoph Kühberger,
Hans-Werner Kuhn, Dirk Lange, Frank Langner, Alexandra Lechner-
Amante, Andreas Lutter, Dieter Maier, Peter Massing, Michael May,
Mirka Mosch, Norbert Neuß, Heinrich Oberreuter, Bernd Overwien,
Andreas Petrik, Adrianne Pinkney, Kerstin Pohl, Stefan Rappenglück,
Sibylle Reinhardt, Dagmar Richter, Wolfgang Sander,
Jessica Schattschneider, Armin Scherb, Annette Scheunpflug,
Lothar Scholz, Hannes Strelow, Georg Weißeno, Christine Zeuner,
Béatrice Ziegler

WOCHEN SCHAU VERLAG

Bibliografische Information der Deutschen Nationalbibliothek

Die Deutsche Nationalbibliothek verzeichnet diese Publikation in der Deutschen Nationalbibliografie; detaillierte bibliografische Daten sind im Internet unter http://dnb.d-nb.de abrufbar.

© WOCHENSCHAU Verlag
Dr. Kurt Debus GmbH
Schwalbach/Ts. 2014
4., völlig überarbeitete Auflage

www.wochenschau-verlag.de

Alle Rechte vorbehalten. Kein Teil dieses Buches darf in irgendeiner Form (Druck, Fotokopie oder in einem anderen Verfahren) ohne schriftliche Genehmigung des Verlages reproduziert oder unter Verwendung elektronischer Systeme verarbeitet werden.

Umschlaggestaltung: Ohl-Design
Gesamtherstellung: Wochenschau Verlag

Gedruckt auf chlorfrei gebleichtem Papier
ISBN 978-3-89974852-9 (Studienausgabe)
ISBN 978-3-89974969-4 (Hardcover)

Inhalt

Zur Einführung 11

I. Wissenschaftliche Grundlagen

Wolfgang Sander
Geschichte der politischen Bildung 15

Michael May, Jessica Schattschneider
„Klassische" didaktische Theorien zur politischen Bildung 31

Reinhold Hedtke
Fachwissenschaftliche Grundlagen politischer Bildung –
Positionen und Kontroversen 42

Ingo Juchler
Wissenschaftstheoretische Grundlagen politischer Bildung:
Hermeneutik 53

Armin Scherb
Wissenschaftstheoretische Grundlagen politischer Bildung:
Pragmatismus 66

Wolfgang Sander
Wissenschaftstheoretische Grundlagen politischer Bildung:
Konstruktivismus 77

Sebastian Fischer, Dirk Lange
Qualitative empirische Forschung zur politischen Bildung 90

Georg Weißeno
Quantitative empirische Forschung in der Politikdidaktik 102

Wolfgang Sander
Kompetenzorientierung als Forschungs- und Konfliktfeld der
Didaktik der politischen Bildung 113

II. Institutionen

Andreas Lutter
Die Fächer der politischen Bildung in der Schule 127

Christine Zeuner
Institutionen der außerschulischen politischen Bildung 136

Frank Langner, Alexandra Lechner-Amante
Lehrerbildung für die politische Bildung 145

Hans-Georg Golz, Andreas Kost
Die Bundeszentrale und die Landeszentralen für politische Bildung ... 156

Christoph Kühberger
Unterstützungsstrukturen der politischen Bildung:
Verbände, Förderer, Materialien und Onlineangebote 165

III. Praxisfelder

Norbert Neuß
Vorschulische Einrichtungen 177

Kerstin Pohl
Schulischer Fachunterricht 186

Wolfgang Sander
Politische Bildung im gesellschaftswissenschaftlichen Lernbereich
und in Integrationsfächern 194

Alexandra Lechner-Amante
Politische Bildung als Unterrichtsprinzip 203

Peter Henkenborg
Politische Bildung als Schulprinzip 212

Benno Hafeneger
Politische Bildung in der außerschulischen Jugendbildung 222

Klaus-Peter Hufer
Politische Bildung in der Erwachsenenbildung 231

IV. Didaktische Prinzipien

Andreas Petrik
Adressatenorientierung 241

Inhalt

Tilman Grammes
Exemplarisches Lernen 249

Thomas Goll
Problemorientierung 258

Tilman Grammes
Kontroversität 266

Sibylle Reinhardt
Handlungsorientierung 275

Ingo Juchler
Wissenschaftsorientierung 284

V. Inhaltsbezogene Aufgabenfelder

Peter Massing
Institutionenkundliches Lernen 295

Heinrich Oberreuter
Rechtserziehung 303

Reinhold Hedtke
Ökonomisches Lernen 312

Dirk Lange
Historisches Lernen als Dimension politischer Bildung 321

Sibylle Reinhardt
Moralisches Lernen 329

Stephan Bundschuh
Prävention gegen Autoritarismus 341

Alfred Holzbrecher
Interkulturelles Lernen 351

Dagmar Richter
Geschlechtsspezifische Aspekte politischen Lernens 359

Anja Besand
Medienerziehung 366

Bernd Overwien
Umweltbildung und Bildung für nachhaltige Entwicklung 375

Wolfgang Sander
Friedenserziehung 383

Stefan Rappenglück
Europabezogenes Lernen 392

Barbara Asbrand, Annette Scheunpflug
Globales Lernen 401

VI. Methoden und Medien

Mirka Mosch
Methoden der Diagnostik: Vorstellungen und Vorwissen erfassen 415

Johannes Greving, Hannes Strelow
Methoden des Beginnens: Unterrichtseinstiege und Anfangssituationen 424

Christoph Kühberger
Individualisiertes Lernen: Methoden der Differenzierung in der politischen Bildung 433

Peter Massing
In Gesprächen lernen: Gesprächsformen in der politischen Bildung 442

Hans-Werner Kuhn
Mit Texten lernen: Textquellen und Textanalyse 450

Anja Besand
Mit Bildern lernen: von Foto bis Videoclip 458

Ingo Juchler
Mit narrativen Medien lernen: Biografie, Belletristik, Spielfilm 466

Anja Besand
Mit digitalen Medien lernen: Lernprodukte und Lernumgebungen 474

Lothar Scholz
Spielend lernen: Spielformen in der politischen Bildung 484

Joachim Detjen
Forschend lernen: Recherche, Interview, Expertenbefragung 493

Paul Ciupke
Reisend lernen: Studienreise und Exkursion 501

Dieter Maier
Methoden für komplexe Lernvorhaben: Projekt, Sozialstudie und
Zukunftswerkstatt 510

Carl Deichmann
Politische Bildung bewerten: Methoden der Evaluation und
Leistungsbewertung 522

Helle Becker
Politische Bildung kommunizieren: Marketing für die
außerschulische Bildung 531

VII. Politische Bildung im internationalen Vergleich

Thomas Hellmuth
Politische Bildung in Österreich 541

Béatrice Ziegler
Politische Bildung in der Schweiz 552

Andreas Eis
Politische Bildung in der Europäischen Union –
Ansätze und Entwicklungstrends 560

Karlheinz Dürr
Politische Bildung in den mittel-, ost- und südosteuropäischen
Transformationsgesellschaften 572

Carole L. Hahn, Adrianne Pinkney
Civic Education in the United States 582

Kerry J. Kennedy, Li Hui
Civic Education in Asia 599

Personenregister 609

Stichwortregister 615

Autorinnen und Autoren 619

Zur Einführung

Als in den 1960er-Jahren in der Bundesrepublik Deutschland die ersten Professuren für Didaktik der politischen Bildung (je nach Bezeichnung des Schulfaches unter verschiedenen Denominationen) eingerichtet wurden, war dies der entscheidende Schritt zu einer wissenschaftlichen Grundlegung politischer Bildung: Fragen des Lernens von Politik und des professionellen Handelns von Lehrenden in diesem Bereich wurden damit zum Gegenstand einer eigenen wissenschaftlichen Disziplin.

Bereits seit seiner Erstauflage im Jahr 1997 verfolgt dieses Handbuch das Ziel, der Leserschaft einen verlässlichen Überblick zum Stand der wissenschaftlichen Fachdiskussion zur politischen Bildung zu geben. Es soll insbesondere
- Fachlehrerinnen und -lehrern in der schulischen sowie Pädagoginnen und Pädagogen in der außerschulischen politischen Bildung neue Anregungen für ihre alltägliche pädagogische Arbeit geben;
- Studierenden, Lehrkräften im Vorbereitungsdienst sowie Teilnehmern an Veranstaltungen der Lehrerfortbildung einen komprimierten Zugang zum Stand der wissenschaftlichen Diskussion zur politischen Bildung bieten;
- bildungspolitisch Interessierten eine kompakte Informationsmöglichkeit zur Lage der politischen Bildung eröffnen.

In der Regel wurden Professuren für Didaktik der politischen Bildung in Deutschland im Rahmen der Lehramtsstudiengänge für den Fachunterricht in der politischen Bildung an Schulen eingerichtet. Aber da politische Bildung zu denjenigen pädagogischen Praxisfeldern gehört, die sowohl in der Schule als auch in der außerschulischen Bildung vertreten sind, kann eine Wissenschaft vom politischen Lernen sich letztlich nicht auf nur *ein* Praxisfeld beschränken. Die Konzeption dieses Handbuchs geht daher von einem weit gefassten Verständnis von „politischer Bildung" aus, das alle Formen absichtsvoller pädagogischer Einwirkung auf Prozesse der politischen Sozialisation umfasst – beginnend in vorschulischen Einrichtungen über den Fachunterricht in den verschiedenen Schulformen und Schulstufen, die politischen Implikationen anderer Schulfächer und die politische Sozialisationswirkung der institutionellen Kultur der

Schule bis zu den vielfältigen Trägern und Angeboten der außerschulischen politischen Jugend- und Erwachsenenbildung (vgl. die Beiträge in Kapitel II und III).

Für die vorliegende vierte Auflage wurde das Handbuch erneut komplett überarbeitet. Alle in früheren Auflagen bereits enthaltenen Beiträge wurden aktualisiert. Mit der Neuauflage wurden zudem einige Neugewichtungen vorgenommen und auf die Entwicklungen im Fach während der letzten zehn Jahre reagiert. Um das Handbuch für Studium und Weiterbildung noch nutzbringender zu gestalten, wurde Kapitel I mit Beiträgen zu wissenschaftlichen Grundlagen politischer Bildung deutlich erweitert und differenziert. Neue Entwicklungen wie die Kompetenzorientierung werden in zahlreichen Beiträgen angesprochen. Besonderes Augenmerk wurde auf die zunehmende Internationalisierung des Fachdiskurses gelegt. So bezieht sich das Handbuch nicht mehr nur auf den Fachdiskurs in Deutschland, sondern auf den im gesamten deutschsprachigen Raum. In diesem Zusammenhang konnten mehrere Autorinnen und Autoren aus Österreich und der Schweiz neu gewonnen werden. Zudem ist das Kapitel VII zur politischen Bildung im internationalen Vergleich deutlich ausgeweitet worden. Der Beitrag von Hahn/Pinkney gibt zusätzlich zur Darstellung der Situation politischer Bildung an amerikanischen Schulen einen Überblick über aktuelle Forschungen, deren Ergebnisse über die USA hinaus von Interesse sein können.

Erneut ist es mir eine Freude, allen zu danken, die zum Gelingen dieser wiederum umfangreicher gewordenen Neuauflage beigetragen haben – allen voran den Autorinnen und Autoren und dem Wochenschau Verlag, in dessen Händen die zuverlässige und sorgfältige verlegerische Betreuung dieses Handbuchs nun schon seit über 15 Jahren liegt. Ferner danke ich Mirka Mosch und Uwe Gerhard, die mich bei der Endredaktion unterstützt haben.

Gießen, im Herbst 2013 *Wolfgang Sander*

I.
Wissenschaftliche Grundlagen

Wolfgang Sander
Geschichte der politischen Bildung

1. Entwicklungslinien der politischen Bildung in Deutschland

In der Neuzeit begleitet das Problem der politischen Bildung im Gebiet des heutigen Deutschlands den Prozess der Institutionalisierung von Erziehungs- und Bildungsprozessen von Anfang an (vgl. einführend Kuhn/Massing/Skuhr 1993, Detjen 2007, Sander 2013). In der außerschulischen Bildung lassen sich Ansätze einer politischen Erwachsenenbildung bis zur Aufklärung zurückverfolgen (Ciupke 1999). Im Bereich der *Schule* lässt sich schon für die Anfänge des modernen Schulwesens zeigen, dass die politische Integration der jungen Generation als eine zentrale Aufgabe schulischen Lernens angesehen wurde. Prägnant formulierte dies die brandenburgische Kirchenordnung von 1540, in der die Notwendigkeit des Schulunterrichts mit der „Erhaltung Christlicher Religion und guter Pollicey" begründet wurde (vgl. Sander 2013, 16). Der Begriff „Pollicey" stand damals für die Vorkehrungen, die der Landesherr traf, um die öffentlichen Angelegenheiten zu regeln. Mit anderen Worten, die Einführung der Schule sollte auch dazu dienen, die politische Ordnung in den entstehenden Territorialstaaten zu sichern. Dazu sollte sie die Untertanen über ihre Pflichten belehren und die Macht der Obrigkeit als von Gott gesetzt ideologisch absichern. Von einem eigenen Unterrichtsfach für diese Aufgabe konnte aber noch für lange Zeit nicht die Rede sein. Zunächst war es vorrangig die religiöse Erziehung, die die politische mit zu übernehmen hatte.

Politische Bildung in der Schule

Allerdings ist hier einschränkend anzumerken, dass sich schon aufgrund der begrenzten materiellen Möglichkeiten die Pflichtschule für alle Kinder erst über einen längeren Zeitraum hinweg in der Praxis durchsetzte. Es dauerte bis zur zweiten Hälfte des 19. Jahrhunderts, bis tatsächlich alle Kinder die Schule besuchten. Bis zu diesem Zeitpunkt hatte aber der Religionsunterricht seine dominante Stellung schon verloren, und für die politische Bildung waren nun in den Volksschulen vor allem der Geschichts-, der Geographie- und der Deutschunterricht zu den wichtigsten Fächern geworden; nicht anders als in den Gymnasien, in denen die alten Sprachen noch hinzukamen. Mit ihnen verband der Neuhumanismus zu Beginn des 19. Jahrhunderts auch die Intention, durch die Auseinandersetzung mit der Kultur der Antike politisch bildend zu wirken. Allerdings hatte es in den höheren Schulen, die der Ausbildung der höheren Stände dienten, schon Vorformen politischer Bildung gegeben, so beispielsweise in den bis auf das 16. Jahrhundert zurückgehenden Ritterakademien und den philanthropischen Bürgerschulen des 18. Jahrhunderts (vgl. für diese Frühphase politischer Erziehung vor allem Flitner 1957).

Kaiserreich

Eine breitere akademische und politische Debatte um politische Bildung als eigenständige fachliche Aufgabe der Schule und eigenes Unterrichtsfach begann erst im Wilhelminischen Kaiserreich. Zentrale Referenzbegriffe hierfür waren „staatsbürgerliche Erziehung" oder „Staatsbürgerkunde". Sie zeigen bereits die Richtung an, in die die Diskussion sich inhaltlich bewegte: Politische Bildung wurde unter dem Aspekt der Einführung junger Menschen in die Rolle als Staatsbürger im Nationalstaat betrachtet. Hierbei kamen mehrere Aspekte zur Geltung. Zunächst und vor allem war es die *Stiftung nationaler Identität* in einem jungen Nationalstaat, für die staatsbürgerliche Erziehung in Deutschland in Ergänzung zum Geschichtsunterricht in Anspruch genommen werden sollte. Die klassische humanistische Bildung galt in diesem Zusammenhang wegen ihres potenziellen Kosmopolitismus als eher verdächtig. Wilhelm II. brachte diesen Aspekt 1890 in seiner Eröffnungsansprache auf den Punkt: „Wir müssen als Grundlage für das Gymnasium das Deutsche nehmen; wir sollten nationale junge Deutsche erziehen und nicht junge Griechen und Römer." (vgl. Sander 2013, 42) Ebenso hätte er sagen können, dass die Schule aus jungen Bayern und Hamburgern, Sachsen und Württembergern, Frankfurtern und Berlinern Deutsche machen soll.

War diese Vorstellung einer pädagogischen Konstruktion der Nation durchaus typisch für die Schule in jungen Nationalstaaten nicht nur in Europa, so lässt sich die *imperialistische Überformung* des Nationalismus, die sich in Deutschland in der staatsbürgerlichen Erziehung gegen Ende des 19. Jahrhunderts zeigte, nicht für alle Nationalstaaten verallgemeinern. Nun galten auch die Kolonien als Referenzpunkt der schulischen politischen Erziehung: „Jeder Patriot hat deshalb den Kolonien gegenüber dieselben Pflichten wie gegen das

kontinentale Vaterland", hieß es entsprechend in einer ministeriellen Anweisung an die Volksschulen von 1905 (vgl. Sander 2013, 44). Weiterhin bildeten die sozialen und politischen Konflikte mit der Arbeiterbewegung ein wichtiges Motiv für die Förderung staatsbürgerlicher Erziehung durch die Reichsregierung. Wilhelm II. brachte diesen Zusammenhang am 1. Mai 1889 in einer „Allerhöchsten Ordre" in aller Offenheit zum Ausdruck:
„Schon längere Zeit hat mich der Gedanke beschäftigt, die Schule in ihren einzelnen Abstufungen nutzbar zu machen, um der Ausbreitung sozialistischer und kommunistischer Ideen entgegenzuwirken. ... Sie muß bestrebt sein, schon der Jugend die Überzeugung zu verschaffen, daß die Lehren der Sozialdemokratie nicht nur den göttlichen Geboten und der christlichen Sittenlehre widersprechen, sondern in Wirklichkeit unausführbar und in ihren Konsequenzen dem Einzelnen und dem Ganzen gleich verderblich sind. Sie muß die neue und neueste Zeitgeschichte mehr als bisher in den Kreis der Unterrichtsgegenstände ziehen und nachweisen, daß die Staatsgewalt allein dem Einzelnen seine Familie, seine Freiheit, seine Rechte schützen kann, und der Jugend zum Bewußtsein bringen, wie Preußens Könige bemüht gewesen sind, in fortschreitender Entwicklung die Lebensbedingungen der Arbeiter zu heben ..." (zit. nach Sander 2013, 39 f.). Die Arbeiterbewegung setzte dem ihrerseits intensive Bemühungen um eine eigenständige, sozialistisch ausgerichtete außerschulische Jugend- und Erwachsenenbildung entgegen, wobei, so der Mannheimer Parteitag der SPD von 1906, „das Proletariat als Träger einer in sich geschlossenen Weltanschauung" gesehen wurde (Sander 2013, 51 f.). So wurde die politische Bildung hier von beiden Seiten aus als Instrument im innenpolitischen Kampf verstanden.

Weniger instrumentell gedacht war ein weiterer Aspekt der staatsbürgerlichen Erziehung, der sich auf das Staatsverständnis von Georg Wilhelm Friedrich Hegel bezog. Für Hegel war der Staat Ausdruck der Idee der Sittlichkeit; er sollte das Gemeinwesen nicht nur repräsentieren und ordnen, er sollte es auch bessern, ja veredeln. Diese idealistische Vorstellung von einem Kulturstaat, der den Altruismus des Einzelnen auf Ziele lenkt, die allen dienen, und der auf diesem Wege als Hüter des Gemeinwohls wirkt, war besonders im deutschen Bürgertum äußerst populär. Staatsbürgerliche Erziehung in diesem Sinne sollte weniger zum konkreten Staat als vielmehr zur *Idee* des Staates erziehen. Allerdings war damit auch die Vorstellung eines Staates verbunden, der gewissermaßen über den Niederungen der

Idee des Staates nach Hegel

Parteien und der konkreten politischen Konflikte schwebt; deshalb ließ sich dieser Kulturstaatsidealismus durchaus mit antipolitischen Ressentiments verbinden.

Weimarer Republik — Fatal sollte diese Verbindung vor allem in der Weimarer Republik wirken, wo es nicht gelang, eine auf die konkrete Verfassung und die Grundlagen demokratischer Politik sich beziehende politische Bildung in der Schule fest zu etablieren, trotz einer Vorschrift in Art. 148 der Weimarer Reichsverfassung, nach der Staatsbürgerkunde Lehrfach der Schulen sein sollte. Besonders einflussreich war damals die Grundlegung staatsbürgerlicher Erziehung, die Georg Kerschensteiner bereits 1901 vorgelegt hatte und die bis 1931 in zehn Auflagen breite Wirkung erzeugte (Kerschensteiner 1966). Auch Kerschensteiner bezog sich auf den Kulturstaatsidealismus, was es ihm ermöglichte, sein Konzept sowohl im Kaiserreich als auch in der ersten deutschen Republik zu vertreten, denn die konkrete Gestalt des Staates erschien gegenüber der sittlichen Institution des Staates als solchem von sekundärer Bedeutung.

Von „politischer Bildung" im Sinne einer theoretischen Grundlegung fachlichen Unterrichts war in Deutschland erstmals in Paul Rühlmanns gleichnamigem Buch von 1908 die Rede, nachdem zuvor schon 1891 der damalige Rektor der Universität Wien, Adolf Exner, diesen Begriff ins Zentrum einer programmatischen Rede gestellt hatte (Exner 1892; vgl. dazu auch Sander 2009). Der Begriff setze sich aber erst nach 1945 in Westen Deutschlands und nach 1989 in ganz Deutschland durch.

In den beiden deutschen Diktaturen des 20. Jahrhunderts spielte die politische Erziehung im Sinne der weltanschaulichen Doktrin der herrschenden Partei eine wichtige Rolle. Sowohl die NSDAP und als auch die SED setzten dabei sehr stark auf parteinahe Jugendorganisationen – Hitlerjugend/Bund Deutscher Mädel, Freie Deutsche Jugend –, die nach dem Verbot konkurrierender Vereine und Verbände ein De-facto-Monopol in der Jugendpolitik besaßen. *NS-Diktatur* — In der Schule verzichtete der Nationalsozialismus, mit Ausnahme der HJ-Eliteeinrichtungen „Adolf-Hitler-Schulen", auf ein eigenes Unterrichtsfach für die politische Bildung und setzte stattdessen auf die Durchdringung anderer Fächer mit der NS-Ideologie, insbesondere von Biologie, Geschichte und Deutsch, sowie auf emotionalisierende Veranstaltungen wie Schulfeiern (Sander 2013, 75 f.). *DDR* — In der DDR hingegen, in der die SED ihr Machtmonopol mit dem Anspruch auf Wissenschaftlichkeit ihrer ideologischen Grundlage, des Marxismus-

Leninismus, zu untermauern versuchte, gab es nach einem Zwischenspiel mit einem Fach „Gegenwartskunde" von 1957 bis 1989 ein Fach „Staatsbürgerkunde", dem eine zentrale Rolle für die ideologische Erziehung beigemessen wurde und das in seinen Zielen und Inhalten eng an die Politik der SED gebunden war (Grammes/ Schluß/Vogler 2006).

Zu einer demokratischen Grundlegung einerseits und der deutschlandweiten Etablierung von Fachunterricht mit ausgebildeten Fachlehrern in der politischen Bildung in den Schulen andererseits kam es erst nach 1945 im Westen und nach 1989 in ganz Deutschland. Erste Initiativen in dieser Richtung gingen in den ersten Nachkriegsjahren von der „Re-education-Politik" der westlichen Besatzungsmächte aus. Ab den 1950er-Jahren begann eine intensivere deutsche akademische Diskussion über die neue Bildungsaufgabe einer demokratischen politischen Bildung (vgl. zur Theoriegeschichte der politischen Bildung nach 1945 auch Gagel 2005). Sie war zunächst vom Gegensatz zwischen Vertretern der staatsbürgerlichen Erziehung aus der Weimarer Republik (Theodor Litt, Eduard Spranger, Erich Weniger) und Verfechtern eines am amerikanischen Pragmatismus orientierten, nicht mehr staatszentrierten, sondern erfahrungsbezogenen und sozialerzieherisch ausgerichteten Neuansatzes (Theodor Wilhelm sowie für die außerschulische Bildung Fritz Borinski) geprägt. Hier wie auch in den folgenden Abschnitten der Fachgeschichte verliefen die Diskursschwerpunkte in der schulischen und der außerschulischen politischen Bildung trotz aller Unterschiede in institutionellen und wissenschaftlichen Rahmenbedingungen über weite Strecken parallel und beeinflussten sich mehr oder weniger intensiv wechselseitig.

<small>Re-education</small>

In den 1950er- und 1960er-Jahren kam es nach und nach in den Bundesländern zur Einführung eines eigenen Unterrichtsfaches für politische Bildung in den Schulen, wenn auch unter verschiedenen Fachbezeichnungen; eine bis heute bestehende Kuriosität, die auf eine Empfehlung der Kultusministerkonferenz aus dem Jahr 1950 zurückgeht, in der Unterricht „in besonderen Fachstunden" zwar empfohlen, den Ländern die Bezeichnung dieses Faches aber freigestellt wurde (Sander 2013, 114). Dennoch erwies sich die Einführung dieses Faches als Basis für die Professionalisierung der politischen Bildung und die Verwissenschaftlichung ihrer theoretischen Grundlagen. 1965 wurde mit der Deutschen Vereinigung für politische Bildung (DVPB) ein Fachverband gegründet, der die Lehrerschaft im Fach bis heute organisiert. In den 1960er-Jahren wurden

<small>Einführung eines Schulfaches zur politischen Bildung</small>

auch die ersten Professuren für Didaktik der politischen Bildung im Kontext der Lehrerbildung für das junge Fach eingerichtet. Parallel wurden die ersten Theorien politischer Bildung, die sich als fachdidaktische Konzeptionen in einem wissenschaftlichen Sinne verstanden, ausgearbeitet. Die Konzeptionen der meisten heute als „Klassiker" der Politikdidaktik verstandenen Autoren entstanden in den 1960er- und 1970er Jahren (Kurt Gerhard Fischer, Hermann Giesecke, Wolfgang Hilligen, Rolf Schmiederer, Bernhard Sutor). Fischer sprach in diesem Zusammenhang von der „didaktischen Wende" in der politischen Bildung. In der außerschulischen politischen Bildung gewann in dieser Zeit der Theorieansatz von Oskar Negt zur Arbeiterbildung erheblichen Einfluss (Negt 1968).

Konfrontationen

Gleichzeitig geriet jedoch die politische Bildung in dieser Zeit in eine massive politische und innerfachliche Konfrontation. Nach der 1968er-Bewegung entwickelte sich die Bildungspolitik zum bevorzugten Konfliktfeld zwischen den Parteien, bei dem es auch um neue Lehrpläne und Schulbücher für die politische Bildung besonders in Hessen und Nordrhein-Westfalen zu heftigen und lang anhaltenden Konflikten kam (vgl. Mambour 2007, 94 ff.; Sander 2013, 137 ff.). Innerfachlich polarisierte sich die Diskussion zwischen Vertretern eines „linken" Lagers, in dem politische Bildung als pädagogisches Instrument zur Demokratisierung der Gesellschaft verstanden wurde, und neuen „konservativen" Ansätzen, die die Aufgabe des Faches eher in der Verteidigung der verfassungsmäßigen politischen Ordnung und der Sozialen Marktwirtschaft sahen. Es war eine politische Situation, in der öffentliche Anbieter wie die Landeszentralen für politische Bildung ihre Veranstaltungen nicht allein nach fachlichen Gesichtspunkten planen, sondern durch politischen Proporz absichern mussten: „Programme werden dementsprechend daraufhin geprüft, ob einem ‚rechten' Referenten auch ein ‚linker' folgt." (Schneider 1997, 12) Im Streit um neue Lehrpläne in Hessen ging der Konflikt gar so weit, dass der Politikwissenschaftler Eugen Kogon 1973 als Leiter einer live im Rundfunk übertragenen Podiumsdiskussion zu diesem Thema den Saal mitten in der Veranstaltung entnervt verließ (Mambour 2007, 142).

In der wissenschaftlichen Diskussion konnte diese Polarisierung an einem genau bestimmbaren Zeitpunkt beigelegt werden. 1976 lud der damals neu bestimmte Direktor der Landeszentrale für politische Bildung Baden-Württemberg, Siegfried Schiele, die führenden Fachdidaktiker der politischen Bildung aus verschiedenen politischen

Lagern zu einer Fachtagung ins schwäbische Beutelsbach ein, auf der die Frage zur Debatte stand, ob es in der politischen Bildung eines Minimalkonsenses bedürfe. Ein solcher Konsens wurde auf der Tagung zwar nicht formell beschlossen und stand als Text auch nicht zur Diskussion. Rückblickend aber verfasste ein Mitarbeiter der Landeszentrale, Hans-Georg Wehling, im Tagungsband einen Bericht, den er mit „Konsens à la Beutelsbach?" überschrieb und in dem er darlegte, dass nach seinem Eindruck auf der Tagung drei Grundprinzipien politischer Bildung unwidersprochen geblieben seien:

Beutelsbacher Konsens

„1. *Überwältigungsverbot*. Es ist nicht erlaubt, den Schüler – mit welchen Mitteln auch immer – im Sinne erwünschter Meinungen zu überrumpeln und damit an der ‚Gewinnung eines selbständigen Urteils' (Minssen) zu hindern. Hier genau verläuft nämlich die Grenze zwischen politischer Bildung und *Indoktrination*. Indoktrination aber ist unvereinbar mit der Rolle des Lehrers in einer demokratischen Gesellschaft und der – rundum akzeptierten – Zielvorstellung von der Mündigkeit des Schülers.

2. Was in Wissenschaft und Politik *kontrovers* ist, muß auch im Unterricht kontrovers erscheinen. Diese Forderung ist mit der vorgenannten aufs engste verknüpft, denn wenn unterschiedliche Standpunkte unter den Tisch fallen, Optionen unterschlagen werden, Alternativen unerörtert bleiben, ist der Weg zur Indoktrination beschritten. Zu fragen ist, ob der Lehrer nicht sogar eine *Korrekturfunktion* haben sollte, d. h. ob er nicht solche Standpunkte und Alternativen besonders herausarbeiten muß, die den Schülern (und anderen Teilnehmern politischer Bildungsveranstaltungen) von ihrer jeweiligen politischen und sozialen Herkunft her fremd sind.

Bei der Konstatierung dieses zweiten Grundprinzips wird deutlich, warum der persönliche Standpunkt des Lehrers, seine wissenschaftstheoretische Herkunft und seine politische Meinung verhältnismäßig uninteressant werden. Um ein bereits genanntes Beispiel erneut aufzugreifen: Sein Demokratieverständnis stellt kein Problem dar, denn auch dem entgegenstehende andere Ansichten kommen ja zum Zuge.

3. Der Schüler muß in die Lage versetzt werden, eine *politische Situation* und seine *eigene Interessenlage zu analysieren*, sowie nach Mitteln und Wegen zu suchen, die vorgefundene Lage im Sinne seiner Interessen *zu beeinflussen*. Eine solche Zielsetzung schließt in sehr starkem Maße die Betonung *operationaler Fähigkeiten* ein ..." (Wehling 1977, 179 f.)

Dieser kurze Text hat in der nachfolgenden Zeit und bis heute als „Beutelsbacher Konsens" breite Zustimmung gefunden und eine erstaunliche Karriere genommen: Kaum ein Lehrplan kommt ohne direkten oder indirekten Verweis auf ihn aus, er ist international stark rezipiert worden und gilt für die Praxis als eine Art Kern der Berufsethik in der politischen Bildung. Fachdidaktisch hat er in das didaktische Prinzip der Kontroversität Eingang gefunden.

Außerschulische politische Bildung

Der Beutelsbacher Konsens wurde zwar in erster Linie mit Blick auf die Schule formuliert, er kann aber aus politikdidaktischer Sicht auch für die *außerschulische politische Bildung* Gültigkeit beanspruchen und wird inzwischen weithin dort auch akzeptiert. Die außerschulische politische Bildung tat sich mit dieser Entwicklung lange insofern schwerer als die schulische, als sie vielfach über ihre Träger (wie z. B. Gewerkschaften, Kirchen, parteinahe Stiftungen) von ihrer Herkunft her an bestimmte politisch-kulturelle Milieus gebunden ist und von dort immer wieder mit der Erwartung konfrontiert wird, Beiträge zur Verbreitung bestimmter politisch-programmatischer Positionen zu leisten.

Die schulbezogene Didaktik der politischen Bildung konnte sich nach dem Beutelsbacher Konsens und einer Stagnations- und Rückbauphase in den 1980er-Jahren seit den 1990er-Jahren wissenschaftlich gut entwickeln und ihre Forschungsintensität sowie ihre Infrastruktur an den Universitäten stark ausbauen (Sander 2013, 150 ff.). Hierzu trugen vor allem ein Generationswechsel auf in den 1970er-Jahren erstmals besetzen Professuren, die Gründung einer wissenschaftlichen Fachgesellschaft im Jahr 1999 („Gesellschaft für Politikdidaktik und politische Jugend- und Erwachsenenbildung", GPJE) sowie die 2001 veröffentlichte erste PISA-Studie bei, die einen generellen Ausbau der Fachdidaktiken in der Lehrerbildung nach sich zog. Mit ihrem Entwurf für „Nationale Bildungsstandards für den Fachunterricht in der Politischen Bildung an Schulen" (GPJE 2004) legte die GPJE in der Post-PISA-Debatte um Kompetenzorientierung eine konsensuelle und im gesamten deutschsprachigen Raum wirkungsmächtige Beschreibung der Ziele und Aufgaben politischer Bildung vor.

Deutsche Wiedervereinigung

Hinzu kam die Neugründung politikdidaktischer Professuren an einigen Hochschulen in den ostdeutschen Bundesländern nach der deutschen Vereinigung. In der politischen Bildung stellte sich die deutsche Vereinigung in den Jahren nach 1990 faktisch als Übernahme westdeutscher Konzepte dar. Da die Staatsbürgerkunde in der

DDR bis zum Herbst 1989 programmatisch strikt an die Politik der SED gebunden blieb, hatten sich keine informellen, gewissermaßen „subversiven" Denkansätze und Diskurse zur politischen Bildung entwickelt, von denen aus nach der Befreiung von der Vorherrschaft der SED *originäre* Beiträge der DDR-Wissenschaft zur wissenschaftlichen Diskussion um die demokratische politische Bildung im vereinigten Deutschland hätten geleistet werden können (vgl. Biskupek 2002).

Bildungspraktisch wurde in den ostdeutschen Bundesländern ab 1990 ein neues Schulfach für politische Bildung eingeführt, das die Staatsbürgerkunde ersetzte. Während die neu gegründeten fachdidaktischen Professuren in der ersten Generation von Westdeutschen besetzt wurden (inzwischen lässt sich diese Unterscheidung so nicht mehr treffen), unterrichteten das neue Fach in den Schulen nahezu durchweg Lehrerinnen und Lehrer, die bereits in der DDR tätig waren, in der Regel jedoch nicht im Fach Staatsbürgerkunde. Für diese neuen Fachlehrer wurden in den 1990er-Jahren mit Unterstützung der Bundeszentrale für politische Bildung, der Freien Universität Berlin und des (2000 geschlossenen) Deutschen Instituts für Fernstudien berufsbegleitende Weiterbildungslehrgänge eingerichtet, später kamen entsprechende Qualifizierungsangebote der neu gegründeten politikwissenschaftlichen Institute in den ostdeutschen Bundesländern hinzu. Auf diese Weise gelang in recht kurzer Zeit der erfolgreiche Aufbau einer Infrastruktur für demokratische politische Bildung in Ostdeutschland.

2. Konvergenzen und Divergenzen – politische Bildung in Österreich und der Schweiz

Vergleich man die Entwicklung der politischen Bildung in den deutschsprachigen Nachbarstaaten, so fallen bei einem sehr groben Überblick über die letzten 150 Jahre Gemeinsamkeiten auf: Zunächst entwickelten sich überwiegend staatszentrierte und, wenn auch zu unterschiedlichen Zeiten, auf nationale Integration und Identitätsstiftung zielende Konzepte politischer Bildung, die erst nach 1945 sukzessive von dezidiert demokratischen, stärker erfahrungszentrierten und gesellschaftliche Problemlagen einbeziehenden Ansätzen überwunden wurden.

In der Schweiz blieb die „Staatskunde" nach Gründung des modernen Bundesstaates 1848 lange überwiegend patriotisch geprägt

Schweiz

und institutionell mit dem Geschichtsunterricht verbunden (Moser et al. 1978, Quakernack 1991). Allerdings gab es in der Westschweiz auch im 19. Jahrhundert in einzelnen Kantonen schon erste Versuche, die staatsbürgerliche Erziehung („instruction civique") als eigenes Fach zu organisieren (Moser-Léchot 2000, 238). Während der beiden Weltkriege standen erneut die nationale Integration bzw. angesichts der potenziellen Bedrohung durch das nationalsozialistische Deutschland die „Geistige Landesverteidigung" im Fokus der Erwartungen an politische Bildung. Trotz einiger konzeptioneller Ansätze für eine offenere, schülerzentriertere politische Bildung in der Zwischenkriegszeit und ab den 1960er-Jahren konnte auch 2000 noch eine kritische Analyse zur Lage der politischen Bildung in der Schweiz, die im Auftrag der Schweizerischen Konferenz der kantonalen Erziehungsdirektoren (EDK) erstellt worden war, eine weiter bestehende Dominanz staats- und institutionenzentrierter Aspekte konstatieren (Oser/Reichenbach 2000, 10). Das gravierendere Defizit, das der Bericht bemängelte, bezog sich aber auf die institutionelle Verfasstheit politischer Bildung. Der Bericht bemängelt eine gravierende *Ressourcenknappheit*, vor allem einen Mangel an Unterrichtszeit, dem gegenüber ein inzwischen bestehender grundlegender Konsens über allgemeine Ziele und demokratische Grundorientierung politischer Bildung sich als „Kluft zwischen Anspruch und Wirklichkeit" (ebd., 9) darstelle. Ganz ähnlich bezeichnet Moser-Léchot die Position der politischen Bildung in der Sekundarstufe I als „randständig": „In der Verbindung mit dem Fach Geschichte folgt die Politische Bildung meist der Systematik dieses Faches und nicht einer Systematik der Politischen Bildung." (Moser-Léchot 2000, 248) Ein separates Fach identifiziert Moser-Léchot aber nur in drei Kantonen (ebd., 242). Diese unzureichende fachliche Infrastruktur steht nun wiederum in einer Wechselwirkung mit dem Fehlen einer eigenständigen Forschungsstruktur, weshalb der EDK-Bericht ausdrücklich die Einrichtung eines entsprechenden Lehrstuhls fordert (Oser/Reichenbach 2000, 34), was bislang jedoch nicht geschehen ist.

Konsequenzen und Entwicklungen

Allerdings hat die EDK 2007 durch ein offiziöses Vorwort ihrer Präsidentin ein neues Konzept politischer Bildung autorisiert, mit dem offenbar aus den kritischen Befunden Konsequenzen für die Deutschschweizer Kantone und das Fürstentum Liechtenstein gezogen werden sollen (Gollob et al. 2007). Die Publikation spannt einen weiten Bogen vom Politik- und Demokratiebegriff über didaktische

Grundlagen politischer Bildung bis zu konkreten Praxisbeispielen und Lernmaterialien. Unter anderem übernimmt sie mit kleinen Varianten das Kompetenzmodell der deutschen GPJE und entwickelt konkrete Vorschläge für schulstufenbezogene Schwerpunkte politischer Bildung, die in einer Art Kerncurriculum verdichtet werden. Damit wird eine fachliche Inhaltsstruktur politischer Bildung auf der Basis moderner Fachdidaktik konzipiert; es bleibt abzuwarten, ob und wie sie sich in einem schulischen Umfeld ohne ein solches eigenständiges Fach durchsetzen wird.

In Österreich verlief die Entwicklung der politischen Bildung bis 1945 sehr ähnlich wie in Deutschland (Dachs 2008, Hellmuth/ Klepp 2010). Zunächst dominierten Ansätze staatsbürgerlicher Erziehung, die allerdings in der multinationalen Habsburgermonarchie im Unterschied zum Wilhelminischen Kaiserreich bis 1918 gerade nicht national orientiert waren. In der Ersten Republik gab es dann im Kontext der demokratischen Schulreformen Otto Gloeckels neue Ansätze zur Demokratieerziehung, aber auch zu nationaler Erziehung, die damals deutschnational geprägt war, da die junge Republik „Deutschösterreich" den Anschluss an das Deutsche Reich anstrebte, was jedoch von den Siegermächten des Ersten Weltkriegs untersagt wurde. Nach einem kurzen Bürgerkrieg 1934 und einer Phase der österreichischen Diktatur von 1934 bis 1938 kam es 1938 zum Einmarsch der deutschen Wehrmacht und zum Anschluss an das nationalsozialistische Deutschland, in dem Österreich im Bereich der Erziehung ebenso wie in anderen gesellschaftlichen Bereichen das gleiche Schicksal erlitt wie das deutsche „Altreich".

Nach 1945 bestand nach dieser Erfahrung in Österreich anders als 1918 kein nennenswerter Bedarf mehr nach einer Integration in ein neues Deutschland. Vielmehr setzte sich, befördert durch eine entgegenkommende Politik der Alliierten, die „Opferthese" durch, nach der Österreich als das erste Opfer der expansiven Politik des nationalsozialistischen Deutschland gesehen wurde; eine einseitige Sichtweise, die lange eine Aufarbeitung des österreichischen Nationalsozialismus behindern sollte. Jedenfalls setzte jetzt die schulische politische Erziehung wieder an staatsbürgerkundliche Traditionen an, verband diese aber nun erstmals mit einer national-österreichischen Orientierung: „Erziehung zum bewußten Österreichertum" galt gemäß einem „Erlaß zur staatsbürgerlichen Erziehung" von 1949 als wichtiges Ziel politischer Bildung. Zu einem eigenen Unterrichtsfach dafür kam es jedoch nicht.

Die Debatte über ein solches Fach unter dezidiert demokratischem Vorzeichen wurde intensiv und kontrovers in den 1970er-Jahren geführt. Trotz einer entsprechenden Initiative des Unterrichtsministeriums 1974 konnten sich die Befürworter eines solchen Pflichtfaches in den allgemeinbildenden Schulen nicht durchsetzen. Lediglich an Berufsschulen gibt es in geringem Umfang ein solches eigenes Fach in Österreich. Im Ergebnis kam es 1978 nach längeren Auseinandersetzungen zu einem bis heute gültigen Erlass, nach dem politische Bildung Unterrichtsprinzip aller Fächer der Schule sein soll (Dachs 2008, 25 ff.; Hellmuth/Klepp 2010, 66 ff.; Wolf 1998). Allerdings ist politische Bildung nur eines von einem Dutzend Unterrichtsprinzipien. Zudem war schon 1973 eine eigene Abteilung Politische Bildung im Unterrichtsministerium gegründet worden, die unter anderem Unterstützungsangebote für die Praxis politischer Bildung wie Weiterbildungen und Materialien fördert. In den 1980er-Jahren wurde ein heute an der Universität Krems angesiedelter Hochschullehrgang (jetzt als Masterstudium) „Politische Bildung" entwickelt, der sich zum großen Teil und mit Erfolg an Lehrerinnen und Lehrer aller Fächer richtet, ohne jedoch zu einer eigenständigen fachlichen Lehrbefähigung zu führen.

Ausbau der Infrastruktur politischer Bildung in Österreich

Zu neuen Initiativen zum Ausbau politischer Bildung kam es dann zu Beginn des 21. Jahrhunderts. 2001/02 wurde die Fächerkombination „Geschichte, Sozialkunde und Politische Bildung" in der AHS-(gymnasialen)Oberstufe eingeführt, 2008 im Zuge einer „Demokratieinitiative" der Bundesregierung auch schon in der 8. Schulstufe der allgemeinbildenden Schulen. Hintergrund dieser Demokratieinitiative war die Senkung des Wahlalters auf 16 Jahre. Im gleichen Jahr wurde ein in kurzer Frist erarbeitetes Kompetenzmodell für die schulische politische Bildung in der Sekundarstufe I in Kraft gesetzt, das sich ebenfalls weithin an das deutsche Modell der GPJE anlehnt. Weitere Institutionen wie das „Zentrum polis" und das „Demokratiezentrum" in Wien sowie die „Zentrale Arbeitsstelle für Geschichtsdidaktik und Politische Bildung" an der Universität Salzburg bilden inzwischen wichtige Elemente einer Infrastruktur für politische Bildung auch ohne eigenes Unterrichtsfach.

Im Jahr 2008 kam es ferner an der Universität Wien zur Einrichtung und Besetzung einer ersten, zunächst befristeten Professur für Didaktik der politischen Bildung. Die Professur bildete ein eigenes Department, war bis 2010 besetzt und wurde dann für ein weiteres Jahr vertreten. Derzeit ist noch nicht sicher, ob und wann es zu einer

Wiederbesetzung und damit dauerhaften Einrichtung der Professur kommen wird. Zu den Initiativen des Wiener Departments gehörte 2009 die Gründung der „Interessensgemeinschaft Politische Bildung" (IGPB), die sich seitdem als österreichischer Fachverband erfolgreich mit Tagungen, Grundsatzpapieren und Publikationen für die politische Bildung engagiert (vgl. u. a. Diendorfer/Hellmuth/ Hladschik 2012). Trotz der beträchtlichen Schritte zum Ausbau einer Infrastruktur für die politische Bildung ist es bislang jedoch in der Lehrerbildung für das gemeinsame Unterrichtsfach mit Geschichte nur zu rudimentären Ansätzen politikwissenschaftlich und politikdidaktisch fundierter Studienangebote gekommen.

Insgesamt lässt sich feststellen, dass zu Beginn des 21. Jahrhunderts die inhaltlichen Verständnisse von den Zielen, Aufgaben und didaktischen Grundstrukturen politischer Bildung in Deutschland, Österreich und der Schweiz sich weitestgehend angeglichen haben. Unterschiede bestehen jedoch hinsichtlich der institutionellen Verankerung politischer Bildung in Schule und Lehrerbildung. Während sich in Deutschland das Konzept der Fachlichkeit politischer Bildung mit entsprechenden Unterrichtsfächern und einer darauf bezogenen wissenschaftlichen Infrastruktur in Forschung und Lehrerbildung seit den 1960er-Jahren durchgesetzt hat, dominiert in Österreich und der Schweiz eine Fächerkombination mit Geschichte, innerhalb derer es in Bezug auf die Professionalisierung politischer Bildung noch erhebliche Defizite gibt.

3. Historische Grundmuster politischer Bildung

Überblickt man die mehrhundertjährige Geschichte der politischen Bildung in der Neuzeit, so lassen sich in einer idealtypischen Unterscheidung drei Grundmuster erkennen. Ein erstes ist das der *Herrschaftslegitimation*. In unnachahmlich treffender Weise wurde es als Reaktion auf die Französische Revolution 1793 in einem Preisausschreiben einer Erfurter Akademie formuliert: „Auf wievielerlei Arten kann man die Untertanen eines deutschen Staates überzeugen, daß sie unter einer weisen, gerechten und milden Regierung leben?" (vgl. Sander 2013, 22) Dieses Grundmuster prägte die Initiativen Wilhelms II. zur staatsbürgerlichen Erziehung ebenso wie die nationalsozialistische Erziehungspolitik und die politische Erziehung in der DDR. Ein zweites Grundmuster lässt sich – in metaphorischer Übertragung – als *Mission* bezeichnen. Hier soll politische Bildung

Herrschaftslegitimation

Mission

als Instrument zur *Besserung* gesellschaftlich-politischer Verhältnisse dienen und einen erwünschten künftigen Zustand herbeiführen. Dieses Grundmuster findet sich beispielsweise in frühen Konzepten der Nationalerziehung, mit denen eine Nation erst geschaffen werden sollte, in den idealistisch-kulturstaatlich geprägten Ausprägungen staatsbürgerlicher Erziehung, in sozialistischen Erziehungskonzepten der Arbeiterbewegung des 19. und frühen 20. Jahrhunderts, in den auf Demokratisierung und damit gesellschaftliche Veränderung abzielenden Konzepten politischer Bildung im Umfeld der 1968er-Bewegung, aber auch in manchen konservativen Ansätzen der Werteerziehung, mit denen gesellschaftliche Missstände pädagogisch bekämpft werden sollen, sowie in vielen Ansätzen außerschulischer politischer Bildung im Umfeld von Parteien, Verbänden und sozialen Bewegungen dann, wenn politische Bildung in erster Linie als Transportweg zur Verbreitung politischer Überzeugungen der Anbieter gesehen wird. Gemeinsam ist diesen beiden Grundmustern, dass die Adressaten politischer Bildung als Objekte gesehen werden, während die Lehrenden (oder der Auftraggeber) sich im Besitz einer gültigen Wahrheit sehen, die die Lernenden am Ende nachzuvollziehen haben.

Mündigkeit
Anders ein drittes Denkmuster – hier dient politische Bildung der eigenständigen Auseinandersetzung von Lernenden mit dem Wirklichkeitsbereich Politik, ohne die Ergebnisse dieser Auseinandersetzung, die politischen Meinungen, Urteile und Überzeugungen, zu denen die Lernenden im Einzelnen kommen können, vorwegnehmen zu wollen. Hier schließt politische Bildung ausdrücklich die Möglichkeit ein, dass die Lernenden in der Beurteilung politischer Streitfragen zu anderen Ergebnissen kommen als die Lehrenden und dass dies ein wünschenswertes Ergebnis von Lernprozessen sein kann. Dieses Denkmuster lässt sich abkürzend mit dem Stichwort der politischen *Mündigkeit* kennzeichnen. Es kann bis auf die Aufklärung zurückgeführt werden, etwa auf Kants berühmte „Beantwortung der Frage: Was ist Aufklärung?". Es findet sich in dediziert *pädagogisch* verstandenen Ansätzen politischer Bildung, die systematisch zwischen den Intentionen der Lehrenden und den – zu antizipierenden – Intentionen der Lernenden unterscheiden. In geradezu klassischer Weise wird dieses Grundmuster für die politische Bildung in den Prinzipien des Beutelsbacher Konsens zum Ausdruck gebracht.

Selbstverständlich besagt die Unterscheidung dieser drei Grundmuster nicht, dass jeder Ansatz und jedes Dokument aus der Geschichte der politischen Bildung sich eindeutig nur einem dieser Grundmuster zuordnen ließe. In der Praxis sind durchaus Mischformen möglich; so hatte etwa die Re-education-Politik der Westalliierten in Deutschland nach 1945 sowohl Züge von Mission als auch der Entfaltung von Räumen für Mündigkeit. Aus einer demokratischen Perspektive ergibt sich freilich eine klare Priorität für das Grundmuster der Mündigkeit, denn nur dieses korrespondiert mit der Vorstellung von freien Bürgern, aus denen der Souverän in der Demokratie besteht. Die Leitidee der politischen Mündigkeit des Einzelnen ist in der politischen Bildung das Pendant zu den verfassungsmäßig garantierten Freiheitsrechten für alle Bürgerinnen und Bürger.

Literatur

Biskupek, Sigrid 2002: Transformationsprozesse in der politischen Bildung. Von der Staatsbürgerkunde der DDR zum Politikunterricht in den neuen Ländern. Schwalbach/Ts.
Ciupke, Paul 1999: Historische Entwicklungslinien: Politische Erwachsenenbildung von der Aufklärung bis zum Ende des Nationalsozialismus. In: Beer, Wolfgang/Cremer, Will/Massing, Peter (Hrsg.): Handbuch politische Erwachsenenbildung. Schwalbach/Ts.
Dachs, Herbert 2008: Politische Bildung in Österreich – ein historischer Rückblick. In: Klepp, Cornelia/Rippitsch, Daniela (Hrsg.): 25 Jahre Universitätslehrgang Politische Bildung in Österreich. Wien
Detjen, Joachim 2007: Politische Bildung. Geschichte und Gegenwart in Deutschland. München
Diendorfer, Gertraud/Hellmuth, Thomas/Hladschik, Patricia 2012: Politische Bildung als Beruf. Professionalisierung in Österreich. Schriftenreihe der Interessensgemeinschaft Politische Bildung. Schwalbach/Ts.
Exner, Adolf 1892: Über politische Bildung. Rede gehalten bei der Übernahme der Rektoratswürde an der Universität Wien. 3. Ausgabe, Leipzig
Flitner, Andreas 1957: Die politische Erziehung in Deutschland. Geschichte und Probleme 1970-1880. Tübingen
Gagel, Walter 2005: Geschichte der politischen Bildung in Deutschland 1945-1989/90. 3., überarb. und erweit. Aufl., Wiesbaden
Gollob, Rolf/Graf-Zumsteg, Christian/Bachmann, Bruno/Gattiker, Susanne/Ziegler, Béatrice 2007: Politik und Demokratie – leben und lernen. Bern
GPJE (Gesellschaft für Politikdidaktik und politische Jugend- und Erwachsenenbildung) 2004: Nationale Bildungsstandards für den Fachunterricht in der Politischen Bildung an Schulen. Ein Entwurf. Schwalbach/Ts.

Grammes, Tilman/Schluß, Henning/Vogler, Hans-Joachim 2006: Staatsbürgerkunde in der DDR. Ein Dokumentenband. Opladen

Hellmuth, Thomas/Klepp, Cornelia 2010: Politische Bildung. Geschichte – Modelle – Praxisbeispiele. Wien/Köln/Weimar

Kerschensteiner, Georg 1966: Staatsbürgerliche Erziehung der deutschen Jugend. In: Georg Kerschensteiner. Berufsbildung und Berufsschule. Ausgewählte pädagogische Schriften, Bd. 1, besorgt von Georg Wehle, Paderborn

Kuhn, Hans Werner/Massing, Peter/Skuhr, Werner (Hrsg.) 1993: Politische Bildung in Deutschland. Entwicklung – Stand – Perspektiven. 2. Aufl., Opladen

Mambour, Gerrit 2007: Zwischen Politik und Pädagogik. Eine politische Geschichte der politischen Bildung in der Bundesrepublik Deutschland. Schwalbach/Ts.

Moser-Léchot, Daniel V. 2000: Politische Bildung: Ihre Stellung im Fächerkanon und die Entwicklung der Inhalte. In: Reichenbach, Roland/Oser, Fritz (Hrsg.): Zwischen Pathos und Ernüchterung. Zur Lage der politischen Bildung in der Schweiz. Freiburg/Ue.

Moser, Heinz/Kost, Franz/Holdener, Walter 1978: Zur Geschichte der politischen Bildung in der Schweiz. Stuttgart

Negt, Oskar 1968: Soziologische Phantasie und exemplarisches Lernen. Zur Theorie und Praxis der Arbeiterbildung. Frankfurt/M./Köln

Oser, Fritz/Reichenbach, Roland 2000: Politische Bildung in der Schweiz. Schlussbericht, hrsg. von der Schweizerischen Konferenz der kantonalen Erziehungsdirektoren (EDK), Bern

Quackernack, Jürgen 1991: Politische Bildung in der Schweiz. Ein republikanisch-demokratisches Musterbeispiel? Opladen

Rühlmann, Paul 1908: Politische Bildung. Ihr Wesen und ihre Bedeutung. Leipzig

Sander, Wolfgang 2009: Über politische Bildung. Politik-Lernen nach dem „politischen Jahrhundert". Schwalbach/Ts.

Sander, Wolfgang 2013: Politik in der Schule. Kleine Geschichte der politischen Bildung in Deutschland. 3., aktual. Aufl., Marburg

Schneider, Heinrich 1977: Der Minimalkonsens. Eine Einführung in ein Problem der politischen Bildung. In: Schiele, Siegfried/Schneider, Herbert (Hrsg.): Das Konsensproblem in der politischen Bildung. Stuttgart

Wehling, Hans-Georg 1977: Konsens à la Beutelsbach? In: Schiele, Siegfried/Schneider, Herbert (Hrsg.): Das Konsensproblem in der politischen Bildung. Stuttgart

Wolf, Andrea (Hrsg.) 1998: Der lange Anfang. 20 Jahre „Politische Bildung in den Schulen". Wien

Michael May, Jessica Schattschneider

„Klassische" didaktische Theorien zur politischen Bildung

1. Was ist ein Klassiker der Politikdidaktik?

Unsere Suche nach klassischen Theorien vollzieht sich im Bereich der politikdidaktischen Konzeptionen. Darunter können Aussagen verstanden werden, die vor dem Hintergrund allgemeiner Überlegungen zu Aufgabe und Bildungsauftrag des Faches die Fragen nach Lernausgangslagen, Zielen, Inhalten, Methoden und Medien „in ihrem wechselseitigen Zusammenhang" (Sander 2005, 25) beantworten. So wirkt sich beispielsweise die Beantwortung der Frage nach den Inhalten auf die Antworten zu Fragen nach Zielen und Methoden aus. Wenn etwa ein *gesellschaftliches Problem* (z. B. Arbeitslosigkeit) behandelt werden soll, ist dies nicht mit jeder beliebigen Methode möglich (hier bietet sich etwa eine Problemstudie an). Allerdings ist damit kein eindeutiger Ableitungszusammenhang gemeint – es bleibt viel Raum für didaktische Kreativität –, sondern ein „Implikationszusammenhang": Die Entscheidung für die Behandlung eines Problems schließt bestimmte weitere Entscheidungen aus und legt andere nahe (Blankertz 1973, 94 ff.). Klassische didaktische Konzeptionen erlangen insofern besondere Bedeutung für die Planung politischen Unterrichts.

Die hier vertretene Auffassung des Klassischen löst sich davon, dass klassischen Werken eine gleichsam zeitlose und ewige Güte innewohne, die man nur enthüllen müsse. Das Klassische erscheint somit als reiner Relationsbegriff (Scheuerl 1995): Wenn ein Werk als klassisch bezeichnet wird, ist dies nur mit Bezug auf die heutige Diskursgemeinschaft zu rechtfertigen. Damit fokussiert die Begründung für die Kür eines Klassikers nicht auf eine objektive Qualität des Werks, sondern auf die Fragen, Haltungen und Interessen der heutigen Diskursgesellschaft. Wenn ein Werk trotz oder wegen seiner Zeitgebundenheit hinsichtlich dieser aktuellen Fragen einen Beitrag leisten kann, wollen wir es als klassisch bezeichnen (vgl. aber zu den „Lesefehlern" klassischer Theorien Grammes 2011). [Klassiker aus aktueller Perspektive]

Wir gehen im Folgenden von gesellschaftlichen und didaktischen *Herausforderungen als Kontinuitäten* aus, die sowohl die Klassiker als auch die aktuellen politischen Bildner beschäftigen (Kap. 2.1). Das Wirken dieser Kontinuitäten führt dazu, dass die Ideen der Klassiker auch heute in transformierter und modifizierter Form Beachtung finden (Kap. 2.2).

2. Welche Fragen stellen, welche Antworten geben die Klassiker der Politikdidaktik?

2.1 Reaktion auf didaktische und gesellschaftliche Herausforderungen

Wir unterscheiden didaktische Problemstellungen (2.1.1) und gesellschaftlich-politische Bedingungen, mit denen sich politische Bildung in der Bundesrepublik konfrontiert sah und weiterhin sieht (2.1.2).

2.1.1 Didaktische Problemstellungen politischer Bildung

Herausforderung
Wissensexplosion

Wissensexplosion: Eine grundlegende Bedingung von Didaktik und politischer Bildung war und ist, dass sie sich mit einer gewaltigen Flut an wissenschaftlich erzeugtem Wissen konfrontiert sieht (Steinbicker 2011). Dies betrifft auch andere Wissensbereiche und Schulfächer, wird in der politischen Bildung aber noch einmal dadurch verschärft, dass Politik Regelungen für vielfältige Lebensbereiche der Bürgerinnen und Bürger treffen soll. Es geht beispielsweise um den Umgang mit straffällig gewordenen Jugendlichen, Atomenergie, Finanzmarkttheorie, Genderproblematik, internationalem Terrorismus, Präimplantationsdiagnostik etc. Die Frage, was und wozu etwas aus dem sich dynamisch entwickelnden Wissensvorrat gelernt werden sollte, markiert die „Geburtsstunde der Didaktik" (Grammes 2005, 94).

Kurt Gerhard Fischer hat innerhalb der Politikdidaktik einen wesentlichen Beitrag zum Umgang mit der Wissensexplosion geleistet. Ohne aus pragmatischen Gründen curriculare Vorgaben oder die Einigung auf zentrale Gegenstände des Unterrichts abzulehnen, ist für Fischer klar, dass die Unterrichtsgegenstände der politischen Bildung relativ austauschbar sind (Fischer 1993, 19). Es komme vielmehr darauf an zu prüfen, ob konkrete Fälle die Erlangung von *Einsichten* ermöglichen (Fischer 1973, 108). Einsichten können

Lernen an
konkreten Fällen

nicht instruierend und auch nicht durch Stoffvermittlung gelehrt werden, sie können nur in *Urteilen* der Lernenden sichtbar gemacht, herausgehoben und zur Diskussion gestellt werden. Im Zentrum des Unterrichts stehen somit konkrete Fälle, die elementare politische Fragen und Urteile provozieren und an denen „etwas Verallgemeinerbares über Politik gelernt werden kann" (Sander 2011, 84). Durch die Bearbeitung eines Falls zur Situation einer Frau in ihrem Betrieb und der Forderung von Schülerinnen und Schülern nach Beseitigung von systematischer Benachteiligung von Frauen im Berufsleben (Sander 2011, 82) kann beispielsweise die von Fischer formulierte Einsicht „Alle Menschen sind von Natur aus gleich" (Fischer 1973, 122) gewonnen werden. Die Einsicht geht dem Urteil voraus, kann im Unterricht bewusst gemacht und – so Fischers Hoffnung – als Überzeugung verankert werden.

Brückenproblem/Lebenswelt und System: Ein weiteres Spezifikum politischer Bildungsbemühungen ist die schwer zu überbrückende Kluft zwischen lebensweltlichem Denken und Handeln einerseits und dem Verständnis des politischen Systems andererseits. Die Distanz zwischen Jugendlichen und politischen Institutionen, Prozessen und Handlungszwängen ist regelmäßig Thema einschlägiger Jugendsurveys. Jürgen Habermas folgend ist die lebensweltliche Sozialintegration durch Informalität, Vertrauen, Intentionalität, Moral, Anerkennung, Solidarität, Liebe etc. gekennzeichnet, wohingegen die Systemintegration durch anonyme Kommunikationsmedien wie Macht oder Geld erfolgt (Habermas 1995, 171 ff.). Mit den kognitiv leichter verfügbaren und mental vermutlich dominierenden Vorgängen der Sozialintegration können nun aber die entkoppelten systemischen Vorgänge etwa in Politik und Wirtschaft nur eingeschränkt erklärt und verstanden werden.

Wege im Umgang mit dem Brückenproblem sind anhaltend Anlass politikdidaktischer Vorschläge und Kontroversen (zuletzt die Debatte zur „Demokratiepädagogik"), doch bereits die klassischen politikdidaktischen Konzeptionen beschäftigten sich hiermit. So setzt *Friedrich Oetinger* (alias Theodor Wilhelm) in seiner Partnerschaftspädagogik auf die Erfahrungen mit demokratischen Verhaltensweisen im Nahraum der Schülerinnen und Schüler (Oetinger 1956). Wer in „Schullaboratorien und Werkstätten, in Schulküchen und Schulgärten [sowie] in der Schülerselbstverwaltung […] gelernt habe, mit anderen zu kooperieren, […] werde damit zugleich auch aufs beste für die Gesellschaft vorbereitet"

Friedrich Oetingers Partnerschaftspädagogik

Analogiebildung nach Eduard Spranger (Grammes 2011, 56). Für *Eduard Spranger* spielt die Analogiebildung eine wichtige Rolle zur Bearbeitung des Brückenproblems. Ausgangspunkt seiner Didaktik sind elementare Fragen, Anforderungen und Fälle, die die Grundprinzipien politischer Institutionen und Ordnungsvorstellungen aus ihrem Fehlen heraus zugänglich machen (beispielsweise wenn auf einer fiktiven Insel das Zusammenleben der Menschen organisiert werden soll), d. h. sie werden im Anschluss an die elementaren Anforderungen von den Lernenden selbst entdeckt und somit in ihrem Sinn verstehbar. Die ebenfalls elementaren, auf Kernideen reduzierten Entdeckungen (bspw. die Gewaltenteilung) dienen dann als Ausgangspunkt für Analogiebildungen in Richtung des politischen Systems (Spranger 1963, Petrik 2011).

2.1.2 Gesellschaftlich-politische Bedingungen politischer Bildung

Pluralität und Fehlbarkeit: Die politischen Experimente einer Volksgemeinschaft oder der Diktatur des Proletariats offenbarten auf drastische Weise die menschenverachtenden Konsequenzen eines Verzichts auf institutionalisierte, die Rechte Einzelner schützende Pluralität. Gleichzeitig zeigten sich die politischen Ideologien des 20. Jahrhunderts ignorant gegenüber der Möglichkeit, sich politisch zu irren. Die dezisionistischen oder teleologischen Elemente in den Ideologien ließen am Standpunkt des Volksgenossen oder dem Klassenstandpunkt keinen Zweifel aufkommen. Eine Begrenzung negativer Folgen politischer Entscheidungen war so nicht möglich – auch hier wieder mit menschenverachtenden Konsequenzen. Vor diesem Hintergrund war für die Klassiker politische Entscheidungsfindung nur unter der Bedingung der verfassungsmäßigen Verbürgung von individueller Freiheit und Pluralität sowie unter der Bedingung eines möglichen politischen Irrtums denkbar (vgl. zur Westorientierung Gagel 2005, 19 ff., 24 f.). Politische Entscheidungen sollten fortan unter Beteiligung der Bürger, unter Wahrung ihrer Rechte und darüber hinaus mit Vorsicht, also durch eine zeitliche Begrenzung prinzipiell reversibel getroffen werden (Abromeit 2002, 141 ff.).

Für die politische Bildung stellen die pluralistische Gesellschaft und der Verzicht auf letzte Wahrheiten eine große Herausforderung dar. Insbesondere *Bernhard Sutor* und *Hermann Giesecke* suchen in ihren Didaktiken nach angemessenen theoretischen Fundierungen und unterrichtlichen Strategien. *Sutor* geht dabei in seinen Schriften von der anthropologischen Grundannahme aus, dass das Personsein des Menschen durch eine doppelte Polarität gekennzeichnet sei, die zwischen Individualität und Sozialität und die zwischen Natur und Geschichte (Sutor 1984, 58). Die doppelte Polarität verdeutlicht, dass Politik plurale Ansprüche gelten lassen muss und sich nicht einem der Pole so zuneigen darf, dass beispielsweise die individuelle Wirtschaftsfreiheit (Individualität) gegenüber den Ansprüchen auf sozialen Ausgleich und gesellschaftliche Einbindung (Sozialität) verabsolutiert würde. Die Aufgabe besteht vielmehr darin, in konkreten Entscheidungssituationen die pluralen Ansprüche und Konflikte zuzulassen und stets neu auszutarieren („Denken in Alternativen"; Sutor 1974, 27). In der Sutorschen Didaktik (Inhaltsauswahl) und Methodik (Phasen des Unterrichts) kommt es somit darauf an, den Lernenden mögliche Auswirkungen ihrer Urteile im Spannungsfeld der doppelten Polarität zu verdeutlichen. [Doppelte Polarität des Menschseins]

Auch bei Giesecke steht die Einsicht in die Unvermeidbarkeit von Pluralität und politischen Konflikten im Mittelpunkt, die Konfliktsituation wird gefasst „als die eigentliche politische Handlungssituation" (Giesecke 1974, 143). Politischer Bildung kommt im Anschluss daran nicht die Aufgabe zu, ‚richtige' Konfliktlösungen zu vermitteln, sondern die gesellschaftlichen Konflikte zu analysieren und die eigenen Interessen in einer Konfliktsituation zu erkennen. Auch hier geht es mithin nicht mehr um politische Wahrheit und den richtigen Standpunkt, sondern um die Selbstverortung innerhalb gesellschaftlicher Konfliktlinien. In der kategorialen Didaktik und Methodik Gieseckes kommen entsprechend Kategorien und daran ausgerichtete Leitfragen zur Analyse von Konflikten zur Anwendung.

Krisenerfahrung, Bedrohungslagen, Regelungsbedarf: Grundlegende Aufgabe von Politik in der Demokratie ist die Bewältigung politischer, gesellschaftlicher und wirtschaftlicher Problemlagen, also von Zuständen und Entwicklungen, die nach Abhilfe verlangen (Policy). Problemlagen und Krisenszenarien, zu denen keine einfachen Lösungen vorliegen, stellen eine kontinuierliche Bedingung von Politik und politischer Bildung dar (demographischer Wandel, Energiesicherheit, Extremismus und Terrorismus etc.). [Policy-Dimension]

Vor allem Wolfgang Hilligen stellt die Policy-Dimension in den Mittelpunkt seiner Didaktik (vgl. Spielarten einer Policy-Didaktik bei Jungk/Müllert 1995 und Weinbrenner/Häcker 1991). Dabei schlägt Hilligen zwar eine Reihe von konkreten Herausforderungen vor (Massenvernichtung, Umweltzerstörung, mediale Erfahrung etc.), die bleibende Leistung besteht aber darin, ein begriffliches Instrumentarium entwickelt zu haben, das es ermöglicht, Problemlagen aufzuspüren. So müsse man von jeweiligen *Zeitphänomenen* ausgehen (z. B. Massenmedien, Internet), die jeweils bestimmte *Gefahren* (z. B. Manipulation, Entkopplung von ‚echter' Erfahrung), aber auch bestimmte *Chancen* mit sich brächten (z. B. Zugang zu Informationen für alle Bürger). Im Hinblick auf diese doppelte Potentialität spricht Hilligen von *Herausforderungen*, die Gegenstand des Unterrichts sein sollten. Die Dynamik des Unterrichts orientiert sich dann an der Definition und gedanklichen Bearbeitung von gesellschaftlichen und politischen Problemen (Hilligen 1985).

Fremdbestimmtheit, Verbesserungsbedürftigkeit der „herrschenden Verhältnisse": In den klassischen Theorien zur politischen Bildung ist die Kritik der politischen, gesellschaftlichen und schulischen Verhältnisse immer wieder Ausgangspunkt der konzeptionellen Überlegungen gewesen. Traditionellerweise steht hier – im Anschluss an die Rezeption der Kritischen Theorie – die Dialektik der Aufklärung im Mittelpunkt (Horkheimer/Adorno 1995), wonach sich materielle Ungleichheit, Machtungleichgewichte und Fremdbestimmtheit nicht aufgelöst, sondern im Laufe der Entwicklung demokratischer und kapitalistischer Massengesellschaften lediglich andere Formen angenommen hätten. Auch und vor allem die Schule wird in ihrer Disziplinierungsfunktion kritisiert, da sie als Sozialisations- und Bildungsinstanz zur Anpassung an die bestehenden politisch-gesellschaftlichen Herrschaftsverhältnisse beitrage.

Emanzipation als Bildungsauftrag

Unter den Klassikern ist es insbesondere Rolf Schmiederer, der solcherlei Gesellschaftsdiagnosen zum Ausgangspunkt seiner didaktischen Überlegungen macht und daraus den Charakter der politischen Bildung bestimmt: „Eine kritisch-offene (emanzipatorischorientierte) politische Bildung [...] ist – systemimmanent gesehen – dysfunktional; sie verstößt gegen ihren ‚eigentlichen Auftrag' und gegen die Interessen der in der Gesellschaft vorherrschenden und privilegierten Gruppen" (Schmiederer 1977, 45). Schmiederer stellt die Interessen der Schülerinnen und Schüler, die im Unterricht durch Umwelterkenntnis und Selbstreflexion von ihnen selbst erfasst werden sollen, ins Zentrum der bildnerischen Bemühungen. Eine so zu erreichende Emanzipation und Mündigkeit ist Ziel politischer Bildung und Ausgangspunkt gesellschaftlicher Veränderun-

Welche Fragen stellen, welche Antworten geben die Klassiker der Politikdidaktik? 37

gen. Gerade weil die radikale Schülerzentriertheit Schmiederers in gegenwärtigen didaktischen Prinzipien wie Adressatenorientierung oder Schülerorientierung zu einer Motivierungs- und Verständnishilfe „geschrumpft" (Hedtke 2011, 184) zu sein scheint, sind Bemühungen zur Wiederbelebung einer kritischen politischen Bildung im Geiste Schmiederers zu beobachten (Lösch/Thimmel 2010).

2.2 Tradition und Transformation: Von den Klassikern zu den politikdidaktischen Prinzipien

Klassische politikdidaktische Konzeptionen schlagen – wie oben angedeutet – in je spezifischer Weise einen Implikationszusammenhang von *Anforderungssituationen* (die zugleich alltägliche und wissenschaftliche Zugänge und Reaktionen ermöglichen), *Zielen* (normatives Wissen), *Inhalten* (fachwissenschaftliches Wissen) und *Methoden* (Berufswissen) des Unterrichts vor (Reinhardt 2012, 40, zur Charakterisierung der Wissensformen Grammes 1998, 57 ff.). Ein Indiz dafür, dass die klassischen politikdidaktischen Konzeptionen nach wie vor Fragen aufwerfen und Antworten geben, die auch für die nachgeborenen politischen Bildner bedeutsam sind, ist deren Weiterverwendung in transformierter Form. In aktuellen Publikationen werden die umfangreichen konzeptionellen Überlegungen – teils empirisch flankiert, kritisch beleuchtet sowie deutlich modifiziert oder ergänzt – durch die politikdidaktischen Prinzipien tradiert (Reinhardt 2007, Sander 2013). Die klassischen politikdidaktischen Theorien haben insofern maßgeblich jeweils eines der politikdidaktischen Prinzipien konzeptionell fundiert (Petrik 2012). Diese Prinzipien bringen nunmehr wiederum die komplexen theoriegesättigten Überlegungen auf den Begriff; sie kristallisieren einen je spezifischen Implikationszusammenhang von unterrichtlichen *Anforderungssituationen, Zielen, Inhalten und Methoden* begrifflich aus. Folgende politikdidaktische Prinzipen lassen sich nach ihren Urhebern differenzieren (wir kombinieren und modifizieren Vorschläge von Sibylle Reinhardt 2012 und Andreas Petrik 2012).

Politikdidaktische Prinzipien

Fallprinzip (Kurt Gerhard Fischer)	*Anforderungssituation*: Begegnung mit konkreten und verallgemeinerbaren Fällen, die Konflikte oder Probleme oder Entscheidungssituationen enthalten *Ziel*: Entdeckung verallgemeinerbarer Einsichten, je nach Fall *Inhalt*: Policy, Polity oder Politics, je nach Fall *Methode*: Fallstudien und Fallanalysen
Genetisches Prinzip (Eduard Spranger)	*Anforderungssituation*: das gedankenexperimentelle oder simulative Fehlen einer politischen Institution oder Ordnungsvorstellung *Ziel*: echtes Erfassen des Sinns politischer Institutionen und Ordnungsvorstellungen, Entwicklung politischer Orientierung *Inhalt*: politische, wirtschaftliche, gesellschaftliche Ordnungs- und Prozesspolitik *Methode*: Gründung
Urteilsbildung als Prinzip (Bernhard Sutor)	*Anforderungssituation*: Begegnung mit lebensweltlichen und politischen Urteils- und Entscheidungssituationen *Ziel*: politische Urteilskompetenz (unter Berücksichtigung von Sach- und Werturteilen); rationale Urteilsbildung *Inhalte*: Politiy, Policy, Politics, je nach Urteils- und Entscheidungssituation *Methoden*: „Dreischritt" (Bernhard Sutor), Dilemma-Unterricht (Sibylle Reinhardt)
Konfliktorientierung (Hermann Giesecke)	*Anforderungssituation*: Begegnung mit einem Konflikt, der interessiert, aber unverstanden ist oder zu Positionierungen Anlass gibt *Ziele*: je nach Schwerpunkt analytische Kompetenzen (Konflikte verstehen) und Konfliktkompetenz (Handeln im Konflikt, Streitkultur) *Inhalt*: Politics *Methoden*: Konfliktanalyse, Kontroversverfahren verschiedenster Art
Problemorientierung (Wolfgang Hilligen)	*Anforderungssituation*: Begegnung mit einem Problem, einem unerwünschten oder bedrohlichen (gesellschaftlichen) Zustand, einer drohenden Entwicklung, einem Desiderat *Ziele*: Problemlösekompetenz, v.a. Sachurteilskompetenz *Inhalte*: Policy *Methoden*: Problemstudie (Wolfgang Hilligen), Szenariotechnik (Peter Weinbrenner) und Zukunftswerkstatt (Eberhard Jungk), Forschungsprojekt
Handlungsorientierung (Friedrich Oetinger alias Theodor Wilhelm)	*Anforderungssituation*: Möglichkeit und empfundene Notwendigkeit, politisch tätig zu werden *Ziele*: kooperatives und strategisches Denken und Handeln, Partizipationsfähigkeit *Inhalte*: Politics; Politik soll vornehmlich in ihrer prozessualen Dimension wahrgenommen werden *Methoden*: Schülermitbeteiligung, Streitschlichtung, Service Learning, Bürgeraktion, Projekt etc.
Schülerorientierung/ Adressatenorientierung (Rolf Schmiederer)	*Anforderungssituation*: sich seiner eigenen Interessen bewusst werden und diese in den politischen Prozess einbringen *Ziele*: Selbstreflexion, Selbst- und Umweltkenntnis, Partizipationsfähigkeit *Inhalte*: Lebenssituationen der Lernenden als Erfahrungsbereiche, die durch gesamtgesellschaftliche Strukturen bedingt sind und eingeschränkt werden *Methoden*: Analyse eigener Erfahrung, lebensweltliche Fallanalyse, Vorhaben, Projekt

Über die Abkürzung der politikdidaktischen Prinzipien finden die klassischen Theorien somit Eingang in die gegenwärtige Lehrer(aus)bildung (Reinhardt 2012, 41 f.). Dort und im professionellen Unterrichtsalltag erfüllen die Prinzipien *zwei Funktionen:* Zum einen bilden sie eine kognitive Folie bei der Planung von Unterricht. Im chaotischen Prozess der Unterrichtsplanung bieten sie gleichsam Andockstationen für die Einfälle der Planenden. Ein in einer Tageszeitung oder im Curriculum gefundener Inhalt, eine auf einer Fortbildung entdeckte Methode oder ein als dringlich empfundenes Bildungsziel wird probeweise auf die Prinzipien bezogen. Das Andocken an ein Prinzip hat Konsequenzen für die jeweils offenen Entscheidungen im Planungsprozess („… das kann ich doch problemorientiert machen …"). Zum anderen sind die politikdidaktischen Prinzipien ein unverzichtbares Instrument bei der Selbst- und Fremdreflexion (auch für Fachleiter und Praktikumsbetreuer) und damit der Professionalisierung der Lehrenden. Im Rückblick auf den Unterricht kann mit ihnen überlegt werden, ob der gewählte Inhalt zu der gewählten Methode passte oder ob das faktische Alltagsverständnis einer Anforderungssituation durch die Lernenden mit den Ziel-, Inhalts- und Methodenentscheidungen kollidierte etc.

Bedeutung der politikdidaktischen Prinzipien

3. Fazit – Klassiker lesen

Die klassischen politikdidaktischen Konzeptionen zeigen gangbare didaktische Pfade zum Politischen auf. Die Abkürzungsstrategie über die politikdidaktischen Prinzipien birgt jedoch die Gefahr, dass die theoretisch anspruchsvollen Implikationen der politikdidaktischen Prinzipien und damit die jeweils spezifische didaktische Figur eines an den Prinzipien orientierten Unterrichts nicht zur Geltung kommen. Bisweilen stehen in Unterrichtsentwürfen die Prinzipien als legitimierende Slogans unreflektiert nebeneinander. Alles ist dann irgendwie handlungs- und problemorientiert. Gerade vor diesem Hintergrund lohnt nach wie vor die vergleichende Lektüre der klassischen politikdidaktischen Konzeptionen (Kuhn/Massing/Skuhr 1993, May/Schattschneider 2011).

Literatur

Abromeit, Heidrun 2002: Wozu braucht man Demokratie? Die postnationale Herausforderung der Demokratietheorie. Opladen

Blankertz, Herwig 1973: Theorien und Modelle der Didaktik. München

Fischer, Kurt Gerhard 1973: Einführung in die Politische Bildung. Ein Studienbuch über Diskussions- und Problemstand der Politischen Bildung in der Gegenwart. 3. durchges. Aufl., Stuttgart

Fischer, Kurt Gerhard 1993: Das Exemplarische im Politikunterricht. Beiträge zu einer Theorie politischer Bildung. Schwalbach/Ts.

Gagel, Walter 2005: Geschichte in der politischen Bildung in der Bundesrepublik Deutschland 1945-1989/90. 3., überarbeitete und erweiterte Aufl., Opladen

Giesecke, Hermann 1974: Didaktik der politischen Bildung. 9. Aufl., München

Grammes, Tilman 1998: Kommunikative Fachdidaktik. Politik. Geschichte. Recht. Wirtschaft. Opladen

Grammes, Tilman 2005: Exemplarisches Lernen. In: Sander, Wolfgang (Hrsg.): Handbuch politische Bildung. Bonn, S. 93-107

Grammes, Tilman 2011: Interpretation und Kommentar [zu Friedrich Oetinger]. In: May, Michael/Schattschneider, Jessica (Hrsg.), a. a. O., S. 49-65

Habermas, Jürgen 1995: Theorie des kommunikativen Handelns. Bd. 2: Zur Kritik der funktionalistischen Vernunft. Frankfurt/M.

Hedtke, Reinhold 2011: Interpretation und Kommentar [zu Rolf Schmiederer]. In: May, Michael/Schattschneider, Jessica (Hrsg.), a. a. O., S. 178-189

Hilligen, Wolfgang 1985: Zur Didaktik des politischen Unterrichts. 4. Aufl., Opladen

Horkheimer, Max/Adorno, Theodor W. 1995 (zuerst 1947): Dialektik der Aufklärung. Philosophische Fragmente. Frankfurt/M.

Jungk, Robert/Müllert, Norbert R. 1995: Zukunftswerkstätten. Mit Phantasie gegen Routine und Resignation. 5. überarb. und aktualisierte Aufl., München

Kuhn, Hans-Werner/Massing, Peter/Skuhr, Werner (Hrsg.) 1993: Politische Bildung in Deutschland. Entwicklung, Stand, Perspektiven. 2. überarb. und erw. Aufl., Opladen

Lösch, Bettina/Thimmel, Andreas (Hrsg.) 2010: Kritische politische Bildung. Ein Handbuch. Schwalbach/Ts.

May, Michael/Schattschneider, Jessica (Hrsg.) 2011: Klassiker der Politikdidaktik neu gelesen. Originale und Kommentare. Schwalbach/Ts.

Oetinger, Friedrich 1956: Partnerschaft. Die Aufgabe der politischen Erziehung. 3. erneut verbesserte und erw. Aufl., Stuttgart

Petrik, Andreas 2011: Interpretation und Kommentar [zu Eduard Spranger]. In: May, Michael/Schattschneider, Jessica (Hrsg.), a. a. O., S. 23-38

Petrik, Andreas 2012: Der heimliche politikdidaktische Kanon. In: Juchler, Ingo (Hrsg.): Unterrichtsleitbilder in der politischen Bildung (= Schriftenreihe der GPJE). Schwalbach/Ts., S. 81-85

Literatur

Reinhardt, Sibylle 2007: Politik-Didaktik. Praxishandbuch für die Sekundarstufe I und II. 4. überarb. Aufl., Berlin

Reinhardt, Sibylle 2012: Fachdidaktische Prinzipien als Unterrichtsleitbilder in der politischen Bildung. In: Juchler, Ingo (Hrsg.): Unterrichtsleitbilder in der politischen Bildung (= Schriftenreihe der GPJE). Schwalbach/Ts., S. 35-45

Sander, Wolfgang 2005: Theorie der politischen Bildung: Geschichte – didaktische Konzeptionen – aktuelle Tendenzen und Probleme. In: Ders. (Hrsg.): Handbuch politische Bildung. Bonn, S. 13-47

Sander, Wolfgang 2013: Politik entdecken – Freiheit leben. Didaktische Grundlagen politischer Bildung. 4. Aufl., Schwalbach/Ts.

Sander, Wolfgang 2011: Interpretation und Kommentar [zu Kurt Gerhard Fischer]. In: May, Michael/Schattschneider, Jessica (Hrsg.), a. a. O., S. 76-90

Scheuerl, Hans 1995: „Was ist ein pädagogischer Klassiker?" In: Zeitschrift für Pädagogik, 41. Jg., Heft 2, S. 155-160

Schmiederer, Rolf 1977: Politische Bildung im Interesse der Schüler. Köln/Frankfurt/M.

Spranger, Eduard 1963: Gedanken zur staatsbürgerlichen Erziehung. Unveränd., um ein Nachwort erw. Neuauflage, Bochum

Steinbicker, Jochen 2011: Zur Theorie der Informationsgesellschaft: Ein Vergleich der Ansätze von Peter Drucker, Daniel Bell und Manuel Castells. 2. Aufl., Wiesbaden

Sutor, Bernhard 1974: Plädoyer für einen pluralen Ansatz in den Curricula politischer Bildung. In: Bundeszentrale für politische Bildung (Hrsg.): Curriculum-Entwicklung zum Lernfeld Politik. Bonn, S. 11-28

Sutor, Bernhard 1984: Neue Grundlegung der politischen Bildung. Bd. 1: Politikbegriff und politische Anthropologie. Paderborn u. a.

Weinbrenner, Peter/Häcker, Walter 1991: Zur Theorie und Praxis von Zukunftswerkstätten. Ein neuer Methodenansatz zur Verknüpfung von ökonomischem, ökologischem und politischem Lernen. In: Bundeszentrale für politische Bildung (Hrsg.): Methoden in der politischen Bildung – Handlungsorientierung. Bonn, S. 115-149

Reinhold Hedtke

Fachwissenschaftliche Grundlagen politischer Bildung – Positionen und Kontroversen

Wissen

Fachwissenschaften erzeugen, überprüfen und verwenden wissenschaftliches Wissen, Schulfächer vermitteln das praktische, wissenschaftliche und normative Wissen, das eine Gesellschaft für tradierenswert hält. Fachwissenschaften entstehen, vergehen und zerteilen sich mehr oder weniger autonom und kontingent in der historischen Evolution des Wissenschaftssystems (Mittelstraß 2005, 237). Idealerweise steuern sie sich über den Kampf um die wissenschaftliche Wahrheit, aus dem das als wissenschaftlich richtig anerkannte Wissen hervorgeht. Schulfächer entstehen aus kontingenten politischen und kulturellen Auseinandersetzungen über das im Bildungssystem zu repräsentierende Wissen einer Gesellschaft (vgl. Sander 2010, 31-33). Typischerweise drücken sie das vorherrschende Selbstbild einer Gesellschaft und das als gesellschaftlich wichtig anerkannte Wissen aus.

Politische Bildung konstituiert sich durch ihre Ziele, Orte und eingelebten Praktiken sowie durch die Wissensbestände, auf die sie sich grundlegend bezieht. Sozialwissenschaftliches Wissen existiert im Überfluss, politische Bildung greift darauf selektiv zu. Selektivität resultiert aus der Spannung zwischen Offenheit und Kontingenz von Wissenschaft und Welt einerseits, den Orientierungsbedürfnissen von Lernenden, Lehrenden und Forschenden sowie den Tradierungs-, Ordnungs- und Legitimationsinteressen in einer Gesellschaft andererseits.

Solche Orientierungsbedarfe motivieren dazu, dem ausgewählten Wissen Struktur und Stringenz zu geben sowie ihm Gestalt und Geltung zu verschaffen. In diesem Konstruktionsprozess werden fachwissenschaftliche Grundlagen mit Blick auf schulfachspezifische Leitbilder für politische Bildung ausgewählt, ausgerichtet und angeordnet. Er wird beeinflusst von anerkannten Auffassungen über das Fach und seinen Ort in der Obligatorik des Bildungssystems, über die Eigenheiten von Einzeldisziplinen, über Reichweite und Legitimität ihrer Erklärungsansprüche und über die Zulässigkeit anderer

Wissensformen ebenso wie von eingelebten (schul)fachtypischen Praxen, Kulturen und Kanons.

1. Sozialwissenschaft, Gesellschaft und Politik

Die jeweiligen fachwissenschaftlichen Grundlagen politischer Bildung resultieren aus einem meist konflikthaften gesellschaftlichen Prozess der Wissensproduktion. Sie konstituieren zugleich eine soziale Praxis der Wissensaneignung und -verwendung in Schule, Unterricht und Lehrerausbildung. Die Kontroversen drehen sich darum, welches Wissenschaftswissen über das Politische, das politische System, die Politik und über politisches Denken und Handeln für die politische Bildung auszuwählen und welches abzuwählen ist. Entscheiden muss man auch, ob und welches praktische Wissen aus Gesellschaft und Politik aufzunehmen ist. Es geht also um die Bildungsrelevanz unterschiedlicher wissenschaftlicher Wissensbestände und um die Repräsentanz unterschiedlicher Wissensformen in einer Domäne und ihren Schulfächern (vgl. Grammes 2009). Die Selektion von Wissensbeständen und mit ihnen verbundenen Kompetenzen für die politische Bildung ist selbst ein Politikum, sie ist fachdidaktische Wissenspolitik, die auf Durchsetzung eines favorisierten Wissensregimes zielt.

<small>Fachwissenschaftliche Grundlagen</small>

Unterschiedliche Positionen zu den fachwissenschaftlichen Grundlagen für die politische Bildung gründen auf unterschiedlichen Vorstellungen über Bildung und Maßstäbe für deren Bewertung, Leitperspektive(n) und Gegenstandsbereich(e) politischer Bildung, epistemologische, wissenschaftstheoretische, methodologische und disziplinäre Positionen, Legitimität und Rangordnung von wissenschaftlichen, praktischen, lebensweltlichen Wissensformen und Subjektivität in der politischen Bildung.

Für die politische Bildung brauchbares wissenschaftliches Wissen erwartet man vor allem aus den Sozialwissenschaften, ferner aus der Rechtswissenschaft. Unter „Sozialwissenschaft" lassen sich die Disziplinen zusammenfassen, „die sich mit der Ordnung und Organisation des menschlichen Zusammenlebens beschäftigen" (Lehner 2011, 14). Ähnlich kann man den Gegenstandsbereich eines Lernbereichs „Soziale Studien" als „das gesellschaftliche Zusammenleben der Menschen" begreifen (Sander 2010, 39, Herv. entfernt). Zu den Sozialwissenschaften zählen nach Lehner Volkswirtschaftslehre und Betriebswirtschaftslehre, Soziologie, Sozialpsychologie und Sozialan-

<small>Sozialwissenschaften</small>

thropologie sowie als jüngste Disziplin Politikwissenschaft. Politikwissenschaft und Betriebswirtschaftslehre verstehen sich mehrheitlich als integrative Disziplinen, die Ansätze aus anderen Sozialwissenschaften zusammenführen.

Im Feld der Sozialwissenschaften stehen unterschiedliche Ideen zur Lösung wissenschaftlicher und praktischer Probleme in pragmatischer Konkurrenz zueinander; sie gründen zugleich meist stillschweigend auf einer relativ breiten Basis interdisziplinär oder transdisziplinär gemeinsamer Begriffe, Konzepte, Prinzipien, Annahmen und Einsichten (Lehner 2011, 416 f.). Man teilt insbesondere ein konstruktivistisches Konzept von Wissen, das auch die sozialkonstruktivistische Wirkung von angewandtem oder kommuniziertem Wissen in Rechnung stellt. Zu den klassischen Leitideen der Sozialwissenschaften zählt die gesellschaftliche Konstruktion der Wirklichkeit (Berger/Luckmann).

Jede einzelne Sozialwissenschaft weist eine methodologisch und theoretisch *immanent* pluralistische Struktur auf, durch die die gelegentlich behauptete Eigenlogik „der" Disziplin verschwimmt. Im Grundsatz gibt es ein gemeinsames Repertoire sozialwissenschaftlicher Methodologien und Methoden, aus dem alle Disziplinen schöpfen. Aus der Struktur der Sozialwissenschaften kann man also weder eine Leitdisziplin noch eine Struktur von Domänen oder Schulfächern herleiten.

2. Domäne, Disziplin und Fach

Domänenbegriff und Kompetenzorientierung

Der aus der Kognitionspsychologie entlehnte Begriff Domäne diffundierte im Kontext der Umsteuerung auf Kompetenzorientierung. Mit Domäne bezeichnet Franz E. Weinert sinnvolle Aufgabenbereiche wie z. B. Baseball, Schach, Naturwissenschaften oder Physik samt dem zugehörigen domänenspezifischen Wissen. Kompetenzen und Kompetenzmodelle, so verlangen kognitionspsychologische und bildungspolitische Vorgaben, sollen sich auf definierte Domänen beziehen. In den fachdidaktischen Debatten erscheint Domäne meist als Synonym für Schulfach und für Wissenschaftsdisziplin und zugleich von Fach und Disziplin (vgl. Sander 2011, 11 f.). Im Gegensatz zur Auffassung von Wolfgang Klafki verengt sich Wissenschaftsorientierung so zu Disziplinorientierung, und es verbreiten sich reduktionistische Identitäten wie ökonomische Bildung = Schulfach Wirtschaft = Volkswirtschaftslehre und politische

Bildung = Schulfach Politik = Politikwissenschaft (vgl. Detjen u. a. 2012, 11, 14).

Aus dieser Sicht stammen relevante Wissensbestände und Kompetenzen aus einer dyadischen Relation, in der sich das Schulfach Politik monodisziplinär auf Politikwissenschaft als „seine" wissenschaftliche Fachdisziplin bezieht. Das Wissensregime des Schulfachs entspricht prinzipiell dem der Bezugsdisziplin. Als Strukturprinzip gewendet würde dies eine Atomisierung der Stundentafeln bewirken, da man auch bestehende, oft multidisziplinäre Schulfächer in viele kleine, disziplinär reine Fächer aufteilen müsste (Hedtke/Uppenbrock 2011). Aus dem Fach Sozialkunde etwa würden sechs Fächer mit Wissen aus Politikwissenschaft, Volkswirtschaftslehre, Soziologie, Sozialpsychologie, Medienwissenschaften und Recht (vgl. Sander 2010, 32).

Die Gesellschaft für Fachdidaktik definiert dagegen eine (didaktische) Domäne als eine Gruppe affiner Fächer (GFD 2009), etwa Gesellschaftswissenschaften oder Sozialwissenschaften. Sie unterscheidet fachbezogene, domänenspezifische, fachübergreifende und überfachliche Standards und Kompetenzen. Die Domäne definiert sich durch sozialwissenschaftliche Kompetenzen, deren Erwerb die ihr zugeordneten Schulfächer gemeinsam verantworten, indem sie die fachspezifischen Kompetenzen vermitteln, die zum Erwerb der *domänen*spezifischen Kompetenzen beitragen.

Ganz ohne Masterplan entwickeln sich Disziplinen heute dynamisch weiter, teilen sich, verschmelzen oder gründen sich neu. Die Stundentafel dagegen ist der „entscheidende Stabilitätsfaktor der deutschen Schule" (Oelkers 2010, 20). Disziplinen und Schulfächer sind historische, kontingente Konstrukte, die im Kontext von gesellschaftlich-politischen Interessenkonflikten entstanden. Schulfächer organisieren – oft transdisziplinäres – Wissenschaftswissen sowie institutionales und Erfahrungswissen nach dem Prinzip der Fachlichkeit und nach dem Prinzip der „Transzendierung der Fachperspektiven" (Tenorth 1999, 202).

> Entwicklung von Schulfächern

Schulfächer verkörpern das schulspezifische Domänenwissen, das sich in Bildungsadministration und Bildungspraxis im Zuge der Wechselwirkung von Lehrplanarbeit und Unterrichtspraxis etablieren konnte. Neben dem fachdidaktisch konstruierten wissenschaftlichen Wissen bildet das schulspezifische Domänenwissen einen „Wissensbereich eigenen Rechts", in dem die Praxis selbst Inhalte und ihre Bedeutung etwa in Kerncurricula kanonisiert (Baumert/

Kunter 2006, 495) und in Schulfächerstrukturen gießt. Die Lehrmittel und ihr Gebrauch konstituieren die Praxis des Faches und damit zugleich das Fach selbst (Oelkers 2010, 21 f.). Das schulspezifische Domänenwissen der Praxis ist oft multidisziplinär verfasst. Im sozialwissenschaftlichen Lernbereich herrscht eine transdisziplinäre Schulfachkultur, insbesondere in der Sekundarstufe I, aber auch in den übrigen Fächern der Kernstundentafel in Deutschland und vielen europäischen Ländern sowie in den USA (Hedtke/Uppenbrock 2011, 12-13, 38). Französische Schulen führen Fächer, die etwa Geschichte und Geographie oder Politik, Recht und Gesellschaft oder Wirtschafts- und Sozialwissenschaften integrieren. In England vereinigt das Pflichtfach *Citizenship* Wissen aus Politikwissenschaft, Rechtswissenschaft, Soziologie, Geschichtswissenschaft, Ethik und Volkswirtschaftslehre.

Abbildung 1: Die problembezogene Struktur der Domäne Sozialwissenschaften

	Sozialwissenschaftliches, institutionales und lebensweltliches Wissen
Fachdidaktische Leitfragen: *Gestaltungsorientierung*	(1) Wie können Subjekte lernen, ihr *Zusammenleben* in der Gesellschaft autonom und verantwortungsvoll zu gestalten? (Mündigkeit) (2) Wie kann Wissen und Können zur selbstbestimmten Gestaltung der *Lebensführung* in Gesellschaft, Politik und Wirtschaft beitragen? (3) Wie kann Wissen und Können *Urteilsfähigkeit* über die Gestaltung von Gesellschaft, Politik und Wirtschaft fördern?
Kompetenzorientierte Grundfragen sozialwissenschaftlichen Denkens: *Wissenschaftsorientierung*	(1) Wie kann man sozialwissenschaftliche *Beschreibungen* und *Analysen* anlegen? (2) Was kann man mit sozialwissenschaftlichen *Daten*, *Modellen* und *Theorien* erklären? (3) Wie *wirken* sozialwissenschaftliches, institutionales und lebensweltliches Wissen? (4) Wie kann und wie soll man sozialwissenschaftliches Wissen *verwenden* und *anwenden*?
Gesellschaftliche Grundprobleme: *Problemorientierung*	(1) Wie ist gesellschaftliche Ordnung möglich? (2) Wie wandeln sich Gesellschaften? (3) Wie soll die Gesellschaft gestaltet werden? (4) Wer soll nach welchen Prinzipien und Regeln worüber entscheiden? (5) Wie sollen Verwirklichungschancen gestaltet und verteilt werden?

Verändert aus Hedtke 2011, S. 53, Abb. 2.

3. Bezugsdisziplinen bei den Klassikern der politischen Bildung

Die Klassiker schöpften das für die politische Bildung relevante Wissen breit aus den Sozialwissenschaften (vgl. Grammes 2011). So spricht Walter Gagel explizit von sozialwissenschaftlicher Bildung und der lebenspraktischen Bedeutung sozialwissenschaftlichen Wissens, die dem Einzelnen zur kognitiven Orientierung in seiner Umwelt dienten (Gagel 2000, 11-20). Auch Bernhard Sutor betont, dass die „Fachdidaktik des Politischen" und das durch das „Formalobjekt Politik" konstituierte Schulfach in Bezug zu einer Mehrzahl sozialwissenschaftlicher Disziplinen zu bringen sind (Sutor 1984 I, 26f.). Er plädiert etwa für eine „politische Wirtschaftslehre" und betont, Wirtschaftsbürger und Staatsbürger seien didaktisch nicht zu trennen (Sutor 1984 II, 162). Wolfgang Hilligen schließlich erklärt dasjenige gesellschaftswissenschaftliche Wissen als für die politische Bildung relevant, das zur Lösung fundamentaler Probleme beiträgt, und bezieht sich dabei auf die Sozialwissenschaften und die Rechtswissenschaft (Hilligen 1985, 41, 105).

Bedeutung der Sozialwissenschaften

Die Frage der Bezugsdisziplinen auch wissenschaftstheoretisch zu diskutieren, war für Klassiker der politischen Bildung noch selbstverständlich (z. B. Hilligen 1985, 74-93; Sutor 1984 I, 29-54). Heute dagegen bleibt die wissenschaftstheoretische Analyse oft rudimentär und unterkomplex oder sie fehlt gleich ganz (z. B. Detjen u. a. 2012).

In dieser sozialwissenschaftlichen Tradition politischer Bildung verorten sich bis heute eine ganze Reihe von Fachdidaktikerinnen und Fachdidaktikern (vgl. Autorengruppe Fachdidaktik 2011). Andere dagegen verstehen die fachwissenschaftliche Basis politischer Bildung monodisziplinär und wollen sie wesentlich auf die Politikwissenschaft begrenzen (Detjen u. a. 2012). In der Wirtschaftsdidaktik hat sich eine ähnliche Kontroverse entwickelt.

Kontroverse um Bezugsdisziplin

4. Die politikwissenschaftliche Perspektive der politischen Bildung

Im Zuge von Kompetenzorientierung und damit einhergehender Gleichsetzung von Disziplin, Domäne und Schulfach haben sich in der politischen und in der ökonomischen Bildung disziplinistische,

Entwicklung von fachwissenschaftlichen Konzepten

auf eine einzige Fachwissenschaft reduzierte Konzepte herausgebildet (Detjen u. a. 2012; Althammer u. a. 2007; vgl. Hedtke 2011). Sie verabschieden zugleich die Bildungstheorie und ersetzen sie durch eine Mischung aus kognitionspsychologischen Konzepten und den Wissensstrukturen einer einzelnen Fachwissenschaft (Detjen u. a. 2012, 8, 21).

In ihrem politikwissenschaftlichen Konzept entwerfen Detjen u. a. ein Modell von Begriffskonzepten als Politikkompetenz, das sich am Leitbild der „Objektivierung schulischer Bildungsprozesse" durch verbindlich vorgegebene, messbare Lernergebnisse orientiert (2012, 16, 111 f.). Darüber hinaus richten sie die Politikdidaktik an den Anforderungen aus, die die Politik an die Bürger stellt (politikwissenschaftliche und politikdidaktische Bürgerleitbilder). Politikunterricht verstehen sie im Wesentlichen als einen „Vermittlungsprozess von politischen Sachverhalten und politikwissenschaftlichen Erkenntnissen" (Detjen u. a. 2012, 14).

Politikwissenschaft als Leitwissenschaft

Konzeptuelles politisches Wissen beziehen sie vor allem aus der Politikwissenschaft, die in diesem Konzept als integrative Leitwissenschaft der politischen Bildung fungiert und selektiv auch Wissen aus anderen Sozialwissenschaften nutze. Fachwissen müsse objektiv-genau definierbar, im konkreten Können der Lernenden beobachtbar sowie durch Messen der Lernergebnisse empirisch-systematisch überprüfbar sein (Detjen u. a. 2012, 9-12). Dieser politikdidaktische Ansatz betrachtet das fachliche Wissen und Können aus der Politikwissenschaft als eindeutig vorgegeben, wählt daraus Basiskonzepte aus und beschränkt die Subjektivität der Lernenden darauf, die Aneignung des Fachwissens individuell auszugestalten (2012, 10, 30). Im Zentrum steht die Vermittlung *von* fachwissenschaftlichem Wissen, andere Wissensformen bleiben unberücksichtigt, das Problem der Vermittlung *zwischen* unterschiedlichen Formen von Wissen stellt sich nicht (vgl. Weingart 2003, 140 f.).

Vermittlung erscheint dann als ein sozialtechnisches Projekt, bei dem es auf die optimale Förderung des (kognitiven) Kompetenzerwerbs ankommt. Kompetenzmodelle müssen den Kriterien Orientierung der Lehrer und systematische Überprüfbarkeit genügen (Detjen u. a. 2012, 10). Weil man „realistischere Aussagen über die Unterrichtswirklichkeit" machen will, konzentriert man die relevante Unterrichtswirklichkeit auf das Messbare, die Fachdidaktik auf evidenzbasierte Vermittlungsformen für abprüfbare Fachkompetenzen und den Bewertungsmaßstab für den Lernprozess auf dessen *outcome* (ebd., 9, 14). Das schließt hermeneutische, subjektorientierte und *wissens*kritische Zugänge faktisch aus (vgl. Grammes 2011, 37).

In diesem Verständnis bereitet Fachdidaktik als Vermittlungsinstanz vorgängig vorhandenes, als objektiv richtig und wichtig ausgezeichnetes fachwissenschaftliches Wissen nachgängig so auf, dass es sich unterrichtlich in persönliches Fachwissen der Adressaten transformieren lässt. Diese Politikdidaktik arbeitet selektiv und additiv (vgl. Grammes 2009, 146): Sie wählt das Fachwissenschaftswissen gemäß dem bildungsextern bestimmten Anforderungsprofil an Bürger aus und fügt Vermittlungs- und Aneignungstechniken sowie Algorithmen für die Überprüfung des Lernresultats hinzu. Insofern wird politische Bildung zu politikwissenschaftlicher Qualifikation.

5. Die sozialwissenschaftliche Perspektive der politischen Bildung

Die sozialwissenschaftliche Perspektive der politischen Bildung richtet sich auf die Regelung von grundlegenden Fragen und Problemen des gesamtgesellschaftlichen Zusammenlebens insbesondere in den Teilsystemen Politik, Gesellschaft, Wirtschaft und Recht; sie bezieht dafür relevantes Wissen gleichermaßen aus Politikwissenschaft, Wirtschaftswissenschaften, Soziologie und Kulturwissenschaften (Autorengruppe 2011, 164 f.; Hippe 2010). Sie vermittelt unterschiedliche sozialwissenschaftliche Zugänge, zielt auf ein integratives Modell der fundamentalen Begriffe (Walter Gagel), die sich dafür eignen, „die Komplexität von Gesellschaft, Politik, Recht und Wirtschaft in didaktischer Absicht zu reduzieren und zu ordnen" (Henkenborg 2011, 126).

Wissen durch Integration mehrerer Wissenschaften

Sozialwissenschaftliches Wissen dient dazu, *bestimmte* Probleme der Ordnung und Organisation des menschlichen Zusammenlebens besser zu beschreiben, zu verstehen und zu bearbeiten. Politische Bildung zieht sozialwissenschaftliches Wissen heran, um fünf gesellschaftliche Grundphänomene und Basisprobleme zu erarbeiten (vgl. Abb. 1; Henkenborg 2011, 127 f.): Ordnung, Wandel, Werte und Interessen, Probleme und Konflikte, Prinzipien und Regeln der Entscheidung sowie Verwirklichungschancen. In diesem Verständnis politischer Bildung gewinnt Wissen Relevanz durch Problembezüge und Lösungsbeiträge.

Dieser Ansatz passt zum Konzept problemorientierter Transdisziplinarität. Sie firmiert als Modus 2 der Wissensproduktion, hängt von Anwendungskontexten ab und umfasst mehrere Wissensformen (vgl. Weingart 2003, 134f.; Pluralität der Wissensformen). Eine problemorientiert transdisziplinäre Didaktik der politischen Bildung macht sozialwissenschaftliche, berufspraktisch-institutionale – u. a. schulspezifisches Domänenwissen – und lebensweltliche Wissensformen verfügbar, bezieht dieses Wissen aufeinander, reflektiert und relativiert es (Relationierung), damit Bildungssubjekte zentrale Probleme des gesellschaftlichen Zusammenlebens verstehen, erklären und bearbeiten lernen (Grammes 1998, 57-108; vgl. Hedtke 2010).

Einbezug des individuellen Wissens

Sie schließt dabei das subjektive Wissen der Lernenden, ihre sozialen Kognitionen und Repräsentationen, Schemata, Kategorien, Heuristiken und Skripte ein (Grammes 2009, 156-158). So erschließt sie die Vielfalt subjektiver, erfahrungsbezogener Zugänge zu Politik, Wirtschaft und Gesellschaft und setzt die Wissensformen in einer verständigungsorientierten Praxis kommunikativ, kreativ und subjektiv sinnbildend miteinander in Beziehung (Lange 2011, 98-101).

Wissensrelationierung impliziert Wissensrelativierung, verbürgt einen mehrperspektivischen Blick auf gesellschaftliche Probleme und mögliche Lösungen, repräsentiert unterschiedliche Rationalitäten, verlangt nach praktischer Hermeneutik und hält davon ab, diese Unterschiede einseitig zugunsten (fach-)wissenschaftlicher Rationalität einzuebnen (Grammes 2009, 148f.).Via politisches Lernen vermittelt Politikdidaktik dann nicht nur Wissen, sondern sie vermittelt auch zwischen Wissen und seinen Formen.

Ob sich Wissen im Umgang mit einem Problem als im Sinne Ernst von Glaserfelds viabel erweist, hängt von Kontext, Situation, Verwendung sowie intersubjektiver Bekräftigung und Bewährung des Wissens ab. Wissenschaftliches Wissen mag nicht viabel, viables Wissen mag wissenschaftlich falsch sein. Doch Viabilität und Wissenschaftlichkeit sind legitime Geltungskriterien für politisches Wissen (VW-Modell des Wissens; Hedtke 2011, 56). Mit dieser Kontingenz, Ambivalenz und Perspektivität von Wissensformen und Wissensbeständen umgehen zu können ist angesichts der unüberwindbaren Ungewissheit in der sozialen Welt eine zentrale Kompetenz sozialwissenschaftlicher politischer Bildung.

Schließlich übernimmt politische als kritische Bildung nicht einfach den Geltungsanspruch sozialwissenschaftlichen Wissens, sondern reflektiert ihn mit Blick auf das jeweilige Problem. Als politische

Bildung hinterfragt sie die Ökonomisierung und Politisierung von Wissenschaft und Wissensproduktion ebenso wie wissenspolitische Instrumentalisierungen für Interessen vor allem von staatlichen und unternehmerischen Organisationen (vgl. Weingart 2003, 137-141). Eine derart sozialwissenschaftlich-problemorientiert ausgerichtete Politikdidaktik findet ihr Pendant in Fachkultur und Selbstverständnis der sich curricular und lernmedial manifestierenden Bildungspraxis, die Gesellschaft, Politik, Wirtschaft und Recht zu ihren zentralen Gegenstandsbereichen sowie Individuum und Gesellschaft, Demokratie, Recht und Rechtsprechung, Internationale Beziehungen und Globalisierung, Markt und Wirtschaftsordnung sowie Medien zu ihren klassischen Inhaltsfeldern zählt (Autorengruppe 2011, 165). Das schulspezifische Domänenwissen steht also in der Tradition der Kultur multi- und transdisziplinären Wissens.

Insofern entspricht die Fachkultur der Praxis überwiegend dem Selbstverständnis der sozialwissenschaftlichen Perspektive politischer Bildung. Ob das so aber bleiben soll, bleibt offensichtlich kontrovers.

Literatur

Althammer, Jörg/Andersen, Uwe/Detjen, Joachim/Kruber, Klaus-Peter (Hrsg.) 2007: Handbuch ökonomisch-politische Bildung. Schwalbach/Ts.

Autorengruppe Fachdidaktik 2011: Konzepte der politischen Bildung. Eine Streitschrift. Schwalbach/Ts.

Baumert, Jürgen/Kunter, Mareike 2008: Stichwort: Professionelle Kompetenz von Lehrkräften. In: Zeitschrift für Erziehungswissenschaft 9 (2008) 4, S. 469-520

Detjen, Joachim/Massing, Peter/Richter, Dagmar/Weißeno, Georg 2012: Politikkompetenz – ein Modell. Wiesbaden

Gagel, Walter 2000: Einführung in die Didaktik des politischen Unterrichts. 2. Aufl., Opladen

GFD (Gesellschaft für Fachdidaktik) 2009: Mindeststandards am Ende der Pflichtschulzeit. In: Zeitschrift für Didaktik der Naturwissenschaften 15 (2009), S. 371-377

Grammes, Tilman 1998: Kommunikative Fachdidaktik. Politik, Geschichte, Recht, Wirtschaft. Opladen

Grammes, Tilman 2009: Vermittlungswissenschaft. Zur Verwendung sozialwissenschaftlichen Wissens am Beispiel einer Weiterbildung. In: Journal of Social Science Education 8 (2009) 2, S. 146-164

Grammes, Tilman 2011: Konzeption der politischen Bildung – bildungstheoretische Lesarten aus ihrer Geschichte. In: Autorengruppe Fachdidaktik, a. a. O., S. 27-50

Hedtke, Reinhold 2002: Wirtschaft und Politik. Über die fragwürdige Trennung von ökonomischer und politischer Bildung. Schwalbach/Ts.
Hedtke, Reinhold 2010: Ökonomik als Politik. Ein ökonomisches Paradigma im Kern der politischen Bildung. In: Politische Bildung 43 (2010) 1, S. 140-149
Hedtke, Reinhold 2011: Die politische Domäne im sozialwissenschaftlichen Feld. In: Autorengruppe Fachdidaktik, a. a. O., S. 51-68
Hedtke, Reinhold/Uppenbrock, Carolin 2011: Atomisierung der Stundentafeln? Schulfächer und ihre Bezugsdisziplinen in der Sekundarstufe I. Bielefeld. http://www.iboeb.org/uploads/media/hedtke-uppenbrock_stundentafel-atomisierung_01.pdf (17.1.2013)
Henkenborg, Peter 2011: Wissen in der politischen Bildung. Positionen der Politikdidaktik. In: Autorengruppe Fachdidaktik, a. a. O., S. 111-132
Hilligen, Wolfgang 1985: Zur Didaktik des politischen Unterrichts. 4. Aufl., Opladen
Hippe, Thorsten 2010: Wie ist sozialwissenschaftliche Bildung möglich? Gesellschaftliche Schlüsselprobleme als integrativer Gegenstand der ökonomischen und politischen Bildung. Wiesbaden
Juchler, Ingo (Hrsg.) 2010: Kompetenzen in der politischen Bildung. Schwalbach/Ts.
Lange, Dirk 2011: Konzepte als Grundlage der politischen Bildung. Lerntheoretische und fachdidaktische Überlegungen. In: Autorengruppe Fachdidaktik, a. a. O., S. 95-110
Lehner, Franz 2011: Sozialwissenschaft. Wiesbaden
Mittelstraß, Jürgen (Hrsg.) 2005: Enzyklopädie Philosophie und Wissenschaftstheorie. Bd. 2: C-F. 2. Aufl., Stuttgart, Weimar
Oelkers, Jürgen 2010: Kompetenzen zwischen „Qualifikation" und „Bildung". In: Juchler (Hrsg.), a. a. O., S. 10-27
Sander, Wolfgang 2010: Soziale Studien 2.0? Politische Bildung im Fächerverbund. In: Juchler (Hrsg.), a. a. O., S. 29-45
Sander, Wolfgang 2011: Kompetenzorientierung in Schule und politischer Bildung – eine kritische Zwischenbilanz. In: Autorengruppe Fachdidaktik, a. a. O., S. 9-25
Sutor, Bernhard 1984: Neue Grundlegung politischer Bildung. Bd. I und II. Politikbegriff politische Anthropologie. Paderborn, München, Wien, Zürich
Tenorth, Heinz-Elmar 1999: Unterrichtsfächer. Möglichkeiten, Rahmen und Grenze. In: Goodson, Ivor F./Hopmann, Stefan/Riquarts, Kurt (Hrsg.): Das Schulfach als Handlungsrahmen. Vergleichende Untersuchung zur Geschichte und Funktion von Schulfächern. Köln, Weimar, Wien, S. 191-207
Weingart, Peter 2003: Wissenschaftssoziologie. Bielefeld

Ingo Juchler

Wissenschaftstheoretische Grundlagen politischer Bildung: Hermeneutik

Einführung

Menschen sind aufgrund ihrer geistigen Anlagen fähig zu verstehen. Diese Fähigkeit ist für das *zoon politikon*, das gemeinschaftsbildende respektive politische Wesen Mensch, von existentieller Bedeutung. Menschen verstehen sich nicht allein auf instrumentell-technische Fertigkeiten, um ihr Überleben zu sichern. Sie vermögen einander in sozialer und politischer Hinsicht zu verstehen, wodurch die Möglichkeit zur Bildung politischer Gemeinschaften und zur Entwicklung politischer Ordnungen als Grundlage des menschlichen Zusammenlebens gegeben ist. Schließlich sind Menschen aufgrund ihrer Fähigkeit zur Reflexion in der Lage, sich selbst zu verstehen, was schon in der Antike als schwierige Übung galt: Das Orakel von Delphi gab den Menschen durch die Inschrift am Tempel des Apollon *gnothi seauton* (lat. *nosce te ipsum*) – erkenne dich selbst – auf; ein Unterfangen, von dem heute eine ganze Ratgeberindustrie zehrt. Mit der Fähigkeit zum Verstehen ist dem Menschen auch die Möglichkeit zum Missverstehen anderer Menschen wie auch sich selbst gegeben.

Fähigkeit des Verstehens

Seit Friedrich Daniel Ernst Schleiermacher gilt die Hermeneutik als Kunst des Verstehens. Für die politische Bildung ist sie nicht allein als Methodologie zur Erlangung wissenschaftlicher Erkenntnisse bedeutsam. Da sich die Hermeneutik mit den viel- und mehrdeutigen Möglichkeiten des Verstehens an sich und damit auch mit den Voraussetzungen des gedeihlichen sozialen und politischen Zusammenlebens von Menschen beschäftigt, stellt sie eine epistemologische Konstituente für politische Bildungsprozesse dar.

1. Die hermeneutische Tradition

Der Begriff Hermeneutik leitet sich vom griechischen Verb *hermeneúein* her. Mit dem Terminus Hermeneutik ist ein Wortfeld verbunden, das von Verstehen, Auslegen, Deuten bis hin zu Einfühlen und Übersetzen reicht (vgl. Kurt 2004, 21). Die semantische Breite dieser Begriffe verdeutlicht, dass sich die hermeneutische Praxis nicht auf den wissenschaftlichen Bereich einengen lässt. Vielmehr wirkt die Hermeneutik – neben ihrer Handhabung als primär geisteswissenschaftliche Methodologie – in den lebensweltlichen Erfahrungen der Menschen: „Hermeneutik als Lehre vom Verstehen und Auslegen von Texten, so kann leicht festgestellt werden, reicht in den Alltag hinein. Schon wenn wir miteinander sprechen und uns über unser Handeln verständigen oder zu erfassen suchen, was andere Menschen meinen und sagen, bemühen wir uns um gegenseitiges Verständnis; wir müssen einander verstehen, wenn wir gemeinsam handeln wollen." (Ineichen 1991, 17) Nicht von ungefähr wird vor diesem Hintergrund der Begriff der Hermeneutik mit Hermes, dem Götterboten der griechischen Antike, in Verbindung gebracht – auch wenn bis heute umstritten ist, inwiefern dieser Bezug etymologisch gerechtfertigt ist (Topper 2011, 1073).

Historische Bedeutung

Mit Hermes als Erfinder der Schrift erfährt die Hermeneutik im Kontext der Sprachfähigkeit des Menschen eine starke Betonung. Zwar fand die Hermeneutik bereits in der Antike und im Mittelalter Anwendung, etwa bei Platon, Philon von Alexandria, Augustinus und der monastischen Bibelexegese. Eine entscheidende Zäsur stellte jedoch die von Martin Luther ausgelöste protestantische Reformation dar, welche sich an der Kritik des damals üblichen Ablasses und anderer Praktiken der Amtskirche entzündete. Neben Luther unternahmen auch die Reformatoren Philipp Melanchthon und Matthias Flacius Illyricus bei der Bibelexegese eine Rückbesinnung auf den *literalis sensus*, auf den Buchstabensinn und damit auf die wörtliche Bedeutung der Heiligen Schrift. Auf diese Weise wurde eine individuelle Beschäftigung mit der Bibel intendiert, eine Auseinandersetzung, welche die je eigenen Lebenserfahrungen der Gläubigen mit den biblischen Schriften ins Verhältnis setzte. *Sola scriptura* – nur das Geschriebene allein sollte künftig allen Gläubigen zum Verständnis der Bibel dienen und genügen, wodurch mit der bisherigen Praxis der Bibelexegese durch Vertreter der Amtskirche und damit der geistlichen Obrigkeit gebrochen wurde. Matthias Flacius Illyricus erklärte zur individuellen Auseinandersetzung mit der Heiligen Schrift: „Der fromme Mensch (…) lese sozusagen kein totes Buch noch dringe er in die Schriften eines noch so heiligen, ehrwürdigen oder weisen Menschen ein, sondern er erforsche die Worte des lebendigen

Gottes selbst, der jetzt dort mit ihm handelt. Jener nämlich ist der Autor derselben, und er hat sie dem Menschengeschlecht dargelegt wie einer, der immer direkt mit den Menschen durch dieses Buch sprechen (...) möchte." (zitiert nach Gadamer/Boehm 1976, 43)

Die Reformatoren regten mithin zum direkten, nicht durch die Amtskirche präformierten Verständnis der Bibel an. Eine von Martin Luther nicht intendierte Folge dieser individuellen Auslegungspraxis der Heiligen Schrift war der Bauernkrieg 1524/25. Die wesentliche Differenz zwischen den Reformatoren Martin Luther und Thomas Müntzer bestand in der Frage, wie wörtlich die Bibel im Hinblick auf die Gestaltung des politischen, wirtschaftlichen und sozialen Lebens der Menschen zu rezipieren sei. Während Luther gemäß der Zwei-Reiche-Lehre das Reich Gottes vom Reich der Welt unterschied und für letztgenanntes erklärte, dass dieses nicht durch das Evangelium regiert werden könne, stellte Müntzer diese Sichtweise und damit die weltliche Ordnung und ihre Obrigkeit grundsätzlich in Frage und suchte die irdische Wirklichkeit nach den von ihm ausgelegten Grundsätzen der Bibel gewaltsam zu verändern. Der von den protestantischen Reformatoren formulierte hermeneutische Grundsatz des *sola scriptura* fand hier zwar Anwendung. Doch wurde zugleich die jedem hermeneutischen Prozess inhärente Möglichkeit der Multiperspektivität, auch des Missverständnisses, augenfällig.

Vor dem Hintergrund der theoretischen Ausgestaltung des hermeneutischen Verfahrens durch die protestantischen Reformatoren stand fortan auch die weitere Entwicklung der Hermeneutik in der Tradition des Protestantismus – „von Flacius bis hin zu Schleiermacher Dilthey, Bultmann, Ebeling und vielleicht auch Gadamer. Für den ersten Historiker der Hermeneutik, Dilthey, stand fest, dass die hermeneutische Wissenschaft erst mit dem Protestantismus anhob." (Grondin 2001, 59) Dem evangelischen Theologen und Philosophen Friedrich Schleiermacher kommt das Verdienst zu, erstmals eine allgemeine Hermeneutik intendiert zu haben. Nach Schleiermachers Auffassung sollte die bisherige Praxis der Differenzierung der Hermeneutik in die theologische *hermeneutica sacra* (zur Auslegung theologischer Texte) und die philologische *hermeneutica profana* (zur Auslegung der klassischen Literatur der Antike) in einer allgemeinen Hermeneutik als „Kunst des Verstehens" aufgehoben werden: „*Die Hermeneutik als Kunst des Verstehens existiert noch nicht* allgemein, *sondern nur mehrere* spezielle Hermeneutiken." (Schleiermacher 1995, 75; Hervorhebungen im Original)

Tradition des Protestantismus

Schleiermachers Kunst des Verstehens

Die von Schleiermacher zum Ausdruck gebrachte Bestimmung der Hermeneutik als „Kunst des Verstehens" öffnet „die Tür zur Universalisierung der Hermeneutik und damit zur Untersuchung der Bedingungen des Verstehens im Allgemeinen, die dann von Wilhelm Dilthey, Martin Heidegger und Hans-Georg Gadamer durchschritten wird". (Joisten 2009, 99) Mit Schleiermacher setzt die Entwicklung der Hermeneutik zur allgemeinen Theorie des Verstehens an, der es nicht allein um die Auslegung von Texten zu tun ist, „sondern die Leitlinien der Wiedergabe und der Wiederholung historischer Lebensäußerungen entwirft". Sie ermöglicht die Herausbildung der Geisteswissenschaften, da im hermeneutischen Prozess nun die „Sprache als Medium des ursprünglichen Verständnisses und des nachvollziehenden Verstehens" in den Blick genommen wird (vgl. Veraart/Wimmer 2004, 87).

Geisteswissenschaften

Die Bedeutung des Verstehens wird sodann für Wilhelm Dilthey zur Maßgabe der Differenzierung von Geisteswissenschaften und Naturwissenschaften. Angesichts der Erfolge der Naturwissenschaften seit dem 17. Jahrhundert, der auf ihr fußenden Entdeckungen und Erfindungen, wollte Dilthey ein erkenntnistheoretisches Fundament für die Geisteswissenschaften begründen. Hierzu war der Begriff des Verstehens von zentraler Relevanz, denn die „Geisteswissenschaften ordnen ein, indem sie (…) die sich unermesslich ausbreitende menschlich – geschichtlich – gesellschaftliche äußere Wirklichkeit zurückübersetzen in die geistige Lebendigkeit, aus der sie hervorgegangen ist" (Dilthey 1979, 119 f.). Mit dieser Rückübersetzung ist der Prozess des Verstehens gemeint: „Wir nennen den Vorgang, in welchem wir aus Zeichen, die von außen sinnlich gegeben sind, ein Inneres erkennen: *Verstehen*." (Dilthey 1974, 318; Hervorhebung im Original) Das Verstehen respektive die Hermeneutik dienten Dilthey zur erkenntnistheoretischen Begründung der Geisteswissenschaften und zum zentralen heuristischen Differenzierungsmerkmal im Hinblick auf die Naturwissenschaften. Während sich die Geisteswissenschaften mit geistigen Erzeugnissen des Menschen verstehend auseinandersetzen, suchen die Naturwissenschaften nach Kausalitäten und Gesetzen in Naturphänomenen. Dilthey verdichtete seine Auffassung in der Sentenz: „Die Natur erklären wir, das Seelenleben verstehen wir." (Dilthey 1974, 144) Diese pointiert entfaltete kategoriale Trennung von Geistes- und Naturwissenschaften gilt zumindest hinsichtlich ihrer methodologischen Grundlagen und Praktiken inzwischen als überholt (vgl. Manzel 2012, 149).

Dilthey selbst hatte im Übrigen die beiden Sphären als grundsätzlich verbundene gedacht: „Der Vorgang eines modernen Krieges enthält ebenso die chemischen Wirkungen des Schießpulvers als die moralischen Eigenschaften der in Pulverdampf stehenden Soldaten." (Dilthey 1979, 82)

Stellte für Wilhelm Dilthey die Hermeneutik vorwiegend ein heuristisches Verfahren der Geisteswissenschaften dar, so löste sich Martin Heidegger völlig von dieser Tradition und konzeptionalisierte eine „Hermeneutik des Daseins". Er nahm damit eine ontologische Wende der Hermeneutik vor, „indem er, ausgehend von der „faktischen Lebenserfahrung", im „Verstehen" nicht mehr vorrangig das Erkenntnisverfahren der „hermeneutischen" Geisteswissenschaften sieht, sondern ein „Existenzial", d. h. einen Grundzug des „existierenden", auf sein „Sein-können" bezogenen, „in-der-Welt-seienden" Menschen". (Horstmann 2011, 348) Der existenziale Grundzug von Heideggers Ausführungen zur Hermeneutik impliziert, dass diese nicht allein eine Kunstlehre zur Auslegung von Texten oder eine Methodologie der Geisteswissenschaften darstellt. Vielmehr sieht er in der Hermeneutik die Möglichkeit für den Menschen, sein eigenes Dasein zu verstehen, was an die Inschrift des apollinischen Tempels – *Erkenne dich selbst* – gemahnt: „Die Hermeneutik hat die Aufgabe, das je eigene Dasein in seinem Seinscharakter diesem Dasein selbst zugänglich zu machen, mitzuteilen, der Selbstentfremdung, mit der das Dasein geschlagen ist, nachzugehen." (Heidegger 1988, 15)

Heideggers Hermeneutik des Daseins

2. Hermeneutik und politische Bildung

In der Tradition von Wilhelm Dilthey und Martin Heidegger begründete schließlich Hans-Georg Gadamer mit seiner 1960 erschienenen Schrift *Wahrheit und Methode* eine philosophische Tradition der Hermeneutik, an welche auch heutige politikdidaktische Überlegungen fruchtbaren Anschluss finden können. Einleitend stellt Gadamer fest, dass das „Phänomen des Verstehens" und der „rechten Auslegung des Verstandenen" kein „Spezialproblem der geisteswissenschaftlichen Methodenlehre" sei: „Die Hermeneutik, die hier entwickelt wird, ist daher nicht etwa eine Methodenlehre der Geisteswissenschaften, sondern der Versuch einer Verständigung über das, was die Geisteswissenschaften über ihr methodisches Selbstbewusstsein hinaus in Wahrheit sind und was sie mit dem Ganzen unserer Welterfahrung verbindet." (Gadamer 2010, 1 und 3) Gadamer bringt hier den Universalitätsanspruch der Hermeneutik zum Ausdruck, ein Anspruch, der letztlich auf der Bedeutung der Sprache gründet: *„Sein, das verstanden werden kann, ist Sprache."* (Gadamer 2010, 478; Hervorhebungen im Original) Die Bedeutung der Sprache für das Selbstverständnis des Menschen und die Verständigung der Menschen in und zwischen Gesellschaften wurde in der Folge von dem kanadischen Politikwissenschaftler Charles Taylor vorgestellt (vgl. Breier 2010, 16 f.), der sich darüber hinaus für eine hermeneutische Grundlegung der politischen Theorie wie der Politikwissenschaft nachdrücklich eingesetzt hat (vgl. Sigwart 2012, 12).

<small>Geschichtlichkeit des Verstehens</small>

Im Weiteren wird von Gadamer bei seiner Darstellung der Grundzüge einer Theorie der hermeneutischen Erfahrung die Geschichtlichkeit des Verstehens als hermeneutisches Prinzip vorgestellt, wobei das „Klassische" als „wahrhaft geschichtliche Kategorie" begriffen wird. Der Terminus des Klassischen enthält nach Gadamer ein normatives Element, ein Werturteil: „Klassisch ist, was der historischen Kritik gegenüber standhält, weil seine geschichtliche Herrschaft, die verpflichtende Macht seiner sich überliefernden und bewahrenden Geltung, aller historischen Reflexion schon vorausliegt und sich in ihr durchhält." (Gadamer 2010, 292) An dieses Verständnis des Klassischen knüpft Jürgen Habermas in seiner *Theorie des kommunikativen Handelns* seine Kritik an, wiewohl er in grundsätzlichen Fragen der hermeneutischen Theorie in der Tradition Gadamers steht (vgl. dazu und zum Folgenden Juchler 2010). So sei das im Text verkörperte Wissen nach Auffassung Gadamers dem des Interpreten grundsätzlich überlegen. Damit allerdings, so Habermas, kontrastiere die „Erfahrung des Anthropologen, der lernt, dass der Interpret gegenüber einer Überlieferung keineswegs immer die Position eines Unterlegenen einnimmt. Um den Hexenglauben der Zande befriedigend zu verstehen, müsste ein moderner Interpret sogar die Lernprozesse nachkonstruieren, die uns von ihnen trennen, und die erklären könnten, worin sich mythisches von modernem Denken in wesentlichen Hinsichten unterscheidet." Gadamer gefährde seine hermeneutische Grundeinsicht, „weil sich hinter dem von ihm bevorzugten Modell der geisteswissenschaftlichen Beschäftigung mit kanonisierten Texten der eigentlich problematische Fall der *dogmatischen Auslegung sakraler Schriften* verbirgt". Gegen diese vorgeblich einseitige Wendung des Auslegungsmodells des Verstehens nach Gadamer erklärt Habermas: „Wenn wir in der performativen Einstellung virtueller Gesprächsteilnehmer davon ausgehen, dass die Äußerung eines

<small>Jürgen Habermas</small>

Autors die Vermutung der Vernünftigkeit für sich hat, räumen wir ja nicht nur die Möglichkeit ein, dass das Interpretandum *für uns* vorbildlich ist, dass wir aus ihm etwas lernen können; vielmehr rechnen wir *auch* mit der Möglichkeit, dass der Autor *von uns* lernen könnte." (Habermas 1995, 193 ff.; Hervorhebungen im Original)

Die von Habermas geäußerte Kritik erscheint allerdings vor dem Hintergrund der Wirkmächtigkeit der hermeneutischen Theorie Gadamers scholastisch, und die Gemeinsamkeiten der beiden Philosophen in wesentlichen hermeneutischen Grundpositionen werden im Folgenden gleichfalls deutlich hervortreten. Im Übrigen kommt Habermas das Verdienst zu, Gadamers philosophische Hermeneutik als fruchtbaren Ansatz für die Sozialwissenschaften konzeptualisiert zu haben (vgl. Fulda 2010, 359). Entsprechend bildet die geisteswissenschaftliche Tradition der Hermeneutik auch den metatheoretischen Hintergrund für die heutige qualitative Sozialforschung (vgl. Lamnek 2010, 54 ff.), zu welcher auch die von Ulrich Oevermann konzipierte Objektive Hermeneutik zu zählen ist (vgl. Reichertz 1986). In der Politikdidaktik rekurrieren inzwischen zahlreiche Arbeiten auf die Methoden der vorgenannten epistemologischen Traditionslinie. — Objektive Hermeneutik

Die Politikwissenschaft war von ihren Anfängen bis zur Gegenwart immer auch „Textwissenschaft", und sie bezieht sich dabei auf unterschiedlichste Textsorten: „auf klassische Werke der Philosophie und Literatur, auf Biographien, auf Akten und Dokumente, Gesetze und Verordnungen, internationale Verträge, etc." (Berg-Schlosser/ Stammen 2013, 79) Gleiches gilt für die auf das Verständnis des Politischen gerichtete politische Bildung, weshalb die Hermeneutik eine essentielle Methodologie der Politikdidaktik bildet. Dabei stellt die Zirkelstruktur des Verstehens eine wesentliche Herausforderung dar. Vom hermeneutischen Zirkel war bereits in der hermeneutischen Theorie des 19. Jahrhunderts die Rede, und zwar im Rahmen einer „formalen Relation von Einzelnem und Ganzem bzw. dessen subjektivem Reflex, der ahnenden Vorwegnahme des Ganzen und seiner nachfolgenden Explikation im Einzelnen. Nach dieser Theorie lief die Zirkelbewegung des Verstehens an dem Text hin und her und war in dem vollendeten Verständnis desselben aufgehoben." Heidegger beschreibt demgegenüber den Zirkel so, „dass das Verständnis des Textes von der vorgreifenden Bewegung des Vorverständnisses dauerhaft bestimmt bleibt" (Gadamer 2010, 298). In dieser Tradition stehend gelangt Gadamer zu dem Schluss: „Die erste aller hermeneu- — Zirkuläres Verstehen tischen Bedingungen bleibt somit das Vorverständnis, das im Zu-tun-haben mit der gleichen Sache entspringt." (Gadamer 2010, 299) Habermas stimmt in dieser Bedeutungszuschreibung des inhaltlich bestimmten Vorverständnisses für den zirkulären Verstehensprozess mit Gadamer überein. Nach Habermas bewegen sich Gesprächsteilnehmer auch dann, wenn sie erst eine gemeinsame Sprache entwickeln müssen, innerhalb des Horizonts eines schon geteilten Hintergrundverständnisses. Zirkulär sei dieses Vorgehen insofern, als alles, „was ein Interpret verstehen lernt, das fallible Ergebnis der Explikation eines wie immer auch vagen Vorverständnisses ist" (Habermas 2005, 71).

Bezug auf Vorwissen

Die zentrale Bedeutung des Vorverständnisses im hermeneutischen Prozess des Verstehens findet in der Politikdidaktik ihre Entsprechung im Zusammenhang von Untersuchungen zum Vorwissen, politischen Vorverständnis, Schülervorstellungen zum Politischen etc. Die Bedeutung des Vorverständnisses für das Verstehen bzw. für Lernprozesse allgemein wird durch Ergebnisse kognitionspsychologischer Studien unterstrichen. So werde Wissen erzeugendes Denken nur möglich, wenn bereits Wissen vorhanden ist, welches als Ausgangsmaterial für Gehalt erweiternde Denkprozesse dienen kann. Deshalb sei dem Vorwissen eine „entscheidende Funktion für die Informationsverarbeitung und die Konstruktion neuen Wissens" zuzuschreiben (vgl. Seel 2003, 23). Vor dem Hintergrund dieser kognitionspsychologischen Erkenntnisse im Hinblick auf die Relevanz des Vorwissens wie der herausragenden Bedeutung des Vorverständnisses für den zirkulären Verstehensprozess im Kontext der hermeneutischen Methodologie stellt sich der Politikdidaktik die Aufgabe, einen didaktisch zu begründenden Bestand an verbindlichem Kernwissen für die verschiedenen Inhaltsbereiche der Politik zu erstellen. Dieser Kernwissensbestand von Inhalten ermöglicht den Schülerinnen und Schülern den Aufbau eines mentalen Netzwerkes mit Knotenpunkten von Vorwissen, an welche zukünftige neue Informationen angeknüpft werden und somit ein Verständnis der neuen politischen Sachlage entwickelt werden kann. Die Bedeutung einer mentalen Netzwerkstruktur für das Lernen und deren Aufbau durch instruiertes Training werden durch neuropsychologische Arbeiten eindrucksvoll nachgewiesen (vgl. Mietzel 2007, 238 ff.).

Dieses Vorwissen bzw. ein Vorverständnis im hermeneutischen Sinne, welches das kognitive Anknüpfen an den politischen Sachverhalt erst ermöglicht, kann in der politischen Bildung grundgelegt werden (vgl. Juchler 2010a, 233 ff.). In der Politikdidaktik ist es vor diesem Hintergrund zu einem fruchtbaren Diskurs hinsichtlich der Bedeutung des Wissens für die kompetenzorientierte politische Bildung gekommen (vgl. Weißeno et al. 2010 und Autorengruppe Fachdidaktik 2011). Das von Gadamer hervorgehobene Moment des „sich in der Sache verstehen" (Gadamer 2010, 299), welches das Vorverständnis als erste aller hermeneutischen Bedingungen ausweist, zeitigt notwendigerweise auch Rückwirkungen für die unterrichtliche Auseinandersetzung mit Texten oder anderen kommunikativen Handlungen. Die Bemühungen um das inhaltliche Verstehen eines Textes sehen sich stets mit der Herausforderung konfrontiert, den historisch-politischen Kontext, in welchem jener entstanden ist, zu erschließen. Gadamer spricht in diesem Zusammenhang vom Horizont der Gegenwart und historischen Horizonten. Unser Horizont der Gegenwart sei in steter Bildung begriffen, wozu auch die „Begegnung mit der Vergangenheit und das Verstehen der Überlieferung, aus der wir kommen", notwendig seien: „Der Horizont der Gegenwart bildet sich also gar nicht ohne die Vergangenheit. Es gibt so wenig einen Gegenwartshorizont für sich, wie es historische Horizonte gibt, die man zu gewinnen hätte. *Vielmehr ist Verstehen immer der Vorgang der Verschmelzung solcher vermeintlich für sich seiender Horizonte.*" Gleichwohl erfahre jede Begegnung mit der Überlieferung an sich das „Spannungsverhältnis zwischen Text und Gegenwart. Die hermeneutische Aufgabe besteht darin, diese Spannung nicht in naiver Angleichung zuzudecken, sondern bewusst zu entfalten." (Gadamer 2010, 311)

Historischer Kontext

Einen Zugang zum Verstehen des Politischen stellen vor diesem Hintergrund Narrationen dar, die als historischer Horizont den Schülerinnen und Schülern die Möglichkeit bieten, gegenwärtige politische Fragen wie die um Macht und Recht, Freiheit und Gleichheit, Krieg und Frieden zu erschließen (vgl. Juchler 2012). Paul Ricœur weist darauf hin, dass im Zusammenhang der Auseinandersetzung mit Narrationen der von Gadamer beschriebene Prozess der Horizontverschmelzung vollzogen wird, indem es zu einer „Überschneidung zwischen einer fiktiven Welt" und einer „Welt des Handelns, die selbst durch alle Arten symbolischer Strukturen vermittelt ist", kommt: „Die Bedeutung des Werkes im starken Sinne des Wortes, seine Bedeutsamkeit, wenn man so lieber will, ist erst in dieser mehr oder weniger konfliktartigen Begegnung zwischen der Welt des Textes und der Welt des Lesers vollständig." (Ricœur 1984, 200) Für

Methodische Unterrichtszugänge

eine strukturierte Vorgehensweise bei der Auslegung von Texten lässt sich abermals auf Gadamer rekurrieren, der dazu auf den Dreischritt von Verstehen, Auslegen und Anwenden verwies und insbesondere den Anwendungsaspekt explizierte (Gadamer 2010, 312 ff.). Hierauf gründen wiederum Überlegungen für einen verstehensorientierten Umgang mit Texten in der politischen Bildung (Juchler 2010b, 154 ff.). Darüber hinaus sind im Kontext der hermeneutischen Politikdidaktik auch politische Reden (vgl. Tischner 2010), Bilder und Filme zu untersuchen – die Hermeneutik lässt sich „auf jede Form der Kommunikation anwenden, denn das Gelingen eines kommunikativen Aktes hängt entscheidend von Prozessen des Verstehens, des Auslegens und Interpretierens der jeweils verwendeten Zeichen ab". (Goll 2010, 50)

Schließlich stellt für Gadamer das „Modell des Gespräches" – von Frage und Antwort, Rede und Gegenrede – die Grundstruktur des Verstehens dar (vgl. Gadamer 2010, 383 ff.). Das Gespräch kann sowohl zwischen Personen als auch als inneres Gespräch mit sich selbst stattfinden. In dieser „Betonung der dialogischen Verständigung und des kommunikativen Einvernehmens waren sich Gadamer und Habermas, ungeachtet ihrer unterschiedlichen Einschätzung faktischer Verstehensprozesse, völlig einig" (Horstmann 2011, 351).

Die dialogische Struktur des Verstehens stellt gleichfalls einen essentiellen Modus für das Erreichen des übergeordneten Zieles politischer Bildungsbemühungen, die Befähigung von Schülerinnen und Schülern zum politischen Urteilen, dar: „Politisches Urteilen zeichnet sich durch das verständigungsorientierte Abwägen des Eigeninteresses des Individuums mit den tatsächlichen oder vorgestellten Interessen anderer unter der Maßgabe seiner Gerichtetheit auf Gemeinsinn in Bezug auf einen in der politischen Öffentlichkeit thematisierten Sachverhalt aus." (Juchler 2012a, 20) Hermeneutik als dialogischer Prozess – als Verständigung mit anderen oder mit sich selbst – macht ein konstitutives Moment politischer Bildung aus. Dieses lässt sich nicht wie ein Naturgesetz oder eine mathematische Formel ein für allemal erlernen und es zählt auch nicht zu den Employability-Fähigkeiten, welche von der internationalen Vergleichsstudie PISA regelmäßig gemessen werden. Doch kann in politischen Bildungsprozessen ein auf das Verstehen des Politischen orientierter Zugang ermöglicht und die politische Urteilsfähigkeit von Schülerinnen und Schülern geübt werden, so dass ihnen diese Bildung auch späterhin als Grundlage für ihre Teilhabe als Bürgerinnen und Bürger an der politischen Öffentlichkeit zuhanden ist. Aufgrund der existentiellen Bedingtheit des Menschen als *zoon politikon* kann dieses Verständnis des Politischen weiterhin auch für ein umfassenderes, ontologisches Selbstverständnis der Lernenden im Sinne des *erkenne dich selbst* dienlich sein.

Literatur

Autorengruppe Fachdidaktik 2011: Konzepte der politischen Bildung. Eine Streitschrift. Schwalbach/Ts.
Berg-Schlosser, Dirk/Stammen, Theo 2013: Politikwissenschaft. Eine grundlegende Einführung. 8. Aufl., Baden-Baden
Breier, Karl-Heinz 2010: Politische Bildung als Bürgerbildung – Einladung zu einer republikorientierten Politikdidaktik. In: Deichmann, Carl/Juchler, Ingo (Hrsg.): Politik verstehen lernen. Zugänge im Politikunterricht. Schwalbach/Ts., S. 11-21
Dilthey, Wilhelm 1974: Die geistige Welt. Einleitung in die Philosophie des Lebens. Gesammelte Schriften, Bd. 5. 6. Aufl., Stuttgart
Dilthey, Wilhelm 1979: Der Aufbau der geschichtlichen Welt in den Geisteswissenschaften. Gesammelte Schriften, Bd. 7. 7. Aufl., Stuttgart
Fulda, Hans Friedrich 2010: Hermeneutik. In: Nohlen, Dieter/Schultze, Rainer-Olaf (Hrsg.): Lexikon der Politikwissenschaft. Theorien, Methoden, Begriffe. Bd. 1. 4. Aufl., S. 358-360
Gadamer, Hans-Georg 2010: Wahrheit und Methode. Grundzüge einer philosophischen Hermeneutik. Gesammelte Werke, Bd. 1: Hermeneutik I. 7. Aufl., Tübingen
Gadamer, Hans-Georg/Boehm, Gottfried 1976 (Hrsg.): Seminar: Philosophische Hermeneutik. Frankfurt/M.
Goll, Thomas 2010: Bilder als Medien in der politischen Bildung im Kontext hermeneutischer Politikdidaktik. In: Deichmann, Carl/Juchler, Ingo (Hrsg.): Politik verstehen lernen. Zugänge im Politikunterricht. Schwalbach/Ts., S. 48-60
Grondin, Jean 2001: Einführung in die philosophische Hermeneutik. 2. Aufl., Darmstadt
Habermas, Jürgen 1995: Theorie des kommunikativen Handelns. Bd. 1: Handlungsrationalität und gesellschaftliche Rationalisierung. Frankfurt/M.
Habermas, Jürgen 2005: Kommunikatives Handeln und detranszendentalisierte Vernunft. In: Habermas, Jürgen: Zwischen Naturalismus und Religion. Philosophische Aufsätze. Frankfurt/M., S. 27-83
Heidegger, Martin 1988: Ontologie. (Hermeneutik der Faktizität.) Gesamtausgabe, Bd. 63. Frankfurt/M.

Horstmann, Axel 2011: Positionen des Verstehens – Hermeneutik zwischen Wissenschaft und Lebenspraxis. In: Jaeger, Friedrich/Straub, Jürgen (Hrsg.): Handbuch der Kulturwissenschaften. Bd. 2: Paradigmen und Disziplinen. Stuttgart/Weimar, S. 341-363

Ineichen, Hans 1991: Philosophische Hermeneutik. Freiburg/München

Joisten, Karen 2009: Philosophische Hermeneutik. Berlin

Juchler, Ingo 2010: Hermeneutik. In: Lange, Dirk/Reinhardt, Volker (Hrsg.): Basiswissen Politische Bildung. Handbuch für den sozialwissenschaftlichen Unterricht. Bd. 6: Methoden Politischer Bildung. Baltmannsweiler, S. 10-15

Juchler, Ingo 2010a: Die Bedeutung von Basis- und Fachkonzepten für die kompetenzorientierte politische Bildung. In: Juchler, Ingo (Hrsg.): Kompetenzen in der politischen Bildung. Schwalbach/Ts., S. 233-242

Juchler, Ingo 2010b: Texte. In: Lange, Dirk/Reinhardt, Volker (Hrsg.): Basiswissen Politische Bildung. Handbuch für den sozialwissenschaftlichen Unterricht. Bd. 5: Planung Politischer Bildung. Baltmannsweiler, S. 151-157

Juchler, Ingo 2012: Der narrative Ansatz in der politischen Bildung. Berlin

Juchler, Ingo 2012a: Politisches Urteilen. In: zeitschrift für didaktik der gesellschaftswissenschaften (zdg), 2/2012, S. 10-27

Kurt, Ronald 2004: Hermeneutik. Eine sozialwissenschaftliche Einführung. Konstanz.

Lamnek, Siegfried 2010: Qualitative Sozialforschung. Weinheim/Basel

Manzel, Sabine 2012: Anpassung an wissenschaftliche Standards oder Paradigmenwechsel in der Politikdidaktik? Zum empirischen Aufbruch einer neuen Generation von Politikdidaktiker/-innen. In: Zeitschrift für Politikwissenschaft, 1/2012, S. 143-154

Mietzel, Gerd 2007: Pädagogische Psychologie des Lernens und Lehrens. 8. Aufl., Göttingen

Reichertz, Jo 1986: Probleme qualitativer Sozialforschung. Zur Entwicklungsgeschichte der Objektiven Hermeneutik. Frankfurt/M.

Ricœur, Paul 1984: Die erzählte Zeit. In: Ricœur, Paul (2005): Vom Text zur Person. Hermeneutische Aufsätze (1970-1999). Hrsg. von Peter Welsen. Hamburg, S. 183-207

Schleiermacher, F. D. E. 1995) Hermeneutik und Kritik. Hrsg. und eingeleitet von Manfred Frank. Frankfurt/M.

Seel, Norbert M. 2003: Psychologie des Lernens. Lehrbuch für Pädagogen und Psychologen. 2. Aufl., München/Basel

Sigwart, Hans-Jörg 2012: Politische Hermeneutik. Verstehen, Politik und Kritik bei John Dewey und Hannah Arendt. Würzburg

Tischner, Christian K. 2010: Politische Reden. Eine Erscheinungsform der politischen Kultur. In: Deichmann, Carl/Juchler, Ingo (Hrsg.): Politik verstehen lernen. Zugänge im Politikunterricht. Schwalbach/Ts., S. 67-75

Topper, Keith 2011: Hermeneutics. In: Badie, Bertrand/Berg-Schlosser, Dirk/Morlino, Leonardo (Hrsg.): International Encyclopedia of Political Science. Bd. 4. Thousand Oaks, CA, S. 1072-1075

Veraart, Albert/Wimmer, Reiner 2004: Hermeneutik. In: Jürgen Mittelstraß (Hrsg.): Enzyklopädie Philosophie und Wissenschaftstheorie. Bd. 2. Stuttgart/Weimar, S. 85-90

Weißeno, Georg et al. 2010: Konzepte der Politik – ein Kompetenzmodell. Schwalbach/Ts.

Armin Scherb

Wissenschaftstheoretische Grundlagen politischer Bildung: Pragmatismus

1. Merkmale des Pragmatismus

Obwohl der Pragmatismus in verschiedenen und sehr heterogenen Versionen auftritt, sind einige gemeinsame Merkmale bereits in einem Aufsatz von John Dewey aus dem Jahre 1911 identifizierbar. Unter dem Titel *„How we think"* beschreibt Dewey die Struktur eines Problemlösungsprozesses als Abfolge von fünf Schritten. Schritt 1: *Man begegnet einer Schwierigkeit*. Schritt 2: *Sie wird lokalisiert und präzisiert*. Als ein erstes Merkmal weist pragmatistisches Denken hier einen unabweisbaren *Praxisbezug* auf. Für Dewey kommt es darauf an, „dass der Schüler eine wirkliche, für den Erwerb von Erfahrung geeignete Sachlage vor sich hat (...), an der er (...) interessiert ist" und „dass in dieser Sachlage ein echtes Problem erwächst und damit eine Anregung zum Denken". Schritt 3: *Ansätze einer möglichen Lösung werden gesucht*. Schritt 4: *Logische Entwicklung der Konsequenzen des Ansatzes*. Ein zweites Merkmal liegt demnach in der *Erfolgsorientierung* pragmatistischen Denkens. Denkanstrengungen werden nicht um ihrer selbst willen unternommen, sondern um für auftretende Probleme Lösungen zu finden. Hier wird zugleich auch die Namensgebung „Pragmatismus" erkennbar, weil die Überlegung hinsichtlich der Frage, was getan werden muss, was zu tun ist (griech.: πραγμα) im Mittelpunkt steht (vgl. Dewey, 1911/1951, 75). Schritt 5: *Weitere Beobachtung und experimentelles Vorgehen führen zur Annahme oder Ablehnung*. Ein drittes Merkmal liegt hier in der *Fallibilität* von Erkenntnis, weil Aussagen einem beständigen Prüf- und Bewährungsverfahren unterzogen sind. Als viertes Merkmal wird dabei zugleich ein *kommunikativer Wahrheitsbegriff* sichtbar, weil Aussagen immer in einer freien Gemeinschaft interagierender Personen generiert und überprüft werden. Diese Merkmale machen fünftens eine starke Affinität des Pragmatismus zu einer *Theorie der pluralistischen Demokratie* erkennbar, in der für die reale Kommunikationsgemeinschaft deren experimentelle Forschungsmethode die günstigsten Bedingungen aufweist. Diese Struktur reklamiert Dewey auch für eine allgemeine Lerntheorie, indem er feststellt, dass „die wesentlichen Merkmale der Methode (des Lernens; A.S.) (...) identisch (sind) mit den wesentlichen Merkmalen des Denkens" (Dewey, 1916/1993, 218). Er postuliert in diesem Zusammenhang zugleich eine Analogie von Lern- und Forschungsprozess, weil „*alles* Denken (...) Forschung, *alle* Forschung *eigene* Leistung dessen (ist), der sie durchführt, selbst wenn das, wonach er sucht, bereits der ganzen übrigen Welt zweifelsfrei bekannt ist" (Dewey, 1916/1993, 198).

2. Impliziter Pragmatismus in der politischen Bildung

Nach 1945 hat zuerst Friedrich Oetinger (1953, 117 ff.) ausdrücklich auf den Pragmatismus Bezug genommen. Er hat sich dabei der Auffassung von John Dewey angeschlossen, dass Denken immer mit der Suche nach Lösungen für auftretende Probleme verbunden ist. Das Sich-zurecht-Finden des Individuums in der sozialen Lebenswelt verweist dabei auf die Notwendigkeit mitmenschlicher Kooperation. Erst gemeinschaftlich wird die Lösung für auftretende Probleme gefunden. Oetingers Lernkonzept ist dabei „*reflektierte Erfahrung und Übung*" (ebd.), die sich im sozialen Nahraum ereignet. Die hierauf bezogenen Lernziele sind *Kompromissbereitschaft, Toleranz, Fair Play, Solidarität, Genossenschaftlichkeit, Verständnis für den Nachbarn, Bereitschaft zum Einsatz für die Gemeinschaft*. Die hier aufscheinende Beschränkung seiner Partnerschaftspädagogik auf ein Konzept der Sozialerziehung und der damit reduzierte Politikbegriff Oetingers rechtfertigen die Diagnose einer „halbierten" Pragmatismusrezeption, die durchaus offen ist für eine Gemeinschaftsideologie, die nicht unbedingt demokratisch implementiert werden muss (vgl. Gagel, 2005a, 299).

Sozialer Nahraum

Nach Oetinger war eine *ausdrückliche* Bezugnahme auf den Pragmatismus in der politischen Bildung lange Zeit nicht mehr feststellbar. Erst als nach dem Richtungsstreit die Hinwendung zu Alltagsfragen des Politikunterrichts den „*Beutelsbacher Konsens*" als Minimalkonsens jenseits unterschiedlicher Grundpositionen ermöglicht hat, konnte Walter Gagel (1979, 179) von einer „pragmatischen Wende" sprechen. Dennoch waren Elemente des Pragmatismus bereits vorher in verschiedenen politikdidaktischen Konzeptionen

Bedeutung des Pragmatismus in der Politikdidaktik

wirksam. Tilman Grammes (1986) glaubte gar eine „pragmatische Tradition" in der Politikdidaktik entdecken zu können und Walter Gagel modifizierte seine frühere Diagnose 1995 mit dem Hinweis auf den „Pragmatismus als verborgene Bezugstheorie der Politischen Bildung".

Bei den in Betracht gezogenen Konzeptionen handelt es sich allerdings nicht um *„pragmatistische"* Didaktiken, weil dort lediglich disparate Bezüge zum Pragmatismus nachweisbar sind, ohne dass hinter diesen Bezügen der Pragmatismus als einheitliches und dominierendes Begründungskonzept stehen würde, womit diese Bezüge zum Pragmatismus auch keinesfalls eine andere philosophische Fundierungen ausschließende Geltung beanspruchen können. Für diese Politikdidaktiken kann deshalb nur ein impliziter Pragmatismusbezug nachgewiesen werden.

Selbst bei Hermann Giesecke, der Schüler von Friedrich Oetinger war, wurde der Pragmatismus nur *implizit* rezipiert. Giesecke war in der Jugendarbeit tätig. Weil die Teilnahme an seinen Veranstaltungen freiwillig war, musste er die Interessen seiner Klientel zum Ausgangspunkt nehmen. Deshalb hat Giesecke die Lernprozesse als „Normalfall politischer Meinungsbildung" (Giesecke, 1965, 85) arrangiert. Dieser „Normalfall" bestand darin, in seinen Seminaren aktuelle konflikthaltige politische Situationen als Anlass authentischer Kontroversen zuzulassen (vgl. Giesecke, 1974, 17 ff.).

Auch Rolf Schmiederer nimmt in seiner Didaktik von 1977 den Ausgangspunkt *„im Interesse der Schüler"*, den er in Forderungen zur Unterrichtsgestaltung konkretisiert:

„– Mitbestimmung der Schüler im Unterricht,
– Bedürfnisse und Interessen berücksichtigen,
– Ausgang von Sozialerfahrung und Lebensrealität der Schüler,
– Lernergebnisse müssen reale Bedeutung für das Leben der Schüler haben,
– der Unterricht muss problem- und projektorientiert sein,
– der Unterricht muss wissenschaftsorientiert in seiner Arbeitsweise und in der Analyse der gewählten Inhalte sein." (Schmiederer, 1977, 131)

Diese Schülerorientierung stellt eine Pädagogisierung der politischen Bildung dar, die die Subjektseite und den Praxisbezug des Pragmatismus bedient (vgl. Gagel, 2005a, 242 f.).

Bernhard Sutors didaktische Konzeption fußt auf der Praktischen Philosophie aristotelischer Provenienz. Wenn nun Sutor selbst „den amerikanischen Pragmatismus (...) als einen modernen Zweig praktischer Philosophie" (Sutor, 2005, 241) erachtet, dann stellt es durchaus keine Überraschung dar, wenn sich eine Nähe seiner didaktischen Konzeption zum Pragmatismus als Ähnlichkeit der didaktischen Schlussfolgerungen ergibt, die aus unterschiedlichen Fundamenten konvergieren. Vor allem fällt auf, dass Sutors Stufung des Politikunterrichts mit den Hauptphasen Situationsanalyse, Möglichkeitserörterung und Urteilsbildung der Beschreibung des Denkprozesses bei Dewey sehr nahekommt. Parallelitäten ergeben sich auch, wenn man in Deweys Blick auf die Konsequenzen eine verantwortungsethische Komponente ausmacht. Auch hier sieht Sutor selbst eine Parallelität von praktischer Philosophie und Pragmatismus, weil beide philosophische Richtungen eine politische Ethik ausweisen, die „als Verantwortungsethik (...) nach Preis und nach Folgen bestimmter Entscheidungen und Verhaltensweisen fragt" (Sutor, 1984 I, 262).

In der konstruktivistisch inspirierten Politikdidaktik von Wolfgang Sander 2001/2013 ist eine Teilkompatibilität von Pragmatismus und radikalem Konstruktivismus nachweisbar. Für Letzteren ist Lernen eine aktiv-konstruktive Leistung der Lernenden, die von Lehrenden nicht gesteuert werden kann, so dass Lehren als Lernbegleitung und Bereitstellung anregender Situationen verstanden werden muss (vgl. Sander, 2013, 168 u. 227). Hier ist der Radikale Konstruktivismus durchaus anschlussfähig an pragmatistisches Denken, das keinen Unterschied erlaubt zwischen der selbstbestimmten Tätigkeit des Forschers und den Bemühungen der Lernenden (vgl. Dewey, 1916/1993, 198). So gelangt Sander zum Entwurf eines „didaktischen Werkzeugkoffers", der mit didaktischen Prinzipien aufwartet, die durchaus auch bereits bei Dewey entdeckt werden können. Gleichzeitig deutet sich hier auch die für die pragmatistische Denktradition bedeutsame Erfolgsorientierung an. Wie im Pragmatismus geht es auch im Konstruktivismus beim (politischen) Lernen nicht um das Herausfinden von „Wahrheiten", sondern um möglichst brauchbare Lösungen für auftretende Probleme. In einer konstruktivistisch inspirierten Politikdidaktik geht es also – wie auch im Pragmatismus – um das Sich-Zurechtfinden der Lernenden in einer komplexen (politischen) Umwelt.

3. Pragmatismus: Proklamation ohne Explikation

Walter Gagel (2005b, 17), Tilman Grammes (2005, 17) und Gerhard Himmelmann (2001, 30 f.) reklamieren expressis verbis den Pragmatismus als Hintergrundtheorie (nicht nur) ihrer didaktischen Konzeption. Ihre Didaktiken enthalten denn auch zahlreiche Bezüge zum Pragmatismus. Gemeinsam ist allen jedoch auch, dass sie es unterlassen, den Pragmatismus als Hintergrundtheorie der politischen Bildung systematisch zu explizieren.

Walter Gagel hat versucht, für den Politikunterricht den lebenspraktischen Bezug der Arbeitsschulmethode mit politischem Entscheidungsdenken zu verknüpfen. Sein in Anlehnung an Dewey verbessertes Artikulationsmodell ersetzt deshalb die anfängliche Motivationsphase mit einer problemhaltigen Erfahrung (vgl. Gagel, 1995, 211). Nach Gagel kann man demnach „ein Problem untersuchen, um eine Lösung zu finden" (Gagel, 1984, 99), wofür – ähnlich wie bei Deweys Strukturmodell – verschiedene Arbeitsschritte notwendig sind. Gagel kritisiert in diesem Zusammenhang die verbreitete Auffassung von Handlungsorientierung als Beschränkung auf die methodische Anstrengung zur Überwindung des „verkopfte(n) Lernens" und betont dagegen das kognitive Element der Handlungsorientierung als Vorbereitung politischer Praxis zu sehen. Das Musterbeispiel des Deweyschen Problemlösungsprozesses versteht Gagel deshalb auch als Diagnosehilfe zur Evaluierung handlungsorientierten Unterrichts. Diese pragmatistische Messlatte trägt dazu bei, das Fehlverständnis von Handlungsorientierung als Reduktion auf motivierende Arrangements zu vermeiden (vgl. Gagel, 1998, 135). So formuliert es Gagel als Desiderat, die Tragfähigkeit des Pragmatismus für die politische Bildung näher zu untersuchen (vgl. Gagel, 1986, 294), aber er selbst stellt sich dieser Aufgabe nicht.

Tilman Grammes selbst hat seine „Kommunikative Fachdidaktik" von 1998 als eine „im Kern (…) pragmatische Didaktik" (Grammes, 2005, 19) bezeichnet. Sein empirisch ausgerichteter Ansatzpunkt ist die Diagnose, dass die Schülerperspektive häufig vernachlässigt wird, weil Lehrerinnen und Lehrer im Unterricht ihre Interpretation von dem, was Lernende vermutlich denken, kaum zur Disposition eines offenen Deutungsdiskurses stellen. Dadurch werden Redebeiträge von Schülerinnen und Schülern vorschnell abgewiesen. Pragmatistische Bezüge weist Grammes' Konzeption nun darin auf, dass selbst die minutiöse Planung der Lehrperson als Eingangshypothese in einem Prozess zu betrachten ist, der allen Beteiligten gleiche Kommunikationsrechte einräumt. Von zentraler Bedeutung ist dabei auch die Auffassung von der Kommunikativität von Lerninhalten, wonach Lerngegenstände immer eine Genese haben, die im Unterricht nur dann adäquat zur Geltung kommt, wenn Sachen in Handlungen zurückverwandelt werden und Lernende mit dem Nachvollziehen der Entstehungsgeschichte deren Sinnhaftigkeit dadurch für sich selbst erschließen, dass sie in diese Handlungen mit ihren Deutungsmustern involviert sind. Hier rekurriert Grammes auf das genetische Prinzip als „Kern der Lerntheorie des Pragmatismus" (Grammes, 2005, 19).

Gerhard Himmelmann hat 2001 eine didaktische Konzeption des „Demokratie-Lernens" vorgelegt, in der er expressis verbis für den Pragmatismus als *seine* wissenschaftstheoretische Position optiert (vgl. Himmelmann, 2001, 22 f. u. 266). Eine systematische Grundlegung überlässt er dennoch der zukünftigen Debatte (vgl. ebd., 32). Pragmatistische Züge sind jedoch schon in der Titulierung seiner Konzeption *„Demokratie-Lernen als Lebens-, Gesellschafts- und Herrschaftsform"* erkennbar, weil er seinen Ansatz schulstufen- und adressatenspezifisch auslegt (vgl. ebd., 25) und dabei implizit zwei wesentliche Merkmale des Pragmatismus – die Praxis- und Erfolgsorientierung pädagogischer Anstrengungen – bedient. Hier hätte sein didaktisches Konzept durchaus mit der systematischen Erhellung des Zusammenhangs von Biografie und Lernen pragmatistisch begründet werden können, weil mit der fortschreitenden Entwicklung und Erweiterung der Denkhorizonte der Schülerinnen und Schüler Demokratie zuerst als Lebensform in den unmittelbaren sozialen Kontexten der Kinder, sukzessive dann als Gesellschaftsform und schließlich als Herrschaftsform erfahrbar gemacht werden kann. Der für den Pragmatismus kennzeichnenden Komponente, die biografieabhängige Erfahrung des immer größer werdenden Politikbezugs einem Prozess der kognitiven Rekonstruktion zu unterwerfen, trägt Himmelmann in seinem didaktischen Stufenmodell durchaus Rechnung. Dabei ist er sich auch bewusst, dass in der Demokratie als Herrschaftsform die Elemente der gelebten Demokratie im sozialen Nahbereich „nicht unbedingt ‚baugleich' wieder(kehren)" (ebd., 264).

4. Aspekte einer pragmatistischen Politikdidaktik

Neben der Grundlegung einer allgemeinen Lerntheorie (s. o.) sind für eine pragmatistische Politikdidaktik v. a. folgende Aspekte bedeutsam:

Aspekt 1: Der Pragmatismus als Theorie der Schule und des sozialen Lernens

Aus der Kritik an der vorfindbaren Schulkultur entwickelt Dewey eine normative Theorie der Schule als wichtigen Ort sozialer Erfahrung. Während in der Schule die gestellte Aufgabe den Lernprozess initiiert, beginnt für Dewey das Lernen mit einem Hindernis, dem Menschen begegnen und das diese zwingt, zur Verbesserung der eigenen Lage über Ziele und Lösungswege nachzudenken. Er kritisiert, dass die Schule die Lernenden als unbeteiligte Zuschauer betrachtet, die mit der geisteswissenschaftlichen Methode des unmittelbaren Verstehens bemüht sind, „Wissen aufzunehmen, nicht aber fruchtbar zu handeln" (Dewey, 1916/1993, 188 f.). Dagegen hält Dewey an der Bedeutung des Interesses fest, so dass die Lerngegenstände als Mittel zur Erreichung von persönlich bedeutsamen Zielen behandelt werden (vgl. ebd., 178). Ferner kritisiert er, dass die Schule kaum Ansätze (Plural!) von Lösungen erlaubt, die von Schülern erprobt werden, sondern dass sie unter der Kontrolle und Führung der Lehrperson pfeilgerade auf das Ziel zugehen, das vorab feststeht (vgl. ebd., 205). Dagegen betont der zweite und dritte Schritt in seiner Struktur des Lernprozesses die Eigentätigkeit der Lernenden. *Sie* sind es, die das Problem analysieren und dabei über Lösungen nachdenken. Hier entsteht für die Lernenden auch die Notwendigkeit über die *Konsequenzen* ihrer Lösung nachzudenken. Dieser *Verantwortung* sind Lernende in den von Lehrplan, Schulorganisation und Lehrperson geleiteten Lernprozessen enthoben. Dewey fordert deshalb den Lernprozess als erfahrungsbasierten Forschungsprozess zu ermöglichen (vgl. ebd., 189). Hieraus ergibt sich unmittelbar, dass die Lehrperson aus ihrer dominanten Stellung in eine begleitende Position rückt und die Aufgabe hat, anregende Lernumgebungen für individualisierbare Problemlösungsprozesse zu arrangieren. Deweys Postulat einer Analogie von Forschen und Lernen beinhaltet zugleich die gelebte freie Kommunikation und Kooperation sowie die Gleichheit und Gleichberechtigung der Teilnehmer. Damit wird die Schule zum eigentlichen Ort für die Entfaltung einer praxiswirksamen Sozialerziehung.

Schule als Ort der Sozialerziehung

Die Lernenden gelangen über die kognitive Rekonstruktion ihrer eigenen schulischen Praxis zu einem Erkennen und zu einem *Anerkennen* demokratischer Verfahren und sozialer Verhaltensweisen. Hier wird zugleich deutlich, dass der beschriebene Lernprozess normativ unterlegt ist. Kernpunkte dieser Normativität, die die experimentelle Problemlösungsanstrengung des Pragmatismus mit dem Grundgedanken einer freiheitlichen Demokratie teilt, sind demnach *Freiheit, Gleichberechtigung, Kooperation* und *Fallibilität* als Versuch, Lösungshypothesen als Voraussetzung für praktische Handlungen ergebnisoffen zu sehen und unter Beachtung der Betroffenenperspektive ggf. zu revidieren (vgl. Hartmann 2011, 64 mit Bezug auf Dewey).

Aspekt 2: Der Pragmatismus als Theorie des politischen Lernens
Allerdings erstreckt sich die pädagogische Reichweite der Erziehungsphilosophie Deweys zunächst nur auf die positive Wirkung einer kognitiven Rekonstruktion der im Lernprozess gelebten und erfahrenen Demokratie. Die staatlich-institutionellen Aspekte des Demokratiebegriffs bleiben dabei jedoch unterbelichtet. Damit stellt sich die Frage, wie die Brücke vom *Sozialen zum Politischen* geschlagen werden kann. Das vermeintliche Defizit eines nur lebensweltbezogenen sozialen Lernens kann im Pragmatismus dennoch behoben werden, weil pragmatistisches Denken immer an der Praxis der Menschen ansetzt. Die Lösung des Problems liegt in einem erfahrungsorientierten biografischen Ansatz. Das Bereitstellen von Lernumgebungen, die eine sukzessive Erweiterung des Erfahrungshorizonts ermöglichen, bringt Lebenswelt und Systemwelt zusammen und trägt zur Überwindung des politikdidaktischen Brückenproblems *("Von der Lebenswelt zur Politik!")* bei. Dewey selbst sieht hierbei jedoch die Gefahr, „die Schule zu einem Modell derjenigen Gesellschaft (zu) machen, die wir gern verwirklichen möchten" (Dewey,1916/1993, 409). Hier bedarf es einer – mit pragmatistischem Denken durchaus vereinbaren – Erweiterung seines Erfahrungsbegriffs, der über das Erleben der unmittelbaren sozialen Lebenswelt hinausgehen muss. Gelingendes *politisches* Lernen muss auch die nicht unmittelbar erfahrbaren politischen Prozesse und ferne Institutionen einbeziehen. Somit wird die *mediale* Erfahrung der Lernenden zum unverzichtbaren Bestandteil eines biografiezentrierten pragmatistischen Konzepts, das an den sich ständig fortentwickelnden, *medial* beeinflussten Denkhorizonten der Lernenden ansetzt (vgl. Scherb, 2012, 25).

Aufgreifen von Erfahrungen

Aspekt 3: Der Pragmatismus als Theorie der politischen Bildung
Eine Theorie der politischen *Bildung* bedarf einer normativen Basis. In Deweys Erziehungsphilosophie ist diese Basis nur schwach ausgeprägt, weil die Normativität lediglich auf der kognitiven Rekonstruktion der gelebten Demokratie durch das Subjekt beruht (vgl. Scherb, 2012, 90). Größere Geltungskraft ist den erkenntnistheoretischen Implikationen der *pragmatischen Maxime* von *C.S. Peirce* zu entnehmen. Die in diesem Zusammenhang entscheidende Passage lautet: *„Man überlege, welche praktischen Wirkungen unserer Meinung nach von dem von uns aufgefassten Objekt verursacht werden könnten. Die Auffassung all dieser Wirkungen ist die vollständige Auffassung des Objekts"* (Peirce, 1903/1934, § 5.19). In dem zweiten Satz der zitierten Passage offenbart der Pragmatismus die überragende Bedeutung des subjektiven Faktors in der Erkenntnis. Insofern sind die Wirkungen der Objekte als Wirkungen auf erkennende Individuen aufzufassen, die ihr Denken in Sprache zum Ausdruck bringen und in der Kommunikation die *„vollständige Auffassung des Objekts"* generieren. Für das Ergebnis von Erkenntnis und Urteilen ist also zunächst die Forschungsgemeinschaft (= Lerngemeinschaft) ausschlaggebend. Allerdings verlegt der Pragmatismus nicht den gesamten Erkenntnisprozess in das Subjekt, weil alle Wirkungen auch eine Funktion des Objekts sind. Selbst wenn sich über die verschiedenen „Wirkungen" hinweg, die das Objekt auf einzelne Teilnehmer ausübt, eine gemeinsame Auffassung von dem zu erkennenden Objekt durchgesetzt hat, so hat diese gemeinsame Auffassung zwar in der Dialoggemeinschaft der Beteiligten einen starken Geltungsanspruch, aber keinen Anspruch auf Wahrheitsgeltung im Sinne einer Deckungsgleichheit zwischen Objekt und der Auffassung vom Objekt. Die erkenntnistheoretische Implikation der pragmatischen Maxime ist hier der unverfügbare demokratische Pluralismus einer „indefinite community of investigators" (Peirce, zit. nach Reese-Schäfer, 1997, 455).

Aspekt 4: Der Pragmatismus als Theorie des Demokratielernens
Ein metareflexiver Diskurs über den Diskurs, in dem die Geltungsansprüche der verschiedenen Wirkungen formuliert werden, erbringt mehr oder weniger zustimmende oder auch kritische Einschätzungen der Praxis. Ein Teilnehmer wird sich möglicherweise im Resultat des Kommunikationsprozesses nicht genügend wiederfinden können. Ein anderer kritisiert vielleicht seine mangelnden Möglichkeiten der Beteiligung. Für ihn war die dominierende Stellung eines anderen

Teilnehmers störend. Dieser wiederum könnte die Auffassung vertreten, dass der Kommunikationsprozess insgesamt gute Möglichkeiten der Entfaltung und der freien Meinungsäußerung geboten hat. Wie unterschiedlich die Urteile über die jeweils eigenen Erfahrungen auch sein mögen, sie konvergieren zumindest in einem Punkt, indem sie in jedem Fall die Kriterien der Urteile über die eigene Erfahrung zutage fördern. Gelingt es nun diese Urteilskriterien zu identifizieren, dann gelangen die Teilnehmer an der Metakommunikation zur Formulierung ähnlicher ethischer Minimalvoraussetzungen für Kommunikation. Hinter den positiven wie negativen Kritiken sind Kriterien identifizierbar, die auf demokratische Grundwerte wie Gleichheit der Person, Freiheit der Meinungsäußerung, Toleranz der anderen Positionen, Gerechtigkeit etc. hinweisen. Die in dieser Metareflexion aufscheinenden ethischen Minima liegen der Praxis immer schon voraus. Wenn mit der Rekonstruktion der Urteilskriterien ein intersubjektiv ähnliches Set von Werten zutage gefördert wird, dann spricht vieles dafür, dass die diesen Urteilskriterien innewohnenden Werte bei den Menschen immer schon vorhanden sind und pragmatistische politische Bildung lediglich die Chance ergreift, diese Werte als eigene Werte bewusst zu machen (vgl. Scherb, 2011, 152 f.).

Literatur

Dewey, John 1911/1951: Wie wir denken. Eine Untersuchung über die Beziehung des reflexiven Denkens zum Prozess der Erziehung. Zürich

Dewey, John 1916/1993: Demokratie und Erziehung. Weinheim

Gagel, Walter 1979: Politik – Didaktik – Unterricht. Stuttgart

Gagel, Walter, 1986: Politische Didaktik: Selbstaufgabe oder Neubesinnung? In: Gegenwartskunde 3/1986, S. 289 ff.

Gagel, Walter 2005a: Geschichte der Politischen Bildung in der Bundesrepublik. 3. Aufl., Wiesbaden

Gagel, Walter 1995: Der Pragmatismus als verborgene Bezugstheorie der Politischen Bildung. In: Ballestrem, Graf Karl von (Hrsg.): Sozialethik und Politische Bildung. Paderborn, S. 205 ff.

Gagel, Walter 1998: Denken und Handeln. Der Pragmatismus als Diagnosehilfe für Konzepte der Handlungsorientierung im Politikunterricht. In: Breit, Gotthard/Schiele, Siegried (Hrsg.): Handlungsorientierung im Politikunterricht. Schwalbach/Ts., S. 128 ff.

Gagel, Walter, 2005b: Was leistet der Pragmatismus für die Politische Bildung? Interviewbeitrag in POLIS 3, S. 17 ff.

Giesecke, Hermann 1965/1974: Didaktik der Politischen Bildung. 9. Aufl., München
Grammes, Tilman 1986: Politikdidaktik und Sozialisationsforschung. Problemgeschichtliche Studien zu einer pragmatischen Denktradition in der Fachdidaktik. Frankfurt/M.
Grammes, Tilman, 1998: Kommunikative Fachdidaktik. Politik – Geschichte – Recht – Wirtschaft. Opladen
Grammes, Tilman 2005: Was leistet der Pragmatismus für die Politische Bildung? Interviewbeitrag in POLIS 3, S. 17 ff.
Hartmann, Martin 2011: Pragmatismus. In: Hartmann, Martin/Offe Claus (Hrsg.) 2011: Politische Theorie und Politische Philosophie, München, S. 63 ff.
Hilligen, Wolfgang 1976: Zur Didaktik des politischen Unterrichts. 2 Bde. Opladen.
Himmelmann, Gerhard 2001: Demokratie Lernen als Lebens-, Gesellschafts- und Herrschaftsform. Schwalbach/Ts.
Oetinger, Friedrich 1953: Wendepunkt der politischen Erziehung. Partnerschaft als pädagogische Aufgabe. Stuttgart
Peirce, Charles Sanders 1903: Lectures on Pragmatism. In: Hartshorn, Charles et al. (Hrsg.) (1934): Collected Papers of C. S. Peirce, Cambridge/Mass., § 5.19.
Reinhardt, Sibylle 1998: Was ist Handeln? In: Breit, Gotthard/Schiele, Siegfried (Hrsg.): Handlungsorientierung im Politikunterricht. Schwalbach/Ts., S. 161 ff.
Reese-Schäfer, Walter, 1997: Grenzgötter der Moral. Frankfurt/M.
Sander, Wolfgang 2001/2013: Politik entdecken – Freiheit leben, 2. Aufl., Schwalbach/Ts.
Scherb, Armin 2011: Demokratielernen – pragmatistisch begründet. In: Politische Bildung 1/2011, S. 148 ff.
Scherb, Armin 2012: Erfahrungsorientierter Politikunterricht in Theorie und Praxis. Der Pragmatismus als Grundlage politischen Lernens, Immenhausen
Schmiederer, Rolf, 1977: Politische Bildung im Interesse der Schüler, Köln u. a.
Sutor, Bernhard 1984: Neue Grundlegung Politischer Bildung. Band I, Paderborn
Sutor, Bernhard, 2005: Pragmatismus oder Praktische Philosophie. In: Ders. 2005: Politische Bildung und Praktische Philosophie, Paderborn

Wolfgang Sander

Wissenschaftstheoretische Grundlagen politischer Bildung: Konstruktivismus

Der Konstruktivismus ist in den modernen Wissenschaften zu einer einflussreichen erkenntnistheoretischen Grundlage geworden, die über traditionelle Grenzen der Disziplinen hinweg Akzeptanz gefunden hat. Insbesondere bietet der Konstruktivismus die Möglichkeit, die seit der frühen Neuzeit immer größer gewordene Kluft zwischen Natur- und Geisteswissenschaften zu verkleinern, vielleicht sogar zu überbrücken, und ganz unterschiedliche Wissenschaften in einen produktiven Diskurs über die *conditio humana* zu bringen.

Seine Wurzeln hat der Konstruktivismus in der Philosophie und hier, sieht man von Vorläufern in der Antike ab, vor allem bei Immanuel Kant. Aber erst im Verlauf des 20. Jahrhunderts verbreitete er sich im gesamten Wissenschaftssystem, wobei der *Begriff* des „Konstruktivismus" als Bezeichnung für diese Denkrichtung in den *Wissenschaften* erst etwa ab den 1960er-Jahren populär wurde (davor war er vor allem für Schulen der Malerei und der Architektur gebräuchlich). Zudem hat dieser *Begriff* in den Geisteswissenschaften weitere Verbreitung gefunden als in den Naturwissenschaften; dem steht aber nicht entgegen, dass gerade die Naturwissenschaften mit der Quantenphysik und der neueren Biologie ganz wesentlich zur Fundierung des Konstruktivismus beigetragen haben. Allerdings entsteht daraus die etwas unübersichtliche Situation, dass es grundlegende Werke zum Konstruktivismus gibt, die diesen Begriff gar nicht verwenden.

Entwicklung und Bedeutung

Um nur wenige Beispiele für grundlegende Beiträge zu einem konstruktivistischen Verständnis der Wirklichkeit zu nennen, sei auf die folgenden Arbeiten aus verschiedenen Wissenschaften verwiesen: aus der Evolutionsbiologie Maturana/Varela (2012), aus der Neurobiologie Roth (2009), aus der Physik Zeilinger (2003), aus der Psychologie Piaget (1974), aus der Soziologie Berger/Luckmann (2012), aus der Linguistik Lakoff/Johnson (2011), aus der Literaturwissenschaft Siegfried J. Schmidt (1987), aus der Kommunikationswissenschaft Ernst von Glasersfeld (1997) und Paul Watzlawick (2011), aus der Erziehungswissenschaft Siebert (2005), Lindemann (2006) und

Reich (2012). In der Didaktik der politischen Bildung ist der Konstruktivismus erstmals explizit 2001 in der Erstauflage von Sander (2013a) rezipiert worden.

Die Vielfalt dieser und weiterer disziplinärer Bezüge legt schon nahe, dass es sich beim Konstruktivismus nicht um ein geschlossenes theoretisches Modell handelt. „Konstruktivismus" ist eher ein Oberbegriff für eine Vielzahl von wissenschafts- und erkenntnistheoretischen Beiträgen aus verschiedenen Wissenschaften, die aber durch bestimmte Grundannahmen miteinander verbunden sind.

1. Grundannahmen des Konstruktivismus

Im alltäglichen Leben gehen wir in der Regel davon aus, dass unsere Umwelt so ist, wie wir sie durch unsere Sinne wahrnehmen: dass sie in einem dreidimensionalen Raum angeordnet ist und sich mit der vergehenden Zeit verändert; dass Gras tatsächlich grün ist und Bananen gelb sind; dass die Unterscheidungen, mit deren Hilfe wir uns orientieren – etwa die zwischen Tisch und Stuhl, Berg und Tal, Blumen und Bäumen, Kindern und Erwachsenen – objektive Merkmale der Realität sind, die uns umgibt. Ohne diesen „alltäglichen Realismus" würden wir uns kaum zurechtfinden und überleben können. Allerdings kann man schon durch bloßes Nachdenken und Gedankenexperimente auf ein Problem stoßen, das durch die modernen Wissenschaften nachdrücklich bekräftigt wird: Weil wir alles, was wir über die äußere Umwelt erfahren, mittels unserer Sinne wahrnehmen, können wir über diese Umwelt nichts sagen, was nicht durch eben diese Wahrnehmung vorgeprägt, durch unser Gehirn auf der Grundlage der vom Nervensystem übertragenen Impulse interpretiert und mit den Mitteln unserer (jeweiligen) Sprache zum Ausdruck gebracht werden kann. Aber schon Kant hat konstatiert, dass die menschliche Anschauung der äußeren Welt auf bestimmten Grundlagen und Regeln beruht: auf Raum und Zeit, die keineswegs Eigenschaften der Dinge sind, die wir beobachten können, sondern Strukturmerkmale unserer Wahrnehmung (der „Beschaffenheit unseres Anschauungsvermögens", wie Kant in der Vorrede zu seiner „Kritik der reinen Vernunft" schrieb) – wir können nicht anders als in Raum und Zeit wahrzunehmen. Ebenso können wir nicht anders, sofern wir nicht blind sind, als elektromagnetische Strahlung eines bestimmten, sehr kleinen Frequenzbereichs als Licht wahrzunehmen. Aber Helligkeit ist keine Eigenschaft der äußeren Welt, sondern ein

Alltägliche Wahrnehmung

durch das Gehirn von Lebewesen, die Licht wahrnehmen können, erzeugter Sinneseindruck. Wie wir wissen, gilt das nicht für alle Lebewesen; und manche Lebewesen verfügen über gänzlich anders strukturierte Sinnesorgane als Menschen, die ihnen eine sehr andere Vorstellung von der äußeren Realität vermitteln dürften.

Im Konstruktivismus wird daher davon gesprochen, dass unser Zugang zur Realität *strukturdeterminiert* ist. Diese Bedingungen unserer Wahrnehmung lassen sich auf unterschiedlichen Ebenen beschreiben (s. u. Abschnitt 3). Aber sie sind nicht hintergehbar: Es gibt keine Möglichkeit, die Realität so wahrzunehmen, wie sie „an sich", also außerhalb der Begrenztheiten und Besonderheiten unserer Sinnesorgane, unseres Nervensystems und unseres kognitiven Apparates, „tatsächlich" ist. Im Konstruktivismus wird deshalb das, was wir als „Wirklichkeit" verstehen, als Produkt von komplexen Konstruktionsprozessen betrachtet. In diesem Prozess wird im Zusammenspiel von Wahrnehmung, sprachlicher Benennung und Interpretation eine Vorstellung von der äußeren Realität *erzeugt* („konstruiert"), die uns als „Wirklichkeit" erscheint. Das gilt für elementarste Wahrnehmungsvorgänge, wie Donald D. Hoffman mit vielen Beispielen am Sehsinn gezeigt hat: „Konstruieren ist das Wesen des Sehens. Verzichten Sie auf das Konstruieren, und Sie verzichten auf das Sehen." (Hoffman 2003, 26).

[Marginalie: Konstruierte Wirklichkeit]

Das *Verstehen* dessen, was wahrgenommen werden kann, geschieht bei Menschen über sprachliche Vermittlung. Mit begrifflichen Benennungen werden Unterscheidungen vorgenommen, es wird also *kategorisiert:* Tische sollen etwas anderes sein Stühle, Birnen etwas anderes als Äpfel (aber beides wird als Obst kategorisiert und von Gemüse unterschieden), Kinder etwas anderes als Erwachsene, Lehrer etwas anderes als Eltern. Aber solche Kategorisierungen ergeben sich nicht zwingend aus Eigenschaften der äußeren Realität, sondern sind ein für Menschen charakteristisches Instrument, um Ordnung zu stiften und Orientierung zu ermöglichen. Für uns als Lebewesen, die laufen, aber nicht fliegen können, sind Unterscheidungen wie vorne und hinten, oben und unten, ziemlich wichtig; aber wenn man gedanklich den Lebensraum des Menschen auf der Erde verlässt, wird man schnell nachvollziehen können, dass solche Unterscheidungen keine Eigenschaft der Natur, sondern unsere Konstrukte sind. Mit kategorialen Unterscheidungen verbindet sich *Wissen* in Form von *Konzepten*; Konzepte beinhalten die Vorstellungen, die Menschen beispielsweise davon haben, was einen Tisch, einen Apfel oder einen Lehrer charakterisiert (vgl. ausführlich Murphy 2004).

[Marginalie: Kategorisierung durch Sprache]

[Marginalie: Konzepte]

Durchaus treffend hat das Wort „Konzept" im Deutschen auch die Bedeutung von „Entwurf". Menschliches Wissen hat den Charakter von Konstrukten. Da wir nicht wissen können, wie die Welt „an sich", also außerhalb unserer Wahrnehmungsmöglichkeiten, beschaffen ist, bleibt Wissen immer vorläufig, begrenzt und muss sich im jeweiligen Kontext bewähren. Im Konstruktivismus wird daher oft lieber von „Viabilität" (im Sinne von Brauchbarkeit, Passung, Gangbarkeit) als von „Wahrheit" gesprochen – was aber nicht gegen Wahrheit als eine regulative Idee spricht, die bei unterschiedlichen Vorstellungen beispielsweise zu Ehrlichkeit und sachlicher Begründung zwingt.

Dieser Konstruktionscharakter gilt auch für wissenschaftliches Wissen. In den Geisteswissenschaften war dies eine immer schon präsente Vorstellung; in den Naturwissenschaften herrschte dagegen lange ein in erkenntnistheoretischer Hinsicht recht naiver Positivismus und Fortschrittglaube vor, der von der Annahme getragen war, die Naturwissenschaften könnten die Realität in objektiver Weise genau so erkennen, verstehen und beschreiben, wie sie tatsächlich ist. Dass und warum dies nicht der Fall ist, haben Albert Einstein und Leopold Infeld in einem populären, 1938 erstmals erschienenen Buch mit einem treffenden Bild beschrieben:

„Physikalische Begriffe sind freie Schöpfungen des Geistes und ergeben sich nicht etwa, wie man sehr leicht zu glauben geneigt ist, zwangsläufig aus den Verhältnissen in der Außenwelt. Bei unseren Bemühungen, die Wirklichkeit zu begreifen, machen wir es manchmal wie ein Mann, der versucht, hinter den Mechanismus einer geschlossenen Taschenuhr zu kommen. Er sieht das Ziffernblatt, sieht, wie sich die Zeiger bewegen, und hört sogar das Ticken, doch hat er keine Möglichkeit, das Gehäuse aufzumachen. Wenn er scharfsinnig ist, denkt er sich vielleicht irgendeinen Mechanismus aus, dem er all das zuschreiben kann, was er sieht, doch ist er sich wohl niemals sicher, daß seine Idee die einzige ist, mit der sich seine Beobachtungen erklären lassen. Er ist niemals in der Lage, seine Ideen an Hand des wirklichen Mechanismus nachzuprüfen." (Einstein/Infeld 1995, 52 f.)

In eine ähnliche Richtung argumentieren Stephen Hawking und Leonard Mlodinow:

„Die klassische Naturwissenschaft beruht auf der Überzeugung, dass es eine reale Außenwelt gibt, deren Eigenschaften eindeutig und von dem wahrnehmenden Beobachter unabhängig sind. (…)

In der Philosophie wird diese Überzeugung als Realismus bezeichnet. Zwar mag der Realismus ein verlockender Standpunkt sein, doch ist er (...) nach allem, was wir über die moderne Physik wissen, schwer zu verteidigen." (Hawking/Mlodinow 2010, 42 f.) Die beiden Physiker nennen ihren wissenschaftstheoretischen Ansatz in Abgrenzung hierzu „modellabhängigen Realismus"; dieser unterscheidet sich allerdings in seinem Wirklichkeitsverständnis letztlich nicht vom Konstruktivismus: „Wir fertigen Modelle in der Wissenschaft an, aber auch im Alltag. (...) Laut modellabhängigem Realismus ist die Frage sinnlos, ob ein Modell real ist – entscheidend ist nur, ob es mit der Beobachtung übereinstimmt." (ebd., 45 f.) In diesem Zusammenhang verweisen sie auf den Konflikt zwischen dem ptolemäischen und dem kopernikanischen Weltbild: „Welches System entspricht nun der Wirklichkeit, das ptolemäische oder das kopernikanische? Zwar heißt es nicht selten, Kopernikus habe Ptolemäus widerlegt, doch das ist nicht richtig. (...) man (kann) jede der beiden Darstellungsweisen als Modell des Universums verwenden, denn unsere Himmelsbeobachtungen lassen sich ebenso durch die Annahme einer unbewegten Erde wie einer unbewegten Sonne erklären. (...) der eigentliche Vorteil des kopernikanischen Systems (liegt) einfach darin, dass die Bewegungsgleichungen in einem Bezugssystem mit unbewegter Sonne viel einfacher sind." (ebd., 41)

2. Missverständnisse und Übertreibungen

Die häufigsten Einwände gegen den Konstruktivismus beruhen auf dem Missverständnis, dieser bestreite das Vorhandensein einer äußeren Welt, weil er eben jede Form von Wirklichkeit als (menschliche) Konstruktion betrachte. Der Konstruktivismus wäre demnach eine Form des Solipsismus, also einer philosophischen Position, die als real nur die eigenen Bewusstseinszustände gelten lässt und bis zu der Vorstellung gehen kann, dass das Leben nur eine Art Traum ist. Dieser Eindruck trifft aber nicht zu: „Der Konstruktivismus leugnet keineswegs eine ontologische Realität, doch er behauptet, daß wir sie rational nicht erfassen können." (Glasersfeld 1998, 510) Glasersfeld unterscheidet deshalb auch begrifflich zwischen der Wirklichkeit als der Welt, die wir erleben, und der Realität (dem Inneren der Taschenuhr im obigen Zitat von Einstein/Infeld), die uns kognitiv nicht zugänglich ist.

Bewertung des Wissens

Ein zweites Missverständnis ist, dass der Konstruktivismus zu einem *erkenntnistheoretischen Relativismus* führe, nach dem jede Art von Wissen als gleichermaßen gültig betrachtet würde und dass so am Ende zwischen wissenschaftlichem Wissen und Alltagswissen oder gar Aberglauben keine Unterschiede gemacht werden könnten. Dieses Missverständnis übersieht zum einen das Kriterium der Viabilität für die Bewertung von Wissen (nach dem die wissenschaftlich fundierte Medizin nun einmal erfolgreicher ist als die Scharlatanerie) und zum anderen, dass es selbstverständlich auch aus einer konstruktivistischer Sicht verschiedene Wissensformen geben kann. So stellen zwar sowohl wissenschaftliche Theorien als auch Alltagstheorien über beobachtbare Phänomene mentale Modelle dar. Aber wissenschaftliches Wissen unterliegt einem höheren Rationalitätsanspruch, der sich in Kriterien wie methodengeleitetes Vorgehen, intersubjektive Geltung (unter den Bedingungen der gewählten Methode) und Regeln guter wissenschaftlicher Praxis niederschlägt. Es ist in diesem Zusammenhang auch ein Missverständnis, aus konstruktivistischer Sicht könne man nicht von Tatsachen reden. Aber solche Tatsachen haben ihren Geltungsanspruch immer nur in einem Referenzsystem, das auf Konstruktionen beruht – eine wissenschaftliche Tatsache in einem theoretischen und methodischen Rahmen, eine Datumsangabe in einem kalendarischen System, die Diagnose einer Krankheit in einem medizinischen Begriffs- und Theoriezusammenhang.

Das Missverständnis des erkenntnistheoretischen Relativismus kann freilich durch die *subjektivistische Übertreibung* gefördert werden, die die Konstruktion von Wirklichkeit alleine als Leistung autonomer Individuen sieht. Zwar ist es wahrscheinlich, dass es unter Menschen keine zwei völlig identischen Wirklichkeiten gibt, und es trifft auch zu, dass Individuen in äußerst exzentrischen Wirklichkeiten leben können. Aber zum einen setzt auch hier die Viabilität von Konstrukten dem Einzelnen Grenzen und zum anderen ist „die sogenannte Wirklichkeit das Ergebnis von Kommunikation" (Watzlawick 2005, 7), also zumindest *auch* ein Resultat gesellschaftlicher Prozesse und Strukturen (Berger/Luckmann 2012). Genau entgegengesetzt ist eine *deterministische Übertreibung*, die gelegentlich in der Neurobiologie anzutreffen ist. Hiernach werden die Vorstellung einer Willens- und Entscheidungsfreiheit des Individuums als Illusion abgetan und die Konstruktion subjektiver Wirklichkeiten als zwingende Folge genetischer Dispositionen und vorbewusster neuronaler Prozesse gedeutet. Dabei wird aber übersehen, dass die Gehirnforschung die Perspektive des denkenden und empfindenden Menschen nicht reproduzieren kann und dass letztlich das konkrete Verhalten Einzelner nicht vorhersagbar ist.

Durchaus richtig ist aber das Argument, dass aus dem Konstruktivismus keine moralischen Regeln zwingend abgeleitet werden können. Dennoch ist es ein Kategorienfehler, wenn daraus der Vorwurf eines *moralischen Relativismus* abgeleitet wird. Als wissenschaftlicher Theorienkomplex befasst sich der Konstruktivismus nur mit der ersten von Kants drei Grundfragen der Philosophie (Was kann ich wissen? Was soll ich tun? Was darf ich hoffen?). Er stellt eine Erkenntnistheorie dar, aber keine Ethik und erst recht nicht ein weltanschauliches System. Das schließt nicht aus, dass einzelne konstruktivistisch denkende Wissenschafter auch ethische Überlegungen vorgelegt haben, die meist auf ein Plädoyer für Toleranz und Vielfalt hinauslaufen; zwingend ableiten lassen sich diese aus der konstruktivistischen Erkenntnistheorie so wenig wie aus anderen Erkenntnistheorien.

Moral

3. Drei Ebenen der Konstruktion der Wirklichkeit

Solche Missverständnisse und Übertreibungen lassen sich wohl am ehesten vermeiden, wenn man Prozesse der Konstruktion von Wirklichkeit als einen komplexen, auf drei miteinander verschränkten Ebenen ablaufenden Zusammenhang versteht (vgl. ausführlicher Sander 2005, 47 ff.):

– *Die Ebene der biologischen Determination:* Menschen bringen durch ihre genetische Ausstattung Determinationen mit, die mit gewissen Variationen allen Menschen gemeinsam sind und unsere Konstruktion von Wirklichkeit vorprägen. Dazu gehören vor allem die Grundstrukturen von Sinnesorganen, Nervensystem und Gehirn, die uns bestimmte Regeln der Wahrnehmung aufzwingen. So hat Hoffman (2003) 35 Regeln rekonstruiert, nach denen unser visuelles System biologisch determiniert, aber gleichwohl nicht als Abbild, sondern im Sinne von Konstruktion eine stabile und verlässliche räumliche Wirklichkeit erzeugt – eine „Benutzeroberfläche", wie er mit einer schönen Metapher schreibt.

– *Die Ebene der soziokulturellen Konstruktion der Wirklichkeit:* Zu der biologischen Determination des Menschen gehört allerdings auch, dass wir eine wesentlich höhere Plastizität als andere Lebewesen mitbringen, was die Gestaltung unseres Zusammenlebens anbelangt, und zugleich als soziale Lebewesen auf das Leben in sozialen Verbänden angewiesen sind. Die Vielfalt menschlicher Lebensformen in Vergangenheit und Gegenwart zeigt anschaulich, welche erhebliche Bedeutung der „gesellschaftlichen Konstruktion der Wirklichkeit" (Berger/Luckmann) zukommt. Dass auf dieser soziokulturellen Ebene auch *politische* Strukturen und Prozesse eine gewichtige Rolle spielen, braucht an dieser Stelle nicht ausführlich erläutert zu werden.

– *Die Ebene des individuellen Weltverstehens:* Trotz biologischer Gemeinsamkeiten aller Menschen und trotz soziokulturell erzeugter „Vorgaben" für jedes neugeborene Kind bleibt ein Raum für differente Wirklichkeitsverständnisse zwischen den einzelnen Menschen. Dieser Raum entsteht schon dadurch, dass jedem Menschen die Welt im Laufe seines Lebens auf eine von anderen Menschen verschiedene Weise begegnet, schon weil sie eben auch aus jeweils anderen Menschen besteht. Bereits dies begründet die Möglichkeit und Wahrscheinlichkeit unterschiedlicher Deutungen von Erlebnissen und deren Interpretation als „Erfahrung".

4. Die Relevanz des Konstruktivismus für die Didaktik der politischen Bildung

Ähnlich wie bei der Frage nach moralischen Konsequenzen ist bei der Frage nach Konsequenzen aus dem Konstruktivismus für die Theorie und Praxis eines pädagogischen Handlungsfeldes wie der politischen Bildung eine gewisse Vorsicht geboten. Allzu leicht kann es zu voreiligen Schlussfolgerungen kommen, die nur scheinbar zwingend abgeleitet sind und deren Deduktionslogik sich bei näherem Hinsehen als schwach begründet erweist. Andererseits haben es Bildungsprozesse zweifelsohne mit Wissen, Erkennen und Verstehen zu tun – und damit mit Fragen und Problemen, mit denen sich der Konstruktivismus als Erkenntnistheorie (anders als mit ethischen Fragen) sehr wohl befasst. Daher können konstruktivistische Perspektiven für die Didaktik durchaus fruchtbar gemacht werden. Dies betrifft vor allem die folgenden vier Aspekte und Dimensionen didaktischen Denkens mit Konsequenzen für die Praxis.

4.1 Bildung

Bezogen auf „Bildung" als – notwendiges (was hier nicht näher begründet werden kann, vgl. Sander 2099, 245 ff.) – Referenzkonzept für institutionalisierte Lernangebote, mindestens für solche in öffentlicher Verantwortung, stärkt der Konstruktivismus die sokratische Perspektive, nach der Bildungsprozesse mit der Destruktion von bloßen Meinungen beginnen (Reichenbach 2007, 196). Bildung kann hiernach nicht als Ansammlung sicheren Wissens verstanden werden, sondern entsteht ganz wesentlich aus einem reflektierten Umgang mit dem unvermeidlichen Nichtwissen. Darüber hinaus bringen Bildungsprozesse Menschen aber auch in Kontakt mit vielfältigen kulturellen Mustern, mit denen Menschen im Laufe der menschlichen Geschichte ihr Leben bewältigt, in kontingenten Situationen Sinn gestiftet und ihren Lebenserfahrungen deutend kulturellen Ausdruck verliehen haben – beispielsweise in Sprachen und Literatur, Kunst und Wissenschaft, Religion und Geschichte. Bildung bereichert auf diese Weise die Welterfahrung der heute Lebenden und erweitert ihre Möglichkeiten, bei der Bewältigung ihres Lebens von den Erfahrungen anderer zu profitieren. Bildung ist die Brücke zu Menschen, die vor uns gelebt haben.

Bildungsprozesse

4.2 Politik

Bei politischen Institutionen und Prozessen handelt es sich um Ergebnisse und Formen menschlichen Tuns, denen offensichtlich keine außermenschliche Realität zukommt; bei der „Sache" von Politik und politischer Bildung geht es somit in jedem Fall um menschliche Konstrukte. Trotz einer stark normativ ausgerichteten Tradition der Politikwissenschaft haben daher bestimmte Merkmale „klassischer" Topoi politischer Theorie eine implizite Nähe zum Konstruktivismus. Die Vorstellung Hannah Arendts etwa, dass Politik auf der Pluralität der Menschen beruht; oder die bis auf Aristoteles zurückgehende, dass Politik eine Form von „Praxis" ist, in der es weder um Wahrheit noch um Expertenwissen geht, sondern darum, angesichts divergierender Perspektiven annehmbare Lösungen zu finden; oder das ideologiekritische Misstrauen gegen normativ hoch aufgeladene Legitimationen politischer Forderungen – dies sind Beispiele für potenzielle Verknüpfungspunkte traditionellen politiktheoretischen Denkens mit der wahrheitsskeptischen konstruktivistischen Erkenntnistheorie. In gewisser Weise gibt es sogar Berührungspunkte zwischen „realistischen" Schulen der Politikwissenschaft, die sich eher für Interessen und Machtstrukturen als für die Wahrheitsfähigkeit von öffentlich vorgebrachten politischen Legitimationen interessieren, und einer konstruktivistischen Perspektive auf Politik, für die auch völlig irrational erscheinende Weltbilder im Bereich des Erwartbaren liegen. Vielleicht gilt gerade für den Bereich der Politik das Bonmot von Jochen Hörisch: „es ist hochrealistisch, Konstruktivist zu sein." (Hörisch 2004, 152) Zumindest aber bietet der Konstruktivismus interessante Perspektiven für die Konzeptualisierung des Gegenstandsfeldes politischer Bildung.

Verbreitung in der Disziplin Dennoch ist der Konstruktivismus in der Politikwissenschaft später „angekommen" (am deutlichsten bislang im Teilfach „Internationale Beziehungen" und in systemtheoretischen Ansätzen) und bislang noch weniger verbreitet als etwa in der Soziologie und in anderen Sozial- und Kulturwissenschaften. Auf die möglichen Gründe dafür kann hier nicht näher nachgegangen werden. Allerdings gibt es inzwischen in der Deutschen Vereinigung für Politische Wissenschaft (DVPW) eine 2011 gegründete „Themengruppe Konstruktivistische Theorien der Politik".

4.3 Wissen

Der Konstruktivismus macht nachdrücklich darauf aufmerksam, dass und warum ein traditionelles Verständnis von Wissen, wonach sich Wissen von Nichtwissen oder bloßer Meinung durch seine nachweisbare objektive Wahrheit unterscheide, nicht mehr haltbar ist. Wie bereits erwähnt, wird heute, vor allem in der – stark konstruktivistisch beeinflussten – Kognitionspsychologie das Wissen und Weltverstehen eines Menschen als vernetztes System von Konzepten verstanden. Dieses Wissensverständnis hat sich inzwischen auch in der Didaktik der politischen Bildung weitgehend durchgesetzt; das Wissen, das im Fach vermittelt werden soll, wird in (unterschiedlichen) Modellen für Basiskonzepte und Fachkonzepte beschrieben (Sander 2010, Sander 2013b). Die Orientierung am Konzeptbegriff lenkt die Aufmerksamkeit beim Umgang mit Wissen auch darauf, dass es letztlich darauf ankommt, im Unterricht jenes Konzeptverständnis zu erreichen, das die Lernenden für ihr tatsächliches politisches Denken, Urteilen und Handeln nutzen.

4.4 Lernen

„In the most general sense, the contemporary view of learning is that people construct new knowledge and understanding based on what they already know and believe." (Bransford et al. 2000, 10) Mit dieser knappen Definition in einem amerikanischen Report zum Stand der Lernforschung wird die konstruktivistische Perspektive als fundamental für das heutige wissenschaftliche Verständnis von Lernen sichtbar: Lernen ist als Prozess der Konstruktion von Wissen und Verstehen (und damit von Wirklichkeit) durch die Lernenden selbst zu verstehen. Er kann „von außen", zum Beispiel durch Unterricht, angeregt und gefördert, aber nicht wirklich gesteuert werden, denn letztlich entscheiden immer die Lernenden selbst, was sie von dem, was ihnen angeboten wird, in das eigene Konzeptsystem übernehmen und in welcher Weise dies geschieht. Hierbei muss es sich selbstverständlich nicht um einen bewussten Reflexions- und Abwägungsprozess handeln; emotional grundierte Ablehnungen wie „langweilig" oder „uninteressant" sind in diesem Sinne auch Entscheidungen.

Lernprozesse

Allerdings können aus dieser Erkenntnis noch keine konkreten didaktischen und methodischen Entscheidungen zwingend abgeleitet werden. Insofern ist etwa die Rede von „konstruktivistischen Methoden" mindestens missverständlich, denn auch in einer Vortragssituation entscheiden die Zuhörer, was sie aus dem Vortrag lernen oder auch nicht. Die konstruktivistische Perspektive sollte aber dem Vortragenden bewusst machen, dass nicht damit zu rechnen ist, dass alle Zuhörer das Gesagte so verstehen werden wie es vom Sprecher gemeint ist. Andererseits kann genau dies den Redner veranlassen, sich genauer über mögliche Erwartungen und Vorverständnisse der Zuhörer zu informieren und seinen Vortrag soweit es möglich ist darauf abzustimmen. Denn dies ist tatsächlich eine Konsequenz aus dem Konstruktivismus für jeden Unterricht: Er sollte sich auf das beziehen oder zumindest beziehen lassen, was Adressaten „already know and believe". Dafür allerdings wird nicht bei jeder Lerngruppe jede Methode in gleicher Weise geeignet sein.

Schlussbemerkung

Es sei nochmals betont, dass konstruktivistisch orientierte Theorien und Forschungen sich in verschiedenen Wissenschaften verschiedener Begriffe und Methoden bedienen und dass insofern die Rede von „dem Konstruktivismus" eine vereinfachende Darstellung ist. Sie wurde hier dennoch gewählt, weil die in der Literatur häufig anzutreffenden Unterscheidungen verschiedener „Konstruktivismen" (wie etwa „radikaler", „sozialer", „gemäßigter" „methodischer" Konstruktivismus) nicht wirklich klärend sind. Solche Unterscheidungen haben etwas Willkürliches und offenbaren ihre Schwäche, wenn man versucht, ihnen konkrete Positionen oder Texte aus verschiedenen

Wissenschaften zuzuordnen. Der Konstruktivismus unterscheidet sich von seiner erkenntnistheoretischen Alternative, dem Realismus, letztlich durch die Verneinung oder Bejahung der Frage, ob unsere mentalen Repräsentationen prinzipiell in der Lage sind, die außermenschliche Realität so darzustellen, wie sie tatsächlich ist und auch wäre, wenn es keinen menschlichen Beobachter gäbe. Wäre es, um ein bereits erwähntes Beispiel nochmals aufzugreifen, auf der Erde tatsächlich „hell", wenn es keine Lebewesen gäbe, die Sinnesorgane für bestimmte elektromagnetische Impulse haben, wäre es „laut", wenn niemand Schall wahrnehmen kann? Im Jahr 1751 gab Denis Diderot in der „Encyclopédie" darauf folgende Antwort: „Wenn man den Menschen oder das denkende, die Erdoberfläche von oben betrachtende Wesen ausschließt, dann ist das erhabene & ergreifende Schauspiel der Natur nur noch eine traurige & stumme Szene. Das Weltall verstummt, Schweigen & Dunkelheit überwältigen es; alles verwandelt sich in eine ungeheure Einöde, in der sich die Erscheinungen – unbeobachtete Erscheinungen – dunkel & dumpf abspielen." (zit. nach Selg/Wieland 2001, 74 f.) Es spricht aus heutiger wissenschaftlicher Sicht vieles dafür, dass er recht hatte.

Literatur

Berger, Peter L./Luckmann, Thomas 2012: Die gesellschaftliche Konstruktion der Wirklichkeit. 24. Aufl., Frankfurt/M.

Bransford, John D./Brown, Ann L./Cocking, Rodney R. (Hrsg.) 2000: How People Learn. Brain, Mind, Experience and School. Expanded Edition, Washington, D.C.

Einstein, Albert/Infeld, Leopold 1995: Die Evolution der Physik. 20. Aufl., Reinbek

Glasersfeld, Ernst von 1997: Radikaler Konstruktivismus. Ideen, Ergebnisse, Probleme. 7. Aufl., Frankfurt/M.

Glasersfeld, Ernst von 1998: Die Radikal-Konstruktivistische Wissenstheorie. In: Ethik und Sozialwissenschaften 4/1998

Hawking, Stephen/Mlodinow, Leonard 2010: Der große Entwurf. Eine neue Erklärung des Universums. Reinbek

Hörisch, Jochen 2004: Theorie-Apotheke. Eine Handreichung zu den humanwissenschaftlichen Theorien der letzten fünfzig Jahre, einschließlich ihrer Risiken und Nebenwirkungen. Frankfurt/M.

Hoffman, Donald D. 2003: Visuelle Intelligenz. Wie die Welt im Kopf entsteht. München

Literatur

Lakoff, George/Johnson, Mark 2011: Leben in Metaphern. Konstruktion und Gebrauch von Sprachbildern. 7. Aufl., Heidelberg

Lindemann, Holger 2006: Konstruktivismus und Pädagogik. Grundlagen, Modelle, Wege zur Praxis. München

Maturana, Humberto/Varela, Francisco 2012: Der Baum der Erkenntnis. Die biologischen Grundlagen menschlichen Erkennens. 5. Aufl., Frankfurt/M.

Murphy, Gregory L. 2004: The Big Book of Concepts. Cambridge and London

Piaget, Jean 1974: Der Aufbau der Wirklichkeit beim Kinde. Stuttgart (in den französischen und englischen Ausgaben wird der Begriff der „Konstruktion" verwendet: La construction du réel chez l' enfant, Neuchatel, Delacheaux 1937; The Construction of Reality in the Child, New York 1971)

Reich, Kersten 2012: Konstruktivistische Didaktik. 5. Aufl., Weinheim

Reichenbach, Roland 2007: Philosophie der Bildung und Erziehung. Eine Einführung. Stuttgart

Roth, Gerhard 2009: Aus Sicht des Gehirns. Vollständig überarbeitete Neuauflage, Frankfurt/M.

Sander, Wolfgang 2005: Die Welt im Kopf. Konstruktivistische Perspektiven zur Theorie des Lernens. In: kursiv – Journal für politische Bildung 1/2005

Sander, Wolfgang 2009: Bildung und Perspektivität – Kontroversität und Indoktrinationsverbot als Grundsätze von Bildung und Wissenschaft. In: Erwägen – Wissen – Ethik 2/2009

Sander, Wolfgang 2010: Wissen im kompetenzorientierten Unterricht – Konzepte, Basiskonzepte, Kontroversen in den gesellschaftswissenschaftlichen Fächern. In: zeitschrift für didaktik der gesellschaftswissenschaften (zdg) 1/2010

Sander, Wolfgang 2013a: Politik entdecken – Freiheit leben. Didaktische Grundlagen politischer Bildung. 4. Aufl., Schwalbach/Ts.

Sander, Wolfgang 2013b: Wie kann Wissen in der kompetenzorientierten politischen Bildung gefördert werden? In: Frech, Siegfried/Richter, Dagmar (Hrsg.): Politische Kompetenzen fördern. Schwalbach/Ts.

Selg, Annette/Wieland, Rainer (Hrsg.) 2001: Die Welt der Encylopédie. Frankfurt/M.

Schmidt, Siegfried J. (Hrsg.) 1987: Der Diskurs des Radikalen Konstruktivismus. Frankfurt/M.

Siebert, Horst 2005: Pädagogischer Konstruktivismus. Lernzentrierte Pädagogik in Schule und Erwachsenenbildung. 3. Aufl., Neuwied und Kriftel

Watzlawick, Paul 2010: Die erfundene Wirklichkeit. Wie wissen wir, was wir zu wissen glauben? 5. Aufl., München

Watzlawick, Paul (Hrsg.) 2011: Wie wirklich ist die Wirklichkeit? Wahn, Täuschung, Verstehen. 10. Aufl., München

Zeilinger, Anton 2003: Einsteins Schleier. Die neue Welt der Quantenphysik. München

Sebastian Fischer, Dirk Lange

Qualitative empirische Forschung zur politischen Bildung

Zunahme empirischer Forschung

Die Politikdidaktik entwickelt sich von einer bildungsbezogenen Vermittlungswissenschaft zu einer eigenständigen akademischen Disziplin, die das politische Lernen zu ihrem Gegenstand hat (vgl. GPJE 2002). Diese Entwicklung ist verbunden mit einer zunehmenden Bedeutung empirischer Forschung in der Politikdidaktik. Richteten sich die Bemühungen vormals auf die fachwissenschaftlich angeleitete Auswahl, die normative Begründung und die methodische Umsetzung von Lerninhalten, stehen jetzt verstärkt Fragen nach der Tatsächlichkeit politischer Lernprozesse im Mittelpunkt der Auseinandersetzung.

Die Hinwendung zur empirischen Untersuchung von Lehr- und Lernprozessen vor gut 20 Jahren wurde durch Studien befördert, die auf eine Diskrepanz zwischen Theorie und Praxis der politischen Bildung aufmerksam machten (vgl. Breit/Harms 1990). Der „alltägliche Politikunterricht" (Henkenborg/Kuhn 1998) wurde untersuchungsrelevant. Seitdem hat sich eine qualitative Forschungstradition in der Politikdidaktik entwickelt, die im Folgenden anhand von zentralen Befunden einschlägiger Studien dargestellt werden soll.

Zwei Forschungsbereiche

Ausgehend von den grundlegenden Zielsetzungen qualitativer Untersuchungen in der politischen Bildung können zwei große Forschungsbereiche unterschieden werden: Die interpretative Unterrichtsforschung und die Rekonstruktion subjektiver Lernbedingungen. Ein Schwerpunkt qualitativer Forschung in der politischen Bildung ist die interpretative Rekonstruktion von Unterricht. Hier werden die Prozesse des Lehrens und Lernens anhand von einzelnen Unterrichtsstunden bzw. Unterrichtssequenzen untersucht (vgl. Grammes 1998; Richter 2000; Schelle 2003; Kuhn 2009). Untersuchungen der professionsbezogenen Lehrerforschung befassen sich gezielt mit dem Handlungswissen von Lehrer/-innen (vgl. Henkenborg 1998; Biskupek 2002; Klee 2008). Neben der interpretativen Unterrichtsforschung kann als zweiter großer Bereich qualitativer Forschung die Rekonstruktion subjektiver Lernbedingungen genannt werden. Einerseits werden subjektive Lernvoraussetzungen in

Form von Lernertypen und Lernerdidaktiken untersucht (Weißeno 1989; Schelle 1995; Schreder 2007). Andererseits werden Vorstellungen von Schülern über verschiedene Lerngegenstände erhoben (Heidemeyer 2006; Lutter 2011; Fischer 2011; Nordensvärd 2011).

1. Interpretative Unterrichtsforschung

Die interpretative Unterrichtsforschung nimmt die Prozesse des Lehrens und Lernens im alltäglichen Politikunterricht in den Blick. Dabei kann sie wichtige Hinweise für die Gestaltung von Unterricht geben. Die Fallstudien der interpretativen Unterrichtsforschung sind insbesondere deshalb von besonderer Relevanz, weil sie anschauliches Material für die Ausbildung von Lehrer/-innen liefern. Anhand konkreter Fälle und Unterrichtssequenzen lassen sich die potentiellen Möglichkeiten und Fallstricke unterrichtlichen Handelns verdeutlichen. In Videobüchern sind Unterrichtsaufzeichnungen dokumentiert, die Studierende und Referendare für das unterrichtliche Geschehen sensibilisieren können (vgl. Gagel et al. 1992; Kuhn/Massing 1999).

Fallstudien

Die Untersuchung von Henkenborg (2002) macht darauf aufmerksam, dass der Beutelsbacher Konsens einerseits zwar als notwendig erachtet werde, die Beobachtung des durchgeführten Unterrichts zeige jedoch, dass es zu verschiedenen Formen der Überwältigung komme (vgl. Henkenborg 2002, 99). Grammes (1998) kommt in seiner Studie zu dem Ergebnis, dass Lehrer/-innen im Politikunterricht oftmals nur eine geringe Aufmerksamkeit für die interaktionistische Struktur und Dynamik von Unterricht entwickelt haben. Schüler werden demnach in die Rolle von „Kreuzworträtslern" und „didaktischen Rekonstrukteuren" gedrängt (ebd., 301). Entgegen den Intentionen der Lehrkräfte werde die dialogische Struktur von Unterricht unterlaufen und es komme zu verschiedenen Diskursausschlüssen: „Die Referenzstunden zeigen das strukturelle Risiko des Unterlaufens von Diskursivität in gesellschaftlich-politischen Lernprozessen. Analysiert wird weiter eine Tendenz zu pädagogischem Fundamentalismus, eine strukturelle Tendenz zu Eindeutigkeit unter Verzicht auf Deutungsspielräume der Tradition, da die Mehrdeutigkeit unerträglich erscheint. Dem korrespondiert eine Verweigerung des Diskurses mit Andersdenkenden im Dienste der Effizienz von Lernprozessen paradoxerweise gerade dort, wo didaktisch und unterrichtspraktisch Dialog reklamiert wird." (ebd., 102)

Auf die Gefahren eines unpolitischen Politikunterrichts, der Gefahr läuft, sich auf soziales Lernen zu beschränken, weist die Untersuchung von Weißeno und Massing (1995) hin. Auch die Studie von Grammes und Kuhn (1988), bei der sie die Umsetzung von vorgegebenen Materialien in einer Unterrichtsstunde zu „Ausmaß und Bedeutung der neuen Jugendbewegung" untersuchen, macht auf die Gefahren eines unpolitischen Politikunterrichts aufmerksam. Es gelinge nicht, das Politische in den Äußerungen der Schüler aufzugreifen: „Das politische Problem stellt sich komplizierter und radikaler zugleich und diese Auseinandersetzung müsste der Lehrer den Schülern zumuten." (ebd., 497)

In Studien der interpretativen Unterrichtsforschung wurde die Bedeutung von Geschlechterdifferenzen im Politikunterricht nachgewiesen (vgl. Kroll 2001). Demnach spielen stereotype Geschlechterbilder insbesondere bei der Zuschreibung von Kompetenzen eine wichtige Rolle (vgl. Boeser 2003).

Problem qualitativer Unterrichtsforschung

Ein grundsätzliches Problem der interpretativen Unterrichtsforschung ist darin zu sehen, dass sich die Studien oftmals nur auf eine einzelne Unterrichtsstunde oder auf Ausschnitte aus einzelnen Stunden beziehen (vgl. Grammes 2007, 47 f.). Sander bilanziert die Resultate der bisherigen Unterrichtsforschung folgendermaßen. Zwar habe die bisherige Unterrichtsforschung auf grundsätzliche Probleme des Lernens und Lehrens im Politikunterricht aufmerksam machen können: „Gleichwohl nimmt die beständige Fixierung auf Mikrosituationen vom Umfang von höchstens einer Unterrichtsstunde zu wenig in den Blick, dass didaktische Entscheidungen, um deren theoretische Klärung es ja letztlich geht, zunächst einmal auf der Ebene der Planung ganzer Unterrichtseinheiten liegen (ganz abgesehen von noch allgemeineren Ebenen wie schulinternen Curricula oder Lehrplänen). Didaktische Entscheidungen wie die nach der Konstruktion von Themen, nach methodischen Designs, nach sinnvollen Lernorten für die Bearbeitung einer bestimmten Themenstellung und erst recht nach einer kompetenzorientierten Konzeption von Lernangeboten, die an Vorkonzepte in einer Lerngruppe ansetzt und auf mittel- und längerfristige Lernzuwächse abzielt, werden von der Analyse isolierter Einzelstunden nicht oder jedenfalls nicht zureichend erfasst. So ergibt sich der kritische Eindruck, dass die Unterrichtsforschung zur politischen Bildung die eigentlich *didaktischen* Fragen bisher noch zu wenig erreicht." (Sander 2007, 26 f.) Er weist darauf hin, dass die Befunde der interpretativen Unterrichtsforschung aussagekräftiger für die politikdidaktische Theoriebildung werden könnten, wenn die Untersuchungen insgesamt systematischer und vergleichender angelegt würden. Als Forschungsrahmen für zukünftige Studien empfiehlt Sander eine Orientierung an den Vorgehensweisen der Grounded Theory (Glaser/Strauss 2005): „Eine fachdidaktisch orientierte Unterrichtsforschung kann hiernach gezielt nach neuen Unterrichtsvariationen suchen, deren Auswertung zusätzliche Aufschlüsse zur jeweiligen Untersuchungsfrage erwarten lassen. Auf dem Weg des theoretischen Samplings lassen sich somit Analysen von einzelnen Unterrichtseinheiten oder -abschnitten in einem längeren Forschungsprozess systematisch aufeinander beziehen." (ebd., 28)

2. Professionsforschung

Henkenborg (2007a) untersuchte mit den Instrumenten der teilnehmenden Beobachtung, des Einzelinterviews und des Gruppeninterviews an sächsischen Schulen den Politikunterricht. Entgegen der intendierten Zielsetzung einer „Erziehung zu Demokratie" zeigte sich, dass der Unterricht nicht in der Lage war, auf das Leben in einer demokratisch verfassten Gemeinschaft vorzubereiten: „Auffällig ist zunächst, dass es in den von uns untersuchten Unterrichtsstunden eigentlich keine kontroversen Gespräche und Diskussionen in der Klasse gibt, weder zwischen den Schülern selbst noch zwischen Lehrern und Schülern. Schüleraktive Diskussions-, Entscheidungs- und Urteilsmethoden setzen die Lehrer im Unterricht nicht ein. Handlungsprobleme auf der Kommunikations- und Interaktionsebene entstehen zweitens, wenn Schüler im Unterricht Deutungen anbieten, die von denen abweichen, die der Lehrer erwartet hat. Solche Deutungen werden dann als „falsch" deklariert, auch wenn sie durchaus begründbar sind. Dieser Problembereich ist insbesondere dadurch gekennzeichnet, dass spezifische Wertvorstellungen des Lehrers als „Moral" der Unterrichtsstunde vermittelt werden, die Schüler jedoch kaum eine Chance haben, sich mit unterschiedlichen Wertvorstellungen auseinanderzusetzen, diese kritisch zu hinterfragen und so den strittigen Charakter von Wertvorstellungen zu reflektieren und sich eine eigene Meinung zu bilden." (ebd., 43) Die Studie von Klee (2008) zeigt, dass universitäre Politikdidaktik und das Professionswissen von PolitiklehrerInnen oftmals nicht übereinstimmen. Die Entwicklung von politischer Urteilsfähigkeit gilt als zentrales Ziel politischer Bildung. Die auf problemzentrierten Interviews basierende Studie zeigt, dass Lehrer/-innen im Gegensatz zu der akademischen Politikdidaktik wenig mit dem Konzept „politische Urteilskraft" anfangen können.

3. Lernerdidaktiken

Studien zu Lernertypen

Der zweite große Bereich qualitativer Forschung in der politischen Bildung befasst sich mit den subjektiven Lernvoraussetzungen von Schülern. So untersuchte Weißeno (1989) mit problemzentrierten Leitfadeninterviews die Alltagstheorien von Gymnasiasten am Ende ihrer Schullaufbahn. Er beschreibt dabei drei Lernertypen, welche unterscheidbare Deutungsmuster von Politikunterricht und unterschiedliche Sozialisationsbedingungen aufweisen. Weißeno differenziert zwischen politischen, soziologischen und ökonomischen Lernertypen. Schelle (1995) ergänzt in ihrer mittels teilnehmender Beobachtung und Gruppendiskussionen durchgeführten Untersuchung lernerdidaktischer Sichtweisen die Typologie von Weißeno um weitere fünf Typen. Sie unterscheidet zusätzlich einen kulturellen, einen historischen, einen distanzierten, einen betroffenen und einen faszinierten Lernertypus.

Schülervorstellungen von gutem Politikunterricht

Sowohl Weißeno als auch Schelle kommen zu dem Ergebnis, dass die von ihnen unterschiedenen Lernertypen durchaus ähnliche Vorstellungen von einem guten Politikunterricht haben. Demnach wird vor allem ein kontrovers angelegter und diskursiv gestalteter Unterricht von den Schülern gewünscht. Unterricht sollte nicht institutionenkundlich, sondern problemorientiert sein und aktuelle Ereignisse berücksichtigen. Schelle kam des Weiteren zu dem Ergebnis, dass die Schüler mehr wissen als sie im Unterricht äußern. Auch berichtet sie, dass die Wissensbestände der Schüler von den Lehrer/-innen oftmals falsch eingeschätzt werden. Demnach waren Schüler, die als leistungsschwach, passiv und desinteressiert wahrgenommen wurden, in außerunterrichtlichen Situationen durchaus in der Lage, selbstständig komplexe politische Probleme zu erörtern (Schelle 1995, 330 ff.)

Schreder (2007) untersuchte mit Fragebögen, Interviews, Unterrichtsbeobachtungen und Lerntagebüchern das Lernverhalten von Schülern der gymnasialen Oberstufe im Politikunterricht. Sie unterscheidet den bildungsmotivierten, den problemorientierten, den angepassten Lerner sowie den „Lerner mit unterschiedlicher Kompetenzentwicklung" (ebd., 83). Sie weist darauf hin, dass die von ihr entwickelte Typologie von Lernern als eine idealtypische Kategorisierung anzusehen sei. Bei Beachtung der individuellen Zusammensetzung des Lernverhaltens könne diese Typologie Lehrer/-innen aber wichtige Hinweise für die Gestaltung des Unterrichts geben.

Die Befunde Schreders bezüglich des von den Schülern favorisierten Politikunterrichts decken sich mit denen von Weißeno (1989) und Schelle (1995): „Schülerinnen und Schüler erwarten einen thematisch interessanten und methodisch abwechslungsreichen Unterricht, der Bezug zu ihrer Lebenswirklichkeit hat und ihnen hierdurch auch eine Sinngebung ihres Lernens ermöglicht. Dieser Unterricht soll handlungsorientiert sein und ihnen die Möglichkeit zu mehr Selbstständigkeit und Selbsttätigkeit geben." (Schreder 2007, 85)

4. Schülervorstellungen über politische Lerngegenstände

Während die naturwissenschaftlichen Didaktiken bereits seit Mitte der 1970er-Jahre die Vorstellungen von Schülern über die einschlägigen Unterrichtsgegenstände untersuchen, sind die subjektiven Lernvoraussetzungen in der politischen Bildung noch weitgehend unbekannt. Das Wissen um die jeweiligen Aneignungs- und Deutungsperspektiven kann aber wichtige Hinweise für die Gestaltung von nachhaltigen Lernprozessen geben. Die Vorstellungen und Sinnbildungskompetenzen der Lernenden können als Ausgangs- und Endpunkte der politischen Bildung verstanden werden. Die Konzepte der Wissenschaften sind relevant, aber sie können nicht der Hauptbezugspunkt für die Diagnose und die Planung von politischen Bildungsprozessen sein. In diesem Sinne kann die politische Bildung ihre fachliche Substanz in Auseinandersetzung mit dem Politikbewusstsein bzw. dem Bürgerbewusstsein der Lernenden entwickeln (vgl. Lange 2008).

Im Rahmen des Forschungsmodells der politikdidaktischen Rekonstruktion werden systematisch Vorstellungen von Schülern mit fachwissenschaftlichen Aussagen zu bestimmten Lerngegenständen verglichen, um auf diese Weise Leitlinien für die Vermittlung im Unterricht zu entwickeln (vgl. Lange 2007). Beispielsweise zeigt Lutter (2011) in seiner auf problemzentrierten Interviews basierenden Studie, dass Schüler oftmals assimilative Integrationsvorstellungen besitzen. Auf der Grundlage seiner Befunde beschreibt er eine

Vorgehensweise für die Umsetzung von migrationspolitischen Bildungsangeboten. Fischer (2011) untersuchte mit Fragebögen und qualitativen Interviews Vorstellungen von Schülern der 9. Jahrgangsstufe des Gymnasiums über Rechtsextremismus. Dabei zeigte sich, dass der Rechtsextremismus ganz überwiegend als ein Problem am Rande der Gesellschaft verstanden wird. Ein zentraler Bezugspunkt des Denkens über Rechtsextremismus ist der Nationalsozialismus. Die Ergebnisse machen darauf aufmerksam, dass die historisch-politische Bildung Wege finden muss, einer Historisierung und Depolitisierung des Problems Rechtsextremismus entgegenzuwirken.

Insgesamt gewinnt die empirische Untersuchung der Präkonzeptionen von Lernenden in der politischen Bildung zunehmend an Bedeutung (vgl. Gessner et al. 2011; Lange/Fischer 2011). Dessen ungeachtet existiert noch kein etablierter Kanon an Erhebungstechniken und Auswertungsverfahren. Gewissermaßen befindet sich die Politikdidaktik noch in einer explorativen Phase bezüglich der Entwicklung von einschlägigen Untersuchungsverfahren. Neben der Orientierung an den Forschungsarbeiten der naturwissenschaftlichen Didaktiken (vgl. Kattman et al. 1998; Duit 1999) können insbesondere das Forschungsprogramm Subjektive Theorien (vgl. Groeben et al. 1988) oder der Forschungsansatz der Sozialen Repräsentation (vgl. Moscovici 1988; Flick 1995) wertvolle Hinweise für die systematische Untersuchung der Vorstellungen von Lernenden geben.

Möglichkeiten

Diese Ansätze liefern Anregungen für die Entwicklung von Untersuchungskonzeptionen, die eine größere Verallgemeinerung der Befunde erlauben. Auch wenn das Ziel qualitativer Forschung nicht statistische Repräsentativität ist, sollte sich die Rekonstruktion der Lernvoraussetzungen nicht auf die bloße Beschreibung von Einzelfällen beschränken. Es geht um die Entwicklung von Untersuchungsverfahren, die es erlauben grundlegende Denkweisen in einer Population zu identifizieren. Gegenwärtig arbeiten die Verfasser dieses Aufsatzes an einem Forschungsprojekt, das versucht verallgemeinerungsfähige Befunde über die Vorstellungen von Schülern über den Gegenstand „Globalisierung" zu gewinnen.[1] Die Datenerhebung erfolgt mit einem zweistufigen Kombinationsverfahren, bestehend aus offenem Fragebogen und teilstandardisiertem Interview. Die Untersuchung mittels Fragebogen gibt einen Überblick über die Heterogenität und die empirische Verteilung der Vorstellungen in der Untersuchungspopulation. Auf der Grundlage der erzielten Befunde erfolgt das Interviewsampling. Die insgesamt 40 problemzentrierten Interviews des zweiten Untersuchungsschrittes ermöglichen eine tiefergehende Auseinandersetzung mit den Vorstellungen der Schüler.

5. Fazit

Während in der Vergangenheit die skeptischen Einschätzungen bezüglich der Bemühungen, sich als forschende Diszipin zu etablieren, überwogen (vgl. Hilligen 1993; Ackermann 1996), fallen neuere Bilanzierungen der Erträge qualitativer Forschung in der Politikdidaktik deutlich positiver aus: „Solche Forschungen haben damit erstens zur empirischen Verankerung des Faches, zweitens zu dessen theoretischer und praktischer Weiterentwicklung und drittens zu einer stärkeren sozialwissenschaftlichen Anschlussfähigkeit der Fachdidaktik beigetragen. Die Politikdidaktik war insofern bei ihren Bemühungen um eine Normalisierung als forschende Disziplin erfolgreich, wenngleich dieser Prozess sicher noch nicht abgeschlossen ist." (Henkenborg 2005, 58) Gegenwärtig werden das Potential und die möglichen Wege für die Entwicklung aussagekräftiger Forschung in der Politikdidaktik unterschiedlich bewertet. Reinhardt (2012) weist daraufhin, dass angesichts beschränkter Ressourcen umfassende kostenintensive Längsschnittuntersuchungen oder vergleichbare Untersuchungen wie etwa die PISA-Studien für die politische Bildung keine realistischen Zielmarken darstellen können. Angesichts begrenzter finanzieller Mittel für Forschungsarbeiten in der politischen Bildung schlägt sie vor, sich mehr auf die bereits jetzt vorhandenen Möglichkeiten zur Gewinnung empirisch begründeter Einsichten für die Gestaltung nachhaltiger Bildungsangebote zu konzentrieren: „Viele kleine Forschungsprojekte bzw. Bruchstücke aus Forschungen zu anderen Themen können zwar kein vollständiges Bild von politischer Bildung verschaffen, aber vielleicht Indizien für interessierende Fragestellungen liefern (…). Wir sollten auch Materialien und Interpretationen nutzen, die üblicherweise von der Forschung nicht beachtet und also verschwendet werden, nämlich Hausarbeiten und Abschlussarbeiten von Studierenden und Lehrern und Lehrerinnen. Kurzum: Ein Patchwork der Zugänge und Ergebnisse sollte in einem Fach, das keine wirtschaftlichen Erträge liefern wird und deshalb teure Forschung nicht finanziert bekommt, kultiviert werden." (ebd., 147 f.). Kuhn (2009) plädiert für eine stärkere Vernetzung der Forschungsinitiativen, um mittelfristig auch umfassen-

Etablierung der Politikdidaktik als forschende Disziplin

dere Forschungsprojekte in der politischen Bildung durchführen zu können. Dabei müssten konzeptuelle Engführungen in der Forschungsarbeit vermieden werden und die Potentiale der unterschiedlichen empirischen Zugänge in der Politikdidaktik genutzt werden: „Vielmehr ist ein flächendeckender Forschungsverbund notwendig, der arbeitsteilig und pluralistisch strukturiert sein sollte. An Ansatzpunkten und Fragestellungen mangelt es nicht, aber an einer institutionellen Vernetzung. (...) Hierzu könnte eine vergleichbare Institution wie das IPN (Institut für Pädagogik der Naturwissenschaften) in Kiel auch für sozialwissenschaftliche Forschung geschaffen werden. Dieses Institut könnte sich der Selbstaufklärung für Gesellschaft und Politik widmen, dies im Sinne einer ‚anwendungsbezogenen Grundlagenforschung' *(Hilligen)* zur Didaktik der Demokratie." (Kuhn 2009, 215)

Beide Vorgehensweisen schließen sich nicht gegenseitig aus, sondern stellen sich ergänzende Strategien dar, um zu einer stärker empirisch abgesicherten politischen Bildung zu gelangen. Zum einen ist es sinnvoll, bereits vorliegende Befunde – auch aus benachbarten Wissenschaften – stärker zur Kenntnis zu nehmen, partielle Befunde für die Beantwortung bestehender Forschungsfragen zu nutzen und auch kleinere Forschungsarbeiten, die bisher kaum beachtet wurden, zu berücksichtigen. Zum anderen dürfte die Etablierung als forschende Disziplin von einem organisatorischen Rahmen profitieren, der die verschiedenen Herangehensweisen zusammenführt, um auf diese Weise die Entwicklung eines umfassenderen Methodenkanons in der Politikdidaktik zu ermöglichen. Insgesamt sollte der erreichte Stand der qualitativen Forschung in der Politikdidaktik nicht zu skeptisch beurteilt werden. So ist es in jüngster Zeit durchaus gelungen, über eine zunehmend erfolgreichere Drittmitteleinwerbung Mittel für größere Forschungsprojekte zu gewinnen.

Anmerkungen

1 Das von der Hans-Böckler-Stiftung geförderte Projekt „Denkweisen der Globalisierung. Eine vergleichende Untersuchung zur Wahrnehmung und Bewertung der Globalisierung durch Schülerinnen und Schülern unterschiedlicher sozialer Lage" wird im Jahr 2014 abgeschlossen sein (http://www.ipw.uni-hannover.de/denkweisen_der_globalisierung.html).

Literatur

Ackermann, Heike 1996: Der Beitrag der qualitativen Unterrichtsforschung für die Politikdidaktik. In: SOWI. Sozialwissenschaftliche Informationen, Heft 3/1996, S. 205-211

Biskupek, Sigrid 2002: Transformationsprozesse in der politischen Bildung. Von der Staatsbürgerkunde in der DDR zum Politikunterricht in den neuen Ländern. Schwalbach/Ts.

Boeser, Christian 2003: „Bei Sozialkunde denke ich nur an dieses Trockene …". Relevanz geschlechtsspezifischer Aspekte in der Jugendbildung am Beispiel des Sozialkundeunterrichts der gymnasialen Mittelstufe in Bayern. Schwalbach/Ts.

Breit, Gotthard/Harms, Hermann 1990: Zur Situation des Unterrichtsfaches Sozialkunde/Politik und der Didaktik des politischen Unterrichts aus der Sicht von Sozialkundelehrerinnen und -lehrern. Eine Bestandsaufnahme. In: Bundeszentrale für politische Bildung (Hrsg,); Zur Theorie und Praxis der politischen Bildung. Bonn, S. 13-167

Duit, Reinders 1999: Conceptual Change Approaches in Science Education. In: Schnotz, Wolfgang/Vosniadou, Stella/Carretero, Mario: New Perspectives on Conceptual Change. Amsterdam/Lausanne/New York/Oxford/Shannon/Singapore/Tokyo, S. 263-282

Fischer, Sebastian 2011: Denkweisen des Rechtsextremismus – Eine didaktische Rekonstruktion der subjektiven Voraussetzungen von Schülern. In: Lange/Fischer 2011, S. 86-109

Flick, Uwe 1995: Soziale Repräsentationen in Wissen und Sprache als Zugänge zur Psychologie des Sozialen. In: Flick, Uwe: Psychologie des Sozialen. Repräsentationen in Wissen und Sprache. Reinbek 1995, S. 7-20

Gagel, Walter/Grammes, Tilmann/Unger, Andreas 1992: Politikdidaktisch praktisch. Mehrperspektivische Unterrichtsanalysen. Ein Videobuch. Schwalbach/Ts.

Gessner, Susann/Mosch, Mirka/Raths, Kathleen/Sander, Wolfgang/Wagner, Annika 2011: Schülervorstellungen in der politischen Bildung – ein Forschungsverbund aus vier Dissertationsvorhaben. In: zeitschrift für didaktik der gesellschaftswissenschaften (zdg) 1/2011, S. 166-169

Glaser, Barney/Strauss, Anselm 2005: Grounded Theory. Strategien qualitativer Forschung. 2. Aufl., Bern

GPJE (Hrsg.) 2002: Politische Bildung als Wissenschaft. Schwalbach/Ts.

Grammes, Tilman 1998: Kommunikative Fachdidaktik. Politik. Geschichte. Recht. Wirtschaft. Opladen

Grammes, Tilman 2007: Interpretative Fachunterrichtsforschung. In: Reinhardt 2007, S. 39-49

Grammes, Tilman/Kuhn, Hans-Werner 1998: Unpolitischer Politikunterricht? Versuch einer qualitativen fachdidaktischen Analyse. In: Gegenwartskunde. Heft 4/1988, S. 490-501

Groeben, Norbert/Wahl, Diethelm/Schlee, Jörg/Scheele, Brigitte 1988: Das Forschungsprogramm Subjektive Theorien: Eine Einführung in die Psychologie des reflexiven Subjekts. Tübingen

Heidemeyer, Sven 2006: Schülervorstellungen und politikwissenschaftliche Vorstellungen über Demokratie. Ein Beitrag zur politikdidaktischen Rekonstruktion. Oldenburg

Henkenborg, Peter 1998: Politische Bildung als Kultur der Anerkennung: Zum Professionswissen von Politiklehren und -lehrerinnen. In: Henkenborg/Kuhn 1998, S. 169-201

Henkenborg, Peter 2002: Interpretative Unterrichtsforschung in der politischen Bildung. Stand und Perspektiven. In: Breidenstein, Georg/Combe, Arno/Helsper, Werner/Stelmaszyk, Bernhard (Hrsg.): Forum Qualitative Schulforschung 2. Interpretative Unterrichts- und Schulbegleitforschung. Opladen, S. 81-109

Henkenborg, Peter 2005: Empirische Forschung zur politischen Bildung – Methoden und Ergebnisse. In: Sander, Wolfgang (Hrsg.): Handbuch politische Bildung. 3. Aufl., Schwalbach/Ts., S. 48-61

Henkenborg, Peter/Kuhn, Hans-Werner 1998: Der alltägliche Politikunterricht. Beispiele qualitativer Unterrichtsforschung zur politischen Bildung in der Schule. Opladen

Henkenborg, Peter 2007: Demokratie lernen und leben durch kognitive Anerkennung. Eine empirische Untersuchung zur Lehrerprofessionalität im Politikunterricht in Ostdeutschland. In: kursiv – Journal für Politische Bildung 2/2007, S. 34-43

Hilligen, Wolfgang 1993: Literaturbericht zur Unterrichtsforschung im Politikunterricht. In: SOWI. Sozialwissenschaftliche Informationen. Heft 2/1993, S. 125-134

Kattmann, Ulrich/Duit, Reinders/Gropengießer, Harald/Komorek, Michael 1997: Das Modell der Didaktischen Rekonstruktion – ein Rahmen für naturwissenschaftliche Forschung und Entwicklung. In: Zeitschrift der Didaktik der Naturwissenschaften, Heft 3/1997, S. 3-18

Klee, Andreas 2008: Entzauberung des politischen Urteils. Eine didaktische Rekonstruktion zum Politikbewusstsein von Politiklehrerinnen und Politiklehren. Wiesbaden

Kroll, Karin 2001: Die unsichtbare Schülerin. Eine qualitative Studie zur Wahrnehmung und Deutung der Kommunikations- und Interaktionsstrukturen von Jungen und Mädchen im Politikunterricht. Schwalbach/Ts.

Kuhn, Hans-Werner 2003: Urteilsbildung im Politikunterricht. Ein multimediales Projekt. Schwalbach/Ts.

Kuhn, Hans-Werner 2009: Politikdidaktische Hermeneutik. Potentiale empirischer Unterrichtsforschung. In: Oberreuter, Heinrich (Hrsg.): Standortbestimmung Politische Bildung. Schwalbach/Ts., S. 195-215

Kuhn, Hans-Werner/Massing, Peter 1999: Politikunterricht. Kategorial und handlungsorientiert. Schwalbach/Ts.

Literatur

Lange, Dirk 2008: Bürgerbewusstsein. Sinnbilder und Sinnbildungen in der Politischen Bildung. In: Gesellschaft – Wirtschaft – Politik (GWP), Heft 3/2008, S. 431-439

Lange, Dirk: Politikdidaktische Rekonstruktion. In: Reinhardt 2007, S. 58-65

Lange, Dirk/Fischer, Sebastian (Hrsg.) 2011: Politik und Wirtschaft im Bürgerbewusstsein. Untersuchungen zu den fachlichen Konzepten von Schülerinnen und Schülern in der Politischen Bildung. Schwalbach/Ts.

Lutter, Andreas 2011: Integration im Bürgerbewusstsein von Schülerinnen und Schülern. Wiesbaden

Moscovici, Serge 1988: Notes towards a description of social representations. In: European Journal of Social Psychology, 18, 1988, S. 211-250

Nordensvärd, Johan 2011: How economy conquers politics: Public narratives of young people about citizenship. In: Lange/Fischer 2011, S. 135-148

Reinhardt, Sybille 2010: Tagungsrückblick. In: Allenspach, Dominik/Ziegler, Béatrice: Forschungstrends in der politischen Bildung. Beiträge zur Tagung „Politische Bildung empirisch 2010". Zürich, S. 143-148

Reinhardt, Volker 2007 (Hrsg.): Basiswissen Politische Bildung. Band 4. Forschung und Bildungsbedingungen. Baltmannsweiler

Richter, Dagmar (Hrsg.) 2000: Methoden der Unterrichtsinterpretation. Qualitative Analysen einer Sachunterrichtsstunde im Vergleich. Weinheim

Sander, Wolfgang 2007: Von der Einzelstunde zu längerfristigen Unterrichtsanalysen. Unterrichtsforschung nach der Grounded Theory. In: kursiv – Journal für Politische Bildung. Heft 2/2007, S. 26-33

Schelle, Carla 1995: Schülerdiskurse über Gesellschaft. „Wenn du ein Ausländer wärst". Untersuchung zur Neuorientierung schulisch-politischer Bildungsprozesse. Schwalbach/Ts.

Schelle, Carla 2003: Zur Tradition der Unterrichtsforschung zum Politikunterricht mit qualitativen Methoden. Ursprünge, Ergebnisse, Perspektiven. In: kursiv – Journal für Politische Bildung. Heft1/ 2003, S. 36-41

Schreder, Gabriele 2007: Lernertypen im Politikunterricht. In: Reinhard, Volker (Hrsg.): Forschung und Bildungsbedingungen. Handbuch für den sozialwissenschaftlichen Unterricht. Baltmannsweiler, S. 81-89

Weißeno, Georg 1989: Lernertypen und Lernerdidaktiken im Politikunterricht. Ergebnisse einer fachdidaktisch motivierten Unterrichtsforschung. Frankfurt/M.

Weißeno, Georg/Massing, Peter (Hrsg.) 1995: Politik als Kern der politischen Bildung. Opladen

Georg Weißeno

Quantitative empirische Forschung in der Politikdidaktik

Einleitung

Evaluation des Outputs
Evaluation ist ein zentrales Element im Schulsystem geworden. Die Länder haben Vergleichsarbeiten und Schulinspektionen eingeführt. Die Lehrer/-innen sind gehalten, mit den Kolleg/-innen zu kooperieren und mit schulinternen eigenen Vergleichsarbeiten sich selbst zu evaluieren. Darüber hinaus gibt es auf Bundesebene Schulleistungstests des Instituts für Qualitätsentwicklung im Bildungswesen (IQB), das von der Kultusministerkonferenz (KMK) gegründet wurde. Die Beschlusslage der KMK zu diesen Maßnahmen bedeutet eine klare Abkehr von gewünschten Lernergebnissen (Inputorientierung) hin zu einer quantifizierbaren, objektivierbaren Leistungsmessung (Outputorientierung). Während die Vergleichsarbeiten und Schulinspektionen die Lehrer/-innen individuell erreichen sollen, sind die nationalen Tests des IQB aus Sicht der KMK für die Bildungspolitik und Öffentlichkeit bestimmt. Alle diese Rechenschaftslegungen von Lehrer/-innen, Schulen, Ländern haben das Ziel, die Qualität von Richtlinien/Lehrplänen und Lernergebnissen zu steigern und zu regulieren.

Paragdigmenwechsel
Die Nutzung der ermittelten Erkenntnisse ist aber für die Bildungsforschung und die Fachdidaktiken gleichermaßen von Interesse. Die Fachdidaktiken ihrerseits sind aufgefordert, die Qualität ihrer normativen Vorgaben zu hinterfragen, theoretisch zu fundieren und selbst standardisierte Daten zu erheben. Insofern hat sich in den letzten 10 Jahren in fast allen Fachdidaktiken ein Paradigmenwechsel vollzogen. Er hat einen Professionalisierungsschub hin zu eigenständig forschenden wissenschaftlichen Disziplinen bewirkt. Theorie und Empirie bilden die hierzu erforderliche Einheit – wenn auch in der Politikdidaktik bisher noch sehr wenige systematisch erhobene Ergebnisse vorliegen.

Der Prozess der Verwissenschaftlichung hat die Politikdidaktik weiter von den praktischen Handlungsproblemen der Lehrer/-innen entfernt. Sie versucht erstmals in ihrer Geschichte, theoretisch fundiertes und systematisch erhobenes Grundlagenwissen bereitzustellen. Die großen philosophischen Erzählungen einzelner Politikdidaktiker wie auch die Hinwendung zu Problemen der Praxis über die politikdidaktischen Prinzipien sind für theoriegeleitete Forschung ungeeignet.

Heute ist an den Universitäten eine Forschungs-Visibility der Politikdidaktik gefordert. Zwar werden die meisten Drittmittel von Politikdidaktiker/-innen für praktische Anwendungsprojekte eingeworben, doch gibt es inzwischen einige wenige Drittmittelprojekte, aus denen Studien entstanden sind. Zwei DFG-Projekte wurden in den letzten Jahren erstmals eingeworben, die die Exzellenz politikdidaktischer Forschung belegen. Damit beginnt die Politikdidaktik die Anforderungen zu erfüllen, die die Gesellschaft für Fachdidaktik an ihr Leitbild der forschenden Fachdidaktiken stellt. Die Hochschulrektorenkonferenz hatte bereits 1998 die Fachdidaktiken aufgefordert, sich zu einer forschenden Disziplin zu entwickeln. Inzwischen liegen des Weiteren für einzelne Länder Gutachten von Expertengruppen zur Reform der Lehrerbildung vor. In allen diesen Empfehlungen wird der Qualität gerade im Hinblick auf die Entwicklung eines empirischen Forschungsprofils höchste Aufmerksamkeit zuteil.

1. Forschungsausrichtung der Politikdidaktik

Die mehr forschungspolitischen Entwicklungen dieses Jahrhunderts haben die Positionen der empirisch forschenden Politikdidaktiker/-innen im Grundsatz gestärkt. In der Geschichte der Politikdidaktik produzierte die quantitative Forschung lange Zeit Einzelergebnisse. Die Befragungen von Hilligen, Rothe, Breit/Harms, Reinhardt, Boeser und Meierhenrich waren sehr verdienstvoll. Ihre Ergebnisse waren aber disparat und von eingeschränkter Gültigkeit, weil die statistischen Anforderungen unterkomplex waren und die Didaktiker/-innen ihren eigenen normativen Interessen folgten. Sie erfüllen nicht die Standards, die heute an theoriegeleitete systematische Forschung zu stellen sind. Insofern kann die in diesem Jahrhundert beginnende systematische Forschung nicht auf reliable Skalen zurückgreifen.

Im Grunde gibt es weder eine quantitative Forschungstradition noch eine qualitative, auf die systematische Forschung aufbauen kann. Zwar sind seit den 1990er-Jahren bis heute zahlreiche qualitative Studien entstanden. Erhebt man den Anspruch, dass gemeinsa-

Quantitative Forschung in der Geschichte der Politikdidaktik

Forschungsstandards

me Gütekriterien für die qualitative und die quantitative Forschungsrichtung bestehen können (Ludwig 2012), ist zu beobachten, dass bislang der Rekurs auf Normativität eine fundierte Aufbereitung komplexer qualitativer Daten in der Politikdidaktik zu verhindern scheint. Der Durchbruch zu Standards, wie sie die DFG oder der amerikanische National Research Council fordern, ist bisher nicht gelungen. Die systematische Forschung kann deshalb gleichfalls nicht auf qualitative Forschung zurückgreifen, was aber vom Grundsatz her notwendig wäre. Qualitative Forschung sollte der quantitativen Forschung ergänzende, belastbare Gütemerkmale und Datenquellen liefern. Denn allgemein gilt: „Je höher Standards gesetzt werden, desto größer ist die gesellschaftliche Relevanz einer Disziplin und damit ihre öffentliche Reputation" (Ebenda, 82).

Beginn systematischer Forschung Die systematische (quantitative) Forschung begann in der Politikdidaktik erst spät, etwa ab dem Jahr 2007. Sie musste angesichts der Forschungstradition im Fach einen Neuanfang wagen. Zu diesem Zeitpunkt gab es erste Entwürfe von Kompetenzmodellen. Doch relativ schnell zeigte sich, dass sich die normativ begründeten Kompetenzmodelle (GPJE 2004; Behrmann/Grammes/Reinhardt 2004) nicht in geeignete Forschungsdesigns übersetzen ließen. Somit wurden nolens volens zunächst eigene Wege beschritten (z. B. Manzel 2007), um zu validen Ergebnissen zu kommen. Seit 2010 kann sich diese Forschungsrichtung auf ein politikdidaktisches Kompetenzmodell mit theoretischem Anspruch (Weißeno/Detjen/Juchler/Massing/Richter 2010; Detjen/Massing/Richter/Weißeno 2012) stützen. Einzelne Facetten dieses Modells sind inzwischen erstmals empirisch überprüft worden. Dies liefert Hinweise darauf, dass mit diesem Modell Theorie und Praxis gegenseitig aufeinander bezogen sind. Das Modell beruht in zahlreichen Facetten der Kompetenzdimensionen Fachwissen, Einstellungen und Motivation bereits auf belastbaren und intersubjektiv prüfbaren Erkenntnissen. Die im philosophisch orientierten politikdidaktischen Diskurs immer wieder geforderten globalen Aussagen sind mit belastbaren Studien nicht möglich.

2. Zur Wirkung systematischer Schülerforschung in der Politikdidaktik

Die systematische Forschung trägt wesentlich zur Professionalisierung der Politikdidaktik bei. Die Forschung versucht, objektive, reliable, valide, normierte und vergleichbare Erkenntnisse zu liefern. Viele auf individuellen Plausibilitätsannahmen beruhende Aussagen (Augenscheinvalidität) von Politikdidaktiker/-innen über die Wirklichkeit des Politikunterrichts können als überholt angesehen werden. Detailwissen liegt inzwischen vor, das die Beschreibung von Aspekten der Unterrichtswirklichkeit erlaubt. Wenige Daten liegen aus Interventionsstudien vor, die unterrichtliche Prozesse erklären können (vgl. Weißeno 2011). Im Folgenden können nur einige wenige Einzelergebnisse vorgestellt werden.

Für die Lehrer/-innen und Studierenden des Faches ist der Hinweis wichtig, dass immer nur kleine, exakt beschriebene Wirkungen erhoben werden können. Zu einem größeren Gesamtbild lassen sie sich nur für Einzelaspekte zusammenfügen. Im Unterricht wirkt immer eine Vielzahl von Faktoren gleichzeitig. Unterrichtsrezepte wird die Forschung nicht bieten können. Die Ergebnisse können aber dazu dienen, den Lehrer/-innen das Unterrichtserleben rational verfügbar zu machen. Dies schärft die Wahrnehmung und Diagnose der Geschehnisse im Unterrichtsverlauf. Es erlaubt erste Schritte zur Verbesserung des eigenen Unterrichts.

In mehreren Studien (Goll/Richter/Weißeno/Eck 2010; Oberle 2012; Weißeno/Eck 2013) hat sich gezeigt, dass Schüler/-innen mit Migrationshintergrund zu einer geringeren Testleistung kommen. In Klassen mit hohem Anteil an Schüler/-innen mit Migrationshintergrund verstärkt sich dieser negative Effekt sogar noch einmal. Insbesondere Schüler/-innen mit türkischem oder italienischem Migrationshintergrund weisen geringere Testleistungen auf. In den Studien hat sich des Weiteren gezeigt, dass Schüler/-innen mit wenig kulturellem Kapital des Elternhauses gleichfalls eine geringere Testleistung aufweisen. Der Politikunterricht schafft es nicht, eine Bildungsbenachteiligung auszugleichen.

Erste Ergebnisse zu Bildungsbenachteiligten im Politikunterricht

Allerdings scheint es möglich zu sein, diese Benachteiligung durch eine konsequente Nutzung der Fachsprache auszugleichen. Werden die Fachkonzepte und konstituierenden Begriffe (Weißeno/Detjen/Juchler/Massing/Weißeno 2010) als Sprachkorpus genommen und permanent im Unterricht genutzt, zeigt sich keine Benachteiligung von Schüler/-innen aus bildungsfernen Schichten mehr (Weißeno/Eck 2013). Wird eine Fachsprache genutzt, so stehen alle Schüler/-innen vor den gleichen Problemen, sich präzise auszudrücken. Die Schulbücher tragen hierzu derzeit mit einer unsystematischen Sprache nicht bei (Weißeno 2013). Unterricht in der Alltagssprache hingegen bevorzugt interessierte Schüler/-innen aus den Bildungsschichten. Eine Verringerung der sozialbedingten Leistungsdisparitäten sollte das Ziel auch des Politikunterrichts sein.

Ergebnisse zum Geschlecht

Uneinheitlich sind die Ergebnisse der Studien hinsichtlich des Geschlechts. Einerseits sind Jungen etwas leistungsstärker als Mädchen, andererseits lassen sich keine geschlechtsspezifischen Unterschiede diagnostizieren. Anders sieht es beim subjektiven Wissen als Selbsteinschätzung des eigenen Kenntnisstandes aus. Hier schätzen die Jungen ihr Wissen höher ein als die Mädchen (Oberle 2012). Nachrichtenkonsum in Qualitätsmedien zeigt einen positiven Zusammenhang zum objektiven und subjektiven Wissen. Erwartungsgemäß konnte immer wieder gezeigt werden, dass die Klassenstufe einen signifikanten Einfluss auf das Abschneiden im Test hat. Die Klassengröße hingegen hat keinen Einfluss.

In einer Interventionsstudie (Richter/Gottfried 2012) hatte die Schule einen entscheidenden Einfluss auf den Wissenszuwachs der Schüler/-innen. Die Schulzugehörigkeit erklärt 20 % der Varianz des Lerneffekts. In Schulklassen mit insgesamt guten verbalen Fähigkeiten schneiden Schüler/-innen auch in Wissensfragen besser ab. In schlechteren Klassen kann aber eine visualisierte Strukturierung der Inhalte Abhilfe schaffen. Dies bedeutet, dass sich die Art des Unterrichtens mehr auf die unterschiedlichen Leistungsniveaus einzustellen hat.

Studien zu motivationalen Faktoren

Prominent untersucht wurden auch motivationale Faktoren wie das Fachinteresse und das fachspezifische Selbstkonzept. Beide haben in den Studien einen hohen signifikanten Effekt auf die Testleistung. Hohe fachbezogene Selbstkonzepte sollten ein Ziel von politischen Lernprozessen sein. Hier fördert ein geeignetes Feedbackverhalten der Lehrkräfte die Motivation. Dies gilt ebenso für die Förderung des Fachinteresses (Weißeno/Eck 2013). Der Bedeutung solcher leistungsbezogener motivationaler Orientierungen wird im Politikunterricht bisher keine Aufmerksamkeit geschenkt. Auch in der grauen Literatur findet sich hierzu wenig. Politikkompetenz zeigt sich nicht allein im Wissen, sondern auch in der Motivation, sich mit politischen Fragen zu beschäftigen.

Die Position der Demokratiepädagogen, Wissen über partizipatives Erfahrungshandeln im Unterricht zu fördern, ist, gemessen über das demokratische Klassenklima, möglicherweise ein Irrglaube. Das Erfahrungshandeln hat in den Studien keine substantiellen Effekte auf die Testleistung und das fachbezogene Selbstkonzept, sogar einen negativen auf das Fachinteresse (Weißeno/Eck 2013; Oberle 2012).

Der Unterricht führt zwar zur Zufriedenheit der Schüler/-innen, die über das demokratische Klassenklima operationalisiert wird. Zufriedenheit führt hier indessen nicht zu mehr Testleistung. Auch die Annahme von der Überlegenheit von Selbstlernkonzepten ist intensiver auf die empirische Gültigkeit zu überprüfen.

Gymnasiast/-innen scheinen in ihrer Leistungsbereitschaft durch die für den Politikunterricht typischen Diskussionsformate, die die lernförderlichen sozialen Vergleichsprozesse wenig konturieren, eher behindert. Während eine Kurvendiskussion in Mathematik den Wissensaustausch und damit über soziale Vergleichsprozesse die Leistung fördert, ergeben Diskussionen über gegenseitig zu respektierende politische Meinungen dies möglicherweise nicht. Soziale Vergleichsprozesse fördern eher Leistungsziele, d. h. den Wunsch, im Vergleich zu den Mitschüler/-innen besser abzuschneiden. Zwar fördert die aktive Beteiligung an Diskussionen die Kompetenzeinschätzung, doch scheint die Art und Weise der Durchführung der Diskussionen im Politikunterricht nicht lernförderlich zu sein. Diskussionen jeder Art sollten deshalb kein folgenloser Meinungsaustausch sein, sondern zielführend die politische Urteilsfähigkeit und die domänenspezifische Kommunikationsfähigkeit fördern (Weißeno/Eck 2013).

Diskussionen im Fachunterricht

Die Lehrkräfte haben Antworten auf das Ausblenden sozialer Vergleiche unter den Schüler/-innen zu finden. Möglicherweise unterstützen sie dies unbewusst zusätzlich durch die Notengebung. Notengebung nach sozialen Kriterien, zu denen auch die politischen Präferenzen der Lehrkraft gehören können, ist eher leistungshemmend, Notengebung nach kriterialen Gesichtspunkten, wie z. B. der Qualität der Urteile, hingegen leistungsförderlich. Konstruktiv scheint es zu sein, bei Leistungsrückmeldungen individuelle Bezugsnormen als Bezugsrahmen zu benutzen.

Notengebung

3. Zur Professionalität der Politiklehrkräfte

Aktuell hat sich der Schwerpunkt der Forschung in den anderen Fächern der Lehrer/-innenforschung zugewandt. Dieses Forschungsgebiet ist von allen Fachdidaktiken nicht oder wenig systematisch erforscht worden. Diese späte Entdeckung ist überraschend, da man mehr oder weniger unhinterfragt von einer Wirkungskette Lehrerbildung – Lehrerhandeln – Schülerlernen (Terhart) ausgeht. Das Lehrerhandeln hat sicher eine Wirkung, aber welche und wie hoch ist sie? Klar scheint nur, dass die Zusammenhänge nicht deterministisch betrachtet werden dürfen. Einigen dieser Fragen hat sich das derzeit laufende Forschungsprogramm ‚Professionskompetenz von Politiklehrer/-innen' (PKP) zugewandt. Im Rahmen der systematisch angelegten PKP-Studien wird die Messung verschiedener kognitiver, persönlicher und motivationaler Aspekte durchgeführt, um mehr über die Situation der (angehenden) Lehrenden zu erfahren. Die Ergebnisse sind in mehreren Teilstudien vorgestellt. Die folgende kurze Zusammenfassung beschränkt sich auf die Darstellung weniger Facetten der Studien aus dem PKP-Forschungsprogramm.

Die Studie von Weschenfelder (2014) hat gezeigt, dass es sich bei politikwissenschaftlichem und politikdidaktischem Professionswissen nicht um ein gemeinsames Konstrukt handelt, sondern um unterscheidbare Dimensionen, die positiv zusammenhängen. Ein dreidimensionales Modell, das politikdidaktisches Wissen in Wissen um normative fachdidaktische Konzeptionen und Diskurse sowie in ein stärker unterrichtsbezogenes Wissen um Fehlkonzepte, Fördermöglichkeiten und den Aufbau von Konzepten bei Schülerinnen und Schülern unterscheidet, bildet die Daten dabei am besten ab. Bei den befragten Politiklehrer/-innen korrelieren das Fachwissen und das unterrichtsbezogene fachdidaktische Wissen in dieser Studie stark, während die beiden fachdidaktischen Wissensfacetten akzeptabel korrelieren. Das Ergebnis der Studie überrascht zunächst. Es könnte ein erster Hinweis darauf sein, dass das unterrichtsbezogene fachdidaktische Wissen, also das Erkennen von Fehlkonzepten und das Wissen um Konzeptaufbau und Fördermöglichkeiten, möglicherweise ein konsistenteres Konstrukt ist als es die normativen einzelnen Propositionen aus dem Bereich der Politikdidaktik darstellen.

Politiklehrer/-innen des Gymnasiums schneiden in dieser Studie sowohl beim fachwissenschaftlichen als auch bei den fachdidaktischen Tests besser ab als die Lehrer/-innen der Sek. I, wobei die Unterschiede in den fachdidaktischen Wissensfacetten geringer ausfallen. Gymnasiallehrerinnen haben ein geringeres professionelles Wissen als ihre männlichen Kollegen. Bei Sek. I-Lehrer/-innen zeigt sich dieser Zusammenhang aber nicht. Die schulformspezifischen Unterschiede bestehen unter Kontrolle der Abiturnote. Zwar scheinen Abiturientinnen und Abiturienten mit besserer Abiturnote häufiger ein Studium für das Gymnasiallehramt zu wählen, vergleicht man aber diejenigen mit gleichen Eingangsvoraussetzungen, nimmt der Einfluss der Schulart kaum ab. Gymnasiallehrer/-innen erreichen also dennoch höhere Werte in den Wissenstests. Das deutet darauf hin, dass nicht die Eingangsselektivität, sondern die Ausbildung über das spätere Wissensniveau entscheidet.

Die Überzeugungen, die allgemeiner oder fachbezogener Natur sind, geben Struktur, Sicherheit und Orientierung. Für epistemologische Überzeugungen wird erwartet, dass diese eine Filterfunktion innehaben, durch die besonders solche Informationen aufgenommen werden, die sich in das bestehende Überzeugungssystem einpassen lassen. In der Studie (Weschenfelder 2013) wirken sich epistemologische Überzeugungen bei den befragten Politiklehrer/-innen auf das fachbezogene Interesse und Wissen aus. Sowohl bei Gymnasiallehrer/-innen als auch bei Sek. I-Lehrkräften wirken sich absolutistische Überzeugungen negativ auf Fachwissen, fachdidaktisches und unterrichtsbezogenes fachdidaktisches Wissen aus. Politiklehrer/-innen, die von einer relativen Sicherheit wissenschaftlichen Wissens ausgehen, weisen tendenziell ein geringeres Professionswissen auf.

Zusammenhänge zwischen Überzeugungen und Professionswissen

Bei Sek. I-Lehrerinnen und -Lehrern wirken anders als bei den Gymnasiallehrkräften neben absolutistischen auch formale, relativistische und postrelativistische Überzeugungen direkt auf die verschiedenen Wissensfacetten. Relativistische und postrelativistische Überzeugungen bei Sek. I-Lehrer/-innen zeigen in dieser Studie einen Einfluss auf die Wissensfacetten. Die Befunde in dieser Studie könnten darauf hindeuten, dass die Wissensaufnahme bei Gymnasiallehrer/-innen weniger von ihren epistemologischen Überzeugungen gesteuert wird als bei Politiklehrer/-innen an nicht-gymnasialen Schulformen. Relativistische Überzeugungen wirken sich bei Sek. I-Lehrer/-innen negativ auf das Fachwissen aus. Lehrkräfte, die die Subjektivität von Wissen betonen, ohne seine Objektivität adäquat zu erfassen, erreichen deutlich geringere Kompetenzwerte im fachwissenschaftlichen Wissen. Möglicherweise nutzen die Personen, die die Objektivität von Wissen nicht anerkennen, weniger elaborierte Lernstrategien. Die Aufklärung möglicher Zusammenhänge obliegt zukünftiger Forschung. Postrelativistische Überzeugungen scheinen ein höheres fachdidaktisches Wissen und Interesse zu bedingen. Die befragten Sek. I-Lehrer/-innen, die gleichermaßen gültige Auffassungen anerkennen und davon ausgehen, dass diese mehr oder weniger gut begründet sein können, weisen ein höheres fachdidaktisches Wissen auf.

Neben epistemologischen Überzeugungen werden in der Studie auch Überzeugungen zum Lehren und Lernen untersucht. Die Lehrer/-innen unterscheiden sich im Hinblick darauf, welche Über-

Ansichten von Lehrkräften zum Lehren und Lernen

zeugungen sie zu Möglichkeiten des eigenen Unterrichts haben. Transmissive und konstruktivistische Überzeugungen lassen sich in einem gemeinsamen Modell abbilden. Politiklehrer/-innen mit transmissiven Überzeugungen zum Lehren und Lernen zeigen eine Präferenz für lehrerzentrierte Lehrmethoden, bei denen die Lehrkräfte eher den aktiven Part einnehmen und der Überzeugung sind, dass Schüler/-innen am besten aus den Erklärungen und Darstellungen der Lehrerin bzw. des Lehrers lernen. Kognitiv konstruktivistische Überzeugungen folgen der Vorstellung, dass Schüler/-innen politische Phänomene am besten verstehen, wenn sie selbst Erklärungen und Deutungen entdecken oder entwickeln. Diese beiden Facetten korrelieren deutlich negativ, was darauf hindeutet, dass Lehrer/-innen mit konstruktiven Überzeugungen eher weniger transmissive Überzeugungen zeigen, sie aber nicht entweder transmissive oder konstruktive Überzeugungen haben müssen, sondern beiden Subdimensionen zustimmen können.

Den Annahmen des kognitiven Konstruktivismus folgend führen eine Mischung konstruktivistischer und instruktionaler Lernumgebungen und eine strukturierte und beratende Begleitung von Lernprozessen zu einer günstigen Unterrichtsgestaltung. Die stärkere Korrelation der lerntheoretischen Überzeugungssyndrome bei Gymnasiallehrer/-innen könnte darauf hindeuten, dass die Verknüpfung bei ihnen stärker ausgeprägt und konsistenter ist. Interessant sind auch erste Ergebnisse zu den Zusammenhängen. Zwischen den Wissensfacetten, kognitiv-konstruktivistisch geprägten Überzeugungen und Argumentieren als Unterrichtsziel zeigen sich überwiegend moderat positive Zusammenhänge. Das fachspezifische Wissen korreliert tendenziell negativ mit transmissiven Orientierungen und weist keine Zusammenhänge zu Selbstwirksamkeitserwartungen auf. Überraschend ist der negative Zusammenhang der Wissensfacetten mit relativistischen Überzeugungen. Relativistische Überzeugungen, bei denen Wissen als subjektiv konstruiert und personenrelativ charakterisiert wird ohne den Objektivitätsanspruch der Wirklichkeit adäquat zu berücksichtigen, gehen mit geringerem fachspezifischem Wissen einher. Erklärt werden könnte der Befund mit Annahmen des kognitiven Konstruktivismus, nach dem Lernprozessen Ziele zugrunde gelegt werden und Aussagen bewertbar sein müssen (Anderson/Reder/Simon 1998).

Das PKP-Forschungsprogramm zeigt bei Studierenden, Referendar/-innen und Lehrer/-innen die erwartete Entwicklung der drei Wissensfacetten (Weschenfelder 2013). Studierende erreichen die geringsten Kompetenzwerte in den Tests, Politiklehrer/-innen die höchsten. Der Unterschied, der unterrichtenden Lehrer/-innen in allen drei Wissensfacetten die höchsten Kompetenzwerte bescheinigt, könnte möglicherweise auf eine Weiterentwicklung und Festigung des Wissens im Beruf hindeuten. Die geringen Effektstärken deuten aber auf eher geringe Unterschiede hin. Überraschend ist der Befund, dass Studierende für das Lehramt in der Sek I in den drei Wissenstests besser abschneiden als Referendar/-innen und Lehrkräfte. Möglicherweise könnte das ein Hinweis auf eine verbesserte Ausbildung dieser Gruppe sein.

4. Ausblick

Im Rahmen dieses Beitrags konnten nur sehr wenige Befunde vorgestellt werden. Sie verdeutlichen aber bereits die Vielzahl der Aspekte, die es im Rahmen der systematischen Forschung zu berücksichtigen gilt. Es ist ein Fortschritt, dass immer mehr belastbare Ergebnisse vorliegen, sodass sich die politikdidaktische Theoriebildung nicht mehr auf Einzelbeobachtungen oder Augenscheinvalidität, sondern zunehmend auf valide und reliable Befunde stützen kann. Ein realistischeres Bild von den Möglichkeiten des Politikunterrichts kann sich nur durch eine theoriegeleitete Forschung entwickeln. „Only when science of education develops that sorts truth from fancy – as it is beginning to develop now – will dramatic improvements in educational practice be seen" (Anderson/Reder/Simon 1998, 255).

Literatur

Anderson, J.R./Reder, L.M./Simon, H.A. 1998: Radical constructivism and cognitive psychology. In: D. Ravitch (Ed.), Brookings papers on education policy 1998. Washington, D.C., S. 227-278

Detjen, J./Massing, P./Richter, D./Weißeno, G. 2012: Politikkompetenz – ein Modell. Wiesbaden (DOI 10.1007/978-3-658-00785-0)

Gesellschaft für politische Jugend- und Erwachsenenbildung (GPJE) 2004: Anforderungen an nationale Bildungsstandards für den Fachunterricht in der politischen Bildung an Schulen. http://www.gpje.de/index.php?option =com_content&view=section&id=7&layout=blog&Itemid=9 (31.1.2013)

Goll, T./Richter, D./Weißeno, G./Eck, V. 2010: Politisches Wissen von Schüler/-innen mit und ohne Migrationshintergrund (POWIS-Studie). In: Weißeno, G. (Hrsg.): Bürgerrolle heute. Migrationshintergrund und politisches Lernen. Bonn/Opladen, S. 21-48

Ludwig, P.H. 2012:Thesen zur Debatte um Gütestandards in der qualitativen Bildungsforschung – eine integrative Position. In: Gläser-Zikuda, M. et al. (Hrsg.): Mixed Methods in der empirischen Bildungsforschung. Münster, S. 79-89

Manzel, S. 2007: Kompetenzzuwachs im Politikunterricht. Münster/New York

Oberle, M. 2012: Politisches Wissen über die Europäische Union. Subjektive und objektive Politikkenntnisse von Jugendlichen. Wiesbaden

Richter, D./Gottfried, L.M. 2012: Politisches Lernen mit und ohne Concept Maps bei Viertklässlern. In: Juchler, I. (Hrsg.): Unterrichtsleitbilder in der politischen Bildung. Schwalbach/Ts., S. 153-165

Weißeno, G./Detjen, J./Juchler, I./Massing, P./Richter, D. 2010: Konzepte der Politik – ein Kompetenzmodell. Bonn/Schwalbach/Ts.

Weißeno, G. 2011: Welches Wissen produziert die Politikdidaktik als Wissenschaft? In: Detjen, J./Richter, D./Weißeno, G. (Hrsg.), Politik in Wissenschaft, Didaktik und Unterricht. Schwalbach/Ts., S. 77-90

Weißeno, G. 2013: Fachsprache in Schulbüchern für Politik/Sozialkunde – eine empirische Studie. In: Massing, P./Weißeno, G. (Hrsg.): Demokratischer Verfassungsstaat und Politische Bildung. Schwalbach/Ts.

Weißeno, G./Eck, V. 2013: Wissen, Selbstkonzept und Fachinteresse. Eine Interventionsstudie zur Analyse der Politikkompetenz. Münster

Weschenfelder, E. 2014: Professionelles Wissen und Überzeugungen von Politiklehrerinnen und Politiklehrern. Wiesbaden

Weschenfelder, E./Weißeno, G./Oberle, M. 2014: Professionelles Wissen angehender Politiklehrkräfte. In: Ziegler, B./Kübler, R. (Hrsg.): Politikdidaktik empirisch. Zürich

Wolfgang Sander

Kompetenzorientierung als Forschungs- und Konfliktfeld der Didaktik der politischen Bildung

Vormerkung

Der nachfolgende Beitrag fällt insofern etwas aus dem Rahmen dieses Kapitels, als es sich bei der Kompetenzorientierung weder um einen originären Theorieansatz in der Didaktik der politischen Bildung noch um ein eigenständiges wissenschaftliches Paradigma handelt. Gleichwohl sind Forschung und Theoriediskussion zur politischen Bildung seit Beginn des 21. Jahrhunderts stark von der Kompetenzorientierung geprägt. Da viele Beiträge in diesem Handbuch dies en passant ansprechen oder als bekannt voraussetzen, soll an dieser Stelle ein orientierender Überblick zu Entwicklungen, Ansätzen und Konflikten in der fachbezogenen wissenschaftlichen Diskussion über Kompetenzen und Kompetenzorientierung gegeben werden.

1. Die Entwicklung zur Kompetenzorientierung

Kompetenzorientierung steht im deutschsprachigen Raum seit der ersten PISA-Studie der OECD aus dem Jahr 2000 (Deutsches PISA-Konsortium 2001) im Zentrum der politischen und wissenschaftlichen Debatte über die Ziele und Aufgaben der Schule und darüber hinaus anderer Bereiche des Bildungssystems. In der Erziehungswissenschaft und den Fachdidaktiken ist die Diskussion über Kompetenzen allerdings wesentlich älter. Schon 1971 schlug der Psychologe und Pädagoge Heinrich Roth vor, „*Mündigkeit* ... als Kompetenz zu interpretieren, und zwar in einem dreifachem Sinne:

a) als *Selbstkompetenz* (selfcompetence), d. h. als Fähigkeit, für sich selbst verantwortlich handeln zu können
b) als *Sachkompetenz*, d. h. als Fähigkeit für Sachbereiche urteils- und handlungsfähig und damit zuständig sein zu können, und
c) als *Sozialkompetenz*, d. h. als Fähigkeit, für sozial, gesellschaftlich und politisch relevante Sach- oder Sozialbereiche urteils- und

Ursprünge der Kompetenzorientierung

handlungsfähig und also ebenfalls zuständig sein zu können." (Roth 1971, 180) Auffallend an diesem Kompetenzverständnis ist zunächst seine normative Grundierung in der Leitidee der Mündigkeit und damit sein Bezug auf die gesamte Persönlichkeitsentwicklung eines Menschen; Roth spricht im Anschluss an die zitierte Definition davon, dass Mündigkeit „die seelische Verfassung einer Person" betreffe. Weiterhin zeichnet sich dieses Kompetenzverständnis dadurch aus, dass es den Erwerb fachlicher Fähigkeiten in ein breiteres Verständnis menschlicher Lernentwicklung einbindet. Genau dies macht Roths Kompetenzbegriff seit den 1990er-Jahren für die berufliche Bildung attraktiv, in der zuvor eher von „Qualifikationen" gesprochen wurde. Aber während Qualifikationen auch als isolierbare fachliche Fähigkeiten verstanden werden können, bezieht sich der Kompetenzbegriff auf frei verfügbare Dispositionen von Individuen, mit denen diese eigenverantwortlich komplexe Aufgaben und Probleme bewältigen können. In der beruflichen Bildung ist in dieser Tradition der Kompetenzbegriff geradezu ein Gegenkonzept gegen das alte Bild des „Fachmanns", also gegen die Reduktion beruflichen Lernens auf fachliches Wissen und fachbezogene Fähigkeiten.

Aufkommen der Kompetenzorientierung in der Fachdidaktik

Auch in den Fachdidaktiken intensivierte sich schon vor PISA die Diskussion über Kompetenzen als Bildungsziele, so auch in der politischen Bildung. Von der Orientierung an Kompetenzen wurde ein Gegenmittel gegen den hohen Stellenwert „trägen Wissens" in der schulischen Alltagskultur erwartet, also eine Alternative zum Lernen allein oder in erster Linie für innerschulischen Gratifikationen wie Noten und Abschlüsse mit geringer Nachhaltigkeit und geringer Relevanz des Gelernten für Weltverstehen und Persönlichkeitsentwicklung. Auch wenn in der fachdidaktischen Rezeption der Kompetenzorientierung naturgemäß fachliche Bezüge meist stärker im Vordergrund standen, ist in den ersten Vorschlägen für Kompetenzen in der politischen Bildung durchweg ein komplexer, auf allgemeine Bildungsziele und Persönlichkeitsentwicklung bezogener Kompetenzbegriff zu erkennen.

So beschrieb Bernhard Sutor bereits 1992 die grundlegenden Ziele politischer Bildung als Kompetenzen in einem übersichtlichen Stufenmodell (Sutor 1992); Oskar Negt formulierte ein Modell mit sechs stark normativ orientierten Kompetenzen (wie z. B. Gerechtigkeitskompetenz, ökologische Kompetenz) (Negt 1997), das von Peter Henkenborg aufgegriffen und weiterentwickelt wurde (Henkenborg 2000). Peter Massing präferierte damals noch die Adaption des oben bereits erwähnten Kompetenzmodells von Heinrich Roth mit einer Unterscheidung von Sach-, Methoden- sowie Sozial- und Selbstkompetenz und dessen fachspezifische Konkretisierung unter der Leitperspektive der „demokratischen Handlungskompetenz" (Massing 2000). In der 2001 erschienenen und vor der Publikation der PISA-Ergebnisse geschriebenen Erstauflage von Sander 2013a findet sich neben einem Vorschlag für Mindeststandards in der politischen Bildung die Unterscheidung der Kompetenzbereiche politische Urteilsfähigkeit, politische Handlungsfähigkeit und methodische Fähigkeiten (in der aktuellen Auflage S. 71 ff.). Dieses Kompetenzmodell basiert einerseits auf praktischen Vorarbeiten in den Fachlehrplänen für Sozialkunde in Thüringen von 1999 sowie der Rahmenvorgabe Politische Bildung in Nordrhein-Westfalen von 2000 und andererseits auf der Intention, im Fach bereits seit längerer Zeit konsensuelle Zielvorstellungen für die politische Bildung in die Sprache der Kompetenzorientierung gewissermaßen zu übersetzen.

Mit dem „PISA-Schock" 2001 sah sich die deutsche Bildungspolitik angesichts der schlechten Ergebnisse deutscher Schulen unter Handlungsdruck gesetzt. Unmittelbare Konsequenz war ein dürrer, nur knapp eine Seite umfassender Beschluss der deutschen Kultusministerkonferenz (KMK) vom 24.5.2002, erstmals gemeinsame Bildungsstandards einzuführen. Von Kompetenzen war in diesem Beschluss noch gar nicht die Rede. Noch im gleichen Jahr intervenierte das Bundesministerium für Bildung und Forschung (BMBF) in den beginnenden Prozess der Ausarbeitung solcher Standards, indem es das Deutsche Institut für Internationale Pädagogische Forschung (DIPF) beauftragte, eine Expertise zur konzeptionellen Grundlegung nationaler Bildungsstandards zu erarbeiten. Eine vom DIPF eingesetzte Expertengruppe legte dieses, nach dem Leiter der Gruppe meist als „Klieme-Expertise" bezeichnete Gutachten im Februar 2003 vor, veröffentlicht wurde es vom BMBF gemeinsam mit der KMK.

Vom PISA-Schock zur Klieme-Expertise

Mit dieser Expertise wurden wichtige Eckpfeiler für die Nach-PISA-Debatte über Kompetenzen im deutschsprachigen Raum gesetzt, aber auch bestimmte Transformationen des bis dahin vorherrschenden Kompetenzverständnisses vorgenommen (vgl. ausführlicher Sander 2013b):

– Die Autoren legen sich auf *Fachlichkeit* der angestrebten Bildungsstandards und der ihnen zugrunde liegenden Kompetenzmodelle fest und distanzieren sich explizit von dem in der beruflichen Bildung vorherrschenden Kompetenzverständnis in der Tradition Roths (Bundesministerium 2003, 22). Die vorgetragene Begründung unter Berufung auf den Psychologen Franz E. Weinert, der Erwerb von Wissen müsse mit dessen systematischem Aufbau in einem Wissensgebiet (einer „Domäne") beginnen (ebd.), trifft jedoch nicht zu und deutet die Argumentation Weinerts in starkem Maße um (Sander 2011, 11 f.). Möglicherweise war es schlicht die pragmatische politische Überlegung, dass bei einer Problematisierung des bestehenden Fächerkanons das Projekt Bildungsstandards nicht kurzfristig erfolgreich sein würde, die zu dieser folgenreichen und problematischen Festlegung geführt hat. Allerdings betont die Expertise zugleich ausdrücklich die Notwendigkeit, fachliche Kompetenzen auf allgemeine Bildungsziele zu beziehen (Bundesministerium 2003, 23).

Kompetenzbegriff nach Weinert

– Die Klieme-Expertise stützt sich auch bei der Definition des *Kompetenzbegriffs* auf Weinert, wonach unter Kompetenzen zu verstehen seien „die bei Individuen verfügbaren oder durch sie erlernbaren kognitiven Fähigkeiten und Fertigkeiten, bestimmte Probleme zu lösen, sowie die damit verbundenen motivationalen, volitionalen und sozialen Bereitschaften und Fähigkeiten, um die Problemlösungen in variablen Situationen erfolgreich und verantwortungsvoll nutzen zu können" (Weinert 2002, 27 f.; aufgriffen bei Bundesministerium 2003, 72). Allerdings unterschlägt die Expertise an dieser Stelle, dass Weinert diese Definition ausdrücklich auf Probleme bezog, „die inhaltsunspezifisch und im engeren Sinne fächerübergreifend sind." (Weinert 2002, 27)

– In der Klieme-Expertise wird davon ausgegangen, dass Kompetenzen in Form von Kompetenzmodellen beschrieben werden sollen, die nach Facetten (Kompetenzbereichen) und Niveaustufen gegliedert sein und mit Hilfe von *standardisierten Tests* überprüft werden sollen. Zwar sind die Ausführungen dazu in der Expertise durchaus an manchen Stellen auch vorsichtig-zurückhaltend; dennoch ist deutlich die Vorstellung zu erkennen, dass Kompetenzentwicklung mit quantitativen empirischen Methoden messbar sein soll. Allerdings bringt die Expertise Beispiele für Ansätze zu solchen Modellen nur aus Mathematik und Fremdsprachen und setzt sich nicht mit dem naheliegenden Einwand auseinander, dass in vielen Fächern anspruchsvolle Kompetenzziele einer solchen Testung überhaupt nicht zugänglich sind.

Die Expertise sieht kompetenzorientierte Bildungsstandards ferner als ein zentrales Steuerungsinstrument in einem neuen Steuerungsmodell für das Schulsystem. Hiernach sollen Kompetenzstandards den „Output" definieren, der den Maßstab für die Beurteilung des Schulsystems und der einzelnen Schulen (in Form von Tests und Schulinspektionen) bildet; die Schulen wiederum sollen im Gegenzug weit größere Freiheiten bei der Gestaltung ihres Unterrichtsangebotes haben, als es bei früheren Lehrplänen der Fall war. Allerdings verstand die Klieme-Expertise solche Kompetenzstandards als *Mindeststandards*, die *alle* Schülerinnen und Schüler erreichen können sollten und deren Überprüfung gänzlich unabhängig vom schulischen Benotungssystem stattfinden sollte.

Bildungsstandards als Mindeststandards

2. Kompetenzorientierung in der politischen Bildung nach PISA

Die GPJE, die wissenschaftliche Fachgesellschaft in der Politikdidaktik in Deutschland, hat sehr schnell auf diese Entwicklung reagiert und bereits im Laufe des Jahres 2003 einen eigenen Entwurf für nationale Bildungsstandards für den Fachunterricht in der politischen Bildung an Schulen ausgearbeitet (GPJE 2004; zur Erläuterung des Entwurfs vgl. Sander 2005). Der Entwurf folgt einem Kompetenzmodell aus drei Kompetenzbereichen, ergänzt durch „konzeptuelles Deutungswissen" (Abb. 1, S. 118).

GPJE-Entwurf für nationale Bildungsstandards

Zu den drei Kompetenzbereichen werden in dem Entwurf konkrete Standards für die wichtigsten Abschnitte des Schulsystems definiert: für den Übergang von der Grundschule in die weiterführende Schule, für den mittleren Bildungsabschluss, für das Ende der gymnasialen Oberstufe und für das Ende des beruflichen Bildungswesen. Der GPJE-Entwurf ist damit das bis heute konkreteste und elaborierteste Kompetenzmodell in der Didaktik der politischen Bildung.

Allerdings beließ es dieser Entwurf im Bereich des Wissens bei recht allgemeinen Erläuterungen (sieht man davon ab, dass viele der Kompetenzstandards nicht inhaltsneutral formuliert sind und somit auch Wissen implizieren). Das hatte seinen Grund in der durch die Klieme-Expertise geweckten Erwartung, dass ergänzend zu kompetenzorientierten Bildungsstandards inhaltbezogene Kerncurricula entwickelt werden sollten. Dazu ist es aber auf der Ebene der KMK nicht mehr gekommen. Diese „Leerstelle" im GPJE-Entwurf ist in

Konzeptuelles Deutungswissen	
Politische Urteilsfähigkeit Politische Ereignisse, Probleme und Kontroversen sowie Fragen der wirtschaftlichen und gesellschaftlichen Entwicklung unter Sachaspekten und Wertaspekten analysieren und reflektiert beurteilen können	**Politische Handlungsfähigkeit** Meinungen, Überzeugungen und Interessen formulieren, vor anderen angemessen vertreten, Aushandlungsprozesse führen und Kompromisse schließen können
Methodische Fähigkeiten Sich selbstständig zur aktuellen Politik sowie zu wirtschaftlichen, rechtlichen und gesellschaftlichen Fragen orientieren, fachliche Themen mit unterschiedlichen Methoden bearbeiten und das eigene politische Weiterlernen organisieren können	

Abb. 1: Kompetenzen politischer Bildung im GPJE-Entwurf, GPJE 2004, 13

der nachfolgenden Fachdiskussion unterschiedlich gefüllt worden und wurde auch zum Ausgangspunkt tief gehender Konflikte (s.u. Abschnitt 3).

Zeitlich parallel zur Erarbeitung des GPJE-Entwurfs wurde in einer Expertise für ein Kerncurriculum für den sozialwissenschaftlichen Unterricht in der gymnasialen Oberstufe ein Modell aus fünf Kompetenzbereichen vorgeschlagen: Perspektivenübernahme, Konfliktfähigkeit, sozialwissenschaftliches Analysieren, politische Urteilsfähigkeit und Partizipationsfähigkeit/demokratische Handlungskompetenz (Behrmann et al. 2004; vgl. auch Reinhardt 2012, 20 ff.). Allerdings liegt die Frage nahe, ob nicht diese fünf Bereiche sich den dreien des GPJE-Modells zuordnen ließen. Zudem verblieb dieses Modell, ebenso wie andere Überlegungen einzelner weiterer Autoren, auf einem hohen Abstraktionsgrad und wurde von den Autoren nicht in schulstufenbezogenen Standards konkretisiert.

Auswirkungen Die Wirkung des GPJE-Entwurfs war beträchtlich. Bereits die 2005 veröffentlichten „Einheitlichen(n) Prüfungsanforderungen in der Abiturprüfung Sozialkunde/Politik" in Deutschland sind deutlich von dem Entwurf beeinflusst, ebenso wie zahlreiche neue Lehrpläne in den deutschen Bundesländern in den Jahren danach. In der Schweiz wurde 2007 eine neue offiziöse Grundlegung politischer

Bildung veröffentlicht, die bis auf kleine sprachliche Varianten das Kompetenzmodell der GPJE übernahm (Gollob et al. 2007). In Österreich wurde 2008 ein Kompetenzmodell für die politische Bildung in Kraft gesetzt, das in seiner Grundstruktur ebenfalls auf das GPJE-Modell rekurriert (Krammer et al. 2008).

Differenzen zwischen den Kompetenzmodellen, die sich an den GPJE-Entwurf anlehnen, ergeben sich vor allem an dem Punkt, den das GPJE-Modell aus dem oben genannten Grund weitgehend offengelassen hatte, der Integration von Wissen. So repräsentiert beispielsweise das österreichische Modell das konzeptuelle Wissen in einem eigenen Kompetenzbereich „Sachkompetenz" und ergänzt einen weiteren Bereich „Arbeitswissen", der sich auf solches Wissen bezieht, das für die Bearbeitung konkreter Lerngegenstände zwar von Fall zu Fall anlassbezogen erforderlich ist, aber instrumentellen Charakter besitzt und nicht zum dauerhaft zu erwerbenden Wissensbestand gehört.

Gleichwohl gehört zu den bemerkenswerten Effekten des GPJE-Entwurfs ein sehr breiter Konsens im deutschsprachigen Raum darüber, dass die Förderung politischer Urteilsfähigkeit und politischer Handlungsfähigkeit fachliche Kernaufgaben institutionalisierter politischer Bildung sind und dass das dabei zu vermittelnde Wissen sich auf politisches Konzeptverstehen bezieht. Mit Blick auf die weitere Konkretisierung dieser Kernaufgaben hat sich jedoch in den letzten Jahren in Deutschland eine scharfe innerfachliche Kontroverse entwickelt (s. u. Abschnitt 3).

Dessen ungeachtet hat die Fokussierung auf Kompetenzen in der Didaktik der politischen Bildung nach 2001 eine Fülle von Forschungs-, Theorie- und Entwicklungsarbeiten mit sich gebracht. So hat die Kompetenzorientierung die seit den 1990er-Jahren intensiver gewordene empirische Forschung weiter befördert; allerdings liegen empirische Forschungen zu den „großen" Fragen der Kompetenzorientierung – wie etwa denen nach validen Modellen für Kompetenzstufen, längerfristiger Kompetenzentwicklung oder dem Verhältnis von Wissen und Können – nicht vor. Dagegen hat die Erforschung von Schülervorstellungen zu den Gegenständen des Faches stark an Bedeutung gewonnen. Die Diagnostik dieser Vorstellungen ist zu einem ganz neuen Thema für Forschung und Entwicklung in der Didaktik der politischen Bildung geworden (Schattschneider 2007, Füchter 2010, Ammerer/Windischbauer 2011, Mosch 2013).

Auswirkungen auf die Forschung

3. Kompetenzorientierung als Konfliktfeld

Recht bald nach PISA sollte sich zeigen, dass Konflikte um die politische Bildung, die in divergierenden wissenschaftlichen und politischen Positionen und Interessen wurzelten, nunmehr in der Sprache der Kompetenzorientierung ausgetragen wurden. So sahen sich sowohl Vertreter einer von der politischen Bildung unabhängigen „Demokratiepädagogik" als auch Verfechter eines eigenen, aus dem Verbund der politischen Bildung herausgelösten Faches „Wirtschaft" veranlasst, ihre Forderungen und Positionen mit eigenständigen Kompetenzmodellen für diese Lernfelder zu untermauern (DEGÖB 2004, de Haan et al. 2007, Retzmann et al. 2010).

Konflikt um Wissen Über einen längeren Zeitraum hinweg entwickelte sich in der Didaktik der politischen Bildung ein Konflikt um Wissen, in dem zunehmend auch ein Streit um grundsätzliche pädagogische und wissenschaftstheoretische Positionen zum Vorschein kam. Zunächst begann diese Debatte eher offen und pluralistisch. 2006 wurden auf einer Tagung der GPJE erstmals verschiedene Überlegungen zur Diskussion gestellt, wie der fachliche Kern des Wissens in einer kompetenzorientierten politischen Bildung in Form von *Basiskonzepten* definiert werden könnte (Weißeno 2008; an diese Tagung anschließend Sander 2013a, 95 ff., zuerst in der Auflage von 2007). Unmittelbar bevor die GPJE auf ihrer Jahrestagung 2010 den Versuch unternehmen wollte, diese Debatte mit der Suche nach einem Minimalkonsens produktiv zu wenden, führte eine Gemeinschaftspublikation von fünf Autoren (Weißeno et al. 2010) zu einer Polarisierung der Diskussion und löste eine Entgegnung von acht Autoren in Form einer Streitschrift aus (Autorengruppe Fachdidaktik 2011). Im Jahr darauf publizierten vier der fünf Mitglieder der Gruppe um Weißeno ein neues Buch, in dem das 2010 vorgelegte Wissensmodell mit einem Kompetenzmodell gerahmt wurde (Detjen et al. 2012). Auch dieses Buch stieß auf entschiedenen Widerspruch (z. B. Sander 2013b, 114 ff.).

Aktuelle Diskussionspunkte In diesem Konflikt geht es um strittige Positionen auf mehreren Ebenen, die teilweise auch vor der Kompetenzorientierung im Fach schon kontrovers gesehen wurden (jeweils zuerst genannt nach Weißeno et al. bzw. Detjen et al.):

– *Das Fachprofil:* Hier stehen sich die Vorstellungen eines in fachwissenschaftlicher Hinsicht alleine an die Politikwissenschaft gebundenen Faches und die eines sozialwissenschaftlichen Integra-

tionsfaches, das auch soziologische, ökonomische und rechtswissenschaftliche Perspektiven aufnimmt, gegenüber.
- *Das Wissens- und Wissenschaftsverständnis:* Auf der einen Seite steht ein Verständnis von wissenschaftlichem Wissen, mit dem die richtige „Essenz" von fachlichen Konzepten gegen „Fehlkonzepte" (von Schülern und Lehrern) abgegrenzt werden kann. Auf der Gegenseite werden die Pluralität wissenschaftlichen Wissens in den Sozialwissenschaften, die Vielfalt und Mehrdeutigkeit von Schülervorstellungen und ein Verständnis von Wissensvermittlung betont, das von subjektiven Schülerkonzepten und nicht von einer vorgegebenen fachlich-begrifflichen Systematik ausgeht.
- *Wissenschaftliche Rahmung und Breite der Kompetenzorientierung:* Eine Seite akzeptiert allein die Kognitionspsychologie und die Politikwissenschaft als Bezugswissenschaften der Fachdidaktik, lehnt bildungstheoretische Bezüge explizit ab, fordert die durch gängige empirische Testbarkeit von Kompetenzen und erachtet deshalb alleine kognitive Kompetenzaspekte als relevant für Testung und Bewertung von Leistungen in der Politischen Bildung. Die andere Seite akzeptiert einen breiteren fachwissenschaftlichen Bezugsrahmen, betont den Zusammenhang von Bildung und Kompetenz und plädiert für ein komplexes, nicht auf die kognitive Dimension reduziertes Kompetenzverständnis.
- *Unterricht:* Hier stehen sich die Vorstellung einer fachsystematisch ausgerichteten, auf die Vermittlung von Fachbegriffen bezogenen Unterrichtsplanung mit starker Betonung von Instruktion auf der einen und ein auf Vielfalt vom Identitätsbezügen bei Schülern, individuelle Suchbewegungen der Lernenden in der Auseinandersetzung mit komplexen Problemen und Offenheit im methodischen Vorgehen setzendes Unterrichtsverständnis auf der anderen Seite gegenüber.

4. Ausblick

Noch während sich die Kompetenzorientierung in der Phase ihrer Durchsetzung in den Schulen befindet, mehren sich in der Wissenschaft kritische Stimmen (in der Didaktik der politischen Bildung zuletzt Oeftering 2013, 47 ff.; Sander 2013b). Zu den zunehmenden Zweifeln trägt nicht zuletzt die extreme Ausweitung der Kompetenzorientierung im Bildungswesen bei, mit der diese von einem eng begrenzten, sich alleine auf nicht zu benotende Mindestanforderungen für alle Schülerinnen und Schülern an wenigen Gelenkstellen des Schulsystems beziehenden Ansatz (so noch in der Klieme-Expertise) zu einem universellen Steuerungskonzept gemacht werden soll, das wortwörtlich von der Kindertagesstätte über alle Facetten der Schule bis zum Studium und der (lebenslangen) Weiterbildung reicht. Dass die damit verbundenen hypertrophen Steuerungserwartungen und Machbarkeitsphantasien sich (wieder einmal) als Illusionen erweisen werden, steht zu erwarten.

Literatur

Ammerer, Heinrich/Windischbauer, Elfriede (Hrsg.) 2011: Kompetenzorientierter Unterricht in Geschichte und Politischer Bildung: Diagnoseaufgaben mit Bildern. Wien

Autorengruppe Fachdidaktik (Anja Besand/Tilman Grammes/Reinhold Hedtke/Peter Henkenborg/Dirk Lange/Andreas Petrik/Sibylle Reinhardt/Wolfgang Sander) 2011: Konzepte der politischen Bildung. Eine Streitschrift. Schwalbach/Ts.

Behrmann, Günter C./Grammes, Tilman/Reinhardt, Sibylle (unter Mitarbeit von Peter Hampe) 2004: Politik: Kerncurriculum Sozialwissenschaften in der gymnasialen Oberstufe. In: Tenorth, Heinz-Elmar (Hrsg.): Kerncurriculum Oberstufe II. Weinheim

Bundesministerium für Bildung und Forschung (Hrsg.) 2003: Zur Entwicklung nationaler Bildungsstandards. Eine Expertise. Bonn

de Haan, Gerhard/Edelstein, Wolfgang/Eikel, Angelika (Hrsg.) 2007: Qualitätsrahmen Demokratiepädagogik. Demokratische Handlungskompetenz fördern, demokratische Schulqualität entwickeln. Berlin

DEGÖB (Deutsche Gesellschaft für ökonomische Bildung) 2004: Kompetenzen in der ökonomischen Bildung für allgemein bildende Schulen und Bildungsstandards für den mittleren Bildungsabschluss. o.O.

Detjen, Joachim/Massing, Peter/Richter, Dagmar/Weißeno, Georg 2012: Politikkompetenz – ein Modell. Wiesbaden

Deutsches PISA-Konsortium (Hrsg.) 2001: PISA 2000. Basiskompetenzen von Schülerinnen und Schülern im internationalen Vergleich. Opladen

Füchter, Andreas 2010: Diagnostik und Förderung im gesellschaftswissenschaftlichen Unterricht. Immenhausen

Gollob, Rolf/Graf-Zumsteg, Christian/Bachmann, Bruno/Gattiker, Susanne/Ziegler, Béatrice 2007: Politik und Demokratie – leben und lernen. Politische Bildung in der Schule. Grundlagen für die Aus- und Weiterbildung. Bern

GPJE (Gesellschaft für Politikdidaktik und politische Jugend- und Erwachsenenbildung) 2004: Nationale Bildungsstandards für den Fachunterricht in der Politischen Bildung an Schulen. Ein Entwurf. Schwalbach/Ts.
Henkenborg, Peter 2000: Politische Bildung als Kultur der Anerkennung: Skizzen zu einer kritischen Politikdidaktik. In: kursiv – Journal für politische Bildung 2/2000
Krammer, Reinhard et al. 2008: Die durch politische Bildung zu erwerbenden Kompetenzen. Ein Kompetenz-Strukturmodell. Hrsg. vom Bundesministerium für Unterricht, Kunst und Kultur, Wien
Massing, Peter: Kategoriale Bildung und Handlungsorientierung im Politikunterricht. In: kursiv – Journal für politische Bildung 2/2000
Mosch, Mirka 2013: Diagnostikmethoden in der politischen Bildung. Vorstellungen von Schüler/-innen im Unterricht erheben und verstehen. Online-Publikation: http://geb.uni-giessen.de/geb/volltexte/2013/9404/ (30.10.2013)
Negt, Oskar 1997: Kindheit und Schule in einer Welt der Umbrüche. Göttingen
Oeftering, Tonio 2013: Das Politische als Kern der politischen Bildung. Hannah Arendts Beitrag zur Didaktik des politischen Unterrichts. Schwalbach/Ts.
Reinhardt, Sibylle 2012: Politikdidaktik. Praxishandbuch für die Sekundarstufe I und II. 4. Aufl., Berlin
Retzmann, Thomas/Seeber, Günther/Remmele, Bernd/Jongebloed, Hans-Carl 2010: Ökonomische Bildung an allgemeinbildenden Schulen. Bildungsstandards – Standards für die Lehrerbildung. Im Auftrag des Gemeinschaftsausschusses der deutschen gewerblichen Wirtschaft unter Vorsitz des ZDG, Essen/Lahr/Kiel
Roth, Heinrich 1971: Pädagogische Anthropologie II. Entwicklung und Erziehung. Grundlagen einer Entwicklungspädagogik, Hannover
Sander, Wolfgang 2005: Die Bildungsstandards vor dem Hintergrund der politikdidaktischen Diskussion. In: Redaktionen Politische Bildung & kursiv – Journal für politische Bildung (Hrsg.): Bildungsstandards. Evaluation in der politischen Bildung. Schwalbach/Ts.
Sander, Wolfgang 2011: Kompetenzorientierung in Schule und politischer Bildung – eine kritische Zwischenbilanz. In: Autorengruppe Fachdidaktik 2011
Sander, Wolfgang 2013a: Politik entdecken – Freiheit leben. Didaktische Grundlagen politischer Bildung. 4. Aufl., Schwalbach/Ts.
Sander, Wolfgang 2013b: Die Kompetenzblase – Transformationen und Grenzen der Kompetenzorientierung. In: zeitschrift für didaktik der gesellschaftswissenschaften (zdg) 1/2013
Schattschneider, Jessica (Hrsg.) 2007: Domänenspezifische Diagnostik. Wissenschaftliche Beiträge für die politische Bildung. Schwalbach/Ts.
Sutor, Bernhard 1992: Politische Bildung als Praxis. Grundzüge eines didaktischen Konzepts. Schwalbach/Ts.

Weinert, Franz E. 2002: Vergleichende Leistungsmessung in Schulen – eine umstrittene Selbstverständlichkeit. In: ders. (Hrsg.): Leistungsmessung in Schulen. 2. Aufl., Weinheim und Basel

Weißeno, Georg 2008: Politikkompetenz. Was Unterricht zu leisten hat. Schwalbach/Ts.

Weißeno, Georg/Detjen, Joachim/Juchler, Ingo/Massing, Peter/Richter, Dagmar 2010: Konzepte der Politik. Ein Kompetenzmodell. Schwalbach/Ts.

II.
Institutionen

Andreas Lutter

Die Fächer der politischen Bildung in der Schule

Einleitung

Fächer stellen ein zentrales Organisationsmerkmal von Unterricht in der Schule dar – sie bestimmen als „Handlungsrahmen" (Goodson/ Hopman/Riquarts 1999) die inhaltliche und zeitliche Systematik von schulisch verfassten Lehr- und Lernprozessen und prägen zudem die Fachidentität der Lehrenden. Durch den inhaltlichen Zuschnitt der Schulfächer werden spezifische Perspektiven auf die Phänomene der Welt rekonstruiert (vgl. Sander 2010, 33) und domänenspezifische Bildungsaufgaben verwirklicht. Die Befähigung der nachwachsenden Generation zu Orientierungsfähigkeit und Teilhabe in der Demokratie kann als originäres Ziel von Politikunterricht betrachtet werden – andere Fächer können sich allenfalls Teilaspekten dieser Aufgabe annehmen (vgl. Massing 2005, 62 f.). In Deutschland lässt sich die Situation der politischen Bildung in der Schule zwar durch eine relativ etablierte Tradition in der Fachstruktur charakterisieren, die jedoch durch eine Vielfalt an Bezeichnungen und Fachzuschnitten, eine uneinheitliche Stellung im schulischen Fächerkanon sowie variierende Zeitkontingente auf der Stundentafel geprägt ist. Neben der Institutionalisierung als eigenständiges Unterrichtsfach wird politische Bildung bisweilen übergreifend oder innerhalb anderer Fächer des schulischen Kanons organisiert. Dies gilt in einem gewissen Maße für Österreich und die Schweiz, die nicht auf eine mit Deutschland vergleichbare fachliche Integration politischer Bildung in der Schule blicken. Der vorliegende Beitrag markiert die Vielfalt und den Wandel der Fächer und zeigt, dass von einer einheitlich verfassten politischen Bildung in der Schule nicht die Rede sein kann. Vielmehr herrscht eine teilweise geradezu unübersichtliche Pluralität schulfachlich organisierter politischer Bildungspraxis in Deutschland, Österreich und der Schweiz.

Pluralität der Schulfachorganisation

1. Die plurale Fachstruktur der politischen Bildung in Deutschland

KMK-Empfehlung für eigenständiges Schulfach

Bereits kurz nach ihrer Gründung befasste sich die Kultusministerkonferenz mit der schulischen Integration politischer Bildung in Deutschland. Als Ergebnis „empfahl" man in vorsichtigem Tone ein eigenständiges Schulfach (KMK-Beschluss vom 15.6.1950): „Politische Bildung erfordert Kenntnis der wichtigsten Formen und Zusammenhänge des gesellschaftlichen, staatlichen und überstaatlichen Lebens. Es wird empfohlen, zur Vermittlung dieses Stoffwissens und zur Auseinandersetzung mit aktuellen Fragen, soweit dies nicht in anderen Unterrichtsfächern möglich ist, vom 7. Schuljahr ab Unterricht in besonderen Fachstunden zu erteilen. Die Benennung dieses Faches wird freigestellt (Gemeinschaftskunde, Bürgerkunde, Gegenwartskunde, Politik)" (vgl. Sander 2013, 114). Bis heute liegt in dieser Formulierung ein Ursprung der uneinheitlichen „Bezeichnungsformeln" der politischen Bildung in den Fächern der Schule (vgl. Massing 2005, 63). Hessen hatte sich mit der Einführung eines Schulfaches bereits im Jahr 1946 als Vorreiter einer schulfachlichen Verankerung erwiesen. Vor allem in den 1960er und 1970er-Jahren ging mit dem einsetzenden gesellschaftlichen Aufbruch eine bildungsbezogene Erneuerung einher, von der ausgehend sich die politische Bildung in nahezu allen Schularten institutionalisieren konnte (vgl. Thienel-Saage 1999, 69). Zugleich geriet Politik in der Schule zwischen die Fronten der aufkommenden Politisierung und die einhergehenden Konflikte um Kritik und Reform der politischen und gesellschaftlichen Verhältnisse. In jenen Jahren wurden die großen Auseinandersetzungen um Lehrpläne der politischen Bildung bis in Landtagswahlkämpfe hineingetragen. In der ehemaligen DDR wurde 1957 das Fach „Staatsbürgerkunde" (zuvor seit 1951 „Gegenwartskunde") in den Rahmen einer umfassend staatlich organisierten politischen Erziehung eingebunden (vgl. Sander 1999, 87). Nach dem Zusammenbruch des Systems wurde Anfang der 1990er-Jahre die „Staatsbürgerkunde" in den neuen Bundesländern durch das Fach „Gesellschaftskunde" ersetzt und unter verschiedener Firmierung schulisch verankert (vgl. ebd.). Heute existiert in Deutschland eine plurale Struktur von Fächern und Fachverbindungen mit teils erheblich variierenden Stundenkontingenten in den verschiedenen Schulformen und Schulstufen (vgl. Lange 2010, 46 ff.).

Die plurale Fachstruktur der politischen Bildung in Deutschland

In der Primarstufe wird politische Bildung im Rahmen des Integrationsfaches „Sachunterricht" (vereinzelt auch: „Heimat- und Sachunterricht") erteilt. Der von der Gesellschaft für Didaktik des Sachunterrichts im Jahr 2002 vorgelegte curricular orientierte „Perspektivrahmen Sachunterricht" strukturiert im engeren Sinne politische Sach- und Problembereiche unter einer „sozial- und kulturwissenschaftlichen Perspektive" (vgl. GDSU 2002). In Brandenburg und Berlin existiert das Fach „Politische Bildung" an den Grundschulen in der fünften und sechsten Jahrgangsstufe. An allgemeinbildenden Schulen ab der Sekundarstufe I herrscht eine bunte Vielfalt von Fachbezeichnungen innerhalb der bundesdeutschen Schulpraxis. Beispiele hierfür sind: „Sozialkunde", „Gemeinschaftskunde", „Sozialwissenschaften", „Politische Bildung", „Gesellschaftswissenschaften", „Politik/Wirtschaft", „Politik und Wirtschaft" „Politik/Gesellschaft/Wirtschaft" „Gesellschaftslehre", „Politik" – diese Liste ließe sich fortführen (vgl. Herdegen 2005, 196; Hedtke 2010, 22; Mambour 2010, 160). Hervorzuheben ist, dass ein explizit als „Politik" benanntes Unterrichtsfach eine Ausnahme darstellt und beispielsweise an niedersächsischen Haupt- und Realschulen existiert, während „Politische Bildung" in Brandenburg (darüber hinaus an der Grundschule in den Jahrgangsstufen 5-6 des Landes Berlin) sowie „Politikwissenschaft" in der Oberstufe an den Gymnasien Berlins zu finden ist.

In einigen Bundesländern treten ergänzende Fächer auf, die Lernfelder wie Wirtschaft, Arbeit, Recht und Beruf im schulischen Fachkanon neben die Fächer der politischen Bildung platzieren. Beispielsweise wird in Bayern das Fach „Sozialkunde" angeboten, zusätzlich findet sich dort das Fach „Wirtschaft und Recht". Die Fachzuschnitte und -verbünde variieren zum Teil nicht nur zwischen, sondern auch innerhalb einzelner Bundesländer und den jeweiligen Schulformen. So existiert in Baden-Württemberg an Realschulen ein Fächerverbund „Erdkunde – Wirtschaftskunde – Gemeinschaftskunde" (EWG), neben „Geschichte", während an Hauptschulen ein Fachverbund „Welt – Zeit – Gesellschaft" vorgehalten wird und zusätzlich „Wirtschaft – Arbeit – Gesundheit" (vgl. Sander 2010, 31), das zudem an Werkrealschulen angeboten wird. Die Erteilung von politischer Bildung im Rahmen von Fachverbünden oder Integrationsfächern stellt mitnichten eine Ausnahme dar. Fächer wie Erdkunde, Geschichte und Wirtschaft werden zum Teil mit je einem „Fach" politischer Bildung variantenreich kombiniert. In diesem Zusam-

Randnotizen: Primarstufe; Unterschiedliche Fachbezeichnungen; Fachverbünde

menhang sieht Baden Württemberg an den Gymnasien einen Fächerverbund „Geographie-Wirtschaft-Gemeinschaftskunde" vor, während sich in Nordrhein-Westfalen der „Lernbereich" „Gesellschaftslehre" aus den Fächern „Geschichte", „Erdkunde" und „Politik/Wirtschaft" zusammensetzt.

Anteil des Faches an den Stundentafeln

Gemäß der Ergebnisse des „Monitors politische Bildung" variiert der faktische Anteil realisierter politischer Bildung in den unterschiedlichen Schulformen, dies gilt auch für die Anteile innerhalb der Bundesländer (vgl. fortfolgend Lange 2010, 63 ff.). Im Sachunterricht der Grundschule weist politische Bildung demnach insgesamt einen geschätzten Durchschnitt von 0,67 erteilten Jahreswochenstunden auf. An Hauptschulen werden rund 0,75 Jahreswochenstunden politische Bildung unterrichtet, ähnlich wie an Realschulen (0,74). Geringer fallen die Anteile politischer Bildung im gymnasialen Fachunterricht mit einem durchschnittlichen Umfang von 0,66 Jahreswochenstunden aus. Trotz Schwierigkeiten bei der genauen Ermittlung verweisen die Zahlen dennoch auf eine randständige Stellung der Fächer des Politikunterrichts in der Schule. Des Weiteren sieht sich die schulische politische Bildung durch einen relativ hohen Anteil des fachfremd erteilten Unterrichts mit professionsbezogenen Herausforderungen konfrontiert. In diesem Zusammenhang konnte in den vergangenen Jahren von einem zwischen den Ländern variierenden Anteil zwischen 30 % und 50 % fachfremd erteilten Politikunterrichts ausgegangen werden (vgl. Massing 2005, 64).

Weiterhin Wandel im Fachzuschnitt

Aus dem Wandel der schulischen Fachstruktur politischer Bildung lässt sich kein einheitlicher „Befund" ableiten, zuweilen mussten in den vergangenen Jahren allerdings Kürzungen auf der Stundentafel hingenommen werden (vgl. Mambour 2010, 160). Die Zuschnitte der Fächer des Politikunterrichts sind nach wie vor in Bewegung. In Berlin ersetzten die Fächer „Geschichte", „Erdkunde" und „Politikwissenschaft/Sozialkunde" die bislang herrschende Fächerverbindung „Politische Weltkunde". Vereinzelt entstanden neue Doppelfächer wie in Niedersachsen, wo das Fach „Politik/Wirtschaft" an Gymnasien unter Stärkung ökonomischer Lern- und Problemfelder eingeführt und dies in seiner Benennung explizit zum Ausdruck gebracht wurde. Der gewählte Terminus des jeweiligen Faches oder Fachverbundes politischer Bildung kann sich jedoch insofern als irreführend erweisen, wenn durch begriffliche Präferenzen in der Bezeichnung die „Tatsächlichkeit" der damit ausgedrückten Bildungsvorstellungen, gewählten Bezugsdisziplinen und realisierten curricularen Maßgaben verdeckt werden. Bei der erfolgten Umbenennung von „Sozialkunde" in Hessen zu „Politik und Wirtschaft" handelte es sich eher um ein politisches Signal der Betonung von wirtschaftlichen vor soziologischen Anteilen und weniger um eine umfänglich inhaltliche Neustrukturierung des Faches (vgl. Sander 2010, 30).

2. Politische Bildung als Fach und Unterrichtsprinzip in Österreich

In Österreich war die Ausgangslage nach dem Kriegsende eine andere als in Deutschland. Die Rolle Österreichs als Opfer des Nationalsozialismus stand einem bildungsbezogenen Neuanfang in Richtung einer umfänglich institutionalisierten demokratischen Erziehung aus staatlich-politischen Erwägungen entgegen (vgl. Hellmuth 2013, 18). „Demokratie [wurde] als Bekenntnis zur Republik Österreich interpretiert und politische Bildung – ähnlich wie in der Schweiz – in der Form traditioneller Staatsbürgerkunde unterrichtet" (Hellmuth/ Klepp 2010, 52). Die schulische Vermittlung einer staatsbürgerlich verstandenen „Kunde" orientierte sich vornehmlich an formalen Aspekten, ergänzt um den Impetus eines patriotischen Appells (vgl. Dachs 2008, 25). In den Jahren 1970/1971 wurde eine nicht verbindliche „Übung" zur politischen Bildung an Mittelschulen etabliert sowie kurze Zeit später eine Arbeitsgemeinschaft „Geschichte und Sozialkunde – Geographie und Wirtschaftskunde" eingerichtet (vgl. ebd., 26). Als eigenständiges Fach in der allgemeinbildenden höheren Schule (AHS) konnte sich politische Bildung zunächst nicht durchsetzen. Dies galt nicht für die Berufsschulen, wo das Fach „Staatsbürgerkunde" auf eine gewisse Tradition blickte und 1976 in „politische Bildung" umbenannt wurde. Pläne der Einführung eines eigenständigen Faches an Mittelstufen erwiesen sich als politisch nicht durchsetzbar und so wurde politische Bildung 1978 als Unterrichtsprinzip für die allgemeinbildenden Schulfächer durch einen „Grundsatzerlass politische Bildung" verbindlich gemacht. Politische Bildung konkurriert damit bis heute mit über einem Dutzend Unterrichtsprinzipien, deren thematische Bandbreite von „Interkulturellem Lernen" über „Europapolitische Bildungsarbeit" bis zur „Wirtschaftserziehung und Verbraucher/Innenbildung" reicht, also auch „klassische" Lern- und Problemfelder der politischen Bildung

Ausgangslage nach dem Zweiten Weltkrieg

Unterrichtsprinzip

anspricht. Eine Einschätzung der schulpraktischen Umsetzung erweist sich als schwierig, dürfte jedoch uneinheitlich und tendenziell geringfügig erfolgen (vgl. Filzmaier 2010, 269). Neben der Grundlegung als Unterrichtsprinzip und als Fach (teilweise mit Recht und Wirtschaft oder Geschichte) an Berufsschulen ist Politische Bildung in den allgemeinbildenden höheren Schulen (AHS) inzwischen in ein gemeinsames Fach „Geschichte und Sozialkunde/Politische Bildung" integriert worden (zudem besteht „Geographie und Wirtschaftskunde"). Nach der Herabsetzung des Wahlalters in Österreich auf 16 Jahre wurde im Jahr 2008 das Fach auch in der Unterstufe in den allgemeinbildenden höheren Schulen (AHS) eingeführt. Damit stehen politische Bildung als Unterrichtsprinzip und eine unterschiedlich institutionalisierte Fachintegration (vor allem gemeinsam mit dem Fach Geschichte) im österreichischen Schulsystem nebeneinander.

3. Politische Bildung in der Schweiz

Politische Bildung in den Schulen der Schweiz blickt historisch auf ein staatsbürgerlich orientiertes Verständnis im Rahmen einer kantonal unterschiedlich zugeschnittenen Fachkultur. „Der Staatskundeunterricht, bis in die 1970-er Jahre ein zentrales Schulfach, wurde in den 1980er-Jahren zusammen mit der Geschichte in den Lehrplänen stark reduziert und teilweise ganz gestrichen. Versuche zur curricularen Aufwertung der politischen Bildung scheiterten in der Folge an den rechtlich-institutionellen Rahmenbedingungen und den politischen Widerständen" (Jung/Reinhardt/Ziegler 2010, 254). In den neunziger Jahren war politische Bildung in vielen Kantonen der Schweiz überwiegend schulisch nicht institutionalisiert, vereinzelt weiterhin als „Staatsbürgerkunde" in einem marginalen zeitlichen Umfang auf der Stundentafel (vgl. Reinhardt 2008, 210). Im Wesentlichen erfolgt die Erteilung von Politikunterricht in der Schweiz gegenwärtig durch die weiterführenden Schulen im Fach Geschichte (vgl. ebd., 214). Darüber hinaus ist politische Bildung im einheitlichen Bildungsplan der Berufsschule als eigenständiges Fach elementarisiert worden – hier jedoch zu Lasten des Geschichtsunterrichts (vgl. Jung/Reinhardt/Ziegler 2010, 258). Trotz einiger bildungspolitischer Erneuerungen in den vergangenen Jahren ist in den wenigsten Kantonen ein eigenständiges Unterrichtsfach entstanden und die Lage bis auf die Ebene der Lehrpläne uneinheitlich geregelt – so binden Kantone der Zentralschweiz politische Bildung in ihre Lehrpläne ein (im Lehrplan für Geschichte und Politik), andere Kantone verzichten auf eine formale Integration (vgl. Reinhardt 2008, 213). Unter anderem ausgelöst durch ernüchternde Befunde von empirischen Untersuchungen wie beispielsweise der IEA-Studie über das Wissen und die Partizipationsaspirationen von Jugendlichen, entstand im vergangenen Jahrzehnt eine Diskussion um Aufgaben und Stellung der politischen Bildung in der Schule, in deren Verlauf vor allem die Lehrplanbindung der politischen Bildung an das Fach Geschichte wie auch die Stellung im schulischen Fachkontext zusehends thematisiert wurden (vgl. Jung/Reinhardt/Ziegler 2010, 252). Dadurch ist die Politische Bildung in der Schweiz in Bewegung geraten. Nicht nur aktuell erfolgende curriculare Neuordnungen – auch pragmatisch orientierte Initiativen bereichern inzwischen die Schul- und Fachkultur, was die weitere Zukunft der schulischen politischen Bildung in der Schweiz wesentlich beeinflussen wird.

Debatte um Zukunft des Faches

4. Fazit

Insgesamt bleibt festzuhalten, dass die unübersichtliche Lage der Fächer politischer Bildung in der Schule und die einhergehende Vielfalt ihrer „Verfachlichungsformen" durchaus als Schwäche gewertet werden kann, die einer Profilierung ihres demokratischen Anliegens sowohl in der Vergangenheit als auch noch gegenwärtig im Wege steht. Schon die „kontrovers geführte Diskussion um die Begrifflichkeit des Faches spiegelt die nach wie vor bestehende Schwierigkeit, einen Konsens über ein tragfähiges konzeptionelles Fundament des Faches im schulischen Kontext zu erzielen" (Spanholtz 2010, 170). Eines dürfte sich jedoch als unstrittig erweisen: Die Notwendigkeit einer fest verankerten politischen Bildung auf der Stundentafel des schulischen Fachunterrichts aller Schularten – schon um des demokratischen Auftrags der politischen Bildung in der Schule willen.

Literatur

Dachs, Herbert 2008: Politische Bildung in Österreich – ein historischer Rückblick. In: Klepp, Cornelia/Rippitsch, Daniela (Hrsg.): 25 Jahre Universitätslehrgang Politische Bildung in Österreich. Wien, S. 17-34

GDSU 2002: Gesellschaft für Didaktik des Sachunterrichts: Perspektivrahmen Sachunterricht. Bad Heilbrunn

Goodson, Ivor F./Hopmann, Stefan/Riquarts, Kurt (Hrsg.) 1999: Das Schulfach als Handlungsrahmen. Vergleichende Untersuchung zur Geschichte und Funktion der Schulfächer. Wien/Köln/Weimar

Filzmaier, Peter 2010: Politische Bildung in Österreich. In: Lange, Dirk (Hrsg.): Strategien der politischen Bildung. Basiswissen politische Bildung. Handbuch für den sozialwissenschaftlichen Unterricht, Bd. 2, 2. Aufl., Baltmannsweiler, S. 264-272

Jung, Michael/Reinhardt, Volker/Ziegler, Béatrice 2010: Politische Bildung in der Schweiz. In: Lange, Dirk (Hrsg.): Strategien der politischen Bildung. Basiswissen politische Bildung. Handbuch für den sozialwissenschaftlichen Unterricht, Bd 2., 2. Aufl., Baltmannsweiler, S. 252-263

Hedtke, Reinhold 2010: Politikwissenschaft oder Sozialwissenschaften? In: Lange, Dirk (Hrsg.): Strategien der politischen Bildung. Basiswissen politische Bildung. Handbuch für den sozialwissenschaftlichen Unterricht, Bd. 2, 2. Aufl., Baltmannsweiler, S. 22-30

Hellmuth, Thomas 2013: Professionalisierung ohne Strukturwandel? Eine Analyse zur Politischen Bildung in Österreich. In: Diendorfer, Gertraud/Hellmuth/Thomas/Hladschik, Patricia (Hrsg.): Politische Bildung als Beruf. Professionalisierung in Österreich. Schwalbach/Ts., S. 11-32

Hellmuth, Thomas/Klepp, Cornelia 2010: Politische Bildung. Geschichte – Modelle – Praxisbeispiele. Wien/Köln/Weimar

Herdegen, Peter (2005): Politikunterricht in der Sekundarstufe I allgemeinbildender Schulen. In: Sander, Wolfgang (Hrsg.): Handbuch politische Bildung. 3. Aufl., Schwalbach/Ts., S. 196-210

Lange, Dirk 2010: Monitor politische Bildung. Daten zur Lage der politischen Bildung in der Bundesrepublik Deutschland. Schwalbach/Ts.

Mambour, Gerrit 2010: Politische Bildung in der Sekundarstufe I. In: Reinhardt, Volker (Hrsg.): Forschung und Bildungsbedingungen. Basiswissen politische Bildung. Handbuch für den sozialwissenschaftlichen Unterricht, Bd 4., 2. Aufl., Baltmannsweiler, S. 160-168

Massing, Peter 2005: Die Infrastruktur der politischen Bildung in der Bundesrepublik Deutschland – Fächer, Institutionen, Verbände, Träger. In: Sander, Wolfgang (Hrsg.): Handbuch politische Bildung. 3. Aufl., Schwalbach/Ts., S. 62-78

Reinhardt, Volker 2008: Politik und Demokratie im schweizerischen Schulsystem. In: Klepp, Cornelia/Rippitsch, Daniela (Hrsg.): 25 Jahre Universitätslehrgang Politische Bildung in Österreich. Wien, S. 208-215

Literatur

Richter, Dagmar 2010: Politische Bildung in der Primarstufe. In: Reinhardt, Volker (Hrsg.): Forschung und Bildungsbedingungen. Basiswissen politische Bildung. Handbuch für den sozialwissenschaftlichen Unterricht. Bd. 4, Baltmannsweiler, S. 152-159

Sander, Wolfgang 1999: Geschichte der schulischen politischen Bildung. In: Weißeno, Georg/Richter, Dagmar (Hrsg.): Lexikon der politischen Bildung Bd. 1, Didaktik und Schule. Schwalbach/Ts., S. 85-87

Sander, Wolfgang 2010: Soziale Studien 2.0? Politische Bildung im Fächerverbund. In: Juchler, Ingo (Hrsg.): Kompetenzen in der politischen Bildung. Schwalbach /Ts., S. 29-45

Sander, Wolfgang 2013: Politik in der Schule. Kleine Geschichte der politischen Bildung in Deutschland. 3., akt. Aufl., Marburg

Spanholz, Angelika 2010: Politische Bildung in der Oberstufe (Sek. II). In: Reinhardt, Volker (Hrsg.): Forschung und Bildungsbedingungen. Basiswissen politische Bildung. Handbuch für den sozialwissenschaftlichen Unterricht. Bd. 4, Baltmannsweiler, S. 169-178

Christine Zeuner

Institutionen der außerschulischen politischen Bildung

Formales, nonformales und informelles Lernen

Politische Bildung wird ebenso wie die Erwachsenenbildung/Weiterbildung nach Angebots- und Lernformen systematisiert. Entsprechend der internationalen Diskussion um das Lebenslange Lernen wird in der Regel zwischen formalen, nonformalen und informellen Formen des Lernens unterschieden. Dabei werden als formal und nonformal solche Lernprozesse bezeichnet, die in absichtsvoll organisierten Veranstaltungen stattfinden, die von Trägern und Einrichtungen angeboten werden. „Formal" bedeutet in der internationalen Systematik, dass für Veranstaltungen Zertifikate verliehen werden, die eine staatliche Anerkennung beinhalten können. Nonformal bezieht sich auf organisierte Veranstaltungen, die von Vorträgen über Abendveranstaltungen in Kursform bis zu mehrwöchigen Internatsveranstaltungen reichen können, aber nicht zertifiziert werden. Informelles Lernen bezeichnet alle Lernprozesse, die durch die Auseinandersetzung mit vielfältigen Themen in unterschiedlichsten Darbietungsformen angestoßen werden – real und medial (vgl. Kommission der EU 2000, 9 f.). Der folgende Beitrag setzt sich mit organisierten Formen der politischen Bildung auseinander, die dem formalen und vor allem dem nonformalen zugeordnet werden. Im Mittelpunkt stehen Fragen zur Entwicklung, Struktur und Angebotsformen der politischen Bildung in Deutschland, Österreich und der Schweiz.

1. Entstehung und Entwicklung von Einrichtungen politischer Bildung

Modernisierung

Die Entstehung und Entwicklung von Institutionen der Erwachsenenbildung und speziell von Institutionen der politischen Jugend- und Erwachsenenbildung ist seit Mitte des 18. Jahrhunderts nicht zu trennen von Ideen der Aufklärung einerseits und gesellschaftlichen Modernisierungsprozessen andererseits. Kennzeichen von Modernisierung sind Prozesse wie Säkularisierung, Rationalisierung,

Industrialisierung und Individualisierung, im Zusammenhang stehend mit weitgehendem sozialen Wandel, einschließlich gesellschaftlicher, politischer und ökonomischer Differenzierungsprozesse (vgl. Loo u. a. 1992, 29 f.).

Folgen der Rationalisierung moderner Gesellschaften sind Pluralismus, die Verselbstständigung gesellschaftlicher Subsysteme sowie die größere Unabhängigkeit der Individuen. Die Individualisierungsprozesse eröffnen auf der einen Seite größere persönliche Unabhängigkeit, Selbstbestimmung, Selbstentfaltung und Selbstständigkeit. Auf den anderen Seite wird durch den erweiterten Bewegungsspielraum die individuelle Verantwortung für die Lebensgestaltung größer. Dies kann zur Überforderung unter gleichzeitiger Abhängigkeit von Bürokratie, Politik und Ökonomie und damit unter Umständen zu Orientierungslosigkeit und Sinnverlust führen.

In diesem Zusammenhang werden (Weiter-)Bildungsprozesse von Erwachsenen bedeutsam. Sie können in den verschiedensten Lebensbereichen Orientierung geben und individuelle Entwicklungen im Sinne der Aufklärung und gesellschaftliches Handeln unterstützen (vgl. Zeuner 2009). Die Erwachsenenbildung insgesamt, besonders aber die politische Bildung übernahm im Rahmen gesellschaftlicher Modernisierung selbst die Rolle einer sozialen und politischen Bewegung, indem sich ihre Akteure für die Demokratisierung von Gesellschaft einsetzten.

Zur Durchsetzung ihrer Interessen und zur Verstetigung ihrer Anliegen wurden bereits im 19. Jahrhundert Organisationen, zunächst v. a. in Vereinsform gegründet. In diesem Sinn haben politische Bildungsbewegungen immer in der Dialektik zwischen Widerstand gegen bestehende Verhältnisse, im Versuch ihrer Überwindung und teilweise in Anpassung an bestehende oder auch die veränderten Bedingungen gestanden. Modernisierung und Demokratisierung sind notwendige Bedingungen. Die Ausgestaltung der organisierten politischen Bildung steht jeweils im Wechselspiel der spezifischen politischen und ökonomischen Entwicklungen eines Landes und den daraus abgeleiteten individuellen wie gesellschaftlichen Bildungsinteressen, Bildungsbedürfnissen und Bildungsbedarfen.

Bildung im Kontext von Politik, Wirtschaft und Gesellschaft

Diese Entwicklungen gelten in ihren Grundsätzen für alle hier betrachteten Länder; Aufklärung und Modernisierung spielten auf unterschiedliche Weise in Österreich (vgl. Lenz 2005) und der Schweiz (vgl. Schläfli/Sgier 2008) bei der Institutionalisierung der Erwachsenenbildung ebenso eine Rolle wie in Deutschland.

2. Institutionen der politischen Bildung: Begriffsklärung

Modernisierungsprozesse erfordern es auch, dass sich die Menschen permanent mit ihnen auseinandersetzen müssen und individuelle wie kollektive Strategien entwickeln, mit Veränderungen umzugehen. Erwachsenenbildungseinrichtungen waren und sind Orte für individuelle und kollektive Lernprozesse. Die Gründung von Lese- und Museumsgesellschaften, Bildungsvereinen, Volkshochschulen, Heimvolkshochschulen usw. ist Ausdruck dieses Lern- und Bildungsbedürfnisses. Die Einrichtungen folgen der Logik des Modernisierungsprozesses und dem daraus resultierenden Differenzierungsbedarf gesellschaftlicher Einrichtungen. Der Aufbau einer pluralen Träger- und Einrichtungslandschaft der politischen Bildung, die für Deutschland charakteristisch ist, beruht auch auf der Überzeugung der westlichen Alliierten nach dem Zweiten Weltkrieg, die Demokratisierung der westdeutschen Bevölkerung mit Hilfe von Re-edu-

Re-education cation-Programmen, primär verstanden als politische Bildung, durchzusetzen. Um die Meinungsvielfalt einer Demokratie zu spiegeln, unterstützten die Alliierten eine plurale Struktur der politischen Jugend- und Erwachsenenbildung, die sich in ihren Grundzügen bis heute erhalten hat (vgl. Zeuner 2000).

Die Entwicklungen in Österreich sind ähnlich, auch hier wurde nach dem 2. Weltkrieg ein plurales System der politischen Bildung zur Unterstützung der demokratischen Entwicklung aufgebaut (Lenz 2005, 18). In der Schweiz existiert ebenfalls ein plurales Weiterbildungssystem, aber Recherchen ergeben, dass – anders als in Deutschland oder Österreich – kaum ausgewiesene Einrichtungen zur politischen Bildung existieren.[1] In allen drei Ländern wird politische Bildung von Volkshochschulen und Heimvolkshochschulen angeboten wie auch von Nichtregierungsorganisationen, Gewerkschaften, kirchlichen Bildungseinrichtungen oder Vereinen.

Bildungs- Da es sich bei Bildungsinstitutionen um Gebilde handelt, die
institutionen durch ihre spezifischen gesellschaftlichen und politischen Verankerungen und Aufgabenstellungen eine bildungstheoretische Perspektive erfordern, ist der Rückgriff auf Definitionen für Institutionen der Erwachsenenbildung hilfreich, die ihren spezifischen Bildungsauftrag berücksichtigen. Danach ist eine Institution der Erwachsenenbildung „(...) ein Bedingungsgefüge, das so konstruiert ist, dass organisiertes Lernen von Erwachsenen nicht nur einmal, oder hin

und wieder, sondern ausdauernd zustande kommen könnte" (Weinberg 1985, 90). Institutionen zeichnet ein gewisser Stabilitätsgrad aus, der charakterisiert ist durch die Einhaltung rechtlicher Regelungen, organisatorischer Strukturen, wertbegründeter Normen und Kommunikationsstrukturen (Faulstich 1997, 62). Hervorgehoben werden in der Regel die Spezifika von Bildungsinstitutionen, deren Kern didaktisches Handeln ausmacht, das bestimmten Aufgabenstellungen und Zielsetzungen folgt (Strunk 1991, 68).

3. Institutionen der politischen Bildung: Ein Überblick zu Strukturen und Organisationsformen

Für die Analyse von Institutionen der Erwachsenenbildung hat die Erwachsenenbildungswissenschaft eine Systematik entwickelt, die die Einbettung von Trägern und Einrichtungen in politische, gesellschaftliche und rechtliche Zusammenhänge spiegelt. Neben öffentlichen Trägern wird zwischen Vertretern partikularer gesellschaftlicher Interessen gesellschaftlicher Großgruppen (Gewerkschaften, Wirtschaftsverbände, Kirchen, Parteien, Interessengruppen, Vereine) und Bildungsabteilungen in Unternehmen sowie kommerziellen Weiterbildungsunternehmen differenziert.

Trägerschaften und Einrichtungen

Institutionensystem der Erwachsenenbildung

Staat	Interessenorganisationen	Unternehmen
öffentlich	partikular	privat
	Einrichtungen von:	
Volkshochschulen	Parteien / Stiftungen Konfessionen	betriebliche Bildungsabteilungen
Fachschulen	Wirtschaftsverbänden Gewerkschaften	Weiterbildungsunternehmen / Stiftungen
	Interessengruppen Vereinen	

Quelle: Faulstich/Zeuner ³2008, S. 185

In diese Systematik lassen sich Träger und Einrichtungen der politischen Jugend- und Erwachsenenbildung einordnen, wobei zumindest in Deutschland Einrichtungen partikular agierender Träger und Vereine den größten Anteil ausmachen. Die Institutionen stehen in

Wechselwirkung mit dem bildungspolitischen und gesellschaftlichen System, mit Folgen für das didaktische Handeln von Erwachsenenbildner/-innen.

Die ersten politischen Bildungsveranstaltungen wurden in Deutschland, Österreich und der Schweiz im 19. Jahrhundert organisiert. Die Modernisierung, verbunden mit Demokratisierungsprozessen, veranlasste zunächst das Bürgertum, später auch die Arbeiterschaft, sich gezielt politisch weiterzubilden, zur politischen (Selbst-)Aufklärung, aber auch zur Stärkung der politischen Handlungsfähigkeit der eigenen Klasse (vgl. Zeuner 2009; Lenz 2005, 17). Die Landschaft der politischen Erwachsenenbildungseinrichtungen heute ist geprägt von Pluralität, die die Vielfalt der politischen Meinungen ebenso spiegelt wie die dahinter stehenden Interessen und Machtkonstellationen. In Deutschland kann man, ebenso wie in Österreich, zwischen verschiedenen Einrichtungstypen unterscheiden: solche, die ausschließlich politische Bildung anbieten; Einrichtungen, die unter anderem politische Bildung anbieten, und Dachverbände oder übergeordnete Vereine der politischen Bildung.

Pluralität der Interessen

Eine empirisch abgesicherte Darstellung der Träger- und Einrichtungslandschaft der politischen Bildung besteht nicht (vgl. Vorholt 2003). Auch die Untersuchung des deutschen DIE-Trendberichts zu Einrichtungen der Erwachsenenbildung bilden die Institutionen der politischen Bildung nicht genau ab (Dollhausen 2010). Legt man das Modell der Institutionensystematik zugrunde, gelten in Deutschland die folgenden Träger und Einrichtungen als Anbieter politischer Bildung – obwohl sie in der Regel schwerpunktmäßig andere Inhaltsbereiche bedienen (vgl. Massing 2005, 69ff.).

Anbieter politischer Bildung

Staatlich/kommunal:
- Volkshochschulen
- Heimvolkshochschulen
- Staatlich geförderte Einrichtungen wie die Akademie für politische Bildung in Tutzing
- Bundeszentrale für politische Bildung/Landeszentralen für politische Bildung
- Hinzu kommen als Vereine oder Stiftungen organisierte Bildungseinrichtungen, die staatlich anerkannt sind und teilweise nach den jeweiligen Landesgesetzen zur Weiterbildung Förderung für Veranstaltungen erhalten.

Partikular:
- Gewerkschaften, gewerkschaftliche Bildungseinrichtungen und gewerkschaftliche Bildungswerke
- Arbeit und Leben (Bildungsangebote der Gewerkschaften und Volkshochschulen)
- Kirchen und kirchliche Bildungseinrichtungen: Bildungshäuser, Akademien. Sie sind organsiert in Dachverbänden wie der deutschen Evangelischen Arbeitsgemeinschaft (DEAE), der Katholischen Bundesarbeitsgemeinschaft für Erwachsenenbildung (KBE) und auch der Arbeitsgemeinschaft katholisch-sozialer Bildungswerke (AKSB).
- Parteinahe Stiftungen und ihre Einrichtungen (Konrad-Adenauer-Stiftung der CDU; Friedrich-Ebert-Stiftung der SPD; Hanns-Seidel-Stiftung der CSU; Friedrich-Naumann-Stiftung der FDP; Heinrich-Böll-Stiftung der Grünen; Rosa-Luxemburg-Stiftung der Linken).

Entsprechend der Systematik agieren auch private Anbieter, etwa in Form von Stiftungen, Vereinen oder Gesellschaften mit beschränkter Haftung oder als Gesellschaften bürgerlichen Rechts in der politischen Bildung, allerdings existiert dazu keine umfassende empirische Erhebung. Die Finanzierungsformen der Einrichtungen werden selten offengelegt. Viele Einrichtungen deklarieren für sich, öffentlich gefördert zu werden oder anerkannt zu sein – dies bezieht sich dann in der Regel auf die Förderung von Veranstaltungen nach den Landesgesetzen zur Weiterbildung, bedeutet aber nicht unbedingt, dass die Einrichtungen staatlich sind.

Wichtige übergeordnete Zusammenschlüsse sind in Deutschland der Bundesausschuss für politische Bildung (BAP) und der Arbeitskreis deutscher Bildungsstätten (ADB), in dem auch Einrichtungen der politischen Bildung Mitglieder sind.

Die politische Bildung in Österreich ist ebenfalls plural organisiert. Die Österreichische Gesellschaft für politische Bildung, die aus Mitteln des Ministeriums für Unterricht, Kunst und Kultur gefördert wird, übernimmt Aufgaben der Beratung von Einrichtungen und bietet Veranstaltungen und Vorträge zur politischen Bildung an.[2] Eine Besonderheit ist, dass für einige Veranstaltungen ECTS-Punkte vergeben werden, die auf den Weiterbildungsmaster Erwachsenenbildung/Weiterbildung angerechnet werden, der vom Bundesinstitut für Erwachsenenbildung in Strobl gemeinsam mit der Alpen-Adria Universität Klagenfurt angeboten wird.[3]

Österreich

Während die Einrichtungen, die aufgeführten Träger und die Vereine in der Regel entsprechend der Definition von Weinberg als Bildungsinstitutionen bezeichnet werden können, da ihre Hauptaufgabe im regelmäßigen Angebot von organisierten Bildungsveranstaltungen liegt, kann politische Bildung aber auch in Bürgerinitiativen, Nichtregierungsorganisationen, Kulturzentren, Geschichtswerkstätten, Museen usw. stattfinden, wie auch Wohlfahrtsverbände, die Bundeswehr und der Bundesfreiwilligendienst politische Bildung anbieten. Die Hauptaufgaben dieser Einrichtungen und Organisationen liegen aber in anderen Gebieten.

Eine Besonderheit in Deutschland ist, dass neben der politischen Erwachsenenbildung ein vielfältiges Angebot für die außerschulische politische Jugendbildung existiert, das über das Kinder- und Jugendhilfegesetz geregelt wird. Über die Ebenen Bund, Länder und Kommunen werden die finanziellen Zuwendungen an unterschiedliche Träger, Einrichtungen und Jugendwerke verteilt (vgl. Massing 2005, 65 ff.).

4. Institutionen der politischen Bildung: Trends und Perspektiven

Das heute bekannte Institutionensystem der politischen Bildung ist Produkt der modernen Gesellschaft und eng mit ihren Wandlungen und Differenzierungen verbunden. Die Einrichtungen sind nicht nur ständigen weitreichenden strukturellen Veränderungen unterworfen. Es stellt sich auch die Frage, welche Rolle Einrichtungen der politischen Bildung in Zukunft spielen sollten und welche Einflüsse auf sie ausgeübt werden. Geht man von der These aus, dass Demokratie die einzige politische Lebens- und Staatsform ist, die jede Generation sich aktiv aneignen und für deren Erhalt und Verbesserung sie sich einsetzen muss, ist der Erhalt bzw. der Ausbau von Einrichtungen der außerschulischen politischen Jugend- und Erwachsenenbildung notwendig.

Ebenso wie Erwachsenen- und Weiterbildungseinrichtungen mit anderen inhaltlichen Schwerpunkten sind Einrichtungen der politischen Bildung bildungspolitischen und ökonomischen Trends und Forderungen ausgesetzt, denen sie sich stellen müssen. Diese lassen sich als Konsequenzen fortschreitender Modernisierungsprozesse interpretieren und werden unter Perspektiven der Ökonomisierung, Flexibilisierung, Entgrenzung und Deinstitutionalisierung diskutiert. Sowohl die Einrichtungen selbst als auch Bildungspolitik und Fachwissenschaft werten diese Trends je nach Standpunkt entweder als existenzbedrohend oder als Chance für ihre strukturelle und organisatorische Modernisierung.

Anmerkungen

1 Eine Internetrecherche bei den beiden Schweizerischen Weiterbildungsverbänden (Schweizerischer Verband für Weiterbildung (SVEB) http://www.alice.ch/de/sveb/; Forum Weiterbildung Schweiz http://www.forum-weiterbildung.ch) zeigt die plurale Organisation der Weiterbildung. Die Verbände stellen dar, dass 80 Prozent der Anbieter privatwirtschaftlich organisiert sind. Unter den Stichwörtern „Anbieter/politische Bildung" sind in der Datenbank des SVEB (http://www.alice.ch/de/kurse/) keine Eintragungen zu finden. Insgesamt sind darin ca. 380 Anbieter aufgeführt. Unter dem Stichwort „gesellschaftliche Bildung" erhält man 8 Anbieter, bei denen aber nicht alle Angebote der politischen bzw. gesellschaftlichen Bildung zuzurechnen sind.
2 http://www.politischebildung.at/ (29.1.2013)
3 http://www.wba.or.at/meta/aktuelles/hochschulische_anbindung.php (29.1.2013)

Literatur

Dollhausen, Karin 2010: Einrichtungen. In: Deutsches Institut für Erwachsenenbildung (Hrsg.): Trends der Weiterbildung. DIE-Trendanalyse 2010. Bielefeld, S. 35-74
Faulstich, Peter 1997: Transformationsprozesse im Institutionenspektrum der Erwachsenenbildung. In: Beiheft zum Literatur- und Forschungsreport Weiterbildung, S. 60-70
Faulstich, Peter/Zeuner, Christine 2008: Erwachsenenbildung. Eine handlungsorientierte Einführung in Theorie, Didaktik und Adressaten. 3. Aufl., Weinheim
Kommission der Europäischen Gemeinschaften 2000: Memorandum über Lebenslanges Lernen. Brüssel, 30. Oktober 2000. http://www.die-frankfurt.de/esprid/dokumente/doc-2000/EU00_01.pdf (30.1.2012)
Lenz, Werner 2005: Porträt Weiterbildung Österreich. 2. Aufl., Bielefeld
Loo, H. van der/van Reijen, W. 1992: Modernisierung. Projekt und Paradox. München

Massing, Peter 2005: Die Infrastruktur der politischen Bildung in der Bundesrepublik Deutschland – Fächer, Institutionen, Verbände, Träger. In: Sander, Wolfgang (Hrsg.): Handbuch politische Bildung. 3. Aufl., Schwalbach/Ts.

Schläfli, André/Sgier, Irena 2008: Porträt Weiterbildung Schweiz. 2. Aufl., Bielefeld

Strunk, Gerhard 1991: Institutionenforschung in der Weiterbildung. In: Institut für Erwachsenenbildungsforschung, (Hrsg.): Erwachsenen-Bildungsforschung. Stand und Perspektiven. Bremer Texte zur Erwachsenen-Bildungsforschung Bd. 1. Universität Bremen, S. 58-74

Vorholt, Udo 2003: Institutionen politischer Bildung in Deutschland. Eine systematisierende Übersicht. Frankfurt/M.

Weinberg, Johannes 1985: Perspektiven einer Institutionalgeschichte der Erwachsenenbildung. In: Tietgens, Hans (Hrsg.): Zugänge zur Geschichte der Erwachsenenbildung. Bad Heilbrunn, S. 89-102

Zeuner, Christine 2009: Erwachsenenbildung: Begründungen und Dimensionen – ein Überblick aus historischer Perspektive. In: Dies. (Hrsg.): Enzyklopädie Erziehungswissenschaft Online. Fachgebiet: Erwachsenenbildung. Weinheim und München 2009. DOI 10.3262/EEO16090019. http://www.erzwissonline.de/fachgebiete/erwachsenenbildung/beitraege/16090019.htm (30.1.2013).

Zeuner, Christine 2000: Erwachsenenbildung in Hamburg 1945-1972. Institutionen und Profile. Hamburger Beiträge zur beruflichen Aus- und Weiterbildung Bd. 1. Münster

Frank Langner, Alexandra Lechner-Amante
Lehrerbildung für die politische Bildung

Einleitung

Politische Bildung in der Schule erfährt wesentliche Impulse von denjenigen, die sie anbieten: von den Lehrkräften. Im Folgenden wird nachgezeichnet, wie Studium, berufspraktische Qualifizierung sowie Fort- und Weiterbildung für Lehrer/-innen der politischen Bildung in Deutschland, in Österreich und in der Schweiz gestaltet sind. Wegen des relativ differenzierten Bildungsprogramms, das in Deutschland für die zweite Phase der Lehrerbildung vorgesehen ist, das sich in dieser Form in den größtenteils[1] integrierten Studien- und Ausbildungsgängen in Österreich und der Schweiz bis dato[2] (Mai 2013) nicht findet, erfolgt die Betrachtung der deutschen Situation gesondert.

1. Deutschland

1.1 Studium

Ein Blick auf die *Strukturen* der Lehramtsstudiengänge in Deutschland bietet ein höchst uneinheitliches Bild: Zwar lassen sich die aktuellen Veränderungen der Studienstruktur durchweg auf den Bologna-Prozess sowie auf die teils ernüchternden Resultate von Schulleistungsstudien zurückführen, dennoch hat jedes der 16 Bundesländer den Umbau in je eigener Weise vorangetrieben (vgl. KMK 2012). Dieser Befund gilt besonders für die Politiklehrerbildung, weil hier neben der üblichen Heterogenität der Studienstandorte auch die Zuschnitte des entsprechenden Schulfaches in den Bundesländern divergieren. Bundesweit hat jedoch insgesamt ein Wandel von Staatsexamensstudiengängen hin zu gestuften, modularisierten Bachelor- und Masterstrukturen stattgefunden, der mit einer Stärkung fachdidaktischer Inhalte, standardorientierter Zielsetzungen, dem Anspruch forschenden Lernens und einer engeren Verzahnung mit der schulischen Praxis einhergeht.

Marginalie: Lehramtsstudiengänge

Größerer fachdidaktischer Anteil

Eine *Stärkung fachdidaktischer Inhalte* zeigt sich daran, dass diese neben den Fach- und Erziehungswissenschaften inzwischen als „dritte Säule der Lehrerbildung" (GFD 2004, 1) in den Studienplänen etabliert sind. Seinen Ausdruck findet dies u. a. im Fachprofil „Sozialkunde/Politik/Wirtschaft", welches die Kultusministerkonferenz (2010, 44 f.) verabschiedet hat, um einen gemeinsamen Rahmen für die inhaltlichen Anforderungen des Politiklehramtsstudiums sicherzustellen. Gedacht sind die im Fachprofil genannten inhaltlichen Bereiche als fachspezifische Orientierungen: Sie sollen die Formulierung *standardorientierter Zielsetzungen* ermöglichen, die auf den Erwerb zentraler professionsbezogener Kompetenzen schließen lassen (Abb. 1).

> Die Studienabsolventinnen und -absolventen verfügen über fachspezifische Kompetenzen in Politikwissenschaft, Soziologie und Wirtschaftswissenschaft sowie in den zugeordneten Fachdidaktiken. Sie
> - beherrschen grundlegendes, strukturiertes Wissen in den genannten Disziplinen und sind mit zentralen sozialwissenschaftlichen Fragestellungen und Denkweisen vertraut,
> - können grundlegende politikwissenschaftliche, soziologische und wirtschaftswissenschaftliche Konzepte, Theorien und Methoden erläutern, vergleichen, anwenden und beurteilen,
> - können politische, gesellschaftliche und ökonomische Probleme und Konfliktlagen beschreiben und mit sozialwissenschaftlichen Methoden analysieren,
> - können Wege zur rationalen politischen, sozialen und ökonomischen Urteilsbildung aufzeigen und eigene Urteile begründet fällen,
> - beherrschen elementare sozialwissenschaftliche Methoden und Arbeitstechniken sowie Ansätze interdisziplinärer Arbeit,
> - verfügen über anschlussfähiges fachdidaktisches Orientierungswissen über Konzepte, Methoden und Befunde zur Entwicklung der gesellschaftlichen Bildung,
> - können Ziele, Konzepte, Bedingungen, Abläufe und Ergebnisse von Lehr-Lernprozessen in der gesellschaftlichen Bildung analysieren und reflektieren,
> - können lernbedeutsame politische, gesellschaftliche und ökonomische Probleme identifizieren, ihre Bedeutung für die Lernenden und die Gesellschaft einschätzen, geeignete sozialwissenschaftliche Analysekonzepte ermitteln und alternative Problemlösungen beurteilen,
> - können exemplarisch fachliche Lehr- und Lernprozesse schüler- und problemorientiert diagnostizieren, analysieren, auch für heterogene Lerngruppen planen und arrangieren sowie Unterrichtsversuche im Fach evaluieren,
> - verfügen über erste reflektierte Erfahrungen in der kompetenzorientierten Planung und Durchführung von Fachunterricht und kennen Grundlagen der Leistungsdiagnose und -beurteilung im Fach.

Abb. 1: Fachspezifisches Kompetenzprofil (nach KMK 2010, 44)

Output-Orientierung des Lehramtsstudiums

Mit der Formulierung von Kompetenzen, über die Lehramtsstudierende am Ende ihres Studiums verfügen sollen, definiert sich die erste Phase der Lehrerbildung nicht mehr über fachbezogenen Inhalte, sondern über die fachwissenschaftlichen und politikdidaktisch gesättigten Fähigkeiten und Fertigkeiten, die das professionsbezogene Handlungsrepertoire am Ende der Universitätszeit prägen sollen (Output-Orientierung, vgl. Bosse 2012, 20). Um diese anzubahnen, werden zunehmend Veranstaltungsformate angeboten, in deren Zentrum das *forschende Lernen* steht: Studierende erhalten die Gelegenheit, kleinere Untersuchungsvorhaben (etwa in Form von Unterrichtsbeobachtungen, Videographien usw.) zu politischen Lehr-Lernprozessen zu konzipieren, durchzuführen und auszuwerten. Die Durchführung solcher Unterfangen setzt voraus, dass Kooperationsstrukturen zwischen der Hochschule und den Schulen vor Ort bestehen. Alternativ haben einzelne Hochschulen Lernorte wie das „an den Fragestellungen und Methoden der Geistes- und Sozialwissenschaften orientierte Schüler/-innenlabor für die Politische Bildung" an der Universität Hannover eingerichtet (Grabbert 2010, 154). Es räumt Schülerinnen und Schülern die Gelegenheit ein, an der Universität selbstständig und interessengeleitet eigenen Fragen zu politisch-gesellschaftlichen Problemen mit wissenschaftlichen Methoden nachzugehen. Studierende haben wiederum die Möglichkeit, diese Aktivitäten zu beobachten und zu begleiten.

Forschendes Lernen

Unabhängig davon, ob Hochschulen eigene Lernorte für Schüler/-innen vorhalten oder nicht, zeichnet sich das Lehramtsstudium in Deutschland durch eine *zunehmend engere Verzahnung mit der schulischen Praxis* aus, die flächendeckend zu einer Ausweitung von Schulpraktika bis hin zu kompletten Praxissemestern führt.

1.2 Vorbereitungsdienst

Ähnlich wie die erste Phase der Lehrerbildung besteht auch in der zweiten Phase eine große Variationsbreite hinsichtlich ihrer *Organisation und Dauer:*

Ausgestaltung des Referendariats

„So schwankt der Vorbereitungsdienst derzeit zwischen zwei Jahren (Bayern) (…) und einem Jahr (Niedersachsen) (…) Auch bei den institutionellen Orten, wo die zweite Ausbildungsphase angesiedelt ist, gibt es Unterschiede. So haben viele Bundesländer Studienseminare und ihnen zugewiesene Ausbildungsschulen, während in Schleswig-Holstein die begleitenden Ausbildungsveranstaltungen nicht von Studienseminaren, sondern zentral vom ‚Institut für Qualitätsentwicklung' angeboten werden." (Bosse 2012, 1 f.).

Inhaltlich orientiert sich das Referendariat an den von der Kultusministerkonferenz beschlossenen „Standards für die Lehrerbildung" (2005, 284-290). Diese fächern vier Kompetenzbereiche auf: Unterrichten, Erziehen, Beurteilen, Innovieren. Auf den Fachunterricht in der politischen Bildung bezogen lassen sich die Kompetenzbereiche wie in Abb. 2 dargestellt formulieren (nach Langner 2007, 58).

Unterrichten
- den Fachunterricht in politischer Bildung angemessen planen und durchführen
- Lernende durch Motivation, Herstellung von Zusammenhängen, Anwendung von Gelerntem etc. angemessen unterstützen
- selbstbestimmtes politisches Lernen und Arbeiten fördern

Beurteilen
- Lernvoraussetzungen und -prozesse bei Lernern diagnostizieren und entsprechend fördern und beraten
- Leistungen auf der Grundlage transparenter Beurteilungsmaßstäbe erfassen

Erziehen
- soziale und kulturelle Lebensbedingungen der Lernenden kennen und im Rahmen von politischen Bildungssettings Einfluss auf deren individuelle Entwicklung nehmen
- Werte und Normen vermitteln und selbstbestimmtes politisches Urteilen und Handeln unterstützen
- für Schwierigkeiten und Konflikte in politischen Bildungssettings Lösungsansätze finden

Innovieren
- sich den besonderen Anforderungen schulischer politischer Bildungsarbeit bewusst sein
- politische Bildungstätigkeit als ständige Lernaufgabe verstehen
- sich an der Planung und Umsetzung von politischen Bildungssettings beteiligen

Abb. 2: Anforderungen der KMK an das unterrichtsbezogene Handeln von Politiklehrern

Seit dem Ausbildungsjahr 2005/2006 werden diese Standards in den verschiedenen Bundesländern implementiert. Eine Variante lässt sich am Bundesland Nordrhein-Westfalen veranschaulichen: Hier wurden, orientiert an den Kompetenzbereichen der KMK, sechs Handlungsfelder definiert (vgl. Abb. 3), aus denen in den Ausbildungsveranstaltungen konkrete Handlungssituationen abgeleitet werden. Zum Zweck des Kompetenzerwerbs dienen diese als Anlass, um unter Rückgriff auf allgemein- und fachdidaktische Ansätze tragfähige Handlungsoptionen und -routinen herzuleiten, anzuwenden, zu vergleichen, fachbezogen zu erörtern und kritisch zu hinterfragen.

1.3 Fort- und Weiterbildung

Für die berufliche Weiterentwicklung und -qualifizierung als Politiklehrer/in existieren anders als im Studium oder im Vorbereitungsdienst keine bundesweit vergleichbaren Strukturen. Im Allgemeinen haben Lehrkräfte in der politischen Bildung jedoch die Möglichkeit, fachspezifische Fort- und Weiterbildungsangebote

Abb. 3: Handlungsfelder im Referendariat in NRW mit Blick auf die Ausbildung zum Politik- bzw. Sozialwissenschaftslehrer

- der Schulaufsicht,
- spezieller staatlicher Weiterbildungsinstitutionen (wie Landesinstituten, Kompetenzzentren usw.) sowie
- außerschulischer Träger

in Anspruch zu nehmen.

2. Österreich und die Schweiz

Wie in Deutschland haben der Bologna-Prozess und die Ergebnisse der Schulleistungsstudien in Österreich und der Schweiz Reformen im Bildungswesen forciert. Hiervon sind auch die Qualifizierungsprogramme für Lehrkräfte betroffen, die seit gut einem Jahrzehnt einer Neustrukturierung unterworfen sind, deren Ziel in beiden Ländern eine stärkere Professionalisierung des Lehrberufes ist. Diese soll einerseits durch eine *Tertiärisierung und Verwissenschaftlichung* der gesamten Pädagogenbildung, andererseits durch eine *Systematisierung* des berufspraktischen Kompetenzerwerbs erreicht werden (Buchberger u. a. 2004, 122). In der Schweiz ist dieser Reformprozess bereits fortgeschritten (Criblez, 57), in Österreich stehen mit den Regierungsplänen für eine „PädagogInnenbildung Neu" ab dem

Professionalisierung des Lehrberufes

Studienjahr 2014/15 grundlegende Veränderungen bevor (BMUKK 2012).[3]
Zusätzlich zu den Entwicklungen in der Lehrerbildung gab es in der Schweiz durch die Ergebnisse der IAE-Studie (vgl. Oser/ Biedermann 2003) und in Österreich mit der Senkung des Wahlalters (2007) in jüngster Zeit konkrete Anlässe, die Maßnahmen im Bereich der politischen Bildung auszuweiten, wovon auch die Qualifizierungsprogramme für politische Bildner/-innen profitierten (Jung u.a. 2010, 254/256).

2.1 Studium und Ausbildung

Politische Bildung ist in beiden Ländern sowohl als fächerübergreifendes Prinzip als auch als Fachunterricht verankert. Die Vermittlung entsprechender professioneller Kompetenzen ist in der Lehrerbildung daher insofern vorgeschrieben, als diese auf die Umsetzung der Lehrplanvorgaben vorbereiten muss.[4]

Die *Qualifikation für das fächerübergreifende Unterrichtsprinzip* wird an österreichischen Universitäten allerdings kaum berücksichtigt (vgl. Filzmaier/Klepp 2009, 347; Hellmuth 2012, 170). An den Pädagogischen Hochschulen (PH) erfolgt sie primär im Rahmen von Wahlpflichtangeboten mit einem äußerst geringen Pensum (vgl. Luger 2011, 72). Eine ähnlich marginale Rolle spielt sie in den Schweizer Studiengängen. Immerhin dürften hier jedoch in allgemeinpädagogischen Modulen zumindest teilweise Aspekte des prozeduralen Demokratielernens zur Sprache kommen (vgl. z.B. PH FHNW 2011, 7), da diesem in der Schweizer Schulkultur eine vergleichsweise große Bedeutung beigemessen wird (Jung u.a. 2010, 256f.).

Fachunterrichts-
ausbildung

Eine *eigenständige Qualifikation für den Fachunterricht* in politischer Bildung lässt sich derzeit durch dessen Koppelung an andere Fächer weder in Österreich noch in der Schweiz erwerben. Politische Bildner/-innen werden in den Institutionen des jeweiligen Kombinationsfaches ausgebildet, weil weder Politikdidaktik und -wissenschaft noch die Soziologie institutionell in die Lehramtsstudiengänge eingebunden sind. Eine Ausnahme bildet lediglich eine 2007/08 eingerichtete, seit 2010 aber vakante Professur an der Universität Wien. Zumeist umfasst das auf die politische Bildung bezogene Studienpensum selbst für das Kombinationsfach mit Geschichte, das im Gegensatz zu den Lehramtsstudiengängen für das Fach „Wirtschaft und Recht" bzw. „Geographie und Wirtschaftskunde" entsprechende Lehrveranstaltungen immerhin vorsieht, in den seltensten Fällen mehr als zwölf ECTS-Punkte – und dies meist nur, wenn sämtliche Wahl- und Wahlpflichtfächer diesem Bereich gewidmet werden.[5] Problematisch ist hierbei, dass innerhalb dieses Pensums neben fachdidaktischen auch politikwissenschaftliche und soziologische Grundlagen vermittelt werden müssen. Noch schwieriger gestaltet sich die Situation in den österreichischen PH-Studiengängen für die Sekundarstufe I, die – einschließlich der schulpraktischen Studien – weniger als 60 ECTS-Punkte für die Fachwissenschaft *und* die Fachdidaktik sämtlicher Bildungsbereiche des Kombinationsfaches vorsehen.[6] Für eine systematische Beschäftigung mit verschiedenen Ansätzen politikdidaktischer Theoriebildung, für Forschungskontroversen und forschungsorientierte Zugänge bleibt weder an Universitäten noch an den PH genügend Raum. Die meisten Lehrveranstaltungen konzentrieren sich neben der Vermittlung politischen Grundlagenwissens auf eine Einführung in Kompetenzmodelle sowie auf eine praxisnahe Modellierung konkreter Lernvorhaben.

In der Schweiz sind die der politischen Bildung gewidmeten Studien- und Ausbildungsanteile je nach Kanton bzw. Hochschule sehr unterschiedlich gewichtet. Während im Fachflyer der PH Bern zum Studium des Integrationsfaches „Räume, Zeiten, Gesellschaften" (Sekundarstufe I) Politikdidaktik und politische Bildung überhaupt nicht erwähnt und einschlägige Themen wie „Staat, Macht, Herrschaft" dem Bereich der Geschichte zugeordnet werden, versucht man in einem vergleichbaren Studiengang an der PH/Fachhochschule Nordwestschweiz (PH FHNW) die Perspektive von Politikdidaktik und politischer Bildung systematisch einzubeziehen (PH FHNW 2011, 66-72).

Kantonale Unterschiede

2.2 Fort- und Weiterbildung

Sowohl in Österreich als auch in der Schweiz wurde im Zuge der Fördermaßnahmen für die politische Bildung auch die *politikdidaktische Fort- und Weiterbildung* ausgebaut. Neben Seminaren, Workshops, Tagungen und Vortragsreihen haben in beiden Ländern Handreichungen verschiedener Servicestellen mit Informationen und Vorschlägen zur Unterrichtsplanung eine zentrale Bedeutung (vgl. z. B. Gollob u. a. 2007). Eine *spezielle Qualifikationsmöglichkeit* bieten darüber hinaus die an manchen Universitäten (z. B. Krems und Linz) sowie an einigen PH bestehenden Master- bzw. Hochschullehrgänge zur politischen Bildung.

3. Resümee und Ausblick

Vergleicht man die Politiklehrerbildung in Deutschland, Österreich und der Schweiz, lassen sich erhebliche *Unterschiede im Grad der fachdidaktischen und fachwissenschaftlichen Grundlegung* feststellen. Vor allem die Situation in Österreich und in der Schweiz kann derzeit kaum zufriedenstellen. Die in beiden Ländern dominierenden historischen und juristischen Perspektiven auf die politische Bildung reichen nicht aus, um politische Phänomene erfassen, diesbezügliche Vorstellungen von Kindern und Jugendlichen einordnen und deren Entwicklung im Sinne eines Kompetenzzuwachses fördern zu können: Die Einbindung der Politikwissenschaft und der Soziologie in die Studienpläne ist hier ebenso unabdingbar wie der Ausbau und die Systematisierung (vgl. Hellmuth 2012a, Wucherer 2012) des allzu marginalen politikdidaktischen Bildungsangebots, das zudem von allen mit politischer Bildung befassten Lehrkräften – auch solchen, die Wirtschaft unterrichten – absolviert werden müsste. Zur *Substantiierung des fächerübergreifenden Prinzips* (Sander 2012, 60) wäre darüber hinaus allen anderen Lehrpersonen eine Grundqualifikation in politischer Bildung zu vermitteln. Durch die stärkere Verankerung der politischen Bildung im neuen Deutschschweizer Rahmenlehrplan (Lehrplan 21, vgl. Ziegler 2012) und durch die Reform der Lehrerbildung in Österreich bieten sich aktuell in beiden Ländern Chancen, die Studienprogramme entsprechend anzupassen. In Österreich, wo die beschriebenen Professionalisierungsdefizite schon vielfach kritisiert wurden (vgl. u. a. Hämmerle u. a. 2009, Hellmuth 2012a/b, Lechner-Amante/Sander 2013, Sandner u. a. 2013), gibt es anlässlich der Reformpläne inzwischen ein Positionspapier mit entsprechenden Forderungen (IGPB 2012).

Defizite in Österreich und der Schweiz

Anmerkungen

1 Eine Ausnahme bildet lediglich das österreichische Unterrichtspraktikum für Lehrende der Höheren Schulen, das eine politikdidaktische Qualifizierung jedoch kaum vorsieht.
2 Stand: Mai 2013. Die in Österreich geplante „PädagogInnenbildung Neu" sieht demgegenüber jedoch die Einführung bzw. den Ausbau einer zweiten Phase (Induktionsphase) vor (vgl. BMUKK 2012).

3 Die folgenden Angaben beziehen sich auf den Entwicklungsstand im Mai 2013. Für wertvolle Informationen zur aktuellen Situation danken wir Alois Ecker, Thomas Hellmuth, Philipp Horehled, Erik Frank, Philipp Mittnik, Christoph Kühberger, Bernhard Weninger, Otto Wucherer und Béatrice Ziegler.
4 Vgl. dazu in Österreich das Universitätsgesetz (2002) und die Hochschul-Curriculaverordnung (2006) sowie die Studienreglements für die verschiedenen Lehrämter der Schweizerischen Konferenz der kantonalen Erziehungsdirektoren (EKD).
5 Vgl. z. B. den Studienplan der Karl-Franzens-Universität Graz.
6 Vgl. Hochschul-Curriculaverordnung 2006 §§ 10 und 16. Die angegebenen ECTS-Punkte werden nach unterschiedlicher Gewichtung auf die Unterrichtsfächer aufgeteilt (vgl. § 11, Abs. 2). Als Beispiel für die Umsetzung dieser Regelungen vgl. den Studienplan LA Hauptschulen, Geschichte/Sozialkunde der PH Wien (https://www.ph-online.ac.at/ph-wien/wbstudienplan.showStudienplan?pOrgNr=1&pStpStpNr=993&pSJNr=1684&pSprachNr=1 (20.2.2013)

Literatur

Allenspach, Dominik/Ziegler, Béatrice (Hrsg.) 2012: Forschungstrends in der politischen Bildung. Beträge zur Tagung „Politische Bildung empirisch 2010". Zürich/Chur

Bosse, Dorit 2012: Zur Situation der Lehrerbildung in Deutschland. In: Dies. u. a. (Hrsg.), a. a. O., S. 11-28

Dies. u. a. (Hrsg.) 2012: Reform der Lehrerbildung in Deutschland, Österreich und der Schweiz. Teil I: Analyse, Perspektiven und Forschung. Immenhausen [2 Bde.]

Blömeke, Sigrid u. a. (Hrsg.) 2004: Handbuch Lehrerbildung. Braunschweig/Bad Heilbrunn

Bruneforth, Michael/Lassnigg, Lorenz (Hrsg.) 2012: Nationaler Bildungsbericht Österreich 2012. Band I. Das Schulsystem im Spiegel von Daten und Indikatoren. Graz [2 Bde.]

Buchberger, Friedrich u. a. 2004: Lehrerbildung in Österreich und der Schweiz. In: Blömeke, Sigrid u. a. (Hrsg.), a. a. O., S. 111-127

Bundesgesetz über die Organisation der Universitäten und ihrer Studien (Universitätsgesetz – UG 2002), BGBL Nr. I, 120/2002

Bundesministerin für Bildung, Wissenschaft und Kultur 2006: Hochschul-Curriculaverordnung – HCV, BGBL Nr. 495/ 2006

Bundesministerien für Unterricht, Kunst und Kultur (BMUKK) und für Wissenschaft und Forschung (BMWF) 2013: PädagogInnenbildung Neu http://www.bmukk.gv.at/schulen/lehr/labneu/index.xml (26.5.2013)

Criblez, Lucien 2012: Lehrerbildung in der Schweiz – Reformprozesse, aktuelle Situation und Perspektiven. In: Bosse, Dorit u. a. (Hrsg.), a. a. O., S. 47-62

Diendorfer, Gertraud u. a. (Hrsg.) 2012: Politische Bildung als Beruf. Professionalisierung in Österreich. Schwalbach/Ts.

Pädagogische Hochschule Bern o. J.: Fachflyer zum Fach Räume, Zeiten, Gesellschaften. http://www.phbern.ch/fileadmin/user_upload/Sekundarstufe_I/Dokumente/2013-02-Fachflyer-2013-RZG.pdf (23.2.2013)

PH Fachhochschule Nordwestschweiz (FHNW) 2011: Studien- und Prüfungsordnung Pädagogische Hochschule FHNW. Modulgruppenbeschreibung Integrierter Studiengang Sekundarstufe I.

Filzmaier, Peter/Klepp, Cornelia 2009: Mehr als Wählen mit 16: Empirische Befunde zum Thema Jugend und Politische Bildung. In: Österreichische Zeitschrift für Politikwissenschaft, Heft 3, S. 341-355

Gesellschaft für Fachdidaktik e. V. – GFD – 2004: Kerncurriculum Fachdidaktik. Orientierungsrahmen für alle Fachdidaktiken, Kassel

Gollob, Rolf u. a. 2007: Politik und Demokratie – leben und lernen. Politische Bildung in der Schule. Grundlagen für die Aus- und Weiterbildung. Bern

Grabbert, Tammo 2010: Das Politik-Labor. Ein Schüler/-innenlabor für die Politische Bildung. In: PerspektivRäume, Heft 2/2010, S. 154-167

Hämmerle, Kathrin u. a. 2009: Politische Bildung in der Perspektive von Lehramtsstudierenden. In: Österreichische Zeitschrift für Politikwissenschaft, H. 3, S. 357-372

Hellmuth, Thomas (Hrsg.) 2012a: Professionalisierung ohne Strukturwandel? Eine Analyse zur Politischen Bildung in Österreich. In: Diendorfer, Gertraud u. a. (Hrsg.), a. a. O., S. 11-32

Hellmuth, Thomas 2012b: Didaktik der politischen Bildung. In: Bruneforth, Michael/Lassnigg, Lorenz (Hrsg.), a. a. O., S. 169-172

Interessensgemeinschaft Politische Bildung (IGPB) 2012: Positionspapier zur Professionalisierung der politischen Bildung im Kontext der „PädagogInnenbildung Neu". http://www.igpb.at/Positionen_files/Positionspapier_Lehrerbildung.pdf (23.2.2013)

Jung, Michael u.a 2010: Politische Bildung in der Schweiz. In: Lange, Dirk (Hrsg.), a. a. O., S. 252-263

Karl-Franzens-Universität Graz 2011: Curriculum für das Lehramtsstudium in den Unterrichtsfächern Bewegung und Sport; Deutsch; Geschichte und Sozialkunde/Politische Bildung; Griechisch; Latein. Mitteilungsblatt/97. Sondernummer, Stück 39c. https://online.uni-graz.at/kfu_online/wbMitteilungsblaetter.display?pNr=275570 (23.2.2013)

Kultusministerkonferenz (KMK) 2005: Standards für die Lehrerbildung. Bildungswissenschaften, in: Zeitschrift für Pädagogik, 51/ 2, S. 280-290

Kultusministerkonferenz (KMK) 2010: Ländergemeinsame inhaltliche Anforderungen für die Fachwissenschaften und Fachdidaktiken in der Lehrerbildung. Beschluss der Kultusministerkonferenz vom 16.10.2008 i. d. F. vom 16.9.2010, Berlin 2010

Kultusministerkonferenz (KMK) 2012: Sachstand in der Lehrerbildung. Berlin
Lange, Dirk (Hrsg.) 2010: Strategien der politischen Bildung. Baltmannsweiler.
[Basiswissen politische Bildung/Handbuch für den sozialwissenschaftlichen Unterricht Bd. 2]
Langner, Frank 2007: Diagnostik als Herausforderung für die Politikdidaktik. In: Schattschneider, Jessica (Hrsg.): Domänenspezifische Diagnostik. Wissenschaftliche Beiträge für die politische Bildung, Schwalbach/Ts., S. 58-70
Lechner-Amante, Alexandra/Sander, Wolfgang 2013: Politik unterrichten lernen. In: Wirtitsch, Manfred (Hrsg.): a. a. O., S. 63-96
Luger, Martin 2012: Die Rolle von Politischer Bildung im Lehramtsstudium für Hauptschulen. Ansätze zur umfassenden Implementierung des Unterrichtsprinzips „Politische Bildung" in Ausbildung und Praxis. Masterthesis. Linz
Mayr, Johannes/Posch, Peter 2012: Lehrerbildung in Österreich: Analysen und Perspektiven. In: Bosse, Dorit u. a. (Hrsg.), a. a. O., S. 29-45
Oser, Fritz/Biedermann, Horst (Hrsg.) 2003: Jugend ohne Politik. Ergebnisse der IEA Studie zu politischem Wissen, Demokratieverständnis und gesellschaftlichem Engagement von Jugendlichen in der Schweiz im Vergleich mit 27 anderen Ländern. Zürich/Chur
PH Wien 2012: Studienplan Lehramt Hauptschulen, Geschichte/ Sozialkunde (Studienjahr 2012/13) (https://www.ph-online.ac.at/ph-wien/wbstudienplan.showStudienplan?pOrgNr=1&pStpStpNr=993&pSJNr=1684&pSpracheNr=1 (20.2.2013)
Reinhardt, Sybille 2004: Fachdidaktik Politik/Sozialkunde. In: Blömeke, Sigrid u. a. (Hrsg.): a. a. O., S. 452-454
Sander, Wolfgang 2012: Wege zur Professionalisierung der Politischen Bildung – zwischen Fachlichkeit und Interdisziplinarität. In: Diendorfer u. a. (Hrsg.), a. a. O., S. 49-62
Sandner, Günther u. a. 2013: Eckpunkte eines politischen Kompetenzmodells für Lehrer/innen. In: Wirtitsch, Manfred (Hrsg.), a. a. O., 110-125
Schattschneider, Jessica (Hrsg.) 2007: Domänenspezifische Diagnostik. Wissenschaftliche Beiträge für die politische Bildung, Schwalbach/Ts.
Schweizerische Konferenz der kantonalen Erziehungsdirektoren (EDK) 2013: Systematische Sammlung des interkantonalen Rechts im Bildungsbereich. Abschnitt 4.2.2.: Reglements über die Anerkennung von Lehrdiplomen. http://www.edk.ch/dyn/13719.php (26.5.2013)
Wirtitsch, Manfred (Hrsg.) 2013: Kompetenzorientierung. Eine Herausforderung für die Lehrerbildung. Schwalbach/Ts.
Wucherer, Otto 2012: Fachunterricht Politische Bildung an Berufsschulen. In: Diendorfer u. a. 2012, a. a. O., 76-83
Ziegler, Béatrice 2012: Politische Bildung im Deutschschweizer Lehrplan (Lehrplan 21). In: Dies./Allenspach, Dominik (Hrsg.): a. a. O., S. 29-46

Hans-Georg Golz, Andreas Kost

Die Bundeszentrale und die Landeszentralen für politische Bildung

Warum bedürfen demokratische, postdiktatorische Gesellschaften wie die deutsche der politischen Bildung, zumal der staatlich veranstalteten? Kann man aus der Geschichte lernen? Denkt man etwa an den Parlamentarischen Rat und das Grundgesetz, so wurde bei dessen Erarbeitung versucht, aus „Weimar" und der deutschen Katastrophe von 1933 Lehren zu ziehen.

Demokratieerziehung
Demokratie muss gelernt und gepflegt werden. Ziel staatlich veranstalteter, überparteilicher politischer Bildung in Deutschland ist es seit über 60 Jahren, systematische Kenntnisse über die Demokratie zu vermitteln und Kompetenzen für demokratisches Handeln zu bilden, um die Zivilgesellschaft in Deutschland und Europa zu stärken. Oder, wie es im derzeit gültigen Erlass (Januar 2001) über die Bundeszentrale für politische Bildung heißt: „Die Bundeszentrale hat die Aufgabe, durch Maßnahmen der politischen Bildung Verständnis für politische Sachverhalte zu fördern, das demokratische Bewusstsein zu festigen und die Bereitschaft zur politischen Mitarbeit zu stärken."
Für die Landeszentralen für politische Bildung gilt im Grundsatz dasselbe Prinzip. Die Akteure im öffentlichen Auftrag, die Bundeszentrale wie die Landeszentralen, sollen politische Themen möglichst objektiv und offen für kontroverse Meinungen behandeln. Das heißt nicht, dass sie selbst nicht Position beziehen, doch müssen Werturteile kenntlich sein. Und sie arbeiten selbstverständlich überparteilich.

Überparteilichkeit

Erfolgreiche politische Bildung erzeugt im Idealfall ein empathisches Verhältnis zur Demokratie als der gesellschaftlichen Ordnung, die den größten individuellen Nutzen und die größte individuelle Freiheit garantiert. Eines indes ist gewiss: Der Erfolg politischer Bildung ist nicht vorherseh- oder gar planbar. So kann sich die Diskrepanz zwischen der Intention einer Maßnahme und dem, was die Maßnahme tatsächlich beim Individuum bewirkt, als nur schwer überbrückbar erweisen.

Politische Bildung ist untrennbar mit demokratischen Verhältnissen und öffentlichen Debatten verknüpft. Unter undemokratischen Zuständen verdient politische Bildung diesen Namen nicht; im Kaiserreich gab es „staatsbürgerliche Erziehung", in der DDR „Staatsbürgerkunde". Es gibt in demokratischen Gesellschaften zahllose Akteure und Orte der politischen Bildung: Lehrerinnen und Lehrer an allgemeinbildenden Schulen, Dozentinnen und Dozenten an Hochschulen; parteinahe und -ferne Stiftungen; Gewerkschaften; die Bundeswehr; freie Träger der Jugend- und Erwachsenenbildung; der heimische Küchentisch. Auch die freie Presse und die elektronischen Medien, zumindest die öffentlich-rechtlichen, haben selbstverständlich einen Auftrag zur politischen Bildung.

<small>Akteure politischer Bildung</small>

Deutschland ist eine sehr junge Demokratie. Erst nach der Novemberrevolution 1918 setzte sie sich im Deutschen Reich durch. Die Weimarer Republik indes war zeit ihrer Existenz fragil. Was ab 1933 folgte, ist bekannt. Nach dem Ende des verbrecherischen NS-Regimes und der bedingungslosen Kapitulation der Wehrmacht war politische Bildung im Auftrag der Alliierten darauf ausgerichtet, die Deutschen zu Demokraten zu erziehen und ein Fortbestehen der nazistischen Ideologie zu verhindern. Mit Hilfe von Literatur, Filmen, Vorträgen und auch Kunstausstellungen wurde über den Nationalsozialismus aufgeklärt und die Ziele und Werte der Demokratie vermittelt.

<small>Geschichte der deutschen Demokratie</small>

Die Alliierten suchten Unterstützung bei den Deutschen, die an demokratische Traditionen Deutschlands vor dem Nationalsozialismus anknüpfen konnten und wollten. Anstöße kamen aus der Pädagogik, aus der christlichen Publizistik und der neu etablierten Politikwissenschaft an den Universitäten. Diskussionen um eine „Aufarbeitung der Vergangenheit" verstärkten bereits Ende der 1950er-Jahre die Ansätze einer wissenschaftlichen Begründung und professionellen Arbeit. In den 1960er-Jahren fand schließlich ein Übergang von eher erziehungsphilosophischen Theorien zu fachdidaktischen Diskussionen der politischen Bildung statt.

1. Tradition und frühe Jahre

Schon vor Gründung der Bundesrepublik Deutschland wurde im heutigen Nordrhein-Westfalen eine staatsbürgerliche Bildungsstelle begründet. Entsprechende Organisationen gab es bald in den meisten westdeutschen Ländern, auch wenn einige dieser „Arbeits- und Bildungsgemeinschaften" nicht den späteren Landeszentralen für politische Bildung entsprachen und der heute gängige Name zu den jeweiligen Entstehungszeiten häufig noch nicht verwendet wurde.

<small>Gründung von Landeszentralen</small>

Am 6. und 7. Februar 1954 tagten in München die Ministerpräsidenten der Länder: Sie beschlossen, in allen Ländern Einrichtungen für die staatsbürgerliche Bildungsarbeit ins Leben zu rufen. Nach dem Ende der totalitären DDR im Jahre 1990 wurden auch in den ostdeutschen Ländern zügig Landeszentralen für politische Bildung eingerichtet (s. *Tabelle*).

Tabelle: Landeszentralen für politische Bildung in der Bundesrepublik Deutschland

Gründungsjahr	Name
1946	Landeszentrale für politische Bildung Nordrhein-Westfalen
1950	Landeszentrale für politische Bildung Baden-Württemberg
1953	Landeszentrale für politische Bildung Rheinland-Pfalz
1954	Hessische Landeszentrale für politische Bildung
1954	Landeszentrale für politische Bildung Bremen
1955	Bayerische Landeszentrale für politische Bildungsarbeit
1955-2004*	Niedersächsische Landeszentrale für politische Bildung
1956	Landeszentrale für politische Bildungsarbeit Berlin
1956	Landeszentrale für politische Bildung Hamburg
1957	Landeszentrale für politische Bildung Schleswig-Holstein
1957	Landeszentrale für politische Bildung des Saarlandes
1991	Landeszentrale für politische Bildung Mecklenburg-Vorpommern
1991	Sächsische Landeszentrale für politische Bildung
1991	Landeszentrale für politische Bildung des Landes Sachsen-Anhalt
1991	Landeszentrale für politische Bildung Thüringen
1991	Brandenburgische Landeszentrale für politische Bildung

* Zum 31. Dezember 2004 wurde – einmalig in der Geschichte der politischen Bildung in der Bundesrepublik Deutschland – die Niedersächsische Landeszentrale für politische Bildung auf Beschluss der damaligen Landesregierung aufgelöst. Dieses geschah unter anderem mit dem Hinweis, dass die Demokratie in der Bundesrepublik inzwischen gefestigt sei und daher keine demokratische politische Bildung mehr benötige. Bleibt zu hoffen, dass diese Fehleinschätzung in absehbarer Zukunft korrigiert wird.

Formale Organisation der Landeszentralen

Die organisatorische Ausprägung und die Anbindung der Landeszentralen im staatlichen Bildungsauftrag variieren in den Bundesländern. Dies entspricht dem föderalen Geist der Bundesrepublik Deutschland, die als bundesstaatliches Gebilde in den Ländern eigene Zuständigkeiten im Bildungsbereich und auch verschiedene politische Kulturen abbildet. So gibt es unmittelbare Anbindungen an Staatskanzleien (Ministerpräsidenten/Ministerpräsidentinnen), unterschiedliche Fachministerien, aber auch Ressortierungen als nachgeordnete Behörden bzw. Behördenteile von Ministerien. Relativ neu ist die Zuordnung an einige Landtage, wie in Schleswig-Holstein und zuletzt in Baden-Württemberg geschehen. Auf jeden Fall eint die Landeszentralen für politische Bildung als staatliche Bildungseinrichtungen in Deutschland die Aufgabe, die demokratische Kultur in den Ländern zu stärken. Die Kooperation mit der Bundeszentrale ist eng und erfolgt immer dort, wo es gilt, die Kräfte zu bündeln.

Etwas anders stellte sich die historische Entwicklung der Bundeszentrale für politische Bildung dar. In der jungen Bundesrepublik sollte sie so etwas wie ein Gegengewicht zum Verfassungsschutz bilden, ja, wie es in den überlieferten Dokumenten heißt, als „positiver Verfassungsschutz" wirken (Hentges 2013). Geheimdienste waren in der Zeit des Nationalsozialismus und auch im Parallelstaat DDR Teil eines totalitären Systems (gewesen) und riefen entsprechende Vorbehalte hervor. Aber genauso wichtig war die geistige Auseinandersetzung mit Feinden der Demokratie – in Deutschland und in Europa.

Entwicklung der Bundeszentrale

Der 1952 gewählte Name warf indes Erinnerungen auf: Bundeszentrale für Heimatdienst (BfH). Man berief sich auf die seit November 1919 als Reichszentrale für Heimatdienst wirkende Einrichtung der Weimarer Republik. Diese war hervorgegangen aus der ab März 1918 tätigen Zentralstelle für Heimatdienst – einer Erfindung der letzten Monate des Ersten Weltkrieges. Es ging damals darum, die Widerstandskraft der Heimatbevölkerung in der Endphase des Weltkriegs ideologisch zu stärken.

Weimarer Republik

Die Weimarer Republik übernahm das Instrument und verankerte es institutionell im Reichskanzleramt, um Kenntnisse über das neue Verfassungssystem zu verbreiten (Wippermann 1976). Die Reichszentrale versuchte sich in der Schulung von Rednern und der Unterstützung republikfreundlicher Kräfte sowie der Vermittlung von Kenntnissen über die parlamentarische Demokratie. Dabei konzentrierte sich die Reichszentrale auf „staatsbürgerliche Aufklärung", auf eine „Erziehung zum Staat" und eine formale, institutionelle Kenntnisvermittlung, ohne die Entwicklung demokratischer Bewusstseinsstrukturen in der Bevölkerung zu fördern. Die Nazis lösten die Reichszentrale sehr rasch nach ihrem Machtantritt 1933 auf.

Nach dem Krieg konnte die Reichszentrale in der jungen Bundesrepublik in Form der BfH eine demokratische Wiedergeburt feiern. Ihr Auftrag war durchaus vergleichbar mit dem am Ende des Ersten Weltkriegs: Nach dem Ende eines maroden, undemokratischen Regierungssystems sollte die Bevölkerung mit der parlamentarischen Regierungsform und der Demokratie vertraut gemacht werden.

Es dauerte bis zum November 1952, bis das Haus als Behörde im Geschäftsbereich des Bundesministeriums des Innern seine Arbeit aufnahm. Zum ersten Direktor der BfH wurde Dr. Paul Franken berufen. Der Historiker hatte sich im Widerstand engagiert; er zählte zu den engsten Vertrauten Konrad Adenauers.

Aufgaben nach Gründung der Bundesrepublik

In den 1950er-Jahren konzentrierte sich die BfH auf die Förderung von freien Bildungsträgern und die Schulung von Multiplikatorinnen und Multiplikatoren. So sollten die Werte und Spielregeln der Demokratie vermittelt und der Prozess der europäischen Aussöhnung und Einigung unterstützt werden. Die Aufarbeitung des Nationalsozialismus sowie die Auseinandersetzung mit dem Kommunismus waren zentrale Handlungsfelder. Laut Gründungserlass sollte das Ziel der BfH darin bestehen, den demokratischen und europäischen Gedanken im deutschen Volk zu festigen. Ende der 1960er-Jahre wurde ihre Aufgabenstellung erweitert: Die Bürgerinnen und Bürger sollten sowohl informiert als auch zur politischen Mitwirkung motiviert werden. 1963 erfolgte die Umbenennung in Bundeszentrale für politische Bildung (BpB).

Umbenennung

2. 1970er- und 1980er-Jahre

Die 1970er-Jahre waren geprägt von Auseinandersetzungen über das Selbstverständnis politischer Bildung. Sollte sie eher emanzipatorischen oder affirmativen Charakter haben? Auf einer Tagung der Landeszentrale für politische Bildung Baden-Württemberg im Jahr 1976 gelang es, mit dem Beutelsbacher Konsens einen Minimalkonsens zu finden, der bis heute Gültigkeit hat (Wehling 1977). Hier wurden drei Prinzipien festgeschrieben:

Diskussionen um den Auftrag politischer Bildung

– das Überwältigungsverbot (keine Indoktrination);
– die Beachtung kontroverser Positionen in Wissenschaft und Politik – was in der Gesellschaft kontrovers ist, soll auch kontrovers präsentiert werden – (Kontroversitätsgebot);
– das Ziel, die Lernenden zu befähigen, ihre Interessen zu erkennen und zu formulieren.

In den 1970er-Jahren standen neben den klassischen Aufgabenfeldern vor allem Wirtschaftsfragen, die Ostpolitik sowie das Phänomen des Terrorismus im Vordergrund. Daneben wurden neue didaktische Konzepte entwickelt. Umweltprobleme, Friedens- und Sicherheitspolitik sowie die Neuen Sozialen Bewegungen beherrschten die Arbeit in den 1980er-Jahren, bevor der Fall der Mauer, die deutsche Einheit und das Ende des Ost-West-Konflikts die Agenda bestimmten. Am 26. Mai 1997 wurde schließlich im sog. Münchner Manifest der Bildungsauftrag der Bundeszentrale und der Landeszentralen für politische Bildung für das 21. Jahrhundert festgeschrieben (http://www.lpb-bw.de/muenchner_manifest.html). Das Manifest trägt den Titel „Demokratie braucht politische Bildung".

Münchner Manifest

Zur Jahrtausendwende kam es zur umfassenden organisatorischen und inhaltlichen Neuausrichtung politischer Bildung im öffentlichen Auftrag. Das Spektrum wurde um die Themen Integration und Migration, Demografie, die Zukunft des Sozialstaats und der Sozialen Marktwirtschaft sowie Gewaltphänomene in der Gesellschaft erweitert. Als neue Zielgruppe – neben Multiplikatoren, Meinungsführern und politisch Interessierten – wurden Jugendliche und junge Erwachsene definiert. Auch die in Deutschland lebenden Menschen mit Migrationshintergrund sind heute wichtige Adressaten für die politische Bildung.

Neue Themenbereiche und Adressaten politischer Bildung

Die Bundeszentrale und die Landeszentralen für politische Bildung entwickeln eine Vielzahl zielgruppenspezifischer Maßnahmen. Sie greifen aktuelle und zeithistorische Themen mit Veranstaltungen (Kongresse, Seminare, Wettbewerbe), Printprodukten, audiovisuellen und Online-Produkten auf. „Dicke Bücher" gehören ebenso dazu wie Online-Dossiers, DVDs, Zeitschriften, Social-Media-Projekte, Studienreisen, der inzwischen berühmte „Wahl-O-Mat", Kinoseminare oder Journalistenfortbildungen. Zudem unterstützen und fördern eine ganze Reihe von Zentralen ihre jeweilige plurale politische Bildungslandschaft (z. B. anerkannte Einrichtungen der politischen Weiterbildung oder Gedenkstätten).

Angebote

3. Politische Bildung heute

Politische Bildung in Deutschland verfügt über ein weit verzweigtes Netz an staatlichen und nichtstaatlichen Institutionen, das in Europa einzigartig ist. Eine wichtige Aufgabe der Bundeszentrale und der Landeszentralen liegt darin, aktuelle, wissenschaftliche Erkenntnisse

„herunterzubrechen" und nutzbar zu machen. Dafür wird auch anwendungsorientierte Forschung beauftragt, wenngleich keine formelle Forschungsförderung übernommen wird.

Gesellschaftliche Herausforderungen

Die politische Bildung steht aktuell vor großen Herausforderungen. Dazu gehören erhebliche Veränderungen im Partizipationsverhalten der Bürgerinnen und Bürger: So sinkt die Wahlbeteiligung weiter, und die allgemeine Parteienverdrossenheit wächst. Für die politische Willensbildung ist es von großer Bedeutung, dass sich heute junge Menschen immer stärker für die Entwicklung der digitalen Kultur interessieren. Das Internet ist in dieser Gruppe längst ein Massenmedium.

Hierauf muss politische Bildung reagieren. So garantieren qualitätsgeprüfte Publikationen und Online-Dossiers Orientierung und seriöse Information angesichts eines kaum überschaubaren Angebots auf dem Buchmarkt und einer mitunter unkontrollierbaren und ungeprüften Informationsflut in den Weiten des Internets. Politische Bildung für Bürgerinnen und Bürger basiert auf Information und Wissen, aber sie erschöpft sich nicht darin. Ziel der Bildungsarbeit der Bundeszentrale und der Landeszentralen für politische Bildung – und das ist das große Arbeitsfeld der außerschulischen politischen Bildung – ist es, dass aus aufgeklärten Bürgern aktive werden, die verinnerlicht haben, dass die gesellschaftlichen Verhältnisse, in denen sie leben, kein unverrückbarer Zustand sind, sondern über politische Partizipation gestaltbar und veränderbar. Politische Bildung hat dabei immer das Ziel, dazu beizutragen, dass die Menschen ihre eigene politische Meinung entwickeln, dass sie sich politische Urteilskraft aneignen, statt in unreflektierter Anpassung zu verharren. Es geht bei der politischen Bildung um Wissen, Einstellungen und Handlungskompetenz – und nicht etwa, das gilt es zu betonen – um die Pflege von Gesinnungen.

Bildungsziel

Allerdings ist es geboten, hinsichtlich dessen, was diese Bildungsbemühungen bewirken können, Bescheidenheit an den Tag zu legen. Nicht nur die Begrenztheit der (Finanz-)Mittel, die zur Verfügung stehen, sondern auch die gesellschaftsstrukturell eingeschränkten Möglichkeiten, Menschen mit systematischer politischer Bildung zu erreichen, müssen zu einem realistischen Urteil über ihren Wirkungsgrad führen. Gleichwohl bleibt die umfängliche Aufarbeitung einer breiten Palette von Themen eine ihrer unverwechselbaren Stärken.

Wenn man nach den Themen fragt, die in der politischen Bildung behandelt werden, so kann man grundsätzlich sagen, dass das alle

Themen sind, die auch in der Politik eine Rolle spielen. Entscheidend ist, dass in der Summe ein breites Spektrum angeboten wird, aus dem die Bürgerinnen und Bürger sich aussuchen können, was sie besonders interessiert. Denn die mit öffentlichen Mitteln geförderten Angebote der Bundeszentrale und der Landeszentralen für politische Bildung müssen grundsätzlich allen Menschen, die sich dafür interessieren, zugänglich sein. In der politischen Bildung werden durchaus tagesaktuelle Fragen behandelt. Aber bei zusammenfassender und etwas abstrakter Betrachtung kann konstatiert werden, dass politische Bildung sich immer auch an epochalen und künftigen Herausforderungen orientiert, etwa dem Abbau von gesellschaftlich bedingter Ungleichheit, dem Erhalt der natürlichen Lebensgrundlagen, der Sicherung des Friedens oder der Fähigkeit zur Orientierung in einer unübersichtlicher gewordenen Informations- und Kommunikationswelt. Themen für alle Menschen

4. Ausblick

Rezeptionsforschung und Evaluation sind wichtig, aber bislang kaum formalisiert. Über unmittelbare Wirkungen von einzelnen Maßnahmen politischer Bildung ist wenig bekannt, sie sind auch kaum messbar. Gleichwohl wird seitens der Politik politische Bildung häufig als Reparaturinstanz verstanden und auch missbraucht.

Es wäre eine Illusion, zu glauben, man könne alle Milieus und Schichten in gleicher Weise mit politischer Bildung erreichen. In Zukunft dürften zielgruppenspezifische Angebote immer wichtiger werden. Als politische Bildner müssen wir uns verstärkt interaktiven Netzwerken öffnen und neue Formen der Interaktivität etablieren. Der Ausbau der Präsenz in den „sozialen" Netzwerken etwa ist indes nicht unproblematisch, erwartet man von politischer Bildung im öffentlichen Auftrag zu Recht große Sorgfalt und Kompetenz. Hier werden künftig erhebliche Sach- und Personalmittel gebunden werden.

Herausforderung Web 2.0

Staatliche politische Bildung muss auch künftig den Spagat zwischen politischen Zumutungen, stetig wachsenden öffentlichen Anforderungen und wissenschaftlichen Befunden aushalten. Jeder Propagandaverdacht oder eine Indienstnahme durch aktuelle (Regierungs-)Politik ist für die Rezeption und den Ruf politischer Bildung fatal. Der Fokus von Politik und Öffentlichkeit garantiert große Wahrnehmung und – trotz oder gerade wegen der digitalen Informationsfluten – eine immer größere Kompetenzzuschreibung. Beidem muss politische Bildung im 21. Jahrhundert souverän gerecht zu werden versuchen.

Dabei ist die Frage noch nicht beantwortet, ob junge Menschen etwa durch Angebote im Netz eher und besser für Politik zu begeistern sind als durch „klassische" Printprodukte oder Seminare. Das Web verändert die Politik und die politische Bildung, Bürgerinnen und Bürger verlangen verstärkt nach Möglichkeiten der Partizipation. Dass dabei die nicht netzaffinen, vielleicht „politikfernen" oder gar „bildungsfernen" Bürgerinnen und Bürger nicht aufs Neue abgehängt werden – darin liegt eine der größten Herausforderungen für die Arbeit der Bundeszentrale wie für die der Landeszentralen für politische Bildung.

Literatur

Hentges, Gudrun 2013: Staat und politische Bildung. Von der Zentrale für Heimatdienst zur Bundeszentrale für politische Bildung. Wiesbaden

Wehling, Hans-Georg 1977: Konsens à la Beutelsbach? In: Schiele, Siegfried/ Schneider, Herbert (Hrsg.): Das Konsensproblem in der politischen Bildung. Stuttgart

Wippermann, Klaus 1976: Politische Propaganda und staatsbürgerliche Bildung. Die Reichszentrale für Heimatdienst in der Weimarer Republik. Bonn

Christoph Kühberger

Unterstützungsstrukturen der politischen Bildung: Verbände, Förderer, Materialien und Onlineangebote

Annäherungen

Lehrer/-innen sowie Trainer/-innen im Bereich der politischen Bildung sind im Grunde nicht auf sich selbst zurückgeworfen, wenn sie versuchen, an pädagogisch-didaktischen Neukonzeptionen oder aktuellen wissenschaftlichen Diskussionen teilhaben zu wollen oder auch aktuelle gesellschaftliche Herausforderungen für ihre je persönlichen Vermittlungssituationen zu didaktisieren. Der vorliegende Beitrag versucht daher einen Einblick in jene Möglichkeiten zu geben, die im deutschsprachigen Raum[1] – also in Deutschland, Österreich, der Schweiz und in Südtirol – zur Verfügung stehen, um den Anschluss an aktuelle politikdidaktische Entwicklungen nicht zu verlieren. Im Fokus stehen dabei nicht die Möglichkeiten einer Aus- oder Weiterbildung (etwa im Rahmen von Lehramts- oder speziellen Masterprogrammen im tertiären Bildungssektor), sondern Angebote von facheinschlägigen Anlaufstellen und wissenschaftlichen Plattformen, welchen im Rahmen der politischen Bildung die Rolle von „Multiplikatoren" zukommt. Dabei ist es unmöglich, die gesamte Gemengelage aller im deutschsprachigen Raum vorhandenen Optionen hier vorzustellen, weshalb es sich hierbei um eine notgedrungene, vorläufige und stets auszubauende Perspektive auf das Feld der politischen Bildung handelt. Dieser Beitrag systematisiert drei grobe Felder, in denen Unterstützungsstrukturen der politischen Bildung ausgemacht werden konnten: (1) Verbände und Förderinstitutionen, (2) Verfügbarkeit von Unterrichtsmaterial und (3) „hands on"-Angebote im Internet.

Multiplikatoren-Angebote

1. Verbände und Förderer

Die Strukturen von Vereinen oder Verbänden, die sich der Förderung, Weiterentwicklung und Vernetzung von politischen Bildner/

-innen annehmen, sind in allen hier besprochenen Ländern höchst unterschiedlich ausgestaltet.

GPJE und DVPB In *Deutschland* sind wichtige Impulsgeber vor allem die „Gesellschaft für Politikdidaktik und politische Jugend- und Erwachsenenbildung (GPJE)" (www.gpje.de), eine wissenschaftliche Fachgesellschaft, die sich der Förderung der schulischen und außerschulischen politisch-gesellschaftlichen Bildung in Forschung und Lehre verschrieben hat, sowie die „Deutsche Vereinigung für Politische Bildung (DVPB)" (www.dvpb.de), welche in stärker praxisbezogener Art und Weise die politische Bildung fördern möchte. Die DVPB setzt den Schwerpunkt auf den schulischen Bereich und unterhält

Wissenschaftliche Fachzeitschriften mit POLIS eine eigene bundesweite Zeitschrift. Neben den Fachgesellschaften sind es vor allem die wissenschaftlichen Zeitschriften, in denen die laufenden fachdidaktischen Diskussionen sichtbar werden, so etwa im „Journal für sozialwissenschaftliche Studien und ihre Didaktik"/„Journal of Social Science Education" (http://www.jsse.org/), welches online Fachdiskussionen und fachdidaktische Tools zur Verfügung stellt, im „Journal für politische Bildung", in „politische bildung" und in der „zeitschrift für didaktik der gesellschaftswissenschaften (zdg)" (alle Wochenschau Verlag). Zu beachten gilt es aber auch die vielen regionalen Fachzeitschriften der politischen Bildung, z. B. in Bayern „Einsichten und Perspektiven. Bayerische Zeitschrift für Politik und Geschichte" (http://192.68.214.70/blz/eup/index.asp) sowie mehrere regionale Zeitschriften von Landesverbänden der DVPB.

Einen nicht unbeträchtlichen Anteil an der wissenschaftlichen und praxisnahen Weiterentwicklung der politischen Bildung bilden in Deutschland zudem die Landeszentralen für politische Bildung sowie ihre „Bundesarbeitsgemeinschaft Politische Bildung (BAG)" (www.politische-bildung.de) und die Bundeszentrale für politische Bildung (www.bpb.de).

Vereinigungen in Österreich In *Österreich* formierte sich erst jüngst, im Jahr 2009, die „Interessensgemeinschaft Politische Bildung" (www.igpb.at) mit dem Ziel, schulische und außerschulische Bildungsarbeit im Bereich der Politischen Bildung zu fördern. Dieser Verein versucht sowohl akademische Kreise der Politikdidaktik als auch Lehrer/-innen aus der Praxis, welche an Fragestellungen der konstruktiven Weiterentwicklung der politischen Bildung interessiert sind, anzusprechen. Schulische und außerschulische Bildungsarbeit stehen damit im primären Fokus der Vereinsmitglieder. Die bereits länger etablierte „Österreichische Gesellschaft für Politische Bildung" (www.politischebildung.at) konzentriert sich hingegen in ihrer Arbeit verstärkt auf den Bereich der Erwachsenenbildung. Durch die spezielle Struktur der österreichischen Bildungslandschaft und der traditionellen Verschränkung zwischen den Unterrichtsfächern „Geschichte" und „Sozialkunde/ Politische Bildung" gilt es auch geschichtsdidaktische Vereinigungen wahrzunehmen, da auch dort traditionellerweise Fragen der politischen Bildung erörtert werden („Gesellschaft für Geschichtsdidaktik Österreich"/ÖGD; www.geschichtsdidaktik.at).

<small>Verschränkung von Geschichte und Politischer Bildung</small>

Eine besondere Position erlangte in Österreich auch die „Zentrale Arbeitsstelle für Geschichtsdidaktik und Politische Bildung" (ZAG), als Kooperationsprojekt zwischen dem Bundesunterrichtsministerium, der Pädagogischen Hochschule Salzburg und dem Fachbereich Geschichte der Universität Salzburg gegründet. Es handelt sich dabei um ein Forschungs- und Entwicklungszentrum, das dazu beitragen sollte, die Qualität von Geschichts- und Politikunterricht nachhaltig zu verbessern sowie die wissenschaftliche Forschung im Bereich der Geschichts- und Politikdidaktik in Österreich weiterzuentwickeln (www.geschichtsdidaktik.com). Daneben sollten aber auch andere universitären Initiativen, wie an der Universität Wien (http://www.geschichtsdidaktik.eu) oder der Universität Graz (http://www.rfdz-geschichte.at) Beachtung finden, genauso wie www.erinnern.at, einer Initiative, die vorrangig *Holocaust Education* im Sinne eines historisch-politischen Lernens vertritt. Seitens der österreichischen Bildungsverwaltung kümmert sich vor allem das „Zentrum Polis – Politik in der Schule" (www.politik-lernen.at), welches als Projekt am Ludwig-Bolzmann-Institut für Menschenrechte angesiedelt ist, um eine Bündelung aller Aktivitäten im Bereich der formalen Bildung und ist daher vergleichbar mit der Stellung der deutschen Bundes- bzw. Landeszentralen. Eine nicht zu unterschätzende Arbeit leistet auch das „Forum Politische Bildung" in Wien (www.politischebildung.com), welches mit seiner auch online abrufbaren Zeitschrift „Informationen zur Politischen Bildung" ein seit Jahren aktiver Motor der politischen Bildung ist. Daneben bietet die Zeitschrift „Historische Sozialkunde. Geschichte – Fachdidaktik – Politische Bildung" des „Vereins für Geschichte und Sozialkunde" (http://vgs.univie.ac.at) jährlich vier Ausgaben, welche deutschsprachige Diskurse aufnehmen, innerösterreichische Entwicklungen bzw. Diskussionen aufzeigen sowie Unterrichtsbausteine zur Verfügung stellen.

Schweiz: politisch-historische Bildung	Eine ähnliche Struktur zwischen den Fächern „Geschichte" und „Politische Bildung" kann man auch in der *Schweiz* erkennen. Auch dort wird die historisch-politische Bildungsarbeit maßgeblich von Geschichtslehrern/-innen mitgetragen, weshalb auch in der Schweiz die Expertisen und Zentren des Austausches im Kontext der Geschichtsdidaktik zu suchen sind; so etwa bei der „Deutschschweizerischen Gesellschaft für Geschichtsdidaktik" (www.dggd.ch) oder beim „Zentrum Politische Bildung und Geschichtsdidaktik" (www.fhnw.ch/ph/pbgd bzw. www.politiklernen.ch) am „Zentrum für Demokratie Aarau" (www.zda.ch). Zu erwähnen gilt es auch „The National Centre of Competence in Research (NCCR) – nccrdemocray" der Universität Zürich (http://www.nccr-democracy.uzh.ch/wissenstransfer/civic-education), welches auch politikdidaktische Projekte fördert, so etwa jenes zum „Politikzyklus" der Pädagogischen Hochschule der FH Nordwestschweiz, in dem didaktische Modelle und Unterrichtseinheiten für den Bereich Globalisierung und Medialisierung der Politik entworfen wurden (vgl. http://www.politikzyklus.ch).
Angebote von Vereinen und Stiftungen	Daneben sind es oft auf Vereinsebene oder über Stiftungen etablierte Aktionen, welche bestimmte Anliegen der politischen Bildung vorantreiben, wie etwa Jugendparlamente durch den „Dachverband Schweizer Jugendparlamente" (www.dsj.ch), politische Debattierclubs der „Stiftung Dialog – Campus für Demokratie" (www.jugenddebattiert.ch), Fragen der Menschenrechtsbildung (www.humanrights.ch/de/Einstieg/index.htmlc, vgl. auch (www.ihrf.phz.ch/aktuelles/aktuelles/article/menschenrechtsbildung-in-der-schule), Anliegen des Globalen Lernens und der Bildung für Nachhaltigkeit (www.education21.ch) oder das Anregen einer grundsätzlichen Auseinandersetzung mit nationaler Politik im Verein „Schulen nach Bern" (www.schulen-nach-bern.ch).
Südtirol	Für *Südtirol* und die dortigen Grundlagen der politischen Bildung sind vor allem drei Anlaufstellen zu beachten, nämlich die Angebote der Provinz Bozen zur „cittadianza attiva" (http://www.provinz.bz.it/politische-bildung/), die Hinweise des „Pädagogischen Institutes für die deutsche Sprachgruppe"/Bozen (http://www.schule.suedtirol.it/pi/faecher/sozialkunde.htm) sowie der Zusammenschluss mehrerer Jugendorganisationen auf der Plattform www.politischebildung.it.

2. Verfügbarkeit von Unterrichtsmaterial

Es ist natürlich unmöglich, hier auch nur einen Bruchteil dessen zu präsentieren, was verschiedenste Vereine und Initiativen neben den Angeboten der Fachverlage zur Unterstützung des Sozialkunde- und Politikunterrichtes zur Verfügung stellen (z. B. www.politischebildung. ch oder www.politik-lernen.at/site/praxisboerse). Aus diesem Grund beschränken sich die hier getätigten Ausführungen auf punktuelle Hinweise, wie etwa online abrufbare Unterrichtsbausteine des österreichischen „Forums Politische Bildung", welches wie bereits erwähnt auf seiner Internetseite (www.politischebildung.com) seit dem Heft 27/2006 der „Informationen zur politischen Bildung" alle Artikel und die dazugehörigen Unterrichtsmaterialien online zugänglich macht. In diesem Sinn steht dieses österreichische Angebot in der Tradition der gedruckten deutschen Varianten, wie etwa der „Themenblätter im Unterricht" der Bundeszentrale für politische Bildung (http://www.bpb. de/shop/lernen/themenblaetter/), „Politik & Unterricht" (http://www. politikundunterricht.de/) oder „Bausteine – Materialien für den Unterricht" (http://www.lpb-bw.de/bausteine.html), beides Publikationsorgane der Landeszentrale für politische Bildung Baden Württemberg.

Onlineangebote

Diese relativ bekannten Publikationsorgane werden ergänzt durch einige herausragende Angebote, wie etwa der Informationsplattform der Stiftung „Jugend und Bildung", auf der Lehrkräfte, Eltern sowie Lernende Informationen zu politischen, sozialen und ökonomischen Bereichen finden und auch Unterrichtsmaterialien im pdf-Format downloaden können (www.jugend-und-bildung.de/startseite). Ähnlich gut ausgestattet ist der internationale UNESCO Bildungsserver für Demokratie-, Friedens- und Menschenrechtserziehung „d@dalos", der eine Vielzahl an thematischen und methodischen Zugängen bietet, um sich mit Aspekten der politischen Bildung auseinanderzusetzen (http://www.dadalos-d.org/).

Gut anwendbare Anregungen bietet auch der „Didaktische Koffer zur schulischen politischen Bildung in Sachsen-Anhalt" des „Zentrums für Schul- und Bildungsforschung" der Martin-Luther-Universität Halle-Wittenberg (http://www.zsb.uni-halle.de/archiv/didaktischer-koffer/). In diesem werden anhand von ausgewählten inhaltlichen Beispielen methodische Zugänge präsentiert (u. a. Case Studies, Planspiele, Szenariotechnik) oder weiterführende Hinweise auf nutzbare Websites geben, welche für die politische Bildung furchtbar zu machen sind.

Digitale Ressourcen zu unterschiedlichsten Fragen der politischen Bildung und Staatsbürgerschaftskunde hält auch das „Schweizer Fernsehen" bereit (u. a. Kurzvideos mit Erklärungen, Arbeitsblätter etc.): http://www.sendungen.sf.tv/myschoolpolitik/Nachrichten/ Uebersicht.

Darüber hinaus sollte man die vielen potentiellen „Untersuchungsgegenstände" der digitalen Gesellschaft nicht vergessen, welche digitale Zugänge zu den unterschiedlichsten medialen Produkten von Parteien, Lobbygroups und der medialen Landschaft bieten. Es handelt sich dabei letztlich um ein unermessliches Reservoir an Ausgangsmaterialien für Aktivitäten der politischen Bildung, bei dessen Nutzung man die Lebenswelt der Lernenden, das Kontroversitätsgebot, die Aktualität u. v. m. als durchgängige Prinzipien beachten sollte.

3. „hands on"

Zu den Unterstützungsmechanismen, die am Beginn des 21. Jahrhunderts besondere Aufmerksamkeit erfahren, zählen Angebote im Internet, welche für den direkten Einsatz im Unterricht oder in der außerschulischen Bildungsarbeit konzipiert wurden, also virtuelle Anlaufstellen, um politische Lernprozesse zu unterstützen. Ähnlich wie in Museen, in denen man Objekte direkt „begreifen" kann, dienen solche digitalen „hands on"-Angebote der konkreten Beschäftigung mit Fragen des Politischen, um als Lernende/r damit unmittelbar arbeiten zu können. Dazu zählen Online-Fachlexika ebenso wie Simulationen, Onlinespiele o. Ä. Es gilt hier jedoch zu beachten, dass derartige Angebote oftmals das eigentliche Lernziel verkennen und den Unterhaltungscharakter zu stark in den Mittelpunkt stellen (z. B. Ausmalbilder). Die hier ausgewählten Beispiele stellen daher primär jene Internetseiten in den Mittelpunkt, welche politisches Lernen als Hauptabsicht verfolgen, einfache Wissenstests oder lustige Unterhaltungsspiele mit fragwürdigen Lernzielen finden keine Berücksichtigung.

Eine Reihe der online angebotenen Spiele sind demnach kritisch zu bewerten, da sie sehr einfach ausgestaltet sind, so dass es sich oftmals eben nur um kurzweiligeZuordnungsspiele handelt, wie etwa das „Grundrechtejogging" der „Landeszentrale für politische Bildung – Baden-Württemberg" (http://www.lpb-bw.de/onlinespiele/ grundrechtejogging/spiel/spiel.html). Auch jene Spiele, welche einen etwas kreativeren Weg einschlagen und sich etwa mit der Aufstellung eines Kandidaten für eine Wahl beschäftigen (z. B. „Kanzlersimulator" http://www.planet-schule.de/demokratie/kanzlersimulator/index.html), leisten oft nur einen oberflächlichen Einblick in die Gesamtproblematik und sind eher als Einstieg in die Thematik geeignet.

Erlebnisorientiertere und stärker an herkömmlichen Unterhaltungsquests ausgerichtete Spiele versuchen Informationsangebote rund um politische Themen mit alltagsweltlichen Aspekten zu verknüpfen und halten als Ergänzung spielerische Elemente bereit (z. B. die Frage des gesellschaftlichen Miteinanders und der politischen Partizipation in „Eugens Welt" (http://www.planet-schule.de/demokratie/eugenswelt/index.html) oder die Problematik rund um die Flucht von Menschen im Sinn einer Menschenrechtsbildung in „Last Exit Flucht" (http://www.lastexitflucht.org/againstallodds/). Weitaus einfacher konzipiert sind Spiele, welche versuchen, Daten- und Faktenwissen zu festigen, wie etwa die Onlinespiele rund um den deutschen Bundesrat, welche von der dortigen Presseabteilung zur Verfügung gestellt werden (http://foederalion.bundesrat.de/#!/spielen/). Einen guten Einstieg zur Orientierung zu diesem „spielerischen" Bereich des politischen Lernens bietet: http://www.politische-bildung.de/spiele.html.

Für den Erwerb eines differenzierten fachsprachlichen Vokabulars sowie einer kritischen Weiterentwicklung von politischen Konzepten existiert eine Vielzahl an virtuellen Nachschlagewerken. So stellt etwa die „Bundeszentrale für politische Bildung" acht Lexika in einer Onlineausgaben zur Verfügung (www.bpb.de/nachschlagen/lexika), um einen schnellen Zugriff zu gewährleisten. In diesem Bereich haben sich in den letzten Jahren auch zielgruppenorientierte Angebote für Kinder und Jugendliche etabliert, etwa ein Kinderlexikon von Hanisauland (www.hanisauland.de/lexikon), der Kinderseite der „Bundeszentrale für politische Bildung" mit der Möglichkeit, nicht nur Begriffe nachzuschlagen, sondern auch mit einer Redaktion zu kommunizieren, oder das österreichisches Politiklexikon für junge Leute (www.politik-lexikon.at), welches durch Förderungen des Bundesunterrichtsministeriums ausgestaltet wurde und fortlaufend erweitert wird, oder die schülerorientierten Angebote des österreichischen Parlaments (www.demokratiewebstatt.at/nc/wissen/demokratie-lexikon) bzw. des deutschen Bundestages (https://www.kuppelkucker.de/kinderlexikon/).

Für das Arbeiten mit Statistiken in der Begegnung mit journalis-

Zielgruppenspezifische Online-Lexika

tischen Textsorten bietet der österreichische Verein „Zeitung in der Schule/ ZIS" ein eigenes „Online-Game", welches den analytischen und kritischen Umgang mit statistischen Daten in unterschiedlichen Visualisierungen anhand von Beispielen aus der Tagespresse fördert: www.zis.at/index.aspx?id=29. Ein ähnliches, wenn auch weit differenzierteres Angebot hält auch eine Internetseite der „Neuen Züricher Zeitung" bereit, die einen Beitrag leisten möchte zur differenzierten selbstständigen Meinungsbildung: http://www.eigenemeinung.ch/. Einen Schritt weiter geht das Angebot für die Sekundarstufe I des Südwestrundfunks, das einen nicht uninteressanten mediendidaktischen Zugang über eine spielerisch ausgestaltete „Reporterschule" anbietet, in der Grundbegriffe erklärt werden und die Möglichkeit besteht, eigene Artikel als registrierte/r Reporter/-in zu verfassen (http://www.kindernetz.de/minitz/reporter/soWirstDuReporter).

Angebote für statistisches Arbeiten

Für das selbstständige Er- und Bearbeiten von statistischen Daten, welche im Zusammenhang mit sozialwissenschaftlichen Fragestellungen generiert wurden, ist es sinnvoll, auf „GrafStat" zurückzugreifen. Es handelt sich dabei um ein digitales Werkzeug für eine partizipativ angelegte Bildungsarbeit, welche Zugänge zum Bereich der Sozialforschung legt: www.bpb.de/lernen/unterrichten/grafstat/. In diesem Zusammenhang sollte man zudem die jeweiligen regionalen und nationalen statistischen Ämter nicht vergessen, da diese online eine Vielzahl an Daten für eine Interpretation oder Weiterverarbeitung bereithalten (z. B. für die Schweiz http://www.bfs.admin.ch/bfs/portal/de/index/themen.html).

Um sich persönlich politisch zu orientieren, bietet die Bundeszentrale für politische Bildung in Deutschland vor Wahlen das Tool „Wahl-O-Mat", welches nach Beantwortung von geschlossenen Fragen summativ die aktuelle politische Einstellung des Users errechnet (www.wahl-o-mat.de). Ähnlich funktioniert der österreichische Internetservice www.wahlkabine.at. Diese Seiten sollten jedoch nicht nur zur eigenen Orientierung herangezogen werden, sondern auch als Reflexion, welche Frage in welchem politischen Lager wohl wie beantwortet wird. Ein vergleichbares Angebot existiert auch für die Schweizer Parteienlandschaft: http://www.parteienkompass.ch/index.php.

Angebote von Parlamenten

Gerade nationale und regionale Parlamente bemühen sich zusehends um Kinder und Jugendliche, weshalb deren online Angebote (welche ganz unterschiedliche Qualitäten aufweisen) durchaus Beachtung finden sollten: www.demokratiewebstatt.at (Österreich), www.juniorparl.ch (Schweiz) oder www.kuppelkucker.de (Deutschland) sowie regionale Zugänge z. B. unter www.jularockt.at (Salzburg), www.jugend.landtag-bz.org (Südtirol) oder www.landtag.rlp.de/jugendbereich/index.asp (Reinland-Pfalz).

Das österreichische Parlament bietet darüber hinaus in regelmäßigen Abständen Chats mit Politikern/-innen an, bei denen Schüler/-innen sich mit ihren Volksvertreter/-innen über aktuelle Themen unterhalten und ihre Meinungen abgeben können: www.demokratiewebstatt.at/parlament/chats-mit-politikerinnen. Ein ähnliches Angebot hält auch die Internetseite www.meinparlament.at bereit, auf der man Anfragen an österreichische Parlamentarier/-innen und Minister/-innen stellen kann.

Zusehends werden jedoch auch speziellere Web 2.0-Anwendungen im Bereich der politischen Bildung entdeckt, um ein ortsungebundenes, zeitversetztes und interaktives Lernen zu ermöglichen, das dabei durchaus auch den individuellen Lernbedürfnissen einzelner Schüler/-innen im Sinn einer Individualisierung entgegenkommt. Ein Angebot in diesem Bereich sind Wikis, also Webseiten, auf denen unterschiedliche Benutzer/-innen gemeinsam Inhalte in Form eines Hypertextes gestalten können. Neben Angeboten im Internet, welche dafür freien Webspace zur Verfügung stellen, existieren immer mehr spezifische pädagogische Angebote, welche ein digitales Lernsetting vorstrukturieren, um eine effizientere Lernumgebung zu gewährleisten. Dazu zählen etwa die Angebote der Europäischen Union (z. B. das zum bilateralen Austausch zwischen Schüler/-innen verschiedener Nationen konzipierte www.etwinning.net) oder auch die fachspezifische österreichische multimediale Wikiplattform für eine interaktive politische Bildung „Polipedia" (www.polipedia.at).

Ein weit weniger interaktives, aber dafür umso akkurater gearbeitetes Medienprodukt stellt die Kinder-Internetseite der „Bundeszentrale für politische Bildung" dar (www.hanisauland.de). Neben dem bereits erwähnten Lexikon existierten dort etwa Comics, welche gesellschaftliche und politische Fragen aufgreifen, weiterführende zielgruppenabgestimmte Links zum Bereich der politischen Bildung oder mediendidaktische Hintergründe zur Analyse von filmischen Darstellungen.

Ebenfalls eher passiv angelegt, aber nicht minder informativ, ist die Seite der Schweizer Parlamentsdienste (vgl. http://www.civicampus.ch), welche über einen Cartoon einen grundlegenden Einblick in das aktive und passive Wahlgeschehen sowie in die politischen Partizipationsmöglichkeiten in der Schweiz bietet (http://www.tellvetia.ch).[1]

4. Fazit

Je nach Durchdringungsbedürfnis der politischen Bildner/-innen stehen damit neben der wissenschaftlichen Auseinandersetzung mit fachdidaktischen Fragen auch methodisch-didaktische Bausteine sowie fertige Lernarrangements zur Verfügung, die je nach Einsatz hinsichtlich ihrer Brauchbarkeit und der Zielgruppenangemessenheit geprüft werden müssen.

Anmerkung

[1] An dieser Stelle gilt es Christoph Stuhlberger (PH Salzburg/Österreich) und Béatrice Ziegler (PH der FHNW/Schweiz) zu danken, die meine Überlegungen für diesen Beitrag durch Hinweise tatkräftig unterstützten.

III.
Praxisfelder

Norbert Neuß

Vorschulische Einrichtungen

Wann beginnt eigentlich politisches Lernen oder politische Sozialisation? Ist dies überhaupt schon im Kindergartenalter relevant? Bei der Beantwortung dieser Fragen kommt es darauf an, was man unter politischem Lernen versteht. Im Hinblick auf den frühkindlichen Bildungsbereich geht es weniger um das kognitive Wissen über politische Strukturen, Ziele und Konzepte. Vielmehr kommt es im Kindergarten auf erzieherische Strategien an, die demokratieaffine Ziele verfolgen. Begreift man Erziehung als Funktion von Gesellschaft, dann muss auch ein Zusammenhang zwischen der Gesellschaftsordnung und dem Erziehungsverständnis bestehen. In diesem Sinne sind verschiedene Themenbereiche in den letzten Jahren verstärkt in der Elementarpädagogik beachtet worden. Da sind zunächst Themen wie Partizipation von Kindern in Kindertageseinrichtungen und der Umgang mit Vorurteilen zu nennen. Vor dem Hintergrund globaler Umweltveränderungen ist auch das Thema „Nachhaltigkeit" als gesellschaftlich und pädagogisch relevantes Thema in den Blick geraten. Alle drei Themen sind für den Elementarbereich und die Bildung von Kindern so bedeutsam geworden, dass sie auch teilweise in den bundeslandspezifischen Bildungsplänen für Kindertagesstätten verankert sind.

Politisches Lernen

1. Mündigkeit und Partizipation

Die Förderung von Mündigkeit und Selbstständigkeit von Kindern ist ein zentrales Ziel der Pädagogik. Dieses Ziel ist untrennbar mit der Epoche der Aufklärung verbunden. „Mündigkeit" als Anliegen und Anspruch der Aufklärung wird von dem deutschen Philosophen Immanuel Kant in folgender Formulierung von 1784 negativ bestimmt: „Unmündigkeit' ist das Unvermögen, sich seines Verstandes ohne Leitung eines anderen zu bedienen. ‚Selbstverschuldet' ist diese Unmündigkeit, wenn die Ursache derselben nicht am Mangel des Verstandes, sondern der Entschließung und des Mutes liegt, sich seiner ohne Leitung eines andern zu bedienen." Unter Mündigkeit kann verstanden werden, wenn Menschen selbst in der Lage

Mündigkeit

sind oder gefördert werden, sich selbst, die Gesellschaft und die Welt zu verstehen, dementsprechend selbstbestimmte Entscheidungen zu treffen, um verantwortungsbewusst zu handeln. Dass dieses Ziel auch direkt das Handeln von Erziehern/-innen beeinflusst, kann im Alltag vielfach beobachtet werden. Grundlage für ein partizipatives Denken in Kindertagesstätten war mit Entwicklung des Situationsansatzes gelegt. Damit ging eine Reform hinsichtlich der Öffnung der Kindergärten nach innen und nach außen einher. Die Öffnung nach außen beinhaltet beispielsweise die Mitarbeit der Eltern oder das gemeinwesenorientierte Arbeiten, die Öffnung nach innen meint dagegen eine Öffnung der Gruppenstrukturen. Offene Konzeptionen versuchen, einen Bildungsanspruch umzusetzen, der die Vielfalt der kulturellen Lernmöglichkeiten sichert, indem er die räumliche, konzeptionelle und personelle Planung auf die Spiel- und Entwicklungsbedürfnisse der Kinder ausrichtet (vgl. Zimmer 1995).

In den letzten zehn Jahren ist auch das Thema „Partizipation" im Elementarbereich intensiv bearbeitet worden. Die rechtlichen Grundlagen dafür wurden bereits früh in der UN-Kinderrechtskonvention gelegt, die 1990 von der Bundesrepublik Deutschland unterzeichnet wurde und am 5. April 1992 für Deutschland in Kraft getreten ist. Im Artikel 12 heißt es: „Die Vertragsstaaten sichern dem Kind, das fähig ist, sich eine eigene Meinung zu bilden, das Recht zu, diese Meinung in allen das Kind berührenden Angelegenheiten frei zu äußern, und berücksichtigen die Meinung des Kindes angemessen und entsprechend seinem Alter und seiner Reife." Dieser Anspruch ist auf unterschiedliche Weise in den bundeslandspezifischen Kita-Bildungsplänen und Kindertagesstättengesetzen eingearbeitet. Sehr umfassend findet sich das Thema Partizipation beispielsweise im Bayerischen Bildungs- und Erziehungsplan: „Beteiligung bedeutet Partizipation im Sinne von Mitwirkung, Mitgestaltung und Mitbestimmung. Sie gründet auf Partnerschaft und Dialog. Partizipieren heißt, Planungen und Entscheidungen über alle Angelegenheiten, die das eigene Leben und das der Gemeinschaft betreffen, zu teilen und gemeinsam Lösungen für anstehende Fragen und Probleme zu finden." (Bayerischer Bildungs- und Erziehungsplan 2012, 389) Als Bildungsziele werden explizit die „Fähigkeit und Bereitschaft zur demokratischen Teilhabe" genannt und weiter differenziert. (ebd., 390). „Kinderbeteiligung erweist sich als Kernelement einer zukunftsweisenden Bildung- und Erziehungspraxis, sie ist der

Schlüssel zu Bildung und Demokratie. Sie hat einen breiten Einsatzbereich und einen hohen Wirkungsgrad. Bildungsprozesse, die von Kindern und Erwachsenen partnerschaftlich und gemeinsam gestaltet werden, steigern den Lerngewinn der Kinder auf beeindruckende Weise. Kinder bringen Ideenreichtum und Perspektivenvielfalt ein, wenn sie bei Planungs- und Entscheidungsprozessen unterstützt werden." (ebd.) Positiver Einfluss von Partizipation wird auch im Hinblick auf weitere Bildungsbereiche, wie zum Beispiel beim Thema Sprachkompetenz, hervorgehoben. Auch andere Bildungspläne greifen den Partizipationsgedanken auf.

Didaktische Materialien für die Praxis zum Thema Partizipation wurden bereits 2001 im Deutschen Jugendinstituts (DJI) entwickelt. Der Materialsatz „Partizipation – ein Kinderspiel?" betont, dass Partizipationsangebote vor allem dann gut funktionieren, „wenn sie spielerische Methoden enthalten oder so angelegt sind, dass sie genügend Freiraum bieten, um kreativ zu experimentieren, sich zu entwickeln und etwas gemeinsam zu gestalten. Dann können alle Beteiligten erleben, dass etwas in Bewegung kommt, sei es unter den Kindern und Jugendlichen, sei es im Zusammenspiel mit den Erwachsenen." (Bruner u. a. 2001, 8) Konkret soll Partizipation im Kindergarten durch Kinderkonferenzen, Vollversammlungen, Kinderparlamente, Gruppenversammlungen, Ausschüsse und Partizipationsprojekte umgesetzt werden.

Didaktische Materialien

Die Autorengruppe um Hansen, Kanuer und Sturzenhecker (2011, 2013) haben das Modell „Kinderstube der Demokratie" entwickelt. Der Grundgedanke ihrer Aktivitäten lautet: „Politische Bildung erwerben Kinder, wenn sie in den Kindertageseinrichtungen die Möglichkeit haben, demokratische Handlungskompetenzen zu entwickeln." (Hansen/Knauer/Friedrich 2004, 66). Dementsprechend arbeiten die Autoren z. B. in Fortbildungen mit Kita-Teams daran, Partizipation strukturell in Kindertagesstätten zu verankern. „Demokratiebildung verlangt, schon in Kindertageseinrichtungen die Machtverteilung zwischen den Fachkräften und den Kindern zu thematisieren. Während bislang die erwachsenen „Herrscher" stets das Recht auf das letzte Wort hatten, wird in Kinderstuben der Demokratie verbindlich geklärt, worüber das „Volk" der Kinder (mit) bestimmen darf." (Hansen 2012, 29). Ähnlich den Instrumenten und Organen der Demokratie solle es eine verfassungsgebende Versammlung geben, in der die Mitentscheidungsrechte der Kinder geklärt werden und diese dann in einer Kita-Verfassung im Konsens

Idee einer Kita-Verfassung

verabschiedet werden. Ziel dieser schriftlichen Verfassung ist es, die Partizipation der Kinder von der Willkür der Erzieher/-innen unabhängig zu machen. So wird z. B. in einer Kita-Verfassung im § 13 zum Thema „Hygiene" folgendes geregelt: „(1) Die Kinder haben das Recht mitzuentscheiden, ob, wann und von wem sie gewickelt werden. Die pädagogischen Mitarbeiterinnen und Mitarbeiter behalten sich jedoch das Recht vor zu bestimmen, dass ein Kind gewickelt werden muss (...)" (Hansen 2012, 30). Es folgen weitere „Ausführungsvorschriften", die klären, wann die Erzieherin selbst entscheiden darf, wann das Kind gewickelt werden muss (z. B. „wenn sich andere Personen durch die Ausscheidungen des Kindes belästigt fühlen"). Andere Entscheidungs- und Handlungsbereiche wie „Kleidung", „Regeln" und „Essen" werden „gesetzlich" durch entsprechende Paragraphen geregelt. Eine solche Kita-Verfassung wird als Partizipationsmethode betrachtet, die im Team der Erzieherinnen zu intensiven Diskussions- und Aushandlungsprozessen führt und erzieherische Vorstellungen hinterfrage.

Partizipationsansätze Auf der Website www.partizipation-und-bildung.de wird auch die praktische Arbeit in Kindertagesstätten dargestellt. Auch das BMFSFJ (2010) hat „Qualitätsstandards für Beteiligung von Kindern und Jugendlichen" hervorgehoben und betont: „Kindertageseinrichtungen arbeiten mit Kindern unterschiedlichen Alters. In einer Demokratie darf das Recht auf Beteiligung keine Frage des Alters sein. Jedes Kind hat ein Recht darauf, seine Interessen zu äußern und mit diesen auch berücksichtigt zu werden. Partizipation wird so vor allem zu einer Frage der pädagogischen Gestaltung." (BMBFSFJ 2010, 14).

Grenzen und Kritik Auch wenn derartige Partizipationsansätze zunächst sehr fortschrittlich und demokratiebildend erscheinen, lassen sich hierzu ein paar kritische Anmerkungen kaum umgehen. Zunächst ließe sich einwenden, dass mit dem Festlegen von Paragraphen in Kita-Verfassungen eine Verregelung, Formalisierung und Verbürokratisierung des pädagogischen Handelns stattfindet. Gerade weil pädagogisches Handeln von vielfältigen Faktoren und Umständen abhängig ist, kann nicht für jede Situation ein Gesetz oder Paragraph geschaffen werden. Dies müsste außerdem Regelungen bei Zuwiderhandlung und Sanktionen einschließen.

Auch wenn sich in der Frühpädagogik das Bild vom kompetenten Kind durchsetzt, erscheint es wichtig, die kognitiven und sprachlichen Kompetenzen von Vorschulkindern als Grundlage für eine partizipative Pädagogik zu beachten. Kinder im Vorschulalter besitzen z. B. kein „Strukturwissen". Wenn also Kinder an Finanz- oder Personalentscheidungen in Kitas beteiligt werden sollen, können sie in der Regel nicht abschätzen, welche Konsequenzen dies in anderen Bereichen (z. B. für das Team, den Träger usw.) noch mit sich bringt. Hier besteht die Gefahr, dass Kinder an Entscheidungen beteiligt werden, die sie aufgrund der Komplexität der Entscheidungsstruktur überfordern und dass dieses Verständnis der Partizipation nur deshalb angestrebt wird, um die selbstgesetzten Ansprüche der Pädagogen zu bedienen. Kinder würden somit für die Ziele von Erwachsenen instrumentalisiert. Hinzu kommt, dass Beteiligung immer auch etwas mit Verantwortung zu tun hat. Daher sollte auch thematisiert werden, in welchen Bereichen man Kindern auch diese Verantwortung „auflasten" will und darf.

Kaum thematisiert wird von den vorgestellten Ansätzen, dass es sich bei dem Thema um eine pädagogische Antinomie handelt. „Mündigkeit" und „Partizipation" als pädagogische Ziele stehen jedoch vor einer unauflösbaren pädagogischen Schwierigkeit. „Mündigkeit" wird als pädagogisches Ziel formuliert und soll durch verschiedene Methoden unterstützt werden. Gleichzeitig unterstellt die Entscheidung „Erziehung zur Mündigkeit und Partizipation" bereits die Unfähigkeit des Heranwachsenden dazu. Hinzu kommt, dass das, was gewollt wird, nur vom Heranwachsenden selbst hervorgebracht werden kann.

Kritisch ist auch zu fragen, ob durch das positiv besetzte Anliegen der Partizipation und der frühen Förderung demokratischer Kompetenzen ein antipädagogisches Kindheits- und Erziehungsbild reanimiert wird oder werden soll. Die Antipädagogik hatte die Forderung jegliche Ungleichheit vollständig abzuschaffen, den Machtmissbrauch der Erziehungspersonen zu unterbinden, da kein Mensch erziehungsbedürftig sei. Kinder seien von Geburt an zur Selbstbestimmung und Selbstverantwortung fähig und haben ein Recht auf Autonomie. Erziehung sei daher nicht notwendig (vgl. Braunmühl 1989). Wichtig wäre, das grundsätzliche pädagogische Problem noch deutlicher zu formulieren. Einerseits sollen Kinder zunehmend selbstbestimmter, mündiger und eigenverantwortlicher werden, andererseits werden sehr viele Dinge im Alltag stellvertretend von Erwachsenen für sie geregelt. Also kommt es auf eine ausbalancierte Verantwortungsübergabe an, die Kindern Entscheidungsrechte und auch Verantwortung in Themenfeldern einräumt, die sie tatsächlich überblicken und mitverantworten können.

Reanimation der Antipädagogik?

2. Anti-Bias-Approach in der Elementarpädagogik

Ansatz gegen Vorurteile und Stereotypen

Die Grundlage der vorurteilsbewussten Erziehung und Bildung im Kindergarten ist der Anti-Bias-Ansatz, der insbesondere von Louise Derman-Sparks Mitte der 1980er Jahre in Kalifornien mitbegründet wurde. Ausgangspunkt des Ansatzes bilden Alltagserfahrungen und Beobachtungen von bereits bei 3-5jährigen Kindern, die zeigen, dass bei ihnen bereits Vorurteile und Stereotypen vorhanden sind. „Der Anti-Bias-Ansatz ist wörtlich übersetzt ein ‚Ansatz gegen Einseitigkeit': Mit ‚bias' bezeichnet man Schieflagen oder Engführungen bei der Betrachtung sozialer Wirklichkeit, die dazu führen, dass nur bestimmte Aspekte gesehen und viele andere ausgeblendet werden. Das ‚Anti' im Anti-Bias-Ansatz drückt die Ablehnung solch einseitiger Betrachtungsweisen aus. Positiv verstanden heißt es: Man unternimmt bewusste Anstrengungen, um auch die Aspekte in den Blick zu nehmen, die üblicherweise ausgegrenzt oder ignoriert werden." (Wagner, 2003, 34). Im Mittelpunkt steht der Umgang in Kindertageseinrichtungen in Hinblick auf kulturelle Unterschiede. Ausgrenzungs- und Abwertungsprozesse wie „Du bist fett!" oder: „Der ist schwarz!" zeigen, dass Kinder bereits im Kindergartenalter Unterschiede wahrnehmen und wissen, dass bestimmte Merkmale von Menschen verschieden beurteilt werden. Laut diesem Ansatz könne dies dazu führen, dass Kinder Stereotype und Vorurteile über Menschen übernehmen, die sich von ihnen und ihrer Familie unterscheiden, jedoch nicht notwendigerweise aus dem direkten Kontakt mit diesen Menschen, sondern hauptsächlich aus der Begegnung mit gesellschaftlich gängigen Vorstellungen über sie, die beispielsweise in Filmen oder Bilderbüchern vorzufinden sind (vgl. Blaschke 2006, 77). So wurden beispielsweise erst kürzlich in Deutschland Kinderbücher wie Pippi Langstrumpf sprachlich angepasst und es wurden rassistische Begriffe wie „Negerkönig" umformuliert (z. B. in Südseekönig).

Vier Ziele des Anti-Bias-Ansatzes

Bei der Arbeit nach dem Anti-Bias-Ansatz geht es darum, gesellschaftliche Probleme wie Stereotypisierung, Vorurteilsbildung und Diskriminierung zu beachten und dagegen erzieherisch anzugehen. Dazu formulierte Derman-Sparks vier Ziele:

„1. Ziel: Jedes Kind muss Anerkennung und Wertschätzung finden, als Individuum und als Mitglied einer bestimmten sozialen Gruppe, dazu gehören Selbstvertrauen und ein Wissen um seinen eigenen Hintergrund.

2. Ziel: Auf dieser Basis muss Kindern ermöglicht werden, Erfahrungen mit Menschen zu machen, die anders aussehen und sich anders verhalten als sie selbst, so dass sie sich mit ihnen wohlfühlen und Empathie entwickeln können.
3. Ziel: Das kritische Denken von Kindern über Vorurteile, Einseitigkeiten und Diskriminierung anzuregen heißt auch, mit ihnen eine Sprache zu entwickeln, um sich darüber verständigen zu können, was fair und was unfair ist.
4. Ziel: Von da aus können Kinder ermutigt werden, sich aktiv und gemeinsam mit anderen gegen einseitige oder diskriminierende Verhaltensweisen zur Wehr zu setzen, die gegen sie selbst oder gegen andere gerichtet sind" (Wagner, 2003, 52).

Diese vier Ziele bauen aufeinander auf und stärken sich gegenseitig. Im Anti-Bias-Ansatz wird bei der Analyse von Lebenssituationen diese Differenzierung vorgenommen, indem aufgefordert wird, die Familienkultur jedes einzelnen Kindes in der Kita in Erfahrung zu bringen und sichtbar zu machen. Darüber hinaus sollen Erzieher und Erzieherinnen Unterschiede mit Kindern thematisieren, um ihre Theorien und Deutungen bei der Konstruktion von Unterschieden mit ihren Wertungen herauszufinden.

Thematisierung von Unterschieden

Beispiel: In einer Kindertagesstätte bemerkten die Erzieher/-innen, dass in ihrer Gruppe die Familiensprache und die Akzente bestimmter Kinder immer wieder Anlass für Hänseleien waren. Besonders ein Kind, dessen Familiensprache eine westafrikanische Stammessprache ist, verstummte und zog sich oft zurück. Auf der Grundlage der Situationsanalyse thematisierten die Erzieher/-innen daraufhin mit den Kindern, welche Sprachen in ihrer Gruppe vorhanden sind. Grundsatz dabei war, auf der Grundlage von Gemeinsamkeiten Unterschiede anzusprechen (vgl. Wagner u. a. 2006, 19 f.). Das Thematisieren von Unterschieden ist hierbei nicht in einem kulturvergleichenden Sinn gedacht, der die Unterschiede hervorhebt. Ziel des Anti-Bias-Ansatz ist es vielmehr die kulturelle und sonstige Vielfalt als das „Normale" zu sehen, das im Alltag thematisiert werden muss und das aufgreift, was die Kinder im Kontext ihrer biographischen Hintergründe mit ausmacht.

Wagner (2008) fordert, dass Voraussetzungen für diese Art von Selbst- und Praxisreflexion in die Ausbildung der pädagogischen Fachkräfte integriert werden müssen, denn der Ansatz der vorurteilsbewussten Erziehung und Bildung setzt bei den pädagogischen Fachkräften und Kindertageseinrichtungen an (vgl. Wagner 2008, 217 f.).

Damit ein Kindergarten offener und bewusster mit Unterschieden arbeitet und ein Ort für jede Familie wird, muss er erst umgestaltet werden und die altbekannten Strategien und Strukturen der Interkulturellen Pädagogik müssen von Grund auf verändert werden, weshalb die Veränderung schon in der Ausbildung beginnen muss (vgl. ebd.).

Im Hinblick auf die konkrete Arbeit in Kindertagesstätten legen Brendah Gaine und Anke van Keulen (2000) ein Handbuch vor, welches die Strategien und Grundprinzipien für eine vorurteilsbewusste Erziehung aufzeigt. Ziel ist es, Pädagoginnen in der Ausbildung einen antidiskriminierenden, Vielfalt respektierenden Ansatz nahezubringen und sie mit vorurteilsbekämpfenden Handlungsweisen und Methoden vertraut zu machen.

Ausblick

Im Hinblick auf eine frühe politische Sozialisation von Kindern sind es vor allem erzieherische Strategien, die demokratieförderlich wirken sollen. Bei ihrer Umsetzung sind die spezifischen Bedingungen des Handlungsfeldes, der Anspruch der Entwicklungsangemessenheit der Maßnahmen und die Pluralität von Erziehungsstilen der Fachkräfte zu beachten. Bei der Umsetzung partizipativer und vorurteilsbewusster Erziehungsmaßnahmen ist zukünftig noch stärker darauf zu achten, dass eine gewisse Einseitigkeit der Forderungen und ihrer Umsetzung vermieden werden. Konzeptionell wird der Anspruch der Inklusion viele der zuvor genannten Ziele aufgreifen und integrieren können. Strukturell wird Öffnung und Beteiligung von Kindern und Eltern in Kindertagesstätten auch durch Early-Excellence-Konzepte vorangetrieben werden.

Literatur

Blaschke, Gerald 2006: Interkulturelle Erziehung in der frühen Kindheit. Grundlagen-Konzepte-Qualität. Berlin
Booth, T./Ainscow, M./Kingston, D. 2006: Index für Inklusion. Lernen, Partizipation und Spiel in der inklusiven Kindertageseinrichtung entwickeln. Hrsg. von der Gewerkschaft Erziehung und Wissenschaft, Frankfurt/M.
Braunmühl, Ekkehard von 1989: Antipädagogik. Studien zur Abschaffung der Erziehung. Weinheim und Basel

Bruner, C.F./Winkelhofer, U./Zinser, C. 2001: Partizipation – ein Kinderspiel? München

Bundesministerium für Familie, Senioren, Frauen und Jugend (BMFSFJ) 2010: Für ein Kindgerechtes Deutschland. Qualitätsstandards für Beteiligung von Kindern und Jugendlichen. Allgemeine Qualitätsstandards und Empfehlungen für die Praxisfelder Kindertageseinrichtungen, Schule, Kommune, Jugendarbeit und Erzieherische Hilfen. Berlin

Derman-Sparks, Louise and the A.B.C. Task Force 1989: Anti-Bias-Curriculum. Tools for Empowering Young Children. National Association for the Education of Young Children. Washington D.C.

Dittmann, M. 2000: Die Kinderkonferenz – nur ein neuer Name für den Stuhlkreis? In: Dittmann, M. (Hrsg.): Werkstatt Situationsansatz. Ein Arbeitsbuch mit vielen Berichten aus der Praxis. Weinheim und Basel, S. 70-76

Gaine, B, Keulen, A. v. 2000: Wege zu einer vorurteilsbewussten Kleinkindpädagogik. Handbuch für Auszubildende und Lehrkräfte. Arbeitsmaterialien des Projekts in Kinderwelten. Berlin

Hansen, R. 2012: Die Kinderstube der Demokratie – Demokratiebildung in Kindertageseinrichtungen. In: Jugendhilfe, Ausgabe 1, S. 27-32

Hansen, R./Knauer, R./Friedrich, B. 2004: Die Kinderstube der Demokratie. Partizipation in Kindertageseinrichtungen. Kiel

Hansen, R./Knauer, R./Sturzenhecker, B. 2011: Partizipation in Kindertageseinrichtungen. So gelingt Demokratiebildung mit Kindern! Weimar/Berlin

Hansen, R./Knauer, R./Sturzenhecker, B. 2009: Die Kinderstube der Demokratie. Partizipation von Kindern in Kindertageseinrichtungen. In: TPS (2) 2009, S. 46-50

Hansen, R./Knauer, R. 2013: Partizipation – eine didaktische Herausforderung. In: Neuß, N. (Hrsg.): Grundwissen Elementardidaktik. Berlin

Wagner, P. 2003: Anti-Bias-Arbeit ist eine lange Reise. Grundlagen vorurteilsbewusster Praxis in Kindertageseinrichtungen. In: Preissing, Christa/Wagner, Petra: Kleine Kinder – Keine Vorurteile? Freiburg

Wagner, Petra 2008: Vielfalt respektieren, Ausgrenzung widerstehen – aber wie? Anforderungen an pädagogische Fachkräfte. In: Wagner, Petra (Hrsg.): Handbuch Kinderwelten. Vielfalt als Chance. Grundlagen einer vorurteilsbewussten Bildung und Erziehung. Freiburg

Zimmer, J. 1995: Der Situationsansatz als Bezugsrahmen der Kindergartenreform. In: Zimmer, J. (Hrsg.): Erziehung in früher Kindheit. Stuttgart, S. 21-38

Kerstin Pohl

Schulischer Fachunterricht

Politische Erziehung ist schon immer eine zentrale Aufgabe der Schule, sie ist geradezu ein „Gründungsmotiv" für die Schule der Neuzeit (Sander 2013, 115). Von dem, was heute üblicherweise als politische Bildung bezeichnet wird, war die bis zur Mitte des 20. Jahrhunderts vorherrschende politische Erziehung aber weit entfernt: Sie diente vor allem dazu, Schülerinnen und Schüler zur Affirmation der bestehenden politischen Systeme und der existierenden Machtverhältnisse zu bewegen, um diese zu stabilisieren. Im Gegensatz zur politischen Erziehung verweist der Begriff politische Bildung nicht nur auf die Erfordernisse des politischen Systems, sondern auch auf die zu bildenden Individuen. Die Entwicklung politischer Mündigkeit als Ziel der politischen Bildung schließt immer die Möglichkeit ein, dass die mündigen Individuen das bestehende politische System verändern möchten. Politische Bildung produziert also einen „normativen Überschuss" (vgl. Massing 2011, 125). Für ein demokratisches politisches System sind die Mitgestaltung des politischen Prozesses und die Weiterentwicklung der Demokratie durch mündige Bürgerinnen und Bürger jedoch konstitutiv. Eine Demokratie braucht politisch mündige Bürgerinnen und Bürger und muss insofern Interesse an einer politischen Bildung haben, die diesen normativen Überschuss hervorbringt.

Mündigkeit

1. Herausforderungen für die politische Bildung als Unterrichtsfach

Die Frage, ob dafür ein eigenständiges Unterrichtsfach Politische Bildung notwendig ist, hat die Kultusministerkonferenz 1950 für die Bundesrepublik Deutschland positiv beantwortet. In den „Grundsätzen zur politischen Bildung" heißt es nicht nur, „politische Bildung [ist] ein Unterrichtsprinzip für alle Fächer", sondern auch, „es wird empfohlen, zur Vermittlung dieses Stoffwissens und zur Auseinandersetzung mit aktuellen Fragen, soweit dies nicht in anderen Unterrichtsfächern möglich ist, vom 7. Schuljahr ab Unterricht in

Einrichtung des Unterrichtsfaches

besonderen Fachstunden zu erteilen" (zitiert nach Kuhn/Massing/ Skuhr 1993, 151).
Seitdem hat sich die Politische Bildung als Unterrichtsfach in allen Bundesländern etabliert. Ihre Profilbildung ist aber im Vergleich zu anderen Fächern aus mehreren Gründen bis heute erschwert: Der oben zitierte Beschluss der KMK stellt den Ländern die Benennung des Faches frei. Das führt nicht nur zu zahlreichen unterschiedlichen Fachbezeichnungen, sondern auch zu unterschiedlichen inhaltlichen Schwerpunktsetzungen der Bundesländer, die über die im Föderalismus üblichen Abweichungen weit hinausgehen. Neuerdings wird durch Fachbezeichnungen wie „Politik und Wirtschaft" in vielen Bundesländern der Stellenwert der Wirtschaft besonders betont, die einen klassischen Teilbereich der politischen Bildung darstellt. Zudem gibt es in den einzelnen Bundesländern, Schulformen und Schulstufen jeweils unterschiedliche Kombinationsfächer der Politischen Bildung mit anderen Fächern aus dem gesellschaftswissenschaftlichen Lernbereich wie Recht, Geographie oder Geschichte oder – vor allem in den letzten Jahren stark zunehmend – Wirtschaft. In der Primarstufe ist die politische Bildung Teil des Sachunterrichts. Nach dem Perspektivrahmen der Gesellschaft für die Didaktik des Sachunterrichts gehört sie zur sozialwissenschaftlichen Perspektive, die gemeinsam mit der naturwissenschaftlichen, geographischen, historischen und technischen Perspektive das Unterrichtsfach ausmacht (vgl. GDSU 2013). In der Berufsschule orientiert sich der politisch-ökonomische Unterricht meist an den Vorgaben der Kammerprüfungen, in denen Wissen über Rechte und Pflichten in der Ausbildung und am Arbeitsplatz einen großen Stellenwert einnimmt.

<small>Profilbildung als Unterrichtsfach</small>

Die Lehrerinnen und Lehrer, die diese sehr unterschiedlichen Fächer unterrichten, sind meist nicht in allen Bezugsdisziplinen fachwissenschaftlich ausgebildet; häufig unterrichten sie auch vollständig fachfremd (vgl. Massing 2009, 26). Zudem leidet die Politische Bildung an der geringen Stundenzahl, die in der Sekundarstufe I für den gesamten Zeitraum nur zwischen zwei und sieben Jahreswochenstunden liegt, sodass sie häufig sogar nur als Einstunden-Fach unterrichtet wird (vgl. Sander 2013, 130).

Eine große Herausforderung ist neben der beträchtlichen Bandbreite der Inhalte auch die Anforderung, dass politische Bildung immer möglichst aktuell sein sollte. Kein Schulbuch veraltet so schnell wie ein Politikschulbuch, und gerade eine problemorientierte und exemplarische politische Bildung kann sich nicht auf die noch

<small>Aktualitätsanspruch</small>

immer vorwiegend systematisch aufgebauten Schulbücher als Leitmedien zur Strukturierung der Lernprozesse stützen. Ein aktueller Unterricht zur Frage der Rolle der internationalen Gemeinschaft und ihrer zuständigen Institutionen bei lokalen oder regionalen Konflikten stellt Anfang 2013 vermutlich Mali ins Zentrum, 2012 war es Syrien und 2011 Libyen. Für die Lehrkraft bedeutet dies, jedes Jahr neu zu planen und neue Materialien zusammenzustellen, wobei gesammelte Zeitungsartikel aus der eigenen Zeitung für einen kontroversen Unterricht mit Medienvielfalt nicht ausreichen. Unterstützung bieten hier die kostenfrei oder kostengünstig zugänglichen Materialien der Bundeszentrale wie der Landeszentralen für politische Bildung sowie didaktisch aufbereitete Materialsammlungen (bspw. Wochenschau, Praxis Politik, Politik betrifft uns) oder Onlineangebote unterschiedlicher Verlage. Auch politische Institutionen und Interessengruppen bieten eine Vielzahl von Materialien für den Unterricht an, wobei gerade von Interessengruppen mit diesen Materialien natürlich auch Werbung für die eigene Sache gemacht wird.

Politische Bildung als schulischer Fachunterricht stellt Lehrerinnen und Lehrer also vor viele Herausforderungen. Orientierung bietet ein politikdidaktisches Fachverständnis, das in zentralen Punkten unbestritten ist und sich in der wissenschaftlichen Diskussion über die letzten Jahre und Jahrzehnte etabliert hat (vgl. Pohl 2004, 336).

2. Das Fachverständnis in der Politikdidaktik

Politische Urteilskompetenz

Ein wichtiges, wenn nicht das wichtigste Ziel der politischen Bildung ist die *politische Urteilskompetenz* – oder, wie es bis vor einigen Jahren noch hieß: die politische Urteilsbildung. Politische Urteile sind mehr als Sachurteile, also deskriptive Aussagen, die Schülerinnen und Schüler über empirische Sachverhalte treffen. Sie schließen immer auch Werturteile ein, die sich an ethischen oder moralischen Maßstäben orientieren. Die Qualität von Sachurteilen bemisst sich nach dem Kompetenzmodell der Gesellschaft für Politikdidaktik und politische Jugend- und Erwachsenenbildung (GPJE), an der inhaltlichen Komplexität dieser Urteile, an formalen Kriterien wie Widerspruchsfreiheit und Strukturiertheit der Urteilsbegründung sowie an der Fähigkeit, sozialwissenschaftliche Theorien und Deutungsmuster angemessen zu berücksichtigen. Für die Qualität von Werturteilen ist der Universalisierungsgrad des Urteilsmaßstabs entscheidend: Ähnlich wie im Modell von Lawrence Kohlberg zur moralischen

Urteilsbildung sollte die politische Bildung anstreben, dass Schülerinnen und Schüler in ihren Urteilen zunehmend auch die Perspektiven anderer Menschen, Gruppen und schließlich auch Staaten berücksichtigen (vgl. GPJE 2004, 15; ein differenzierteres Modell verschiedener Urteilsarten findet sich bei Detjen u. a. 2012, 35-64). Bei der Bewertung von Urteilen sind fast alle Didaktikerinnen und Didaktiker zurückhaltend: In der Regel fordern sie, für die Bewertung nicht das Urteil selbst, sondern nur die Begründung des Urteils heranzuziehen. Zur Förderung der politischen Urteilsbildung im Unterricht gibt es praxisorientierte Vorschläge etwa von Detjen u. a. (2012, 57-64), Reinhardt (2012, 149-160) und Massing (1997) sowie in Frech/Richter 2013.

Seit seiner Formulierung durch Hans-Georg Wehling prägt der *Beutelsbacher Konsens* die Politikdidaktik (Wehling 1977). Das Überwältigungsverbot, das Kontroversitätsgebot und die Forderung, dass Schülerinnen und Schüler in die Lage versetzt werden sollen, die politische Lage zu analysieren und im Sinne ihrer Interessen zu beeinflussen, bilden in der schulischen politischen Bildung einen normativen Minimalkonsens (zur Kritik aus der außerschulischen Bildung vgl. Widmaier 2013). | Beutelsbacher Konsens als Minimalkonsens

Als weitere zentrale *politikdidaktische Prinzipien* für die schulische politische Bildung haben sich in der Politikdidaktik die Problemorientierung, die Exemplarität und die Schülerorientierung durchgesetzt.

Im Zentrum der politischer Bildung sollte in der Regel ein konkretes gesellschaftliches oder politisches *Problem* stehen. Dieses Problem muss die Lernenden dazu anregen, aktiv nach einer Lösung zu suchen. Im Laufe des Unterrichts werden unterschiedliche Sichtweisen und Lösungsmöglichkeiten erarbeitet, sodass die Lernenden am Ende der Unterrichtsreihe begründet dazu Stellung nehmen können, welche Sichtweisen sie teilen und welche Lösungen oder Lösungsvorschläge sie favorisieren. Wählt man ein Problem, zu dem ein aktueller politischer Konflikt existiert, bietet das die Chance, besonders die Prozessdimension der Politik (politics) und das konkrete Handeln der Akteure in den Blick zu nehmen. | Problemorientierung

Die bearbeiteten Probleme sollten einen *exemplarischen Charakter* haben, das heißt, die Erkenntnisse, die die Lernenden gewinnen, müssen sich so verallgemeinern lassen, dass sie im Anschluss auch für die Bearbeitung neuer Probleme fruchtbar gemacht werden können. Auf der Ebene des inhaltlichen Wissens sollten die Lernenden in der | Exemplarisches Lernen

Auseinandersetzung mit dem Problem ihre Basis- und Fachkonzepte weiterentwickeln, zudem sollte die Bearbeitung der Probleme einen Beitrag zur Förderung der politischen Urteils-, Handlungs- und Methodenkompetenz leisten.

Schülerorientierung Die *Schülerorientierung* hat zwei Aspekte: Zum einen müssen die Lernenden die Chance haben, als Subjekte den Unterricht so weit wie möglich mitzugestalten. Zum anderen muss der Unterricht die Lernenden dort abholen, wo sie stehen, und ihre eigenen Interessen berücksichtigen. Das bedeutet, dass die Lehrenden das Vorwissen und die Voreinstellungen der Lernenden zum jeweiligen Inhalt so gut wie möglich kennen sollten, um Inhalte und Wege des Lernens so zu gestalten, dass sie für die Lernenden anschlussfähig sind.

Handlungsorientierung Die *Handlungsorientierung* ist nur in Bezug auf einige ihrer Aspekte Teil eines breiten Fachkonsenses. Handlungsorientierung kann in der politischen Bildung sowohl Methode als auch Ziel sein. Einigkeit besteht darin, dass die politische Handlungskompetenz ein zentrales Ziel des politischen Unterrichts ist. Nach dem Kompetenzmodell der GPJE beinhaltet Handlungskompetenz, dass die Schülerinnen und Schüler „Meinungen, Überzeugungen und Interessen formulieren, vor anderen angemessen vertreten, Aushandlungsprozesse führen und Kompromisse schließen können" (GPJE 2004, 25; eine differenziertere Aufschlüsselung bietet das neue Kompetenzmodell von Detjen u. a. 2012, 65-88). Um Handlungskompetenz zu erlangen, werden handlungsorientierte Methoden präferiert, bei deren Anwendung die Lernenden ihre Handlungskompetenz üben können.

3. Neuere Kontroversen und Forschungsfragen

Fragen zum Bürgerleitbild und politischen Handeln der Lernenden Darüber hinaus bedeutet *Handlungsorientierung* aus Sicht einiger Politikdidaktiker/-innen aber auch, dass die Schülerinnen und Schüler zum politischen Handeln motiviert oder sogar zum realen politischen Handeln unmittelbar angeregt werden sollen. Gegen Ende der 1990er-Jahre wurde eine Diskussion wieder aufgegriffen, die schon um das Jahr 1960 geführt worden war: Es ging um die Frage, welches Bürgerleitbild für die politische Bildung angemessen ist. Wollen wir die Lernenden zu reflektierten Zuschauern erziehen, die lediglich als Wähler/-innen Einfluss im Rahmen der repräsentativen Demokratie nehmen? Oder möchten wir sie möglichst alle zu Aktivbürger/-innen machen, die sich dauerhaft und konstant politisch engagieren? Und sollten die Schülerinnen und Schüler – über das simulative politische Handeln beispielsweise in Planspielen hinaus – auch schon im Unterricht die Möglichkeit zum realen politischen Handeln erhalten, oder widerspricht das dem Überwältigungsverbot des Beutelsbacher Konsens? In der Diskussion wurde schnell deutlich, dass es nicht nur lerntheoretische und pragmatische Argumente, sondern vor allem demokratietheoretische Überzeugungen waren, die die Antworten bestimmten. Politikdidaktische Konzeptionen sollten daher über ihre demokratietheoretischen Grundannahmen Aufschluss geben (vgl. Massing 2011), und auch Lehrerinnen und Lehrer sollten reflektieren, ob ihr eigenes Demokratieideal eher repräsentativer oder partizipativer Art ist und wie es ihre didaktischen Vorstellungen und ihre Unterrichtspraxis beeinflusst.

Eine weitere kontroverse Frage, deren Beantwortung unmittelbare Auswirkungen auf die schulische Unterrichtspraxis hat, ist die Frage, was den „*Kern*" der schulischen politischen Bildung bilden sollte. Soll die Politik im engeren Sinne im Zentrum stehen und gesellschaftliche, rechtliche sowie wirtschaftliche Inhalte werden vor allem in ihrer Funktion als Rahmenbedingungen und Ergebnisse politischer Entscheidungen in den Blick genommen? Oder haben diese Inhalte einen gleichberechtigten Stellenwert? Auch wenn die Rahmenpläne den Lehrenden in allen Bundesländern diesbezüglich unterschiedliche Vorgaben machen, besteht oft zumindest ein gewisser Entscheidungsspielraum bei der konkreten Art der Thematisierung dieser Inhalte, der beide Alternativen erlaubt. Häufig stehen in der Praxis dann die Teilbereiche additiv nebeneinander – sowohl im Unterricht als auch in der Lehrerbildung. Die Fachdidaktik ist hier aufgefordert, Ansätze für eine echte Integration politischer, soziologischer und ökonomischer Aspekte für die Schule und das Lehramtsstudium (weiter) zu entwickeln.

Das Gleiche gilt für die Bedeutung des *sozialen Lernens* in der politischen Bildung. Rahmenplaninhalte wie „Familien" oder „Gruppen" können als politisch-gesellschaftliche oder als soziale Themen behandelt werden, entweder mit dem Ziel, vorrangig politische Kompetenzen der Lernenden zu fördern, oder mit der Intention, soziale Kompetenzen zu stärken. Die meisten Politikdidaktiker/-innen bestehen darauf, dass im Unterricht das politisch-gesellschaftliche Lernen im Vordergrund stehen sollte, und dass dies auch im Zuge der wünschenswerten Öffnung von Schule und Unterricht nicht vernachlässigt werden darf, es gibt aber auch andere Ansätze,

> Was ist der „Kern" politischer Bildung?

> Zusammenhang von sozialem und politischem Lernen

die politische Bildung als „Demokratiepädagogik" verstehen und auch im Fachunterricht die soziale und die lebensweltliche Dimension der Demokratie stärker hervorheben möchten. Gegen die demokratiepädagogische Annahme, dass soziales Lernen eine Vorstufe des politischen Lernens sei, gibt es allerdings zahlreiche empirisch fundierte Einwände (vgl. dazu und zur grundlegenden Literatur zu dieser Kontroverse Reinhardt 2010, Pohl 2009).

Konfliktfeld Kompetenzorientierung
Das wichtigste neue Konfliktfeld ist die Kompetenzorientierung der politischen Bildung. Zum einen gibt es grundlegende Bedenken gegen die Kompetenzorientierung, sofern diese impliziert, dass Kompetenzen nicht nur vermittelt, sondern immer auch messbar sein müssen (vgl. Sander in Autorengruppe Fachdidaktik 2011). Daneben ist umstritten, wie ein adäquates Kompetenzmodell für die politische Bildung aussehen sollte. Vor allem in Bezug auf die Kompetenzdimension des Fachwissens, das in Form von Basis- und Fachkonzepten strukturiert wird, gibt es Konflikte. Diese drehen sich unter anderem um die Frage, ob man die bestehenden Konzepte der Schülerinnen und Schüler als Fehlkonzepte begreifen sollte und welche Rolle fachwissenschaftliche Konzepte der unterschiedlichen Bezugswissenschaften der politischen Bildung im Lernprozess spielen sollten (vgl. Weißeno u. a. 2010, Autorengruppe Fachdidaktik 2011, Detjen u. a. 2012). Trotzdem hat vor allem das Kompetenzmodell der GPJE schon nachhaltige Wirkungen auf die Praxis entfaltet – viele seiner Elemente finden sich wieder in den Rahmenplänen der Länder und auch in den „Einheitlichen Prüfungsanforderungen für die Abiturprüfung Sozialkunde/Politik" der KMK von 2005 (vgl. Massing 2009, 24).

Aufgaben für die Zukunft
Zumindest für die nähere Zukunft gilt: Die Weiterentwicklung der Kompetenzmodelle und die Entwicklung von Vorschlägen zur kompetenzorientierten Unterrichtsplanung sind mit Sicherheit die wichtigsten Aufgaben der Politikdidaktik im Zusammenhang mit der weiteren Konsolidierung und Verbesserung des schulischen Fachunterrichts im Fach Politische Bildung.

Literatur

Autorengruppe Fachdidaktik 2011: Konzepte der politischen Bildung. Eine Streitschrift. Schwalbach/Ts.

Detjen, Joachim/Massing, Peter/Richter, Dagmar/Weißeno, Georg 2012: Politikkompetenz – ein Modell. Wiesbaden

Frech, Siegfried/Richter, Dagmar (Hrsg.) 2013: Politische Kompetenzen fördern. Schwalbach/Ts.
Gesellschaft für die Didaktik des Sachunterrichts (GDSU) (Hrsg.) 2013: Perspektivrahmen Sachunterricht. Bad Heilbrunn
Gesellschaft für Politikdidaktik und politische Jugend- und Erwachsenenbildung (GPJE) 2004: Nationale Bildungsstandards für den Fachunterricht in der Politischen Bildung an Schulen. Schwalbach/Ts.
Kuhn, Hans-Werner/Massing, Peter/Skuhr, Werner 1993: Politische Bildung in Deutschland. Entwicklung – Stand – Perspektiven. 2. Aufl., Opladen
Massing, Peter 1997: Kategorien politischen Urteilens und Wege zur politischen Urteilsbildung. In: ders./Weißeno, Georg (Hrsg.): Politische Urteilsbildung. Zentrale Aufgabe für den Politikunterricht. Schwalbach/Ts., S. 115-131
Massing, Peter 2009: Der Einfluss der Bildungspolitik auf die schulische politische Bildung. In: kursiv, 4/2009, S. 20-27
Massing, Peter 2011: Theoretische und normative Grundlagen politischer Bildung. In: ders.: Politikdidaktik als Wissenschaft. Ausgewählte Aufsätze. Studienbuch. Schwalbach/Ts., S. 113-183
Pohl, Kerstin 2004: Politikdidaktik heute – Gemeinsamkeiten und Differenzen. Ein Resümee. In: dies. (Hrsg.): Positionen der politischen Bildung 1. Ein Interviewbuch zur Politikdidaktik. Schwalbach/Ts., S. 302-349
Pohl, Kerstin 2009: Demokratiepädagogik oder politische Bildung – Ein Streit zwischen zwei Wissenschaftsdisziplinen? In: Topologik. Rivista Internazionale di Scienze Filosofiche, Pedagogiche e Sociali. 6/2009, S. 91-103
Reinhardt, Sibylle 2010: Was leistet Demokratie-Lernen für die politische Bildung? Gibt es empirische Indizien zum Transfer von Partizipation im Nahraum auf Demokratie-Kompetenz im Staat? Ende einer Illusion und neue Fragen. In: Lange, Dirk/Himmelmann, Gerhard (Hrsg.): Demokratiedidaktik. Impulse für die politische Bildung. Wiesbaden, S. 125-141
Reinhardt, Sibylle 2012: Politikdidaktik. Praxishandbuch für die Sekundarstufe I und II. 4. überarb. Aufl,. Berlin
Sander, Wolfgang 2013: Politik entdecken – Freiheit leben. Didaktische Grundlagen politischer Bildung. 4. Aufl., Schwalbach/Ts.
Wehling, Hans-Georg 1977: Konsens à la Beutelsbach. In: Schiele, Siegfried/ Schneider, Herbert (Hrsg.): Das Konsensproblem in der politischen Bildung. Stuttgart, S. 179-180
Weißeno, Georg/Detjen, Joachim/Juchler, Ingo/Massing, Peter/Richter, Dagmar 2010: Konzepte der Politik – ein Kompetenzmodell, Schwalbach/Ts.
Widmaier, Benedikt 2013: Beutelsbacher Konsens 2.0. In: Politische Bildung 1/2013, S. 150-156

Wolfgang Sander

Politische Bildung im gesellschaftswissenschaftlichen Lernbereich und in Integrationsfächern

1. Politische Bildung als interdisziplinäres Fach

Es ist heute kaum mehr umstritten, dass politische Bildung als eigenständiges Fachgebiet mit eigenen fachlichen Qualitäts- und Professionalitätskriterien gesehen werden muss – ganz unabhängig davon, in welchen institutionellen Formen und Kontexten politische Bildung im Bildungssystem verankert ist. Diese fachliche Eigenständigkeit erwächst aus den besonderen Perspektiven und Fragen, mit denen sich politische Bildung mit der sozialen Welt des Menschen auseinandersetzt und die sich von den Perspektiven und Fragen unterscheidet, mit denen beispielsweise die Geschichte oder die Geographie, der Religionsunterricht oder die Philosophie dies tun. In fachwissenschaftlicher Hinsicht ist die Anbindung der politischen Bildung an die Sozialwissenschaften, in didaktischer Hinsicht die konzeptionelle Grundlegung fachlicher Aufgaben durch die Didaktik der politischen Bildung Basis für diese fachliche Eigenständigkeit. Deshalb ist mit Recht zu fordern, dass Lehrende in der schulischen wie der außerschulischen politischen Bildung über eine hinreichende Ausbildung in diesen Wissenschaftsdisziplinen verfügen müssen – was bislang in der Praxis nicht überall der Fall ist.

> Fachliche Eigenständigkeit politischer Bildung

Bei genauerem Hinsehen zeigt sich jedoch, dass mit dieser Zuordnung und Abgrenzung eine ganze Reihe wissenschaftlicher, bildungspolitischer und unterrichtspraktischer Probleme verbunden ist.

> Wissenschaftsdisziplinen und Unterrichtsfach

Im schulischen Bereich ist eine klare Eins-zu-eins-Zuordnung von Wissenschaftsdisziplin und Unterrichtsfach im Feld der politischen Bildung nicht möglich. Wollte man dies versuchen, müssten für die sozialwissenschaftlichen Disziplinen Politikwissenschaft, Soziologie, Wirtschaftswissenschaften und Rechtswissenschaften jeweils eigene Schulfächer geschaffen werden, wobei interdisziplinäre sozialwissenschaftliche Wissenschaftsgebiete wie Sozialpsychologie, Sozialphilosophie oder Medienwissenschaften noch nicht berücksichtigt wären.

Politische Bildung als interdisziplinäres Fach 195

Noch nicht mitbedacht wäre hierbei ferner, dass auch die genannten Wissenschaften sich teilweise in Subdisziplinen gliedern, so etwa die Wirtschaftswissenschaften in Betriebswirtschaftslehre und Volkswirtschaftslehre. Eine solche Fächervielfalt wäre weder bildungspolitisch durchsetzbar noch sachlich wünschenswert, weil sich trotz unterscheidbarer Fragestellungen die möglichen Lerngegenstände für konkreten Unterricht in hohem Maße überschneiden müssten. Hinzu käme das „Fachlehrerparadox" (Hedtke/Uppenbrock 2011): Streng nach Wissenschaftsdisziplinen geordnete Schulfächer müssten konsequenterweise erfordern, dass Unterricht in diesen Fächern von Absolventen genau dieser Wissenschaftsdisziplinen erteilt wird. Schulpraktisch ist aber davon auszugehen, dass eine immer größere Zahl von Fächern bei dann – wegen der insgesamt begrenzten Stundenzahl – immer kleiner werdendem Stundenanteil für das einzelne Fach notwendigerweise zu immer mehr fachfremd erteiltem Unterricht führen muss, weil der Unterricht in zwei sehr kleinen Fächern das Lehrdeputat von Lehrerinnen und Lehrern nicht ausfüllt, vielleicht abgesehen von sehr großen Schulen. Erst recht gilt dieses Problem für die Personalstruktur in der außerschulischen Bildung. Politische Bildung wird hier oft von kleinen Trägern oder (in den Volkshochschulen) als vergleichsweiser kleiner Teilbereich eines sehr breiten Themenspektrums angeboten; in beiden Fällen ist an die Beschäftigung von einem halben Dutzend oder mehr pädagogischen Mitarbeitern, die für disziplinär klar unterschiedene Angebote im Bereich der Sozialwissenschaften verantwortlich wären, nicht zu denken.

<small>Schulpraktische Schwierigkeiten bei zu vielen Disziplinen</small>

In Deutschland gibt es zwar, anders als in vielen anderen Staaten, in allen Bundesländern in den Schulen ein eigenes Unterrichtsfach für politische Bildung, wenn auch unter verschiedenen Fachbezeichnungen wie Sozialkunde, Sozialwissenschaften, Politische Bildung oder Politik und Wirtschaft. Aber diese Fächer sind in sich durchweg multidisziplinär verfasst. Das dominierende Modell entspricht dabei dem Profil, das die GPJE in ihrem Entwurf für nationale Bildungsstandards als Gegenstandsfeld des Faches definiert hat. Hiernach „stützt sich das Fach auf einen umfassenden Politikbegriff, der sich auf die Regelung von grundlegenden Fragen und Problemen des gesamtgesellschaftlichen Zusammenlebens bezieht. Hierzu gehören:
- Politik im engeren Sinn. Damit ist im Wesentlichen Politik als ein kollektiver, konfliktreicher und demokratischer Prozess zur Herstellung verbindlicher Entscheidungen gemeint. (…)

<small>Unterrichtsfach für politische Bildung</small>

<small>Politikbegriff des Faches</small>

- wirtschaftliche Fragen und Probleme. (...)
- Fragen und Probleme des gesellschaftlichen Zusammenlebens. (...)
- rechtliche Fragen und Probleme. (...)" (GPJE 2004, 10f.)

2. Politische Bildung im gesellschaftswissenschaftlichen Fächerverbund

Gesellschaftswissenschaftliches Aufgabenfeld

In Deutschland ist das Unterrichtsfach der politischen Bildung an Schulen mit den Fächern Geschichte und Geographie als „gesellschaftswissenschaftliches Aufgabenfeld" verbunden. In einigen deutschen Bundesländern kommen weitere Fächer wie Religion/Ethik und/oder Philosophie hinzu, was hier aber nicht weiter erörtert werden soll. Im gesellschaftswissenschaftlichen Aufgabenfeld ist es zwar in Deutschland am weitesten verbreitet, dass ein eigenständiges Fach der politischen Bildung mit dem von der GPJE definierten interdisziplinären Zuschnitt neben den ebenfalls selbstständigen Fächern Geschichte und Geographie resp. Erdkunde steht. Es finden sich aber auch andere Fächerzuschnitte in den Gesellschaftswissenschaften, die sich innerhalb Deutschlands, den deutschsprachigen Nachbarländern, aber auch zwischen Schulformen innerhalb eines Landes oder Bundeslandes unterscheiden. Angesichts der Vielfalt und Unübersichtlichkeit der Kombinationen müssen hier Beispiele genügen. So gibt es unter anderem in Thüringen und Bayern ein Fach „Wirtschaft und Recht" neben Sozialkunde, an allgemeinbildenden Schulen in Österreich ein Fach „Geschichte und Sozialkunde/Politische Bildung" neben einem Fach „Geographie und Wirtschaftskunde", an manchen beruflichen Schulen hingegen ein Fach „Politische Bildung und Recht". Hamburg hat an Gymnasien die traditionelle Teilung in drei Fächer, für die politische Bildung mit der Fachbezeichnung „Politik/Gesellschaft/Wirtschaft", an Stadtteilschulen hingegen einen gemeinsamen Lehrplan für den „Lernbereich Gesellschaftswissenschaften", der die gesellschaftswissenschaftlichen Fächer in einer Kombination aus fachlichen und integrativen Elementen miteinander verbindet.

Vielfalt der Fachzuschnitte

Trend zu Integrationsfächern

Auffallend ist, dass das Interesse an integrativen, alle Fachgebiete der Gesellschaftswissenschaften umfassenden Lösungen in jüngster Zeit deutlich zugenommen hat. Dies gilt derzeit kaum für Gymnasien, in Deutschland aber zunächst für Gesamtschulen, die oft schon seit der ersten Gründungswelle dieser Schulform in den 1970er-

Jahren ein Integrationsfach favorisieren, meist unter der Bezeichnung „Gesellschaftslehre". Ferner finden sich solche Integrationsfächer vielfach in neuen Schulformen, die aus dem Zusammenschluss von Haupt- und Realschulen entstehen. Da es in Deutschland eine klaren Trend zu einer solchen Zweigliedrigkeit der Sekundarstufe I gibt, nimmt auch die Zahl der Integrationsfächer für die Gesellschaftswissenschaften zu. Im Schuljahr 2012/13 gab es nur vier von 16 Bundesländern, in denen in keiner Schulform ein solches integratives Fach eingeführt war. Allerdings unterscheiden sich auch hier, wie schon für politische Bildung als eigenes Fach, die Fachbezeichnungen; um wiederum nur Beispiele zu nennen: „Welt – Zeit – Geschichte" (Baden-Württemberg), „Welt-Umweltkunde" sowie „Gesellschaft und Politik" (Bremen), „Gesellschaftswissenschaften" (Saarland), „Weltkunde" (Schleswig-Holstein). In Österreich wurde an den „Höheren Technischen Lehranstalten" (HTL) ein „Flächenfach" mit der Bezeichnung „Geographie, Geschichte und Politische Bildung (einschließlich volkswirtschaftliche Grundlagen)" eingeführt.

Solche integrativen Lösungen knüpfen unter neuen Bedingungen an traditions-, aber auch konfliktreiche Diskussionen an. Bereits 1960 beschloss die deutsche Kultusministerkonferenz, die Fächer Geschichte, Geographie in den Klassen 12 und 13 des Gymnasiums zu einem Fächerverbund mit der Bezeichnung „Gemeinschaftskunde" zusammenzufassen, 1962 folgten Richtlinien der KMK für dieses neue Fach. Die Gemeinschaftskunde konnte in unterschiedlichen Formen durch die beteiligten Fachlehrer unterrichtet werden, so etwa epochal, integrativ, aber auch in aufeinander abgestimmten Kursen. In jedem Fall aber war eine gemeinsame Note im Abitur zu vergeben, auch die Abiturprüfung im Fach war möglich. Allerdings war die Gemeinschaftskunde konzeptionell nur schwach unterlegt, es fehlte an wissenschaftlichen Grundlegungen und einer angepassten Lehrerbildung. Zudem gab es teilweise Widerstände aus den Einzelfächern, besonders aus dem Geschichtsunterricht, dessen Vertreter eine Dominanz der politischen Bildung fürchteten.

Erste Überlegung für ein Integrationsfach

Der letztgenannte Streitpunkt war ein Jahrzehnt später auch ein Aspekt des Konflikts um die hessischen Rahmenrichtlinien für Gesellschaftslehre in der Sekundarstufe I, die ein voll integriertes Fach vorsahen. In diesem Konflikt überlagerten sich fachliche Differenzen mit der massiven politisch-kulturellen Polarisierung der westdeutschen Gesellschaft nach 1968 (die sich hier an den Zielformulierungen für das Fach festmachte) und parteipolitisch-strategischen As-

Konflikt um hessische Rahmenrichtlinien

pekten einer auf die Bildungspolitik gerichteten Polarisierungs- und Mobilisierungsstrategie der hessischen CDU (Mambour 2007, 128 ff.; Schreiber 2005). Die Heftigkeit dieses sich über zehn Jahre hinziehenden Konflikts wirkte lange nachgerade traumatisierend auf die Bildungspolitik, überdeckte die differenziertere Diskussion zwischen den Fachdidaktiken in dieser Zeit (vgl. z. B. Schörken 1978) und blockierte für Jahrzehnte konstruktive Lösungen für das Problem des Zusammenhangs der Fächer im gesellschaftswissenschaftlichen Aufgabenbereich.

Auch die wissenschaftliche Diskussion über dieses Problem schlief nach den 1970er-Jahren zunächst wieder ein, die betroffenen Fachdidaktiken konzentrierten sich weit überwiegend auf das eigene Fach und nahmen die Entwicklung in den Nachbardisziplinen kaum noch zur Kenntnis. Erst in jüngster Zeit beginnt sich dies wieder zu ändern. Die GPJE widmete auf ihrer 10. Jahrestagung 2009 in Wien einen großen Themenblock dem Verhältnis der politischen Bildung zu ihren Nachbarfächern (Juchler 2010) und 2010 wurde mit der „zeitschrift für didaktik der gesellschaftswissenschaften (zdg)" eine interdisziplinäre wissenschaftliche Zeitschrift für die fachdidaktische Forschung in den Bereichen Geschichte, Geographie, Politik und Wirtschaft neu ins Leben gerufen.

Dieses neue Interesse am Zusammenhang der gesellschaftswissenschaftlichen Fächer dürfte eine Reihe von Gründen haben: der Widerspruch zwischen einer sich weiter zersplitternden Fächerlandschaft und guten schulpädagogischen Argumenten für zeitlich wie inhaltlich komplexere Lernformen jenseits des starren 45-Minuten-Takts; parallele Debatten um integrative Lösungen für den Lernbereich Naturwissenschaften; die zunehmende Annäherung der gesellschaftswissenschaftlichen Fachdidaktiken in Bezug auf didaktische Prinzipien, Qualitätskriterien für guten Unterricht sowie erkenntnistheoretische Grundlagen fachlichen Wissens und Lernens; schließlich die in der inner- wie außerschulischen Öffentlichkeit fatalen Wirkungen der unübersichtlichen Fächervielfalt in den Gesellschaftswissenschaften, die eine Profilierung dieses Lernbereichs und seiner Fächer stark erschwert und ihre Position im Umfeld einer Bildungsreform, die auf Schulautonomie und Schulprofilbildungen setzt, im Vergleich zu den Sprachen und den Naturwissenschaften massiv zu schwächen droht.

In der außerschulischen Bildung stellt sich dieses Problem seit jeher in vieler Hinsicht anders dar. Auf der einen Seite erlauben die flexibleren, von verbindlichen Lehrplanvorgaben weitgehend freien Angebotsplanungen zwanglos Themenfindungen, die an Fächergrenzen nicht gebunden sind. Abgrenzungsdiskurse etwa zwischen historischer und politischer Bildung wirken daher in diesem Praxisfeld eher fremd und überflüssig. Auf der anderen Seite stellt sich aus den oben (Abschnitt 1) erwähnten Gründen das Problem der fachlichen Qualitätssicherung in verschärfter Form. Erschwerend kommt hinzu, dass die Notwendigkeit, unter Marktbedingungen Bildungsangebote realisieren zu müssen, zu der Versuchung führen kann, den Begriff der politischen Bildung zu überdehnen und auch solche Veranstaltungen dem Fachgebiet zuzuordnen, die zwar auf Resonanz stoßen, bei denen sich aber ein politischer Bezug kaum noch erkennen lässt.

3. Konzeptionelle Ansätze für Vernetzung oder Fächerintegration in den Gesellschaftswissenschaften

Bei den neueren Versuchen, die Fächer im gesellschaftswissenschaftlichen Aufgabenfeld der Schulen systematisch zu verknüpfen, zeigen sich unterschiedliche Ansätze: inhaltlich unter dem Aspekt, auf welche Weise die verschiedenen fachlichen Perspektiven miteinander in Beziehung gebracht werden, und institutionell unter dem Aspekt, ob ein voll integriertes, von einem Lehrer bzw. einer Lehrerin unterrichtetes Fach oder eine Vernetzung selbstständiger Fächer intendiert ist.

Inhaltliche und institutionelle Ansätze der Fächerintegration

In inhaltlicher Hinsicht lassen sich derzeit im Wesentlichen drei Modelle unterscheiden:

a) Verknüpfung durch Verzahnung differenter fachlicher Ziele und Inhalte

In diesem Modell bleiben – auch unter dem Dach eines in institutioneller Hinsicht voll integrierten Faches – die beteiligten Fächer klar erkennbar. Ihnen werden differente Ziele und Inhalte zugewiesen und Lehrpläne für ein integratives Fach sind durch eine additive Struktur gekennzeichnet, bei denen einzelne Themenvorgaben sich mehr oder weniger direkt den Teilfächern zuordnen lassen. Dies ist beispielsweise im österreichischen Flächenfach an den HTL und im bayerischen Lehrplan für das Fach „Geschichte/Sozialkunde/Erdkunde" an Mittelschulen der Fall. So lässt sich im bayerischen Lehrplan durch die Sekundarstufe I hindurch sehr deutlich die traditio-

Differenzierte Inhalte und additive Struktur

nelle chronologische Ordnung historischer Themen von Vorgeschichte, ägyptischer und griechischer Hochkultur (Klasse 5) bis „Deutschland und die Welt nach 1945" in Jahrgangsstufe 9 nachzeichnen. Integrative Problemstellungen über die Teilfächer und Jahrgänge hinweg werden nicht ausgewiesen.

b) **Verknüpfung durch Themenfelder und Schlüsselprobleme**

Dieses Modell geht von inhaltlichen Vorgaben aus, die von mehreren gesellschaftswissenschaftlichen Disziplinen bearbeitet werden können. Dieser Zugang kennzeichnet beispielsweise das Konzept der amerikanischen Social Studies. Die Social Studies beziehen sich auf zehn Themenfelder (NCSS 2010):
- Culture
- Time, Continuity, and Change
- People, Places, and Environments
- Individual Development and Identity
- Individuals, Groups, and Institutions
- Power, Authority, and Governance
- Production, Distribution, and Consumption
- Science, Technology, and Society
- Global Connections
- Civic Ideals and Practices.

Diese Themenfelder sind vom NCSS in einem langjährigen diskursiven Prozess hinsichtlich von Wissens- und Handlungszielen, Lernprodukten, Unterrichtsbeispielen und Anforderungen an Lehrkräfte (NCSS 2006) gründlich ausgearbeitet worden.

In Deutschland gehen entsprechende Ansätze oft vom Konzept der „Schlüsselprobleme" aus. Dieser Ansatz lässt sich auf die Konzeption einer neuen Allgemeinbildung zurückführen, die der Erziehungswissenschaftler Wolfgang Klafki in den 1980er-Jahren entwickelte (Klafki 1991), was bei ihm allerdings nicht alleine auf die Gesellschaftswissenschaften, sondern auf das gesamte schulische Curriculum bezogen war. In diesem Sinne werden in Schleswig-Holstein fünf „Kernprobleme" als inhaltlicher Fokus für „Grundbildung" in allen Fächern definiert (Grundwerte, Erhalt der natürlichen Lebensgrundlagen, Strukturwandel, Gleichstellung, Partizipation). Im gesellschaftswissenschaftlichen Integrationsfach Weltkunde werden nun – anders als in anderen Fächer – alle Themen je einem dieser Kernprobleme zugeordnet, so dass sich das Fach gewissermaßen über seinen Beitrag zur Allgemeinbildung definiert und strukturiert.

c) **Verknüpfung durch Kompetenzen**

Die neuere Kompetenzorientierung seit PISA 2000 hebt zwar sehr stark auf die Fachspezifik von Kompetenzen ab. Im Bereich der gesellschaftswissenschaftlichen Fächer zeigen sich aber bei einem vergleichenden Blick auf die (einzel-)fachspezifischen Kompetenzmodelle, die von Fachgesellschaften gesellschaftswissenschaftlicher Fächer zwischen 2004 und 2007 vorgelegt wurden, deren starke Überschneidungen (Sander 2010, 23f.). Der Lehrplan für das Fach Gesellschaftswissenschaften für die neuen Stadtteilschulen in Hamburg von 2011 verknüpft die Beiträge der Teilfächer deshalb über ein integratives Kompetenzmodell, das von vier interdisziplinären Kompetenzbereichen ausgeht (Perspektiv- und Konfliktfähigkeit, Analysefähigkeit, Urteilsfähigkeit, Partizipationsfähigkeit), die durch zwei fachspezifische Kompetenzbereiche ergänzt werden (Orientierung im Raum, Orientierung in der Zeit). Die diesen Kompetenzbereichen zugeordneten ausführlichen Kompetenzbeschreibungen machen den weit überwiegenden Teil des Lehrplans aus.

Überschneidungen in Kompetenzmodellen

In institutioneller Hinsicht zeigt sich im gesellschaftswissenschaftlichen Aufgabenfeld derzeit ein weites Spektrum zwischen voll integrierten, das gesamte Aufgabenfeld umfassenden Fächern, gänzlich unabhängig voneinander konzipierten Einzelfächern sowie dazwischen verschiedenen Formen der Vernetzung, die wiederum von bloßen Empfehlungen bis zu konkreten Lehrplanvorgaben reichen. Ein nur lockerer Vernetzungsansatz kennzeichnet beispielsweise die hessischen Bildungsstandards und Kerncurricula von 2011 für die Sekundarstufe I, zu denen für Erdkunde, Geschichte sowie Politik und Wirtschaft unabhängig voneinander erarbeitete Fachpläne gehören, die aber einen gemeinsamen Abschnitt mit Anregungen für interdisziplinäre Vernetzungen enthalten und es allen Schulen mit Ausnahme der Gymnasien zur Wahl stellen, ob sie diese Fächer separat oder integrativ anbieten wollen. Der bereits erwähnte Lehrplan für Gesellschaftswissenschaften in Hamburg hingegen schreibt zwar keine Vollintegration für die ganze Sekundarstufe I vor, definiert aber für jede Klassenstufe verbindliche Inhalte, die in fächerübergreifenden Unterrichtsvorhaben unterrichtet werden müssen.

Insgesamt zeigt sich somit ein heterogenes Bild der Gesellschafts-

Institutionelle Ebene

wissenschaften in der Schule, aber auch eine Landschaft, die durch neue Integrations- und Vernetzungsansätze in jüngster Zeit in Bewegung geraten ist. Deutlich ist dabei, dass ein unverbundenes Nebeneinander von Einzelfächern keine befriedigende Lösung darstellt. Von einem Grundkonsens in den deutschsprachigen Ländern über die künftige Gestalt des gesellschaftswissenschaftlichen Aufgabenfelds, womöglich über ein neues Konzept für „Soziale Studien" (in Anlehnung an den international gängigen Begriff der Social Studies, Sander 2010), kann jedoch derzeit noch nicht die Rede sein.

Literatur

GPJE (Gesellschaft für Politikdidaktik und politische Jugend- und Erwachsenenbildung) 2004: Nationale Bildungsstandards für den Fachunterricht in der Politischen Bildung an Schulen. Ein Entwurf. Schwalbach/Ts.

Hedtke, Reinhold/Uppenbrock, Carolin 2001: Atomisierung der Stundentafeln? Schulfächer und ihre Bezugsdisziplinen in der Sekundarstufe I. Bielefeld (iböb-working paper No. 3, www.iboeb.org)

Juchler, Ingo (Hrsg.) 2010: Kompetenzen in der politischen Bildung. Schriftenreihe der GPJE Bd. 9, Schwalbach/Ts.

Klafki, Wolfgang (1991): Grundzüge eines neuen Allgemeinbildungskonzepts. Im Zentrum: Epochaltypische Schlüsselprobleme. In: ders.: Neue Studien zur Bildungstheorie und Didaktik. Zeitgemäße Allgemeinbildung und kritisch-konstruktive Didaktik. 2. Aufl., Weinheim und Basel

Mambour, Gerrit 2007: Zwischen Politik und Pädagogik. Eine politische Geschichte der politischen Bildung in der Bundesrepublik Deutschland. Schwalbach/Ts.

NCSS (National Council for the Social Studies) 2006: National Standards for Social Studies Teachers. Second printing, Silver Spring

NCSS (National Council for the Social Studies) 2010: National Curriculum Standards for Social Studies. Silver Spring

Sander, Wolfgang 2010: Soziale Studien 2.0? Politische Bildung im Fächerverbund. In: kursiv – Journal für politische Bildung 1/2010

Schörken, Rolf (Hrsg.) 1978: Zur Zusammenarbeit von Geschichts- und Politikunterricht. Stuttgart

Schreiber, Waltraud 2005: Die Schulreform in Hessen zwischen 1967 und 1982. Die curriculare Reform der Sekundarstufe I: Geschichte in der Gesellschaftslehre. Neuried

Alexandra Lechner-Amante
Politische Bildung als Unterrichtsprinzip

Die Forderung, politische Bildung als Unterrichtsprinzip zu etablieren, ist „so alt wie die Diskussion um Politische Bildung insgesamt" (Schmiederer 1975, 45). Dabei wurde und wird unter einem Unterrichtsprinzip „die beständige Heranziehung" eines bestimmten Faches oder Gesichtspunktes verstanden, dem eine besondere Bedeutung zugeschrieben wird (Dolch 1960, 126 f., zitiert nach Fischer 1970, 114).

1. Bedeutung in Theorie und Geschichte der politischen Bildung

In der politikdidaktischen Diskussion ist weitgehend unbestritten, dass die Themenfelder des Politikunterrichts Überschneidungen mit nahezu allen anderen schulischen Fächern aufweisen (vgl. u. a. Ulshöfer 1975, Nonnenmacher 1996, Sander 1985 und 2007, Deichmann/Tischner 2013). So bestehen etwa bei Themen wie Klimawandel oder Gentechnik Beziehungen zu den naturwissenschaftlichen Fächern, beim Thema Parlamentarismus zum Geschichtsunterricht, bei der Beschäftigung mit politischen Liedern zum Musikunterricht – die Reihe der Beispiele ließe sich lange fortsetzen.

| Überschneidungen mit anderen Schulfächern |

Nach Fischer sind solcherlei Überschneidungen nicht zufällig, sondern resultieren aus dem Umstand, dass das Politische „ein Konstituens, ein Definitionsmoment" jeder „Sache" und damit der Bildungsinhalte sämtlicher Fächer darstellt (1970, 119). Politische Fragen können deshalb auch in den nicht primär der politischen Bildung gewidmeten Fächern nicht einfach beliebig hinzugenommen oder weggelassen werden, sondern sind ein systematisch zu berücksichtigender Aspekt der pluridimensionalen Realität (ebd., 119 f.). Wird hierauf verzichtet, „verschwindet" die politische Dimension des behandelten Gegenstandes keineswegs, sondern sie bleibt, was weit problematischer ist, unreflektiert. Damit birgt die vorgebliche „Beschränkung auf das Fachliche" nach Fischer nicht nur die Gefahr der unvollständigen Erfassung eines Lerngegenstandes, sondern auch die der Affirmation: Das Politische einer Sache werde

| Politische Fragen und Inhalte |

dann „hingenommen, wie es vorgefunden wird, [die Sache] erscheint als selbstverständlich, womöglich als ‚überzeitlich', als prinzipiell, als kategorial, und es bleibt verborgen, was umständegebunden ist." (ebd., 121). Deshalb hat sich nach Fischer auch der vorgeblich „unpolitische Lehrer politisch entschieden, und er unternimmt es [nicht nur] ständig, seine Schüler auf seine Seite herüberzuziehen", sondern auch, sie der bestehenden „Macht der Verhältnisse' auszuliefern" (ebd., vgl. ebenso Schmiederer 1975). Der Ausschluss des Politischen, Kontingenten und Kontroversen der Lerngegenstände führt also zur Überwältigung der Lernenden und lässt sich weder mit dem Indoktrinationsverbot noch mit den Geboten der Kontroversität und der Adressatenorientierung des Beutelsbacher Konsenses vereinbaren.

Die hier von Fischer, aber auch von anderen Autoren (vgl. z. B. Schmiederer 1975) seit den 1970er-Jahren kritisierte Skepsis vieler Lehrender, die politische Dimension der von ihnen unterrichteten Inhalte zu berücksichtigen, hat ihren Ursprung nicht zuletzt in der Pervertierung des „Unterrichtsprinzips" in diktatorischen politischen Systemen, namentlich im Nationalsozialismus. So war die Abschaffung der seit dem deutschen Kaiserreich bestehenden Staatsbürgerkunde nur eine konsequente Folge des Totalitätsanspruches der nationalsozialistischen politischen Erziehung: Wie die Aktivitäten der Jugendorganisationen sollten auch die Schulfächer von der rassistischen und nationalistisch-militaristischen Weltanschauung des Nationalsozialismus durchdrungen sein (Sander 1985, 11). Gewissermaßen als Gegenreaktion auf diese ideologische Vereinnahmung bemühten sich besonders in den ersten beiden Nachkriegsjahrzehnten viele Lehrende um die zitierte, vermeintliche Beschränkung auf das bloß „Fachliche" – und dies, obwohl die Kultusministerkonferenz 1950 die politische Bildung zum Unterrichtsprinzip erklärt, während sie die Einführung eines entsprechenden Faches den Ländern lediglich empfiehlt (vgl. ebd., 12). Dass sich das Unterrichtsprinzip mit der Politikabstinenz des Fachunterrichts in den 1950er-Jahren scheinbar problemlos vereinbaren ließ, erklärt sich durch den Einfluss der Partnerschaftspädagogik Theodor Wilhelms: Diese blendete die Konflikthaltigkeit und Kontroversität des Politischen weitgehend aus und verstand politische Bildung als Erziehung zu sozialem Verhalten: „Wer sich, in welchem Fach auch immer, um die Pflege des Sozialverhaltens der Schüler bemühte, wer ‚Höflichkeit' und ‚Geschmack' (…) förderte, konnte sich als politischer Er-

Bedeutung der politischen Dimension aus historischer Sicht

zieher fühlen." (ebd., 13). Erst in den 1960er-Jahren, unter dem Einfluss der expandierenden Sozialwissenschaften und der Etablierung der Politikdidaktik, änderten sich sowohl das Politikverständnis, das nun wieder stärker auf staatliches Handeln und gesellschaftliche Konflikte bezogen wurde, als auch die Auffassungen über Ziele und Aufgaben der politischen Bildung. Seither lieferten viele der in den Sozial- und Erziehungswissenschaften geführten Debatten auch dem Unterrichtsprinzip zusätzliche Legitimationsgrundlagen: Sander (2007, 256 ff.) nennt hier u. a. die von Beck (1986) und Greven (1994) angestoßene Diskussion um die „Entgrenzung" bzw. „Allgegenwart" des Politischen, den bildungstheoretischen Diskurs um eine zeitgemäße Konzeption von Allgemeinbildung (Klafki 1985) sowie die Forderungen nach einer veränderten, an Realsituationen statt Unterrichtsfächern orientierten schulischen Lernkultur. Angesichts ihrer marginalen Ressourcen konzentriert sich die Politikdidaktik bis heute jedoch vorwiegend auf Probleme des in den 1960er-Jahren schließlich in allen deutschen Bundesländern eingeführten Fachunterrichts (vgl. Sander 2013, 127). Ein wesentlicher Grund hierfür ist nicht zuletzt, dass sich die Auseinandersetzung um die politischen Bildung nicht selten an der Frage „Fach oder Prinzip?" entzündete (vgl. ebd.). Dass es sich hierbei um eine Scheinalternative handelt, weil das Unterrichtsprinzip die systematische Behandlung politischer Grundfragen im Rahmen des Fachunterrichts nicht ersetzen, wohl aber sinnvoll ergänzen und vertiefen kann, soll im Folgenden anhand des Deutschunterrichtes gezeigt werden.

Fach vs. Prinzip?

2. Zum Beispiel: Politische Bildung im Deutschunterricht

Unabhängig davon, welche Lehrpläne man für das Fach Deutsch heranzieht, wird deutlich, dass es hier erhebliche Überschneidungen mit Zielen der politischen Bildung gibt. Dies hängt nicht zuletzt damit zusammen, dass Politik im Wesentlichen durch Kommunikation vermittelt wird und dass Kommunikation im Medium der Sprache die Kernthematik des Deutschunterrichtes ausmacht.

Überschneidungen mit Deutsch

Im Deutschunterricht werden durch die Förderung mündlicher („Gesprächserziehung"), schriftlicher (Verfassen von Erörterungen, Leserbriefen usw.) und reflexiver Sprachkompetenzen (Sprachanalyse, Grammatik, Rhetorik)[1] wichtige Voraussetzungen für die Teilnahme am politischen Diskurs geschaffen: Die Artikulation eines politischen Standpunktes, die Entwicklung und das Erkennen von Argumentationsstrategien sowie das Verstehen und die Identifizierung (potenziell) politischer Äußerungen und Positionen des Gegenübers können ganz wesentlich im Deutschunterricht vorbereitet werden. Darüber hinaus kann man sich hier im Zuge der Vermittlung medialer und literarischer Bildung konkreten politischen Themen widmen (z. B. anhand eines Kommentars zur letzten Klimakonferenz, anhand eines politischen Gedichtes oder durch die Beschäftigung mit ökonomischen und politischen Rahmenbedingungen der Literaturproduktion und -rezeption).

Doch obwohl vielleicht kaum ein Bereich für die Umsetzung von politischer Bildung als Unterrichtsprinzip geeigneter erscheinen mag als der muttersprachliche Unterricht, darf nicht übersehen werden, dass es hier trotzdem nicht primär um Politik, sondern um die Förderung von Sprachkompetenz und um die Vermittlung von Zugängen zur ästhetischen Dimension von Sprache und Literatur geht. Dies wird daran deutlich, dass sämtliche Bildungsbereiche des Deutschunterrichts auch gänzlich „unpolitisch" vermittelt werden könnten: Im Literaturunterricht lassen sich entsprechende Gesichtspunkte ebenso ausblenden wie in der Medienerziehung und auch eine Erörterung muss nicht zwingend Probleme wie Atomkraft oder Diskriminierungsfragen behandeln, sondern kann ebenso die Frage diskutieren, ob Werther seine Lotte tatsächlich liebt.

Weder Politikabstinenz noch Politisierung

Damit es weder zu einer unreflektierten Politikabstinenz noch zu einer ebenso „illegitimen Politisierung" (Fischer 1970, 116) des Deutschunterrichtes kommt, muss die Entscheidung, wann und wo politische Aspekte thematisiert werden, daher bewusst und möglichst auf der Basis eines Mindestmaßes an Sachkenntnis und fachdidaktischer Reflexion getroffen werden.

Ineinandergreifen von Fach und Prinzip

Ein wesentliches Ziel müsste hierbei nicht zuletzt ein koordiniertes Ineinandergreifen von politischer Bildung als Fach und als Prinzip des (in diesem Fall Deutsch-)Unterrichtes sein. Denn letzterer bietet zwar die Möglichkeit, politische Themen zu diskutieren und die sprachästhetische Seite von Politik zu betrachten. Die für ein umfassendes Politikverständnis notwendige, systematische Erschließung der jeweiligen politischen Hintergründe und Zusammenhänge kann hier jedoch aufgrund der primären Zielsetzung dieses Faches sowohl aus zeitlichen wie aus professionellen Gründen kaum geleistet werden. So kann man im Deutschunterricht z. B. zwar die Genese und Bedeutung eines Neologismus' wie „wulffen" beleuchten und den

Umgang des ehemaligen Bundespräsidenten Wulff mit den Medien diskutieren.[2] Für eine eingehende Beschäftigung mit der Bedeutung der Medien in der Demokratie, der Funktion der Pressefreiheit, des Verhältnisses von Politik und Medien und mit der Rolle des Bundespräsidenten ist der Politikunterricht jedoch unverzichtbar. Andererseits ist dieser angesichts empirischer Belege, dass sprachliche Barrieren für Jugendliche offenbar eines der Haupthindernisse für die Beschäftigung mit Politik sind (Arnold u. a. 2011), auf die politische Bildung als Prinzip des Deutschunterrichts geradezu angewiesen.

3. Ein Blick nach Österreich: Der Grundsatzerlass von 1978 und seine Umsetzung

Bevor ein abschließendes Fazit hinsichtlich der Chancen, Probleme und notwendigen Rahmenbedingungen eines der politischen Bildung gewidmeten Unterrichtsprinzips gezogen wird, soll zunächst ein kurzer Blick auf dessen konkrete Umsetzung in Österreich geworfen werden.

Während die politische Bildung als Unterrichtsprinzip in Deutschland eine tendenziell untergeordnete Rolle spielt, handelt es sich hierbei in Österreich um eine zentrale und bis zur Verankerung bzw. Stärkung der politischen Bildung in verschiedenen, schultypspezifischen Kombinationsfächern (2002/2008) sogar um die einzige offiziell vorgeschriebene Vermittlungsform für politische Kompetenzen. Maßgeblich hierfür ist ein Grundsatzerlass des damaligen Bundesministeriums für Unterricht und Kunst[3] (BMUK) aus dem Jahre 1978, der den Auftrag des Unterrichtsprinzips sowie die zu beachtenden „erzieherischen Grundsätze" der Unterrichtsgestaltung vergleichsweise präzise beschreibt. Trotz mancher, dem historischen Kontext des Kalten Krieges und der zeitlichen Nähe zum Zweiten Weltkrieg geschuldeten Anachronismen[4] entspricht der Erlass auch heutigen Anforderungen an die politische Bildung (vgl. Klepp 2010, 49). Es wird ein weites, nicht nur auf staatliches Handeln, sondern auch auf kulturelle und ökonomische Zusammenhänge bezogenes Politikverständnis zugrunde gelegt und – ganz im Sinne heutiger Kompetenzorientierung – ein Zusammenwirken von Wissen, Kenntnissen, Fähigkeiten, Einsichten und Bereitschaften gefordert (vgl. ebd., ähnlich Wirtitsch 2012, 72). Insgesamt soll das Unterrichtsprinzip den mittlerweile klassischen Zielen der politischen Urteils- und Handlungsfähigkeit verpflichtet sein, wie sie auch in den meisten

Österreich: Politische Bildung als Unterrichtsprinzip

aktuellen Kompetenzmodellen verankert sind. Nach wie vor zeitgemäß sind nicht zuletzt auch die im Erlass formulierten Grundsätze für die Unterrichtsgestaltung, die den Prinzipien des Beutelsbacher Konsenses entsprechen, auch wenn dieser nicht explizit erwähnt wird (BMUK 1978, vgl. Klepp 2010, 49).

Während der Erlass inhaltlich somit einen großen Wurf darstellt, erwies und erweist sich dessen Implementierung bis dato als schwierig. In der Anfangszeit lag dies u. a. in den verbreiteten Vorbehalten, mit denen man in der österreichischen Nachkriegsgesellschaft – und damit auch innerhalb der Schulbehörden und der Lehrerschaft – einer schulischen politischen Bildung begegnete. Diese waren ähnlich wie in Deutschland eine Folge der diesbezüglichen negativen Erfahrungen während Erster Republik, Austrofaschismus und Nationalsozialismus und hatten bereits dazu geführt, den ursprünglichen Plan des damaligen Bildungsministers Sinowatz, der eigentlich für ein eigenes Unterrichtsfach war, zu durchkreuzen: Die Einführung des Unterrichtsprinzips war somit „weniger aus sachlichen, sondern eher aus taktischen Überlegungen" motiviert (Dachs 2008, 31). Es stellte den einzigen damals in Österreich durchsetzbaren Kompromiss dar, den allerdings jede Schulbehörde, jede Schulleitung, jede Ausbildungsstätte für das Lehramtsstudium und jede/-r Lehrende jeweils in seinem bzw. ihrem Sinn auslegen konnte und kann (vgl. ebd.). Hinzu kommt, dass sich nur wenige Lehrende, wie verschiedene Studien belegen, für die Vermittlung politischer Bildung ausreichend qualifiziert fühlen (vgl. Haubenwallner 1990, Faßmann/Münz 1991, zit. nach Dachs 2008, 29). Zwar werden seit der Verlautbarung des Erlasses von Seiten des Bildungsministeriums, später unterstützt durch die Servicestelle Zentrum *polis*, eine Vielzahl qualitätsvoller Unterrichtsmaterialien zur Verfügung gestellt, doch auch diese scheinen primär von den Lehrpersonen genutzt zu werden, die ohnehin schon für die Themen der politischen Bildung sensibilisiert sind. Ähnliches gilt für die Inanspruchnahme von Weiterbildungsmaßnahmen wie den 1983 eingerichteten Universitäts- (heute Master-)Lehrgang Politische Bildung.

Als ein Resultat dieser Situation herrschte in Österreichs Schulen, was die politische Bildung betrifft, lange ein weitgehender „Themenpointillismus" vor, weil sich viele Lehrende darauf verließen, dass sich ihre Kollegen den politischen Themen widmen, für deren Behandlung sie selbst sich nicht ausreichend kompetent fühlen (Faßmann/Münz 1991, zitiert nach Dachs 2008, 29 f.). An dieser Situation dürfte sich angesichts nahezu gleichbleibender Rahmenbedingungen bisher kaum etwas geändert haben. Zwar ist es seit kurzem für die Approbierung auch der regulären Schulbücher – immerhin – erforderlich, dass sie das Unterrichtsprinzip als einem Teil des Lehrplans berücksichtigen (Wirtitsch 2012, 72). Nach wie vor werden von den Universitäten jedoch keine und von den Pädagogischen Hochschulen kaum Bildungsprogramme vorgesehen, welche die Lehramtsanwärter/-innen schon während der Ausbildung auf die Aufgabe der politischen Bildung vorbereiten. Allerdings ist dies sogar nachvollziehbar, wenn man die regelrechte Inflation der Unterrichtsprinzipien, zu der es seit 1978 gekommen ist, in Betracht zieht: Denn konsequenterweise müssten dann auch die übrigen 14 (!) Prinzipen (Wirtitsch 2012, 68/71) in der Ausbildung berücksichtigt werden, was die Studienpläne in kaum zu rechtfertigender Weise aufblähen würde. [*Politische Bildung im Lehramtsstudium*]

Diese nicht zuletzt durch verschiedene Lobbys beeinflusste Entwicklung ist sicherlich eines der Hauptindernisse auf dem Weg zu einer ernsthaften Realisierung des Grundsatzerlasses von 1978, von dem, wie eine Studie aus dem Jahr 2009 belegt, nur 49 Prozent der österreichischen Lehrpersonen überhaupt gehört haben (Filzmaier/Klepp 2009, 348). Zur Behebung des Problems beschäftigt sich seit einiger Zeit eine Kommission des Bildungsministeriums damit, die Zahl der Unterrichtsprinzipien zu reduzieren. Diesem Projekt könnte paradoxerweise aber gerade auch das ambitionierte Unterrichtsprinzip Politische Bildung zum Opfer fallen, denn es würde dann möglicherweise in einem auf das „Handeln in einer demokratischen Gesellschaft" beschränkten „Bildungsprinzip" aufgehen (Wirtitsch 2012, 74). Insgesamt muss man daher wohl noch immer dem ernüchternden Resümee von Herbert Dachs zustimmen, dass in Österreich „die reale Umsetzung des Unterrichtsprinzips – um es euphemistisch zu formulieren – bisher nur suboptimal gelungen" ist (Dachs 2008, 29). [*Unsichere weitere Entwicklung*]

4. Fazit

Politische Bildung kann schon deshalb, weil das Politische ein wesentliches – wenn auch nicht das einzige – Definitionsmoment nahezu aller schulischen Inhalte ist, nicht die Angelegenheit eines einzigen Faches sein. Darüber hinaus wird am Beispiel der für die Teilnahme am politischen Geschehen notwendigen sprachlichen

Kompetenzen deutlich, dass der Politikunterricht allein die Aufgaben, mit denen sich die politische Bildung konfrontiert sieht, kaum bewältigen kann. Soll die schulische politische Bildung nicht zu kurz greifen, ist sowohl ein Fachunterricht, der systematisch in politische Fragen und Probleme einführt, erforderlich, als auch die Reflexion dieser Fragen und Probleme aus der professionellen Perspektive anderer Fächer. Wie das österreichische Beispiel zeigt, kann das Unterrichtsprinzip die Systematik des Fachunterrichts nicht ersetzen, sondern müsste diesen ergänzen. Eine wesentliche Voraussetzung, um diesen Anspruch tatsächlich einlösen zu können, wäre jedoch eine entsprechende Professionalisierung der betroffenen Lehrerinnen und Lehrer: Diese müssten im Rahmen entsprechender Bildungsprogramme sowohl für die politischen Gesichtspunkte ihrer jeweiligen Fächer sensibilisiert als auch auf die didaktische Aufgabe der Vermittlung politischer Kompetenzen vorbereitet werden (vgl. Lechner-Amante/ Sander 2013, 88 f.).

Anmerkungen

1 Vgl. z. B. die Lehrpläne für allgemeinbildende Schulen in Österreich (http://www.bmukk.gv.at/schulen/unterricht/lp/lp_abs.xml [12.5.2013]).
2 Der Neologismus „wulffen" wurde Anfang 2012 in den Medien geprägt, als bekannt wurde, dass der ehemalige Bundespräsident Christian Wulff die Berichterstattung der Bild-Zeitung über seine Person durch einen Anruf bei deren Chefredakteur beeinflussen wollte.
3 Heute Bundesministerium für Unterricht, Kunst und Kultur (BMUKK).
4 Der Erlass formuliert als Ziele neben der Förderung von „Weltoffenheit" auch die Entwicklung eines „demokratisch fundierten Österreichbewusstseins" sowie eines Verständnisses „für die Aufgaben einer Umfassenden Landesverteidigung" und „ziviler Schutzvorkehrungen".

Literatur

Arnold, Nina u. a. 2011: Sprichst du Politik? Ergebnisse des Forschungsprojekts und Handlungsempfehlungen. Herausgegeben von der Friedrich-Ebert-Stiftung. Berlin

BMUK 1978: Politische Bildung in den Schulen. Grundsatzerlass zum Unterrichtsprinzip. GZ 33.464/6-19a/78 – Wiederverlautbarung mit GZ 33.466/103-V/4a/94. Online unter: http://www.bmukk.gv.at/medienpool/15683/pb_grundsatzerlass.pdf (18.11.2013)

Literatur

Dachs, Herbert 2008: Politische Bildung in Österreich – ein historischer Rückblick. In: Klepp, Cornelia/Rippitsch, Daniela (Hrsg.): 25 Universitätslehrgang Politische Bildung in Österreich. Wien, S. 17-34

Deichmann, Carl/Tischner, Christian K. (Hrsg.) 2013: Handbuch Fächerübergreifender Unterricht in der politischen Bildung. Schwalbach/Ts.

Fischer, Kurt Gerhard 1970: Einführung in die politische Bildung. Stuttgart

Klepp, Cornelia 2010: Politische Bildung als Unterrichtsprinzip in Österreich. Anachronismus oder Zukunftskonzept? In: kursiv – Journal für politische Bildung 1/2010, S. 46-51

Lechner-Amante, Alexandra/Sander, Wolfgang 2013: Politik unterrichten lernen – Perspektiven für ein professionalisierendes Studiencurriculum. In: Wirtisch, Manfred (Hrsg.): Kompetenzorientierung. Eine Herausforderung für die Lehrerbildung. Schwalbach/Ts., S. 63-96

Nonnenmacher, Frank (Hrsg.) 1996: Das Ganze sehen. Schule als Ort politischen und sozialen Lernens. Schwalbach/Ts. [Festschrift für Volker Nitzschke]

Sander, Wolfgang 1985: Politische Bildung als Fach und Prinzip. In: Ders. (Hrsg.): Politische Bildung in den Fächern der Schule. Stuttgart, S. 7-33

Ders. (2007): Politische Bildung als fächerübergreifende Aufgabe der Schule. In: Ders. (Hrsg.): Handbuch politische Bildung. 3. Aufl., Schwalbach/Ts., S. 254-264

Ders. (2010): Politik in der Schule. Kleine Geschichte der politischen Bildung in Deutschland. 3. Aufl., Marburg

Schmiederer, Rolf 1975: Politische Bildung als Unterrichtsprinzip aller Fächer. In: Ulshöfer/Götz 1975, a. a. O., S. 44-58

Ulshöfer, Robert/Götz, Theo (Hrsg.) 1975: Politische Bildung – ein Auftrag aller Fächer. Ein neues fachübergreifendes Gesamtkonzept für die gesellschaftspolitische Erziehung. Freiburg u. a.

Wirtitsch, Manfred 2012: Das Unterrichtsprinzip Politische Bildung. In: Diendorfer, Gertraud/Hellmuth, Thomas/Hladschik, Patricia 2012 (Hrsg.): Politische Bildung als Beruf. Professionalisierung in Österreich, S. 65-75.

Peter Henkenborg
Politische Bildung als Schulprinzip

1. Demokratiepädagogische Grundidee: Die Schul- und Unterrichtskultur als Gelegenheitsstrukturen für Demokratie-Lernen

In der Schule liegt der Bildungssinn der politischen Bildung darin, die Entwicklung der politischen Mündigkeit von Schülerinnen und Schülern durch die Förderung ihrer politischen Analyse-, Urteils- und Handlungskompetenz zu unterstützen. Diesen Bildungssinn der politischen Bildung kann man als Demokratie-Lernen bezeichnen. Der inhaltliche Ausgangspunkt für Demokratie-Lernen in der Schule liegt in der didaktischen Grundfrage der politischen Bildung, die sich aus diesem Grundproblem von Politik ergibt: Wie können Menschen und Gruppen in der Gesellschaft lernen, ihr Zusammenleben durch die Herstellung und Durchsetzung von allgemeiner Verbindlichkeit demokratisch zu gestalten und zu regeln und welche politischen Probleme und Konflikte müssen sie dabei bewältigen? Im Kontext von Schule lässt sich diese Grundfrage politischer Bildung grundsätzlich in drei Praxisfeldern bearbeiten:

- der eigenständige Politikunterricht als unverzichtbarer Kern der politischen Bildung;
- politische Bildung als ein fächerübergreifendes Prinzip;
- die Schulkultur und Unterrichtskultur selbst.

In der deutschen, aber auch in der internationalen Diskussion wird die Bedeutung der Schul- und Unterrichtskultur als einer wichtigen „Gelegenheitsstruktur" für Demokratie-Lernen oder für Education for Democratic Citizenship heute wieder verstärkt anerkannt (Edelstein 2009). Gemeinsam ist den unterschiedlichen Konzepten, dass sie eine demokratiepädagogische Grundidee teilen: Demokratie-Lernen kann sich nicht alleine auf Unterricht, Wissensvermittlung und kognitiv-verbales Lernen stützen, sondern erfordert Erfahrungslernen und „Modelllernen" (Bandura 1976). Die Schul- und Unterrichtskultur einer Schule selbst soll Demokratie-Lernen durch bildende Erfahrungen ermöglichen, indem Schüler und Schülerinnen durch eigenes Handeln sowie durch die Wahrnehmung von modellhaften Personen, Beziehungen und Sachverhalten den Sinn von Politik und Demokratie in der Schule praktizieren, erleben und verstehen, um durch solche Demokratieerfahrungen politische Mündigkeit und Demokratiekompetenzen entwickeln zu können.

2. Traditionen und Neubeschreibungen der demokratiepädagogischen Grundidee in der politischen Bildung

In der deutschen politischen Bildung hat diese demokratiepädagogische Grundidee eine lange Tradition. In früheren Theorien politischer Bildung finden sich solche Ansätze insbesondere in Oetingers (1953) Konzept einer „Erziehung zur Partnerschaft durch eigene soziale Erfahrungen", in Fischers (1965) Unterscheidung von Unterricht, Unterrichtsprinzip, Erziehungsstil und Tun als den „Grundmomenten jedes pädagogischen Aktes" (1965) und in Hilligens (1985) Analysen zu den „klassenzimmerspezifischen Faktoren" politischer Bildung. Schon diese damaligen Ansätze waren durch die pragmatische Erziehungsphilosophie von John Dewey beeinflusst (Grammes 1988). Die heutigen Konzepte einer Demokratiepädagogik basieren oft auf einer Neubelebung dieser demokratie- und schultheoretischen Ideen (Dewey 1993; Himmelmann 2001; Oelkers 2009; Edelstein 2009; Edelstein/Frank/Sliwka 2009; Scherb 2012). Drei Merkmale spielen dabei eine besondere Rolle:

Tradtition und Neubelebung demokratiepädagogischer Ansätze

- **Die Unterscheidung von Demokratie als Herrschafts- und Lebensform:** Demokratie ist für Dewey ein „Ideal", das er nicht nur auf die Demokratie als Herrschaftsform – auf die Verfahren der Willensbildung – bezieht, sondern vor allem auf die Demokratie als Lebensform. Die Demokratie als eine Lebensform zu verstehen, bedeutet bei Dewey, sie als ein ethisches Ideal persönlicher Lebensführung aufzufassen, das sich im Alltag des Zusammenlebens von Menschen als demokratischer Habitus niederschlägt (Dewey 1993; Himmelmann 2001; Edelstein 2009).
- **Die Bedeutung von Erfahrungslernen:** Schülerinnen und Schüler müssen in der Schule und im Unterricht durch bildende Erfahrungen selbst Lerngelegenheiten für einen aktiven, praktischen und reflexiven Umgang mit dem Grundproblem von Politik erhalten (Dewey 1993; Oelkers 2009; Scherb 2012).

- **Die Schul- und Unterrichtskultur als Lernumgebung:** Dewey hat Schulen, wie auch die Familie und die Gemeinden, als „embryonic society" bezeichnet, d. h. als demokratische Gesellschaften im Kleinen. In diesem pragmatischen Sinn ist Schule gleichsam eine demokratische Lernumgebung, oder anders formuliert: ein Ort demokratischer Praxis. Die Schul-, Unterrichts- und Lernkultur selbst soll eine Einübung in die Demokratie als Lebensweise, in demokratische Werte, in Rücksicht, Kooperation und Deliberation sowie in Möglichkeiten und Grenzen der Demokratie ermöglichen (Dewey 1993; Oelkers 2009; Scherb 2012).

Tab. 1: Qualitätskriterien einer Kultur der Anerkennung in der Schule

Emotionale Zuwendung	Kognitive Achtung	Soziale Wertschätzung
Die Entwicklung von Selbstvertrauen durch die Erfahrung stabiler Beziehungen und Interaktionen	Die Entwicklung von Selbstachtung durch die Erfahrung von Rechten	Die Entwicklung von Selbstschätzung durch die Erfahrung wertvolle Leistungen oder Fähigkeiten zu erbringen
• Schülerorientiertes Sozialklima	• Partizipationsmöglichkeiten • Demokratische und sinnstiftende Kommunikation und Interaktion	• Klarheit und Konsens über Schul- und Unterrichtsphilosophie sowie Leistungserwartungen

Kultur der Anerkennung

Im Anschluss an anerkennungstheoretische Konzepte der Pädagogik und an interaktionistische Schultheorien kann auch das Paradigma der Anerkennung ein theoretischer und empirischer Orientierungsrahmen für die Begründung von Demokratie-Lernen durch die Schulkultur sein (Hafeneger/Henkenborg/Scherr 2002; Henkenborg 2002). Demokratie-Lernen kann nur als Kultur der Anerkennung gelingen. Die Schul- und Unterrichtskultur sollte Kindern und Jugendlichen die Erfahrung emotionaler Zuwendung, kognitiver Achtung und sozialer Wertschätzung ermöglichen (Henkenborg 2002). Diese grundsätzlichen Formen der Anerkennung lassen sich (vgl. Tab. 1) durch die Ergebnisse der empirischen Schul-, Unterrichts- und Moralforschung pädagogisch und didaktisch im Sinne von Qualitätskriterien einer Demokratie-Lernen entgegenkommenden Schul- und Unterrichtskultur durch vier Qualitätskriterien konkretisieren (Fend 1998).

3. Praxisansätze für Demokratie-Lernen in der Schul- und Unterrichtskultur

3.1 Demokratie-Lernen durch Partizipation

Das Problem der Partizipation betrifft die Frage, inwieweit die Schule den Schülerinnen und Schülern die Möglichkeit gibt, das Schulleben und den Unterricht mitzubestimmen und mitzugestalten. Partizipation ist eine Grundbedingung für Demokratie-Lernen durch die Erfahrung kognitiver Anerkennung. Der Schulalltag wird allerdings immer noch stark durch Begrenzung der Partizipationsmöglichkeiten für Schülerinnen und Schüler bestimmt (Böhme/ Kramer 2001). Deshalb fordern die Schweizer Erziehungswissenschaftler Oser und Reichenbach zu Recht, von einem realistischen Partizipationsbegriff auszugehen und drei Formen der Partizipation zu unterscheiden (2000):

Partizipation als Grundbedingung

- **Partizipation durch Gemeinschaft:** Bei dieser Partizipationsform steht die Beteiligung von Schülerinnen und Schülern an der Gestaltung des Schullebens, z. B. in Form von Festen, Ausflügen oder von gemeinsamen Kultur- und Sporterlebnissen im Mittelpunkt (ebd.).

Drei Formen der Partizipation

- **Partizipation durch Citoyenität:** Diese Form der Partizipation zielt darauf, dass Schülerinnen und Schüler die Schule als einen Ort erfahren, an dem sie lernen sich mit „Anliegen der Gemeinschaft" zu identifizieren (Oser 2000). Neben den schon fast traditionellen Ansätzen der Öffnung von Schule, z. B. durch Lernen an außerschulischen Lernorten, hat hier in den letzten Jahren das Modell „Service learning" oder „Lernen durch Engagement" stark an Bedeutung gewonnen (Frank/Sliwka 2007; Edelstein/Frank/ Sliwka 2009).
- **Partizipation als diskursiver Überzeugungs- und Machtkampf:** Diese Form der Partizipation umfasst Ansätze der Mitbestimmung, Beteiligung und Deliberation. Dazu zählen dann insbesondere:
  - Formen institutionalisierter Mitbestimmung, z. B. Schulkonferenz, Schülervertretung (Palentin/Hurrelmann 2003)
  - das Modell der „Gerechten Schulgemeinschaften" (Just Community) (Oser/Althof 2003; Hanold 2002)
  - das Modell des Klassenrates (Kiper 1997; Friedrichs 2009)
  - Formen einer Diskussions- und Streitkultur, z. B. durch Dilemma-Diskussionen (Oser/Althof 2003) oder durch das Modell „Jugend debattiert"

- die Konzepte einer konstruktiven Konfliktbearbeitung, z. B. durch Mediation und Streitschlichter (Rademacher/Hartig 2007; Edelstein/Frank/Sliwka 2009).

3.2 Demokratie-Lernen durch demokratische und sinnstiftende Kommunikation und Interaktion

In der empirischen Unterrichtsforschung gilt die Kommunikations- und Interaktionsqualität von Lehrerinnen und Lehrern empirisch als ein Kernbereich der Unterrichtsqualität (Meyer 2008; Klieme/Rakoczy 2008). Gleichzeitig liegt hier eine Schlüsselstelle für Demokratie-Lernen durch kognitive Anerkennung. Demokratie-Lernen erfordert eine sinnstiftende, dialogische und diskursive Unterrichtsführung. In der Theorietradition der politischen Bildung lässt sich dieses Qualitätskriterium eines guten Unterrichts durch drei Merkmale konkretisieren:

– **Erziehungs- und Unterrichtsstil:** Bereits Wolfgang Hilligen forderte im Anschluss an die Erziehungsstilforschung (Reichenbach 2011), dass die „klassenzimmerspezifischen Faktoren" als „Vorschein einer demokratischen Lebensform" das Unterrichtsgeschehen in der politischen Bildung bestimmen sollten. Deshalb gehe es im politischen Unterricht um eine tendenzielle Aufhebung der Dominanz des Lehrers im Unterrichtsgeschehen (1985, 220 ff.).

Autoritativ-partizipativer-Erziehungsstil

In der heutigen Erziehungsstilforschung gilt ein autoritativ-partizipativer Erziehungsstil als „Königsweg der Erziehung" (Reichenbach 2011, 133). Dieser Erziehungsstil zeichnet sich durch zwei Basisdimensionen aus: erstens durch einen zurückhaltenden und umsichtigen Einsatz erzieherischer Autorität und Lenkung sowie zweitens durch emotionale Wärme und die Berücksichtigung kindlicher Bedürfnisse (ebd.).

Deutungslernen

– **Deutungslernen:** Der Kern demokratischer und sinnstiftender Unterrichtskommunikation kristallisiert im Politikunterricht in einem „pragmatischen Paradigma" politischer Bildung. Pragmatisches Paradigma meint die Idee einer kommunikativen Praxis offener, kontroverser und demokratischer Verständigung, in der Verhandlung politischer Deutungsmuster durch „Interaktion, Begegnung, Dialog" (Grammes 1988). Diese Idee des pragmatischen Paradigmas lässt sich im Anschluss an konstruktivistische Lerntheorien auch als Deutungslernen bezeichnen (Henkenborg/Krieger 2005).

– **Selbsttätigkeit:** In der Pädagogik und in der Lerntheorie ist unbestritten, dass Schule und Unterricht Kindern und Jugendlichen eine unterstützende Bejahung von Selbsttätigkeit ermöglichen müssen. Demokratie-Lernen braucht deshalb eine Lernkultur, die mehr Raum für handlungsorientiertes, schüleraktives und selbstgesteuertes Lernen lässt (Koring 1992; Meyer 2008; Klieme/Rakoczy 2008).

Lernkultur der Selbsttätigkeit

3.3 Demokratie-Lernen durch ein schülerorientiertes Sozialklima

Die Fähigkeit und Bereitschaft zur Persönlichkeitsentwicklung von Kindern und Jugendlichen durch eine Kultur emotionaler Zuwendung beizutragen, gehört zum Professionskern politischer Bildner (Böhnisch/Schröer 2001). Denn das System Schule „erreicht die Schüler im Wesentlichen durch die Person des Lehrers" (Hilligen 1985, 221). Insofern sind Lehrerinnen und Lehrer für ihre Schülerinnen und Schüler auch Modelle für gelingendes und misslingendes Demokratie-Lernen. Eine zentrale Frage ist deshalb, durch welches Erziehungsverhalten Lehrerinnen und Lehrer die Persönlichkeitsentwicklung von Kindern und Jugendlichen unterstützen und fördern können. Die empirische Schul- und Unterrichtsforschung zeigt, dass ein schülerorientiertes Sozialklima zu den wichtigsten Merkmalen eines guten Unterrichts (Fend 1998; Klieme/Rakoczy 2008) und einer gelingenden Kultur emotionaler Zuwendung in der Schule gehört. Aus der Perspektive der politischen Bildung sind insbesondere drei Merkmale eines schülerorientierten Sozialklimas von Bedeutung:

Erziehungsverhalten der Lehrkräfte

– **Orientierende Erwachsene:** Lehrerinnen und Lehrer werden von ihren Schülerinnen und Schülern heute „stärker als je zuvor als Persönlichkeiten nachgefragt" (Böhnisch/Schröer 2001, 179). Jugendliche suchen „Erwachsene [...], um sich an Modellen für das Erwachsenwerden gleichermaßen orientieren und abgrenzen zu können" (Böhnisch 1998, 168). Politische Bildner können Kindern und Jugendlichen in diesem Sinne als „orientierende Erwachsene" (Hafeneger) dienen – als Modelle für eine Bürgerrolle, eine Erwachsenenrolle und für eine Bildungsidee (Sander 1997; Henkenborg 2002).

Drei Merkmale eines schülerorientierten Sozialklimas

– **Ein Klima des Vertrauens:** Demokratie-Lernen erfordert eine Kultur emotionaler Zuwendung, die durch ein Klima des Vertrauens zwischen Lehrern und Schülern geprägt ist, insbesondere durch die Erfahrung von Respekt, Wärme und persönliche Zuwendung, Aufrichtigkeit, Authentizität, einfühlendes Verstehen (Tausch/Tausch 1998; Schweer 1996) und durch Transparenz, Verbindlichkeit, Fairness und Gerechtigkeit (Koring 1992) sowie durch Engagement, ein reichhaltiges Schulleben und eine aktive und schülerorientierte Problembearbeitung (Fend 1998).

– **Diagnostische Professionalität:** Nach der empirischen Untersuchung „Visible Learning" von John Hattie (2009) sind Lernprozesse dann effektiv, wenn Lehrerinnen und Lehrer die Kompetenz besitzen, Lernprozesse aus der Perspektive von Lernenden wahrzunehmen und vor diesem Hintergrund unterrichtliche Prozesse aktiv zu gestalten. Deshalb haben für ihn diagnostische Orientierungen beim Lehren und Lernen einen ganz entscheidenden Stellenwert für die Lehrerprofessionalität: Informationen über Erfahrungen, Vorwissen, Lernmöglichkeiten, Lernstände, Lernprozesse und Lernerträge der Schülerinnen und Schüler.

4. Ausblick: Grenzen und Kritik

Zu den Ambivalenzen und Widersprüchen von Demokratie-Lernen gehört die Erfahrung, dass Schule und Unterricht Grenzen setzen. Erstens erfüllen Demokratieerfahrungen in der Schule nicht alle mit ihnen verbundenen mythischen Erwartungen. Schulische Partizipationserfahrungen z. B. haben positive Wirkungen auf die Entwicklung von Selbstkompetenzen (z. B. Selbstwirksamkeit) und Sozialkompetenzen (Fähigkeit zur Perspektivenübernahme, zur Anteilnahme und zum Mitgefühl) bei Schülerinnen und Schülern sowie auf deren Fähigkeiten zur Bewältigung von Gruppenkonflikten. Dagegen gibt es zwischen Erfahrungslernen durch Partizipation und Aspekten der politischen Identität und des politischen Interesses keine Zusammenhänge (Biedermann 2006; Reinhardt 2009; Oesterreich 2002).

Zweitens muss man den Grundtopos der an Dewey orientierten demokratiepädagogischen Konzepte von Demokratie-lernen kritisch hinterfragen: die Annahme einer Übertragbarkeit der Demokratieerfahrungen im Mikrokosmos Schule auf den Makrokosmos der politischen Welt. Demokratieerfahrungen in der schulischen Mikropolitik können ein Ausgangspunkt für Bildungsprozesse sein, sie lassen sich aber nicht einfach auf die Makropolitik der Probleme, Möglichkeiten und Grenzen von Demokratie in komplexen Gesellschaften übertragen (Oelkers 2000).

Schließlich bleiben auch die institutionell vorgegebenen asymmetrischen Machtbeziehungen zwischen Lehrern und Schülern im System Schule bestehen (Bernfeld 1975; Oelkers 2000). Die empirischen Forschungen zur Schul- und Unterrichtsqualität belegen allerdings auch, dass die Qualität von Schule nicht alleine durch die Systembedingungen entschieden wird, sondern viel stärker durch die Kultur der Einzelschule beeinflusst wird (Fend 1998). Auch für Demokratie-Lernen an der Schule trifft der Satz von Robert Musil zu, „dass immer mehr möglich als wirklich ist". Die entscheidende Frage ist deshalb, „ob wir die Schule als Lebens- und Erfahrungsraum der künftigen Bürger wirklich wollen" (von Hentig 1993, 10).

Literatur

Bandura, Albert 1976: Lernen am Modell. Stuttgart
Bernfeld, Siegfried: Sisyphos oder die Grenzen der Erziehung 1975 (1925). Frankfurt/M.
Biedermann, Horst 2006: Junge Menschen an der Schwelle politischer Mündigkeit. Münster
Böhme, Jeanette/Kramer, Rolf-Thorsten 2001 (Hrsg.): Partizipation in der Schule. Opladen
Böhnisch Lothar 1998: Grundbegriffe einer Jugendarbeit als „Lebensort". Bedürftigkeit, Pädagogischer Bezug und Milieubildung. In: ders. u. a. (Hrsg.): Jugendarbeit als Lebensort. Weinheim und München, S. 155-168
Böhnisch, Lothar/Schröer, Wolfgang 2001: Pädagogik und Arbeitsgesellschaft. Weinheim und München
Dewey, John 1993: Demokratie und Erziehung. Eine Einleitung in die philosophische Pädagogik. Weinheim
Edelstein, Wolfgang 2009: Demokratie als Praxis und Demokratie als Wert. In: Edelstein, Wolfgang/Frank, Susanne/Sliwka, Anne, a. a. O., S. 7-19
Edelstein, Wolfgang/Frank, Susanne/Sliwka, Anne 2009: Praxishandbuch Demokratiepädagogik. Sechs Bausteine für die Unterrichtsgestaltung und den Schulalltag. Bonn
Eikel, Angelika/de Haan, Gerhard (Hrsg.) 2007: Demokratische Partizipation in der Schule. Schwalbach/Ts.
Fend, Helmut 1998: Qualität im Bildungswesen. Schulforschung zu Systembedingungen, Schulprofilen und Lehrerleistungen. Weinheim und München
Fischer, Kurt-Gerhard 1965: Politische Bildung – eine Chance für die Demokratie. Linz
Friedrichs, Birte 2009: Praxisbuch Klassenrat. Gemeinschaft fördern, Konflikte lösen. Weinheim, Basel

Frank, Susanne/Sliwka, Anne: Service Learning und Partizipation. In: Eikel, Angelika/de Haan, Gerhard, a. a. O., S. 42-59

Grammes, Tilman 1998: Gibt es einen verborgenen Konsens in der Politikdidaktik? In: Aus Politik und Zeitgeschichte (1988), Bd. 51/52, S. 15-26

Hafeneger, Benno/Henkenborg, Peter/Scherr, Albert (Hrsg.) 2002: Pädagogik der Anerkennung. Schwalbach/Ts.

Hanold, Marita 2002: Erziehung durch Demokratie – Ein Projekt des Staatlichen Schulamtes Reutlingen: In: Breit, Gotthard/Schiele, Siegfried: Demokratie-Lernen als Aufgabe der politischen Bildung. Schwalbach/Ts., S. 257-265

Hattie, John 2009: Visible learing. A synthesis of over 800 meta-analysis relating to achievement. London

Henkenborg, Peter 2002: Politische Bildung für die Demokratie. Demokratie lernen als Kultur der Anerkennung. In: Hafeneger, Benno/Henkenborg, Peter/Scherr, Albert, a. a. O., S. 106-131

Henkenborg, Peter/Krieger, Anett 2005: Deutungslernen in der politischen Bildung – Prinzipien didaktischer Inszenierungen. In: Kursiv H. 1/2005, S. 30-42

Hentig von, Hartmut 1993: Die Schule neu denken. München, Wien

Hilligen, Wolfgang 1985: Zur Didaktik des politischen Unterrichts. 4. Aufl., Bonn

Himmelmann, Gerhard 2001: Demokratie Lernen als Lebens-, Gesellschafts- und Herrschaftsform. Schwalbach/Ts.

Kiper, Hanna 1997: Selbst- und Mitbestimmung in der Schule. Das Beispiel Klassenrat. Hohengehren

Klieme, Eckhard/Rakoczy, Katrin 2008: Empirische Unterrichtsforschung und Fachdidaktik. Outcome-orientierte Messung und Prozessqualität des Unterrichts. Zeitschrift für Pädagogik. 2/2008, S. 222-237

Koring, Bernhard 1992: Grundprobleme pädagogischer Berufstätigkeit. Bad Heilbrunn

Meyer, Hilpert 2008: Was ist guter Unterricht? 5. Aufl., Berlin

Oelkers, Jürgen 2000: Schulentwicklung, Demokratie und Bildung. Zürich. Unter: www.paed.unizh.ch/ap/downloads/oelkers/Vortraege/016_demokratie.pdf (18.11.2013)

Qelkers, Jürgen 2009: Dewey und die Pädagogik. Weinheim, Basel

Oesterreich, Detlef 2002: Politische Bildung von 14-Jährigen. Studien aus dem Projekt Civic Edcation. Opladen

Oetinger, Friedrich (Theodor Wilhelm) 1953: Partnerschaft. Die Aufgabe der politischen Erziehung. 2. Aufl., Stuttgart

Oser, Fritz/Althof, Wolfgang 1992: Moralische Selbstbestimmung. Modelle der Entwicklung und Erziehung im Wertebereich. Stuttgart

Oser, Fritz/Reichenbach, Roland 2000: Politische Bildung in der Schweiz. Fribourg. Unter: www.unifr.ch/pedg/archiv/schlussbericht.pdf (18.11.2013)

Palentin, Christian/Hurrelmann, Klaus 2003: Schülerdemokratie. Mitbestimmung in der Schule. München, Neuwied

Literatur

Rademacher, Helmoldt/Hartig, Christiane 2007: Mediation als partizipatorisches Element einer demokratischen Schulkultur. In: Eikel, Angelika/de Haan, Gerhard (Hrsg.): Demokratische Partizipation in der Schule. Schwalbach/Ts., S. 159-172

Reichenbach, Roland 2011: Pädagogische Autorität. Macht und Vertrauen in der Erziehung. Stuttgart

Reinhardt, Sibylle 2009: Was leistet Demokratie-Lernen für die politische Bildung? Gibt es empirische Indizien zum Transfer von Partizipation im Nahraum auf Demokratie-Kompetenz im Staat? Ende einer Illusion und neue Fragen. In: Himmelmann Gerhard/Lange, Dirk (Hrsg.): Demokratiedidaktik. Impulse für die Politische Bildung. Wiesbaden, S. 127-141

Sander, Wolfgang 1997: Krise des Lehrens, Krise der Lehrer – Zur Rolle der Politiklehrer heute. In: Kursiv, 1/1997, S. 12-17

Scherb, Armin 2012: Erfahrungsorientierter Politikunterricht. Der Pragmatismus als Grundlage politischen Lernens. Kassel

Schwerr, Martin 1996: Vertrauen in der pädagogischen Beziehung. Bern

Tausch, Reinhard/Tausch, Anne-Marie 1998: Erziehungspsychologie. Begegnung von Person zu Person. Göttingen

Benno Hafeneger

Politische Bildung in der außerschulischen Jugendbildung

1. Der Rahmen der politischen Jugendbildung

Politische Bildung für Jugendliche und junge Erwachsene hat institutionell und organisiert zwei zentrale Lernorte: die schulischen und die außerschulischen (nachschulischen) Bildungsangebote. Beide basieren auf politischen Vorgaben, rechtlichen Rahmenbedingungen und organisatorischen Grundlagen; sie haben unterschiedliche Inhalte, Strukturen und Lernformen. Gleichzeitig gibt es vielfältige Vernetzungs- und Kooperationsansätze wie auch produktive Lernverhältnisse und gemeinsame Aktivitäten zwischen den beiden Lern- und Bildungsorten.

Rechtliche Stellung

Die außerpolitische Jugendbildung ist rechtlich als non-formales Lern- und Bildungsfeld Teil der Jugendarbeit mit einer eigenen und abgrenzbaren Angebotsstruktur (vgl. Pothmann 2013). Im engeren Sinne gehört – so die bundesgesetzliche Formulierung nach § 11, Abs. 3 KJHG (SGB VIII) – zu den Schwerpunkten der Jugendarbeit die „außerschulische Jugendbildung mit allgemeiner, politischer, sozialer, gesundheitlicher, kultureller, naturkundlicher und technischer Bildung". Damit ist politische Jugendbildung einem breiten Feld der außerschulischen Jugendbildung (vgl. Hafeneger 2013) zugeordnet, für das nach § 11 als Zielsetzung formuliert ist, die Jugendlichen und jungen Erwachsenen „zur Selbstbestimmung zu befähigen und zu gesellschaftlicher Mitverantwortung und zu sozialem Engagement anzuregen und hinzuführen".

Das steuerungs- und förderpolitische Instrument des Bundes ist seit dem Jahre 1950 der Bundesjugendplan (BJP) und dann der Kinder- und Jugendplan (KJP); in der Programmstruktur des KJP gehört die politische Bildung zu den Schwerpunkten. Die inhaltlichen und förderungspolitischen Instrumente der Länder sind in Ausführungsgesetzen (Jugendbildungsgesetzen) zum SGB VIII geregelt; auf kommunaler Ebene gibt es – orientiert am gesetzlichen Rahmen des

Bundes und der Länder – spezifische kommunale Förderrichtlinien und -programme.
Gleichzeitig gelten für die Teilnahme an Veranstaltungen der politischen Bildung unterschiedlich bezeichnete Freistellungsgesetze (u. a. Bildungsurlaubsgesetz, Arbeitnehmerweiterbildungsgesetz), die ebenfalls auf Länderebene geregelt sind.

2. Historische Entwicklung

Historisch hat die außerschulische Jugendbildung ihre Vorläufer in den Traditionen der Jugendpflege und Jugendarbeit sowie einer sich entwickelnden Pluralisierung von Angeboten, Trägern und Lernformen. Sie ist Bestandteil der „sozialen Frage", der vielschichtig geführten sozial- und bildungspolitischen (Reform-) Debatten des 20. Jahrhunderts sowie einer wissenschaftsbasierten Grundlegung, Institutionalisierung und Professionalisierung im Prozess der Ausdifferenzierung des Bildungssystems.

Von der Re-Educationpolitik der westlichen Alliierten (insbesondere in der amerikanischen Besatzungszone) und der Etablierung der Träger der Jugendarbeit profitierte in der Bundesrepublik auch die politische Bildung. In der unmittelbaren Nachkriegszeit und den 1950er-Jahren entwickelte sich eine breite und pluralistische politische Jugendbildung, der mit ihren Angeboten – bei allen Differenzierungen und Kontroversen – programmatisch und selbstverpflichtend aufgetragen war, zur Demokratisierung der Bundesrepublik beizutragen und Demokratiegefährdungen zu verhindern (vgl. Ciupke/ Jelich 1999).

Entwicklung pluralistischer politischer Jugendbildung

In der Zeit der allgemeinen Bildungsreformbestrebungen in den 1960er- und 1970er-Jahren ist für die politische Jugendbildung ein weiterer Modernisierungsschub identifizierbar. In den Prozessen der Institutionalisierung, Verrechtlichung, Professionalisierung und einer sich herausbildenden pädagogischen Professionalität wird politische Bildung in der Geschichte der Bundesrepublik zu einem wichtigen Bestandteil und zeitweise auch übergeordneten Prinzip der außerschulischen Jugendarbeit und -bildung. Mit der Verabschiedung (und vielfachen Novellierungen) von Jugendbildungsgesetzen seit Mitte der 1970er-Jahre des 20. Jahrhunderts – und in den 1990er-Jahren auch in den neuen Bundesländern – war das Feld Bestandteil von Bildungsreformen und in die Metapher des „lebensbegleitenden Lernens" eingebunden. Durchgängige Zielsetzung der

Jugendbildungsgesetze

gesetzlichen Regelungen war, Jugendlichen und jungen Erwachsenen weitere Bildungschancen auch im Bereich der politischen Bildung zu ermöglichen und sie zu befähigen, „Kenntnisse über Gesellschaft und Staat zu erwerben sowie ihre Interessen in Betrieb und Gesellschaft zu erkennen und an der demokratischen Willensbildung aktiv mitzuwirken" (so Formulierungen in Landesgesetzen).

Die politische Jugendbildung ist Bestandteil der zeitbezogenen Theoriediskussion und von politisch-normativen Orientierungen in der Jugendarbeit. Zu nennen sind hier zunächst die Traditionen der „emanzipatorischen Jugendarbeit", der „bedürfnisorientierten Jugendarbeit" und der „erfahrungs-/lebensweltorientierten Jugendarbeit"; in den 1980er- und 1990er-Jahren dann die Ansätze der „subjektorientierten Jugendarbeit" (vgl. Scherr 1997) und „sozialräumlichen Jugendarbeit" (vgl. Hafeneger 2013).

Wissensvermittlung und Praxisrelevanz

Nach einem prinzipiellen und weitgehend konsensfähigen Selbstverständnis geht es politischer Jugendbildung nicht nur um kognitive Wissensvermittlung, sondern zugleich um handlungsorientierte Lernprozesse mit der Perspektive, dass das gelernte Wissen auch im staatsbürgerlichen Handeln, in der biografischen Entwicklung und der politisch-sozialen Lebenswelt reflexiv bedeutsam und praktisch relevant ist bzw. wird. Neben vielen Einzelfeld- und themenbezogenen Begründungen werden in der neueren Diskussion gemeinsame und rahmende Denktraditionen und Orientierungen wie Aufklärung und Vernunft, Kritik und Demokratie, Subjektorientierung und Emanzipation als Selbstverständnis des Feldes und einer Pädagogik angeboten, die sich als eine kritische politische Pädagogik versteht (vgl. Lösch/Thimmel 2010).

3. Bildungsbegriff und -orte

In der neueren Bildungsdiskussion hat zunächst mit dem 12. Kinder- und Jugendbericht der Bundesregierung (2005) und folgenden Publikationen eine Differenzierung und Neu-Akzentuierung des Bildungsbegriffs und auch der Bildungsfelder stattgefunden. Danach ist die außerschulische politische Jugendbildung im „engeren Sinne" ein non-formales Bildungsfeld mit eigenen Orten, Zeiten und Inhalten, mit eigenen konzeptionellen, normativen und theoretischen Horizonten. Politische Jugendbildung steht in diesem Sinne als „Bezeichnung für organisierte, lehrgangsmäßige Veranstaltungen mit explizit politischen Themenstellungen und Bildungsanspruch, wie sie etwa von Jugendbildungsstätten, Tagungshäusern, Jugendverbänden u. Ä. angeboten werden" (Galuske/Rauschenbach 1997, 60). Davon unterscheidet sich ein Verständnis von politischer Jugendbildung, das in einem „weiten Verständnis" mit anderen Feldern der außerschulischer Jugendbildung und Jugendarbeit verknüpft ist und die Alltags- und Lebensthemen der jungen Generation aufnimmt.

Politische Bildungsprozesse von Jugendlichen finden an unterschiedlichen Bildungs- und Lernorten statt, sie kennen keine institutionellen Grenzen und lassen sich räumlich und sozial nicht eingrenzen. Daher hat die Sachverständigenkommission für den 12. Kinder- und Jugendbericht vorgeschlagen, zwischen Bildungsorten und Lernwelten zu unterscheiden. „Von Bildungsorten im engeren Sinne wäre vor allem dann zu sprechen, wenn es sich um lokalisierbare, abgrenzbare und einigermaßen stabile Angebotsstrukturen mit einem expliziten oder zumindest impliziten Bildungsauftrag handelt. Sie sind eigens als zeit-räumliche Angebote geschaffen worden, bei denen infolgedessen der Angebotscharakter überwiegt. Im Unterschied zu Bildungsorten sind Lernwelten weitaus fragiler, nicht an einen geografischen Ort gebunden, sind zeitlich-räumlich nicht eingrenzbar, weisen einen weitaus geringeren Grad an Standardisierung auf und haben auch keinen Bildungsauftrag. Von ihrer Funktion her handelt es sich bei ihnen eher um institutionelle Ordnungen mit anderen Aufgaben, in denen Bildungsprozesse gewissermaßen nebenher zustande kommen" (Deutscher Bundestag 2005, 91).

Begriffe
Bildungsorte
und Lernwelten

Folgt man diesem Vorschlag, dann gehört die außerschulische politische Jugendbildung zu den non-formalen Bildungsorten, während die selbstorganisierten Gleichaltrigengruppen, Jugendverbände und -gruppen, die Offene Jugendarbeit, Jugend- und Protestkulturen sowie Bürgerinitiativen oder auch das Surfen im Internet als Lernwelten und informelle Bildungsorte gelten.

4. Das Feld der politischen Bildung

Der Begriff politische Jugendbildung bündelt ganz heterogene Praxisfelder, Institutionen, Arbeitsformen und Zielgruppen. Sie wird angeboten von freien und öffentlichen Trägern und umfasst ein breites Angebot, dies sind vor allem: konfessionell und gewerkschaftlich geprägte Bildungsträger, kommunale Jugendförderung, Jugendbildungsstätten, Arbeit und Leben, die Bundeszentrale und die Landeszentralen für politische Bildung, Volkshochschulen, Jugendverbände,

Angebotsträger

dann politische und zivilgesellschaftliche Stiftungen sowie Bildungswerke der Wirtschaft.

Es gibt eine rege Publikationstätigkeit von Trägern und trägerunabhängige Fachzeitschriften (z. B. das „Journal für politische Bildung"), landes- und bundesweit tätige Dach- und Fachverbände, die auch im Bereich der politischen Jugendbildung tätig sind. Dazu gehören u. a. der Bundesausschuss Politische Bildung (bap), die Deutsche Vereinigung für politische Bildung (DVPB), die Arbeitsgemeinschaft katholisch-sozialer Bildungswerke in der Bundesrepublik Deutschland (AKSB), Arbeit und Leben, der Deutsche Bundesjugendring (DBJR), der Deutsche Volkshochschulverband (DVV), die Bildungswerke der Wirtschaft und der Arbeitskreis deutscher Bildungsstätten (AdB) (vgl. Lange 2010).

5. Professionalisierung und Professionalität

Mit der Herausbildung der außerschulischen Jugendbildung als einem eigenständigen Arbeitsfeld haben sich auch pädagogisch-professionelle Profile und Kompetenzmerkmale entwickelt und immer wieder verändert. Die Felder der außerschulischen (politischen) Jugendbildung und deren Profession haben sich mit der Geschichte der Jugendpflege/-arbeit zunächst in der Profession der „Jugendpflege(r)" herausgebildet. Aber erst in der Geschichte der Bundesrepublik – und hier vor allem seit den 1970er-Jahren – konturieren sich die eigenständigen und vielfältigen Arbeitsfelder und die Profession mit akademischer Ausbildung als Jugendbildungsreferent/-in, pädagogischer Mitarbeiter/-in und Dozent/-in heraus (vgl. Lange 2010; Lüders/Behr-Heintze 2009; Coelen/Gusinde 2011).

In den non-formalen Orten und Zeiten der politischen Jugendbildung werden bei freiwilliger Teilnahme jugendliche Bildungsprozesse professionell begleitet, arrangiert und ermöglicht. Diese sind bildungsdialogisch ausgerichtet und beziehen sich auf die handelnden Jugendlichen und jungen Erwachsenen mit den von ihnen eingebrachten Motiven und Interessen. Lernen und Bildung wird als ein vielschichtiger, kognitiver und emotionaler, sozialer und biografischer Vorgang verstanden. In den intersubjektiven Lernverhältnissen und -beziehungen können die Pädagogen/-innen mit ihrem Wissen und Können, ihren Themen und Botschaften – so ein wesentliches Professionsmerkmal – für die Entwicklung des Selbst, für die politisch-mentale Identität bzw. elementare Identitätsgefühle und für Veränderungen (im Sinne eines lebenslanges Projekts) als spiegelnde Objekte (im psychoanalytischen Sinne) eine wichtige Bedeutung (nicht nur im sprachlichen Zugang) bekommen. Pädagogen/-innen können für Jugendliche bedeutsame Zuhörer werden, die sie in ihrer mentalen und politisch-reflexiven Entwicklung begleiten und eine orientierende Mittlerstellung zwischen der inneren Welt und der äußeren Realität einnehmen.

6. Daten und Befunde

Die vorliegenden Zahlen über die Teilnahme an politischer Jugendbildung sind lückenhaft und unvollständig (vgl. Lange 2010). Insgesamt ist die Zahl – u. a. mit Blick in die Kinder- und Jugendhilfestatistik und die Daten des Statistischen Bundesamtes – niedrig. Das zeigen auch die Entwicklungen im Bereich des Bildungsurlaubs, der bis in die 1980er-Jahre eine Domäne der politischen Bildung war und seit den 1990er-Jahren überwiegend für berufliche und betriebliche Weiterbildung genutzt wird. Lange (2010) kommt zu dem Ergebnis, dass jährlich bundesweit 1,4 Millionen Jugendliche und junge Erwachsene an außerschulischen Bildungsmaßnahmen teilgenommen haben; nach Schröder (2013) sind davon etwa 700 000 der politischen Bildung zuzurechnen.

Teilnahmezahlen an außerschulischen Bildungsangeboten

Während Jugendliche und junge Erwachsene aus bildungsnahen Milieus und familiären Traditionen mehr an non-formalen Bildungsangeboten und Handlungsfeldern (Seminare, Lehrgänge, Workshops etc.) von Trägern (Jugendverbände, kommunale Bildungswerke, Volkshochschulen, Kirchen, Gewerkschaften etc.) teilnehmen, erreichen Angebote der Jugendarbeit mit ihren informellen Bildungsmöglichkeiten und Handlungsfeldern auch sozial benachteiligte Jugendliche und junge Erwachsene (vgl. Harring 2007). Dabei zeigt die Evaluation des KJP-Programms „Politische Jugendbildung" (Schröder et. al. 2004) neben der Themen- und Methodenvielfalt des Feldes, der Bedeutung von Handlungsorientierung und Partizipation, dass es Trägern und Einrichtungen in den letzen Jahren offenbar auch gelungen ist, verstärkt Jugendliche und junge Erwachsene aus sozial benachteiligten und bildungsfernen Schichten zu gewinnen (vgl. auch Erben et. al. 2013).

7. Wandel der Jugend und politische Bildung

Die Teilnahme an politischer Jugendbildung ist freiwillig, und die Träger und das Feld müssen die jeweilige junge Generation immer wieder neu neugierig machen und für ihre Themen, Angebote, Lernformen ansprechen und gewinnen. Diese müssen für sie attraktiv und mit ihren Lebenswelten und Lebenslagen, ihren Interessen, Fragen und Motiven verknüpft sein. Dabei ist das non-formale Bildungsfeld vor allem mit vier Herausforderungen konfrontiert, die den Wandel der Jugendphase in den letzten Jahren bzw. Jahrzehnten charakterisieren:

Vier Herausforderungen für non-formale Angebote

- Erstens ist Jugendzeit für die meisten Jugendlichen eine formale, lange und dichte Bildungszeit; noch nie war ein so großer Teil der jungen Generation so lange im schulischen, (vor)beruflichen Ausbildungssystem oder im Studium. Die lange Jugendphase wird – mit vielen Differenzierungen und Übergängen – weitgehend und lange im formalen Bildungssystem mit seinen charakteristischen Merkmalen (Leistungsanforderungen, Selektion, Verdichtung, Zertifizierung u. a.) verbracht. Solche Zeitverwendungsstrukturen und Bildungserfahrungen haben Folgen für die weitere Bildungsmotivation und die Bereitschaft zur Teilnahme an politischer Bildung.
- Zweitens ist das schulische Bildungssystem hochgradig selektiv und die Bildungs- und Lernbiografien sind von der sozialen Herkunft/Lage abhängig. Das hat Folgen für das lebensbegleitende Lernen, weil auch die Teilnahme bzw. der Bildungserwerb in der außerschulischen (nachschulischen) Weiterbildung sozial selektiv ist. Je mehr Bildung erworben wird und je besser die Bildung ist, desto häufiger wird auch an Weiterbildung, an Angeboten und Maßnahmen der beruflichen, allgemeinen und politischen Bildung teilgenommen.
- Drittens ist ein Teil der jungen Generation – der 12/14- bis 25/27-Jährigen – neben der Schule und Ausbildung vorübergehend, kurzzeitig oder auch längerfristig in die Jugendarbeit und in Ehrenamt/freiwilliges Engagement einbezogen. Hier machen sie biografische, soziale, kulturelle, politische und ästhetische Erfahrungen, und hier werden Zeit, Engagement und Interessen gebunden. Dabei ist die Jugendarbeit in den Jugendverbänden, der offenen und kommunalen Jugendarbeit, dann auch im Freiwilligendienst eine eigene non-formale und informelle Lern-, Erfahrungs- und Bildungswelt.

– Viertens zeigen die Erfahrungen, dass vor allem Jugendliche und junge Erwachsene aus der ehrenamtlichen Jugendarbeit an den spezifischen Formaten der politischen Jugendbildung teilnehmen. Aus ihrer Mitarbeit in der Jugendarbeit, der Schüler-/Auszubildendenvertretung heraus entwickelt sich eine „stabile" Teilnahmegruppe an politischer Bildung. Diese Erkenntnis erschließt eine wichtige Dimension: Die Teilnahme muss subjektiv plausibel und anschlussfähig sein, sie muss Sinn machen und Jugendliche müssen Motive haben.

8. Fazit

Die außerschulische politische Jugendbildung ist schon immer ein kreativer und innovativer Randbereich in der Bildungswelt/-politik bzw. Jugendpolitik gewesen. Diese Würdigung und Erkenntnis ist trivial – dabei ist gleichzeitig auf die unverwechselbare demokratiepolitische und biografische Bedeutung der Bildungs- und Lernorte hinzuweisen. Ihr grundlegender Auftrag bleibt, als Teil von Bildung zeitbezogen – vor dem Hintergrund von sozialen und gesellschaftlichen Krisenentwicklungen und Umbrüchen – zur Gestaltung von politischen, zivilgesellschaftlichen und lebensweltlichen Prozessen mit den Leitmotiven „Bildung, Demokratie, Freiheit" beizutragen. Dazu bedarf es sowohl einer angemessenen Förderung (guten Rahmenbedingungen) als auch vielfältigen Zugängen zu der jeweiligen jungen Generation; zu ihren Lern- und Bildungsmotiven, Interessen und Fragen.

Literatur

Ciupke, Paul/Jelich, Franz-Josef (Hrsg.) 1999: Ein neuer Anfang. Politische Jugend- und Erwachsenenbildung in der westdeutschen Nachkriegsgesellschaft. Essen

Coelen, Thomas/Gusinde, Frank (Hrsg.) 2011: Was ist Jugendbildung? Positionen – Definitionen – Perspektiven. Weinheim und München

Deutscher Bundestag 2005: Bildung, Betreuung und Erziehung vor und neben der Schule. Zwölfter Kinder- und Jugendbericht der Bundesregierung. Berlin

Erben, Friedrun/Schlottau, Heike/Waldmann, Klaus (Hrsg.) 2013: „Wir haben was zu sagen!". Politische Bildung mit sozial benachteiligten Gruppen. Schwalbach/Ts.

Galuske, Michael/Rauschenbach, Thomas 1997: Politische Jugendbildung in Ausbildung und Beruf, in: Hafeneger, Benno (Hrsg.): Handbuch politische Jugendbildung. Schwalbach/Ts.
Hafeneger, Benno (Hrsg.) 2013: Handbuch außerschulische Jugendbildung. Schwalbach/Ts.
Hafeneger, Benno 2013a: Jugendliche und politische Bildung – politische Bildung und Jugend. In: deutsche jugend, H. 3, S. 105- 111
Harring, Marius 2007: Informelle Bildung – Bildungsprozesse im Kontext von Bildung im Jugendalter. In: Harring, Marius/Rohlfs, Carsten/Palentien, Christian (Hrsg.), a.a.O., S. 237-258
Lange, Dirk 2010: Monitor politische Bildung. Schwalbach/Ts.
Lösch, Bettina/Thimmel, Andreas 2010: Kritische politische Bildung. Schwalbach/Ts.
Lüders, Christian/Behr-Heintze, Andrea 2009: Außerschulische Jugendbildung. In: Tippelt, Rudolf/Schmidt, Bernhard (Hrsg.): Handbuch Bildungsforschung. Wiesbaden, S. 445- 466
Pothmann, Jens 2013: Gesetzliche Grundlagen, Wege der Finanzierung, Spektrum der Träger. In: Hafeneger, Benno (Hrsg.), a.a.O., S. 139-156
Scherr, Albert 1997: Subjektorientierte Jugendarbeit. Eine Einführung in die Grundlagen emanzipatorischer Jugendpädagogik. Weinheim
Schröder, Achim 2013: Politische Jugendbildung. In: Hafeneger, Benno (Hrsg.), a.a.O., S. 173-186
Schröder, Achim/Balzer, Nadine/Schroedter, Thomas 2004: Politische Jugendbildung auf dem Prüfstand. Ergebnisse einer bundesweiten Evaluation. Weinheim

Klaus-Peter Hufer

Politische Bildung in der Erwachsenenbildung

Innerhalb der Erwachsenenbildung hat politische Bildung eine lange, ja ursprüngliche Tradition. Ein Grund besteht in der im 18. Jahrhundert einsetzenden und sich im liberalen Bürgertum verbreitenden Philosophie der Aufklärung. Deren Kernsatz, ihr immer wieder zitierte Motto, stammt von Immanuel Kant: *„Aufklärung ist der Ausgang des Menschen aus seiner selbstverschuldeten Unmündigkeit. Unmündigkeit* ist das Unvermögen, sich seines Verstandes ohne Leitung eines anderen zu bedienen. *Selbstverschuldet* ist diese Unmündigkeit, wenn die Ursache derselben nicht am Mangel des Verstandes, sondern der Erschließung und des Mutes liegt, sich seiner ohne Leitung eines andern zu bedienen. Sapere aude! Habe Mut, dich deines eigenen Verstandes zu bedienen! ist also der Wahlspruch der Aufklärung." (Kant 1983, 9) Diese berühmte Maxime ist nach wie vor eine wesentliche Grundlage und Zielrichtung politischer Bildung.

Tradition der Aufklärung

Zahlen und Daten

Politische Bildung hat in der Erwachsenenbildung nach wie vor einen hohen Stellenwert, trotz der in den letzten Jahren politisch durchgesetzten Umwidmung der eher zweckfreien, allgemein bildenden Erwachsenenbildung zu einer funktionalen, auf Qualifizierung und den Arbeitsmarkt hin zielenden „Weiterbildung".

Die Bedeutung und Förderungsnotwendigkeit politischer Bildung wird in nahezu allen Erwachsenen- bzw. Weiterbildungsgesetzen der Bundesländer explizit oder implizit betont. Wegen der Vielzahl der Institutionen und Organisationen der außerschulischen politischen Bildung gibt es keine exakt gesicherten Daten darüber, wie viele Erwachsene an wie vielen politischen Bildungsveranstaltungen teilnehmen.

Wenn man genauere Angaben für den gesamten Weiterbildungsbereich sucht, dann bietet sich ein Blick in das Projekt „Weiterbildungsstatistik im Verbund" an. Diese wird vom Deutschen Institut für Erwachsenenbildung (DIE) erstellt. In ihr zusammengefasst sind

Statistische Daten fünf großer Organisationen

fünf große und relevante Erwachsenenbildungsorganisationen (Arbeitskreis deutscher Bildungsstätten, Bundesarbeitskreis Arbeit und Leben, Deutsche Evangelische Arbeitsgemeinschaft für Erwachsenenbildung, Katholische Bundesarbeitsgemeinschaft für Erwachsenenbildung und Deutscher Volkshochschul-Verband).

In der Weiterbildungsstatistik des Jahres 2010 umfasst der Bereich „Politik – Gesellschaft" ca. 38.407 Kurse, Seminare, Lehrgänge, Studienreisen, bei denen 769.966 Belegungen gezählt wurden (Weiß/Horn 2012, 56). Hinzu kamen 70.940 Einzelveranstaltungen mit 1.892.780 Belegungen (ebd., 70). Auffallend ist, dass ca. 65 % aller Angebote Einzelveranstaltungen sind, in der Regel also Vorträge.

Zusammengerechnet kommt man auf eine Belegungszahl von ca. 2,65 Millionen. Dazu wären noch ca. 200.000 Menschen zu rechnen, die an politischen Bildungsveranstaltungen der Gewerkschaften teilnehmen. (Allespach/Meyer/Wentzel 2009, 12) Das ergibt insgesamt eine Zahl von ca. 2,85 Millionen Teilnehmerinnen und Teilnehmern – ohne die von statistisch nicht erfassten Bildungseinrichtungen. Allerdings muss berücksichtigt werden, dass viele Besucher/-innen mehrere Veranstaltungen belegen.

Politikbegriff und Bildungsverständnis

Bei dem Versuch, das Ausmaß politischer Erwachsenenbildung zu erfassen, gibt es ein terminologisches Problem. Dieses besteht in dem erheblichen Unterschied, wie politische Bildung definiert wird. So wird seit langem darüber debattiert, ob der Arbeit ein eher „enger" oder „weiter" Politikbegriff zugrunde gelegt werden soll (siehe Körber 1994). Die Entscheidung dafür oder dagegen hat erhebliche Folgen für die Nähe zu den Bezugsdisziplinen politischer Bildung, die Wahl der Themen, die eingesetzten Methoden und Bearbeitungsformen sowie die Ansprache von Adressaten- und Zielgruppen. Grob schematisiert gibt es die folgende Bandbreite:

„Enger" oder „weiter" Politikbegriff

	enger Politikbegriff	weiter Politikbegriff
Bezugsdisziplin:	Politikwissenschaft	Gesellschafts-/Erziehungswissenschaft
Themen:	System, Struktur	Alltag, Lebenswelt
Erkenntniszugang:	wissenschaftlich	subjektorientiert
Erkenntnisweg:	rational	ganzheitlich
Methoden:	(text-)exegetisch	biografisch

Diese Gegenüberstellung ist sehr vereinfacht, es gibt viele Varianten und Überschneidungen. Erkennbar wird aber, dass es keine allgemein verbindliche, allseits akzeptierte Definition von politischer Bildung (im Rahmen der Erwachsenenbildung) gibt. Auch lassen sich ihre Ziele nicht ohne weiteres so benennen, dass sie die Zustimmung aller unterschiedlichen Standpunkte, Sichtweisen und Theorien finden würden (siehe hierzu Hufer, Pohl, Scheurich 2004). Letztendlich geht es in ihr aber immer darum, Verständnis für die Alternativlosigkeit einer sozialen Demokratie zu wecken und zu festigen, die demokratischen Regelungen und Entscheidungswege einsichtig zu machen, ein Engagement für die Einhaltung und Verteidigung der Menschenrechte zu bewirken und sich der Ablehnung von Fundamentalismus, Totalitarismus und Diskriminierungen bewusst zu sein. Das versteht sich nicht von selbst, denn die Menschen werden nicht unbedingt als Demokraten geboren: „Demokratie (ist) die einzige Staatsform, die gelernt werden muss." (Negt 2004, 197). Dafür leistet politische Erwachsenenbildung ihren nicht zu unterschätzenden Beitrag.

<small>Keine verbindliche Definition, aber gemeinsame Ziele</small>

Angesichts der unübersichtlichen Vielzahl an Veränderungen, der nicht mehr überschaubaren Fülle an Informationen und Handlungsmöglichkeiten und bei Anerkennung der Maxime von der „Mündigkeit" Erwachsener, stellt sich die Frage, „was Menschen wissen (müssen), um sich in dieser Welt der Umbrüche orientieren zu können" (Negt 2010, 185). So werden „politische Urteilskraft und gesellschaftliche Deutungskompetenz" (ebd., 189) zu elementaren Notwendigkeiten und Bildungszielen.

Doch solche Fähigkeiten sind nicht in einer Art „Abbilddidaktik" zu vermitteln – das geht aus drei Gründen nicht: Einmal weil niemand das relevante Wissen der Welt – auch nicht das politische – in eine schmale didaktische Struktur gießen kann, zum anderen weil Erwachsene mündige Subjekte sind und schließlich weil die Bildungsarbeit teilnehmerorientiert ist. Ein Ausweg aus diesem Dilemma bietet das „exemplarische Lernen" anhand der „gesellschaftlichen Kompetenzen", die Oskar Negt vorschlägt: Identitätskompetenz, technologische Kompetenz, Gerechtigkeitskompetenz, ökologische Kompetenz, ökonomische Kompetenz und historische Kompetenz (ebd., 218-234). Damit erscheint es möglich, „Zusammenhänge her(zu)stellen" (ebd., 207).

<small>Oskar Negts Vorschlag des „exemplarischen Lernens"</small>

Dieser Vorschlag Negts hat innerhalb der Szene der politischen Erwachsenenbildung eine hohe, trägerübergreifende Anerkennung gefunden (siehe z. B. Gesprächskreis für Landesorganisationen der Weiterbildung in Nordrhein-Westfalen 2001).

Politische Erwachsenenbildung und Politikdidaktik

Es ist konsequent, dass politische Bildung für eine demokratische Gesellschaft auch demokratische Lehr- und Lernformen praktizieren muss. Politische Erwachsenenbildung ist keine politische Schulung. Es wird kein Lehrplan exerziert, um einen „ex cathedra", „von oben" oder in einer „Zentrale" definierten Zweck zu erfüllen. Politische Bildung ist das Gegenteil von Agitation, Indoktrination und Manipulation. Bei diesen Formen der politischen Beeinflussung geht es um Fremdbestimmung und darum, eine für richtig gehaltene Meinung zu erzwingen. Dagegen sind und bleiben Mündigkeit und Selbstbestimmung die unverzichtbaren Prinzipien von politischer Bildung.

Besonderheiten politischer Erwachsenenbildung

Politische Erwachsenenbildung ist auch keine Politikdidaktik. Diese ist eine auf die allgemeinbildenden Schulen bezogene Bemühung, sich wissenschaftlich mit diesem Praxisfeld zu beschäftigen. Da gibt es bekanntermaßen eine Vielzahl nebeneinander stehender und miteinander konkurrierender Didaktiken. Eine ausformulierte „Didaktik der politischen Erwachsenenbildung" gibt es dagegen nicht. Es kann sie auch nicht geben, weil deren wenige didaktische Prinzipien sich primär nicht aus wissenschaftlichen Reflexionen, sondern aus einer Orientierung an den Lerninteressen, -bedürfnissen und -voraussetzungen der Teilnehmenden und an deren Alltags- und Lebenswelt ableiten lassen.

Auch die Ausgangsvoraussetzungen politischer Erwachsenenbildung verhindert eine Didaktik, die „wissenschaftlich" stringent deduziert werden kann, bei den diversen Trägern (den vielen freien und den öffentlich getragenen Volkshochschulen) verbindliche Übereinstimmung hervorruft und schließlich sogar „standardisiert" werden kann. Es gibt eine Reihe von Gründen, die für diese Eigentümlichkeit politischer Erwachsenenbildung ausschlaggebend sind:
– Erwachsene kommen zu den Veranstaltungen freiwillig.
– Sie haben eine mehr-, oft langjährige politische Biografie und Sozialisation hinter sich.
– Die Voraussetzungen an Bildung und Wissen, die die an den Veranstaltungen Teilnehmenden mitbringen, sind unterschiedlich, mitunter ist die Bandbreite sogar sehr groß.

- Die Lerngruppen sind in der Regel sozial und altersmäßig gemischt.
- Es gibt keine Schul- bzw. Kultusministerien, die Lehrpläne oder Curricula verordnen.
- Die Einrichtungen politischer Erwachsenenbildung haben verschiedene bildungspolitische Profile und normative Absichten.

Diese Bedingungen zeigen, dass politische Erwachsenenbildner/-innen anders arbeiten als Politiklehrer/-innen. So ist die Arbeit in der politischen Erwachsenenbildung bei der Auswahl der Themen und ihrer Gestaltungsmöglichkeiten „freier", aber es besteht ein permanenter Druck, auf dem „Bildungsmarkt" die Interessen der Adressaten zu treffen. Da kann es schon passieren, dass die eine oder andere Veranstaltung wegen mangelnder Nachfrage ausfällt, obwohl sie aufwendig vorbereitet und beworben worden ist. Und selbst wenn das Angebot ausreichende Resonanz findet, ist es immer wieder überraschend, wer letztendlich am Kurs- oder Seminarbeginn erscheint.

Lehr- und Lernformen

So gesehen ist es folgerichtig, dass es in der politischen Erwachsenenbildung eigentlich nur ein unbestritten akzeptiertes didaktisches Kriterium gibt: die Teilnehmerorientierung. Bei einer Befragung von wissenschaftlich und publizistisch profilierten Expertinnen und Experten der politischen Erwachsenen- und außerschulischen Jugendbildung nach ihren didaktischen Präferenzen hat sich herausgestellt, dass diese – übrigens mit einer bemerkenswert hohen Übereinstimmung – der absolute „Favorit" ist. (vgl. Hufer/Pohl/Scheurich 2004) Das meint, „dass die Angebote der EB – ihre Kurse und Gesprächskreise – im Normalfall nicht von einer Sachsystematik bestimmt sind, sondern von den Voraussetzungen und Erwartungen, die mit den Veranstaltungen abgesprochen werden sollen." (Hans Tietgens, in: Arnold/Nolda/Nuissl 2001, 305)

Teilnehmerorientierung

Teilnehmerorientierung kann auf drei Ebenen stattfinden: „zum einen kann sie in Antizipation potentieller Teilnehmer zur Planung einer konkreten Veranstaltung dienen." Hierfür müssen sozial-biographische Daten, die Lernvoraussetzungen und -erwartungen sowie die inhaltlichen Interessen antizipiert werden. „Im zweiten Fall wird die mikrodidaktische Planung und inhaltliche Gestaltung partizipativ unter Einbeziehung der Lernenden gestaltet." Eine „umfassende Teilnehmerorientierung wäre allerdings erst in selbstbestimmten

Lernprozessen gewährleistet, bei denen Teilnehmende von der Planung über die Organisation bis zur Durchführung des Lernvorgangs für den gesamten Prozesse verantwortlich sind." (Faulstich/Zeuner 1999, 110)

Politische Erwachsenenbildung darf aber unter der didaktischen Prämisse der Teilnehmerorientierung nicht zu einer Veranstaltung werden, die von Beliebigkeit gekennzeichnet ist. Daher besteht die professionelle Kompetenz der in ihr tätigen Pädagoginnen und Pädagogen darin, zwischen der Subjektivität der Einstellungen, Einschätzungen und Interessen der Teilnehmenden einerseits und der Objektivität der Entwicklungen, Fakten und Determiniertheiten durch System- und Strukturgegebenheiten andererseits zu vermitteln.

Hierzu bedarf es differenzierter Kompetenzen, damit Erwachsenenbildner/-innen ihre Tätigkeit professionell ausüben können. Peter Faulstich und Christine Zeuner haben entsprechende Hinweise gegeben: „Fachkompetenz, Methodenkompetenz, soziale Kompetenz, reflexive Kompetenz" (siehe Faulstich/Zeuner 2008, 21 f.). Die Aufgabe eines wissenschaftlichen Projektes zur Professionsbeschreibung politischer Erwachsenenbildung war es, diese und andere Kompetenzen fundiert und detailliert zu beschreiben (siehe Hufer et al. 2013).

Politische Erwachsenenbildung ist immer auf die Nachfrage und die Resonanz ihrer Adressaten und Teilnehmer/-innen sowie darauf angewiesen, dass diese auch „wiederkommen". Daher müssen die dort arbeitenden Pädagoginnen und Pädagogen entsprechend interessante Angebote entwickeln. Ein Garant für eine gelingende Praxis der politischen Erwachsenenbildung ist ihr Fundus an erprobten und kreativen Methoden und Bearbeitungsformen. Neben den „traditionellen" Lehr- und Lernformen wie Vorträgen, Seminaren, Kursen, Exkursionen und Studienfahrten sind Werkstätten entstanden (Geschichts- und Zukunftswerkstätten), wird in Foren und auf Podien diskutiert, werden grundsätzliche Fragen der politischen Philosophie in sokratischen Gesprächen expliziert, wird eine Vielfalt der Informationen und Erfahrungen in Erzählcafés mitgeteilt und werden im biographischen Lernprozessen Lebensgeschichten in Zusammenhänge mit politischen Strukturen und historischen Ereignissen gebracht. Besondere Zielgruppen führen auch zu passenden Veranstaltungsformen. Die Kreativität des Methodenrepertoires lässt sich nicht angemessen beschreiben, denn es gibt jeweils situative, orts- und institutionenspezfische Modelle, Experimente und Projekte. Aber es ist möglich, sich einen Ein- und Überblick zu verschaffen (siehe z. B. Gesprächskreis für Landesorganisationen der Weiterbildung in Nordrhein-Westfalen 2005 und Landesverband der Volkshochschulen von NRW 2012, siehe auch die Themenhefte und Beiträge der Außerschulischen Bildung und des Journals für politische Bildung).

Damit wird deutlich, dass – allen institutionellen Eigeninteressen zum Trotz – die Szene der politischen Erwachsenenbildung eine Kommunikationsgemeinschaft ist, die sich selbst informiert und weiterbildet. Das ist auch ohne Alternative, denn – und hier kommt ein weiterer Unterschied zur Politikdidaktik ins Spiel – es besteht so gut wie keine die Praxis begleitende wissenschaftliche Infrastruktur. Lediglich an der Universität Duisburg-Essen gibt es eine Professur, die der politischen Erwachsenenbildung gewidmet ist. Das Fach generiert somit seine eigene Praxistauglichkeit und professionelle Gründlichkeit.

Literatur

Allespach, Martin/Meyer, Hilbert/Wentzel, Lothar 2009: Politische Erwachsenenbildung. Ein subjektwissenschaftlicher Zugang am Beispiel der Gewerkschaften. Marburg

Arnold, Rolf/Nolda,Siegrid/Nuissl, Ekkehard (Hrsg.) 2001: Wörterbuch Erwachsenenpädagogik. Bad Heilbrunn/Obb

Außerschulische Bildung. Materialien zur politischen Jugend- und Erwachsenenbildung (1970 ff.). Hrsg. vom Arbeitskreis deutscher Bildungsstätten e. V. Berlin

Faulstich, Peter/Zeuner, Christa 1999: Erwachsenenbildung. Eine handlungsorientierte Einführung in Theorie, Didaktik und Adressaten. Weinheim u. München

Faulstich, Peter/Zeuner, Christine 2008: Erwachsenenbildung. Eine handlungsorientierte Einführung. Weinheim

Gesprächskreis für Landesorganisationen der Weiterbildung in Nordrhein-Westfalen 2001: Zum demokratischen und professionellen Standort politischer Erwachsenenbildung Dortmund (s. a. http://www.hu-bildungswerk.de/onlinearchiv_positionspapier.php; 2.1.2013)

Gesprächskreis für Landesorganisationen der Weiterbildung in Nordrhein-Westfalen/Arbeitsgruppe Politische Bildung NRW: demokratie stärken – zukunft denken 2005. Aus der Praxis der politischen Erwachsenenbildung in Nordrhein-Westfalen. Dortmund u. Essen 2005 (s. a. http://www.hu-bildungswerk.de/onlinearchiv/hu_imagebroschuere.pdf, 2.1.2013)

Hufer, Klaus-Peter/Pohl, Kerstin/Scheurich, Imke (Hrsg.) 2004: Positionen der politischen Bildung 2. Ein Interviewbuch zur außerschulischen Jugend- und Erwachsenenbildung, Schwalbach/Ts.

Hufer, Klaus-Peter/Länge, Theo/Menke, Barbara/Overwien, Bernd/Schudoma, Laura 2013: Wissen und Können in der politischen Bildung. ProPol – Wege zum professionellen Handeln. Schwalbach/Ts.

Journal für politische Bildung 2011 ff. Schwalbach/Ts.

Kant, Immanuel 1983: Beantwortung der Frage: Was ist Aufklärung? In: Bahr, Ehrhard (Hrsg.): Was ist Aufklärung? Thesen und Definitionen. Stuttgart

Körber, Klaus: (Hrsg.) 1994: Politische Weiterbildung zwischen Gesellschafts- und Subjektorientierung (Bremer Texte zur Erwachsenen-Bildungsforschung 2). Bremen

Landesverband der Volkshochschulen von NRW e. V. 2012: Reader politische Bildung an Volkshochschulen. Grundlagen und Praxisbeispiele. Düsseldorf (s. a. http://nrw.vhs-bildungsnetz.de/servlet/is/46405/Reader%20Politische%20Bildung%20an%20Volkshochschulen%20V12.pdf?command=downloadContent&filename=Reader%20Politische%20Bildung%20an%20Volkshochschulen%20V12.pdf, 2.1.2013)

Negt, Oskar 2004: „Politische Bildung ist die Befreiung der Menschen". In: Hufer, Klaus-Peter/Pohl, Kerstin/Scheurich, Imke (Hrsg.): Positionen Positionen der politischen Bildung 2. Ein Interviewbuch zur außerschulischen Jugend- und Erwachsenenbildung. Schwalbach/Ts., S. 194-213

Negt, Oskar 2010: Der politische Mensch. Demokratie als Lebensform. Göttingen

Weiß, Christiane/Horn, Heike 2012: Weiterbildungsstatistik im Verbund 2010 – Kompakt. Bonn (s.a. http://www.die-bonn.de/doks/2012-weiterbildungsstatistik-01.pdf, 2.1.2013)

IV.
Didaktische Prinzipien

Andreas Petrik

Adressatenorientierung

1. Konzept: Demokratie- und lerntheoretische Quellen

Adressatenorientierung umfasst schüler- bzw. subjektorientierte und individualgenetische politische Bildungsansätze. Außerschulische politische Jugend- und Erwachsenenarbeit ist notwendigerweise teilnehmerorientiert (vgl. Schelle 2005; Hufer 2007). Die folgenden Betrachtungen widmen sich primär dem schulischen Bildungskontext, weil ihn erstens alle Bürger durchlaufen und er zweitens durch Schulpflicht, Curriculum und Benotung in einem strukturell unauflösbaren Spannungsverhältnis zu seinen Adressaten steht. Aus *politikdidaktischer* Sicht geht es dabei nicht bloß um eine *allgemeindidaktische* Schülerorientierung als Gegenteil von Lehrerzentrierung im Sinne von „Schüleraktivierung". Schüleraktivierend sind alle politikdidaktischen Prinzipien und Methoden (vgl. Reinhardt 2012). So verkürzt wäre Subjektorientierung nur eine „relevante Randbedingung des Unterrichts" (Hedtke 2011, 184). Ein genuin *fach*didaktisches Prinzip zeichnet sich jedoch dadurch aus, dass es eine bestimmte *Inhaltsstruktur* zum Ausgangspunkt nimmt und mit angemessenen Lernwegen verknüpft. Gagel (2000) unterscheidet drei basale Inhaltsstrukturen, denen sich alle wesentlichen politikdidaktischen Prinzipien zuordnen lassen: das sozialwissenschaftliche *Problem* (→ Problem- und Wissenschaftsorientierung), den institutionellen *Fall* bzw. *Konflikt* (→ Exemplarisches Lernen, Kontroversität) und die lebensweltliche *Situation*. Adressatenorientierung fokussiert damit *situative* Ansätze, die nicht zugleich politische Aktionen (→ Handlungsorientierung, Pragmatismus) oder Dilemmata (→ Moralisches Lernen) verkörpern. Sie konzentriert sich auf die interaktive „Sinndeutung" der „miteinander handelnden Personen", während ein Fall ein bereits „von außen" – oft durch institutionelle Instanzen – „interpretierter Vorfall" ist (vgl. Gagel 2000, 87 ff.). Adressatenorientierung wird vor allem von der *Schülerorientierung* nach Rolf Schmiederer (1977) und der

Drei basale Inhaltsstrukturen nach Gagel

individualgenetischen Orientierung nach Eduard Spranger (1963) ausbuchstabiert.

Der Ansatz von Rolf Schmiederer

Schmiederer hätte den Begriff „Adressat" nicht verwendet, da er monierte, Schülerinnen und Schüler seien „nur ‚Adressat' von Unterricht, also das Objekt" und müssten demnach zum „Subjekt im Lernprozess" werden (Schmiederer 1977, 108 f.). Das Kommunikationsdreieck zwischen Sender (Lehrer/Moderator), Medium (Gegenstand) und Empfänger (Schüler/Teilnehmer/Adressaten) impliziert jedoch, dass Sender und Empfänger wechselseitig ihre Rollen tauschen können. Schmiederer (ebd., 82 ff.) wandte sich explizit gegen einen „affirmativen Unterricht", der „Anpassung" an gegebene gesellschaftliche Verhältnisse verlangt und erzeugt. Seine didaktische Grundhaltung ist die „Emanzipation" (Hufer 2007) von unreflektiert übernommenen Normen, Werten und Rollen zugunsten einer Offenheit für soziopolitische Gestaltungsalternativen. Schmiederer (1977, 89 ff.; 172 ff.) setzte daher auf „forschende – (fragende) Eigeninitiative und Eigenaktivität" der Schülerinnen bezogen auf „Situationsfelder" und „Erfahrungsbereiche" wie Familie, Wohnen, Freizeit, Partnerbeziehung, Sexualität, Schule und Arbeitswelt. Die Arbeit an „politischen Institutionen und Partizipation" sei dagegen bereits ein „Kompromiss", da Schüler von Politik nur indirekt betroffen seien. Methodisch favorisiert Schmiederer die Analyse exemplarischer Alltagsfälle, um eine soziologische Denkweise zu schulen (ebd., 82. ff; 92 ff.; 152). Sein Ziel ist „Selbsterkenntnis" als kritische Prüfung eigener Werthaltungen (Urteilsbildung); sein Handlungsbezug bleibt eher „schwach" (Hedtke 2011, 181 ff. u. 186 ff.). So wird eine arbeitsteilige Abgrenzung zur Handlungs- bzw. Projektorientierung plausibel, die Sibylle Reinhardt (2012, 105 ff.) jedoch zu Recht als nahe Verwandte behandelt. Fraglich ist jedoch, ob alle anderen Prinzipien „in den Dienst" einer *fachdidaktisch* ausgelegten Schülerorientierung „gestellt" werden können (Haarmann/Lange 2013, 21), da z. B. institutionelle Fallstudien, Konfliktanalysen und Planspiele zumeist gerade *nicht* an direkter Schülerbetroffenheit ansetzen, sondern Selbst- und Lebensweltdistanzierung verlangen. Schülerzentrierung eignet sich genauso wenig für alle politischen

Kritische politische Bildung

Themen wie alle anderen Prinzipien. *Konzeptionell* tritt heute v. a. die sogenannte „Kritische politische Bildung" auf Basis der Frankfurter Schule für eine subjektorientierte Bildung gegen Ausbeutung, Ohnmacht, Deregulierung und soziale Ungleichheit ein (vgl. Lösch/Thimmel 2010). Zudem erforscht und konzipiert der „Bürgerbewusstseins"-Ansatz lebensweltliche Zugänge zu Politik und Wirtschaft (Haarmann/Lange 2013).

Sprangers (1963, 12 ff.) – von Wagenschein inspirierter – individualgenetischer Ansatz setzt nicht gesellschaftskritisch an, sondern am erfahrungsfernen und überfordernden Gegenstand. Folglich suchte er nach „Brücken zur staatlichen Sphäre" im jugendlichen Bewusstsein. Solche Brücken zwischen Mikro- und Makrowelt bilden politische Elementarphänomene wie Macht und Recht, Freiheits- und Gleichheitsvorstellungen. Diese ließen sich bereits im sozialen Nahraum herausarbeiten und vorsichtig auf institutionelle Zusammenhänge übertragen bzw. an diese anpassen. Ging Spranger dabei zunächst wie Schmiederer von Fallanalysen zu Familie, Schule, Betrieb usw. aus, so betont er später die Bildungswirksamkeit *sozialer Experimente* wie der fiktiven Staatsgründung auf einer Insel als politische Ursprungssituation. Spranger nannte dieses Vorgehen „konstruktiv", da „der Verstand nur das ganz begreife, was er – mindestens in Gedanken – selbst aufbaue (...) könne" (ebd. 60). Er verdeutlicht damit die sozial-konstruktivistische Grundlage des genetischen Prinzips, die auch dem Konzept des Bürgerbewusstseins zugrunde liegt. Wie bei Schmiederer soll *die Entdeckung des Politischen in uns selbst* dem „Emporwuchern einer blind gefolgschaftsbereiten Masse" (ebd., 53) entgegenwirken. Die traditionelle Abgrenzung einer „emanzipatorischen" Subjektorientierung, die sich u. a. aus Negts Arbeiterbildungskonzept speist, von einer angeblich „bürgerlichen Variante" nach Wagenschein (vgl. Hufer 2007, 142) ist also nicht haltbar: Beide streben über gezielte Politisierungsanlässe eine Stärkung der Demokratie „von unten" an. Konzeptionell und unterrichtspraktisch haben sich v. a. die Kommunikative Fachdidaktik (Grammes 1998) und die Genetische Politikdidaktik (Petrik 2013a) dem genetischen Prinzip angenommen.

Der individualgenetische Ansatz Sprangers

Kommunikative und Genetische Fachdidaktik

2. Zur Erforschung subjektiver Politikzugänge

Zwei Hauptmotive sprechen heute für eine verstärkte Schülerzentrierung: Erstens das „Aushandlungsproblem" des Politikunterrichts als Verletzung des Überwältigungsverbots (vgl. Petrik 2013a, 83 ff.): „Diskursausschlüsse", also übergangene subjektive Deutungen, diagnostizieren zahlreiche Unterrichtsstudien in Deutschland, den USA usw. (vgl. z. B. Grammes 1998, 102 ff., Schelle 2003 u. Hess/Ganzler 2007). Zweitens Standardisierungen und Testungen, insbesondere wo sie subjektive Deutungsspielräume einengen und Unterricht zur „Bürgermotivationstechnik" verkommen lassen (vgl. Hedtke 2011, 185 ff.).

Forschungsansätze Folgende Forschungsansätze erscheinen besonders geeignet, um subjektive Anschlussstellen aufzuspüren und die Diagnose- und Aushandlungskompetenz von Lehrern zu fördern: Die „Kartographierung" subjektiver politischer *Deutungsmuster* und die entwicklungsorientierte Erhebung von *Lernertypen*. Subjektive Deutungsmuster werden zumeist per Interview, Fragebogen oder Concept-Maps ermittelt (vgl. z. B. Schelle 1995; Richter 2009). Neben vielen unverbundenen Einzelstudien ist hierbei das Forschungsprogramm „Bürgerbewusstsein" hervorzuheben, das sich den Kernkonzepten „Vergesellschaftung, Wertbegründung, Bedürfnisbefriedigung, Gesellschaftswandel und Herrschaftslegitimation" widmet (vgl. Lange/Fischer 2011). In expliziter Abgrenzung zu kategorial-wissensorientierten Ansätzen, die primär „aus der Wissenschaft abgeleitet" würden, werden diese basalen Sinnbilder „hypothetisch angenommen", um subjektive Zugänge möglichst unvoreingenommen zu erfassen (vgl. Haarmann/Lange 2013, 21 ff.).

Entwicklungsprozesse subjektiver Politikvorstellungen Eine zweite Forschungsrichtung untersucht Entwicklungsprozesse subjektiver Politikvorstellungen auf Basis von Kohlbergs Moralstufen und unter Einsatz hypothetischer Situationen auf Inseln oder in fiktiven Kleinstädten. So wurde z. B. die *altersspezifische* Deutung von politischen Elementarphänomenen wie Macht, Demokratie, Öffentlichkeit, Freiheit und Gleichheit eruiert (vgl. Oser/Biedermann 2007). Unterrichtsbezogene Bildungsgangstudien erweitern frühere Interview-Befunde zu Lernertypen (vgl. Schelle 1995) um interaktive Zugänge: Unterrichtstranskripte werden auf „authentische Momente" untersucht, in denen Schülerinnen und Schüler „sie selbst sind" und „ihre eigenen Ziele verfolgen" (Hericks 1998, 293 ff.). Subjektive Bedeutung und damit Lernmotivation entsteht demnach *intrinsisch* – ganz im Sinne Schmiederers – durch die Lösung unhintergehbarer *Entwicklungsaufgaben* wie Beziehung und Sexualität, Ablösung von Autoritäten, Berufsfindung usw. (vgl. Oerter/Dreher 2002). Die Bildungsgangstudie „Politisierungstypen"

Politisierungstypen: vier politische Grundorientierungen widmet sich der Entwicklungsaufgabe „Ideologie" bzw. „wertebasierte Weltanschauung" (ebd.): In Dorfgründungssimulationen werden Argumentationsprofile Jugendlicher in Abhängigkeit von ihren latenten konservativen, demokratisch-sozialistischen, grün-libertären und liberalen Werthaltungen rekonstruiert, um subjektive Anknüp-

fungspunkte an politische Konfliktlinien, Bewegungen und Parteifamilien herauszuschälen (vgl. Petrik 2013b).
Umstritten bleibt die Qualifikation bestimmter Politikvorstellungen als „Fehlkonzeptionen" (vgl. Reinhardt 2012, 46 ff.). Aus der subjektorientierten Perspektive heraus gelten solche Wertungen als lerntheoretisch unangemessen, weil die „innere Plausibilität" von Deutungsmustern und nicht ihre wissenschaftliche Korrektheit identitätswirksam sei (Haarmann/Lange 2013, 27). Andererseits werden politische Bildner mit Denkweisen konfrontiert, die ein demokratisches Gemeinwesen destabilisieren können. Die rechtsextreme Variante der „Illusion der Homogenität" (subjektiver Sinn: Zusammengehörigkeit) – ist das deutlichste Beispiel. Aber auch die „Illusion der Autonomie" (subjektiver Sinn: Emanzipation) kann über Politikabstinenz Oligarchisierungstendenzen befördern oder zur Verweigerung staatlicher Minimalleistungen für sozial Schwächere führen, die wiederum Partizipation konterkariert (vgl. Petrik 2013a, 224 ff.). Nur wenn solche assimilativen Fehleinschätzungen explizit und konstruktiv aufgegriffen werden, sind Akkommodationen möglich.

„Fehlkonzeptionen"

3. Unterrichtsstrategien zwischen Interessenorientierung und Fremdheitszumutungen

Methodisch muss die Subjektorientierung einen Grundwiderspruch überwinden: Wie soll Emanzipation und Demokratisierung erreicht werden, wenn basisdemokratisch einbezogene Adressaten politik- oder gar demokratieferne Ziele verfolgen? Wenn deren subjektive Interessen im Widerspruch zu objektiven Problemstellungen wie soziale Ungleichheit oder Klimawandel stehen – sei es aus Verdrängung eigener Betroffenheit oder tatsächlicher Problemferne heraus? Eine verkürzte, laisser-faire-artige Schülerzentrierung reproduziert die Dialektik aus Individualisierung und Risikogesellschaft. Zu große Alltagsnähe stellt „Abgeklärtheits- und Betroffenheitsfallen" auf und verstärkt eine „Selbstbezüglichkeit", die zur „Erosion kultureller Selbstverständlichkeiten" beiträgt (vgl. Ziehe 1996). Während Ziehe noch an die Wirkung audiovisueller Medien („Video") dachte, muss fast 20 Jahre später das web 2.0 mit seinen sozialen Netzwerken wie faccbook – neben neuen Vernetzungschancen – *auch* unter dem Aspekt wachsender Selbstbezüglichkeit betrachtet werden. Schülerzentrierung kommt nicht ohne „pädagogische Fremdheitszumutungen" (ebd.) aus, auch und gerade, um Demokratie als ein historisches

Grundwiderspruch

„pädagogische Fremdheitszumutungen"

Stadium begreifbar zu machen, das schmerzhaft erkämpft wurde und auf ständige Stabilisierung und Erneuerung durch Verantwortungsübernahme angewiesen ist. Folgende Lehr-Lern-Strategien können diese anbahnen:

1. *Selbstbeforschung:* Eigene lebensweltliche Probleme – z. B. schulischer Leistungsdruck – werden z. B. per Fragebogen erforscht, wobei sich herausstellen kann, dass man das Problem und seine Lösungsmöglichkeiten über- oder auch unterschätzt hat (vgl. Reinhardt 2012, 109 ff.).

2. *Alltagstheoriebildung:* Eigene Vorstellungen – z. B. zum Thema Demokratie – werden per Zeichnung, Mind- oder Concept-Map etc. erhoben, diskutiert und mit professionellen Demokratiedefinitionen verglichen (vgl. Lange/Haarmann 2013, 27 ff.; ähnlich Richter 2009).

3. *Lebensweltliche Fallanalysen:* Alltagsnahe soziale Konflikte wie zwischen BRD-Bürgern und den ersten DDR-Auswanderern nach dem Mauerfall werden an Fallbeispielen aufgearbeitet (vgl. Breit 1991). Ähnlich können soziale Milieus über Einzelfamilien bzw. Lebensgemeinschaften erschlossen werden, um sich selbst zu verorten und per Rollenspiel soziale Perspektivenübernahme zu trainieren (vgl. Bischoff 2012).

4. *Rollenspiele:* Deren oft unterschätzte emanzipative Funktion liegt in der Einübung ungewohnter Rollen und Verhaltensweisen, indem konflikthafte alltagspolitische Szenarien (oft zwischen Mächtigen und Abhängigen) mehrfach auf Lösungsoptionen durchgespielt werden (Varianten: Brechts *Lehrstücke*; Boals *Forum-* und *Unsichtbares Theater*).

5. *Soziale Experimente:* Diese arbeiten mit elementarisierten Modellsituationen, in denen fundamentale soziopolitische Phänomene im Selbstversuch erfahren werden können. Z. B. „blue-eyed" als Rassismus-Erfahrung, bei der blauäugige Jugendliche (wissentlich) von braunäugigen Jugendlichen diskriminiert werden (www.diversity-works.de/workshops/blue_eyed_workshop/) oder die „Dorfgründung" als Wertekonfrontations- und Demokratisierungsmodell (vgl. Petrik 2013, 284 ff. u. 296 ff.).

Literatur

Bischoff, Mirko 2012: Von der Perspektivenübernahme zum Werturteil. Lernprozessanalysen am Beispiel der Unterrichtseinheit „Soziale Ungleichheit in Deutschland" hinsichtlich der Kompetenz der Perspektivenübernahme. Arbeit zum 2. Staatsexamen im Fach Sozialkunde. Halle (Saale)

Breit, Gotthard 1991: Mit den Augen des anderen sehen. Eine neue Methode zur Fallanalyse. Schwalbach/Ts.

Gagel, Walter 2000: Einführung in die Didaktik des politischen Unterrichts. 2. völlig überarb. Aufl., Opladen

Grammes, Tilman 1998: Kommunikative Fachdidaktik. Politik – Geschichte – Recht – Wirtschaft. Opladen

Haarmann, Moritz-Peter/Lange, Dirk 2013: Der subjekt-/schülerorientierte Ansatz. In: Deichmann, Carl/Tischner, Christian K. (Hrsg.): Handbuch Ansätze der politischen Bildung. Schwalbach/Ts., S. 19-36

Hericks, Uwe 1998: Schule verändern, ohne revolutionär zu sein?! Bildungsgangforschung zwischen didaktischer Wissenschaft und Schulpraxis. In: Meyer, Meinert A./Reinartz, Andrea (Hrsg.): Bildungsgangdidaktik. Denkanstöße für pädagogische Forschung und schulische Praxis. Opladen, S. 290-301

Hedtke, Reinhold 2011: Das Interesse der Schüler – Abwehr entfremdeten Lernens bei Rolf Schmiederer. In: May, Michael/Schattschneider, Jessica (Hrsg.): Klassiker der Politikdidaktik neu gelesen. Originale und Kommentare. Schwalbach/Ts., S. 167-190

Hess, Diana/Ganzler, Louis 2007: Patriotism and Ideological Diversity in the Classroom. In: Westheimer, Joel (Hrsg.): Pledging Allegiance: The Politics of Patriotism in America's Schools. New York 2007, S. 131-138

Hufer, Klaus-Peter 2007: Emanzipation und politische Bildung. In: Lange, Dirk (Hrsg.): Konzeptionen Politischer Bildung. Hohengehren, S. 141-149

Lange, Dirk/Fischer, Sebastian (Hrsg.) 2011: Politik und Wirtschaft im Bürgerbewusstsein. Untersuchungen zu den fachlichen Konzepten von Schülerinnen und Schülern in der politischen Bildung. Schwalbach/Ts.

Lösch, Bettina/Thimmel, Andreas (Hrsg.) 2010: Kritische politische Bildung. Ein Handbuch. Schwalbach/Ts.

Oerter, Rolf/Dreher, Eva 2002: Jugendalter. In: Oerter, Rolf/Montada, Leo (Hrsg.) Entwicklungspsychologie. 5. vollst. überarb. Aufl., Weinheim u. a., S. 258-273

Oser, Fritz/Biedermann, Horst 2007: Zur Entwicklung des politischen Urteils bei Kindern und Jugendlichen. In: Biedermann, Horst/Oser, Fritz/Quesel, Carsten (Hrsg.): Vom Gelingen und Scheitern Politischer Bildung. Studien und Entwürfe. Zürich (u. a.), S. 163-187

Petrik, Andreas 2013a: Von den Schwierigkeiten, ein politischer Mensch zu werden. Konzept und Praxis einer genetischen Politikdidaktik. Studien zur Bildungsgangforschung Bd. 13. 2. erweiterte u. aktualisierte Aufl., Opladen/Berlin/Toronto

Petrik, Andreas 2013b: Entwicklungswege des politischen Selbst. Über den unterschätzten Beitrag der Wertewandelforschung zur Rekonstruktion von Politisierungsprozessen in Lebenswelt und Politikunterricht. In: Bremer, Helmut/Kleemann-Göhring, Mark/Teiwes-Kügler, Christel/Trumann, Jana (Hrsg.): Politische Bildung zwischen Politisierung, Partizipation und politischem Lernen. Beiträge für eine soziologische Perspektive. Weinheim, S. 159-183.

Reinhardt, Sibylle 2012: Politik-Didaktik. 4. überarb. Neuaufl., Berlin

Richter, Dagmar 2009: Politisches Lernen mit und ohne Concept Maps. In: Zeitschrift für Grundschulforschung 2/1, S. 91-103

Schelle, Carla 1995: Schülerdiskurse über Gesellschaft. „Wenn du ein Ausländer wärst". Untersuchung zur Neuorientierung schulisch politischer Bildungsprozesse. Schwalbach/Ts.

Schelle, Carla 2003: Politisch-historischer Unterricht hermeneutisch rekonstruiert. Von den Ansprüchen Jugendlicher, sich selbst und die Welt zu verstehen. Bad Heilbrunn

Schelle, Carla 2005: Adressatenorientierung. In: Sander, Wolfgang (Hg.): Handbuch politische Bildung. 3. Aufl., Schwalbach/Ts, S. 79-92

Schmiederer, Rolf 1977: Politische Bildung im Interesse der Schüler. Frankfurt/M., Köln

Spranger, Eduard 1963: Gedanken zur staatsbürgerlichen Erziehung. 4., erw. Aufl., Bochum

Ziehe, Thomas 1996: Vom Preis des selbstbezüglichen Wissens. Entzauberungseffekte in Pädagogik, Schule und Identitätsbildung. In: Combe, Arno/Helsper, Werner (Hrsg.): Pädagogische Professionalität. Untersuchungen zum Typus pädagogischen Handelns. Frankfurt, S. 924-942

Tilman Grammes
Exemplarisches Lernen

Exemplarisches Lernen ist eine Theorie der begründeten Auswahl und Anordnung von ergiebigen Lerninhalten und favorisiert das Lernen am und durch Beispiele. Das exemplarische Lernen ist somit Teil der Curriculumtheorie und der Lerntheorie.
Lernen vollzieht sich als „Pulsschlag" zwischen Induktion und Deduktion, so hat Wolfgang Hilligen mit Bezug auf kognitionspsychologische Forschung bei Jerome Bruner die „Zangenbewegung" bezeichnet: „Man lernt, wenn aus einem Besonderen, in dem sich ein Allgemeines abbildet, jenes Allgemeine so deutlich gemacht wird, dass es – als Schlüsselbegriff, als Regel, als Problem – an einem neuen Besonderen wiedererkannt werden kann. Bei jedem Fall muss herausgearbeitet werden, worauf es ankommt, d. h. die Sache in ihrer abstrakten Form und das Wiedererkennen dann im neuen Fall. Der Pulsschlag von Abstraktion und Rekonkretisierung ermöglicht den Aufbau kognitiver Strukturen." (Hilligen 1991, 24)

Lernen als „Pulsschlag" zwischen Induktion und Deduktion

Induktion (Abstrahierung): am Besonderen wird etwas Allgemeines als Regel, Gesetz, Prinzip oder Begriff erschlossen. Der Lernweg geht vom möglichst anschaulichen Beispiel und der Erfahrung aus. Das exemplarische Beispiel soll „Spiegel des Ganzen" (Martin Wagenschein) sein. Der besondere Fall repräsentiert ein Allgemeines.

Deduktion (Konkretisierung): ein vorhandenes allgemeines Vorverständnis – Alltagskonzept, Fehlverstehen, Stereotyp – wird an Beispielen differenziert und korrigiert (vgl. Buck 1989). Diese forschende Haltung des Alltagsverstandes entspricht dem hypothesenprüfenden Verfahren der Wissenschaft. Bereits *ein* signifikantes Gegenbeispiel, das nicht erklärt werden kann, kann eine Hypothese widerlegen, falsifizieren. Contraintuitive, enttäuschenden Einsichten sind Exempel, die das Alltagsdenken stören, kritisieren, korrigieren.

1. Begriff und Tradition

Die Menge des gesellschaftlich vorhandenen Wissens ist zu jeder Zeit größer als das Wissenswerte und noch das Wissenswerte umfasst mehr als das, was vom einzelnen Heranwachsenden jeweils zu wissen

Wissensmenge und Wissensverarbeitung

möglich ist (Hilligen 1991). Das Anwachsen positiven Wissens in der Frühen Neuzeit macht die Wissensverarbeitung durch akkumulierendes Nebeneinander und Memorieren aussichtslos. Die Aufklärungspädagogik verfolgt das emanzipatorische Programm der Allgemeinbildung, „allen alles zu lehren" (Comenius, Große Didaktik, 1657). Statt den Geist mit einem Wust von Büchern oder Worten zu belasten, sollen Lehrbücher die das Wissen organisierenden Prinzipien vermitteln, „in wenigen, aber ausgesuchten und leicht faßbaren Lehrsätzen und Regeln, aus denen alles Übrige von selbst verständlich wird." (ebd.)

Bereits in der Arbeitsschulpädagogik, in Konzepten des Gesamtunterrichts oder eines ganz an Fragen der Kinder orientierten natürlichen Gesprächsunterrichts (Berthold Otto) werden Anfang des 20. Jahrhunderts exemplarische sozialkundliche Stoffe angesprochen. In der didaktischen Diskussion nach 1945 lauten die Formeln „Mut zur Lücke", „Mut zur Gründlichkeit" und „Weniger ist mehr" (Tübinger Beschlüsse 1951). Die curricularen Auswahlprinzipien werden mit Metaphern wie Inselbildung, Verdichtung oder Einwurzelung des Wissens umschrieben (Scheuerl 1960, Gerner 1970).

<small>Tübinger Beschlüsse von 1951</small>

Das exemplarische Prinzip operiert mit Unterscheidungen von
– Erscheinung (Phänomene) und Wesen (generative Tiefenstrukturen als „Grammatik") sowie
– Inhalt und Form bzw. Methode.

In der *kategorialen Bildungstheorie* sind Sinn- und Sachelementaria, Fundamentalia, das Klassische und das Typische unterschiedliche Grundformen der Beziehung von Allgemeinem und Besonderem (Klafki 1985).

<small>Emanzipatorisch gewerkschaftliche Bildungsarbeit</small>

In der *emanzipatorischen gewerkschaftlichen Bildungsarbeit* dienen exemplarische arbeits- und tarifrechtliche Klassenauseinandersetzungen dazu, ein entfremdetes Alltagsbewusstseins durch subjektiv bedeutsame Erfahrungsbereiche und Selbstwirksamkeitserfahrungen zu korrigieren, damit sich soziologische Phantasie und ein utopieorientiertes Zukunftsdenken entwickelt (Negt 1968). Die nur scheinbare Gleichheit der Konsumbürger im Tauschverhältnis wird als falsche Abstraktion entlarvt und auf eine prinzipielle Ungleichheit im Verhältnis von Kapital und Arbeit als allgemeiner Grundwiderspruch zurückgeführt (Christian 1978). In der marxistischen, politökonomisch orientierten Fachdidaktik können Wesensannahmen zu historischen Entwicklungsgesetzen werden, die dogmatisch gegen Kritik immunisiert werden (Grammes/Schluss/Vogler 2006, 500 ff.).

Die aktuellen Diskussionen um *Kompetenzorientierung und Standards* stellen die Frage nach dem Exemplarischen neu. Gibt es ein Minimum gemeinsam geteilten kollektiven Wissens? Ein Kerncurriculum oder Kanon der civic oder political literacy (vgl. Behrmann/ Grammes/Reinhardt 2004)? Am epochalen Übergang vom Gutenberg-Zeitalter in die digitale Informations- und Wissensgesellschaft (Engelhardt/Kajetzke 2010) wird das Exemplarische zur neuen Herausforderung. Die Informationswolke – „cloud" – der digitalen Speichermedien „vergisst" keine Information; Suchmaschinen können Informationen scheinbar beliebig abrufen und neu verknüpfen. Ihre Wissenspolitik automatisiert scheinbar Aufgaben der Didaktik, verstanden als Wissenschaft von der Auswahl und Begründung des Wissenswerten (Becker/Stalder 2010). In sog. „neuen Lernkulturen" wird diese Revolution der Wissenskommunikation auch in der politischen Bildung praktiziert. Formen kollaborativen Lernens wie Gruppenpuzzle oder Lern-Wikis überantworten das Herausarbeiten des kategorial Neuen partizipatorisch an die Lernsubjekte. Die unterstellte Schwarmintelligenz der Prosumer produziert ein „shared knowledge" – ein kleinstes gemeinsames Vielfaches, ohne dass notwendig die Sachautorität eines Experten, personalisierten Autors oder Lehrers dieses Ergebnis moderiert und vergleichend prüft.

Das Exemplarische als neue Herausforderung

2. Curriculare Zugänge

Das exemplarische Prinzip beansprucht, einen Beitrag zur Allgemeinbildung zu leisten, die sich von bloßem Allgemeinwissen unterscheidet: „Beispielsweise ist es weniger wichtig, die Zahl der Mitglieder des Bundestags und die Stärke der Fraktionen zu kennen, als zu verstehen, was der Sinn eines Parlaments in einer repräsentativen Demokratie ist, aus welchen Gründen es Parteien und Fraktionen überhaupt gibt, aber auch, welche Einwände gegen ein ausschließlich repräsentatives Demokratiemodell vorgebracht werden" (GPJE 2004, 14).

Systematisch sind in der Politikdidaktik vier curriculare Begründungen vorgeschlagen worden, um das Prinzip der Ökonomie der Lernzeit durch curriculare Konzentration umzusetzen:

Ökonomie der Lernzeit

1. Aktualitätsprinzip: „Die *Lehrgüter der politischen Bildung sind – relativ – austauschbar.*" (Fischer 1993, 19, zuerst 1960). Seit der Weimarer Republik gelten tagesaktuelle Fragen, Affären, Skandale und Konflikte als exemplarisch (Busch 2011). Sie werden poli-

tikbegleitend im Fachunterricht reflektiert, um zu grundlegenden, transferfähigen Einsichten ausgebaut zu werden, dem permanent Aktuellen. Das Ritual der „aktuellen Stunde" zu Unterrichtsbeginn kann eine Form des reflektierten Gelegenheitsunterrichts sein, „Aki (Aktualitätenkino) mit Struktur" (Sibylle Reinhardt).

2. Kategorien als Begriffe oder Konzepte: Wenn die tagesaktuellen Fälle wechseln, so können doch die begrifflichen Werkzeuge zu ihrer Bearbeitung konstant bleiben. Key concepts, big ideas und cognitive maps bilden ein exemplarisches „Netz von Vorstellungen" (Arnold Bergsträsser). In zeitlosen modellhaften Unterrichtsskizzen haben klassische didaktische Theorien diese Vorgehensweise als fallorientierte Konfliktdidaktik exemplifiziert (Engelhardt 1964, Nagel/Strocka 1971).

3. Epochaltypische Schlüsselprobleme: Permanent aktuelle Konfliktlinien verdichten sich zu strukturellen Problemen, die als politische Elementarfragen formuliert werden können. Hilligen (1991) nennt früh weltweite Interdependenz oder Umweltzerstörung als „Herausforderungen". Der Unesco-Bericht über Bildung für das 21. Jahrhundert (1996) formuliert Schlüsselprobleme als dialektische Spannungsverhältnisse u. a. zwischen Globalem und Lokalem, Universalem und Individuellem, Tradition und Modernität. Andere Problemkataloge wurden vorgelegt von Klafki mit starkem Bezug zur politischen Bildung oder als „Etappen des gesellschaftlichen Konzeptwechsels" in der genetischen Politikdidaktik von Petrik (2013, 247 ff.).

4. Methoden-Lernen: „Der Schüler soll Methode haben." (Hugo Gaudig) Grundgedanke ist die Gleichzeitigkeit des Lernens am Stoff und des Lernens des Lernens. Dazu ist eine Phase des Meta-Lernens und Übens erforderlich, denn der Transfer auf neues Wissen ergibt sich nicht von selbst. Wenn Demokratie selbst als lernendes Institutionensystem in eine fachdidaktische Perspektive gestellt wird, können die Verfahren der Willensbildung als sachlogisches Kerncurriculum gelten (Behrmann/Grammes/Reinhardt 2004, 355 f.).

Zwei weitere curriculare Begründungen sind weniger entwickelt:

5. Personale Vorbilder: Ihre Rolle ist in der deutschen politischen Bildung nach 1945 sehr zurückhaltend behandelt worden, obwohl Vorbilder in der Charakterbildung und der Entwicklung

von Zivilcourage wichtig sind. Vorbilder können statt „dead white males" auch die oft namenlosen Heldinnen und Helden des Alltags sein. Bekanntlich verbessern gute Beispiele die Sitten.
6. Great Books: Gibt es nach dem von den Theoretikern der Postmoderne ausgerufenen „Ende der grossen Erzählungen" (Lyotard) noch klassische, exemplarische Texte? Als „starke" Texte werden in der politischen Bildung herangezogen u. a. das Grundgesetz, die Erklärung der Menschenrechte, das Kommunistische Manifest; auch mediale Formate wie die Tagesschau, digitale Enzyklopädien wie Wikipedia oder ein Filmkanon (www.bpb.de/filmkanon). In der narrativen Politikdidaktik werden klassische literarische Texte zum Erwerb grundlegender Einsichten herangezogen, um z. B. das Verhältnis von Recht und Macht (Thukydides' Melierdialog) zu thematisieren (Juchler 2012). Die Kompetenz zur selbstständigen Lektüre von Sach- und Fachbüchern gilt zurecht als zentraler Bestandteil der allgemeinen Hochschulreife, weil es einen konzentrierten Zugang zu Tiefenverstehen und „big ideas" ermöglicht.

3. Methode: Genetisches Prinzip und Fallmethode

Methodisch erfordert es eine hohe Professionalität, das exemplarische Lernen im Unterrichtsprozess umzusetzen, um über den aktuellen Fall hinaus zum Grundsätzlichen vorzudringen. „Alle methodische Kunst besteht darin, tote Sachverhalte in lebendige Handlungen rückzuverwandeln" (Heinrich Roth). Dadurch ist das exemplarische Lernen mit dem genetischen Prinzip verknüpft. Zwei Formen der Wissensproduktion können unterschieden werden:

Exemplarisches Lernen und genetisches Prinzip

1. Gewissheitsmodell: „Das ist so!" Dieses positive Erkenntnismodell setzt die Möglichkeit einer „direkten" Erkenntnis der Welt voraus. Wissen gilt als sicheres Wissen und „Fakt". Es kann dogmatisch durch Schulung oder direktes Unterrichten enzyklopädisch übermittelt werden.
2. Reflexionsmodell: „Ist das so?" In diesem genetischen Erkenntnismodell gilt soziales Wissen als prinzipiell unsicheres, strittiges und hypothetisches Wissen, das vom Standort des Beobachters abhängig ist und der kritischen Prüfung in der sozialen Gruppe ausgesetzt werden kann und soll. Fakten werden in soziale Tat-Sachen zurückverwandelt.

Ausprägungen des genetischen Prinzips

Am Beispiel des Inhalts „Verfassung" können vier Ausprägungen des genetischen Prinzips unterschieden werden:
1. Individual-Genese: subjektive Betroffenheit durch Entwicklungsaufgaben, z. B. Altersgrenzen wie Religionsmündigkeit oder Geschäftsfähigkeit
2. Ideen-Genese: Wann, durch wen, bei welchen Anlässen wurden Grundrechte „erfunden"?
3. Real-Genese: ... bzw. in sozialen Auseinandersetzungen erkämpft?
4. Logisch-systematische Genese oder Aktualgenese: Grundrechte werden in ihrer zwingenden Logik unmittelbar erlebbar, z. B. „Alle Menschen sind gleich" am Modell und Gedankenexperiment eines „Schleiers der Unwissenheit" von John Rawls (Petrik 2013).

Gelingensbedingungen für genetisches Lernen sind u. a.
– Narrativität und Anschaulichkeit
– die *originale* Begegnung im *direkten Kontakt* mit dem Lerngegenstand,
– die Nutzung des sog. „fruchtbaren Moments" als „staunproduktive Situation" (Friedrich Copei)
– selbstentstehende, den Lern- und Denkprozeß *strukturierende Fragen* an den Gegenstand in freier, geistiger Selbsttätigkeit (Hugo Gaudig). Hier wird berücksichtigt, dass das Exemplarische sich für individuelle Lerner unterschiedlich darstellt.

Arbeit an Fällen

Das exemplarische Prinzip wird bevorzugt durch Arbeit an *Fällen* umgesetzt. Die Arbeit mit Fallbeispielen kann sowohl als motivierender Einstieg wie auch in Übungsphasen sinnvoll sein. Als Fallanalyse oder Fallstudie wird ein ganzheitlicher Vorgang mit Aktionscharakter durchgängiger Lerngegenstand. Die wirklichkeitsgetreue Darstellung einer tatsächlichen Begebenheit aus der Binnenperspektive der beteiligten Akteure dient dem Ziel, Entscheidungen zu treffen und zu reflektieren. Exempel und Modelle sind Grammes/Tandler (1991), Grammes/Zühlke (1993).

Exemplarisches Lernen in der politischen Bildung ist meist mit Bezug auf die genetische Didaktik von Martin Wagenschein (1991) begründet worden, die sich aber ausschließlich dem Verstehen natürlicher Phänomene und naturwissenschaftlicher Gesetze widmet. In geistes- und sozialwissenschaftlichen Stoffgebieten ist die Rolle der Geschichtlichkeit und der Kultur einzubeziehen. Neben Beobachtung und Experiment sind die Erkenntnisoperationen des Interpretierens, der Analogie und des Vergleichens wichtiger.

Der Aufbau sozialer Erfahrungen erfolgt u. a. über das Hilfsmittel der Analogie, die Übertragung von Strukturmustern. Bei Kindern wird z. B. der Staat zunächst wie eine große Familie vorgestellt und noch nicht als System oder „kalter Herrschaftsapparat" wahrgenommen. Analogien bilden notwendige Durchgangsstadien des Lernens. Wenn sie allerdings in späteren Lernstadien nicht reflektiert und differenziert werden, verhärten sich Fehlverständnisse, Stereotypen und Vorurteile.

Analogiebildung

Die Erkenntnisoperation des Vergleichens setzt auf die Wahrnehmung von Unterschieden, z. B. gesellschaftlicher Systeme (BRD/DDR). Das doppelte Fallprinzip kontrastiert systematisch einen aktuellen mit einem klassischen Fall (Leps 2006).

Systematisch orientierende Lehrgänge müssen das exemplarische Lernen ergänzen. So wie es kein Netzwerk ohne Knoten geben kann, ergeben Knoten ohne Netzwerk kein sinnvolles Orientierungswissen. Experten wie Juristen, Manager, Journalisten oder Berufspolitiker zeichnen sich durch große Detailkenntnis aus. In westlichen Lernkulturen wird die Rolle des positiven Wissens und des Übens oft vernachlässigt. Die interkulturelle Lernpsychologie hat am Beispiel asiatischer Lernkulturen das scheinbar paradoxe Phänomen des memorierenden Tiefenverstehens untersucht.

5. Exempel: Modelle und Beispiele guter Praxis

Exemplarisches Lehren kann gefördert werden durch Exempel, nicht beliebig austauschbare Musterbeispiele und Paradigmen. Die Ära der exemplarischen sozialwissenschaftlichen Curriculumprojekte, z. B. „Modelle für den sozialwissenschaftlichen Unterricht" (Ohrt 1965) oder „Man – a course of study" (Wulf 1973), ist ersatzlos ausgelaufen. Ein zentralistisches Curriculumkonzept mit einem Einheitslehrplan, Schulbuch und detaillierten Unterrichtshilfen, wie z. B. in der DDR, oder die Einführung zentraler Abschlussprüfungen wird meist als Einschränkung der gesetzlich garantierten methodischen Lehrfreiheit empfunden. In der Unterrichtspraxis kann sich unterhalb der Ebene offizieller Lehrpläne ein empirischer Themenkanon ausbilden, zuletzt untersucht von Henning/Müller/Schlausch (1982) oder international von Meyer/Bromley/Ramirez (2010).

Einschränkung durch zentralistisches Curriculumkonzept

1. *Wettbewerbe* schaffen Anreize und Vorbilder durch überregionale Auszeichnung curricularer Innovationen, z. B. www.demokra-

tisch-handeln.de, oder von engagierten Personen, z. B. „Outstanding Social Studies Teacher of the Year" durch den National Council for the Social Studies in den USA.
2. *Lesson Study* und Learning Study sind aus der japanischen Tradition stammende Konzepte der Unterrichtsentwicklung. Das Leitmotiv „Don't worship originality" soll der Lehrerarbeit eine konzentrierende und entlastende Mitte gegeben. (www.walsnet.org)
3. *Lehrkunstdidaktik:* Lehrstücke thematisieren fundamentale Menschheitsthemen. Auch im sozialwissenschaftlichen Lernfeld liegen inzwischen Exempel vor zu Themen wie Verfassung, Menschenrechte, Gerechtigkeit, Öffentlichkeit (Schmidlin 2012), Umgang mit Menschen (Leps 2006) oder politischer Grundorientierungen (Petrik 2013, 247 ff.; www.lehrkunst.ch).

Literatur

Becker, Konrad/Stalder, Felix 2010: Deep Search. Politik des Suchens jenseits von Google. Innsbruck

Behrmann, Günter/Grammes, Tilman/Reinhardt, Sibylle 2004: Politik. In: Tenorth, Heinz-Elmar (Hrsg.): Kerncurriculum Gymnasiale Oberstufe II. Weinheim/Basel, S. 322-406

Buck, Günther 1989: Lernen und Erfahrung – Epagogik: zum Begriff der didaktischen Induktion. Darmstadt 3/1989

Busch, Matthias 2011: „Ich habe mich immer ganz besonders gefreut, wenn (…) die Meinungen heftig aufeinander platzten" – Die „Aktuelle Stunde" im staatsbürgerlichen Unterricht in der Weimarer Republik. In: Vierteljahresschrift für wissenschaftliche Pädagogik 2011, S. 457-471

Christian, Wolfgang 1978: Die dialektische Methode im politischen Unterricht. Köln

Engelhardt, Anina/Kajetzke, Laura (Hrsg.) 2010: Handbuch Wissensgesellschaft. Bielefeld

Engelhardt, Rudolf 1964: Politisch bilden – aber wie? Essen (online: JSSE 2010-3)

Ernst, Karin/Nagel, Wolfgang/Strocka, Monika 1971: Die politische Situation West-Berlins. In: Gegenwartskunde 1971, S. 39-52

Fischer, Kurt Gerhard 1993: Das Exemplarische im Politikunterricht, Schwalbach/Ts.

Gerner, Berthold (Hrsg.) 1970: Das exemplarische Prinzip. Darmstadt

GPJE 2004: Nationale Bildungsstandards für den Fachunterricht in der Politischen Bildung. Ein Entwurf. Schwalbach/Ts.

Grammes, Tilman/Schluss, Henning/Vogler, Hans-Joachim 2006: Staatsbürgerkunde in der DDR. Wiesbaden

Grammes, Tilman/Tandler, Agnes 1991: Die Fallstudie (Case study). In: Bundeszentrale für politische Bildung (Hrsg.): Methoden in der politischen Bildung. Bonn, S. 213-247

Grammes, Tilman/Zühlke, Ari 1993: Ein Schulkonflikt in der DDR. 2 Bde., Bonn

Henning, Bernd/Müller, Peter/Schlausch, Horst 1983: Gemeinsame Inhaltsbereiche der Sozialkunde. In: DVPB (Hrsg.): Politische Bildung in den 80er Jahren. Stuttgart, S. 116-125

Hilligen, Wolfgang 1991: Didaktische Zugänge in der politischen Bildung, Schwalbach/Ts.

Juchler, Ingo 2012: Der narrative Ansatz in der politischen Bildung. Berlin

Klafki, Wolfgang 1985: Exemplarisches Lehren und Lernen. In: Ders.: Neue Studien zur Bildungstheorie und Didaktik. Weinheim/Basel, S. 87-107

Leps, Horst 2006: Lehrkunst und Politikunterricht. Diss., Marburg (online)

Meyer, John W./Bromley, Patricia/Ramirez, Francisco 2010: Human Rights in Social Science Textbooks. Cross-National analyses 1970-2008. In: Sociology of Education 2010, S. 111-134

Negt, Oskar 1968: Soziologische Phantasie und exemplarisches Lernen. Frankfurt

Ohrt, Lore u. a. 1996: Zehn Lehrbeispiele. In: Bolte, Karl Martin: Deutsche Gesellschaft im Wandel. Opladen, S. 353-433

Petrik, Andreas 2013: Von den Schwierigkeiten, ein politischer Mensch zu werden. 2. Aufl., Opladen/Berlin/Toronto

Scheuerl, Hans 1958: Die exemplarische Lehre. Tübingen

Schmidlin, Stephan (Hrsg.) 2012: UAZ – Unsere Abend-Zeitung. Bern

Wagenschein, Martin 1991: Verstehen lehren. Genetisch – sokratisch – exemplarisch. 9. Aufl., Weinheim/Basel 1991

Wulf, Christoph: Das politisch-sozialwissenschaftliche Curriculum. Eine Analyse der Curriculumentwicklung in den USA. München 1973

Thomas Goll

Problemorientierung

„Alles Leben ist Problemlösen" – in lakonischer Knappheit formuliert Karl R. Popper eine Allgemeingültigkeit beanspruchende Sentenz (Popper 1994, 255). Er bezieht diese zwar zunächst auf die Lösung technischer Probleme (ebd., 257), überträgt sie aber sogleich auf das Feld der Politik. Auf diesem erfolge die Antwort auf Probleme über Gesetzgebung (ebd., 258 f.). Popper beschreibt damit eine Grundtatsache menschlichen Daseins und den Kern von Politik, „nämlich das Bearbeiten und Lösen öffentlicher, d. h. politischer Probleme" (Detjen 2007, 329). Problembearbeiten und Problemlösen sind demnach ureigene Handlungsmodi von Politik. Daher liegt es nahe, politische Bildung doppelt begründet auf Probleme hin anzulegen, also problemorientiert zu fundieren:

<small>Bearbeiten und Lösen politischer Probleme</small>

1. inhaltlich: Probleme und deren Bearbeitung sind als Gegenstand der Politik zugleich Gegenstände der politischen Bildung. Die Planung von Lehr-Lern-Prozessen in der politischen Bildung geht daher im Falle der Problemorientierung von politischen Problemen aus und macht diese zum inhaltlichen Kern des Lernens. Die Auswahl der zu bearbeitenden politischen Probleme ist damit eine Schlüsselaufgabe der Unterrichtsplanung und bedarf deshalb besonders der Begründung.

2. methodisch: Indem politische Probleme aufgegriffen und zum Mittelpunkt des Lernens gemacht werden, erfolgen auch Entscheidungen über die methodische Gestalt des Lehr-Lern-Prozesses. Die unterrichtliche Problembearbeitung zielt auf problemlösendes Denken und fördert im Gelingensfall in hohem Grad Urteilsfähigkeit und Mündigkeit der Lernenden. Das bedingt aber auch, dass Lehr-Lern-Prozesse nie bei (Schein-)Lösungen enden dürfen, sondern diese immer problematisieren müssen, um offen zu bleiben wie die Politik selbst.

1. Die Inhaltsebene

<small>Problemhaltige Sachverhalte</small>

Als problemhaltig kann ganz allgemein ein Zustand bzw. Sachverhalt definiert werden, der in der Wahrnehmung gekennzeichnet ist durch

Die Inhaltsebene

einen unerwünschten bzw. unerfreulichen (Ausgangs-)Zustand A und einen guten, zumindest aber besseren (End-)Zustand E, wobei die Transformation von A in E nicht ohne weiteres möglich ist (vgl. Breit 2005, 108), ihr aber eine gewisse Dringlichkeit anhaftet (Gagel 2000, 94). Nicht jeder beschwerliche oder gefährliche Zustand oder Umstand ist also ein Problem, sondern nur derjenige, der bewusst als problematisch erfahren wird und dessen Verbesserung daher dringend notwendig ist, zugleich aber erhebliche Schwierigkeiten bereitet. So werden z. B. riskante Entscheidungen im alltäglichen Leben (gesundheitsgefährdendes Konsumverhalten, Ausüben von Extremsportarten u. a.) so lange nicht als problematisch empfunden, wie deren Änderung jederzeit möglich erscheint und deren Folgen als reversibel oder zumindest beherrschbar eingestuft werden.

Dies gilt auch für das Feld der Politik. Aber dieses unterliegt nicht allein der Kontrolle eines einzelnen Akteurs, denn als Modus der Bearbeitung gesellschaftlicher Probleme kann Politik definiert werden als „(s)oziales Handeln, das auf Entscheidungen und Steuerungsmechanismen ausgerichtet ist, die allgemein verbindlich sind und das Zusammenleben von Menschen regeln" (Bernauer u. a. 2009, 32). Als soziales Handeln (vgl. Meyer 2003, 48) ist Politik immer auf die Gesellschaft bezogen. Politische Probleme sind daher auch „nicht (…) objektiv gegeben" (Reinhardt 2005, 93), sondern werden sozial konstruiert. Probleme bestehen nicht, sie werden gemacht: „If men define situations as real, they are real in their consequences" (Thomas/Thomas 1928, zitiert nach Knoblauch 2005, 138). Anders ausgedrückt: „Die Definition eines Sachverhalts als Problem ist bereits ein politischer Akt" (Gagel 2000, 94).

Diese grundlegenden Feststellungen haben unmittelbare Konsequenzen für die Behandlung von politischen Problemen in der politischen Bildung:

Erstens gibt es problem- und konfliktlose Gesellschaften nur in der Utopie. Immer muss z. B. konflikthaft geregelt werden, wie die Existenz gesichert und knappe öffentliche Güter verteilt werden. Dies gilt für gering differenzierte Gesellschaften genauso wie für hochdifferenzierte. Politisches Handeln im Sinne der verbindlichen Bearbeitung von Problemen gehört damit neben wirtschaftlichem, kulturellem und solidarischem Handeln zu den „universalen Grundfunktionen", die die Überlebensfähigkeit einer Gesellschaft sichern (Meyer 2003, 44 ff.). Politik wird mittels Problemorientierung im Unterricht als Grundmodus menschlichen Zusammenlebens erfass-

Problemfreie Gesellschaft als Utopie

bar und nicht als etwas Fremdes oder dem eigenen Leben Aufgedrängtes. Damit bieten sich grundlegende Problemlagen menschlicher Gesellschaftsbildung zugleich als Anknüpfungspunkte genetischer Lernprozesse oder von Gedankenexperimenten an (vgl. Petrik 2013, 133). In ihnen lassen sich Grundeinsichten in das Wesen des Politischen erfahren.

Problembewusstsein — Zweitens werden Sachverhalte oder Umstände erst dann zu Problemen, wenn sie als solche ins Bewusstsein geraten und deshalb nach Lösungen verlangen, also den „Zwang zum Handeln" (Gagel 2000, 97) in sich tragen. Die Identifikation eines politischen Problems ist damit „Ergebnis eines konflikthaften individuellen und gesellschaftlichen Auswahlprozesses", der jedoch „nur schwer zu analysieren oder zu beschreiben" ist (Ackermann u. a. 2010, 32).

Und selbst wenn die Einsicht in die Existenz eines Problems vorhanden ist, ist damit noch keine Handlungsanweisung zu dessen Lösung gegeben, denn wenn das Problem einfach aus der Welt zu schaffen wäre, wäre es keines. Probleme sind immer mit „Ungewissheit" über den richtigen Lösungsweg und dessen politische Durchsetzbarkeit verbunden (Gagel 2000, 94). Sie werden damit erst wirklich zu politischen Problemen, wenn sie „zum Thema des politischen Entscheidungsprozesses gemacht", also als prinzipiell durch politisches Handeln lösbar definiert werden (Ackermann u. a. 2010, 32). Auch das gehört zu den Grundeinsichten in das Wesen der Politik.

Politische Probleme als Unterrichtsgegenstand — Prinzipiell ist damit jedes politische Problem zugleich ein möglicher Unterrichtsgegenstand, da sich aus ihm allgemeine Einsichten in die Politik gewinnen lassen. Politik wird im Kontext der Problemorientierung daher als permanenter, nicht abgeschlossener Problembearbeitungsprozess betrachtet, dessen Analyse politikwissenschaftlich fundiert („policy"-Forschung) über den „Politikzyklus" (Ackermann u. a. 2010, 32 ff.) erfolgen kann. Besondere Einsichten lassen sich gewinnen, wenn die zu bearbeitenden Probleme auf den Kern der gesellschaftlichen Funktion von Politik verweisen, die Überlebensfähigkeit einer Gesellschaft zu sichern, also ihr „Überleben", und zugleich das Zusammenleben innerhalb der Gesellschaft zu verbessern, also zum „guten Leben" beizutragen (Hilligen 1985, 35) oder dem zu folgen, was unter dem Konzept „Gemeinwohl" subsumiert werden kann (vgl. Weißeno u. a. 2010, 151 ff.). Während das erste Auswahlkriterium auf die faktische Grundbedingung von Politik abhebt, zielt das zweite auf die normative Dimension des Politischen,

Die Inhaltsebene

ihre Legitimation. Gerade weil höchst umstritten und zeitgebunden ist, was unter „gutem Leben" jeweils zu verstehen ist, verweist diese Dimension wiederum darauf, dass soziale und damit auch politische Probleme sozial konstruiert sind. Daher würde Problemorientierung ohne Einsicht in ihre Normativität ihren Gegenstand verfehlen.

Einen Versuch zur Identifikation von besonders relevanten Problemlagen unternimmt Hilligen, indem er „lebenswichtige" bzw. „fundamentale, existentielle Probleme" benennt: „Interdependenz", „Massenproduktion", „Massenvernichtungsmittel", „Umweltzerstörung", „Mediale Erfahrung" (Hilligen 1985, 33 u. 185). Diese sind durch basale und emanzipatorische Bedürfnisse (z. B. Sicherheit) fundiert und weisen einen existenziellen Bezug im Sinne von „Chancen und Gefahren" auf (Bedürfnisbefriedigung vs. Hunger, Frieden vs. Vernichtung, Selbstbestimmung vs. Unterdrückung) (Hilligen 1985, 189). Die fachdidaktische Diskussion baut darauf auf, verändert und erweitert die Liste (vgl. Breit 2005, 117, Reinhardt 2005, 95). Einen anderen Weg wählt Sutor, indem er den „objektiv gegebenen Tatbestand von Zielkonflikten" bei der Bewältigung von Problemen in Rechnung stellt und drei „Leitfragen" – man kann auch sagen Problemformulierungen – in Hinsicht auf die „handlungsleitenden Prinzipien des freiheitlichen Verfassungsstaates: Freiheit, Gerechtigkeit, Frieden" stellt:

— „Wie ist individuelle und politische Freiheit durch politische Ordnung in pluralistischer Gesellschaft möglich?
— Wie ist soziale Gerechtigkeit unter den Bedingungen heutiger Industriegesellschaft in Freiheit möglich?
— Wie ist zwischenstaatlicher Friede möglich in Verbindung mit sozialem Ausgleich zwischen den Völkern und in Respektierung der Freiheit gemäß dem jeweiligen nationalen Selbstverständnis?" (Sutor 1984, II/118)

Beide Denkwege lassen sich in Einklang miteinander bringen. Politisch besonders relevante Probleme sind die, in denen Menschen und gesellschaftliche Gruppen sich in ihrer Existenz, in ihrer Freiheit, ihrem Gerechtigkeitsempfinden und ihrem Streben nach Glück bedroht fühlen und daher politische Lösungen einfordern und herbeizuführen trachten. Solche Probleme im Unterricht zu behandeln, ist besonders fruchtbar, weil sie Politik als existentielle Aufgabe der verbindlichen Lösung gesellschaftlicher Probleme in den Blick nimmt.

<aside>Problemlagen nach Hilligen</aside>

<aside>„Leitfragen" zur Bewältigung von Problemen nach Sutor</aside>

2. Die methodische Ebene

Wenn politische Probleme in das Zentrum des Unterrichts gestellt werden, sind damit besondere Lernchancen, aber auch Herausforderungen verbunden. Die besonderen Förderchancen, aber auch Überforderungsrisiken liegen darin begründet, dass problemlösendes Denken in besonderem Maß hinsichtlich des Gelingens voraussetzungs- und hinsichtlich der Durchführung anspruchsvoll ist. Zwar kann die lernpsychologische Literatur gute Gründe anführen, dass problemlösendes Denken die Selbstständigkeit der Lernenden ebenso fördern kann wie deren Urteilsfähigkeit und Handlungsbereitschaft (vgl. Breit 2005, 109 f.), aber diese Fähigkeiten und Bereitschaften bestehen und entstehen nicht von selbst. Die Analyse von Metastudien zu den Lerneffekten von problemorientiertem Unterricht im Vergleich zu herkömmlichem belegt, dass entgegen landläufiger Meinungen instruktionalistische Designs, d. h. das *Lehren*, hinsichtlich des Erlernens von Problemlösungsstrategien und Fachwissen wirkungsvoller sind als problembasierte, in der Regel projektorientierte. Problemorientiertes *Lernen* – verstanden als schülerzentriertes Lernen in Kleingruppen unter Lernbegleitung von Tutoren, orientiert an authentischen Problemen und mit der Aufgabe verbunden, sich selbst das notwendige Wissen und die notwendigen Fähigkeiten zur Problemlösung anzueignen – ist jedoch dann erfolgreich, wenn eine grundlegende Wissensbasis schon vorhanden ist: „The application of knowledge, not the development of knowledge, is the heart of the success of problem-based learning". Denn hier werden insbesondere methodische Fähigkeiten (skills) sowie die Tiefe des Wissens und dessen nachhaltige Verankerung stärker gefördert als im herkömmlichen Unterricht (Hattie 2009, 210 ff.). Die unterrichtliche Arbeit an Problemen muss daher einhergehen mit der vorausgehenden oder zumindest intensiv begleitenden Grundlegung einer entsprechenden Wissensbasis zu ihrer Bearbeitung. Denn auch die Motivation zur Auseinandersetzung mit Problemen ist dann am höchsten, wenn die Lernenden sich u. a. hinreichend kompetent zu ihrer Bearbeitung fühlen (ebd., 48). Und ohne Motivation erfolgt auch kein selbstgesteuertes Lernen. Hingewiesen wurde in der Literatur aber auch auf eine andere Voraussetzung, dass die Problemstellung nicht zu einfach ist (Breit 2005, 111). Problemlösendes Denken im Unterricht ist daher extrem von der Motivation der Lernenden abhängig, sich darauf einzulassen.

Des Weiteren gilt, dass politische Probleme erst dann für die Lernenden bearbeitbar werden, wenn sie als solche erfasst und hinterfragt worden sind. Daher muss jede Form von unterrichtlicher Beschäftigung mit politischen Problemen bei der „Problemkonstitution", also der Analyse des „Herstellungsprozesses" von Problemen, ansetzen (Gagel 1986, 219 f.). Da politische Probleme jedoch durch hohe Komplexität gekennzeichnet sind, kann diese den Zugang zur unterrichtlichen Problembearbeitung blockieren. Gagel empfiehlt daher, bei der Auswahl von Problemen, bewusst die Spannung von „Betroffenheit" und „Bedeutsamkeit" für unterschiedliche Möglichkeiten des Zugangs zu nutzen. Erstere setzt an der Lebenswelt der Lernenden an und fokussiert auf eher soziales Lernen. Letztere stellt die gesellschaftliche Dimension in den Mittelpunkt und zielt damit auf politisches Lernen (ebd., 107 ff.). Da beide Perspektiven miteinander verschränkt sind, ermöglicht der Zugang über Betroffenheit – neben dem Bezug zur gesellschaftlichen Bedeutsamkeit – im Rückgriff auch auf individuelle Folgen möglicher Problemlösungen einzugehen.

In Zusammenschau der vorgeschlagenen Verlaufsformen für problemorientiertes Unterrichten (vgl. u.a. Breit 2005, 112; Gagel 211 ff.; Grammes 1999, 208; Janssen 1997, 20 f.; Reinhardt 2005, 99) kann man bei allen Differenzen im Detail – und abgesehen von der Einstiegsphase und der Phase der Metakommunikation – eine prinzipielle Dreischrittigkeit erkennen (vgl. Sutor 1984: II/72):

Dreischritt für problemorientiertes Unterrichten

(1) Situationsanalyse (Was ist?): Worin besteht das Problem? Welches Ausmaß besitzt das Problem? Wie ist das Problem entstanden? Wer ist von dem Problem betroffen? Welche Interessen bringen die daran Beteiligten mit?
(2) Möglichkeitserörterung (Was ist politisch möglich?): Welche Lösungskonzepte liegen vor? Welche Lösungen sind noch denkbar?
(3) Urteilsbildung/Entscheidungsdiskussion (Was soll geschehen?): Welche Folgen sind bei der Verwirklichung eines dieser Lösungskonzepte vorhersehbar? Welche Bedeutung haben die Lösungen für …? Wo stehe ich/stehen wir?

Die unterrichtliche Bearbeitung politischer Probleme kann dabei je nach didaktischer Perspektive unterschiedlich nuanciert werden. Gagel (1986, 208 ff.) weist zu Recht darauf hin, dass es „didaktische Übergänge" je nach Ausgestaltung der Lehrerrolle und dem Grad der Selbsttätigkeit der Lernenden zwischen den Lehrmodellen gibt, die auf Informieren, Entdecken oder Entscheiden ausgerichtet sein können. Der „analytische Lehrgang" setzt z. B. bei einer „problemhaltigen Situation" an, „also bei einem der Erfahrung oder der Beobachtung der Schüler zugänglichen Sachverhalt, der ein Problem enthält". Die „Sozialstudie" beginnt mit der „Problemformulierung" bzw. der Erarbeitung des „Problemverständnisses", um zu einer „Problemlösung" zu kommen. Der „politische Problemlösungsprozess" schließlich hat in der „Problemkonstitution" seinen Ausgangspunkt. Eine Gleichsetzung von Problemorientierung allein mit der „Problemstudie", wie Reinhardt nahelegt (2005, 99), stellt daher eine eingeschränkte Sicht auf die Möglichkeiten problemorientierten Arbeitens im Politikunterricht dar. Stiller (1988, 205 ff.) verwendet deshalb zu Recht den Begriff „problemzentriertes Lernen", um deutlich zu machen, dass im Umgang mit Problemen vielseitige methodische Arrangements möglich sind.

Literatur

Ackermann, Paul u. a. 2010: Politikdidaktik kurzgefasst. 13 Planungsfragen für den Politikunterricht. Schwalbach/Ts.
Bernauer, Thomas u. a. 2009: Einführung in die Politikwissenschaft. Baden-Baden
Breit, Gotthard 2005: Problemorientierung. In: Sander, Wolfgang (Hrsg.): Handbuch politische Bildung. 3. Aufl., Schwalbach/Ts., S. 108-125 (auch: Schriftenreihe der Bundeszentrale für politische Bildung Bd. 476, Bonn).
Detjen, Joachim 2007: Politische Bildung. Geschichte und Gegenwart in Deutschland. München
Gagel, Walter 1986: Unterrichtsplanung: Politik/Sozialkunde. Studienbuch politische Didaktik II. Opladen
Gagel, Walter 2000: Einführung in die Didaktik des politischen Unterrichts. Ein Studienbuch. 2., völlig überarb. Aufl., Opladen
Grammes, Tilman 1999: Problemorientiertes Lernen. In: Mickel, Wolfgang W. (Hrsg.): Handbuch zur politischen Bildung. Schwalbach/Ts. (auch: Schriftenreihe der Bundeszentrale für politische Bildung, Bd. 358, Bonn)
Hattie, John 2009: Visible Learning. A synthesis of over 800 meta-analyses relating to achievement. London, New York
Hilligen, Wolfgang 1985: Zur Didaktik des politischen Unterrichts. Wissenschaftliche Voraussetzungen. Didaktische Konzeptionen. Unterrichtspraktische Vorschläge. 4., vollständig neubearb. Aufl., Opladen
Janssen, Bernd 1997: Konzepte zur Sachanalyse und Unterrichtsplanung. Schwalbach/Ts.

Knoblauch, Hubert 2005: Wissenssoziologie. Konstanz
Meyer, Thomas 2003: Was ist Politik? 2. Aufl., Wiesbaden
Petrik, Andreas: Von den Schwierigkeiten, ein politischer Mensch zu werden. Konzept und Praxis einer genetischen Politikdidaktik. 2., erweiterte und aktualisierte Aufl., Opladen u. a.
Popper, Raimund 1994: Alles Leben ist Problemlösen. Über Erkenntnis, Geschichte und Politik. München
Reinhardt, Sibylle 2005: Politik-Didaktik. Praxishandbuch für die Sekundarstufe I und II. Berlin
Stiller, Edwin 1988: Problemzentriertes Lernen. In: Mickel, Wolfgang W./ Zitzlaff, Dietrich (Hrsg.): Handbuch zur politischen Bildung (= Schriftenreihe der Bundeszentrale für politische Bildung, Bd. 264). Bonn, S. 205-208
Sutor, Bernhard 1984: Neue Grundlegung politischer Bildung, Bd. 2. Paderborn u. a.
Weißeno u. a. 2010: Konzepte der Politik. Ein Kompetenzmodell. Schwalbach/ Ts (auch: Schriftenreihe der Bundeszentrale für politische Bildung, Bd. 1016, Bonn).

Tilman Grammes

Kontroversität

1. Geschichte und Tradition

Kontroversität gilt als „Generalprinzip der sozialwissenschaftlichen Bildung" (Reinhardt 2012, 32) und zählt daher zum Kern der Berufsethik von Pädagogen in demokratischen Gesellschaften. Als organisierendes Prinzip im Zentrum des Beutelsbacher Konsens, richtet sich das Kontroversitätsgebot auf Unterricht und Curriculum sowie auf die Gestaltung der Lernumgebung. Als regulative Idee hat es Konsequenzen für Lehrende (Indoktrinationsverbot) und Lernende (Interessenorientierung).

<small>Historische Verankerung kontroverser Diskussion</small>

Kontroverse Diskussion ist in allen Hochkulturen verankert (Bauer 2011) und wird schon in der antiken Rhetorik bei den Sophisten und in der mittelalterlichen Scholastik als Denkinstrument der Werteklärung und Entscheidungsfindung gepflegt. In der Frühen Neuzeit fordert Jonathan Priestley (1765, 29): „If the subject be a controverted one, let (the tutor) refer to books written on both sides of the question." In den weltanschaulichen Auseinandersetzungen der Weimarer Republik wird die „Kontradiktorik" als professionelles Abgrenzungskriterium gegen parteipolitische Schulung und Indoktrination entwickelt. Der Schüler soll vor „gegensätzliche oder einander widersprechende Aussagen, Behauptungen, Forderungen und Urteile" gestellt werden. „Hier steht er dann mitten in den Kämpfen der Gegenwart drin." (Paul Hartig 1931, zitiert nach Busch 2011) Der Indoktrination durch die nationalsozialistische Rassenideologie folgen in den 1950er-Jahren harmonistische Gesellschaftsmodelle, die erst von der „Kulturrevolution" der Studentenbewegung durch Kritik und Fundamentalopposition wieder politisiert werden: „Eine Theorie der politischen Bildung ist nicht neutral. Sie nimmt Partei, und zwar notwendigerweise." (Mollenhauer 1971, 151) Dies kann zu didaktisch gewollter Einseitigkeit oder Parteilichkeit gegen die „Macht des Faktischen" führen, ein „Zumutungsgebot" (Bernhard Claußen), wie z. B. beim friedenspädagogischen Thema Rüstungspolitik. Die Formel „Was in der Öffentlichkeit kontrovers beurteilt

wird, darf die Schule nicht harmonisieren wollen" (Engelhardt 1968, 57) wird 1976 sinngemäß in den Beutelsbacher Konsens aufgenommen, der diese Tradition als „Schlussstein" auf den Punkt bringt.
In der sozialistischen Pädagogik, z. B. der Staatsbürgerkundemethodik der DDR, tritt das Kontroversprinzip als dialektisches Denken auf. Widersprüche werden auf der Ebene alltagsweltlicher Erscheinungen zwar aufgegriffen, dann aber unter Rückgriff auf ein „Wesen" und Gesetzmäßigkeiten der gesellschaftlichen Höherentwicklung in einer materialistischen Dialektik auf der Basis des Marxismus-Leninismus „aufgelöst". Der Lehrende agiert als Propagandist der Partei, der Kontroversen aktiv in das Klassenkollektiv „hineintragen" soll. Führung und Vertrauen werden als Mittel der Überzeugungsbildung offensiv eingesetzt (Feige 1988).

Kontroversitätsprinzip in sozialistischer Pädagogik

In der außerschulischen politischen Bildung ist die Geltung des Kontroversprinzips umstritten, soweit in weltanschaulich oder parteipolitisch gebundenen „Tendenzbetrieben" die Teilnahme freiwillig ist (Ahlheim/Schillo 2012, Giesecke 1999).

2. Normativer Rahmen und Wertebasis: Verfassung, Pluralismus und Toleranz

„We agree (in principle) to disagree (about other issues)". Das Kontroversprinzip verlangt eine Übereinstimmung über seine Geltung, um als Minimalkonsens wirksam zu werden. Die wechselseitige Anerkennung der verschiedenen Bürgerinnen und Bürger darin, dass sie gleich sind, gerade in ihrer Nicht-Übereinstimmung, ist Verfassungsprinzip (Reinhardt 2012, 16). Das Kontroversprinzip ist also keineswegs wertneutral oder relativistisch, sondern gründet in einer normativen Pluralismustheorie. In sich als liberal und offen verstehenden Gesellschaften gelten Konflikte nicht als Störfaktoren, sondern als Motor von Innovation, Reform und sozialem Wandel. Aus Sicht eines demokratischen Experimentalismus (John Dewey, Karl R. Popper) stellt das Institutionengefüge der Demokratie den Versuch dar, einen fehlerfreundlichen, reversiblen kollektiven Lernprozess zu organisieren. Dieser prozedurale Minimalkonsens eines „zivilen Minimums" (Honneth 2012) spiegelt sich in den Regulativen freiheitlich-demokratischer Grundordnung wider. Meinungsfreiheit, Mehrparteienprinzip, Recht auf parlamentarische Opposition, Minderheitenschutz zählen in der „streitbaren Demokratie" zur „Tabuzone" (Kurt Sontheimer), die aus dem Raum, der für den Wider-

Proceduraler Minimalkonsens

spruch und den Konflikt freigegeben ist, ausgeklammert sind. Was zu diesem nicht-kontroversen Sektor zählt, kann im konkreten Streitfall allerdings selbst wieder kontrovers sein; um die „unvermeidliche Parteilichkeit staatlichen Handelns gibt es einen immerwährenden Streit" (Honneth 2012). Beispiele aus der politischen Bildung sind

- Berufsverbote für Beamte im öffentlichen Dienst aufgrund von Mitgliedschaften in extremen Parteien oder die Zulässigkeit einer sog. „Extremistenklausel" in der Linksextremismusprävention (Ahlheim/Schillo 2012)
- kulturelle Konflikte, bei denen strittig ist, ob und inwieweit partikulare Wertüberzeugungen in der demokratischen Schule gebrochen werden müssen, um den Weg zu demokratischer Partizipation zu öffnen. Unter den Bedingungen von transnationaler Migration und Einwanderungsgesellschaften wird zunehmend strittig, welche Verfassung oder welches Wertesystem als normativer Bezugsrahmen in einem Streit Gültigkeit beanspruchen kann.

In der Praxis demokratischer Öffentlichkeit und medialer Selbstdarstellung werden strukturelle Kontroversen oft dethematisiert. Postdemokratische Politik inszeniert stattdessen Scheinkontroversen durch Skandalisierung oder Moralisierung. Politische Parteien versuchen, in Wahlkämpfen äußere Geschlossenheit zu demonstrieren und interne Debatten auszublenden. Latente oder langfristige Konflikte werden aufgrund der Zeitpolitik von Wahlzyklen nicht bearbeitet. Gerade auf junge Menschen kann Politik wie ein oberflächlicher Schlagabtausch oder eine nur symbolische Handlung wirken, der Problemlösekompetenz kaum noch zugetraut wird. In stressbelasteten Krisensituationen, z. B. internationalen militärischen Konflikten oder Umweltkatastrophen, kann der unmittelbare Entscheidungsdruck einen Konformitätszwang erzeugen, der Kontroversen kurzfristig erfolgreich ausblendet und langfristig durch Selbstzensur zu falschen Entscheidungen führt. Ob die „Schwarmintelligenz" der digitalen Demokratie (liquid democracy) Opposition, Pluralität und Kritik fördert oder nivelliert, wird gegenwärtig ambivalent eingeschätzt.

3. Didaktik der Kontroverse

Im Nahbereich wachsen Kinder zunächst in den lebensweltlichen Selbstverständlichkeiten einer „taken for granted"-Perspektive kultureller Herkunftsmilieus auf. Aber schon in solchen Primärgruppen gibt es die Erfahrung des Streits, z. B. zwischen Geschwistern, Freunden oder innerhalb einer Klassengemeinschaft. Die Entwicklung von kontroversem Denken und einer Streitkultur kann in der vorschulischen Bildung gefördert werden, wenn z. B. in der Verkehrserziehung Regeln begründet werden oder im sozialen Lernen Gesprächsregeln gemeinsam ausgehandelt werden. Kontroversitätserfahrungen im Nahbereich

In Gesellschaft und Politik gehören Kontroversen als „Konflikt" zum Normalfall (Fikentscher/Kolb 2012). In politikdidaktischen Ansätzen wird Kontroversität umgesetzt als Problemorientierung oder Konfliktorientierung. International ist der Ansatz als controversial issue approach verbreitet (Hess 2009).

Wissenschaftsorientierung macht systematische Kritik und das Denken in Alternativen zum konstitutiven Prinzip. Ein mono-paradigmatisches Curriculum verstößt gegen das Kontroversprinzip. Aktuelle Beispiele sind die Auseinandersetzungen um Kontroversen um Curricula
- pluralistische ökonomische Bildung,
- die verbindliche zeitgeschichtliche Bewertung der DDR als „SED-Diktatur",
- einen Vorschusskredit für alternative, noch ungesicherte Theorien und Forschungen, z. B. in der Umweltbildung für Skeptiker des Klimawandels oder in der interkulturellen Bildung für Europaskeptiker oder
- die Aufnahme kreationistischer Ansätze ergänzend zur Darwin'schen Evolutionstheorie in Biologie- oder Religionsschulbüchern.

Im globalen Diskurs können weltanschauliche oder erkenntnistheoretische Positionen einen Widerstreit (le différend, Lyotard 1983) bilden. Ein Streit zwischen legitimen Ansprüchen unterschiedlicher Diskursarten, z. B. zwischen Religion und Politik, kann weder mit Rekurs auf bestimmte Diskursregeln noch auf vermeintlich übergreifende Deutungen geschlichtet werden, weil eine auf beide Argumentationen anwendbare Urteilsregel fehlt, und dessen Lösung, wie immer sie ausfällt, auch mit Nicht-Anerkennung verbunden wäre (Reichenbach 2000). Beispiel ist die Debatte über die universale oder kulturell-relative Geltung der – westlichen? – Menschenrechte.

Einschränkungen des Kontroversitäts- prinzips

Das Generalprinzip Kontroversität unterliegt im Unterricht vor allem zwei Restriktionen:
- Lern-Zeit: Es ist unrealistisch, in einer Lerneinheit alles mit allem kontrovers halten zu wollen. Kontroversität bleibt didaktisch immer eine *regulative* Idee, die als Kriterium auf längerfristige Bildungsgänge wie eine Jahresplanung zu bemessen ist. In der Sachanalyse der schriftlichen Unterrichtsplanung sowie auf der Metaebene des Unterrichts sollen nicht thematisierte Kontroversen deshalb explizit benannt werden („Auf Position X gehen wir heute nicht ein.").
- Lern-Komplexität: Viele Debatten, z. B. zur Klima- oder Finanzpolitik, sind derart komplex, dass sich nicht nur jüngere Lernende schnell überfordert fühlen. Notwendig ist die didaktische Reduktion in Umfang und Schwierigkeitsgrad. Dies bedingt jedoch die strukturelle Gefahr, daß Kontroversen unangemessen harmonisiert und durch „Didaktisierung" nivelliert werden (Gruschka 2011, 66-86). Ein Fehlverstehen und Politikverdrossenheit kann unbeabsichtigt gerade durch erfolgreiches Lernen bewirkt werden, wenn Schülerinnen und Schüler in einem Konferenzspiel den Nahost-Konflikt simulierend „lösen" und nicht verstehen, warum die große Politik dies nicht schafft (Gagel 1995).

Demokratische Schulkultur

Gegenwärtig wird das Kontroversprinzip auf Fragen demokratischer Schulkultur ausgedehnt. Die UN-Kinderrechtskonvention fordert in Artikel 12 die Achtung vor der Meinung des Kindes. Der Europarat hat Diversity als demokratischen Umgang mit Vielfalt als Wertebasis für eine gegenseitige Anerkennung unterschiedlicher Interessen, Ethnien und Kulturen hervorgehoben. Schülerinnen und Schüler erfahren den Wert von Kontroversen
- bereits in einem Integrationsfach Sozialwissenschaften, wenn sich Eigenlogiken von Sozialem, Moral, Wirtschaft, Recht und Politik in einem nicht-hierarchischen Verhältnis wechselseitig befragen;
- im Spannungsverhältnis der Fachkulturen und Unterrichtsfächer, wenn z. B. der Operator „beweisen" in der Rechtskunde etwas anderes bedeutet als in der Philosophie, Mathematik oder Naturwissenschaft;
- in der Kultur der Konfliktaustragung, z. B. der Schülervertretung mit der Schulleitung über einen kritischen Artikel in der Schülerzeitung.

4. Methoden

Das Kontroversprinzip wird methodisch vor allem durch Mehrperspektivität oder Multiperspektivität umgesetzt. Der Lernende wird dadurch zur Perspektivenübernahme angeregt, zum „Sehen mit den Augen des Anderen" (Sander 2009, Blanck 2012).

Kontroversität wird in zahlreichen Methoden politischer Bildung als Lernumgebung inszeniert: *Lernumgebung*
- öffentliche Gesprächsformen, z. B. Pro-Contra-Debatte, Podiumsdiskussion, Talkshow, Fishbowl, Tribunal u. a.;
- Dilemma-Methode als strukturiertes Verfahren zur Klärung gleichgewichtiger Werte;
- Streitschlichtung und Mediation, um soziale Konfliktlösekompetenzen und Entscheidungstechniken zu trainieren;
- Provokation und konfrontierendes Lernen im politischen Theater und Kabarett, in Comedy und Satire oder politischen Karikaturen.

Projekte können zu gezielten, pädagogisch kontroversen Regelverletzungen des rechtlich nicht-kontroversen Sektors führen (Sammoray/ Welniak 2012, Handlungsorientierung).

Eine Graduierung von Kompetenzen beginnt in der Grundschule mit einfachen pro/contra-Situationen (Ja oder Nein? „Das Gegenteil denken"). In der Sekundarstufe folgt ein systematisches Argumentationstraining in den Fächern Deutsch, Philosophie/Ethik oder Mathematik (formale Logik). Anstelle eines holzschnittartigen Dualismus (wir/die) werden intra-gruppenspezifische Kontroversen wahrgenommen und z. B. zwischen den Flügeln einer Volkspartei oder eines Interessenverbandes differenziert. Der echte – oder „faule" – Kompromiss als „dritter Weg" und Win-win-Situation wird entdeckt (vgl. die bedeutende Studie von Wilhelm 1973). Es folgt die kritische Einsicht, dass Kontroversen ausgeklammert, vertagt oder als Scheinkontroverse und Ablenkungsstrategie entlarvt werden können.

Das Kontroversprinzip stellt hohe Anforderungen an die ästhetische Gestaltung der Bildungsmedien. Entkontextualisierte, extrem kurze Quellenauszüge konstruieren unfreiwillig eine neue lineare, nicht-kontroverse Meistererzählung. Eine aktuelle Schulbuchgeneration favorisiert eine Rückkehr zu längeren Autorentexten, die ihre Positionalität aber deutlich markieren. Es ist perspektivenfördernd, mit mehreren und mehrsprachigen Schulbüchern und Quellen zu arbeiten, z. B. im bilingualen Politikunterricht.   *Bildungsmedien*

5. Rolle des Politiklehrers

Das Kontroversprinzip verlangt die Einnahme flexibler Lehrerrollen, je nachdem, wie Kontroversen in der Lerngruppe repräsentiert sind.

Vier Lerngruppen Reinhardt (2012, 31 f.; vgl. Hess 2009, 97 ff.) unterscheidet vier Lerngruppen:
- argumentationshomogen, kontrovers
- polarisiert, aggressiv
- argumentationsheterogen
- uninteressiert, wenig spontan.

Bei Lehrern findet sich eine hohe verbale Akzeptanz des Kontroversprinzips (Henkenborg 2009). Empirisch zeigt die qualitative Unterrichtsforschung aber „sublime Formen von Überwältigung" im Unterricht (Schiele/Schneider 1987). Kontroversität wird – meist unbeabsichtigt – unterlaufen. Gruschka (2011, 72 ff.) nennt: Verfälschung durch Vereinfachung, Schematisierung, Aktualisierung oder Analogiebildung; Entsorgung des Inhalts durch Medienkonsum, Umarbeitung, Präsentation, Trivialisierung und Kontrolle. Grammes (1996) findet als kommunikative Muster: sich autoritativ auf angebliche Sachzwänge oder „Gesetzmäßigkeiten" berufen, schwarz-weißmalen, substantielle Einwände überhören, durch Harmonisieren überreden, durch Verbünden vereinbaren, Scheinkontroversen inszenieren, etwas ironisch abwimmeln, Ignoranz.

6. Lernbedingungsanalyse

Eine demokratische politische Kultur erwartet von ihren Bürgerinnen und Bürgern ein ambivalentes, „widersprüchliches" Rollenmodell, das Reflexion mit Engagement verbindet. Bürger sollen für ihre Meinungen öffentlich – mit Anspruch auf Wahrheit – einstehen und zugleich sollen sie diese als prinzipiell fehlbare oder sogar bloß subjektive Auffassungen ansehen. Das Kontroversprinzip ist eine Anforderung an die plurale Organisation des öffentlichen Diskurses und im Unterricht, nicht an den Wahrheitsanspruch des Einzelnen. Insofern kann nicht davon gesprochen werden, dass der Beutelsbacher Konsens die Entwicklung einer stärker handlungsorientierten Demokratiepädagogik behindert habe.

Die Postmoderne und digitale Wissensgesellschaft wird in Zeitdiagnosen als Kultur des „und", nicht des „entweder-oder" beschrieben

(Ulrich Beck). Bei der jungen Generation verändern sich Wahrnehmungsmuster. Die „Aufmerksamkeitsdefizitkultur" (Christoph Türcke) einer digitalisierten Gesellschaft wird als „erörterungstaub" und Kontroversität wenig zugänglich charakterisiert. Eine erhöhte Dissonanz-Bereitschaft erlaubt, mit Widersprüchen aufzuwachsen. Lernpsychologie, Sozialpsychologie und Politische Psychologie zeichnen vier psychodynamische Verlaufmuster nach: Perspektivenwechsel, Perspektivenkoexistenz, Perspektivenverhärtung, Perspektivenkoordination und Ambiguitätstoleranz. Mit diagnostischer Kompetenz wird zu beobachten sein, wie viel Kontroversität dem Lernenden im individuellen Bildungsgang zu einer diskursiven, balancierten Identität zugemutet werden kann (exemplarisch Petrik 2013, Kap. 14).

„Aufmerksamkeitsdefizitkultur"

Literatur

Ahlheim, Klaus/Schillo, Johannes (Hrsg.) 2012: Politische Bildung zwischen Formierung und Aufklärung. Hannover
Bauer, Thomas 2011: Die Kultur der Ambiguität. Eine andere Geschichte des Islams. Berlin
Blanck, Bettina 2012: Vielfaltsbewusste Pädagogik und Denken in Möglichkeiten. Stuttgart
Busch, Matthias 2011: „Ich habe mich immer ganz besonders gefreut, wenn [...] die Meinungen heftig aufeinander platzten". In: Vierteljahresschrift für wissenschaftliche Pädagogik 2011, Bd. 3, S. 457-471
Fikentscher, Rüdiger/Kolb, Angela (Hrsg.) 2012: Schlichtungskulturen in Europa. Halle
Engelhardt, Rudolf 1969: Einübung kontroversen Denkens als Aufgabe politischer Bildung, Essen
Feige, Wolfgang 1988: Wege zur Weltanschauung. Berlin/DDR
Gagel, Walter 1995: Der Nahost-Konflikt als Aufgabe des kontroversen Denkens. In: Politische Bildung 1995, Bd. 1, S. 116-131
Giesecke, Hermann 1999: Parteinahme, Parteilichkeit und Toleranzgebot. In: Mickel, Wolfgang W. (Hrsg.): Handbuch zur politischen Bildung. Bonn, S. 503-506
Grammes, Tilman 1996: Unterrichtsanalyse – ein Defizit der Fachdidaktik. In: Schiele/Schneider, a. a. O., S. 143-196
Gruschka, Andreas 2011: Verstehen lehren. Stuttgart
Henkenborg, Peter 2009: Prinzip Kontroversität – Streitkultur und politische Bildung. In: Kursiv 2009, Bd. 3, S. 26-37
Hess, Diane E. 2009: Controversy in the Classroom. The Democratic Power of Discussion. New York

Honneth, Axel 2012: Die verlassene Schule der Demokratie. In: DIE ZEIT online, 14.6.2012 (30.8.2013)
Mollenhauer, Klaus 1971: Umriss einer politischen Bildung als politische Aufklärung. In: ders.: Erziehung und Emanzipation. München: Juventa 5/1971, S. 151-168
Petrik, Andreas 2013: Von den Schwierigkeiten, ein politischer Mensch zu werden. 4. Aufl., Opladen/Farmington Hills
Reichenbach, Roland 2000: „Es gibt Dinge, über die man sich einigen kann, und wichtige Dinge." Zur pädagogischen Bedeutung des Dissens. In: Zeitschrift für Pädagogik 2000, S. 795-807
Reinhardt, Sibylle 2012: Politikdidaktik. 4. Aufl., Berlin
Sammoray, Julia/Welniak, Christian 2012: Demokratielernen durch Empowerment? Die Kontroverse um das Projekt „Der Fall Kastanie". In: JSSE 2012
Sander, Wolfgang 2009: Bildung und Perspektivität. Kontroversität und Indoktrinationsverbot als Grundsätze von Bildung und Wissenschaft. In: EWE 2/2009, S. 239-247 (und die Repliken)
Schiele, Siegfried 2010: Unterricht muss kontrovers sein. Interview. In: Neues Deutschland 22.10.2010
Schiele, Siegfried/Schneider, Herbert (Hrsg.) 1996: Reicht der Beutelsbacher Konsens? Schwalbach/Ts.
Wilhelm, Theodor 1973: Traktat über den Kompromiß. Stuttgart

Sibylle Reinhardt

Handlungsorientierung

1. Sinn und Begriff

In den vergangenen Jahrzehnten ist das Prinzip der Handlungsorientierung weithin rezipiert worden (vgl. Breit/Schiele 1998). Sie ist sogar ein Hoffnungsträger: Sie soll helfen, aus totem Unterricht eine lebendige, sinnvolle Veranstaltung zu machen; sie soll entfremdetes Lernen in eine Sache der Subjekte verwandeln.

Der Begriff „Handlungsorientierung" ist im sozialwissenschaftlichen Verständnis problematisch. „Handeln" bedeutet nach Max Weber (Wirtschaft und Gesellschaft, § 1) ein menschliches Verhalten, mit dem der/die Handelnde einen subjektiven Sinn verbindet; „soziales Handeln" ist darüber hinaus auf das Handeln anderer bezogen. „Handeln" ist also nach der soziologischen Definition vieles: Es kann monologisches Schweigen sein, und es kann auch – didaktisch gesehen – unsinniges Handeln sein. Kontexte, Ziele und soziale Formen sind im Begriff nicht mitgedacht, so dass der Begriff als didaktischer Begriff zu offen und weit ist. Der Begriff könnte als *demokratisches Handeln in Interaktion* präzisiert werden (Reinhardt 1995, 267):

Begriff „Handeln"

1.1 Die *Tätigkeit des lernenden Subjekts* im handlungsorientierten Unterricht wird gekennzeichnet als „Aktivität, Handeln, Selbständigkeit" (Gudjons 1989, 19), als Eigentätigkeit und Unmittelbarkeit (a. a. O.), als „Erkenntnis und Tätigkeit, Aneignung und Lernen" (ebd., 35). An die Stelle von Rezeption soll auch Produktion treten; der Lernende soll Ko-Produzent, Ko-Konstrukteur des Lernprozesses sein; er soll lebhaft, lebendig sein. Häufig werden die umfassenden Begriffe „Leben" oder „Ganzheitlichkeit" auf die Person des Lernenden bezogen. Das meint dann, dass nicht bestimmte Dimensionen des Lernens (kognitiv, affektiv, pragmatisch usw.) privilegiert werden dürfen. Das Handeln ist *ganzheitlich*.

Ganzheitliches Lernen

1.2 Die Unterscheidung der *drei Ebenen Person – Institution – System* macht es möglich, den Ort des Lernens zu bezeichnen: Findet das handelnde Lernen nur in der Einzelperson statt oder in der Interaktion von Personen in einer Institution oder im Austausch von Personen/Gruppen mit der äußeren Welt? Offensichtlich verbirgt sich in „Handlungsorientierung" jede dieser Möglichkeiten. Handeln auf den drei Ebenen macht das Lernen *wirklichkeitsnah*.

1.3 Ein drittes Element der Definition ergibt sich aus der Möglichkeit, dass zwischen Lehrer und Schülern *Verständigungen* über Ziele und Verfahren des Unterrichts stattfinden. Selbstständigkeit, Aktivität, Kooperation, Kommunikation, Produktivität und Verantwortung bedeuten hierbei politisch-demokratische Propädeutik. Der Lernprozess ist *demokratisch*.

Der Bildungssinn des Unterrichts ist die Veränderung der Lernenden als Personen, was auch für das Gemeinwesen von zentraler Bedeutung ist. Die Richtung der Änderung muss als Ziel gerechtfertigt werden können. Die Reproduktion von Realität, die ja inhuman sein kann, genügt nicht. Bloßer Aktionismus verkennt den Zusammenhang von Handeln und Denken, „Handlungsorientierung kognitiv aufwerten" (Gagel 1998, 135) ist die Voraussetzung für ihren Beitrag zum problemlösenden Denken. Schließlich wird Handlungsorientierung zum fachdidaktischen Prinzip erst dann, wenn auf der Ebene von Zielen und Inhalten ein Beitrag zum Politikbewusstsein geleistet wird und nicht unpolitischer Politikunterricht mit der Gefahr der Harmonisierung entsteht (Massing 1998, 149 ff.; Weißeno 1998, 223).

Handlungsorientierung als fachdidaktisches Prinzip

2. Politisches Lernen in der Schule oder in Bewegungen?

Das Prinzip „Handlungsorientierung" formuliert Forderungen, die früher für das Lernen in der Aktion bzw. in Bewegungen diskutiert worden sind (Giesecke 1970; van Dick 1986). Die Analyse zeigt komplementäre Lernchancen der unterschiedlichen Lernorte.

2.1 Positive und negative Bedingungen für politisches Lernen in der Schule

Positive strukturelle Voraussetzungen der Schule

Die öffentliche staatliche Schule bietet diese *positiven strukturellen Voraussetzungen* für politische Bildung:

– Es muss nichts verkauft werden, weder für Geld (auf dem Markt) noch für Stimmen (bei der Wahl). Die Notwendigkeit strategischen Handelns ist relativ gering; die Lernenden können sich dem Zwang des zwanglosen Arguments widmen und können sich in

der Auseinandersetzung revidieren. Die Notwendigkeit des Siegens über andere ist nicht gegeben, denn Bildung ist kein Null-Summen-Spiel (hier können alle gewinnen).
– Die heterogene Schülergruppe repräsentiert mit einiger Wahrscheinlichkeit die verhandelten gesellschaftlichen Kontroversen. Das bedeutet: Wir sind uns nicht einig und können das auch nicht unterstellen. Wir müssen uns auch nicht an Vor-Entscheidungen halten (wie als Mitglied einer Gewerkschaft, Partei, Kirche etc.). Die Freiheit von Gruppenloyalitäten gibt dem Probieren freie Räume.

Die Kehrseite derselben Medaille sind diese *strukturellen Schwierigkeiten* des Lernorts Schule: Strukturelle Schwierigkeiten
– Es gibt nichts zu verkaufen, weder für Geld noch für Karriere. Die Gratifikation ist Bildung, also Selbst-Entfaltung und Befähigung zur Verantwortlichkeit. Selbst die Qualifikation der Berufstauglichkeit ist wegen der zeitlichen und räumlichen Distanz abstrakt.
– Es ist alles sehr mühsam: Theoretisch-wissenschaftliche Aufarbeitung geht nicht bruchlos und spontan aus Erfahrungen hervor. Zwar bietet das eigene Leben die Grundlage und den Sinn für die fachliche Beschäftigung, aber Lernen bedarf der didaktischen Übersetzungen und wird auch dann nicht leicht und einfach.
– Neben die Mühsal tritt die Verunsicherung. Die anderen Lernenden (oder die vorgestellten oder gespielten Akteure) haben auch plausible Argumente und Interessen; selten gibt es Lösungen, die kognitiv (wegen ihrer Klarheit und Stringenz) oder emotional (wegen ihrer Zuwendungsqualität) alle gleichermaßen überzeugen.
– Die Handlungsentlastung des Schulunterrichts belässt ihn meist in der Sphäre des Betrachtens, denn die gemeinsame Aktion (die nicht immer den Sieg, aber fast immer das Gruppenerlebnis bringen kann) fehlt meist.

2.2 Die Lernorte Schule und Bewegung zeigen Probleme und Chancen

Hermann Giesecke hat schon 1970 die didaktischen Implikationen von Aktionen der außerparlamentarischen Opposition und die Eignung von Schule für politisches Handeln untersucht und sein Ergebnis in der „unangenehmen Erkenntnis" zusammengefasst, dass die Situation der politischen Aktion eine extrem schlechte Lernsituation ist und dass umgekehrt das didaktisch organisierte Lernfeld eine extrem schlechte politische Handlungssituation ist (vgl. Giesecke 1970, 21).

Probleme politischen Lernens in Lern-Institutionen	Probleme politischen Lernens in Initiativen/Bewegungen
weniger Handlungsorientierung	Perspektive (nur) der eigenen Gruppe
weniger Lebens- und Subjektbezug	Sachkompetenz nicht vorrangig
zu systematisch, zu sach-/gegenstandsorientiert	wenig Anreiz zur Mühe intellektuellen Arbeitens
Langeweile	Kurzatmigkeit

Kooperation der unterschiedlichen Lernorte

Komplementarität der Probleme und Chancen in den unterschiedlichen Lernorten bedeutet didaktisch, dass die Qualität des Lernens in der einen Struktur mit der Qualität des Lernens in der anderen Struktur vermittelt werden müsste. Kein Lernort kann den anderen ersetzen, sondern Kooperation und Kompensation sind nötig. Die Beziehung der Lernorte zueinander kann gefördert werden. So können Initiativen (zum Beispiel mit der Hilfe von Volkshochschulen) ihren Gegenstand systematisieren. Und Schule kann die Erfahrungen und Interessen der Schüler und Schülerinnen aufgreifen, stützen und anregen.

Das Prinzip der Handlungsorientierung verklammert die Ebene des (Probe-)Handelns mit der handlungsentlasteten Ebene der Reflexion, auf der Analysen, Bewertungen, Alternativsichten zur Sache und Meta-Betrachtungen zum Arbeitsprozess und seiner Bedeutung für die Subjekte erfolgen (können).

3. Handlungsorientierung in Unterricht und Schule – Beispiele

3.1 Handlungsorientierter Unterricht

Fachdidaktische Prinzipien verknüpfen die vier Formen des normativen, fachlichen, alltagsweltlichen und professionellen Wissens. Sie formulieren also auch Unterrichtsmethoden als Makrostruktur des Unterrichts (Phasen, Verlauf). Das Prinzip der Handlungsorientierung kann im Unterricht durch ein Projekt oder eine Bürgeraktion konkretisiert werden (vgl. Reinhardt 2012, 105 ff.).

Projekte

Detjen (1994) und Marker (2009) berichten von der Verwandlung ihrer Schulen in einen Staat, was den Lernenden in diesen Projekten die simulierende Erfahrung von Politik und Wirtschaft ermöglichte. Die Politikwerkstatt (Moegling 2011) und das Politik-Projekt (Koopmann 2011) verklammern in überzeugender Weise Handeln, Politik und Reflexion. Das Politik-Projekt artikuliert sich in diesen Phasen: Öffentliches Problem identifizieren und analysieren – Lösungsweg entwickeln – Aktionsplan erstellen – Aktionsplan umsetzen – Evaluieren (S. 281 f.).

Ein Beispiel für die handelnde Verflüssigung von Institutionenkunde ist die aufgabenorientierte Bürgeraktion. Die Aufgabe lautete: „Wir wollen ein Gesetz!" (vgl. Reinhardt 2012, 115 ff.). Auf die Wunschphase folgen die Planungs- und dann die Arbeits- und Aktionsphasen. Im Beispiel entwarf eine 10. Klasse ein Gesetz gegen Ausländerfeindlichkeit, prüfte seine Bedeutung und Akzeptanz durch Recherchen und eine Umfrage und präsentierte den Entwurf politischen Entscheidungsträgern.

3.2 Öffnung der Schule nach innen und nach außen

Das demokratische Handeln innerhalb der Schule ist institutionell in verschiedenen Formen denkbar, die die informellen Möglichkeiten der Mitwirkung im Unterricht oder im Schulleben ergänzen. Viel diskutiert werden der Klassenrat (Brilling 2012), die Schülervertretung (Reinhardt 2012, 56-60) und die demokratische Schulgemeinde, die Just Community (a. a. O.) *Demokratisches Handeln*

In den vergangenen Jahren sind zahlreiche Wege entworfen und erprobt worden, auf denen die Lernenden die Grenze ihrer Schule überschreiten und politisch handelnd mit der Außenwelt interagieren. Dabei ist ein mögliches Feld die Kommune, auf die die Mitwirkung im Jugendparlament (Krüger 2008, Burdewick 2011) oder das Service learning (Sliwka 2007, Koopmann 2007a, b) zielen. Optimal ist die Verklammerung von Handeln und Reflexion dann, wenn Unterricht das Handeln begleitet.

Drei Handlungsformen, die dem Ausprobieren und der Selbstklärung politischer Identität dienen, sind der Wahl-O-Mat der Bundeszentrale (seit 2002, www.bpb.de/lernen), der inzwischen auch Module für den Einsatz im und neben dem Unterricht anbietet; der Wettbewerb „Jugend debattiert" (seit 2002, www.jugend-debattiert.de), in dem Debattanten in der Klasse, der Schule und dem Land / Bund miteinander konkurrieren, und die Juniorwahl (seit 1999, www.juniorwahl.de), die die Simulation der Teilnahme an einer anstehenden Wahl ermöglicht. Beim Wahl-O-Mat positionieren sich *Wahl-O-Mat* die Nutzer vor einer bestimmten Wahl zu einer Reihe von Fragen und bekommen anschließend die Auskunft, welche der konkurrierenden Parteien ihren Auffassungen am nächsten steht. In dem Wettbewerb „Jugend debattiert" treten nach einer Einführung im Unterricht die Teilnehmer(innen) gegeneinander an und debattieren politisch relevante Themen. Bei der Juniorwahl nimmt eine Schule oder ein Teil davon nach vorbereitendem Unterricht an einer simulierten Wahl statt und kann im Anschluss das eigene Ergebnis mit den Ergebnissen im Stadtteil oder übergreifenden Einheiten vergleichen und Unterschiede oder Gemeinsamkeiten interpretieren (zur Lernwirksamkeit vgl. Reinhardt 2013a). Weitere Handlungsformen sind die U 18-Wahlen (www.u18.org) und das forschende Lernen durch Schüler als Wahlaufrufer (Krebs/Szukala 2013).

4. Demokratiepädagogik

BLK-Programm „Demokratie lernen und leben"

In den vergangenen Jahren ist das Handeln der Lernenden in und außerhalb der Schule als „Partizipation" propagiert worden. Das BLK-Programm „Demokratie lernen und leben" (Edelstein/Fauser 2001) hat in vielen Schulen Projekte angestoßen, begleitet und ausgewertet, mit denen die Schule zum Leben in der Demokratie animiert werden sollte. Die kritische Frage an das Programm war, was „Demokratie" bedeutet: Ist das Handeln hauptsächlich (und womöglich nur) das teilnehmende Handeln im sozialen Nahraum oder auch das demokratisch-konflikthafte Mitwirken mit der Hilfe von und in Institutionen von Gesellschaft und Staat? (vgl. Reinhardt 2012, 72-74)

Skepsis gegenüber der Annahme, dass soziales Lernen automatisch auch politisches Lernen bedeutet, ist seit Jahren weithin geäußert worden (vgl. Widmaier 2011; Gerdes/Bittlingmayer 2012). Die didaktische These, dass nahräumliche Konflikte fruchtbare Zugänge zum Politischen eröffnen, diese aber tatsächlich auch begangen werden müssten, lässt sich exemplarisch am Fall Kastanie zeigen (Grammes 2010, Petrik 2010). Das Engagement für konkrete Bäume kann zur politischen Aktion werden, wenn das Handeln auf die kommunale Satzung und nicht ausschließlich auf die Wieder-Begrünung zielt. Meta-Analysen empirischer Daten haben deutlich gezeigt, dass aus sozialem Lernen erst dann politisches Lernen wird, wenn das Handeln politisiert und mit Institutionen verknüpft wird (Reinhardt 2010, 2013b). Überzeugende Beispiele des BLK-Programms stammen aus Bremen, wo z. B. eine Schule das Schicksal eines Asylbewerbers zu ihrer Sache machte: „Ibrahim muss bleiben!" (Stein 2007) In solchen Projekten findet die Demokratiepädagogik zur Didaktik der politischen Bildung und deren fachdidaktisches Prinzip der Handlungsorientierung findet zur Wirklichkeit.

5. Fazit

Handlungsorientierung bedeutet nicht, lediglich spontane Erfahrungen und Bedürfnisse zu nutzen und bloßes Tun oder bloße Spielerei zu inszenieren. Die Planung und Verarbeitung des Handelns durch Distanzierung und Reflexion, also Kognitivierung und Bewertung, machen Handlungsorientierung zu einem fachdidaktischen Prinzip. Dem Prinzip der Handlungsorientierung können die Methoden Projekt und Bürgeraktion als Makrostrukturen des Unterrichts sowie viele einzelne Verfahren und Sozialformen als Mikrostrukturen zugeordnet werden. „Partizipation" ist begrifflich weithin an die Stelle von „Handeln" getreten, was neue Unschärfen schafft. Der Sinn, die Reichweite, die Möglichkeit und die Legitimität sind jeweils im konkreten Fall zu prüfen und zu begründen. Immer ist die Verklammerung von Handeln und Reflexion, also von Leben und Theoretisieren, nötig, damit Lernen als Bildung ermöglicht werden kann.

Literatur

Bertelsmann-Stiftung (Hrsg.) 2007a: Vorbilder bilden – Gesellschaftliches Engagement als Bildungsziel. Gütersloh
Bertelsmann-Stiftung (Hrsg.) 2007b: Kinder- und Jugendbeteiligung in Deutschland. Gütersloh
Breit, Gotthard/Schiele, Siegfried (Hrsg.) 1998: Handlungsorientierung im Politikunterricht. Schwalbach/Ts.
Brilling, Oskar 2012: Partizipation durch Klassenrat. In: Polis, Heft 3, S. 22-27
Burdewick, Ingrid 2011: Politische Partizipation von Kindern und Jugendlichen im Kontext moralischer Entwicklung und politischer Bildung. In: Lösch/Thimmel (Hrsg.), a.a.O., S. 351-364
Detjen, Joachim 1994: Schule als Staat. Didaktische Chancen einer projektorientierten Simulation von Politik und Wirtschaft. In: Gegenwartskunde, Heft 3, S. 359-369
Dick, Lutz van 1986: Aus Bewegungen lernen: Frieden, Ökologie und Dritte Welt. In: Lutz van Dick u.a. (Hrsg.): Ideen für Grüne Bildungspolitik. Weinheim und Basel, S. 193-213

Edelstein, Wolfgang/Fauser, Peter 2001: Demokratie lernen und leben. Gutachten zum Programm der BLK. Bonn
Gagel, Walter 1998: Denken und Handeln. Der Pragmatismus als Diagnosehilfe für Konzepte der Handlungsorientierung im Politikunterricht. In: Breit/Schiele (Hrsg.), a. a. O., S. 128-143
Gerdes, Jürgen/Bittlingmauyer, Uwe H. 2012: Demokratische Partizipation und politische Bildung. In: Kohl, Wiebke/Seibring, Anne (Hrsg.): „Unsichtbares" Politikprogramm? Bonn, S. 26-40
Giesecke, Hermann 1970: Didaktische Probleme des Lernens im Rahmen von politischen Aktionen. In: Giesecke, Hermann u. a.: Politische Aktion und politisches Lernen. München, S. 11-45
Grammes, Tilman 2010: Anforderungen an eine Didaktik der Demokratie. In: Lange/Himmelmann (Hrsg.), a. a. O., S. 201-220
Gudjons, Herbert 1989: Handlungsorientiert lehren und lernen. Projektunterricht und Schüleraktivität. Bad Heilbrunn
Koopmann, Klaus 2007a: Für das Leben lernen – gesellschaftliches Engagement als Bildungsziel der Schule. In: Bertelsmann Stiftung (Hrsg.) 2007a, a. a. O., S. 125-144
Koopmann, F. Klaus 2007b: Bürgerschaftliche Partizipation lernen – eine Herausforderung für die Schule. In: Bertelsmann-Stiftung (Hrsg.) 2007b, a. a. O., S. 143-164
Koopmann, Klaus 2011: Bürgerschaftliche Partizipation lernen in Schule und Kommune. In: Lange (Hrsg.), a. a. O., S. 275-284
Krebs, Oliver/Szukala, Andrea 2013: Schüler als Wahlaufrufer – forschendes Lernen mit Experimenten zum Verhalten von Wählern. In: Gesellschaft – Wirtschaft – Politik, Heft 2, S. 285-297
Krüger, Hans Peter 2008: Politische Partizipation Jugendlicher in der Gemeinde. Frankfurt am Main u. a.
Lange, Dirk/Himmelmann, Gerhard (Hrsg.) 2010: Demokratiedidaktik. Wiesbaden
Lange, Dirk (Hrsg.) 2011: Entgrenzungen. Schwalbach/Ts.
Lösch, Bettina/Thimmel, Andreas (Hrsg.) 2011: Kritische politische Bildung. Bonn
Marker, Michael 2009: Die Schule als Staat. Schwalbach/Ts.
Massing, Peter 1998: Lassen sich durch handlungsorientierten Politikunterricht Einsichten in das Politische gewinnen? In: Breit/Schiele (Hrsg.) 1998, a. a. O., S. 144-160
Moegling, Klaus 2011: Kritische Politikdidaktik und Unterrichtsmethoden. In: Lösch / Thimmel (Hrsg.), a. a. O., S. 367-375
Petrik, Andreas 2010: Am Anfang war die Politik. Anregungen zur sinnstiftenden Verknüpfung von Demokratiepädagogik und kategorialer Politikdidaktik am Beispiel des Falls „Kastanie". In: Lange/Himmelmann (Hrsg.), a. a. O., S. 241-257
Reinhardt, Sibylle 1995: „Handlungsorientierung" als Prinzip im Politikunter-

richt (Sinn, Begriff, Unterrichtspraxis). In: Politisches Lernen, Heft 1-2, S. 42-52. Gekürzt in Breit/Schiele (Hrsg.) 1998, a. a. O., S. 266-277

Reinhardt, Sibylle 2010: Was leistet Demokratie-Lernen für die politische Bildung? (...) Ende einer Illusion und neue Fragen. In: Lange/Himmelmann, a. a. O., S. 125-141

Reinhardt, Sibylle 2012: Politik-Didaktik. Berlin (4. neubearb. Aufl., zuerst 2005)

Reinhardt, Sibylle 2013a: Wirkt die Juniorwahl? In: Gesellschaft – Wirtschaft – Politik, Heft 2, S. 165-172

Reinhardt, Sibylle 2013b: Soziales und politisches Lernen – gegensätzliche oder sich ergänzende Konzepte? In: Bremer, Helmut/Kleemann-Göhring, Mark/ Teiwes-Kügler, Christel/Trumann, Jana (Hrsg.): Politische Bildung zwischen Politisierung, Partizipation und politischem Lernen. München, S. 239-249

Sliwka, Anne 2007: Etwas für andere tun und selbst dabei lernen: Service Learning. In: Bertelsmann Stiftung (Hrsg.) 2007a, a. a. O., S. 191-202

Stein, Hans-Wolfram 2007: Demokratisch handeln in der Schule und „große Politik" – Mission impossible? In: Beutel, Wolfgang/Fauser, Peter (Hrsg.): Demokratiepädagogik. Schwalbach/Ts., S. 171-198

Weber, Max 1964: Wirtschaft und Gesellschaft. Grundriß der verstehenden Soziologie. 1. Halbband. Paragraph 1. Köln, Berlin (zuerst 1921)

Weißeno, Georg 1998: Welche Bedeutung haben Ziele und Inhalte im handlungsorientierten Unterricht? In: Breit/Schiele (Hrsg.), a. a. O., S. 214-225

Widmaier, Benedikt 2011: Mehr Demokratie und mehr Politik wagen. In: Lange (Hrsg.), a. a. O., S. 269-274

Ingo Juchler

Wissenschaftsorientierung

1. Begriffliche Bestimmung

Lehren und Lernen in der Schule beruhten im weiteren Sinne schon immer auf wissenschaftlichen Erkenntnissen. Zu einer dezidiert wissenschaftsorientierten Prägung des Unterrichts kam es in der Bundesrepublik jedoch erst vom Beginn der 1970er-Jahre an. Vorausgegangen waren dieser wissenschaftsorientierten Wende eine Reihe von gesellschaftspolitisch einschneidenden Ereignissen und Analysen: Der sogenannte *Sputnik*-Schock von 1957 verursachte in den Vereinigten Staaten die Furcht, in diesen Zeiten des Kalten Krieges von der Sowjetunion im technologischen Bereich überflügelt zu werden und löste in der Folge eine bisher nicht gekannte Bildungsexpansion an Schulen und Hochschulen aus. Mit zeitlicher Verzögerung geriet auch in der Bundesrepublik die Bildungspolitik in Bewegung, maßgeblich unterstützt durch sozialwissenschaftliche Publikationen von Georg Picht und Ralf Dahrendorf, aber auch durch die studentische Protestbewegung der späten 1960er-Jahre. Picht hatte in seiner Untersuchung zur „deutschen Bildungskatastrophe" insbesondere argumentiert, dass die Bundesrepublik im Vergleich zu anderen Industriestaaten ökonomisch ins Hintertreffen gelangen würde, wenn im Bildungsbereich nicht gegengesteuert würde (vgl. Picht 1964). Dahrendorf war es angesichts frappierender Disparitäten in der Verteilung von Bildungschancen vor allem um Bildung als ein Bürgerrecht zu tun (vgl. Dahrendorf 1965).

Diesen gesellschaftspolitischen Herausforderungen suchte der *Deutsche Bildungsrat* im Jahre 1970 mit einem elaborierten „Strukturplan für das Bildungswesen" Rechnung zu tragen. Zentrales Merkmal von schulischer Bildung sollte hinfort die Wissenschaftsorientierung sein: „Die Bedingungen des Lebens in der modernen Gesellschaft erfordern, dass die Lehr- und Lernprozesse wissenschaftsorientiert sind." Der Begriff der Wissenschaftsorientierung schulischer Lehr- und Lernprozesse bedeute aber nicht, „dass der Unterricht auf wissenschaftliche Tätigkeit oder gar auf Forschung abzielen sollte; es bedeutet auch nicht, dass die Schule unmittelbar die Wissenschaften vermitteln sollte." Vielmehr stehe die Wissenschaftsorientierung in der schulischen Bildung dafür, „dass die Bildungsgegenstände, gleich ob sie dem Bereich der Natur, der Technik, der Sprache, der Politik, der Religion, der Kunst oder der Wirtschaft angehören, in ihrer Bedingtheit und Bestimmtheit durch die Wissenschaften erkannt und entsprechend vermittelt werden." Die Schülerinnen und Schüler sollten im Unterricht in „abgestuften Graden" dazu befähigt werden, „sich eben diese Wissenschaftsbestimmtheit bewusst zu machen und sie kritisch in den eigenen Lebensvollzug aufzunehmen." Dabei sollte die Wissenschaftsorientierung von Lerngegenständen und Lernmethoden im Unterricht ungeachtet der jeweiligen Altersstufe gelten (Deutscher Bildungsrat 1970, 33). Entsprechend geht auch noch heute im Verständnis der Kultusministerkonferenz der Länder beispielsweise für die Schularten und Bildungsgänge in der Sekundarstufe I die Gestaltung des Unterrichts vom Grundsatz „einer allgemeinen Grundbildung, einer individuellen Schwerpunktsetzung und einer leistungsgerechten Förderung" aus, was u. a. angestrebt wird durch „die Sicherung eines Unterrichts, der sich am Erkenntnisstand der Wissenschaft orientiert sowie in Gestaltung und Anforderungen die altersgemäße Verständnisfähigkeit der Schülerinnen und Schüler berücksichtigt" (KMK 2012, 6).

Wissenschaftsorientierung macht deshalb ein Unterrichtsprinzip aus. Wissenschaftsorientierte Lehr- und Lernprozesse sollen sicherstellen, dass die Bildungsgegenstände und die zu deren unterrichtlichen Vermittlung angewandten Methoden an der Maßgabe des jeweils aktuellen wissenschaftlichen Erkenntnisstandes ausgerichtet sind und sachlich adäquat vermittelt werden. Wissenschaftsorientierter Unterricht erfolgt unabhängig von Altersstufen, Schularten und Bildungsgängen. Dessen ungeachtet sind jedoch die jeweiligen lernpsychologischen Voraussetzungen der Schülerinnen und Schüler zu beachten, weshalb wissenschaftsorientierte unterrichtliche Lehr- und Lernprozesse in der Grundschule implizit verlaufen, auf der Sekundarstufe I expliziter werden und auf der gymnasialen Sekundarstufe II als Wissenschaftspropädeutik die Studierfähigkeit der Schülerinnen und Schüler fördern sollen.

2. Wissenschaftsorientierung als didaktisches Prinzip

2.1 Eigenheiten und Verfahren

In der unterrichtlichen Praxis bildet die Wissenschaftsorientierung ein didaktisches Prinzip, das im Unterschied zu anderen wie etwa dem exemplarischen Lernen oder der Handlungsorientierung permanent beachtet werden muss. Allerdings verläuft die Hinführung der Lernenden von ihrem lebensweltlichen Alltagswissen zu einem wissenschaftlich begründeten, sachangemessenen Verständnis von Unterrichtsgegenständen als allmählicher Prozess. Die Schülerinnen und Schüler lernen peu à peu im Hinblick auf einen bestimmten Unterrichtsinhalt subjektives Glauben und Meinen von rational begründeten Argumenten, die für alle nachvollziehbar sind, zu unterscheiden. Dieses Vorgehen findet bereits in der Grundschule Anwendung, in welcher die politische Bildung im Rahmen des Sachunterrichts integrativ unterrichtet wird. In dem Begriff des Sachunterrichts kommt seit den 1970er-Jahren das wissenschaftsorientierte Konzept des Faches zum Ausdruck, welches das zuvor im wissenschaftlichen Sinne meist unkritisch unterrichtete Fach Heimatkunde ablöste (vgl. Kaiser 2010, 20 ff.).

Wissenschaftsorientierung als allmählicher Prozess

Im Sachunterricht wie in der politischen Bildung der anderen Schulstufen bildet die Wissenschaftsorientierung eine steuernde Maßgabe, die angesichts wohlbegründeter didaktischer Reduktionen und schülerorientierter Methoden eine Trivialisierung der Bildungsgegenstände verhindern soll. Gleichwohl meint ein am wissenschaftlichen Erkenntnisstand orientierter Politikunterricht keine Abbild-Didaktik, „die das Schulfach nur als Propädeutik auf das Studium der jeweiligen Wissenschaft missversteht und ihre Aufgabe allein in der Herabtransformierung des jeweiligen Wissensstandes der Universitätsfächer auf die Fassungskraft von Schülern sieht" (Glöckel 2003, 230 f.).

Entdeckendes und forschendes Lernen

Für eine behutsame Entwicklung von Fähigkeiten, die den Schülerinnen und Schülern ein wissenschaftsorientiertes Erschließen und Verstehen von Bildungsgegenständen ermöglicht, eignen sich in besonderer Weise entdeckende Verfahren und forschendes Lernen. Die Schülerinnen und Schüler können sich hierbei durch eigenständiges Untersuchen, Darlegen und Argumentieren diejenigen Kompetenzen aneignen, wodurch sich auf wissenschaftsorientierte Erkenntnisse zielende Verfahren grundsätzlich auszeichnen. Indem die Lernenden ihren jeweiligen Erkenntnisgang für ihre Mitschülerinnen und Mitschüler nachvollziehbar und nachprüfbar argumentativ belegen, verfahren sie entsprechend der in den Wissenschaften angewandten Begründung von (neuen) Erkenntnissen – ohne dass sie dadurch zu „kleinen Wissenschaftlern" werden müssen. Instruktive Ansätze hierfür bieten spielerische und forschende Methoden, Studienreisen und Exkursionen sowie Methoden für komplexe Lernvorhaben wie Projekt, Sozialstudie und Zukunftswerkstatt (vgl. Ziegler/Jung 2010).

Für die Wissenschaftsbestimmtheit des politischen Unterrichts lassen sich weiterhin einige Spezifika ausmachen, an welchen sich politische Lehr- und Lernprozesse in besonderer Weise ausrichten können. Diese politikdidaktischen Eigenheiten sind zwar auch in anderen Fachdidaktiken und in der allgemeinen Didaktik von Belang. Für die Planung und Durchführung wissenschaftsorientierter politischer Lehr- und Lernprozesse sind sie jedoch unabdingbar: Die Wissenschaftsorientierung der politischen Bildung wird durch die Interdisziplinarität des Schulfaches konstituiert, durch multiperspektivisches Arbeiten geprägt und intendiert die Befähigung der Schülerinnen und Schüler zu kritischem Denken.

Spezifika des politischen Unterrichts

2.2 Interdisziplinarität

Die erste Eigenheit, welche bei der Wissenschaftsorientierung in der politischen Bildung von besonderer Relevanz ist, rührt von dem Charakteristikum des Schulfaches als Integrationsfach her. Im Unterschied zu anderen Schulfächern wie etwa Deutsch, Mathematik oder Biologie sieht sich die politische Bildung nicht auf eine wissenschaftliche Bezugsdisziplin allein verwiesen. Zwar hat die Politikwissenschaft im „Ensemble der Bezugswissenschaften eine hervorgehobene Stellung" inne (Massing 2007, 32). Doch sind für das Integrationsfach auch weitere wissenschaftliche Bezugsdisziplinen, namentlich die Soziologie, Wirtschaftswissenschaften, Rechtswissenschaft und Geschichte, von Bedeutung: In der politischen Bildung ist von einem weiten Politikbegriff auszugehen, der auch ökonomische Prozesse, geschichtliche Bedingtheiten sowie rechtliche, gesellschaftliche und ökologische Themen mit einbezieht (vgl. GPJE 2004, 9f.).

Politische Bildung als Integrationsfach

Zu den Inhaltsfeldern der politischen Bildung, auf welche der wissenschaftsorientierte Politikunterricht abstellen muss, zählen neben Themen der Ökonomie, Geschichte, Recht und Gesellschaft aber auch inhaltliche Bereiche, die selbst nur interdisziplinär zu erschließen sind wie etwa ökologische Fragen und Umweltpolitik oder die Thematik der Entwicklungsländer (vgl. Juchler 2007, 147 f.). Darüber hinaus wird das Politische auch in belletristischer Literatur, der bildenden Kunst, in Film und Theater reflektiert. Hier lassen sich gleichfalls fruchtbare Lernanlässe für den Politikunterricht generieren, welche einen wissenschaftsorientierten Blick über den disziplinären Tellerrand erforderlich machen.

2.3 Multiperspektivität

Wissenschaftsorientiertes Arbeiten in der politischen Bildung erfordert von den Lehrkräften zunächst – wie in den anderen Schulfächern auch – die multiperspektivische Strukturierung des Unterrichts im Hinblick auf die unterschiedlichen wissenschaftlichen Auffassungen bezüglich der unterrichtlich zu behandelnden Bildungsgegenstände. Darüber hinaus werden die Unterrichtsinhalte des Schulfaches politische Bildung in aller Regel auch in der politischen Öffentlichkeit kontrovers diskutiert, da sich Demokratien durch das Vorhandensein einer Pluralität von politischen Haltungen und Meinungen auszeichnen. Der Mensch ist in seiner Existenz bedingt durch das „Faktum der Pluralität", nämlich durch die Tatsache, so Hannah Arendt, „dass nicht ein Mensch, sondern viele Menschen auf der Erde leben und die Welt bevölkern" (Arendt 2001, 17 und 279). Diese anthropologische Grundbedingung stellt mithin auch die Voraussetzung für das Vorhandensein eines öffentlichen politischen Raumes dar, in welchem die unterschiedlichen politischen Meinungen aufeinandertreffen können.

„Faktum der Pluralität"

In der politischen Bildung wird diesem „Faktum der Pluralität" durch den Beutelsbacher Konsens Rechnung getragen – was in Wissenschaft und Politik kontrovers diskutiert wird, muss auch im Politikunterricht kontrovers behandelt werden. Diesem Anspruch können Lehrende bisweilen allerdings nur mit erheblichem Aufwand gerecht werden. So lässt sich beispielsweise für den Irakkrieg der Vereinigten Staaten und ihrer Verbündeten (2003) im deutschsprachigen Raum nur sehr schwer Unterrichtsmaterial finden, in welchem eine diesen Krieg unterstützende Position auszumachen ist. Gerade in solchen Situationen, in denen sich die Auswahl von verschiedenen respektive kontrastiven Bildungsgegenständen schwierig gestaltet, ist angesichts des didaktischen Prinzips der Wissenschaftsorientierung für eine sachangemessene Auseinandersetzung der

Anspruch an Unterrichtsgestaltung

Schülerinnen und Schüler mit dieser politischen Thematik eine multiperspektivisch gestaltete Strukturierung der Unterrichtsinhalte vonnöten.

2.4 Kritisches Denken

Die Wissenschaftsorientierung erfordert von den Schülerinnen und Schülern, dass sie bei ihrem Erkenntnisgang unterschiedliche politische Meinungen, Perspektiven und Ausrichtungen rezipieren und sich mit diesen als Bildungsgegenständen kritisch auseinandersetzen, um schließlich zu einem eigenständigen politischen Urteil über die jeweils in Frage stehende politische Thematik zu gelangen. Der semantische Gehalt des aus dem Griechischen stammenden Terminus Kritik meint gerade diese Fähigkeit: „Kunst der Beurteilung". Politische Urteilsfähigkeit

Da die politische Urteilsfähigkeit – ungeachtet unterschiedlicher Konzeptionalisierungen derselben in der politischen Bildung (vgl. Massing 1997 und Juchler 2012) – allgemein als übergeordnetes Ziel politischer Bildungsbemühungen in der Schule gilt, sind für die wissenschaftsorientierte Aneignung von Kenntnissen und Fertigkeiten im Politikunterricht Ausführungen von Hannah Arendt zum kritischen Denken instruktiv: „Kritisches Denken ist nur möglich, wo die Standpunkte aller andern sich überprüfen lassen. Kritisches Denken also isoliert sich nicht von ‚allen anderen', auch wenn es noch immer ein ‚einsames' Geschäft ist. Um zu verdeutlichen: Kritisches Denken spielt sich nach wie vor in der Einsamkeit ab; doch durch die Einbildungskraft macht es die anderen gegenwärtig und bewegt sich damit in einem Raum, der potentiell öffentlich, nach allen Seiten offen ist. Kritisches Denken nimmt, mit anderen Worten, die Position von Kants Weltbürger ein." (Arendt 1998, 60)

Arendt verdeutlicht, dass das kritische Denken zwar durch Reflexion jedes Menschen „in der Einsamkeit" zu vollziehen ist. Gleichwohl bedarf es hierzu einer pluralen Vielfalt von politischen Meinungen und Standpunkten anderer Menschen, die sich nachvollziehen und überprüfen lassen müssen. Erst nach Berücksichtigung und kritischer Abwägung dieser anderen Standpunkte sollten Schülerinnen und Schüler ihr eigenständiges politisches Urteil fassen und dieses argumentativ gegenüber anderen Menschen vertreten können. Die politische Urteilsfähigkeit muss sich schließlich in der politischen Öffentlichkeit bewähren, indem die Schülerinnen und Schüler – dann als Bürgerinnen und Bürger – die jeweils in Rede stehenden politischen Debatten reflektieren und gegebenenfalls daran auch partizipieren können. Zu dieser reflektierten Auseinandersetzung mit Gegenständen des Politischen gehört nicht allein die Rezeption von politischen Sachverhalten, sondern insbesondere auch das ideologiekritische Hinterfragen von Meinungen, Interessen und Machtverhältnissen, was im wissenschaftsorientierten Politikunterricht geübt werden kann.

3. Wissenschaftspropädeutik

Von der Wissenschaftsorientierung im politischen Unterricht aller Schularten und Schulstufen ist die Wissenschaftspropädeutik für die Sekundarstufe II zu differenzieren. Im Unterschied zur Wissenschaftsorientierung, die einen am wissenschaftlichen Erkenntnisstand ausgerichteten Umgang mit Bildungsgegenständen im Politikunterricht intendiert, zielt die Wissenschaftspropädeutik in der gymnasialen Oberstufe auf die Studierfähigkeit der Schülerinnen und Schüler. Dabei ist die wissenschaftspropädeutische Orientierung in der Sekundarstufe II auf fachspezifische Kenntnisse und methodische Fähigkeiten der Lernenden angewiesen, welche bereits in den vorangegangenen Schulstufen grundgelegt wurden. Die selbstständige Planung der Recherche eines politischen Untersuchungsgegenstandes, die eigenständige Informationsbeschaffung über diesen Gegenstand aus unterschiedlichen Quellen und die mehrperspektivische Auseinandersetzung mit demselben sowie die Präsentation des Untersuchungsergebnisses mit Unterstützung durch unterschiedliche Medien sollten bereits in der Sekundarstufe I auf niedrigerem Niveau geübt worden sein. In der gymnasialen Oberstufe können die Arbeitstechniken der wissenschaftsadäquaten Recherche in Zeitungen, Zeitschriften und Fachbüchern sowie im Internet, der Umgang mit unterschiedlichen Materialien wie verschiedenen Textsorten, Statistiken, Grafiken, Karikaturen, Bildern und Filmen und die Vorstellung der jeweiligen Untersuchungsergebnisse durch Portfolios, Facharbeiten, mediengestützte Referate etc. eine Steigerung des Komplexitätsgrades sowie der inhaltlichen Tiefe der jeweiligen Arbeitsschritte erfahren. In diesem Zusammenhang lernen die Schülerinnen und Schüler hermeneutische und empirische Heuristiken sowie deduktive und induktive Vorgehensweisen kennen und anzuwenden. So erarbeiten sie sich heuristische Fähigkeiten, an welche sie im universitären Studium anschließen können.

Vorbereitung auf Studierfähigkeit

Die der Sekundarstufe II angemessene wissenschaftspropädeutische Ausrichtung steht nicht im Widerspruch oder in Konkurrenz zu anderen didaktischen Prinzipien wie etwa der Handlungsorientierung (vgl. Moegling 2006). Doch kommt der Vorbereitung der Schülerinnen und Schüler auf studiumsrelevante Kenntnisse und Fähigkeiten im Politikunterricht in der Sekundarstufe II eine besondere Bedeutung zu, wobei das Schulfach politische Bildung – wie die anderen Schulfächer auch – eine ordnende Funktion ausübt, indem es „Ziele, Voraussetzungen und Realisierungsmöglichkeiten der pädagogischen Praxis in der Schule" bündelt: „Die Erschließung neuer Möglichkeiten zur (wissenschaftlichen) Erkenntnisgewinnung erfolgt mithin über die Übernahme einer Fachperspektive, die sich aus der je spezifischen Auswahl von Gegenständen, Fragestellungen, Methoden und paradigmatischen Problemlösungen eines Schulfachs sowie den darin verwendeten Begriffen und Kategorien konstituiert." (Hahn 2008, 160f.) Im Politikunterricht sind für diese wissenschaftspropädeutische Fachperspektive insbesondere die didaktischen Momente der Interdisziplinarität, Multiperspektivität und des kritischen Denkens von Relevanz.

Literatur

Arendt, Hannah 1998: Das Urteilen. Texte zu Kants Politischer Philosophie. Herausgegeben von Ronald Beiner. München/Zürich

Arendt, Hannah 2001: Vita activa oder Vom tätigen Leben. 12. Aufl., München/Zürich

Dahrendorf, Ralf 1965: Bildung ist Bürgerrecht. Plädoyer für eine aktive Bildungspolitik. Hamburg

Deutscher Bildungsrat 1970: Strukturplan für das Bildungswesen. Stuttgart

Glöckel, Hans 2003: Vom Unterricht. Lehrbuch der Allgemeinen Didaktik. 4. Aufl., Bad Heilbrunn

GPJE (Hrsg.) 2004: Nationale Bildungsstandards für den Fachunterricht in der Politischen Bildung an Schulen. Ein Entwurf. Schwalbach/Ts.

Hahn, Stefan 2008: Wissenschaftspropädeutik: Der „kompetente" Umgang mit Fachperspektiven. In: Keuffer, Josef/Kublitz-Kramer, Maria (Hrsg.): Was braucht die Oberstufe? Diagnose, Förderung und selbstständiges Lernen. Weinheim/Basel, S. 157-168

Juchler, Ingo 2007: Inhaltsfelder. In: Weißeno, Georg et al. (Hrsg.): Wörterbuch Politische Bildung. Schwalbach/Ts., S. 147-155

Juchler, Ingo 2012: Politisches Urteilen. In: Zeitschrift für Didaktik der Gesellschaftswissenschaften, 2/2012, S. 10-27

Kaiser, Astrid 2010: Neue Einführung in die Didaktik des Sachunterrichts. 3. Aufl., Baltmannsweiler

KMK 2012: Vereinbarung über die Schularten und Bildungsgänge im Sekundarbereich I. (Beschluss der Kultusministerkonferenz vom 3.12.1993 i. d. F. vom 4.10.2012) In: http://www.kmk.org/fileadmin/veroeffentlichungen_beschluesse/1993/1993_12_03-VB-Sek-I.pdf, 21.1.2013

Massing, Peter 1997: Kategorien politischen Urteilens und Wege zur politischen Urteilsbildung. In: Massing, Peter/Weißeno, Georg (Hrsg.): Politische Urteilsbildung. Zentrale Aufgabe für den Politikunterricht. Schwalbach/Ts., S. 115-131

Massing, Peter 2007: Bezugswissenschaften. In: Weißeno, Georg et al. (Hrsg.): Wörterbuch Politische Bildung. Schwalbach/Ts., S. 30-38

Moegling, Klaus 2006: Politik unterrichten in der Sekundarstufe II. Handlungsorientierung versus Wissenschaftspropädeutik. Schwalbach/Ts.

Picht, Georg 1964: Die deutsche Bildungskatastrophe. Analyse und Dokumentation. Olten/Freiburg

Ziegler, Béatrice/Jung, Michael 2010): Politik erforschen. In: Lange, Dirk/Reinhardt, Volker (Hrsg.): Basiswissen Politische Bildung. Handbuch für den sozialwissenschaftlichen Unterricht. Bd. 2: Strategien der Politischen Bildung. Baltmannsweiler, S. 72-84

V.
Inhaltsbezogene Aufgabenfelder

Peter Massing

Institutionenkundliches Lernen

In der Politikdidaktik finden sich in den letzten Jahren zunehmend Versuche, „institutionenkundliches Lernen" neu zu konzipieren (Claußen 1988; Deichmann 1979, 1996, 1999; Gagel 1989; Sutor 1990; Sarcinelli 1991; Grammes 1994; Massing 1999, 2010). Dabei besteht weitgehend Übereinstimmung darüber, dass eine politische Bildung, die gesellschaftliche und politische Institutionen ausblendet, die politische Wirklichkeit verfehlt.

Die Behandlung von Institutionen im Politikunterricht ist jedoch nicht einfach. Institutionen sind vom unmittelbaren Erfahrungsbereich der Schülerinnen und Schüler weit entfernt und die Distanz von Jugendlichen zu den traditionellen politischen Institutionen scheint in den letzten Jahren größer geworden zu sein (u. a. Rijke 2006).

Distanz von Jugendlichen zu traditionellen politischen Institutionen

Die Frage, wie es dennoch gelingen kann, „institutionenkundliches Lernen" zum Zwecke der politischen Bildung in den Politikunterricht zu integrieren, erfordert eine Antwort auf zwei Ebenen. Auf der Ebene der Inhalte ist zu klären, was politische und gesellschaftliche Institutionen sind und welche Anforderungen sich daraus für institutionenkundliches Lernen ableiten lassen. Auf der Ebene der Organisation des Lernprozesses sind Wege der didaktischen Erschließung aufzuzeigen, die die Zusammenhänge lebensweltlicher Subjektivität und politisch institutioneller Objektivität aufklären, transparent machen und miteinander vermitteln (vgl. Sarcinelli 1991, 50).

1. Zum Begriff der „Institution"

Die Frage, was unter politischen und gesellschaftlichen Institutionen zu verstehen ist, erfordert einen Blick auf die Fachwissenschaften. In den Sozialwissenschaften werden, ohne Anspruch auf Vollständigkeit, Institutionen auf mehreren Ebenen unterschieden:

Ebenen der Institutionen

Politische Institutionen: Regierung (Staatsoberhaupt, Kabinett, Ministerien), Parlament, Verwaltung, Gerichte, föderative und kommunale Einrichtungen.

Gesellschaftlich-politische Institutionen: Parteien, Verbände, Mas-

senmedien, zivilgesellschaftliche Organisationen (z. B. Freiwilligenorganisationen, Selbsthilfegruppen, Bürgerinitiativen), Vereine usw.
Historisch-kulturelle Institutionen: Gedenkstätten, Museen, Ausstellungen, Geschichtswerkstätten, Theater usw.
Bildungs- und Wissenschaftsinstitutionen: Schulen, Universitäten, Fachhochschulen, Bibliotheken usw.
Ökonomische Institutionen: Unternehmen, Wirtschaftsinstitute, Agentur für Arbeit usw. (Massing 2010, 227).

2. Anforderungen an institutionenkundliches Lernen

2.1 Institutionenkundliches Lernen im Politikunterricht hat die Aufgabe, Schülerinnen und Schülern zu verdeutlichen, dass Institutionen Sinn konstituieren, dass sie in einer Idee gründen und dass die faktische Ausgestaltung und das Agieren einer Institution an ihrer Idee gemessen werden kann (Gagel 1989, 83). Die Frage nach dem Sinn von Institutionen ist für den Politikunterricht entscheidend. Dies bedeutet nicht, dass Fragen nach dem Aufbau und nach der Funktion der Institutionen vernachlässigt werden sollen. Im Gegenteil, durch sie hindurch wird die Sinnfrage erst möglich. Aber bis zu ihr, als der wichtigsten Frage einer wirklich politischen Institutionenkunde, muss der Unterricht vordringen (vgl. Sutor 1990, 325).

<small>Sinn der Institution erfragen</small>

2.2 Politikunterricht muss vermitteln, dass Institutionen immer von Menschen gemacht sind und deshalb auch neu von ihnen gemacht werden können. Institutionen dienen der Interessenbefriedigung und der Interessendurchsetzung. Institutionen lassen sich also unter dem Gesichtspunkt von Interessen analysieren (Greven 1983, 519). Die Herstellung von Institutionen, der Prozess der Institutionalisierung dient der Interessendurchsetzung. Dies ist in der Regel ein konflikthafter Prozess, in dem Macht und Herrschaft eingesetzt werden. Institutionen haben also neben dem Interessenaspekt immer auch einen Macht- oder Herrschaftsaspekt. Institutionenkundliches Lernen im Politikunterricht muss daher auch den Interessen- und Herrschaftscharakter von Institutionen in den Blick nehmen. Erst dann ist die Frage berechtigt und sinnvoll, „ob und wo und warum vorhandene Institutionen nicht mehr ausreichen, reformiert, weiterentwickelt, durch neue ergänzt werden müssen" (Sutor 1990, 326).

<small>Interessen- und Herrschaftscharakter beleuchten</small>

2.3 In der neueren politikwissenschaftlichen Diskussion werden politische Institutionen (polity), politische Prozesse (politics) und

Politikinhalte (policies) als korrespondierende Konzepte begriffen. Institutionenkundliches Lernen lässt sich nur rechtfertigen, wenn es gelingt, auch im Unterricht die politischen Institutionen als Teil der polity-Dimension in Beziehung zu setzen zu den politischen Prozessen (politics) und zu den Politikinhalten (policies) (Gagel 1989, 390; Deichmann 1999, 239).

<small>Verbindung mit politischen Prozessen und Politikinhalten</small>

Zusammenfassend lassen sich drei Anforderungen an „institutionenkundliches Lernen" im Politikunterricht formulieren:
- Institutionenkundliches Lernen muss nach dem Sinn von Institutionen fragen. „Wenn wir nicht wissen, was Institutionen geistig zusammenhält, wissen wir nichts über sie" (Bernd Guggenberger).
- Institutionenkundliches Lernen muss nach dem Interessen- und Herrschaftscharakter von Institutionen fragen. Dies ist die Grundlage jeglicher Institutionenkritik.
- Institutionenkundliches Lernen muss politische Institutionen in Zusammenhang mit politischen Prozessen und Politikinhalten beschreiben und analysieren. Nur so lässt sich die Komplexität politischer Wirklichkeit angemessen erfassen und vermitteln.

Damit ist jedoch das eigentliche politikdidaktische Problem „institutionenkundlichen Lernens" noch nicht angesprochen. Institutionen sind und bleiben in der Regel abstrakt und alltagsfern. Sie lassen sich nicht unvermittelt in die kognitive Struktur junger Menschen integrieren. „Deshalb wird es für die politische Bildung darauf ankommen, Wege aufzuzeigen, wie die Zusammenhänge lebensweltlicher Subjektivität und politisch-institutioneller Objektivität aufgeklärt und transparent gemacht werden können" (Sarcinelli 1991, 50).

3. Prinzipien didaktischer Erschließung

Vier miteinander verknüpfte Prinzipien didaktischer Erschließung bieten sich dabei an: Erfahrungsorientierung, Problemorientierung, Binnenorientierung und Handlungsorientierung.

Erfahrungsorientierung: Dieses Prinzip hat zum Ziel, Lernprozesse zu initiieren, die eine Brücke schlagen zwischen Alltagswelt und Politik (Gagel 1989). Dabei sind zwei prinzipiell unterschiedliche Zugangsweisen vorstellbar: eine subjektbezogene und eine objektbezogene.

<small>Erfahrungsorientierung als Brücke zwischen Alltag und Politik</small>

Beim subjektbezogenen Zugang knüpft der Unterricht unmittelbar an den Alltagserfahrungen der Jugendlichen an, hebt diese ins Bewusstsein und versetzt dann die Schülerinnen und Schüler in eine aufgabenhaltige Situation im Zusammenhang mit gesellschaftlichen und/oder politischen Institutionen. Der Brückenschlag von der „Mikro- zur Makrowelt" erfolgt also im Wesentlichen über Institutionen (Grammes 1995).

Der objektbezogene Zugang geht den umgekehrten Weg. Er setzt auf der Ebene der zentralen politischen Institutionen an. Die didaktische Aufgabe besteht darin, die Bedeutung politischer Institutionen für die Lebenswelt in den Erfahrungshorizont der Schülerinnen und Schüler hereinzuholen, ihnen ihre „Betroffenheit" durch Institutionen bewusst zu machen und sie dazu zu befähigen, politische Institutionen trotz Abstraktheit und Ferne zu „verstehen" (Deichmann 1999, 233).

Problemorientierung durch Analyse politischer Kontroversen	*Problemorientierung:* Institutionen können nicht an sich Gegenstand des Politikunterrichts sein. Damit aus ihnen ein Bildungsinhalt wird, bedarf es eines politischen Problems. Ein problemorientierter Zugang lässt sich über die Analyse wichtiger politischer Kontroversen gewinnen. Dabei können exemplarisch anhand politischer Entscheidungsprozesse Strukturen und Funktionen politischer Institutionen erschlossen, die Frage nach ihrem Sinn, nach ihrem Interessen- und Herrschaftsgehalt beantwortet sowie die Verknüpfungen, Vernetzungen und Abhängigkeiten der Institutionen von den prozessualen und inhaltlichen Dimensionen des Politischen analysiert werden. Problemorientierung lässt sich dabei sowohl aus der Perspektive der politisch Handelnden, als auch aus der Perspektive der von Politik Betroffenen verstehen.
Binnenorientierung durch Fallbeispiele und Simulationen	*Binnenorientierung:* Damit ist ein Zugang zu den Institutionen gemeint, der vor allem über die Akteursperspektive führt und in dessen Mittelpunkt die Auseinandersetzung mit deren Handeln sowie die Analyse ihrer Einstellungen, Interessen und Motive im Spannungsfeld von Handlungsspielräumen und institutionellen Zwängen steht. Schülerinnen und Schüler können damit u. a. über direkte Begegnungen, über Fallbeispiele oder über simulative Methoden in Kontakt gebracht werden (vgl. Grammes 1994, 183).
Handlungsorientierung: die institutionelle Praxis durch schüleraktivierende Methoden erschließen	*Handlungsorientierung:* Dieses Prinzip beinhaltet in Bezug auf die Institutionen eine Reihe von Aspekten. Inhaltlich meint Handlungsorientierung die institutionelle Praxis, das Handeln der Institutionen und das Handeln in den Institutionen. Als Ziel politischer Bildung heißt Handlungsorientierung die Fähigkeit von Schülerinnen und Schülern, sich die Institutionen selbst zu erschließen und drittens

bedeutet Handlungsorientierung den Einsatz schüleraktivierender Methoden. Abschließend lässt sich festhalten: Institutionenfrei ist Politikunterricht nicht zu haben. Politikunterricht, der Verständnis für Politik wecken und Einsichten in politische Zusammenhänge ermöglichen will, kann dies nur über die Einbeziehung und ausdrückliche Thematisierung von gesellschaftlichen und politischen Institutionen. Institutionenkundliches Lernen verlangt die Anstrengung des Begriffs, die Analyse, die kategoriale Durchdringung, die Abstraktion und nicht zuletzt die methodische Vielfalt.

4. Ein Beispiel: Das Bundesverfassungsgericht

Diese Überlegungen sollen kurz am Beispiel des Bundesverfassungsgerichts verdeutlicht werden. Damit gerät eine zentrale Institution unseres politischen Systems in den Blick, die häufig Gegenstand politischer Kontroversen ist und die auch von daher für den Politikunterricht interessant ist.

Bundesverfassungsgericht als Institution politischer Kontroversen

In der Institution Bundesverfassungsgericht konkretisiert sich im Wesentlichen die Idee des Grundrechtestaats. Damit ist gemeint, dass der Einzelne gegenüber dem Staat natürliche, d. h. vorstaatliche Rechte, insbesondere Freiheitsrechte besitzt, in die der Staat nicht oder nur unter genau beschriebenen Bedingungen eingreifen darf. Grundrechte sind Rechte, die nicht vom Staat erteilt werden, sondern die dem Staat selbst noch zugrunde liegen. Sie stecken einen gesellschaftlichen Teilbereich ab, innerhalb dessen jede staatliche Tätigkeit unter dem „Vorbehalt des Gesetzes" steht. Darüber hinaus wird dem Gesetzgeber selbst verboten, Gesetze zu erlassen, die den Wesensgehalt dieser Grundrechte antasten. Die Verwirklichung der Idee eines Grundrechtestaats erfordert eine Institution wie die des Bundesverfassungsgerichts, das allein die Kompetenz besitzt, darüber zu entscheiden, ob die in der Verfassung gesetzten Grenzen eingehalten werden.

Idee eines Grundrechtestaats

Für die Behandlung des Bundesverfassungsgerichts im Politikunterricht ist es daher grundlegend, neben Struktur und Funktion des Verfassungsgerichts diese Idee zu klären, ihre theoretischen Wurzeln und ihre historischen Voraussetzungen, durch die die Verfassungsgerichtsbarkeit „in reinster Form und in umfassender Weise in einer westlichen Demokratie verwirklicht ist" (Laufer).

Frage nach Verhältnis von Recht und Politik	Der Herrschafts- und Interessencharakter des Bundesverfassungsgerichts spiegelt sich auf einer allgemeinen Ebene in der Frage nach dem Verhältnis von Recht und Politik. Sind damit zwei prinzipiell (in ihrem Wesen) verschiedene Handlungssysteme gemeint, oder ist Recht nichts anderes als geronnene Politik? Wird durch den Versuch jeder politisch wirksamen Macht, ihre politischen und gesellschaftlichen Vorstellungen in geltendes Recht umzugießen, Recht zum Zweck und zum Produkt von Politik? Ist jede Rechtsordnung auch Ausdruck gesellschaftlicher Macht- und Herrschaftsverhältnisse sowie bestimmter Interessen und Werte? Inwieweit enthüllt sich in der Verfassungsgerichtsbarkeit, die den Aufbau des Staates berührt und den politischen Prozess in erheblichem Ausmaß kraft letztinstanzlicher Entscheidung reguliert, der grundsätzlich politische Charakter des Rechts?

Auf der konkreten Ebene lässt sich jede Entscheidung des Bundesverfassungsgerichts danach befragen, welche Interessen darin stärker, welche weniger stark und welche überhaupt nicht berücksichtigt sind, oder welche Konsequenzen die jeweilige Entscheidung für die Machtverteilung in der Gesellschaft hat. So führte z. B. das Urteil des BVG über Auslandseinsätze der Bundeswehr oder die Urteile zur „Eurokrise" zu einem Machtgewinn des Parlaments.

Am Beispiel dieser Institution kann auch die Komplexität des Politischen im Spannungsverhältnis der Dimensionen „polity, politics, policy" verdeutlicht werden. Zum einen beeinflusst das BVG als „Akteur" den politischen Willensbildungs- und Entscheidungsprozess, zum anderen stellt sich die Frage, welche Konsequenzen die zunehmende Auflösung politischer Beziehungen in Rechtsbeziehungen und die Verlagerung parlamentarisch vermittelter Entscheidungen auf das Bundesverfassungsgericht für den politischen Prozess hat.

Anwendbarkeit der vier Prinzipien didaktischer Erschließung	Die vier Prinzipien didaktischer Erschließung können am Beispiel des Bundesverfassungsgerichts ebenfalls angewendet werden. Versucht der Politikunterricht die Institution und ihr Handeln über ihre jeweiligen Entscheidungen zu erschließen, so lassen sich allein in jüngster Zeit an den Urteilen zum § 218, zu den Auslandseinsätzen der Bundeswehr, zur Kruzifixpflicht in bayerischen Schulen oder zum NPD-Verbot Erfahrungsorientierung und Problemorientierung miteinander verknüpfen. Aus der Analyse der jeweiligen Urteile und ihrer Begründungen, aus dem Vergleich der Mehrheitsentscheidung mit den Minderheitsvoten sowie aus der Konfrontation mit der besonderen Methode der Entscheidungsfindung ergibt sich eine Bin-

nenorientierung, in deren Mittelpunkt das Handeln der Akteure (Richter) steht, ihre Spielräume und ihre Grenzen zwischen Recht und Politik. Die Binnenorientierung eröffnet gleichzeitig die Möglichkeit der Handlungsorientierung im Unterricht etwa über Rollenspiele oder Planspiele, in deren Mittelpunkt z. B. der Prozess der Entscheidungsfindung des Gerichts steht.

Literatur

Claußen, Bernhard 1988: Institutionenkundliche Aspekte sozialen und politischen Lernens. Reflexionen zum subjektiven Faktor in herrschaftskritischer Absicht. In: Luthardt, Wolfgang/Waschkuhn, Arno (Hrsg.): Politik und Repräsentation. Marburg 1988, S. 79 105
Deichmann, Carl 1979: Politische Institutionen und Bürgeralltag. In: Gegenwartskunde SH, S. 105-136
Deichmann, Carl 1996: Mehrdimensionale Institutionenkunde in der politischen Bildung. Schwalbach/Ts.
Deichmann, Carl 1999: Institutionenkunde. In: Mickel, Wolfgang (Hrsg.): Handbuch zur politischen Bildung. Bonn, S. 231-236
Gagel, Walter 1989: Renaissance der Institutionenkunde? Didaktische Ansätze zur Integration von Institutionenkundlichem in den politischen Unterricht. In: Gegenwartskunde, H. 3, S. 387-418
Grammes, Tilman 1994: Institutionenbewusstsein und Institutionendidaktik, Willensbildungsprozesse in Institutionen und ihre Erscheinungsformen in Alltagsbewusstsein und Schule. In: Sarcinelli, Ulrich (Hrsg.): Öffentlichkeitsarbeit des Parlaments, Politikvermittlung zwischen Public Relations und Parlamentsdidaktik. Baden-Baden, S. 170-192
Grammes, Tilman 1995: Brücken von der Mikro- zur Makrowelt. In: Massing/Weißeno, a. a. O., S. 133-159
Greven, Michael Th. 1983: Institutionelle Aspekte. In: Hartwich, Hans-Hermann (Hrsg.): Gesellschaftliche Probleme als Anstoß und Folge von Politik. Opladen, S. 510-525
Massing, Peter 1995: Wege zum Politischen. In: Massing/Weißeno, a. a. O., S. 61-98
Massing, Peter/Weißeno, Georg (Hrsg.) 1995: Politik als Kern politischer Bildung. Wege zur Überwindung unpolitischen Politikunterrichts. Opladen
Massing, Peter 1999: Institutionenkunde. In: Weißeno, Georg/Richter Dagmar (Hrsg.): Lexikon der politischen Bildung, Bd. 1. Didaktik und Schule. Schwalbach/Ts., S. 111-114
Massing, Peter 2010: Institutionen, In: Besand, Anja/Sander Wolfgang (Hrsg.): Handbuch Medien in der politischen Bildung, Schwalbach/Ts., S. 225-235

Rijke, Johann de/Gaiser, Wolfgang/Gille, Martina 2006: Wandel der Einstellungen junger Menschen zur Demokratie in West- und Ostdeutschland – Ideal, Zufriedenheit, Kritik. In: Diskurs Kindheits- und Jugendforschung, H. 3, S. 235-352

Sarcinelli, Ulrich 1991: Politische Institutionen, Politikwissenschaft und politische Bildung. Überlegungen zu einem „aufgeklärten Institutionalismus". In: Aus Politik und Zeitgeschichte, Bd. 50, S. 41-53

Sutor, Bernhard 1990: Institutionen und politische Ethik: über den Zusammenhang zweier vernachlässigter Aufgaben politischer Bildung. In: Mols, Manfred u. a. (Hrsg.): Normative und institutionelle Ordnungsprobleme des modernen Staates. Festschrift zum 65. Geburtstag von Manfred Hättich. Paderborn/München/Wien/Zürich, S. 311-327

Weißeno, Georg 1995: Welche Wege zum Politischen werden Referendaren in der Ausbildung vermittelt? In: Massing/Weißeno, S. 27-60

Heinrich Oberreuter
Rechtserziehung

Einleitung

In jedem menschlichen Zusammenleben, jeder Gesellschaft und jedem politischen System gibt es Vorstellungen darüber, was recht und unrecht ist. Danach bestimmen sich Verhaltensweisen und Regeln des Zusammenlebens, die allgemein akzeptiert, erforderlich und zumutbar erscheinen. Nach so unterschiedlichen Denkern wie Hobbes und Kant schuldet das Individuum dem sozialen Verband, dem es zugehört, jenes Verhalten, das es auch sich selbst gegenüber erwartet. Die Idee eines verbindlichen Normenkonsensus, auf welchen sich letztlich auch die politisch-soziale Ordnung stützt, steht im politischen Denken in unauflösbarem Zusammenhang zur Vergesellschaftung des Individuums überhaupt. Für das, was recht ist, gibt es Normen von unterschiedlich einlösbarer Verbindlichkeit. Soziale Normen begründen im Alltag eine Fülle von Verhaltensvorschriften oder -erwartungen. Da ihre Einlösung stark auf Konvention und Interaktion beruht, ist ihre Einhaltung nicht verlässlich und stärkerem Wandel unterworfen. Dagegen ist die Verbindlichkeit von Rechtsnormen mit Sanktionen bewehrt, um sie nötigenfalls gegenüber allen Mitgliedern der Gesellschaft zur Wahrung der Ordnung und des inneren Friedens durchzusetzen. Für die Verbindlichkeit von Rechtsnormen gibt es so gut wie keine Spielräume. Denn „die Wirkung des Rechts liegt in seiner Vollstreckung" (Kempfler 2003, 214).

<small>Normen</small>

1. Soziale Normen, Rechts- und Gerechtigkeitsgefühl

Die gesellschaftlichen Vorstellungen von dem, was recht ist, erschöpfen sich nicht in den Rechtsnormen. Diese sind von sozialen Normen, die Verhaltensmuster anbieten, Erwartungssicherheit herstellen und Integration ermöglichen (Kempfler 2003, 212 f.), sowie von Rechts- und Gerechtigkeitsgefühl umlagert. Die staatliche Rechts-

<small>Gesellschaftliche Rechtsvorstellungen erschöpfen sich nicht in Rechtsnormen</small>

ordnung verdichtet nur einen Teil dieser Vorstellungen zu Vorschriften, solange sie auf ein freiheitliches Gesellschaftsprinzip verpflichtet bleibt, welches die Autonomie von Individuen und Gesellschaft nicht über das notwendige, Zusammenleben, Rechtssicherheit und soziale Chancengleichheit gewährleistende Maß einschränkt. In freiheitlichen Systemen unterliegt keineswegs das gesamte gesellschaftliche Leben verbindlichen Rechtsnormen. Diktaturen charakterisieren sich dagegen durch enorme Fülle, Dichte und Reichweite von Vorschriften, die letztlich eine Identität des gesamten gesellschaftlichen Raumes mit dem Bereich der sanktionsbewehrten, politisch durchgesetzten allgemeinen Verbindlichkeiten anstreben (historisch freilich nie gänzlich erreicht haben). Damit entfällt die Unterscheidung von öffentlich und privat, Staat und Gesellschaft, Vereinbarung (soziale Normen) und Verpflichtung (Rechtsnormen). Der freiheitliche Rechtsstaat beruht hingegen auf der Unterscheidbarkeit und der spannungsreichen Koexistenz dieser Bereiche.

2. Prämissen, Moral- und Ethikprinzipien

Entstehen von Rechtsnormen

Aus dem eingangs erwähnten Zusammenhang zwischen Gesellschaftsbildung und Ordnungskonsens in politiktheoretischen Ansätzen ergibt sich, dass Rechtsnormen in aller Regel nicht willkürlichen und abstrakten Setzungen entspringen. Sie sind Folgerungen aus anthropologischen Prämissen sowie aus Moral- und Ethikprinzipien, ebenso aus Vorstellungen über eine angemessene politische Ordnung, die sich auf diese Prämissen und Prinzipien beziehen. In jeder Rechtsordnung drücken sich die jeweils dominierenden Werte aus. Im Nationalsozialismus diente das Recht der Erfassung des Einzelnen als Teil der Volksgemeinschaft, der Durchsetzung des Rassismus und der Führerdiktatur, bis es schließlich gänzlich durch Führerbefehle ersetzbar wurde. Die sozialistischen Systeme erfassten das Individuum als Teil des Kollektivs, begriffen das Recht als parteiisches Instrument des Klassenkampfes und der Parteidiktatur, bis schließlich das Politbüro faktisch zur obersten rechtssetzenden Instanz wurde. Die Demokratie geht von der Freiheit der Person, der Pluralität der Gesellschaft und einer Rechts- und Herrschaftsordnung aus, welche die zum Zusammenleben und zur Entscheidungsfindung notwendigen allgemeinen Verbindlichkeiten und die schlechthin systemtypischen Individualitäts- und Pluralitätsansprüche auszubalancieren sucht: Spannungsfreie Perfektion wird sie dabei nicht erreichen können. Doch entscheidender bleiben die einer Rechtsordnung zugrunde liegenden normativen Prinzipien, die zugleich ihre unverwechselbaren und differenzierenden Kriterien sind. Wertvorstellungen liegen der Rechtsordnung zugrunde. Grundwerte sind z. B. das Fundament von Grundrechten.

Gänzlich irrig ist daher die Auffassung, das Recht besitze lediglich formalen Charakter, und die Befassung mit ihm gehöre nicht zum zentralen Gegenstandsbereich politischer Bildung. Vielmehr verfehlt diese Ansicht durch Rechtsfremdheit ihren zentralen Gegenstand: die politische Ordnung. Zu illustrieren ist dies besonders am Beispiel des Verhältnisses von Recht und Politik nach dem Grundgesetz der BRD. Das dort normierte System hat das Bundesverfassungsgericht als „wertgebundene Ordnung" definiert (BVerfG, Urteil vom 23.10.52 in Verbindung mit BVerfG 2,1 (12) und BVerfG 39,67). Aufgrund geschichtlicher Erfahrung (Wertrelativismus der Weimarer Republik, Wertevernichtung durch den Nationalsozialismus) sind die wichtigsten, Humanität in Staat und Gesellschaft stiftenden Prinzipien auf Dauer ausgerichtet und jeder Änderung entzogen. Aufgrund des Vorrangs der Verfassung kann kein Gesetz sich zu ihr in Gegensatz stellen: Die Politik ist dem Grundgesetz unterworfen. Sie kann sich nicht unter Berufung auf die Volkssouveränität darüber hinwegsetzen. Notfalls ist sie vom Verfassungsgericht in die Schranken zu weisen. D. h., über dem sich im Mehrheitsentscheid zum Ausdruck bringenden Volkswillen steht die Bindung an fundamentale Wert- und Rechtsgrundsätze. Sie sind vorausgesetzt, politischer Verfügung entzogen und sollen dauerhaft verpflichtend wirken. Ins Grundgesetz sind sie ausdrücklich aufgenommen worden – Menschenwürde, Freiheit, Recht auf Leben –, wodurch sie einerseits einen zusätzlichen Geltungsgrund besitzen, wodurch aber andererseits vor allem dessen verfassungspolitisches Programm gekennzeichnet wird.

Nachgeordnetes Recht bleibt an diese Vorgaben gebunden. Es kann durch verfassungsgerichtliche Normenkontrolle daraufhin überprüft werden. Dadurch soll die normative Orientierung der gesamten Rechtsordnung gewährleistet bleiben.

Bedeutung für die politische Bildung

Politik ist dem Grundgesetz unterworfen

3. Zum Verständnis des Rechtssystems

Aus diesen rechtsgültigen Prinzipien ergeben sich für ein angemessenes Verständnis des Rechtssystems einige Präzisierungen:

Recht ist kein Instrument der "Herrschenden"

3.1 Recht ist kein Instrument der "Herrschenden" (ganz abgesehen davon, dass es sich im demokratischen Staat nicht um autoritäre Obrigkeit, sondern um vom Volk legitimierte Herrschaftsträger handelt). Der Staat des Grundgesetzes beruht vielmehr auf der Herrschaft des Rechts. Die entscheidende Frage ist nicht: Wer (z. B. welche politische Gruppierung) setzt das Recht? Sondern: Beherrschen die das Recht bindenden normativen Grundsätze Rechtssetzung und Rechtspraxis?

Grundwerte und sozialer Wandel

3.2 Die verfassungsrechtliche Ewigkeitsgarantie grundlegender normativer Bindungen für die Rechtsordnung unterliegt im sozialen Wandel durchaus nicht der Gefahr, anachronistisch zu werden, solange nicht der Konsens über die genannten Grundwerte verfällt. Doch sobald Freiheit, Menschenwürde und Pluralität ihre Geltung verlören, verliert sich auch die Idee einer menschengemäßen Rechtsordnung. Es eröffnet sich der Weg zu einem Unrechtsstaat. Solange sie aber gelten, schafft sozialer Wandel lediglich Anpassungsprobleme, im Wesentlichen im nachrangigen Gesetzesrecht. Anpassungen fordern dazu heraus, unter den gegebenen Umständen optimale Lösungen im Detail zu finden. Zumindest der Idee nach wirken die grundlegenden Rechtsüberlegungen steuernd auf den sozialen Wandel ein: Humane Gesellschaft und Demokratie sollen nicht zur Disposition stehen. Doch auch in der Praxis wird die Autorität dieser Orientierungen keineswegs preisgegeben. Das Bundesverfassungsgericht hat z. B. die Abtreibung nicht freigegeben, sondern nur in ethisch begründeten Ausnahmefällen und im Rahmen einer gesetzlichen Regelung, die sich grundsätzlich am Gebot des Lebensschutzes orientiert, straffrei gestellt. Damit sind grundsätzlich die geltenden rechtsethischen Maximen verteidigt worden (BVerfGE 39, 19 in Verbindung mit BVerfGE 88, 203). Angesicht der Allgemeinheit dieser orientierenden Grundsätze(-werte) bleiben im Detail fast immer unterschiedliche Lösungsansätze möglich, und folglich ist die Frage legitim, warum eine Alternative sich durchgesetzt hat und ob nicht auch eine andere angemessen(er) sein könnte. Insoweit steht das Recht auch

Dynamische Rechtsentwicklung

immer im Streit der Politik und der Interessen. Es entwickelt sich dynamisch. Unterbunden werden sollen lediglich Entwicklungen gegen die das Rechtssystem strukturierenden Werte: im Beispielsfall also Alternativen, die sich nicht im Prinzip am Schutz des Lebens orientieren.

3.3 Das Recht gibt der dynamischen gesellschaftlichen Entwicklung Form. Es unterliegt dieser Entwicklung aber auch seinerseits und ist selbst ein dynamisches, wenn auch in seinen wesentlichen Grundsätzen sich selbst erhaltendes System. Konservativ ist es lediglich hinsichtlich jener Fundamente, die den Grundkonsens über politisches und gesellschaftliches Zusammenleben stiften und nicht willkürlich politischer Veränderung preisgegeben sein sollen wie z. B. nach der in der Weimarer Republik herrschenden Rechtsmeinung, dass jede Mehrheit sie verrücken dürfe. Insoweit ist die in den 1970er-Jahren in der didaktischen Diskussion vielfach bezogene Position unhaltbar, die Beschäftigung politischer Bildung mit dem Recht sei grundsätzlich konservativ. Vielmehr weist sie auf „Chancen für Veränderungen" (Sandmann 1975, 102) und auf die in jedem politischen System anzutreffende Spannung zwischen Wandel und Konstanz hin.

4. Bedeutung von Rechtsfragen

Politische Bildung kann Rechtsfragen schon deswegen nicht ausklammern, weil das Recht den Menschen im Alltag wie eine zweite Haut umgibt: Die Entfaltungsfreiheit der Person muss gewährleistet, zugleich aber auch sozialverträglich geregelt sein. Folglich müssen Normen Freiheit und Ordnung stiften. Der Normbedarf nimmt zu, je mehr das Individuum Daseinsvorsorge von öffentlichen Systemen erwartet und Anspruch auf Leistungen erhebt. Auch diese dürfen nicht willkürlich zugewiesen, sie müssen rechtlich verlässlich geregelt sein. Recht entlastet zunächst durch Rechtssicherheit. Es setzt verbindliche Verhaltensmaßstäbe und vermeidet die – Schwächere immer benachteiligende – Notwendigkeit für den einzelnen, sich „sein Recht" selbst zu verschaffen, woraus Willkür statt Verlässlichkeit entstünde.

Recht umgibt Menschen im Alltag

Gemeinhin wird Recht definiert als Instrument zur Konfliktregelung. Dem voraus liegt aber schon seine Funktion der Konfliktvermeidung durch Fixierung von Regeln, deren allgemeine Beachtung den Rechtsfrieden gewährleisten würde, z. B. von der Straßenverkehrsordnung über das Privatrecht bis hin zum Strafrecht. Stets ist es zunächst Zweck der Normen, störungsfreies Zusammenleben zu ermöglichen, sodann erst Störungen zu regeln und letztendlich durch Sanktionen zu beenden. Immer geht es darum, dass der einzelne zu seinem Recht kommt, jedoch nicht auf Kosten der Rechtsgemein-

Instrument zur Konfliktregelung und Konfliktvermeidung

schaft. Das gilt für immaterielle Güter (z. B. innerer Friede) wie für materielle (z. B. Sozialleistungen) und auch im Verhältnis von Bürger und Staat: Recht beschränkt die Staatsmacht, begrenzt die Mehrheitsherrschaft und schützt die Minderheit sowie deren Chance, selbst Mehrheit zu werden. Rechtsstaatliche Sanktionsgewalt – bis hin zum Monopol legitimer Gewaltanwendung – besteht nicht zum Zweck obrigkeitlicher Machtentfaltung, sondern zum Schutz der im Rechtsfrieden verharrenden Bürger vor friedensstörenden Rechtsbrechern. Im Übrigen unterliegen Recht- und Verhältnismäßigkeit staatlichen Handelns selbst gerichtlicher Überprüfung.

Im privaten wie im öffentlichen Leben umgibt und begrenzt die Rechtsordnung nicht nur permanent den Bürger. Ihr Funktionieren liegt vielmehr offensichtlich auch im Interesse seiner eigenen Entfaltungschancen. Gelegentlich können Rechtsnormen auch im Wesentlichen substituierenden Charakter besitzen, solange z. B. im privatrechtlichen Bereich internalisierte Normen wirken (z. B. Familie), die rechtliche Verfasstheit folglich nachrangig bleibt und erst dann Bedeutung gewinnt, wenn Privatpersonen sich nicht (mehr) einigen können und zur Schlichtung einen autorisierten neutralen Dritten benötigen (Reinhardt 1986, S. 8)

5. Rechtserziehung

Rechtserziehung (Frantzen 1980) und Rechtskunde besitzen in Deutschland eine seit der Rechts- und Moralpädagogik der Aufklärung währende Tradition, die sich zwar gelegentlich ethischen Fragen zuwandte, sich aber vor allem in der ersten Hälfte des 20. Jahrhunderts besonders als „Kunde" begriff, aber doch auch die Vermittlung „staatsbürgerlicher Gesinnung" nicht vergaß (Deimling 1989). Rechtserziehung wurde stets auch zur Identifikation mit dem politischen System in Anspruch genommen (gut dokumentiert bei Adamski 1986). Akzeptabel erscheint dieser Ansatz, insoweit die Orientierung des Rechts an den Prinzipien der freiheitlich-demokratischen Grundordnung unzweifelhaft ist (Kempfler 2003, 215). Folglich muss auch Rechtserziehung zu kritischer Unterscheidung befähigen (Wathling 1999, 218) und politische Urteilsfähigkeit befördern (GPJE 2004, 11, 19, 21 f., 25).

Rechtserziehung ist Wertevermittlung

Zuallererst ist Rechtserziehung Wertevermittlung (Limbeck/Johannkemper 1998, 123 f.). Sie muss im Wesentlichen in die hier skizzierten grundlegenden Zusammenhänge einführen und sie trans-

parent machen. Daher kommt der Menschenrechtsbildung und -erziehung als „Wissens- und Wertevermittlung zugleich" (Fritzsche 2004, 2, siehe auch Mahler 2004, Mihr/Rosemann 2004, Woyke 2010) verstärkte Aufmerksamkeit zu:
„Human Rights Education is a set of pedagogical learning methods to inform people of and train them in their human rights. It provides information about the international or regional human rights norms, standards and systems and enhances peoples' skills and attitudes that lead to the protection and support of human rights in one's own daily professional and private environment" (Mihr 2012, 2).

Schon in der Präambel der Allgemeinen Erklärung der Menschenrechte (1948) wurde ein entsprechender Unterrichts- und Erziehungsauftrag postuliert. Die internationale Konferenz über Erziehung für Demokratie und Menschenrechte (Montreal 1998) zählte entsprechende Bildung selbst zu den Menschenrechten und zur unverzichtbaren Voraussetzung für deren Verständnis sowie für Demokratie und Toleranz, ähnlich mehrfach auch die KMK (1980, 2000). Ziel ist nicht nur kognitive Ertüchtigung, sondern auch die Heranbildung von Werthaltungen, Verhaltensdispositionen und kritischem Potential.

Der einzelne sollte die normative Funktion des Rechts für sich selbst und die Rechtsgemeinschaft erkennen und beurteilen können. Er sollte die Fähigkeit gewinnen, den Rechtsstaat nicht als formale, sondern als auf Gerechtigkeit und die Verwirklichung fundamentaler ethischer Maximen verpflichtete Ordnung zu verstehen. Begreifen und nach kritischer Prüfung der Alternativen akzeptieren sollte er diese Maximen als Grundlagen eines humanen Gemeinwesens. Bewusst gemacht werden sollte schließlich die Rechtsunterworfenheit des Politischen und die dafür notwendige Unabhängigkeit der (Verfassungs-)Gerichtsbarkeit als Dritte Gewalt. Da das Recht selbst ein kritischer Maßstab ist, sollte Rechtserziehung auch einen Beitrag dazu leisten, diesen Maßstab an die Realität anlegen zu können.

Rechtserziehung kann kein verkleinertes Abbild der Rechtswissenschaft und ihrer Systematik (Perschel 1988, 577 ff.) sein und sollte auch nicht bloß Rechtskunde zur Bewältigung typischer Alltagsprobleme (z. B. wie ein Kaufvertrag zustande kommt) sein. Doch scheint es durchaus möglich, anhand solcher Rechtsfälle (z. B. Jugendstrafrecht, Jugendschutz, Familienrecht, Eigentums- und Vertragsrecht) psychologische und gesellschaftliche Hintergründe wie auch die zugrunde liegenden Rechtsgrundsätze zu verdeutlichen

Rechtsfälle aus dem Alltagsleben

(Mickel 1995, 765) sowie nach ihren historischen und gesellschaftlichen Bedingtheiten, nach potentiellen leistungsfähigen Alternativen sowie nach eventuellen Kollisionen mit den weitergespannten rechtsphilosophischen Grundlagen des Gemeinwesens zu fragen. Jedenfalls wäre es verfehlt, ihnen hauptsächlich nur präventiven Charakter zuzuschreiben.

Auf der Basis der Erkenntnis des Rechts als eines kulturellen Wertes sollte Rechtserziehung auf verantwortliches Handeln im Rahmen der Rechtsordnung vorbereiten und befähigen – in Kenntnis ihrer Spielräume, Entfaltungsmöglichkeiten und Begrenzungen (Hadding 1998, 188 f.). Damit ist Rechtserziehung ein wesentlicher Teil politischer Bildung. Sie kann nicht gegen diese in Stellung gebracht werden. Aber ebenso wenig kann sie politische Bildung ersetzen.

Literatur

Adamski, Heiner (Hrsg.) 1986: Politische Bildung – Recht und Erziehung. Quellentexte zur Rechtskunde und Rechtserziehung von der Weimarer Republik bis zur Gegenwart, 2 Bde., München

Breit, Gotthard/Schiele, Siegfried (Hrsg.) 2000: Werte in der politischen Bildung. Schwalbach/Ts.

Deimling, Gerhard 1989: Erziehung und Recht. Köln

Frantzen, Eleonore 1980: Rechtserziehung. Versuch einer theoretischen Grundlegung. Bonn

Fritzsche, K. Peter 2004: Menschenrechtsbildung: Warum wir sie brauchen und was sie ausmacht. Ein Profil in 15 Thesen, in: Edelstein, Wolfgang/Fauser, Peter (Hrsg.): Beiträge zur Demokratiepädagogik. Eine Schriftenreihe des BLK-Programms: „Demokratie lernen & leben". Berlin

Gesellschaft für Politikdidaktik und politische Jugend- und Erwachsenenbildung (GPJE) 2004: Nationale Bildungsstandards für den Fachunterricht in der politischen Bildung an Schulen. Ein Entwurf. Schwalbach/Ts.

Hadding, Walther 1998: Zur Lage des Rechtsunterrichts an Schulen und zu den Bedürfnissen, in: Salje, Peter (Hrsg.): Recht – Rechtstatsachen – Technik. Festschrift für Helmut Pieper. Hamburg, S. 175-205

Kempfler, Klaus Friedrich 2003: Rechtsbewusstsein und Rechtserziehung als Elemente politischer Bildung, in: Die neue Ordnung (57. Jg.) Nr. 3, S. 212-222

Limbeck, Bernhard/Johannkemper, Rüdiger 1998: Wertevermittlung durch Rechtsunterricht, in: Gauger, Jörg-Dieter (Hrsg.): Sinnvermittlung, Orientierung, Werte – Erziehung. St. Augustin

Mahler, Claudia (Hrsg.) 2004: Menschenrechtsbildung. Bilanz und Perspektiven. Wiesbaden

Mickel, Wolfgang W. 1995: Rechtserziehung als Teil der politischen Bildung. In: Geschichte, Erziehung, Politik (GEP) 12/1995, S. 763 ff.

Mihr, Anja/Rosemann, Nils 2004: Bildungsziel: Menschenrechte – Standard und Perspektiven für Deutschland. Studien zu Politik und Wissenschaft. Schwalbach/Ts.

Mihr, Anja 2012: Towards a Human Rights Pedagogy (= Keynote Speech Janusz Korczak Seminar on Education for Democracy, Straßbourg 28.11.2012)

Perschel, Wolfgang 1988: Rechtswissenschaft. In: Mickel, Wolfgang W./Zitzlaff, Dietrich (Hrsg.): Handbuch zur politischen Bildung. Opladen, S. 577 ff.

Reinhardt, Sibylle 1986: Stundenblätter. Der Fall Christian. Fallstudie zum Familienrecht für die Klassen 8-10. Stuttgart

Sandmann, Fritz 1975: Didaktik der Rechtskunde. Paderborn

Woyke, Wichard (Hrsg.) 2010: Menschenrechte (= Politische Bildung Bd. 3/2010), Schwalbach/Ts.

Wathling, Ursula 1999: Rechtsdidaktik, in: Richter, Dagmar/Weißeno, Georg (Hrsg): Didaktik und Schule (= Lexikon der politischen Bildung Bd. 1). Schwalbach/Ts.

Reinhold Hedtke

Ökonomisches Lernen

Ausweitung ökonomischer Bildung

Seit jeher gehören ökonomische Themen und Kompetenzen zum Kern des sozialwissenschaftlichen Lernbereichs. An allgemeinbildenden Schulen wurde ökonomische Bildung etwa seit Beginn des neuen Jahrtausends in vielfältiger Form ausgebaut. Ökonomische Lerninhalte genießen heute deutlich mehr Raum in den Curricula, was sich auch in ökonomisierten Fachbezeichnungen wie Politik/Wirtschaft ausdrückt. Fortgesetzt fordern Wirtschaftsverbände, Bildungspolitiker und Wirtschaftsdidaktiker mehr wirtschaft(swissenschaft)liche Inhalte und Kompetenzen in der Schule. Sie begründen dies mit der Ökonomisierung der Lebenswelt, der Optimierung privater ökonomischer Entscheidungen, der Einzigartigkeit der wirtschaftswissenschaftlichen Denkweise, der Akzeptanzförderung für Markt und soziale Marktwirtschaft, der Förderung des Unternehmergeistes sowie neuerdings mit der Bewältigung von Wirtschafts- und Finanzkrisen. Gründe, warum mehr Wirtschaftswissenschaft für die Bildung wichtiger sei als mehr Politikwissenschaft, Soziologie, Sozialpsychologie oder Recht, fehlen allerdings nach wie vor.

Ökonomische Bildung inner- und außerhalb von Schule

Die beruflichen, insbesondere die kaufmännischen Schulen sind traditionsreiche Orte ökonomischen Lernens. Gewerbliche Berufsschulen haben meist je ein Fach für die politische und die ökonomische (Allgemein-)Bildung, z. B. Sozialkunde und Allgemeine Wirtschaftslehre. Bisher liegen berufliche Schulen im Windschatten der curricularen Ökonomisierung; zugleich verliert dort im Zuge der Lernfelddidaktik das nach disziplinär getrennten Fächern organisierte Lernen stark an Bedeutung.

Außerhalb von Schulen spielt ökonomisches Lernen vor allem in der institutionalisierten beruflichen Fort- und Weiterbildung eine wichtige Rolle. Eine lange Tradition hat die gewerkschaftliche Bildung, die Betriebsräten und Vertrauensleuten auch volks- und betriebswirtschaftliches Wissen für die Interessenvertretung vermittelt. In der globalisierungskritischen Bewegung nimmt ökonomisches Lernen als Kapitalismus- und Neoliberalismusanalyse einen prominenten Platz ein. So versteht sich ökonomische Bildung als politische Bildung, die zu Interventionen befähigen soll.

Ökonomische Bildung an Schulen hat insofern politische Wirkungen, als private Unternehmen, Kammern sowie unternehmernahe Stiftungen und Interessenverbände dort dominieren. Außer den Kirchen verfügt keine andere gesellschaftliche Gruppe über einen derart privilegierten und flächendeckenden Zugang zu den Schulen. Im Folgenden konzentriere ich mich vor allem auf den schulischen und allgemeinbildenden Bereich.

1. Ökonomisches und politisches Lernen

Konzeptionen ökonomischen Lernens orientieren sich grundsätzlich an denselben Bildungszielen und -prinzipien wie solche politischen Lernens. Zu den vorherrschenden allgemeinen *Zielen* gehören vor allem Mündigkeit, Urteilsfähigkeit, Handlungsfähigkeit und Partizipation. Ein politisch akzentuiertes Leitbild in der Wirtschaftsdidaktik ist etwa die mündige, urteilsfähige und politisch interventionsfähige Wirtschaftsbürgerin (Kruber 2001). Der von manchen als für die ökonomische Bildung typisch betrachtete Maßstab der Effizienz zählt – neben Legitimität – zu den Kernkriterien auch der politischen Urteilsbildung.

Bildungsziele und -prinzipien

Unter den gemeinsamen *Prinzipien* finden sich – mit unterschiedlichen Akzenten und Gewichtungen – Teilnehmer- (Adressatenorientierung), Situations-, Problem- und Wissenschaftsorientierung, Perspektivenwechsel, Exemplarisches Lernen und auch Kontroversität. Manche Wirtschaftsdidaktiker unterstellen allerdings den Wirtschaftswissenschaften weniger Kontroversität als anderen Sozialwissenschaften. Hinter einem Prinzip wie „Situationsorientierung" stehen gemeinsame *und* unterschiedliche Situationen (meist ausgewählt nach der gewohnten Einteilung in die Wirklichkeitsbereiche Politik oder Wirtschaft), z. B. Situationstypen wie Bundestagswahl oder Berufswahl.

Auch bei den *Inhaltsfeldern* zeigt sich ein stabiler gemeinsamer Kern von politischem und ökonomischem Lernen. Dazu gehören der gesamte Bereich der Wirtschafts- und Sozialpolitik einschließlich der Grundfrage nach politischer Steuerung und Steuerbarkeit, die Gesellschafts-, Rechts- und Wirtschaftsordnung sowie einzelne Politikfelder wie Arbeitsmarkt-, Gesundheits- oder Globalisierungspolitik. Wenn ökonomisches Lernen auf die optimale Gestaltung von Institutionen zielt (Institutionen- und Verfassungsökonomik), wird es zu genuin politischem Lernen. Stärker mikroökonomisch und

Inhaltsfelder

betriebswirtschaftlich akzentuiertes Lernen entfernt sich dagegen von herkömmlichen Inhalten politischen Lernens. Doch selbst dann bleiben wichtige Schnittmengen wie Arbeitsbeziehungen, Erwerbsarbeit oder Konsum. Je mehr politisches Lernen einer sozialwissenschaftlichen Konzeption folgt, umso mehr rücken die Gemeinsamkeiten mit ökonomischem Lernen in den Blick.

Nicht zuletzt teilen politisches und ökonomisches Lernen wichtige *Fachkonzepte* miteinander: System und Ordnung, Freiheit und Gerechtigkeit, Akteur, Interessen und Rationalität, Knappheit und Verteilung, Kooperation und Konkurrenz, Konflikt und Macht sind nur einige Beispiele dafür (Autorengruppe Fachdidaktik 2011, 170).

Lehr-Lern-Methoden Auch bei den *Methoden* unterscheidet sich ökonomisches Lernen kaum von politischem Lernen, beide greifen weitestgehend auf denselben Bestand an fachdidaktischen Lehr-Lern-Methoden und sozialwissenschaftlichen Methoden zurück (Weber 1995). Das gilt auch für die modern gewordenen Experimente wie Gefangenendilemma- oder Allmendespiel und für quantitative Modelle sozialer Phänomene. Selbst das Betriebspraktikum gehörte und gehört zu den klassischen Methoden der politischen Bildung (vgl. Winkelmann 2003). Unterschiede liegen in der fachlichen Vehemenz und unterrichtlichen Frequenz einzelner Methoden.

Einige Wirtschaftsdidaktiker kritisieren, dass ökonomisches Lernen in den traditionellen Integrationsfächern systematisch zu kurz komme, deshalb brauche man ein separates Fach Wirtschaft (vgl. Hedtke 2000). Sie fordern ein durchgängig zweistündiges Pflichtfach Wirtschaft an allen Schulen. Zugleich behaupten sie, multidisziplinäre und integrative Fächer seien weder studierbar noch lehrbar oder lernbar. Andere dagegen plädieren für sozialwissenschaftlich integrative Fachkonzepte (Weber 2012, vgl. Sander 2010). Man müsse die anspruchsvolle Auseinandersetzung mit dem komplexen Wechselverhältnis von Wirtschaft und Politik curricular sorgfältig organisieren. In integrativen Ankerfächern könne man die ökonomische Bildung quantitativ und qualitativ hinreichend absichern.

2. Charakteristika ökonomischen Lernens

Man kann versuchen, ökonomisches Lernen disziplinär, paradigmatisch oder sektoral abzugrenzen (vgl. Hedtke 2011).

Bezugswissenschaften Ökonomisches Lernen kann sich erstens über die *Bezugswissenschaften* der Wirtschaftswissenschaften definieren. Faktisch überwiegt dabei der Bezug auf die Volkswirtschaftslehre, weniger auf die Betriebswirtschaftslehre. Hierhin gehört vor allem die *kategoriale* ökonomische Bildung, die volkswirtschaftliche Leitkategorien wie Knappheit, Rationalität, Effizienz, Dilemma, Risiko und Kreislauf in das Zentrum ökonomischen Lernens stellt. Als Disziplin kommt jüngst die so genannte Verhaltensökonomik hinzu, hinter der sich vor allem Spieltheorie, Neurowissenschaften sowie Wirtschafts- und Sozialpsychologie verbergen. Das *disziplinär* aufgefasste Spezifikum liegt also im exklusiven Bezug auf eine Gruppe von Einzelwissenschaften, ökonomische Bildung heißt dann vor allem wirtschaftswissenschaftliche Bildung.

Zweitens kann man unter ökonomischem Lernen die Aneignung einer als einzigartig geltenden *Denkweise* oder Perspektive verstehen, die die Lernenden als universales Analyseinstrument nutzen sollen (vgl. Hedtke 2008). Bisher nannte man dafür die mathematisch quantitative Modellbildung und das Modell des rationalen Kosten-Nutzen-Kalküls des homo oeconomicus. Heute betrachten viele Wirtschaftsdidaktiker das Paradigma der *Ökonomischen Verhaltenstheorie* oder die ökonomische Denkweise als das Alleinstellungsmerkmal ökonomischen Lernens (vgl. Seeber u. a. 2012). Ökonomisches Lernen grenzt man dann *paradigmatisch* ab als die Aneignung und Anwendung eines singulären Denk- und Analyseschemas, das einen universalen Geltungsanspruch erhebt und auch Politik, Recht, Religion, Familie oder Bildung erklären will. Es handelt sich um eine Variante der Rationalhandlungstheorie, die ein disziplinübergreifendes sozialwissenschaftliches Paradigma ist (Rational Choice).

      Denkweise

Drittens kann man den *Realitätsraum* oder das Teilsystem „Wirtschaft" zur Abgrenzung ökonomischen Lernens nutzen, etwa im Unterschied zu „Politik" für politisches Lernen. Diese Realitätsbereiche lassen sich einerseits empirisch-ethnografisch durch die Ermittlung der sozialen Repräsentationen, Institutionen und Aktivitätstypen von „Wirtschaft" im Unterschied z. B. zu „Politik" abgrenzen. Andererseits kann man sie mit Hilfe system-, institutionen-, kultur- oder organisationstheoretischer Ansätze unterscheiden. Wirtschaftsdidaktisch verbreitet sind sektorale Spezifizierungen mit Hilfe wirtschaftlicher *Rollen*, z. B. Erwerbstätiger, Konsument, Anleger, oder mittels ökonomischer Lebenssituationen. Ökonomisches Lernen heißt dann, sich Wissensbestände und Kompetenzen anzueignen, die man als für Verstehen, Agieren und Gestalten der Wirtschaft relevant definiert.

      Realitätsbereich „Wirtschaft"

3. Konzepte ökonomischen Lernens

Von den Konzepten ökonomischen Lernens seien hier vier in idealtypisch zugespitzter Form kurz skizziert: der kategorial-wirtschaftspolitische, der lebenssituative, der perspektivisch-disziplinäre und der sozio-ökonomische Ansatz (Weber 2012; Hedtke 2011).

3.1 Der kategorial-wirtschaftspolitische Ansatz

Ein Vertreter des kategorialen Ansatzes ist Klaus-Peter Kruber (2000 und 2001). Für ihn zielt ökonomische Bildung auf das Verstehen der Marktwirtschaft und der makroökonomischen und wirtschaftspolitischen Zusammenhänge. Leitbild ist die mündige Wirtschaftsbürgerin, die wirtschaftspolitisch denken und handeln und in ökonomischen Lebenssituationen entscheiden und handeln kann. Kruber betont dabei die (wirtschafts-)politische Perspektive.

Zu den Grundstrukturen ökonomischen Denkens gehören für Kruber die ökonomische Verhaltenstheorie, der (wirtschafts-)ordnungspolitische Rahmen sowie die Komplexität von Wirkungszusammenhängen. Das Problem der Stoffauswahl soll ein Gefüge von wirtschaftswissenschaftlichen Kategorien – Denkweisen, Theorien, Methoden – lösen. Sie sollen das Strukturelle, Typische und Prinzipielle des Wirklichkeitsbereiches Wirtschaft erfassen und konkretisieren: Knappheit, Kosten/Nutzen, Arbeitsteilung, Organisation/Marktkoordination, Wirtschaftskreislauf, Interdependenz, Zielkonflikt, Wandel/Instabilität, Externalitäten/Ungleichheit, Staatseingriff, Interessenkonflikte, Wertbezug, Wirtschaftsordnung, Gestaltung, Legitimierung.

[Randnotiz: Wirtschaftswissenschaftliche Kategorien]

Diese Kategorien beschreiben Strukturmerkmale des Wirtschaftlichen, bilden die Leitziele des Wirtschaftsunterrichts und dienen als Denkinstrumente für die Erschließung der Realität. Für ökonomisches Lernen werden die Inhalte ausgewählt, die zukunftsbedeutsam für die Lernenden und exemplarisch für ökonomische Zusammenhänge, für Grundsätze der Wirtschaftsordnung, für Zusammenhänge von Wirtschaft und Politik sowie für Grundfragen der Wirtschaftsethik sind.

In einer Demokratie sei Wirtschaftspolitik ein wichtiges Feld ökonomischen Lernens. Kruber verlangt, wirtschaftspolitisches Denken müsse stets eine ökonomische, politische und normative Dimension haben und die Grenzen zwischen Ökonomie und Politik überschreiten. Da sich die moderne Institutionenökonomik auf die gemeinsamen Ursprünge von Wirtschaftswissenschaft und Politikwissenschaft besinne, bilde sie die Basis für einen integrierten sozialwissenschaftlichen Ansatz.

3.2 Der lebenssituative Ansatz

Aus Sicht des Lebenssituationsansatzes soll ökonomische Bildung die individuelle und kollektive Bewältigung und Gestaltung wirtschaftlich geprägter Lebenssituationen unterstützen und Emanzipation und Verantwortung sowie Partizipation an der Verbesserung von gesellschaftlichen Strukturen und sozialen Beziehungen fördern (zum Folgenden Steinmann 1997). Lebenssituationen definiert Steinmann als sich wiederholende Beziehungen zwischen Menschen, die von Normen, Traditionen und Organisationen beeinflusst und damit gesellschaftlich eingebettet sind. Wenn wirtschaftswissenschaftliches Wissen hilft, diese Situationen zu bewältigen, nennt er sie „ökonomisch geprägt". Das gelte vor allem für Situationen in den Kontexten Einkommens- und Güterentstehung sowie Verteilung.

Bewältigung wirtschaftlich geprägter Lebenssituationen

Im Zentrum ökonomischen Lernens stehe die gefährdete und zu verbessernde Bedürfnisbefriedigung. Zu den typischen Lebenssituationen zählten Berufswahl, Berufsbildung und Berufswechsel, Stellung im Unternehmen und am Arbeitsplatz, Arbeitseinkommen und Sozialeinkommen sowie Kauf, Freizeit, Sparen, Versichern, Vorsorgen und Vermögensbildung, Steuerzahlung und die Nutzung öffentlicher Güter.

Da all diese Situationen auch gesellschaftlich und politisch geprägt seien, bleibe ein allein ökonomisch-fachspezifisches Konzept unzulänglich. Deshalb will Steinmann ökonomische Bildung in eine interdisziplinäre Gesellschaftslehre einbetten. Das steht im Gegensatz zu wirtschaftsdidaktischen Ansätzen, die ökonomisches Lernen mit Bezug auf die Wirtschaftswissenschaften disziplinär trennscharf von anderen Domänen und Fächern abgrenzen wollen.

3.3 Der disziplinär-perspektivische Ansatz

Zu diesen Ansätzen gehört das Kompetenzmodell für die ökonomische Bildung, das Günther Seeber, Thomas Retzmann, Bernd Remmele und Hans-Carl Jongebloed konstruiert haben (zum Folgenden Seeber u. a. 2012, insbes. 67-98). Sie behandeln Schulfächer ähnlich wie Wissenschaftsdisziplinen: die charakteristische Perspektive der ökonomischen Bildung entspreche der spezifischen und einzigen

Perspektive „des Ökonomen" oder der Disziplin „Ökonomik". Damit brechen sie mit der Tradition auf wirtschaftliche Phänomene und Strukturen bezogener ökonomischer Bildung, die die Curricula jahrzehntelang prägte. Sie definieren die Domäne der ökonomischen Bildung als Domäne der Wirtschaftswissenschaften und schreiben ihr zwei Charakteristika zu: das leitende Erkenntnisinteresse der Situationsverbesserung für Individuum, Gruppe oder Gesellschaft und den zentralen Bewertungsmaßstab der Effizienz als Optimalität der Zweck-Mittel-Relation. Würde man den Maßstab der Legitimität hinzufügen, näherte sich diese Definition stark der Domäne der politischen Bildung an.

<small>Ökonomische Bildung als Domäne der Wirtschaftswissenschaften</small>

Als Leitideen ökonomischer Bildung gelten Mündigkeit, Tüchtigkeit und Verantwortung. Die Lernenden sollen die ökonomische Perspektive einnehmen; sie sollen die situationsunabhängige und rollenübergreifende ökonomische Kompetenz erwerben, für jede Handlungsalternative systematisch die Kosten und Nutzen gegeneinander aufzurechnen. Das Modell konstruiert drei domänenspezifische Kompetenzbereiche: individuelle Entscheidung und Rationalität, Beziehung und Interaktion sowie Ordnung und System.

Die Autoren verstehen das systematische Kosten-Nutzen-Kalkül zwar als Universalkompetenz für alle denkbaren Gegenstandsbereiche, beschränken ihr Modell faktisch aber gegenstandsorientiert auf „Wirtschaft" mit den ökonomischen „Rollen" Verbraucher, Erwerbstätiger und Wirtschaftsbürger, die wiederum zahlreiche „ökonomische Lebenssituationen" wie z. B. Konsument und Geldanleger, Berufswähler und Entrepreneur oder Transferempfänger und Steuerzahler zusammenfassen. So richtet sich ökonomisches Lernen letztlich auf die klassischen Inhaltsfelder Privathaushalt, Unternehmen, Markt, Wirtschaftssystem und Wirtschaftspolitik.

3.4 Der sozio-ökonomische Ansatz

Sozio-ökonomische Bildung, wie sie etwa Gerd-E. Famulla, Andreas Fischer, Reinhold Hedtke, Birgit Weber und Bettina Zurstrassen vertreten, greift den Pluralismus sozialwissenschaftlichen Wissens über Wirtschaft und Wirtschaften auf. Nach diesem Ansatz sollen die Lernenden kritische Analyse- und Urteilskompetenz in der ökonomischen Domäne mittels mehrerer, alternativer oder komplementärer Denkweisen erwerben (vgl. Famulla u. a. 2011; Fischer u. a. 2014). Ökonomisches Lernen soll von bildungsrelevanten wirtschaftlichen Phänomenen und Problemen ausgehen und diese mit

<small>Kritische Analyse- und Urteilskompetenz</small>

unterschiedlichen, komplementären oder kontroversen wissenschaftlichen Perspektiven beschreiben, erklären und bearbeiten. Die Bezugnahme auf Disziplinen reiche für eine sozio-ökonomische Allgemeinbildung aber nicht aus. Bildung müsse sich an den Subjekten, der Diversität ihrer Lebenswelten und ihren realen Problemlagen orientieren, sie sei als thematisch auf Wirtschaft fokussierte sozialwissenschaftliche Bildung aufzufassen. Sie beleuchte insbesondere das Verhältnis von Wirtschaft und Gesellschaft und stehe schließlich vor allem für paradigmatische Offenheit und pragmatischen Pluralismus (vgl. Weber 2012).

Dies schließe ein, dass sich die Lernenden *auch* mit orthodoxen und neoinstitutionalistischen Strömungen der Volkswirtschaftslehre samt ihrem homo oeconomicus-Modell auseinandersetzen. Volkswirtschaftliche Modelle seien aber empirisch und praktisch zu prüfen sowie ideologiekritisch zu analysieren; das gelte insbesondere für die dadurch begünstigten Interessen und ihre politischen und gesellschaftlichen Folgen.

Literatur

Autorengruppe Fachdidaktik 2011: Konzepte der politischen Bildung. Eine Streitschrift. Schwalbach/Ts.
Famulla, Gerd-E./Fischer, Andreas/Hedtke, Reinhold/Weber, Birgit/Zurstrassen, Bettina 2011: Die bessere ökonomische Bildung: Problemorientiert, pluralistisch, multidisziplinär. In: Aus Politik und Zeitgeschichte, 21/2011, S. 48-54, http://www.bpb.de/apuz/33429/bessere-oekonomische-bildung-problemorientiert-pluralistisch-multidisziplinaer, 3.1.2013
Fischer, Andreas/Zurstrassen, Bettina (Hrsg.) 2014: Sozioökonomische Bildung. Bonn
Hedtke, Reinhold 2000 (Hrsg.): Ökonomische und politische Bildung. http://www.sowi-online.de/reader/oekonomische_politische_bildung.html, 3.1.2013
Hedtke, Reinhold 2002: Wirtschaft und Politik. Über die fragwürdige Trennung von ökonomischer und politischer Bildung. Schwalbach/Ts.
Hedtke, Reinhold 2008: Ökonomische Denkweisen. Eine Einführung. Multiperspektivität, Alternativen, Grundlagen. Schwalbach/Ts.
Hedtke, Reinhold 2011: Konzepte ökonomischer Bildung. Schwalbach/Ts.
Kruber, Klaus-Peter 2000: Kategoriale Wirtschaftsdidaktik. Der Zugang zur ökonomischen Bildung. In: Hedtke 2000, http://www.sowi-online.de/reader/oekonomische_politische_bildung/kruber_klaus_peter_kategoriale_wirtschaftsdidaktik_zugang_zur_oekonomischen_bildung_gegenwartskunde.html, 3.1.2013

Kruber, Klaus-Peter 2001: Wirtschaftspolitische Bildung im Lernfeld politische Bildung. In: sowi-onlinejournal 2 (2001) 2. http://www.jsse.org/2001/2001-2/pdf/wirtschaftspolitische-bildung-kruber.pdf, 3.1.2013

Sander, Wolfgang 2010: Soziale Studien 2.0? Politische Bildung im Fächerverbund. In: Juchler, Ingo (Hrsg.): Kompetenzen in der politischen Bildung. Schwalbach/Ts., S. 29-45

Seeber, Günther/Retzmann, Thomas/Remmele, Bernd/Jongebloed, Hans-Carl 2012: Bildungsstandards der ökonomischen Allgemeinbildung. Kompetenzmodell, Aufgaben, Handlungsempfehlungen. Schwalbach/Ts.

Steinmann, Bodo 1997: Das Konzept „Qualifizierung für Lebenssituationen" im Rahmen der ökonomischen Bildung heute. In: Kruber, Klaus-Peter 1997 (Hrsg.): Konzeptionelle Ansätze ökonomischer Bildung. Bergisch Gladbach, S. 1-22

Weber, Birgit 1995: Handlungsorientierte Methoden. In: Steinmann, Bodo/ Weber, Birgit (Hrsg.): Handlungsorientierte Methoden in der Ökonomie. Neusäß, S. 17-45. Online unter http://www.sowi-online.de/praxis/methode/handlungsorientierte_methoden.html, 3.1.2013

Weber, Birgit 2012: Was wäre eine angemessene ökonomische Grundbildung? In: Haushalt in Bildung & Forschung 1 (2012) 2, S. 48-59

Winkelmann, Ulrike 2003: Das Praktikum. http://www.sowi-online.de/praxis/methode/praktikum.html_0, 3.1.2013

Dirk Lange

Historisches Lernen als Dimension politischer Bildung

Für das historische Lernen und das politische Lernen haben sich mit der Geschichts- und der Politikdidaktik sowie dem Geschichts- und dem Politikunterricht zwei Disziplinen und zwei Unterrichtsfächer entwickelt. Diese Trennung hat nur einen analytischen Sinn. Der reale Prozess des historischen Lernens hat immer eine politische Dimension und politisches Lernen ohne historische Bezugnahme ist schier unmöglich. Politische Bildung – verstanden als ein Aufklärungs- und Emanzipationsprozess mündiger Bürger/-innen – bedarf der historischen und der politischen Sinnbildung. In der lernenden Auseinandersetzung mit politischen Alltagssituationen verschränken sich die Perspektiven. Politik ist ein Teil von Geschichte und Geschichte ist ein Teil von Politik (vgl. Steinbach 2001).

Politische Bildung wirkt auf das historisch-politische Lernen unter der Zielsetzung ein, den Lernenden ein Höchstmaß an politischer Selbstbestimmung zu eröffnen. Im Mittelpunkt politischer Bildung steht der Mensch, dem durch die Entwicklung gesellschaftlicher Deutungs- und Handlungskompetenzen eine mündige Lebensführung in einer immer komplexeren Gesellschaft ermöglicht werden soll. Politische Bildung will Lernende befähigen, die politisch-gesellschaftliche Wirklichkeit zu erkennen, zu beurteilen, zu hinterfragen und zu beeinflussen.

In der politischen Bildung wird Geschichte noch viel zu oft als Vergangenheit missverstanden. Im Unterschied zur Vergangenheit hat Geschichte aber eine starke Gegenwartsdimension. Geschichte ist eine „vergangene Ereignisse zu einem Sinnzusammenhang organisierende Konstruktion in praktischer Absicht" (Baumgartner 1972, 250). Durch historisches Lernen wird die Fähigkeit entwickelt, vergangene Phänomene zu reflektieren, um gegenwärtige Probleme zu lösen.

Missverstehen der Geschichte als Vergangenheit

Im Folgenden werden zunächst zentrale Konzeptionen historischen Lernens und historisch-politischer Didaktik vorgestellt. Anschließend werden mit dem politikgeschichtlichen und geschichtspolitischen Typus Grundmodelle historisch-politischen Lernens diskutiert.

Zusammenhang zwischen Vergangenheit, Gegenwart und Zukunft

Historisches Lernen stellt einen zeitlichen Zusammenhang zwischen Vergangenheit, Gegenwart und Zukunft her. Diese Verschränkung unterscheidet ‚die Geschichte' von ‚der Vergangenheit' und kennzeichnet sie als eine geistige Operation der Gegenwart. Die Aktivität des Geschichtsbewusstseins wird nicht im „*Erkennen* der Vergangenheit, sondern in der *Verzeitlichung* der Vergangenheit" sichtbar, die einem „Interesse an Zukunft folgt" (Luhmann 1972, 92). Mittels mentaler Modellierungen erinnert das Geschichtsbewusstsein an vergangene Phänomene, um gegenwärtige Herausforderungen zu bewältigen. Es handelt sich um „Vorstellungen über Vergangenheit" (Jeismann 1980, 183), die immer „auch das *Bild* [ist], das sich Menschen von ihr machen" (Steinbach 2001, 6).

Historisches Lernen entwickelt Vorstellungen von Zeitverläufen, welche die Vergangenheit mit Sinngehalten aufladen. Die entwickelten Vorstellungen von Geschichte ermöglichen es dem Menschen, sein Handeln in den Veränderungen der Zeit zu orientieren. Die Vergangenheit wird erinnert, um die Gegenwart verstehen und die Zukunft erwarten zu können (vgl. Rüsen 1985, 67). Historisches Lernen bildet die Kompetenz, „die der Orientierung in den zeitlichen Veränderungen unseres Lebens und unserer gesellschaftlichen Wirklichkeit dienlich ist" (Bergmann 1996, 328).

Didaktisch werden so die mentalen Prozesse und Denkweisen interessant, die historisches Lernen „noch vor der fachwissenschaftlich vermittelten, didaktischen Explikation von ‚Geschichte' als Lerninhalt" (Rüsen 1997, 261) begründen. Aber welches sind die geistigen Grundakte, die aus Zeit Sinn machen? (vgl. Rüsen 1990) Wie wird der sinnlosen Vergangenheit im historischen Denken Sinn gegeben? Die Form dieser historischen Sinnbildung lässt sich hinsichtlich des Denkens, des Erzählens und der Zeit differenzieren.

Denkoperationen

Karl-Ernst Jeismann unterscheidet die Sinnbildungen des Geschichtsbewusstseins entlang der *Denkoperationen*. Aneignung von Wirklichkeit setzt als „Wahrnehmung, Unterscheidung, Einordnung von Phänomenen" an, reicht über die „Bedeutungszumessung und Beurteilung" bis zu „Wertungen und Einstellungen" (Jeismann 1988, 10). Richten sich die Denkoperationen des Analysierens, Urteilens und Wertens auf die Vergangenheit, leiten sie nach Jeismann das historische Lernen. Das historische Sachanalysieren, das historische Sachurteilen und das historische Werten machen als Denkformen Geschichte bewusst, indem sie einen Zusammenhang zwischen Vergangenheitsdeutung, Gegenwartsverständnis und Zukunftsperspektive herstellen (ebd.).

Jörn Rüsen begreift die Bewusstseinstätigkeit, welche Vergangenheitserfahrungen, Gegenwartsdeutungen und Zukunftsorientierungen in einen übergreifenden Sinnzusammenhang stellt, als ‚*historisches Erzählen*'. Historisches Erzählen ist für ihn die Grundoperation des historischen Lernens, „die es in seiner Eigenart und Unterschiedlichkeit von anderen mentalen Prozessen konstituiert und von der her historisches Lernen als einheitlicher Vorgang thematisiert werden kann." (Rüsen 1997, 262) Rüsen unterscheidet den traditionalen, exemplarischen, kritischen und genetischen Lerntypus. Traditionales historisches Lernen erzählt Geschichten, die gegenwärtige Lebensbedingungen als ursprünglich und zeitlos darstellen. Der exemplarische Typus erinnert an einzelne vergangene Sachverhalte, die allgemeine Regeln begründen. Kritisches historisches Lernen delegitimiert bestehende historische Sinnbildungen. Kontinuitätsunterstellungen werden entwertet. Genetisches historisches Lernen erinnert die Vergangenheit als einen Prozess, der vom Gestern über das Heute auf das Morgen gerichtet ist. Die Vergangenheit wird als Voraussetzung der Gegenwart gedeutet (vgl. Rüsen 1989, 126 ff.).

Ausgehend von der Erkenntnis, dass ‚Erzählen aus Zeit Sinn macht' (vgl. Rüsen 1990, 157) lassen sich Jeismanns und Rüsens Konzeptionen in eine *Zeittypologie* historischen Lernens aufheben. Diese fokussiert auf die Zeitverlaufsvorstellungen, durch die Vergangenheit, Gegenwart und Zukunft aufeinander bezogen werden. Geschichte erscheint als Kontinuität, wenn zeitdifferente Gegebenheiten in einen sinnvollen Zusammenhang gebracht werden. Mit dem linearen, zirkulären und punktuellen Typus lassen sich dann drei Formen historischen Lernens unterscheiden:

Das *lineare* historische Lernen ordnet die erinnerten Vergangenheitsphänomene zeitlich nacheinander. Es wird gelernt, die Vergangenheit so zu formen, dass sie als eine geradlinige Entwicklung zur Gegenwart erscheint. Zugleich weist diese Linie über die Gegenwart hinaus in die Zukunft. Geschichte wird als ein kausaler und gerichteter Zeitverlauf wahrgenommen. Das *zirkuläre* historische Lernen interpretiert Wandel als Wiederkehr von Gleichem. Es wird gelernt, das Fortschreiten der Zeit als eine periodische Bewegung zu betrachten. Die zirkuläre Sinnbildung interpretiert die Veränderungen im

Raum als ein Fortbestehen überzeitlicher Konstanten. Das *punktuelle* historische Lernen nutzt singuläre vergangene Phänomene für Analogiebildungen. Der historische Sinn wird durch das Aufzeigen von Ähnlichkeiten und Differenzen gebildet (vgl. Lange 2004). Entscheidend ist, dass historisches Lernen heute nicht mehr als Erlernen von Wissen über die Vergangenheit begriffen werden kann. Von Interesse sind die spezifischen fachlichen Sinnbildungskompetenzen, die in der Auseinandersetzung mit vergangenheitsbezogenen Inhalten entwickelt werden. Historisches Lernen entwickelt eine mentale Bewusstseinsstruktur, die Vergangenheit mit Sinnbezügen zur gegenwärtigen Problembewältigung auflädt.

Sinnbildungskompetenzen historischen und politischen Lernens

Dieser didaktischen Logik folgend lassen sich historisches Lernen und politisches Lernen hinsichtlich der Sinnbildungskompetenzen unterscheiden, die erschlossen werden. Historisches Lernen entwickelt die Kompetenz, aus vergangenen Erfahrungen Sinn für das Handeln in Gegenwart und Zukunft zu gewinnen. Dabei wird erkannt, dass die politische Wirklichkeit gestaltet wurde und veränderbar ist. Politisches Lernen entwickelt die Kompetenz, die Transformation von Interessenvielfalt in allgemeine Verbindlichkeit zu legitimieren und zu delegitimieren. Dadurch werden eine kritische Beurteilung des Politischen und eine aktive Teilhabe am politischen Prozess ermöglicht. Aber wie wirken diese beiden Lernformen im historisch-politischen Lernen zusammen? Historisch sind drei Modelle der historisch-politischen Didaktik erprobt worden: das Integrations-, das Kooperations- und das Korrelationsmodell.

Drei Modelle der historisch-politischen Didaktik

Historisch-politisches Lernen lässt sich als Integration verstehen, wenn eine Lernform auf einen Aspekt der jeweils anderen reduziert wird. So könnte aus geschichtsdidaktischer Perspektive argumentiert werden, dass das Politische hinreichend an Beispielen der Vergangenheit vermittelt werden kann. Aus politikdidaktischer Perspektive könnte der Umstand hervorgehoben werden, dass Geschichte hinreichend an den historischen Bezügen des aktuell Politischen erlernt werden kann. Im Kooperationsmodell wird historisch-politisches Lernen additiv als Summe des historischen und des politischen Lernens konzipiert. Historisch-politisches Lernen bezeichnet dann zwei Erkenntnisweisen, die in der gesellschaftswissenschaftlichen Domäne voneinander profitieren. Schließlich kann historisch-politisches Lernen als Korrelation gedacht, die die historische und die politische Perspektive nicht nur nebeneinander stellt, sondern zugleich aufein-

Historisches Lernen als Dimension politischer Bildung

ander verweist. Trotzdem gehen die Perspektiven nicht ineinander auf. Das Historische wird zu einem Bestandteil des politischen Lernens und das politische zu einem Aspekt des historischen Lernens.

Aus der Korrelation der Lernformen können das politikgeschichtliche und das geschichtspolitische Lernen gewonnen werden. Beim politikgeschichtlichen Lernen erscheint das Historisch-Politische als ein Überschneidungsfeld, in dem sich historisches Denken auf einen politischen Gegenstand bezieht.

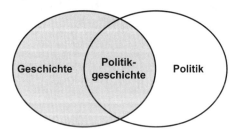

Abb. 1: Politikgeschichtliches Lernen

Politikgeschichtlich wird gelernt, wie die Vergangenheit genutzt werden kann, um politische Probleme zu bewältigen oder um politische Zustände zu kritisieren. Dieses politikgeschichtliche Lernen lässt sich danach unterscheiden, auf welche Art und Weise die Vergangenheit genutzt wird, um gegenwärtige Politik zu rechtfertigen. Beim Erwerb von politikgeschichtlicher Kompetenz lassen sich drei Lernformen erkennen. Es kann gelernt werden, Phänomene der Vergangenheit entweder zirkulär, linear oder punktuell auf die politische Gegenwart zu beziehen (vgl. Lange 2004, S. 30 ff.).

Formen politikgeschichtlichen Lernens

Durch lineares politikgeschichtliches Lernen wird die Kompetenz erworben, politische Herrschaft durch ihre Entwicklung im Wandel der Zeit zu legitimieren. Lineares politikgeschichtliches Lernen ermöglicht es, den Zeitverlauf als politischen Fortschritt zu interpretieren. Politik wird legitimiert, indem sie als Verbesserung der Vergangenheit dargestellt wird.

Beim zirkulären politikgeschichtlichen Lernen wird im Fortschreiten eine Wiederkehr von Phänomenen erkannt, die als grundlegende Einsichten gegenwartsbedeutsam sind. Die vergangenen Erfahrungen dienen der Begründung und Entwicklung politikrelevanter Prinzipien und Werte. Durch zirkuläres politikgeschichtliches Lernen werden Denkprozesse erlernt, die politische Herrschaft als ein überzeitliches Phänomen begreifen, das als solches schon immer anerkennungswürdig war. In dieser Denkfigur wird eine politische Ordnung durch den Bezug auf Traditionen anerkennungswürdig gemacht.

Durch punktuelles politikgeschichtliches Lernen wird die Kompetenz erworben, politische Herrschaft durch Momente aus dem Wandel der Zeit zu legitimieren. Es entwickelt die Fähigkeit, Politik durch den Vergleich mit historischen Beispielen zustimmungsfähig zu machen. Es wird gelernt, politische Positionen durch historische Analogien zu begründen beziehungsweise in Frage zu stellen.

Lernformen / Zeitkonzept	zirkuläre Sinnbildung	lineare Sinnbildung	punktuelle Sinnbildung
Kontinuität wird erkannt in der	Wiederkehr	Entwicklung	Analogie
Leitprinzip des historischen Denkens	Routine	Fortschritt	Möglichkeit

Abb. 2: Typen politikgeschichtlichen Lernens

Beim politikgeschichtlichen Lernen werden Kompetenzen erworben, durch die Politik legitimiert werden kann; entweder durch zirkuläre, lineare oder punktuelle Verknüpfungen zwischen Vergangenheit und Gegenwart. Politikgeschichtliches Lernen stellt aber nur eine Seite des historisch-politischen Lernens dar. Richtet sich Politik auf einen historischen Gegenstand, wird die historisch-politische Korrelation aus der Perspektive der Geschichtspolitik sichtbar.

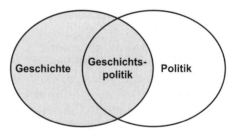

Abb. 3: Geschichtspolitisches Lernen

In geschichtspolitischen Deutungen dominieren politische Gegenwartsinteressen gegenüber historischen Erkenntnisinteressen. Dieser Umstand ist nicht verwerflich, sondern als ein modernes Politikfeld zu betrachten. In einer differenzierten und pluralen Gesellschaft lässt sich aus der Geschichte keine homogene Identität mehr gewinnen. Verschiedene interessengeleitete Fraktionen konkurrieren darum, ihre Geschichtsdeutung allgemeinverbindlich durchzusetzen. Mit der Geschichte wird Politik betrieben. Deshalb ist es bedeutsam, auch geschichtspolitisch zu lernen. Dabei entwickelt sich die Kompetenz, am politischen Streit um verbindliche Geschichtsdeutungen zu partizipieren. Es wird erlernt, wie Geschichtsdeutungen allgemein verbindlich gemacht werden.

Geschichtspolitisches Lernen

Geschichtspolitisch kann gelernt werden, wie interessengebundene Deutungen in die öffentliche Auseinandersetzung um Geschichte eingebracht werden können. So entwickelt sich zugleich die Fähigkeit, Vergangenheitsdeutungen prüfend zu begegnen. Geschichtsvorstellungen, die als ‚historische Wahrheit' präsentiert werden, können als interessengebundene Interpretationen verstanden werden. Die geschichtspolitische Sinnbildung erkennt die grundsätzliche Kontroversität möglicher Geschichtsdeutungen als Ausdruck pluraler gesellschaftlicher Interessen an. Sie gewinnt in einer Gesellschaft an Bedeutung, in der Konflikte um die „richtige" Deutung der Geschichte zum politischen Tagesgeschäft gehören.

Mündige Bürger/-innen benötigen in der modernen Gesellschaft sowohl politikgeschichtliche als auch geschichtspolitische Kompetenzen. Historisch-politische Bildung will sie einerseits befähigen, historischen Sinn für ihre politischen Orientierungen zu generieren, und sie andererseits in die Lage versetzen, sich an öffentlichen Kontroversen um Geschichte zu beteiligen.

Literatur

Baumgartner, Hans Michael 1972: Kontinuität und Geschichte. Zur Kritik und Metakritik der historischen Vernunft. Frankfurt/M.
Behre, Göran/Norborg, Lars-Arne (Hrsg.) 1985: Geschichtsdidaktik – Geschichtswissenschaft – Gesellschaft. Stockholm
Bergmann, Klaus 1996: Historisches Lernen in der Grundschule. In: George, Siegfried/Prote, Ingrid (Hrsg.): Handbuch zur politischen Bildung in der Grundschule. Schwalbach/Ts., S. 319-342
Bergmann, Klaus u.a. 1997 (Hrsg.): Handbuch der Geschichtsdidaktik. 5. überarb. Aufl., Seelze-Velber

Jeismann, Karl-Ernst 1980: „Geschichtsbewusstsein". Überlegungen zu einer zentralen Kategorie eines neuen Ansatzes der Geschichtsdidaktik. In: Süssmuth 1980, a. a. O., S. 179-222

Jeismann, Karl-Ernst 1988: Geschichtsbewußtsein als zentrale Kategorie der Geschichtsdidaktik. In: Schneider 1988, a. a. O., S. 1-24

Lange, Dirk 2004: Historisch-politische Didaktik. Zur Begründung historisch-politischen Lernens. Schwalbach/Ts.

Luhmann, Niklas 1972: Weltzeit und Sozialgeschichte. Über Beziehungen zwischen Zeithorizonten und sozialen Strukturen gesellschaftlicher Systeme. In: Ludz, Peter Christian (Hrsg.): Soziologie und Sozialgeschichte. Aspekte und Probleme, KZfSS Sonderheft 16, Opladen, S. 80-115

Rüsen, Jörn 1985: Historisches Erzählen als geschichtsdidaktisches Prinzip. In: Behre/Norborg 1985, a. a. O., S. 63-82

Rüsen, Jörn 1989: Historisch-politisches Bewusstsein – was ist das? In: Bundesrepublik Deutschland. Geschichte – Bewusstsein. Hrsg. von der Bundeszentrale für politische Bildung (Schriftenreihe Bd. 273), Bonn, S. 119-141

Rüsen, Jörn 1990: Zeit und Sinn. Strategien historischen Denkens. Frankfurt/M.

Rüsen, Jörn 1997: Historisches Lernen. In: Bergmann u. a. 1997, a. a. O., S. 261-265

Schneider, Gerhard 1988 (Hrsg.): Geschichtsbewußtsein und historisch-politisches Lernen. Pfaffenweiler

Steinbach, Peter 2001: Geschichte und Politik – nicht nur ein wissenschaftliches Verhältnis. In: APuZ B 28/2001, S. 3-7

Süssmuth, Hans 1980 (Hrsg.): Geschichtsdidaktische Positionen. Bestandsaufnahme und Neuorientierung. Paderborn u. a.

Sibylle Reinhardt

Moralisches Lernen

1. Werte, Wertewandel und Konflikte um Werte

Moralische Fragen betreffen die Regeln, mit denen Menschen ihr Handeln in Beziehung setzen, und deren Bewertung. Die Antworten sind entscheidend für die Bildung persönlicher Identität (Kann ich mich rechtfertigen? Bin ich ein guter Mensch?), für die Zugehörigkeit zu Gruppen (Was hält unsere Gemeinschaft zusammen?) und auch für das integrierende Selbstverständnis eines demokratischen Systems (Grundwerte der Freiheit, Gleichheit, Gerechtigkeit und Solidarität, vgl. Klein/Speth 2000). Werte sind Vorstellungen des Wünschenswerten, also Ideen oder Ideale, die der Beurteilung von Wünschen dienen; sie sind nicht gleichzusetzen mit den erstrebenswerten Objekten und ermöglichen die Differenzierung zwischen faktisch vorhandenen und gerechtfertigten Wünschen (vgl. Thome 2005, 389 ff.). Diese kognitiven Vorstellungen sind emotional stark besetzt (Joas 2005, 15).

Individuelle und kollektive Bildungsprozesse für Werte und Normen rücken immer dann ins Zentrum der Aufmerksamkeit, wenn die Ausbildung individueller Identität und die Herstellung gesellschaftlicher Integration als gefährdet erscheinen. Als „Wertewandel" ist in den vergangenen Jahrzehnten die Tatsache diskutiert worden, dass von einem widerspruchsfreien Wertesystem mit der dadurch gegebenen Stabilität und Integration nicht die Rede sein kann. Die Individualisierungsthese von Beck (1986) entspricht der Pluralisierungsthese, die eine Zunahme von institutionell möglichen Wegen bezeichnet. Biographie wird nach Beck „aus vorgegebenen Fixierungen herausgelöst, offen, entscheidungsabhängig und als Aufgabe in das Handeln jedes einzelnen gelegt" (216). Die Vorgaben institutioneller und lebensgeschichtlicher Art sind wie Bausätze, aus denen der einzelne seine Biographie entwirft (zur Temporalisierung vgl. Rosa 2012, 237 f.). Zu dieser Aufgabe für Wahl und Entscheidung gehört auch die Wahl von Wertorientierungen, da nicht von ungebrochener Tradierung und Aneignung kollektiver Definitionen ausgegangen

Wertewandel

werden kann. Werte müssen zudem angemessen auf Situationen angewendet werden, denn unterschiedliche Kontexte provozieren und verlangen unterschiedliche Wertorientierungen (Familie ist nicht Wirtschaft, Staatsbürgerschaft ist nicht Beruf).

Integrationsproblem moderner Gesellschaften — Das Integrationsproblem moderner Gesellschaften wird von Habermas (1992) auch darin gesehen, dass sie „nicht nur sozial, über Werte, Normen und Verständigungsprozesse, sondern auch systemisch, über Märkte und administrativ verwendete Macht, integriert" (58) werden. Dieses Nebeneinander von unterschiedlichen Integrationsressourcen enthält Sprengkraft besonders in einer Zeit, in der die einzig zur Gesamtintegration geeignete Ressource – nämlich gesellschaftliche Solidarität – besonders gefährdet sei (Vorwort). Letzten Endes spricht Habermas die Aufgabe der Integration der Teilsysteme dem staatlich institutionalisierten Recht zu.

Inzwischen wird ein „Wandel des Wertewandels hin zu Sicherheit und Gemeinschaft" gesehen (Hradil 2002, 412), ohne dass dies eine Rückkehr zu den 1950er-Jahren bedeutet, sondern eine neue Kombination von Werten, und ohne dass dies automatisch die Umsetzung in Handeln bewirkt (auch Klages 2001).

Individuelle Bildungsprozesse in Richtung auf postkonventionelle Identitäten sind im Prozess der Modernisierung im Sinne von Individualisierung die einzige Chance, dass Einzelne ihr Leben verständlich integrieren können und sich zugleich über die normativen Implikationen dieser Art Identität in eine neue Art der sozialen Einbindung begeben können.

Zunehmende Bedeutung von Bildungsprozessen — Wenn Traditionen und andere Vorgegebenheiten nicht mehr unbefragt gelten, wenn die Zunahme an Wahlmöglichkeiten die Eigentätigkeit und auch Verantwortlichkeit der Individuen steigert, dann werden organisierte Bildungsprozesse wichtiger. Politische Bildung hat auch die Förderung politisch-moralischen Urteilsvermögens zum Ziel. Dieses Ziel ist mit zunehmender Unsicherheit und Unbestimmtheit des individuellen und kollektiven Lebens eine unabweisbare Aufgabe geworden. Der Mangel an Selbstverständlichkeiten, die für kollektive und individuelle Integrität sorgen können, erzeugt die Notwendigkeit des gemeinsamen Erwerbs von Gemeinsamkeiten. Solche tragfähigen Konsense können nur über konfliktreiche Auseinandersetzungen erreicht werden.

Kontroversprinzip leitet Streit um Werte — Das Kontroversprinzip der politischen Bildung leitet auch den Streit um Werte (exemplarisch sei auf die Auseinandersetzung um die Beschneidung von Jungen verwiesen, Reinhardt 2013):

Fachdidaktische Wege 331

1. Moralische Fragen, die nicht (mehr) durch Konventionen vorentschieden sind, entstehen häufig als Dilemma zwischen Werten; dieser Wertekonflikt verlangt eine Entscheidung von Einzelnen, von Institutionen und auch vom Gesetzgeber.
2. Der inhaltliche Dissens veröffentlicht sich als sozialer Konflikt; Interessen- bzw. Überzeugungsgruppen streiten.
3. Die angeführten Gründe enthalten häufig unterschiedlich weite soziale Perspektiven; diese strukturelle Widersprüchlichkeit ergibt kognitive Dissonanzen.
4. Die angeführten Gründe betreffen – häufig unaufgeklärt und Verwirrung stiftend – entweder Tatsachen oder Werte; wenn Konsequenzen, also tatsächliche Folgen, von wertbezogenen Entscheidungen mit berücksichtigt werden, geht Gesinnungs- in Verantwortungsethik über.

Streitkultur in Unterricht und Gesellschaft würde das vierfache Verständnis von moralischem Konflikt akzeptieren und umsetzen. Reflexionen auf moralische Werte, auf den sozialen Konflikt, auf die Art der Gründe für Wertungen und auf die Qualität von Argumenten (Werte/Tatsachen; Gesinnung/Verantwortung) sind nötig. Die Aufklärung des Streitprozesses ist ein Weg, zu Konsens und zu Toleranz zu gelangen.

2. Fachdidaktische Wege

Es gibt eine Reihe von im Unterricht erprobten Wegen, moralisch-politisches Lernen zu fördern (vgl. Reinhardt 1999; 2012, Kap. 10). Zwei dieser Wege sind die Dilemma-Methode und die Reflexion auf Gründe und Strukturen. Sie konkretisieren das fachdidaktische Prinzip der politisch-moralischen Urteilsbildung.

2.1 Die Dilemma-Methode

Moralische Dilemmata haben im Unterricht die Kraft, Schülerinnen und Schüler in Auseinandersetzungen über moralische Fragen zu verwickeln, sie zur Klärung ihrer Entscheidungen zu befähigen und die Notwendigkeit und Möglichkeit von Begründungen erfahren zu lassen (vgl. Landesinstitut für Schule und Weiterbildung 1991 und 1993). Ein solches moralisches Dilemma stellt ein Individuum vor die Entscheidung zwischen (mindestens) zwei Werten, die in etwa gleichgewichtig sind, so dass die Entscheidung einen wichtigen Wert verletzt und deshalb begründet werden muss.

Moralische Dilemmata

Die Behandlung eines Dilemmas als ethische Entscheidungsfrage eines Individuums zwischen Werten wäre eine Engführung, wenn der Unterricht bei dieser individualisierenden Sichtweise stehen bliebe. Das moralische Problem bliebe eines von Einzelwesen und wäre von politischen Regelungen im Sinne der allgemeinen Festlegung von Antworten und Rahmenbedingungen abgeschnitten. Deshalb sollte die Dilemmabearbeitung eine Phase der „Politisierung", in der die Rahmenbedingungen und politische Alternativen verhandelt werden, enthalten (die z. B. bei Oser 2001, 79 ff. und bei Lind 2003, 83 ff. fehlt):

Phase der Politisierung

1) Konfrontation mit dem Wertedilemma einer Person
   (z. B.: Sterbehilfe?)
2) Strukturierung des Dilemmas
   (Werte für und gegen das Handeln)
3) Reflexion der Argumente
   (Überzeugungskraft? Werte oder Tatsachen?)
4) Politisierung des Dilemmas
   (Gesetzliche Richtschnur? Welche, wenn ja?)

Beispiel Ein Beispiel kann den Zusammenhang verdeutlichen: Christine Lutter-Link hat aus aktuellem Anlass im Frühjahr 1991 das Dilemma einer Unternehmerin konstruiert, die vor der Entscheidung steht, einen Auftrag zur Lieferung einer Laboranlage in ein Land des Nahen Ostens mit einem diktatorischen Regime anzunehmen oder abzulehnen (vgl. Lutter-Link/Reinhardt 1993). In dem Labor sollten Insektengifte hergestellt werden, die aber auch gegen Menschen eingesetzt werden könnten.

Das persönliche Dilemma ist ein Dilemma nur so lange, wie diese Gesellschaft in ihrer staatlichen Organisationsform die Entscheidung dem einzelnen Bürger überlässt bzw. zumutet, also nicht politisch (und mit rechtlicher Sanktionsgewalt) vorentscheidet. Das Dilemma war für die Unternehmerin dann keine individuelle moralische Frage mehr, als die Lieferung von dual-use-products in den folgenden Jahren durch Änderungen des Außenwirtschaftsgesetzes und der Außenwirtschaftsverordnung an restriktive Bedingungen geknüpft wurde.

Aufkommen der politischen Frage Die Erfahrungen mit der Diskussion des Dilemmas zeigen, dass die politische Frage nach einer zu treffenden allgemeinen Regelung sich entweder in der Auseinandersetzung der Schüler von selbst ergibt oder leicht anzustoßen ist (vgl. Reinhardt 1999, 72-74). Eine Klasse 10 stellte 1994 diese Argumente gegenüber:

Fachdidaktische Wege

Pro	Kontra
Der Auftrag ist gut für die Firma.	Mann muss weiter denken als an die Firma: Umwelt.
Die Firma geht sonst bankrott.	Aber falls das Gesetz das verbietet, sind die Konsequenzen mies.
Das kurzfristige Firmeninteresse.	Langfristiges Firmen-Interesse (Image).
Es geht um Arbeitsplätze!	Es geht um Menschenleben!
Sonst nehmen andere den Auftrag.	

An diesem Punkt der Auseinandersetzung stellte ein Schüler die Frage, ob es nicht um eine ganz andere Lösung gehen müsse, nämlich um die Regelung durch ein Gesetz. Damit wurde die Perspektive gewechselt, nämlich vom Dilemma einer einzelnen Person zur kollektiven Entscheidung über eine Rahmenbedingung wirtschaftlichen Handelns.

Konflikte um und Reflexionen über moralische Dilemmata von Personen öffnen einen dynamischen Weg zur Erörterung politischer Entscheidungen und tragen zur politischen Urteilsbildung bei (vgl. dazu Henkenborg 2000, 265; May 2007). Diese Dynamik ist besonders in einer Zeit der Politikdistanz und der Politikerverdrossenheit für Lernende didaktisch wichtig. Zugleich wird der moralische Konflikt des Individuums in den gesellschaftlich-politischen Zusammenhang gefügt.

2.2 Reflexion über Gründe und Strukturen

Die gemeinsame Reflexion der vorgebrachten Gründe bei moralischen Streitfragen, wie auch in der dritten Phase der Dilemma-Methode, ermöglicht Distanz und fördert die Entscheidungsfähigkeit. Diese Reflexion bedarf der Instrumente und Verfahren. Das – ursprünglich entwicklungspsychologische – Stufenmodell von Kohlberg (2001/1976) stellt ein Instrument dar, dessen Einsatz die soziale Reichweite von Argumenten klären hilft. Diese Verwendung ist nicht von Kohlberg beabsichtigt worden, sondern wurde für den Unterricht entwickelt. Das Instrument dient entweder dem Lehrer bei der Planung und Durchführung der Analyse oder es wird den (Oberstufen-)Schülern an die Hand gegeben. Christian Fischer hat 2011 eine Fassung für das kooperative und selbstständige Arbeiten entwickelt.

Ebenen	Stufen	Orientierung an/am
Egozentrische Ebene	Stufe 1	eigenen Wohlergehen
(präkonventionell)	Stufe 2	strategischer Tauschgerechtigkeit
Soziozentrische Ebene	Stufe 3	Erwartungen von Bezugsgruppen
(konventionell)	Stufe 4	Gesellschaftsverfassung
Universalistische Ebene	Stufe 5	Sozialvertrag
(postkonventionell)	Stufe 6	verallgemeinerungsfähigen Prinzipien

Die Abfolge der drei Niveaus und sechs Stufen zeigt eine Entwicklung der Außen- zur Innenlenkung, von konkret zu abstrakt, von Straforientierung über Verinnerlichung zu moralischer Autonomie, von Egozentrismus über Konventionsabhängigkeit zu einer umgreifenden sozialen Perspektive. In den Stufen sind zwei Komponenten enthalten, die sich erweiternde soziale Perspektive und das sich generalisierende Gerechtigkeitskonzept.

Diese Stufen können auch als Klassifikationen aufgefasst werden, die zur Analyse der Argumente beitragen, die die Lerner im Unterricht vorgebracht hatten. Den Streit um eine moralisch relevante Streitfrage muss der Lehrer in Stichworten protokollieren; dieses Protokoll der Argumente ist das Material für die gemeinsame Reflexion. Dabei geht es um die Wertigkeit der Argumente (welche tragen besser?), um den Widerspruch der Argumente (wo widersprechen sich die Argumente: im moralischen Punkt, in der Einschätzung von Tatsachen, in der Abschätzung von Folgen, in den beteiligten Interessen?) und schließlich um eine zusammenfassende Würdigung der Argumente. Diese Phase schafft Distanz zur vorhergegangenen (auch emotionalen) Auseinandersetzung.

Unterrichtserfahrungen Erfahrungen aus dem Unterricht zeigen (Reinhardt 1999), dass Schüler und Schülerinnen die Argumente anderer ernster nehmen, wenn sie klären, an welchem Punkt die Positionen konfligieren. Der strukturelle Bezug eines Argumentes kann gleich sein (z. B. Egoismus oder Gruppenkonformität oder ein universalisierungsfähiges Prinzip), und doch kann die inhaltliche Antwort unterschiedlich sein. Das kann am Konflikt zwischen gleichwertigen Werten liegen (moralisches Dilemma), das kann aus unterschiedlichen Interessen oder aus verschiedenen Realitätsannahmen (Tatsachen, Vermutungen) oder aus der unterschiedlichen Gewichtung von Gesinnungs- und Verantwortungsethik resultieren.

Die Analyse der Argumentationen auf die Punkte von Konsens und Dissens hin fördert Toleranz; nicht gleichgültiges Desinteresse lässt die andere Meinung wie ein beliebiges Geschmacksurteil stehen,

Fachdidaktische Wege

sondern der Nachvollzug der sozialen Logik des Urteils führt zur reflektierten Akzeptanz auch bei Verschiedenheit oder zur begründeten Zurückweisung. Moralische Verdächtigungen werden seltener; der Unterschied zwischen moralischen und sozialwissenschaftlichen Bezügen wird deutlicher. Dieser Prozess des Analysierens kann, wenn er selbst produzierte Äußerungen der Lernenden zum Gegenstand hat, auf großes Interesse stoßen. Instrument und Verfahren sind, da sie als Versatzstücke einsetzbar sind, vielseitig verwendbar.

Erscheinungen der Realität und auch Theorien provozieren u. U. die Frage, ob sie moralisch seien. Falls Lernende das Stufenmodell von Kohlberg kennen, bietet es sich als Instrument für die Analyse an. Ein Beispiel (vgl. Reinhardt 1999, 78-87): Die Behandlung marktwirtschaftlicher Strukturen zeigt zuerst, dass die Interaktion auf dem Markt die Regel der Tauschgerechtigkeit befolgt, also der Gerechtigkeitsvorstellung auf Stufe 2 bei Kohlberg entspricht. Weiterhin zeigt sich, dass dieses Handeln in gesetzliche Rahmenbedingungen z. B. des Strafrechts gefasst ist, so dass der Gesetzesgehorsam nach Stufe 4 wichtig wird. Schließlich kann sich die Überlegung anschließen, ob nicht die Gesamtqualität des Systems (der „unsichtbaren Hand") möglicherweise eine allgemeinere Wohlfahrt befördert, die mit Stufe 5 bei Kohlberg zu interpretieren wäre. Die Untersuchung von Grundwerten – z. B. Solidarität – könnte mit dem Einsatz eines solchen Instrumentes offenlegen, dass der abstrakte Begriff konkretisiert werden muss und unterschiedlich konkretisiert wird (vgl. Reinhardt 2000): Es kann die Solidarität des Nahraums (der partikularen Gruppenzugehörigkeit) gemeint sein, ja sogar die Solidarität, die nur dem Eigeninteresse zuarbeitet (taktisch-strategische Bündnisse), aber Solidarität kann auch den Einbezug der Interessen fernstehender Unbekannter meinen. Alle Spielarten sind politisch legitim, sie verwenden aber unterschiedliche Konzepte desselben Begriffs. Strittig bleibt die Frage, welcher Begriff wann als gerechtfertigt gelten kann.

Das Stufenmodell Kohlbergs als Analyseinstrument

2.3 Schulkultur – „Just Community"

Schon Kohlberg hatte sich dem Problem zugewandt, dass Dilemmadiskussionen das Handeln der Schüler zwar als Denkhandlung erreichen, dass die Umsetzung moralischer Grundsätze in die Tat aber durch Verfahren der demokratischen Mitbestimmung in der Schule erfolgen müsste. Die Just Community (demokratische Schulgemeinde) ist ein Verfahren, bei dem sich eine Schule zur basisdemokrati-

Just Community

schen Bearbeitung jener Fragen und Probleme, die in ihre Kompetenz fallen, entscheidet. Über mehrere Institutionen (wie Schulversammlung, Fairness-Komitee, Klassenberatungen, Fachunterricht, Steuerungsgruppe) wird die Integration der Schule in ein Entscheidungsorgan organisiert, in dem jede(r) eine Stimme hat. Ergänzend sind Lehrer- und Elternfortbildungen sowie beim jetzigen geringen Stand der Routinisierung auch wissenschaftliche Begleitung notwendig (vgl. Landesinstitut 1993, Lind 2003, Oser/Althof 2001, Reinhardt 2007).

3. Kritik, Probleme

Auf zwei Problempunkte bei der o.g. Konzeption moralischen Lernens haben besonders Sutor (2000) und Detjen (2000) hingewiesen. Die Kritik kann konstruktiv gewendet werden (Reinhardt 2009):

3.1 Alle Stufen haben ihren Sinn

Alltagshandeln

Die Entwicklungslogik des Modells von Kohlberg könnte zu einer Geringschätzung der früheren Stufen moralischen Urteilens verleiten. Stattdessen sei hervorgehoben, dass die niederen in den höheren Stufen „aufgehoben“ werden in einem dialektischen Sinne, also überholt und bewahrt sind. Eine Minderschätzung der Stufen des konventionellen und auch des präkonventionellen Niveaus würde das Alltagsleben verfehlen, denn wir urteilen und handeln im Alltag häufig und vorbewusst auf Stufe 1 und 2 – und das macht Sinn. Es ist nicht moralisch unsinnig, sich als Teilnehmer des Straßenverkehrs von negativen Sanktionen steuern zu lassen oder als Käufer und Verkäufer den fairen Preis für den Tausch zu erwarten. Es würde auch nicht erfasst, dass unterschiedliche gesellschaftliche Kontexte unterschiedliche Gerechtigkeitsvorstellungen verfolgen (vgl. die Soziologie der Gerechtigkeit, z. B. Müller/Wegener 1995). Hieraus ergibt sich eine diagnostische Konsequenz: Es werden im Unterricht Argumente und nicht etwa Personen den Stufen zugeordnet. Ein Schüler darf aus forschungsmethodischen Gründen, aus Gründen der Sachhaltigkeit und aus Achtung vor der Person nicht etikettiert werden.

3.2 Politik ist komplexer als moralische Reflexion

Im Prozess der politischen Auseinandersetzung geht es nicht allein um die moralische Frage der Verallgemeinungsfähigkeit von Interessen, sondern auch um Fragen der Interessenkonflikte, der konkreten

Lebensgeschichten und Bindungen, der Folgen und Nebenfolgen beabsichtigter und unbeabsichtigter Art, der Ungewissheit der Tatsachen, der gegebenen Spielregeln und Institutionen, der Kompromissmöglichkeiten und der Machtverhältnisse. Es wäre kurzschlüssig zu meinen, politisches Denken und Handeln könne reduziert werden auf die moralischen Fragen nach z. B. Freiheit, Gleichheit, Gerechtigkeit und Solidarität. Aber die moralische Frage braucht für ihre Behandlung im Unterricht Verfahren und Instrumente, also didaktische und methodische Vorschläge.

3.3 Datenschutz statt Authentizität und Öffentlichkeit

Ein drittes Problem ist im Interesse der Lernenden zu bedenken. Moralische Urteile sind objektiv relevant, weil sie das In-Beziehung-Setzen von Menschen zueinander auf der personalen, institutionellen und gesellschaftlichen Ebene betreffen. Diese Urteile sind zugleich subjektiv relevant, weil sie das Individuum zu anderen und zu sich selbst in ein Verhältnis setzen. Moralische Identifikation ist zentral für die Frage nach der Identität.

Diese subjektive Relevanz einer Diskussion zum Beispiel zum Schwangerschaftsabbruch macht es nötig, dass Schüler und Schülerinnen sich „verstecken" können. Urteile und Einschätzungen sind zudem – dies ist ein Merkmal von Bildungsprozessen – nicht endgültig; in der Schule darf vieles in Gedanken ausprobiert werden, ohne dass damit eine Festlegung erfolgen muss. Dies ist der Vorteil der Handlungsentlastung in institutionalisierten Lernprozessen.

Handlungsentlastung im schulischen Kontext

Schüler und Schülerinnen müssen vor der Veröffentlichung ihrer persönlichen Urteile u. U. geschützt werden, damit sie nicht (selbst-) etikettiert und damit verfestigt werden können. Durch entsprechende Verfahren kann die Diskussion dem „Ich" entzogen werden, wobei das Ich sich trotzdem einbringen kann – aber in distanzierter, verfremdeter Form (vgl. Reinhardt 1999, 101 ff.; 2013).

Die geplante Distanzierung und Verfremdung ist zugleich ein Mittel, damit eine mögliche emotionale Auflösung der moralischen Frage sich nicht in einer Explosion entlädt, die die Interaktion im Unterricht gefährdet.

4. Allgemeine pädagogische Konsequenzen: Wertereflexion

1. „Werteerziehung" kann in einer modernen Gesellschaft nicht Wertevermittlung im Sinne von Werteindoktrination sein; der Vorgang muss reflexiv sein.
2. „Wertereflexion" muss sachgebunden erfolgen. Die Isolierung der Wertedimension von den Dimensionen der Realität würde die Gefahr von bloßer Gesinnungsethik und sachfremder Emotionalität provozieren.
3. Die Beschäftigung mit Normen und Werten in reflexiver Einstellung muss als Teil der Allgemeinbildung erfolgen und nicht in (z. B. konfessionell) segmentierter Form.
4. Der Wertebezug ist der Beschäftigung mit allen Gegenständen immanent. Deshalb ist Wertereflexion ein Unterrichtsprinzip und nicht die Sache von Spezialfächern. Die einzelnen Fächer müssen das Prinzip fachspezifisch konkretisieren. Die politische Bildung entfaltet das fachdidaktische Prinzip der politisch-moralischen Urteilsbildung.
5. Reflexivität als Merkmal der Moderne und des ihr gemäßen Lernens verlangt ein interaktionistisches Lernkonzept, in dem die lernenden Subjekte den Prozess aktiv mit konstruieren.
6. Dem Wertebezug einer Demokratie muss auch das Schulleben entsprechen. Die Schülervertretung und die „just community", die Verkehrs- und Interaktionsformen in Schule und Unterricht sind Weisen des Handelns, die das Urteilen verwirklichen sollen und nicht dementieren dürfen.

Das Thema des moralischen Lernens betrifft und berührt uns alle. „Demokratie kann uns nicht gleichgültig sein, weil sie die Existenzgrundlagen unserer freien Lebensverfassung betrifft." (Nolte 2013, 23)

Literatur

Beck, Ulrich 1986: Auf dem Weg in eine andere Moderne. Frankfurt/M.
Breit, Gotthard/Schiele, Siegfried (Hrsg.) 2000: Werte in der politischen Bildung. Schwalbach/Ts.
Detjen, Joachim 2000: Werteerziehung im Politikunterricht mit Lawrence Kohlberg? Skeptische Anmerkungen zum Einsatz eines Klassikers der Moralpsychologie in der Politischen Bildung. In: Breit/Schiele (Hrsg.), a. a. O., S. 303-335
Edelstein, Wolfgang/Oser, Fritz/Schuster, Peter (Hrsg.) 2001: Moralische Erziehung in der Schule. Weinheim und Basel
Fischer, Christian 2011: Die Moralstufenanalyse als Instrument – am Beispiel Rechtsextremismus. In: Gesellschaft – Wirtschaft – Politik, H. 2, S. 255-266 (ist auch elektronisch im Didaktischen Koffer als Instrument frei verfügbar)
Habermas, Jürgen 1992: Faktizität und Geltung. Frankfurt/M.
Henkenborg, Peter 2000: Werte und kategoriale Schlüsselfragen im Politikunterricht. In: Breit/Schiele (Hrsg.), a. a. O., S. 263-287
Hradil, Stefan 2002: Der Wandel des Wertewandels. In: Gesellschaft – Wirtschaft – Politik, H. 4, S. 409-420
Joas, Hans 2005: Einleitung. In: Joas/Wiegandt (Hrsg.), S. 11-39
Joas, Hans/Wiegandt, Klaus (Hrsg.) 2005: Die kulturellen Werte Europas. Frankfurt/M.
Klages, Helmut 2001: Brauchen wir eine Rückkehr zu traditionellen Werten? In: Aus Politik und Zeitgeschichte B 29 / 2001, S. 7-14
Kohlberg, Lawrence 2001/1976: Moralstufen und Moralerwerb. Der kognitiv-entwicklungstheoretische Ansatz. In: Edelstein/Oser/Schuster (Hrsg.), a. a. O., S. 35-61
Landesinstitut für Schule und Weiterbildung (Hrsg.) 1991: Schule und Werteerziehung – ein Werkstattbericht. Soest
Landesinstitut für Schule und Weiterbildung (Hrsg.) 1993: Werteeerziehung in der Schule – aber wie? Soest
Lind, Georg 2003: Moral ist lehrbar. München
Lutter-Link, Christine/Reinhardt, Sibylle 1993: „Export einer Chemiefabrik" – Schüler/innen diskutieren eine moralische Frage. In: Grammes, Tilman/Weißeno, Georg (Hrsg.): Sozialkundestunden. Opladen, S. 35-51 (Wiederabdruck in Landesinstitut (Hrsg.) 1993, S. 114-130)
May, Michael 2007: Die Dilemma-Methode. In: Reinhardt, Sibylle/Richter, Dagmar (Hrsg.): Politik-Methodik. Berlin, S. 49-53
Müller, Hans-Peter/Wegener, Bernd (Hrsg.) 1995: Soziale Ungleichheit und soziale Gerechtigkeit. Opladen
Nolte, Paul 2012: Was ist Demokratie? Geschichte und Gegenwart. Bonn
Oser, Fritz 2001: Acht Strategien der Wert- und Moralerziehung. In: Edelstein/Oser/Schuster (Hrsg.), a. a. O., S. 63-89

Oser, Fritz/Althof, Wolfgang 2001: Die Gerechte Schulgemeinschaft: Lernen durch Gestaltung des Schullebens. In: Edelstein/Oser/Schuster (Hrsg.), a. a. O., S. 233-268

Reinhardt, Sibylle 1999: Werte-Bildung und politische Bildung. Opladen

Reinhardt, Sibylle 2000: Bildung zur Solidarität. In: Breit/Schiele (Hrsg.), a. a. O., S. 288-302

Reinhardt, Sibylle 2007: Just Community. In: Lange, Dirk (Hrsg.): Methoden Politischer Bildung. Hohengehren (Band 6 des Handbuchs für den sozialwissenschaftlichen Unterricht), S. 107-112

Reinhardt, Sibylle 2009: Wie kommen die Werte in die politische Bildung? In: Oberreuter, Heinrich (Hrsg.): Standortbestimmung Politische Bildung. Schwalbach/Ts., S. 37-47

Reinhardt, Sibylle 2012: Politik-Didaktik. Berlin (4., überarb. Neuaufl., zuerst 2005)

Reinhardt, Sibylle 2013: Politische Bildung durch Empörung? Werte und Institutionen gehören zusammen! Das Dilemma der Beschneidung von Jungen als Beispiel. In: Syring, Marcus/Flügge, Erik (Hrsg.): Die Erstbegegnung mit dem Politischen. Immenhausen, S. 55-70

Rosa, Hartmut 2012: Weltbeziehungen im Zeitalter der Beschleunigung. Frankfurt/M.

Sutor, Bernhard 2000: Zwischen moralischer Gesinnung und politischer Urteilskraft – Ethik als Dimension politischer Bildung. In: Breit/Schiele (Hrsg.), a. a. O., S. 108-120

Speth, Rudolf/Klein, Ansgar 2000: Demokratische Grundwerte in der pluralisierten Gesellschaft. In: Breit/Schiele (Hrsg.), a. a. O., S. 30-55

Thome, Helmut 2005: Wertewandel in Europa aus der Sicht der empirischen Sozialforschung. In: Joas/Wiegandt (Hrsg.), a. a. O., S. 386-443

Stephan Bundschuh

Prävention gegen Autoritarismus

Die politische Bildung der Bundesrepublik Deutschland gründet historisch in der Reeducation-Politik der US-Amerikaner nach 1945. Ziel dieser Politik war die Rück- und Umerziehung der nationalsozialistisch indoktrinierten Deutschen zur Demokratie. Prävention gegen Autoritarismus ist damit eine ihrer zentralen Aufgaben.

Im Folgenden werden die Begriffe Autoritarismus und Prävention für die politische Bildung erläutert. Anschließend werden zentrale Formen des Autoritarismus – Rechtsextremismus, Rassismus, Antisemitismus, Antiziganismus, antimuslimischer Rassismus, Ethnozentrismus und religiöser Fundamentalismus – in Verbindung mit präventiven politischen Bildungsstrategien vorgestellt.

1. Die Autoritarismustheorie als kritisches Analysekonzept

Populär wird der autoritäre Charakter als Radfahrernatur (vgl. Institut für Sozialforschung 1991, 157) beschrieben, indem er nach oben buckle und nach unten trete. Er ist durch Konventionalismus, autoritäre Unterwürfigkeit und Aggression, Angst vor der Phantasie, Aberglaube und Stereotypie, Machtdenken, Destruktivität und Zynismus, Projektivität und die obsessive Beschäftigung mit Sexualität gekennzeichnet (vgl. Adorno 1995, 45). Der Begriff des Autoritarismus steht in der sozialpsychologischen Tradition von Adornos „Studien zum autoritären Charakter" und einer politologischen Tradition, die Autoritarismus als staatliche Herrschaft und Struktur analysiert (vgl. Rensmann u. a. 2011, 41-110). Um der Komplexität autoritärer Erscheinungen gerecht zu werden, plädiert die Autoritarismustheorie „[f]ür eine multifaktorielle Analyseperspektive" (ebd., 132), die neben staatstheoretischen, soziologischen und sozialpsychologischen Analysen vor allem Ergebnisse der politischen Kulturforschung berücksichtigt. Eine aktuelle empirische Untersuchung zu rechtsextremen Einstellungen in der bundesdeutschen Bevölkerung betont die Gültigkeit der Beschreibung des autoritären Charakters, wenn sich auch der Erklärungsmodus verändert habe: „Insofern voll-

Autoritärer Charakter

Begriff Autoritarismus

zieht sich der Begriffswechsel in der Wissenschaft zu Recht: weg vom Autoritären Charakter, hin zum beschreibenden Begriff des Autoritarismus" (Decker u. a. 2010, 37). Mit diesem beschreibenden Begriff des Autoritarismus werden im Folgenden unterschiedliche Autoritarismusformen in Verbindung mit gegen sie entwickelten Präventionsansätzen der politischen Bildung diskutiert.

2. Prävention als Aufgabe der politischen Bildung

Binäre Gegensätze
Unter den Terminus Autoritarismus werden hier ideologische Diskriminierungsformen gefasst, deren Grundfigur in der binären Gegenüberstellung der aufgewerteten Eigengruppe und abgewerteten Fremdgruppe besteht. Stuart Hall formuliert dies am Beispiel des Rassismus folgendermaßen: „Der rassistische Diskurs (...) bündelt die den jeweiligen Gruppen zugesprochenen Charakteristika in zwei binär entgegengesetzte Gruppen. Die ausgeschlossene Gruppe verkörpert das Gegenteil der Tugenden, die die Identitätsgemeinschaft auszeichnet. (...) Dieses System der Spaltung der Welt in ihre binären Gegensätze ist das fundamentale Charakteristikum des Rassismus, wo immer man ihn findet" (Hall 2000, 14). Zugleich formuliert Hall auch den Ausweg aus dieser Binarität mittels Kenntlichmachung der tatsächlichen Diffusität von Wirklichkeit und Wahrnehmung: „Zum Beispiel gibt es in der sogenannten Schwarzweiß-Fotographie tatsächlich kein reines Schwarz oder Weiß, sondern nur variierende Schattierungen von Grau. ‚Schwarz' geht unmerklich in ‚Weiß' über" (Hall 2004, 117). Die Fähigkeit zur Differenzierung in Denken und Handeln ist ein wesentliches präventives Moment politischer Bildung. Sie zielt auf den „freien, nicht blind an Autorität gebundenen Menschen" (Institut für Sozialforschung 1991, 152). Ihr steht das präventive Diktum zur Seite: „Aller politischer Unterricht (...) sollte zentriert sein darin, dass Auschwitz nicht sich wiederhole" (Adorno 1980, 101).

Fähigkeit zur Differenzierung

Prävention
Zur Primärprävention zählen strukturelle und gruppenbezogene Maßnahmen – beispielsweise der Aufbau lokaler Netzwerke für Demokratie und Toleranz oder politische Bildungsangebote –, die allgemein autoritären Tendenzen vorbeugen sollen. Zielgruppen der Sekundärprävention sind Risikogruppen, deren Denken und Verhalten durch alternative Orientierungen und Verhaltensweisen, wie sie z. B. in Anti-Aggressivitätstrainings oder bei Angeboten des Mitternachtssports erprobt werden können, beeinflusst werden sollen. In

der Tertiärprävention wird beispielsweise mit rechtsextremen Personen, die bereits straffällig geworden sind, gearbeitet. Sie sollen aus ihrem sozialen Umfeld herausgelöst werden und weitere Straftaten durch Einstellungs- oder Verhaltensänderungen, die beispielsweise durch Aussteigerprogramme oder die konfrontative pädagogische Arbeit mit Strafgefangenen angeregt werden, vermeiden (vgl. Roth 2010, 24).

Prävention und Intervention/Behandlung können analytisch unterschieden, aber praktisch kaum voneinander getrennt werden (vgl. Hafen 2012, 310). Wo Diskriminierungsstrukturen fest verankert sind, sind Interventionen – Einmischung, Zivilcourage, Widerstand – nötig. Das auf Intervention vorbereitende Lernen gehört zur Präventionsarbeit politischer Bildung, die nun an unterschiedlichen Formen des Autoritarismus erörtert wird.

Intervention

2.1 Präventionsansätze gegenüber der extremen Rechten

Bei der extremen Rechten verbinden sich rassistische, antisemitische, sexistische, nationalistische, sozialdarwinistische, pronazistische und grundsätzlich autoritäre Einstellungen zu einem Gesellschaftsentwurf, in dessen Zentrum die „Volksgemeinschaft" steht (vgl. Stöss 2010, 19-23). Rechtsextremismus ist durch Führerstruktur, aggressiven Machtanspruch, Ausschluss und Verfolgung Andersdenkender, Drohung und Terror gekennzeichnet. Er schließt Rassismus, Antisemitismus, Antiziganismus und antimuslimischen Rassismus ein.

Im Bereich der Politik haben sich öffentliche politische Auseinandersetzungen mit Rechtsextremismus und eine gemeinsame Strategie der nicht rechten Parteien in Parlamenten und Wahlkämpfen als erfolgreich erwiesen. In der Zivilgesellschaft zeigen breite Bündnisse gegen Rechts auf lokaler Ebene und die Einbindung lokaler Funktionsträger und Behörden öffentlich Wirkung. Pädagogisch reicht die Spannbreite der Prävention von Angeboten an demokratisch gesinnte Personen bis zur Arbeit mit rechtsextrem orientierten Jugendlichen.

Ebenen der Rechtsextremismusprävention

Wenn Bildung das Mittel des Ausgangs des Menschen aus seiner Unmündigkeit ist (vgl. Kant 1988, 215), sind keine spezifischen pädagogischen Maximen gegen Rechts erforderlich, sofern der Grundsatz beachtet wird, „dass Menschen sich meist nur dann ändern, wenn es *subjektiv* für sie selbst Sinn macht, wenn sie sich also selbst davon etwas versprechen. Gegen eine derartige *subjektgeleitete* Produktion eigener Erfahrungen und Orientierungen kommen (...)

Pädagogik gegen Rechts

Aufklärung, Information und Belehrung kaum an" (Krafeld 2012, 56). Deshalb hat sich ein breites Spektrum an Bildungsmaßnahmen entwickelt, das sich von Argumentations- und Zivilcouragetrainings über Planspiele zur politischen Bildung gegen Rechtsextremismus bis zu Projekten der konfrontativen oder akzeptierenden Jugend- und Bildungsarbeit mit Strafgefangenen erstreckt. Demokratie- und menschenrechtspädagogische Ansätze vermitteln produktive Bezugspunkte zur Kritik des rechtsextremistischen Gesellschaftsmodells (vgl. Bundschuh u. a. 2012a; www.vielfalt-mediathek.de).

2.2 Rassismus und seine Kritik

Rassismus

Wer nur auf den rechten Rand blickt, übersieht die Probleme inmitten der Gesellschaft: die ökonomischen, sozialen und politischen Anforderungen, die an jedes Individuum gestellt werden, um sich zu behaupten. Es ist das kapitalistische Konkurrenzprinzip, das sich als rohe Bürgerlichkeit ausdrückt (vgl. Heitmeyer 2012, 34f.), die Solidarität und Mitleid mit anderen untersagt. Ein Werkzeug dieser Mitte ist der Rassismus, klassisch definiert als „die verallgemeinerte und verabsolutierte Wertung tatsächlicher oder fiktiver Unterschiede zum Vorteil des Anklägers und zum Nachteil des Opfers, mit der seine Privilegien oder seine Aggressionen gerechtfertigt werden sollen" (Memmi 1987, 103). Er ist aber nicht nur soziale Handlung, sondern auch gesellschaftliche Struktur.

Bildungsarbeit

Rassismuskritische Bildungsarbeit (vgl. Scharathow/Leiprecht 2009) reflektiert die Verstrickung der Bildungsprozesse sowie der Lehrenden und Lernenden in rassistische Strukturen. Dabei geht es auch um die Erfahrung und Dekonstruktion rassistischer Gegenwartsmuster in antirassistischen Settings. Die unbeabsichtigte Reproduktion des eigentlich Bekämpften wird besonders kritisiert. In diesem Feld werden mittlerweile Zielgruppen – z. B. in der offenen Jugendarbeit – erreicht, die nicht zur klassischen Klientel der politischen Bildung zählen (vgl. Bundschuh/Jagusch 2012b).

2.3 Antisemitismuskritische Bildungsarbeit

Antisemitismus bei Jugendlichen

„Antisemitismus ist das Gerücht über die Juden" (Adorno 1970, 141). Er zeichnet sich durch seine historische Kontinuität, eine rassifizierte, insbesondere christliche Idiosynkrasie und eine unerschöpfliche Totalität an Vorurteilen aus. Antisemitismus ist in allen politischen Lagern anzutreffen. Bei Jugendlichen liegt er gewöhnlich fragmentarisch vor (vgl. Fritz Bauer Institut u. a. 2006, Gebhardt

u. a. 2012, Schäuble 2012, Seidenschnur 2012, Stender u. a. 2010). Aktuell umstritten ist die Thematisierung von Antisemitismus unter muslimischen Jugendlichen. Das quantitative Ausmaß ist unbekannt, qualitativ diagnostiziert eine Studie vier antisemitische Einstellungsmuster unter den Befragten: klassische antisemitische Topoi, Israelkritik als Argument für antijüdische Einstellungen, die „Annahme einer generellen Feindschaft zwischen Muslimen und Juden" (Jikeli 2012, 311) und eine keiner weiteren Legitimation bedürftige Idiosynkrasie. Es sei aber verfehlt – so die einhellige wissenschaftliche Meinung –, eine bestimmte Gruppe von Menschen für Antisemitismus verantwortlich zu machen. Es handle sich um „ein gesamtgesellschaftliches Phänomen (...), das in allen politischen und gesellschaftlichen Spektren latent vorhanden ist und quer zu Herkunftshintergründen verläuft" (Wetzel 2012, 35).

Drei politische Bildungsansätze

Nach Schäuble lassen sich drei relevante politische Bildungsansät ze unterscheiden (vgl. Schäuble 2012, 413-441). Die Bildung *über* Antisemitismus zielt auf Wissensvermittlung über die Geschichte jüdischer Verfolgung und Diskriminierung sowie über das Judentum. Die Bildung *gegen* Antisemitismus reiht sich in die Pädagogik gegen Rechtsextremismus und Rassismus ein. Die Bildung *wegen* Antisemitismus beabsichtigt, ihren Adressatinnen und Adressaten zu ermöglichen, sich gesellschaftliche Prozesse – z. B. die ökonomische Ausbeutung – ohne Rückgriff auf antisemitische Argumentationen zu erklären. Sie versucht, Jugendliche zum Weltverstehen ohne Gruppenzuschreibungen zu geleiten, indem ihre bisherigen Deutungsmuster und Topoi irritiert und alternative Deutungen sowie „Ausgliederungen" aus dem antisemitischen Kontext erarbeitet werden.

2.4 Zur Bildung gegen Antiziganismus

„Sinti und Roma werden geboren, ‚Zigeuner' sind ein gesellschaftliches Konstrukt, dem ein Grundbestand an Wissen, Bildern, Motiven, Handlungsmustern und Legenden zugrunde liegt, durch die ihnen im Reden über sie kollektive Merkmale erst zugeschrieben werden" (Bogdal 2011, 15). Bogdals Rekonstruktion der Geschichte der diskriminierenden „Zigeuner"-Bilder in der europäischen Literatur zeigt literarisch glänzend verfasste, erschütternde Diskriminierungen. Obwohl die Feindschaft gegenüber Sinti und Roma zu den ältesten Diskriminierungsformen in Europa gehört, hat Präventionsarbeit gegen Antiziganismus kaum Tradition. In historischer

Keine Tradtion bei Präventionsarbeit

Perspektive vom Kampf gegen Antisemitismus überlagert, entwickelt sich erst langsam eine relevante pädagogische Auseinandersetzung. Ein erstes Methodenhandbuch (Alte Feuerwache 2012) beinhaltet Übungen für Workshops gegen Antiziganismus. Teils wurden Übungen aus anderen Bereichen für dieses Thema bearbeitet (beispielsweise die „Antiziganismus-Skala", aus der antirassistischen Arbeit als „Rassismusbarometer" bekannt), teils neu entwickelt (z. B. „Karikaturen zerschneiden"). Alle Übungen wandern auf dem schmalen Grat zwischen Konstruktion und Dekonstruktion antiziganistischer Vorurteile. So waren die für eine Übung „Die Bayern" vorgeschlagenen Pressefotos, die fast ausschließlich Armut, Kinderreichtum, Verwahrlosung und Schmutz zeigen, bei einer Durchführung der Übung zu mächtig, um dekonstruiert zu werden. Deshalb ist eine Seminarauswertung unverzichtbar, um Übungen bei einer erneuten Anwendung so zu verändern, dass sie das Ziel des Abbaus von Vorurteilen eher erreichen.

2.5 Prävention gegen antimuslimischen Rassismus

Antimuslimischer Rassismus ist ein Rassismus, der „die Konstruktion und Essenzialisierung ‚der/des Anderen' als Muslime/islamisch" vornimmt und „damit die diskursive Verschränkung von (islamischer) Religion mit Kultur, Gesellschaft, Politik etc. thematisiert" (Attia 2009, 55 Anm. 1). Er trat in Zusammenhang mit dem 11. September 2001, dem Kopftuchstreit und dem Streit um Moscheebauten deutlich zutage. Es handelt sich um einen kulturalistischen Rassismus, der sich aus christlichem Ressentiment gegenüber dem Islam, westlichem Ressentiment gegenüber dem „Orient" und Ressentiment der Etablierten gegenüber Einwanderern speist. Die islamische Kultur wird strikt von der christlichen oder abendländischen Kultur unterschieden und dieser untergeordnet, indem sie als rückschrittlich, kollektivistisch und gewalttätig gezeichnet wird (vgl. ebd., 151 f.). Der antimuslimische Rassismus stilisiert sich zum Opfer, indem er vor „Überfremdung" und „Islamisierung" warnt. Seine Kategorien ordnen sich der binären Struktur der Aufteilung der Welt in Schwarz und Weiß – wie von Hall geschildert – ein.

Kulturalistischer Rassismus

Da es sich um Rassismus handelt, gelten für ihn vergleichbare Präventionsmaßnahmen wie in der rassismuskritischen Bildungsarbeit mit dem Fokus auf die Dekonstruktion antimuslimischer Bilder und Bedeutungen (vgl. Scharathow 2009).

2.6 Prävention gegen Ethnozentrismus und religiösen Fundamentalismus

„Bei ethnozentrischen Einstellungen handelt es sich um rigide Einteilungen in Eigen- und Fremdgruppen. Dabei wird die (ethnische) Eigengruppe überhöht, während die (ethnischen) Fremdgruppen demgegenüber abgewertet werden" (Greuel 2009, 329). Diese Einstellungen können beispielsweise unter Aussiedlerjugendlichen (vgl. ebd.) und Jugendlichen mit türkischem Migrationshintergrund (vgl. Bozay 2005) beobachtet werden. Islamischer Fundamentalismus oder „Islamismus in der Variante gewaltbereiten Extremismus beschreibt eine Einstellung, die (…) Gewaltausübung oder zumindest -bereitschaft, traditionelle, hegemoniale Männlichkeitsbilder, hohe Religiosität und Autoritarismus (…) vereint" (Uslucan u. a. 2011, 35).

Als hart umkämpftes Terrain in der Migrationsgesellschaft verlangen diese Themen von politischen Bildnerinnen und Bildnern große Sensibilität. Denn die Feststellung von ethnozentrischen oder religiösen Doktrinen unter Einwanderern wird von interessierten Kreisen sofort rassistisch ausgeschlachtet, obwohl in der Forschung einhellig die Meinung geteilt wird, dass zur Bewertung und Prävention autoritärer Tendenzen beispielsweise innerhalb der heterogenen muslimischen Communities keine ausreichenden wissenschaftlichen Daten vorliegen (vgl. ebd., 40). Aber es gibt Anzeichen für nationalistische und fundamentalistische Tendenzen unter bestimmten Einwanderergruppen. So wird in der Bundesrepublik beispielsweise der Einfluss rechtsextremer türkischer Gruppen wie der „Grauen Wölfe" auf Jugendliche festgestellt (vgl. Bozay 2005, 207-210). Die Entwicklung von Jugendlichen zum muslimischen Fundamentalismus wird u. a. als Suche nach Identität beschrieben (vgl. Özbek 2012). Die Bedeutung der Religion ist unzureichend geklärt, da „der Forschungsstand zu Muslimen in Deutschland nur bedingt hergibt, aus der Stärke der muslimischen Religiosität von Individuen auf die Geschlechterrollenbilder, die Gewaltausübung oder Gewaltakzeptanz zu schließen" (Uslucan u. a. 2011, 33).

So gilt auch hier, dass präventive Angebote der politischen Bildung, die religiösen Fundamentalismus oder aggressiven Nationalismus unter Migrantinnen und Migranten thematisieren, dies nicht tun, weil diese Erscheinungen dort besonders auffällig sind, sondern weil sie eine spezifische Spielart des Autoritarismus in der Bundesrepublik darstellen, die wie andere Spielarten auch zum Themenbe-

— Sensibilität

— Politische Bildung

reich der politischen Bildung gehört. Vorschläge zur Prävention betonen die Bedeutung bildungspolitischer (vgl. Bozay 2005, 354-358) und familienorientierter Ansätze (vgl. Uslucan u. a. 2011, 45-48). Allerdings sind bislang nur wenige Angebote nachweisbar (vgl. Greuel 2012).

Literatur

Adorno, Theodor W. 1970: Minima Moralia. Reflexionen aus dem beschädigten Leben. Frankfurt/M.
Adorno, Theodor W. ^{5}1980: Erziehung nach Auschwitz. In: Ders.: Stichworte. Kritische Modelle 2. Frankfurt/M., S. 85-101
Adorno, Theodor W. 1995: Studien zum autoritären Charakter. Frankfurt/M.
Alte Feuerwache e. V./Jugendbildungsstätte Kaubstraße (Hrsg.) 2012: Methodenhandbuch zum Thema Antiziganismus für die schulische und außerschulische Bildungsarbeit. Münster
Attia, Iman 2009: Die „westliche Kultur" und ihr Anderes. Zur Dekonstruktion von Orientalismus und antimuslimischem Rassismus. Bielefeld
Bogdal, Klaus-Michael 2011: Europa erfindet die Zigeuner. Eine Geschichte von Faszination und Verachtung. Berlin
Bozay, Kemal 2005: „... ich bin stolz, Türke zu sein!". Ethnisierung gesellschaftlicher Konflikte im Zeichen der Globalisierung. Schwalbach/Ts.
Bundschuh, Stephan/Drücker, Ansgar/Scholle, Thilo (Hrsg.) 2012a: Wegweiser Jugendarbeit gegen Rechtsextremismus. Motive, Praxisbeispiele und Handlungsperspektiven. Schwalbach/Ts.
Bundschuh, Stephan/Jagusch, Birgit (Hrsg.) 2012b: Antirassismus und Social Justice. Materialien für Trainings mit Jugendlichen. Im Auftrag des IDA e. V. 3. Aufl., Düsseldorf
Decker, Oliver/Weißmann, Marliese/Kiess, Johannes/Brähler, Elmar 2010: Rechtsextreme Einstellungen in Deutschland 2010. Berlin
Fritz Bauer Institut/Jugendbegegnungsstätte Anne Frank (Hrsg.) 2006: Neue Judenfeindschaft? Perspektiven für den pädagogischen Umgang mit dem globalisierten Antisemitismus. Frankfurt/M.
Gebhardt, Richard/Klein, Anne/Meier, Marcus (Hrsg.) 2012: Antisemitismus in der Einwanderungsgesellschaft. Beiträge zur kritischen Bildungsarbeit. Weinheim
Greuel, Frank 2009: Ethnozentrismus bei Aussiedlerjugendlichen. Eine explorative, qualitative Studie in Thüringen. Hamburg
Greuel, Frank 2012: Pädagogische Prävention von Ethnozentrismus und Antisemitismus bei Jugendlichen mit Migrationshintergrund – Ergebnisse der DJI-Erhebung. In: Ders./Glaser, Michaela (Hrsg.): Ethnozentrismus und Antisemitismus bei Jugendlichen mit Migrationshintergrund. Erscheinungs-

formen und pädagogische Praxis in der Einwanderungsgesellschaft. Halle, S. 90-143
Hafen, Martin 2012: Prävention. In: Wirth, Jan V./Kleve, Heiko (Hrsg.): Lexikon des systemischen Arbeitens. Grundbegriffe der systemischen Praxis, Methodik und Theorie. Heidelberg, S. 309-312
Hall, Stuart 2000: Rassismus als ideologischer Diskurs. In: Räthzel, Nora (Hrsg.): Theorien über Rassismus. Hamburg, S. 7-16
Hall, Stuart 2004: Das Spektakel des ‚Anderen'. In: Ders.: Ideologie, Identität, Repräsentation. Ausgewählte Schriften 4. Hamburg, S. 108-166
Heitmeyer, Wilhelm 2012: Gruppenbezogene Menschenfeindlichkeit (GMF) in einem entsicherten Jahrzehnt. In: ders. (Hrsg.): Deutsche Zustände. Folge 10. Berlin, S. 15-41
Institut für Sozialforschung 1991: Vorurteil. In: dass.: Soziologische Exkurse. Nach Vorträgen und Diskussionen. Hamburg, S. 151-161
Jikeli, Günther 2012: Antisemitismus und Diskriminierungswahrnehmungen junger Muslime in Europa. Ergebnisse einer Studie unter jungen muslimischen Männern. Essen
Kant, Immanuel 1988: Beantwortung der Frage: Was ist Aufklärung? In: ders.: Rechtslehre. Schriften zur Rechtsphilosophie. Berlin, S. 215-222
Krafeld, Franz Josef 2012: Bedarf es einer speziellen Pädagogik gegen Rechts? Nein, aber! In: Bundschuh u. a. 2012a, S. 49-60
Memmi, Albert 1987: Rassismus. Frankfurt/M.
Özbek, Erdem 2011: Vom Laien zum Fundamentalisten. Radikalisierung als Identitätsfindung von Migranten. Marburg
Rensmann, Lars/Hagemann, Steffen/Funke, Hajo 2011: Autoritarismus und Demokratie. Politische Theorie und Kultur in der globalen Moderne. Schwalbach/Ts.
Roth, Roland 2010: Demokratie braucht Qualität! Beispiele guter Praxis und Handlungsempfehlungen für erfolgreiches Engagement gegen Rechtsextremismus. Berlin
Scharathow, Wiebke 2009: Der Islam als Thema in der Bildungsarbeit – Reflexionen in rassismuskritischer Perspektive. In: Scharathow/Leiprecht 2009, S. 183-208
Scharathow, Wiebke/Leiprecht, Rudolf (Hrsg.) 2009: Rassismuskritik Bd. 2: Rassismuskritische Bildungsarbeit. Schwalbach/Ts.
Schäuble, Barbara 2012: „Anders als wir". Differenzkonstruktionen und Alltagsantisemitismus unter Jugendlichen. Anregungen für die politische Bildung. Berlin
Seidenschnur, Tim 2013: Antisemitismus im Kontext. Erkundungen in ethnisch heterogenen Jugendkulturen. Bielefeld
Stender, Wolfgang/Follert, Guido/Özdogan, Mihri (Hrsg.) 2010: Konstellationen des Antisemitismus. Antisemitismusforschung und sozialpädagogische Praxis. Wiesbaden
Stöss, Richard 2010: Rechtsextremismus im Wandel. 3. Aufl., Berlin

Uslucan, Haci-Halil/Liakova, Marina/Halm, Dirk 2011: Islamischer Extremismus bei Jugendlichen – Gewaltaffinität, Demokratiedistanz und (muslimische) Religiosität. Expertise des Zentrums für Türkeistudien und Integrationsforschung (ZfTI) im Auftrag des Deutschen Jugendinstituts (DJI). Essen
Wetzel, Juliane 2012: „Informierter Verdacht". Antisemitismus unter Muslimen in Deutschland als empirisches Problem und mediale Zuschreibung. In: Gebhardt u. a. 2012, S. 29-43

Alfred Holzbrecher
Interkulturelles Lernen

Von Interkulturellem Lernen spricht man seit Anfang der 1980er-Jahre als einer didaktischen Querschnittsaufgabe, die sowohl Lernende mit als auch solche ohne Zuwanderungsgeschichte betrifft, es löste die „Ausländerpädagogik" ab, die mit ihrer Defizitorientierung nicht mehr zeitgemäß erschien. Auch wenn Interkulturalität immer noch mit der Anwesenheit von „Migranten"-Kindern assoziiert wird, hat sich inzwischen das didaktische Feld erweitert: Im Folgenden wird vorgeschlagen, angesichts der neueren fachdidaktischen Diskurse wie auch vielfacher thematischer Übergänge und Schnittflächen eine Kategorisierung der vorhandenen Konzepte nach „zentrierenden Begriffen" vorzunehmen, die eher als „thematische Kräftefelder" zu verstehen sind denn als klar abgrenzbare Kategorien und denen eine „heuristische" Funktion zukommen soll. D. h. die folgenden *Leitbegriffe* sollen ermöglichen,

Ablösung der „Ausländerpädagogik"

- die Breite des thematischen Spektrums und der Übergänge interkulturellen und globalen Lernens wahrzunehmen, um sie für die Unterrichts- und Schulentwicklung fruchtbar werden zu lassen;
- interkulturelle und international vergleichende Perspektiven als Querschnittsaufgabe aller Unterrichtsdisziplinen und Lehr-Lern-Prozesse zu entdecken (vgl. Holzbrecher 2011):
  - *Diversität der Lebenswelten*
  - *Bürgergesellschaft*
  - *Kommunikation*
  - *„Weltwärts" / Globalisierung*
  - *Bilder vom Fremden*
  - *Werte*
  - *Kultur*

1. Leitbegriffe interkulturellen Lernens

1.1 Diversität der Lebenswelten

Traditionelle Institutionen – wie etwa die Schule – tun sich schwer im Umgang mit Heterogenität, mit der kulturellen, geschlechtlichen, religiösen, alters- und entwicklungsbedingten oder auch leistungsbe-

Gesellschaftlicher Umgang mit Minderheiten	zogenen Vielfalt der lernenden Subjekte. Darin spiegelt sich letztlich auch, wie die Gesellschaft mit Minderheiten umgeht: Ob von ihnen erwartet wird, sich an eine Norm („Leitkultur") anzupassen – bei Sanktionierung abweichenden Verhaltens, oder inwiefern ihnen auch in der Alltagspraxis das demokratisches Grundrecht zugestanden wird, ihre eigenen („bunten") Lebensentwürfe als Subjekte und als Gruppe zu entwickeln: Normorientierung vs. selbstbestimmtes Lernen und Leben. *Diversität der Lebenswelten* als interkulturell-didaktischer Leitbegriff kann zunächst in historischer Perspektive entfaltet werden:

Zentraler Ansatz des Konzepts *Ethnische Spurensuche in Geschichte und Gegenwart* ist das Anliegen, „Zeichen der Gegenwart" auf ihre geschichtliche Tiefenstruktur hin zu befragen, um zu entdecken, dass multikulturelle Vielfalt und Migration nichts Exotisches und Neues, sondern seit Jahrhunderten ein zentrales Kennzeichen europäischer Geschichte sind. Solche Zeichen können im weitesten Sinne sein: *Orte der Erinnerung* (Kriegsorte, Friedhöfe, Denkmäler), *Feier- und Gedenktage* (vgl. multikulturelle Wurzeln „christlicher" Feiertage), *Sprache* (vgl. Herkunft der Familiennamen, Wanderung von (Fremd-)Wörtern), *ikonische Zeichen* (Bilder/Fotos: „Fremde/s" in der Familiengeschichte, in der Geschichte des eigenen Ortes, Stadtteils etc.), *Rituale und Gesten* (vgl. Begrüßungs-, Abschieds-, Fest- oder Trauerrituale), *Symbole und ihre Bedeutung für die Konstruktion sozialer Identitäten* (vgl. Kopftuch-Sprache, gruppen- und jugendspezifische Bekleidung etc.).

Ethnische Spurensuche in Geschichte und Gegenwart

Zum Lerngegenstand wird die kulturelle Relativität und der gesellschaftliche Konstruktionscharakter von Symbolen, Traditionen und „Kultur" ebenso wie die Erkenntnis, dass diese Bedeutungszuschreibungen nicht statisch, sondern in grundlegender Weise von Migrationen gekennzeichnet sind: Damit wird nicht nur das Fremde zum Gegenstand interkulturellen Lernens, sondern dieses erfasst auch die eigenen Deutungsmuster, mit denen das Fremde wahrgenommen wird: Die Widerständigkeit des Fremden wird so zur Lerngelegenheit über die eigenen Konstruktionen von Wirklichkeit.

1.2 Bürgergesellschaft

Mit diesem Leitbegriff werden didaktischen Ansätze erfasst, die expliziter als andere politisches Lernen zum Gegenstand haben, allen voran *Lernen für Europa, Antirassistische Erziehung, Aufklärung und Ideologiekritik, Demokratie- und Menschenrechtserziehung*. Die europäische Geschichte lehrt, dass Barbarei immer dort wuchs, wo Fremdes ausgegrenzt wurde, anders formuliert: Begegnung und Auseinandersetzung mit dem Fremden ist Bedingung für die Entwicklung einer Zivilgesellschaft: Verwandlungen, Grenzübergänge und die Gestaltung von Spannungsverhältnissen sind eine wesentliche Bedingung für die Humanisierung politischer Beziehungen und menschlicher Umgangsformen. Mit der Entwicklung der Zivilgesellschaft werden – auf der Basis der Aufklärung – zentrale Werte der europäischen Ideengeschichte angesprochen, die sich u. a. mit den Begriffen Gleichheit, Solidarität, Bürger- und Menschenrechte umschreiben lassen. „Lernen für Europa" beinhaltet also die Kritik eines religiös und/oder politisch legitimierten Fundamentalismus sowie einen Kampf gegen die Diskriminierung von Minderheiten als Basis demokratischer Gesellschaften. *Menschenrechtspädagogik* lässt sich im Anschluss an Lenhart (2006) im Schnittfeld zwischen politischer Bildung und Werteerziehung verorten, dies mit interkulturellen und international vergleichenden Perspektiven: Nicht zuletzt resultierend aus den Wunden des Kolonialismus artikulieren marginalisierte Gruppen weltweit ihre Interessen, fordern Wertschätzung ihrer Traditionen – und kommen damit in Konflikt mit anderen (Partikular-) Interessen oder auch mit dem universalistischen Anspruch der Menschenrechte, wie er von den UN proklamiert wird.

Zivilgesellschaft

1.3 Kommunikation

Interkulturelle Kontakte realisieren sich im Raum sprachlicher und nichtsprachlicher Zeichen. Die Wörter wie auch die Gesten, die wir wahrnehmen, rühren an unbewusste, emotional hoch besetzte Erfahrungen und Gefühlswelten. Sie beinhalten die Essenz dessen, was wir als „kulturelle Identität" bezeichnen. Diese Gemengelage macht Kommunikation im Allgemeinen und interkulturelle Kommunikation im Besonderen so störungsanfällig. Im Kern beinhaltet dieser Schlüsselbegriff ein Verständnis von *Sprache als Medium der persönlichen und kollektiven Identitätskonstruktion*: Die Erfahrung von Zugehörigkeit in einem vertrauten Raum und das Sich-heimisch-Fühlen („Identität") erfolgen wesentlich über das Medium Sprache, eben weil in ihr spezifische kulturelle Erfahrungen verdichtet erscheinen. Interkulturelles Lernen findet statt, wenn eben diese Codes erkennbar werden, die Codes der eigenen Sprache und Gesten wie auch die der Menschen aus fremden Kulturräumen (vgl. *language awareness*). Ebenso bedeutsam sind *nonverbale Aspekte interkultureller Kommunikation*: Ob als Vorbereitung einer internationalen Jugendbegeg-

Medium Sprache

nung oder als Rückblick auf eine misslungene Kommunikation im Betrieb, die Sensibilisierung für die kulturelle Codierung von Gesten, Körperhaltungen oder Begrüßungsritualen erscheint unabdingbar in einer globalisierten Gesellschaft, eben weil der Kontakt zwischen Kulturen vermutlich in erster Linie von der Deutung nichtsprachlicher Zeichen bestimmt ist.

1.4 „Weltwärts" / Globalisierung

„Global denken – lokal handeln"

„Global denken – lokal handeln" war der Slogan, der schon Anfang der 1980er-Jahre signalisierte, dass gesellschaftliche Problem- und Handlungsfelder vor Ort im Kontext weltweit wirksamer ökonomischer Strukturprozesse zu sehen sind. Ein wesentliches Merkmal dieser Bewegung war das Zusammendenken lebensweltlicher Probleme im Nahbereich mit denen im internationalen Bereich.

1.5 Bilder vom Fremden

Einflüsse und kulturgeschichtlich bedingte Deutungsmuster

Bevor wir fremden Personen begegnen, sind schon die Bilder da, Bilder aus der eigenen Lebensgeschichte, aus Kinderbüchern, Filmen, aus der Tagespresse oder aus Geschichten, die die Wahrnehmung und Wirklichkeitskonstruktion mit all ihren Gefühlsqualitäten nachhaltig eingefärbt haben. Neben lebensweltlichen Einflüssen sind noch kulturgeschichtlich bedingte Deutungsmuster wirkungsmächtig, die ihre Dynamik aus dem „gesellschaftlich unbewusst Gemachten" (Erdheim) erhalten. Hier geht es um didaktische Konzepte, die eine Artikulation derartiger Bilder für bedeutsam halten, um sie kommunizierbar und veränderbar zu machen: Was wird in welcher Weise als „fremd" wahrgenommen? Macht es Angst oder löst es Faszination aus? Wo ziehe ich die Grenze, um mein Selbst- und Weltbild, meine Identitätskonstruktion zu sichern? Diese Fragen verweisen auf die Selbstwahrnehmung in kommunikativen Prozessen und lassen die projektiven Anteile des Beobachters erkennen, die Bestandteile seines Bildes vom Fremden sind. Darüber hinaus können die medialen Konstruktionen von Selbst- und Fremdbildern analytisch erschlossen werden – etwa bezogen auf die Epoche des Kolonialismus, auf Exotikphantasien und deren Verhältnis zur gesellschaftlichen Realität.

1.6 Werte

Kulturrelativismus und Universalismus

Von recht zentraler Bedeutung im interkulturellen Feld ist das Spannungsfeld zwischen Kulturrelativismus und Universalismus. *Univer-*

salistische Ansätze beinhalten tendenziell evolutionär begründete Entwicklungsskalen – und damit fast zwangsläufig die Vorstellung von der Höher*wertigkeit* dessen, der sich selbst an deren oberem Ende situiert. Mit *kulturrelativistischen Ansätzen* wird dagegen vor dem Hintergrund des Postulats der Gleichwertigkeit der Kulturen die Einsicht in die Zwangsläufigkeit ethnozentrischer Sichtweisen gefordert, was gleichzeitig ein Erkennen der Begrenztheit der eigenen Wahrnehmung und des Verstehens beinhaltet. Erkennbar wird dieses Spannungsfeld bei wertebezogenen Fragen zur (Allgemein-)Gültigkeit von Verhaltensnormen (z. B. Teilnahme muslimischer Mädchen beim Schwimmunterricht) oder in Fragestellungen der Interkulturellen Philosophie und dem Interreligiösen Lernen. Vor allem bei solchen religiösen Orientierungen, die traditionell geprägt sind bzw. sich ahistorisch auf ihre jeweilige, unantastbare „Offenbarung" berufen, dürfte eine Haltung des Respekts auf der Basis der Anerkennung der Gleichwertigkeit des Anderen schwer zu leisten sein.

1.7 Kultur

Metaphern und Begriffe evozieren Denkfiguren, d. h. innere Bilder („mentale Modelle"), die das Denken steuern. Wer von Kultur-„Kreisen" redet oder gar von einem „Zusammenprall der Kulturen", stellt sich Kulturen als Kugeln vor, die durch ein inneres „Gravitätszentrum" zusammengehalten werden und deren äußere Grenzen klar definiert sind. Die Kreis- oder Kugelmetapher ist historisch auf die Zeit der europäischen Nationalstaatenbildung im 19. Jahrhundert zurückzuführen, in der „Nation" und „Kultur" eng miteinander verknüpft gedacht wurde, folglich auch mit den (damals) geografisch festgelegten Staatsgrenzen nach innen als „Gravitationszentrum" wirken sollten wie nach außen ihre klare (Identifikations-)Linie bekamen. Diese Metapher ist aus heutiger Sicht als „falsch" zu klassifizieren, weil sie zum einen wichtige historische Fakten ignoriert (vgl. etwa die historische Dynamik der Mittelmeerkultur/en in den vergangenen Jahrhunderten), zum anderen weil sie die Tatsache ausblendet, dass bei genauerer Betrachtung Vermischungen und Grenzüberschreitungen schon immer die Geschichte bestimmt haben. Aus politischen und pädagogischen Gründen muss diese „essentialistische" Denkfigur dekonstruiert werden, weil sie fundamentalistischen Weltbildern und den ihnen inhärenten Tendenzen zu einer politischen Instrumentalisierung von Kultur Vorschub leistet. Gegen einen solchen „Identitäts-Wahn" (Meyer 1997) erscheint es gesellschaftlich

Kulturen = Kreise?

angemessener zu sein, Konzepte (und Metaphern) zu setzen, die es ermöglichen,
- kulturelle Produkte/Ausdrucksformen und Alltagspraxen (z. B. Sprachgebrauch, -stil, nonverbale Kommunikation, Literatur/ Musik/Kunst) als symbolische Manifestationen von historisch-gesellschaftlich bedingten Wahrnehmungs- und Deutungsmustern zu „lesen", die den Mitgliedern einer Gesellschaft als Orientierung in ihrer Welt dienten und dienen;
- „Kultur" als dynamisches, von politischen Interessen und Machtstrukturen geprägtes Konzept zu hinterfragen und auf dieser Grundlage
- interkulturelle Pädagogik als Beitrag zu einem Leben in globalisierten und polyzentrischen Gesellschaften mit den ihnen eigenen Differenz-, Fremdheits- und Ambivalenzerfahrungen zu konzipieren.

Gewebe-Metapher Mit Blick auf die Dynamik gegenwärtiger Kulturen dürfte die Metapher des „*Gewebes*" realitätsgerechter sein (vgl. Meyer 1997, 115), das an unterschiedlichen Orten je spezifische Verdichtungen, jedoch in der Regel Vermischungen und ineinander übergehende Schichten aufweist. Mit einem solchen Fokus kommt die Tatsache, dass unser Alltag, unsere Städte und Regionen in grundlegender Weise multikulturell sind, ebenso zum Vorschein, wie eine Kritik von (politisch motivierten) Homogenitätsfiktionen von „Kultur" möglich wird.

Weltkulturerbe Dem Leitbegriff Kultur ist aus didaktischer Perspektive zunächst der große Bereich des *Weltkulturerbes* zuzuordnen, dessen interkulturell-didaktische Potentiale im Horizont von Allgemeinbildung erst im Ansatz entdeckt worden sind: In diesem Feld ist die kulturelle Imprägnierung der Gestaltung von Landschaften, Architektur, Technik oder etwa von Lebensweisen (Wohnkulturen, Ess- und Trink- bzw. Genusskulturen, Beziehungsmuster, Sozialstrukturen etc.) international vergleichend wahrzunehmen, Gemeinsamkeiten und Unterschiede zu erarbeiten und in historisch diachroner Perspektive vielfältige Wechselwirkungen, Vermischungen und Übergänge von Kultur(en) erkennbar zu machen. Normalitätsvorstellungen „des Eigenen" können angesichts der Relativität kultureller Ausdrucksformen und Deutungsmuster zur Lerngelegenheit werden, weil sich Selbst-Verständlichkeiten verflüssigen und damit der Blick frei wird auf die kulturelle Gebundenheit und Konstruktivität

der eigenen wie der Wahrnehmungsperspektive des Anderen. *Kul-*   Kulturelle Bildung
turelle Bildung ist ein zweiter großer Themenbereich, der dem Leitbegriff Kultur zuzuordnen ist. Er kann als Sammelbegriff für eine kreativ-ästhetische pädagogische Arbeit gesehen werden, die – aus der außerschulischen Pädagogik kommend – zunehmend die schulische Lernkultur zu verändern beginnt, insbesondere in Ganztagsschulen (vgl. www.bkj.de).

Von Kultur zu sprechen, beinhaltet in grundlegender Weise, eine Sensibilität zu entwickeln für die *Fallstricke kulturalisierender Deu-*   Vorsicht
tungsmuster auf Schüler- wie auf Lehrerseite. Die vielfältigen und seit   Kulturalisierung
vielen Jahren artikulierten Warnungen der Interkulturellen Pädagogik vor kulturellen Zuschreibungen, die zwangsläufig blind machen für andere – geschlechts- oder entwicklungsspezifische – Lesarten pädagogischer Situationen, lassen die Forderung nach einer „reflexive(n) Interkulturalität" (Hamburger 2009, 127) plausibel erscheinen, in der kulturelle Differenzen nicht fraglos und primär über interindividuelle gesetzt werden, weil sie als unreflektierte Deutungsmuster – entgegen den wohlmeinenden Absichten – faktisch eher zu „Verstrickungen in der pädagogischen Praxis" (ebd., 138) beitragen.

2. Didaktische Prinzipien

Eine *Wertschätzung der Sprachenvielfalt* im Einwanderungsland Deutschland beinhaltet die Anerkennung der Potenziale, die in den Sprachen liegt. Die (Familien-)Sprache dient als emotional und sozial bedeutsame Ressource, als Grundlage für die Entwicklungs- und Lernfähigkeit, als Medium der sozialen (Selbst-)Konstruktion des Lernenden. Deren gesellschaftliche Anerkennung bietet die Chance für die Erfahrung von Zugehörigkeit und gesellschaftlicher Teilhabe. Eine schulische Wertschätzung der Sprachenvielfalt, etwa in Form eines breiten schulischen Sprachenangebots oder sprachenvergleichender Unterrichtsarbeit, dürfte wesentlich zu dieser Erfahrung „dazuzugehören" beitragen. Umgekehrt wird eine fehlende oder verweigerte Anerkennung das Gefühl verstärken, zu den Verlierern des Bildungssystems zu gehören. Warum sollte man sich dann noch anstrengen? Wertschätzung der Lernenden heißt nicht nur eine Rück-Sicht auf ihre spezifischen Sprach- und Lebensformen, sondern auch, ihnen angemessene Herausforderungen und Unterstützung zu bieten, so dass sie sich als selbstwirksame Subjekte erfahren können, die zu einer aktiven Partizipation in der Gesellschaft fähig sind. Wertschätzung beinhaltet ebenfalls, eine Vielfalt von Differenzlinien und Verschiedenheit als didaktische und pädagogische Ressource wahrzunehmen. Kulturalisierende Deutungsmuster und Zuschreibungen gilt es zu vermeiden und weitere, möglicherweise bedeutsamere Lesarten zu entwickeln, z. B. sozioökonomische Betrachtungsweisen. Wertschätzung bedeutet schließlich auch, Kinder und Jugendliche mit Zuwanderungsgeschichte sowohl in ihren Selbstdeutungen wahrzunehmen als auch Kontexte zu schaffen, um Tendenzen einer Selbst-Ethnisierung und Abschließung nach außen entgegenzuwirken.

Literatur

Hamburger, Franz 2009: Abschied von der Interkulturellen Pädagogik. Plädoyer für einen Wandel sozialpädagogischer Konzepte. Weinheim/München

Holzbrecher, Alfred (Hrsg.) 2011: Interkulturelle Schule – eine Entwicklungsaufgabe. Schwalbach/Ts.

Lenhart, Volker 2006: Pädagogik der Menschenrechte. 2. Aufl., Wiesbaden

Meyer, Thomas 1997: Identitätswahn. Die Politisierung des kulturellen Unterschieds. Berlin

Reich, Hans H./Holzbrecher, Alfred/Roth, Hans-Joachim (Hrsg.) 2000: Fachdidaktik interkulturell. Ein Handbuch. Opladen

Dagmar Richter

Geschlechtsspezifische Aspekte politischen Lernens

1. Geschlecht und Gesellschaft – zum theoretischen Stand

Politisches Lernen ist im Zusammenhang zu sehen mit Geschlechterdifferenzen, -beziehungen, -ordnungen und -verhältnissen (Knapp 2001), dem Nachdenken über *gender* als dem sozialen Geschlecht sowie den verschiedenen erkenntnistheoretischen Grundpositionen (vgl. v. Braun/Stephan 2005), die das Wahrnehmen einer Vielfalt von möglichen Ausgestaltungen von Frausein und Mannsein, von Geschlechterrollen und ihren Bewertungen oder der Queer-Bewegung mit beeinflussen. Geschlecht und das entsprechende Verhalten werden heute kaum noch als etwas gedeutet, das wir haben oder sind, sondern als etwas, das wir tun: ,Doing gender'. Gender wird immer wieder situativ konstruiert und gewandelt. Diese theoretische Position entspricht dem empirisch bestätigten Trend, dass junge Frauen und Männer die konkrete Formung ihrer Geschlechtsidentität weniger als frühere Generationen als ,eindeutig' und ,fremdbestimmt', sondern als kontingent und variabel ansehen, je nach Kontext betont oder auch (fast) „geschlechtsneutral". Das Geschlecht wird heute seltener als relevante Kategorie für die eigene Biografie oder die Gesellschaft angesehen – zu Unrecht, wie ein Blick in die Berufswelt und ihre Führungspositionen zeigt.

Doing gender

Theoretisch ist mit dem Aufzeigen und Analysieren von *Regeln des Konstruierens* des Geschlechts in Kontexten und seiner Geschichtlichkeit die Hoffnung verknüpft, vielfältige Varianten nicht nur innerhalb der Geschlechtergruppen (u. a. durch Beachtung weiterer Kategorien wie race oder sexuelle Orientierung, Milieu, Religion usw.) in den Blick nehmen zu können (Stichwort Diversity), sondern das Geschlecht von Individuen generell zu *dekonstruieren* und somit den Geschlechterdualismus zu überwinden. Die Auswirkungen des *gesellschaftlichen Strukturwandels* auf das Strukturie-

Gesellschaftlicher Strukturwandel

rungsprinzip Geschlecht sind jedoch unklar und werden kontrovers diskutiert (Fahrenwald 2012). In der Dienstleistungs-, Informations- und Wissensgesellschaft scheint sich die Vergesellschaftung von Frauen widersprüchlicher als zuvor zu zeigen als „Gleichzeitigkeit von Integration und Ausgrenzung, von Partizipation und Segregation, von Differenzierung und Hierarchisierung, von Anerkennung und Diskriminierung" (Knapp/Wetterer 2001, 9). Der Politikwissenschaft und der politischen Bildung kommen weiterhin wichtige Rollen für die Analyse und Aufklärung über und für die Gestaltung der Geschlechterverhältnisse zu, da die Bedeutung des komplexen Zusammenspiels „von Familienpolitik, Sozialpolitik, Steuer- und Fiskalpolitik sowie den gesellschaftlichen Leitbildern oder Arrangements bezüglich der Rolle der Frauen in der Erwerbs- und Hausarbeitssphäre" (Maier 1997, 20) auf die Geschlechterrollen als wesentlich festgestellt wird.

Politisches Interesse von Frauen

Empirische Studien zeigen hinsichtlich des *politischen Interesses von Frauen unterschiedliche Ergebnisse.* Je älter die beobachteten Personen sind, desto bedeutsamer scheinen die Unterschiede zwischen den Geschlechtern auszufallen. Im Sachunterricht der Primarschule wurden bislang keine geschlechtstypischen Auffälligkeiten festgestellt. In der Sekundarschule zeigen sich erste Unterschiede. Hier schätzen die Jungen bei gleichem Wissensstand ihre eigenen politischen Kenntnisse höher ein als Mädchen (Oberle 2013). Junge Frauen interessieren sich insgesamt weniger für Politik als junge Männer (Westle 2006, 214). Zudem ist das Interesse unterschiedlich ausgeformt. Männliche Jugendliche haben ein großes Interesse an den Bereichen Verteidigung und Außenbeziehungen Deutschlands sowie Wirtschaft und Arbeit. Weibliche Jugendliche haben ein großes Interesse in den Bereichen Umwelt, Familie, Jugend, Ausländer sowie Gleichberechtigung (ebd., 217). Dies lässt sich mit unterschiedlichen *Sozialisationsfaktoren* in den jeweils typischen Lebenszusammenhängen erklären (vgl. Metz-Göckel 2000). Das Spannungsdreieck Familie/Ehe, Kapital/Markt und Sozialstaat bindet Frauen und Männer unterschiedlich in den Staat ein bzw. setzt sich zu ihnen in unterschiedliche Beziehungen, was sich auf die jeweilige Bereitschaft zu Partizipation und Engagement im Staat und auf das politische Interesse auswirkt. Schon bei Jugendlichen scheinen die Antizipationen zum erwarteten Eingebundensein in Öffentlichkeit und gesellschaftliche Institutionen das Interesse zu beeinflussen. Diese Zusammenhänge sind in der politischen Bildungsarbeit thematisch zu berück-

Sozialisationsfaktoren

sichtigen, da sie den Blick von den Individuen hin zu den gesellschaftlichen Verhältnissen lenken. Das Wechselspiel von Fremd- und Selbstsozialisation im *Doing gender* kann zu unterschiedlichen Lebens-, Arbeits-, Denk- und Kommunikationsweisen sowie Lernverhalten (Lernniveau, -tempo und -stil) der Geschlechter führen – muss aber nicht (vgl. Richter 2001). Je differenzierter Lernende als Persönlichkeiten in den Blick kommen, desto weniger lassen sie sich zu zwei Geschlechtergruppen verallgemeinern und desto schwieriger ist es, allein die Kategorie Geschlecht für Diskriminierungen verantwortlich zu machen. Daher ist es für Lehrende wichtig, Mechanismen und Prozesse von geschlechtsspezifischen Diskriminierungen zu kennen und durch entsprechendes didaktisch-methodisches Handeln möglichst zu verhindern, nicht aber Individuen zu typisieren oder die Analysen von Beziehungen bzw. Interaktionen mit oberflächlicher Geschlechtsrhetorik zu simplifizieren.

2. Geschlechterverhältnisse in pädagogischen und didaktischen Diskussionen

Da Überwindungen von Geschlechtsdiskriminierungen beide Geschlechter betreffen, entstanden im Zuge der Koedukationsdebatten in den 1990er-Jahren (zunächst spiegelbildlich konzipierte) Ansätze zur *Jungen- bzw. Männerbildung*, die im Vergleich zur Frauenbildung jedoch immer noch nur marginal entwickelt und meist mittelschichtsorientiert sind (vgl. Nuissl 2009; Lenz 2008). Seit der Jahrhundertwende wird primär über sog. geschlechtergerechte Didaktiken bzw. Reflexive Koedukation sowie Gender-Mainstreaming in Bildungseinrichtungen nachgedacht. Zur *geschlechtergerechten Didaktik* gehört, Geschlechterorientierung als *didaktisches Prinzip* zu verstehen und zu versuchen, dies für die verschiedenen didaktischen Ebenen zu konkretisieren (vgl. Richter 2000). Die normativen Bezugspunkte, was jeweils als weibliches oder männliches Interesse, Bedürfnis, Stärke oder Schwäche gelten soll, sind allerdings häufig unklar und werden durch Kontextualisierungen versucht zu klären; für außerschulische Bereiche auch durch Adressatenorientierung oder Methoden der Selbstevaluation. Zur Geschlechtergerechtigkeit gehören seitdem des Weiteren *fachdidaktische Analysen* (vgl. Reinhardt 1996), *Reflexionen der Kommunikations- und Interaktionsstrukturen* im Unterricht (vgl. Kroll 2000) sowie des Verständnisses und

Geschlechtergerechte Didaktik

der Ausübung der *Lehrrolle*. Als umfassende politische Handlungsstrategie kam *Gender Mainstreaming* in den Blick von Bildungspraxis (vgl. Meuser/Neusüß 2004), da geschlechtsspezifisches Lernen neben *individuellen Wertorientierungen* (mit abnehmender Tendenz) auch durch das Wahrnehmen von Personalhierarchien oder Konzentrationen eines Geschlechts in bestimmten Arbeitsbereichen der Bildungsinstitutionen stattfindet; *institutionell verankerte Diskriminierungen* sind als Teile der *Sozialstruktur* der Gesellschaft primär strukturell bedingt. Von den Lernenden werden sie oftmals den persönlichen Interessen oder Kompetenzen der Lehrenden zugeschrieben. Heute hat die geschlechterdifferenzierende politische Bildung in der Fachdidaktik zwar ein festes Plätzchen erhalten, ohne sich jedoch durch Differenziertheit auszuzeichnen. In den Fachdiskussionen der letzten Jahre wurde *gender* als Kategorie vernachlässigt. Geschlechtergerechte Bildung, die diesen Ausdruck verdient, findet sich heute eher in der außerschulischen politischen Bildung. Hier zählt Genderkompetenz zur beruflichen Schlüsselqualifikation (Budde/Venth 2009).

> Vernachlässigung der Kategorie gender

3. Ansätze geschlechtergerechter politischer Bildung

Geschlechtergerechtigkeit in Bildungsprozessen bezieht sich zum einen auf die Genderkompetenz, zum anderen ist sie ein normativer Maßstab. Genderkompetenz richtet sich als moralische Aufforderung an einzelne Personen und bezieht sich auf die eigenen typisierten Identitätszwänge und auf gendersensible Wahrnehmungs- und Handlungskompetenzen. Lehrpersonen sollten sich beispielsweise mit ihrer eigenen Geschlechterrolle auseinandersetzen und geschlechtstypische Verhaltensweisen ihrer Lernenden erkennen können. Geschlechtergerechtigkeit ist zudem ein normativer Maßstab für die Gestaltung der sozialen, politischen und globalen Geschlechterverhältnisse. Eng verknüpft sind hiermit auf der inhaltlichen Ebene politischer Bildung Fragen zur rechtlichen, politischen und sozialen Gleichheit der Geschlechter. Mit der Perspektive auf Geschlechtergerechtigkeit können direkt Geschlechterverhältnisse in der Gesellschaft thematisiert oder nahezu sämtliche politischen Inhalte mit einer Genderperspektive versehen werden. Zugleich deuten sich mit den Begriffen Gerechtigkeit und Gleichheit die Kontroversen in diesem Themenbereich an. Mit dem Ziel der Chancengerechtigkeit

> Genderkompetenz

> Kontroverse

sollen auch Ungleichbehandlungen von Mädchen und Jungen stattfinden. Im Sinne einer Bedarfsgerechtigkeit soll insbesondere das Interesse an Politik bei Mädchen gefördert werden, damit mehr Frauen als bisher sich politisch engagieren. Positionen zur Leistungsgerechtigkeit lehnen solche kompensatorischen Maßnahmen aufgrund von Defizitunterstellungen ab. Sie warnen vor einer „Dramatisierung" von Gender, die gerade die Typisierungen fördere, die überwunden werden sollen. Diese verschiedenen theoretischen, aber auch politischen Positionen stellen einerseits interessante Gegenstände für das politische Lernen dar, andererseits führen sie zu unterschiedlichen didaktischen Positionen, die bislang jedoch in der Politikdidaktik nicht ausformuliert vorliegen. Hingegen finden sich in der außerschulischen politischen Bildung didaktische Prinzipien und Methoden, die geschlechtergerechte Ansätze fördern, so unter anderem Konzepte biografischen Lernens, Coaching bzw. das Befragen von Expertinnen oder die aktive Förderung von Teilhabepraxis (vgl. Derichs-Kunstmann 2009).

Der konzeptionelle Nachholbedarf politischer Bildung liegt mittlerweile weniger auf allgemeinpädagogischen Ebenen wie Analysen von Interaktionsstrukturen in Lehr-Lern-Prozessen oder auf Reflexionsprozessen zum eigenen Selbstverständnis über Geschlechterrollen und -bilder. Die besonderen Aufgaben und Möglichkeiten geschlechtergerechter politischer Bildung zeigen sich auf der Ebene der gesellschaftsanalytischen Inhalte, ihrer Kritik und ihrer Verknüpfung mit alltagsweltlichen, biografischen Orientierungen (z. B. Berufsplanungen) der Lernenden: Trotz veränderter Rollenverständnisse und besserer Schulleistungen von Mädchen existiert weiterhin ein geschlechtsspezifisch segmentiertes Berufssystem. Die „unterschiedlichen Verwertungschancen von Bildungsressourcen" tradieren Geschlechtsdiskriminierungen, obwohl sich die Einzelnen am Prinzip der Geschlechtergerechtigkeit orientieren (Krüger 2001, 72). Zukunftsorientierte geschlechtergerechte politische Bildung sollte kompetenzorientierte Unterrichtsmaterialien entwickeln und daraufhin untersuchen, ob mit ihnen die komplexe Gemengelage aufgeklärt werden kann, welche „die Ordnungsmacht von Geschlecht im gesamtgesellschaftlichen Maßstab" konstituiert (a.a.O., 80f.). Die Ebenen der Sozialstruktur der Gesellschaft, der Funktionslogik einzelner Institutionen und ihres Zusammenspiels sind mehrdimensional und dynamisch aufeinander bezogen. Historische und internationale Vergleiche der Geschlechterverhältnisse verdeutlichen Ent-

Nachholbedarf politischer Bildung

und Re-Hierarchisierungen, Vor- und Rückschritte sowie Aufklärung über ihre Gesetzlichkeiten (a. a. O., 83). Um diese Bildungsaufgaben leisten zu können, ist die Wissensdimension mit Blick auf *Gender* verstärkt in den Blick zu nehmen.

Literatur

Braun, Christina v./Stephan, Inge (Hrsg.) 2005: Gender@Wissen. Ein Handbuch der Gender-Theorien. Böhlau u. a.
Budde, Jürgen/Venth, Angela 2009: Genderkompetenz für lebenslanges Lernen: Bildungsprozesse geschlechterorientiert gestalten. Bielefeld
Derichs-Kunstmann, Karin 2009: Das didaktisch-methodische Konzept der Gender-Qualifizierungen. In: Derichs-Kunstmann, Karin/Kaschuba, Gerrit/ Lange, Ralf/Schnier, Victoria (Hrsg.): Gender-Kompetenz für die Bildungsarbeit. Konzepte, Erfahrungen, Analysen, Konsequenzen. Recklinghausen, S. 14-31
Fahrenwald, Claudia 2012: Gender als Strukturkategorie der Moderne. In: Boeser, Christian/Fahrenwald, Claudia/Bauer, Quirin (Hrsg.): Von der Vision zur Profession – Die Genderperspektive in der Pädagogik. Opladen u. a., S. 19-28
Knapp, Gudrun-Axeli 2001: Dezentriert und viel riskiert: Anmerkungen zur These vom Bedeutungsverlust der Kategorie Geschlecht. In: Knapp/Wetterer (Hrsg.), a. a. O., S. 15-62
Knapp, Gudrun-Axeli/Wetterer, Angelika (Hrsg.) 2001: Soziale Verortung der Geschlechter. Gesellschaftstheorie und feministische Kritik. Münster
Kroll, Karin 2001: Die unsichtbare Schülerin. Eine qualitative Studie zur Wahrnehmung und Deutung der Kommunikations- und Interaktionsstrukturen von Mädchen und jungen Frauen im Politikunterricht. Schwalbach/Ts.
Krüger, Helga 2001: Gesellschaftsanalyse: der Institutionenansatz in der Geschlechterforschung. In: Knapp/Wetterer (Hrsg.), a. a. O., S. 63-90
Lenz, Hans-Joachim 2008: Sexualität in der Männerbildung – eine Bestandsaufnahme. In: Schmidt, Renate-Berenike/Sielert, Uwe (Hrsg.): Handbuch Sexualpädagogik und sexuelle Bildung. Weinheim, S. 341-350.
Maier, Friederike 1997: Entwicklung der Frauenerwerbstätigkeit in der Europäischen Union. In: Aus Politik und Zeitgeschichte B 52/97, S. 15-27
Metz-Göckel, Sigrid 2000: Sozialisation der Geschlechter: Von der Geschlechterdifferenz zur Dekonstruktion der Geschlechterdualität. In: Bührmann, Andrea/Diezinger, Angelika/Metz-Göckel, Sigrid (Hrsg.): Arbeit, Sozialisation, Sexualität: Zentrale Felder der Frauen- und Geschlechterforschung. Lehrbuchreihe, Bd 1. Opladen, S. 103-116
Meuser, Michael/Neusüß, Claudia (Hrsg.): Gender Mainstreaming. Konzepte – Handlungsfelder – Instrumente. Bonn

Nuissl, Ekkehard 2009: Männerbildung. In: Tippelt, Rudolf/Hippel, Aiga v. (Hrsg.): Handbuch Erwachsenenbildung/Weiterbildung. 3. Aufl., Wiesbaden, S. 855-864

Oberle, Monika 2013: Geschlechtsspezifische Differenzen in politischen Kompetenzen. In: Frech, Siegfried/Richter, Dagmar (Hrsg.): Politische Kompetenzen fördern. Schwalbach/Ts., S. 164-184

Reinhardt, Sibylle 1996: Männlicher oder weiblicher Politikunterricht? Fachdidaktische Konsequenzen einer sozialen Differenz. In: Politische Bildung, Heft 1, S. 59-75

Richter, Dagmar 2000: Aufklärung, Differenzierung und Kompetenzentwicklung – Geschlechterorientierung als didaktisches Prinzip der politischen Bildung. In: Oechsle, Mechthild/Wetterau, Karin (Hrsg.): Politische Bildung und Geschlechterverhältnis. Opladen, S. 197-222

Richter, Dagmar 2001: Hürdenlauf? Politisches Lernen und geschlechterspezifische Aspekte. In: Gentner, Ulrike (Hrsg.): Geschlechtergerechte Visionen. Politik in Bildungs- und Jugendarbeit. Königstein/ Ts , S. 46-160

Westle, Bettina 2006: Politisches Interesse, subjektive politische Kompetenz und politisches Wissen. Eine Fallstudie mit Jugendlichen im Nürnberger Raum. In: Roller, Edeltraut/Brettschneider, Frank /Deth Jan W. van (Hrsg.): Jugend und Politik „Voll normal". Wiesbaden, S. 209-240

Anja Besand

Medienerziehung

Dass Medien heute den Alltag von Politik und Gesellschaft prägen, gehört zu den gängigen Selbstverständlichkeiten und Allgemeinplätzen. Medien sind ein seit langem nicht wegzudenkender Bestandteil gesellschaftlicher wie politischer Kommunikation und üben auf diesem Weg erheblichen Einfluss aus. Denn Medien – auch darüber herrscht weitgehend Einigkeit – dürfen nicht nur im Sinne eines Spiegels der Wirklichkeit als passiver Überträger und Vermittler von Informationen aufgefasst werden, sondern müssen vielmehr als ein aktives Element im sozialen und politischen Prozess verstanden werden, das Wirklichkeit nicht nur vermittelt, sondern zu einem nicht unerheblichen Teil beeinflusst oder sogar herstellt. Medien verändern die Politik genauso, wie die Politik die Medien verändert. So drängen die Medien der Politik ihre medialen Funktionslogiken auf und zwingen sie beispielsweise zum symbolischen Arrangieren und Inszenieren ihrer Inhalte. Sie verändern Verhältnis und Struktur öffentlicher und privater Kommunikation und stellen damit nicht nur unsere Vorstellung von Sender und Empfänger, sondern auch von Urheberrecht und Datenschutz beständig auf die Probe. Insbesondere letztere sind aus diesem Grund auch Gegenstand intensiver politischer Auseinandersetzungen und Regulierungsbemühungen geworden.

1. Medien als Herausforderung und Chance

Doch wie ist eine solche Entwicklung zu bewerten? Auf der einen Seite gibt es nicht wenige, die die Medialisierung von Politik als Entpolitisierung, Trivialisierung und damit als politischen Verfall bewerten. Dazu müssen allerdings die Bürgerinnen und Bürger als passive Empfänger von hochgradig inszenierten, medialen Informationen verstanden werden, die den Einflüssen und Suggestionen der Medien mehr oder weniger hilflos ausgeliefert sind. Werden jedoch auch andere Möglichkeiten der Medienrezeption unterstellt, so lässt sich die Medialisierung des Politischen auch aus einer gänzlich anderen Perspektive diskutieren. Setzt man nämlich eine etwas weniger pessimistische Bewertung derBürgerinnen und Bürger als Medienrezipienten voraus, müssen die Entwicklungen im Medienbereich nicht zwangsläufig einen Nachteil für Politik oder Demokratie bedeuten. Im Gegenteil: Es finden sich vielfältige Anhaltspunkte dafür, die zunehmende Verflechtung von Medien und Politik auch als Chance zu begreifen. Nie zuvor standen politische Institutionen und Akteure beispielsweise unter einem vergleichbaren Druck, ihr Handeln gegenüber einer Medienöffentlichkeit zu rechtfertigen und zu begründen. Dies kann durchaus als Gewinn an Transparenz und damit auch an Demokratie gewertet werden. Zudem stehen durch die Vervielfältigung medialer Kanäle den Bürgerinnen und Bürgern heute zu jedem beliebigen politischen Problem nicht nur mehr Informationen zur Verfügung, sondern auch Informationen aus extrem unterschiedlichen Standorten und Perspektiven, womit nicht zuletzt auch dem Pluralismus funktional differenzierter Gesellschaften Rechnung getragen wird. Durch digitale Medien verändern sich aber nicht nur die Zugangschancen zu Information, sondern auch die Möglichkeiten zur Partizipation. Denn niemals war es leichter, einen direkten Kontakt zu politischen Akteuren herzustellen, an Petitionen teilzunehmen oder auch die Öffentlichkeit für eigene Anliegen zu interessieren. Aus diesem Grund wird der politische oder demokratische Gehalt von digitalen Medien zuweilen auch geradezu euphorisch eingeschätzt. Digitale Medien werden als „Partizipationsmaschinen" bezeichnet und ihre Integration in den politischen Prozess als „Operation am offenen Herzen der Demokratie" (vgl. Brombach 2011). Aus dieser Perspektive betrachtet, scheinen sich insbesondere im Kontext neuer sozialer Medien ungeheure Chancen für die politische Bildung zu ergeben. Skepsis ist allerdings immer dann angebracht, wenn mediale Möglichkeiten – wie beispielsweise die des Web 2.0 – mit der Verwirklichung von Teilhabe für breite Bevölkerungsschichten gleichgesetzt werden (vgl. Wagner et al. 2011). Denn nach wie vor bestehen nicht unerhebliche Unterschiede in der Nutzung medialer Zugangs- und Informationschancen, Stichwort: Digital Divide (vgl. Tsatsou et al. 2009). Aber auch wenn das Internet nicht als gänzlich schrankenlose und hierarchiefreie Struktur bewertet werden kann, zu der jeder und jede dieselben Zugangschancen hat, befördert es doch vor allem lockere Organisationsformen, bei denen viele mit vielen in Kontakt treten und sich abstimmen können. Das alte zum Reiz-Reaktions-Schema analoge Sender-Empfänger-Modell wird hier gründlich widerlegt, denn wie

Chancen durch Verflechtung von Medien und Politik

Neue soziale Medien

kein anderes Medium befördert das Internet eine breit angelegte Kommunikation und dialogische Strukturen. Dabei bleiben heute solche Einflussmöglichkeiten nicht nur auf das Internet begrenzt, selbst bei an sich interaktionsarmen Medien wie Fernsehen, Zeitungen und neuerdings sogar (elektronischen) Büchern lassen sich gegenwärtig vielfache Unschärfen und Übergänge zwischen Sendern und Empfängern erkennen.

2. Orientierungsprobleme – Mediale Unübersichtlichkeit

Die Kehrseite dieser Entwicklung bleibt die Unübersichtlichkeit. Denn tatsächlich schafft die Vielfalt der (neuen) medialen Erscheinungsweisen von Politik weniger Übersicht als Unübersichtlichkeit, weniger Eindeutigkeit und Orientierung. Bei allen Darstellungs- und Inszenierungsbemühungen im Feld der Politik wird deshalb auch das Politische nicht fortlaufend deutlicher und klarer, sondern vielfach undurchsichtiger und unschärfer. So stehen durch die Vervielfältigung medialer Kanäle in Zeitungen, Fernsehprogrammen oder den unzähligen Weiten des Internet zwar grundsätzlich betrachtet immer mehr Informationen und immer mehr Perspektiven zu einem Problem zur Verfügung, sie alle zu verfolgen kann den durchschnittlichen Bürgerinnen und Bürgern aber kaum noch gelingen. Im Gegenteil: Da die Herausforderung heute nicht mehr darin besteht, zur Information zu gelangen, sondern in der Informationsflut das Wesentliche vom Unwesentlichen zu unterscheiden, entscheidet der Einzelne (unterstützt und geleitet durch die Algorithmen von Suchmaschinen und Sozialen Netzwerken) heute zunehmend selbst, was er wahrnehmen möchte und wann er es wahrnehmen möchte. Für diesen Zusammenhang hat sich in den letzten Jahren der Begriff der „Echokammern" oder „Filterblasen" (vgl. beispielsweise Bieber/Schwöbel 2011) etabliert, mit dem in der medientheoretischen und didaktischen Diskussion das Problem markiert wird, dass Mediennutzerinnen und Mediennutzer in vielen medialen Umgebungen nur noch die Informationen suchen und erhalten, für die sie in ihrer Nutzergeschichte bereits zuvor Präferenzen erkennen ließen, und sich damit sowohl weltanschaulich als auch ideologisch zunehmend selbst isolieren (vgl. Parisier 2011). Der Politik bleibt in einem solchen Kontext nichts anderes, als sich in diesem Kaleidoskop medialer Reize mit immer schillernderen Inszenierungen und immer lauteren Akti-

Informationsflut als neue Herausforderung

onen Gehör zu verschaffen, womit die Medialisierung von Politik allerdings nur weiter an Dynamik gewinnt.

Doch was bedeutet das für die politische Bildung? Muss unter diesen Bedingungen nicht wenigstens die politische Bildung versuchen, eine Grundlage für einen gemeinsamen gesellschaftlichen oder politischen Meinungsaustausch zu schaffen? Muss Politik nicht zumindest im politischen Unterricht von ihren medialen Verunstaltungen und Verengungen gelöst und unter nüchternen, rationalen Gesichtspunkten betrachtet werden? Muss sich nicht wenigstens die politische Bildung bemühen, ein Fundament gesicherten Wissens über Politik, ihre Institutionen, Kategorien und Funktionsweisen herzustellen, auf dessen Basis wir uns über das, was Politik ist (oder sein sollte) verständigen können?

Bedeutungen für die politische Bildung

Sicherlich kommt die politische Bildung angesichts der Vervielfältigung und Fragmentierung medialer Wahrnehmungswelten auch in Zukunft nicht um die Vermittlung basaler Kenntnisse etwa der Grundfragen oder Kernprobleme des Politischen herum. Gleichzeitig muss sie sich aber auch davor hüten, das Politische angesichts der Flut medialer Erscheinungen einzig auf abstrakte, institutionelle oder rational steuerungstheoretische Aspekte reduzieren zu wollen und dabei die verwirrenden und uneindeutigen medialen Aspekte außen vor zu lassen. In der Mediengesellschaft kann Politik ohne ihre medialen Erscheinungen nicht mehr verstanden werden. Die Vermittlung von Institutionenkunde, politischen Zyklen und dem Idealbild demokratischer Repräsentation hätte in diesem Zusammenhang zwar den Vorteil der Eindeutigkeit, doch wird sie der Vielfältigkeit und Vieldeutigkeit moderner Mediendemokratien schlichtweg nicht mehr gerecht. Denn in dem Maße, in dem Politik in den modernen, hochgradig fragmentierten Gegenwartsgesellschaften nicht mehr zu trennen ist von der medialen und symbolischen Vermittlung ihrer Inhalte, können auch die Medien selbst nicht als oberflächliche, verfälschende Entfremdungsinstrumente verstanden werden und dürfen dementsprechend auch nicht aus der Beschäftigung mit Politik und damit aus der politischen Bildung verbannt bleiben. Und mehr als das: Medien können unter diesen Bedingungen auch kein gesondertes Thema sein, das sich im politischen Unterricht in gesonderten Unterrichtsstunden unter spezifischen Überschriften betrachten lässt. Medien lassen sich im Rahmen politischer Bildung kaum durchnehmen und schon gar nicht abhaken. Im Medienzeitalter ist die Beschäftigung mit Politik vielmehr *zu keiner Zeit* von der Be-

Medien lassen sich nicht abhaken

schäftigung oder zumindest der Berücksichtigung ihrer medialen Aspekte zu trennen, denn sowohl im Bereich von polity, policy und politics spielen neue Darstellungen, Politikstile und Inszenierungen eine relevante Rolle, die eine Leugnung der medialen Dimension nur um den Preis einer Ausblendung unverzichtbarer politischer Elemente zulassen.

Das alles heißt: Im Rahmen politischer Bildung kann in einer solchen Situation keine belehrende oder bewahrende und vor allem klar abgegrenzte Medienkunde, sondern einzig eine auf Partizipation und Teilhabe gerichtete kritische Medienerziehung und -bildung angemessen sein. Leider wird die politische Bildung diesem Anspruch bislang nur ungenügend gerecht. Denn obwohl man sich auch hier bereits geraume Zeit mit Medien als Gegenstand und Thema im Fach auseinandersetzt und obwohl man im politischen Unterricht – wie oben bereits deutlich wurde – eigentlich zu keiner Zeit umhin konnte, verschiedenste Medien als Quellen oder Materialien zu benutzen, bleibt die Integration von Medien in den politischen Unterricht häufig sehr begrenzt.

Integration von Medien in den politischen Unterricht

Betrachtet man beispielsweise die Lehrpläne und Schulbücher des Faches, stößt man auf das Stichwort Medien bis heute noch immer in klar abgegrenzten inhaltlichen Themenfeldern oder Kapiteln, in denen die Schülerinnen und Schüler sich gezielt mit dem Verhältnis von Medien und Politik beschäftigen und sich mit den Herausforderungen und Problemen in diesem Zusammenhang auseinandersetzen sollen. Im Kontext der Thematisierung von Digitalen Medien finden sich dabei vornehmlich das Thema Cyber-Mobbing. Ein Phänomen, das ohne Frage existiert und vor dem Schülerinnen und Schüler gewarnt werden müssen, das aber keinesfalls die Vielfalt politisch relevanter Fragestellungen im Bereich sozialer Netzwerkmedien repräsentiert. Eine thematisches Angebot dieser Ausrichtung suggeriert ganz im Gegensatz zu den oben dargestellten Zusammenhängen, dass sich das Verhältnis von Medien und Politik in einem separaten Kapitel oder einer gesonderten Unterrichtseinheit durchnehmen lässt. Das Problem ist hier nicht, dass der bisweilen aufklärerische Effekt investigativer Medienarbeit als demokratiefördernd dargestellt wird – wer würde dies bestreiten wollen – sondern vielmehr, dass die Medien hier auf Instrumente zur Herstellung von Eindeutigkeit und Mittel zur Aufklärung reduziert werden, während der eher untergründige – immer mitlaufende – Effekt medialer Wirkungen ausgeblendet oder lediglich als Verfallssymptom behandelt wird.

Bliebe es bei dieser Form der thematischen Integration, könnte der politische Unterricht dem Stellenwert von Medien im politischen wie sozialen Prozess keinesfalls gerecht werden. Allerdings findet die Integration von Medien in den politischen Unterricht nicht nur im Sinne solcher thematischen Auseinandersetzung statt. Da Politik immer an ihre Übertragung und Darstellung in Medien gebunden ist und von diesen kaum getrennt werden kann, finden Medien geradezu selbstverständlich als Quelle und Material, zuweilen auch als Unterrichtsprodukt, Eingang in den politischen Unterricht. Kopien von Artikeln aus Zeitungen oder Zeitschriften, Materialhefte und Bücher, aber auch Materialien aus dem Internet, Fernsehreportagen und Unterrichtsfilme werden erwiesenermaßen im politischen Unterricht genutzt. Aber auch hier verrät ein näherer Blick schnell Defizite. Denn quantifiziert man den Material- und Medieneinsatz in der politischen Bildung, wird sehr schnell deutlich, dass sich die politische Bildung bis heute noch immer hauptsächlich an text- oder schriftorientierten Medien orientiert. Medien in der politischen Bildung, das sind eben Kopien von Zeitungsartikeln, Texthefte und Materialsammlungen, daneben noch mehr oder weniger textlastige Schulbücher (vgl.: Besand 2004, 185 ff.). Mit audiovisuellen, unterhaltungsorientierten und insbesondere mobilen Medien tut man sich paradoxerweise bis heute noch immer schwer. So werden Smartphones – obwohl sie sich hervorragend für die spontane Recherche aktueller politischer Hintergrundinformation eignen – im Politikunterricht im Regelfall nicht toleriert und audiovisuelles Material wiederum aufgrund nicht vorhandener Medientechnologie im Klassenzimmer nur selten genutzt. Dabei stehen zwischenzeitlich ganz hervorragende animierte Erklärstücke oder Videosequenzen zur Verfügung, mit denen sich auch komplizierte politische Zusammenhänge schnell, nicht selten humorvoll und eingängig veranschaulichen lassen.

Medien als Quelle und Material

Überspitzt ließe sich formulieren: Medienerziehung und Medienbildung in der politischen Bildung besteht noch immer im Versuch, unterhaltungsorientierte Medienpräferenzen einzudämmen, vor sozialen Medien zu warnen, gleichzeitig aber auch die Bereitschaft zur Rezeption textorientierter Medien zu fördern. Zur Ehrenrettung der politischen Bildung muss an dieser Stelle allerdings deutlich formuliert werden, dass eine solche medienkritische, z. T. sogar anachronistische Einstellung sich nicht nur in der politischen Bildung, sondern in der ganzen Schule wiederfindet. So geben knapp 80 Prozent der

Medienkritische Einstellung

deutsche Schülerinnen und Schüler im Rahmen internationaler Vergleichsstudien wie PISA 2009 oder IGLU 2011 an, dass sie den Computer auch in den Kernfächern Deutsch, Mathematik, Englisch oder Naturwissenschaften „niemals" nutzen. Bezogen auf die schulische Nutzung digitaler Medien liegt Deutschland damit in der Sekundarstufe international im unteren Drittel (vgl. Klieme et al. 2010; Bos et al. 2012).

Auf die mangelnde Ausstattung der Schulen kann dieser deutliche Befund kaum zurückgeführt werden. Nach Bachmair offenbart sich hier vielmehr die Unflexibilität von Schule und politischer Bildung, auf mediale Herausforderungen adäquat zu reagieren. Denn „[h]inter solchen Verfallsbeschreibungen steht nicht nur die theoretische Hilflosigkeit gegenüber der Medien- und Konsumwelt der Kinder. Schule verteidigt hier auch ihr Konzept des Lernens in einer sich grundlegend verändernden kulturellen Welt" (Bachmair 1998, 276). Tatsächlich würde durch die Integration dominant textorientierter Medien in die politische Bildung oder in Schule allgemein nicht nur ein altes Medium gegen ein neues ersetzt. Die Integration würde vielmehr die Vorstellungen von Schule und Unterricht in viel direkterer Weise betreffen. Zwar konnte in der Schule im Prinzip immer schon jedes Buch, jede Zeitschrift und jeder Text in den Unterricht einbezogen werden – aber nur im Prinzip und nicht auf Knopfdruck. Medien wie das Internet und dessen Verfügbarkeit über mobile Endgeräte wie Smartphones oder Tablets konfrontieren die Schule dagegen mit einer neuen quantitativen wie qualitativen Informationsmenge, die ihresgleichen sucht. Das stellt das traditionelle Bild von Schule, das zumindest zum Teil vom Wissensmonopol oder zumindest Orientierungswissen der Lehrkräfte gelebt hat, auf eine harte Probe. Das heißt: Wenn wir über die Herausforderungen und Chancen reden, die durch die Integration von Medien für die politische Bildung entstehen, geht es deshalb um mehr als um die Frage, warum, wann welche Medien in den politischen Unterricht aufgenommen werden müssen und wie dies am praktikabelsten geschehen kann. Und auch für die politische Bildung geht es an dieser Stelle nicht nur darum, die Veränderungen, die Politik und Gesellschaft durch neue Medien erfahren, zu thematisieren, noch ausschließlich darum, den Umgang mit neuen Technologien zu üben oder anzuleiten. Viel grundsätzlicher ist vielmehr die Frage zu stellen, auf welche Welt die nachwachsende Generation eigentlich vorbereitet werden muss. Antworten auf diese Fragen können an dieser Stelle natürlich nur angedeutet werden, sicher scheint lediglich zu sein, dass sich der Stellenwert der Vermittlung von Daten und Fakten – die medial zu jeder Zeit und an jedem Ort zur Verfügung stehen – zugunsten der Förderung selbstständiger medialer Orientierungs-, Urteils- und Handlungsfähigkeiten verringern wird. In diesem Sinn geht es eben nicht nur darum, den Umgang mit alten wie neuen Medien technisch anzuleiten und zu trainieren, sondern den Veränderungen, die sich für den Einzelnen und für Politik und Gesellschaft ergeben, neugierig und kritisch nachzugehen. Dies gilt nicht nur für den Bildungsprozess, sondern für die politische Bildung als Disziplin selbst auch. Auch sie muss überlegen, wie sie ihre Inhalte und Ziele den Veränderungen im medialen und sozialen Bereich anpassen kann. Angesichts der Vervielfältigung von Wahrnehmungswelten geht es in der politischen Bildung beispielsweise mehr denn je um die Förderung von Ambiguitätstoleranz und Perspektivenwechsel, um Neugier auf Neues und das Aushalten kognitiver Dissonanzen. Im Hinblick auf die gewachsene Informationsmenge und -geschwindigkeit geht es um die Entwicklung von Flexibilität und Reaktionsfähigkeit, aber auch die Fähigkeit, Quellen schnell und sicher zu bewerten, sowie neue Themen und Probleme zu identifizieren und auf Politik und Gesellschaft beziehen zu können. Im Kontext der fachdidaktischen Diskussion über Medienerziehung gilt es in der politischen Bildung im Medienzeitalter, neben solchen eher rezeptiven Kompetenzen auch kommunikative, aktive oder gestalterische Kompetenzen zu berücksichtigen: So muss sich die politische Bildung auch im Kontext von Überlegungen zur politischen Handlungsfähigkeit einem komplexeren Begriff von Kommunikation öffnen, in dem die symbolische Struktur medialer Kommunikation nicht ausgespart bleibt und mit dem auch mediale Handlungskompetenzen gefördert werden können. Politische Bildung endet nicht beim Lesen und Sprechen. Vielmehr muss es im Rahmen politischer Bildung auch darum gehen, sich darzustellen, sich in Szene zu setzen, Aufmerksamkeit zu erregen, einen Skandal zu provozieren, zu irritieren, Erstaunen zu erwecken u. ä. m. Ob man es nun mediale Inszenierungs-, Thematisierungs- oder Handlungskompetenz nennt, in jedem Fall geht es darum, Strategien zu erproben, die die Voraussetzung dafür schaffen, Aufmerksamkeit für eigene Anliegen zu erhalten. Welche Veränderungen sich für die politische Bildung durch die gesteigerten medialen Partizipationsmöglichkeiten ergeben, ist dabei heute noch gar nicht absehbar (vgl. Brombach 2011). Am wichtigsten aber bleibt: Medien dürfen im politischen Unterricht nicht als isoliertes Thema behandelt werden. Medien sind integrativer Bestandteil sozialer wie politischer Kommunikation und müssen bei jedem Thema des politischen Unterrichts mit gedacht und mit reflektiert werden.

Literatur

Bachmair, Ben 1998: Lernen in individuellen Bildwelten, in: Duncker, Ludwig/ Popp, Walter: Kind und Sache. Weinheim, S. 275-296

Besand, Anja 2004: Angst vor der Oberfläche. Zum Verhältnis ästhetischen und politischen Lernens im Zeitalter Neuer Medien. Schwalbach/Ts.

Bundeszentrale für politische Bildung (Hrsg.) 2001: Politik im Informationszeitalter. Bonn

Bieber, Christoph/Schwöbel, Christian 2011: Politische Online-Kommunikation im Spannungsfeld zwischen Europa- und Bundestagswahl. In: Tenscher, Jens (Hrsg.): Superwahljahr 2009. Wiesbaden, S. 223-244

Brombach, Guido 2011: Ist der Beutelsbacher Konsens noch zu retten? In: pb21. de 2011, http://pb21.de/2011/11/ist-der-beutelsbacher-konsens-noch-zu-retten/

Bos, Wilfried/Tarelli, Irmela/Bremerich-Vos, Albert/Schwippert, Knut (Hrsg.) 2012: IGLU 2011, Lesekompetenzen von Grundschulkindern. Münster

Bühl, Achim 1996: CyberSociety. Mythos und Realität der Informationsgesellschaft. Köln

Friedrichs, Werner/Sander, Olaf (Hrsg.) 2002: Bildung/Transformation. Kulturelle und gesellschaftliche Umbrüche aus bildungstheoretischer Perspektive. Bielefeld

Klieme, Eckhard/Artelt, Cordular/Hartig, Johannes/Jude, Nina/Köller, Olaf/ Prenzel, Manfred/Schneider, Wolfgang/Stanat, Petra (Hrsg.) 2010: PISA 2009. Bilanz nach einem Jahrzehnt. Münster

Kloock, Daniela/Spahr, Angela 2000: Medientheorien. Eine Einführung. München

Leggewie, Claus/Maar, Christa (Hrsg.) 1998: Internet und Politik. Köln

Pariser, Eli 2011: The Filter Bubble: What the Internet Is Hiding from You. New York

Tsatsou, Panayiota/Pruulmann-Vengerfeldt, Pille/Murru, Maria Francesca 2009: Digital Divides. In: Livingstone, Sonia/Haddon Leslie (Hrsg.): Kids online. Opportunities and Risks for Children. Bristol, S. 107-119

Wagner, Ulrike/Gerlicher, Peter/Brügge, Niels 2011: Partizipation im und mit dem Social Web – Herausforderungen für die politische Bildung. München, http://www.bpb.de/lernen/unterrichten/methodik-didaktik/71418/partizipation-im-social-web, 20.3.2013

Bernd Overwien

Umweltbildung und Bildung für nachhaltige Entwicklung

Einleitung

Begriffe wie Klimawandel, Artensterben, Smog, Energiewende oder Ressourcenknappheit sind in den Medien omnipräsent. Die globale Umweltsituation wird von 55 % repräsentativ Befragter in Deutschland als eher schlecht und weiteren 36 % als sehr schlecht eingeschätzt (Kuckartz u. a. 2006, 20). Fast jeder zweite Befragte fühlt sich durch den Klimawandel bedroht. Ganze 80 % der Deutschen, so eine andere Befragung, wären bereit, sich stärker im Umweltbereich zu engagieren, wenn die anderen auch so handeln würden, so wird allerdings eingeschränkt (BMU 2008, 11). Gleichzeitig ist aus einer Reihe von Umfragen bekannt, dass Umweltwissen allein noch nicht zu Umwelthandeln führt (vgl. Grunenberg/Kuckartz 2005). Dies hat mit der Komplexität der Probleme zu tun, deren Lösung ja teils als eine Generationenaufgabe zu sehen ist. Außerdem lassen sich Lebensstile und Konsumgewohnheiten nicht von heute auf morgen ändern. Umweltbildung als Teil von Bildung für nachhaltige Entwicklung steht also vor großen Herausforderungen. Sie kann und darf Menschen nicht mit der Schilderung von Schreckens- und Katastrophenszenarien erdrücken. Sie soll aufklären und Wege alternativen Verhaltens anbieten, ohne zu überwältigen. Dies dürfte in der Umweltbildung seit langem Konsens sein. Im Rahmen einer international geprägten Perspektive hat darüber hinaus in den letzten Jahren ein fundamentaler Umdenkungsprozess stattgefunden. Der Wandel von der Umweltbildung hin zur Bildung für nachhaltige Entwicklung öffnet den Blick auf Zusammenhänge von Ökonomie, Ökologie und Soziales und entsprechende Spannungsfelder und Kontroversen, die als solche politisch bearbeitet werden können. Dazu regt indirekt auch der 1994 hinzugefügte Artikel 20a des Grundgesetzes an, der eine Generationenverantwortung hinsichtlich der natürlichen Lebensgrundlagen betont.

Komplexität der Probleme als Generationen- aufgabe

1. Zur Geschichte der Umweltbildung

Einige Wurzeln der Umweltbildung lassen sich bis in die 1970er-Jahre verfolgen. Der Bericht des Club of Rome über die „Grenzen des Wachstums" löste auch in Deutschland Diskussionen aus, die weit über die entstehende Umweltbewegung hinausgingen. Die erste Umweltkonferenz der UN in Stockholm 1972 sorgte gleichzeitig für eine weltweite Wahrnehmung der Verbindung von Umweltfragen mit gesellschaftlichen Entwicklungen in Industrie- und Entwicklungsländern. Anfang der 1970er-Jahre berief die Bundesregierung erstmals einen Sachverständigenrat für Umweltfragen und spätestens mit der Gründung des Bundesumweltamtes 1974 begann sich Umweltpolitik zu etablieren. Als Folge der Ölkrise und ihrer wirtschaftlichen Folgen ergab sich allerdings eine Schwächung umweltbezogener politischer Initiativen. Auch aus diesen Entwicklungen heraus kam es zur Gründung zahlreicher Bürgerinitiativen als neue umweltpolitische Akteure (vgl. Jänicke u. a. 2003).

Anfänge der deutschen Umweltpolitik

Im Gefolge der damals entstehenden Bürgerinitiativen und Umweltbewegungen entstand eine Vielzahl von ökopädagogischen Ansätzen und Initiativen, deren Aktivitäten eng mit politischen Zielen verbunden waren. Zu Beginn gab es verschiedene Bezeichnungen für ein neues pädagogisches Arbeitsfeld; Begriffe wie Ökopädagogik, ökologisches Lernen, Umwelterziehung, Umweltschutzunterricht, Naturpädagogik, Umweltpädagogik und dann schließlich Umweltbildung (vgl. ausführlich Becker 2001).

Verschiedene Bezeichnungen

Der Begriff der Umwelterziehung war zunächst eng mit der Aufnahme von Fragen des Umweltschutzes in schulische Curricula verbunden, die mit einer Empfehlung der Kultusministerkonferenz (1980) zu „Umwelt und Unterricht" ihren Rahmen fanden. Als Umwelterziehung galt ein Aufklärungsprozess über Werte und Einstellungen zu den Beziehungen zwischen Mensch, Kultur und der natürlichen Umwelt. Naturerleben und eine Sensibilisierung für die Verletzbarkeit von ökologischen Systemen sollten im Rahmen interdisziplinärer und handlungsorientierter Lernprozesse zu einem individuell umweltgerechten Verhalten führen. Im Rahmen eines fächerübergreifenden Ansatzes mit Schwerpunkten bei Biologie, Geographie und Sozialkunde sollte es um Vernetztheit, Problemhaftigkeit, Geschichtlichkeit und Prozesshaftigkeit ökologischer Systeme gehen, so wird es in einem ersten didaktischen Konzept dieser Zeit ausgedrückt (Eulefeld u. a. 1981, 107 f.).

Umwelterziehung

Teile der neu entstandenen Szene distanzierten sich aus gesellschaftskritischer Perspektive von diesem Ansatz, da er lediglich der Legitimation staatlicher Umweltpolitik diene und entscheidende Fragen nicht stelle. Unterschiedliche Standpunkte ergeben sich aus der Frage, ob Umweltbildung „lediglich" einer gesellschaftlichen Modernisierung diene oder aber eine kapitalistische Gesellschaft grundsätzlich in Frage stellen müsse (vgl. Becker 2001, 55 f.; Zeuner 2008, 20 ff.). Aus den Umweltbewegungen heraus wurde aus Unzufriedenheit mit entstandenen Frontstellungen das Konzept des ökologischen Lernens entwickelt, das den Zusammenhang zwischen Natur und der sozialen Umwelt betonte und zunächst eher in der Erwachsenenbildung seinen Platz fand. Inhaltlich standen der Kontext von ökonomischen und politischen Interessen im Vordergrund und auch die Frage, wie eine ressourcenschonendere Gesellschaft aussehen müsse. Auch in Anlehnung an reformpädagogische Traditionen wurden Formen eines dialogischen Lernens, Partizipation und Parteilichkeit betont (vgl. Becker 2001, 60 f.).

Konzept des ökologischen Lernens

Ökologisches Lernen wurde nun wiederum kritisiert, weil es mit seinem Herangehen an Naturbeherrschung einen anthropozentrischen Umweltbegriff vertrete und nicht einen Umweltbegriff, der der Natur im Sinne einer biozentrischen Perspektive ein eigenes Existenzrecht zugestehe. Auch verbunden mit dieser Kritik entwickelte sich in der Folge der Ansatz der Ökopädagogik, der sich kritisch mit dem vorherrschenden technisch-ökonomischen Denken innerhalb der Industriegesellschaft und dessen negativen ökologischen Folgen auseinandersetzte. Im Mittelpunkt standen Zielsetzungen wie die einer kritischen Auseinandersetzung mit dem Naturbegriff und dem Umgang mit der Natur. Gleichzeitig sollte Ökopädagogik keine Hilfsfunktionen für umweltpolitische Krisenpolitik übernehmen, sondern im Rahmen offener Suchprozesse und dialogisch orientierten Lernens ein Verhältnis zu einer Zukunft finden, die nicht auf einer Ausbeutung der Natur basiere (Beer/De Haan 1986, 36 ff.).

Ökopädagogik

Die verschiedenen Ansätze einer umweltorientierten Bildung trafen auch auf grundsätzlichere Kritik. So konstatiert Kahlert (1991) zwar die Relevanz des Themenfeldes, richtet sich aber vehement gegen eine pauschale – aus seiner Sicht marxistische – Kritik an den Produktionsweisen der Industriegesellschaft. Kahlert differenziert die verschiedenen Ansätze kaum und unterstellt „der Ökopädagogik", dass es ihr nicht um das Lernen der einzelnen Menschen gehe, sondern um grundsätzliche Gesellschaftskritik (Kahlert 1991, 24). Es

Grundsätzliche Kritik der Ansätze

sei im Übrigen zwar ein Verdienst der Ökopädagogik, dass sie Umweltfragen aus der „Beschaulichkeit der Schulgartenidylle" (Kahlert 1991, 25) gelöst habe, insgesamt aber wolle sie die Umweltkrise durch Verzichtsbotschaften und den Appell an individuelle Verantwortung lösen. Er wendet sich gegen ein allzu plakatives Verständnis der Umweltkrise und von Lösungsstrategien und plädiert für ein gründlicheres Verstehen und Kommunizieren (Kahlert 1991, 26 f.). Der Schwerpunkt künftiger Umweltbildung solle durch ein genaueres Nachdenken und durch eine Differenzierung von Wertaussagen und Tatsachenfeststellungen geprägt sein und zu einem begründeten Urteil führen (Kahlert 1996, 149). Mit diesen Aussagen ist er allerdings dann nicht weit von Teilen der von ihm kritisierten „Ökopädagogen" entfernt (vgl. Becker 2001, 108 ff.).

So kritisieren De Haan und Harenberg Ende der 1990er-Jahre am Konzept der Umweltbildung, dass viel zu oft ein Bedrohungsszenario zugrunde gelegt werde. Umweltzerstörung als Resultat von Mobilität und Konsum, die Verschwendung nur endlich vorhandener Rohstoffe oder globale Bevölkerungsentwicklung und Ressourcenübernutzung würden in den Vordergrund gestellt. So könne allenfalls reaktiv gehandelt werden. Auf diese Weise, so die Kritik, dominierten Angst, Abwehr und technische Schadensbegrenzung und die Sicht werde eingeschränkt (De Haan/Harenberg 1999, 18).

Umweltbildung konnte sich in den letzten dreißig Jahren gut verankern und versteht sich schon lange nicht mehr als klassische Umweltschutzbildung. Umweltbildung wird inzwischen als wichtiger Teil von Bewältigungsstrategien der Umweltkrise gesehen. Sie zählt zu den wesentlichen Säulen einer Umweltvorsorge, des Umweltschutzes und einer integrativen Umweltpolitik (Töpfer 1993, 28). Mit Umweltbildung soll zur Entwicklung von solchen Lebensstilen beigetragen werden, die natur-, umwelt- und sozialverträglich sind. Das entsprechende Denken und Handeln soll reflektiert, die Stellung des Menschen in und mit der Natur thematisiert werden.

Komplexität von Umweltthemen

Umweltthemen sind häufig komplex und in der Schule nicht allein durch ein Fach zu erschließen. Der naturwissenschaftliche Zugang ist dabei nur einer von mehreren. Auch lebensweltliche, sozialwissenschaftliche oder historische Perspektiven der Erschließung sind notwendig (Gärtner/Hellberg-Rode 2001, 13).

Außerschulische Bildungsangebote

Umweltbildung findet in den deutschsprachigen Ländern auch im Rahmen vielfältiger außerschulischer Bildungsangebote statt, wobei immer weniger zwischen Umweltbildung und Bildung für nachhaltige Entwicklung unterschieden wird. Neben regionalen Umweltbildungszentren, ökologisch orientierten Jugendherbergen und Schullandheimen, Waldschulen, Bauernhöfen mit Lernangeboten oder vielfältigen Angeboten aus dem Bereich der außerschulischen Jugend- und Erwachsenenbildung, bieten auch Nationalparke, Botanische Gärten, Biosphärenreservate und Naturparke jeweils Kurse, Ausstellungen oder sogar ganze Lernlandschaften an (siehe Nationalpark Wattenmeer).

2. Von der Umweltbildung zur Bildung für nachhaltige Entwicklung

Etwa seit Mitte der 1990er-Jahre ist im Bereich der Umweltbildung ein grundlegender Wandel zu beobachten. Nach und nach hat sich das Konzept der nachhaltigen Entwicklung als Leitbild durchgesetzt und wird zunehmend wichtig für eine Neuorientierung der Umweltbildung.

Nachhaltige Entwicklung schließt an den Brundtland-Bericht der UN von 1987 an und wird verstanden als „eine Entwicklung, die die Bedürfnisse der Gegenwart befriedigt, ohne zu riskieren, dass künftige Generationen ihre eigenen Bedürfnisse nicht befriedigen können" (Hauff 1987, 46). Während der UN-Konferenz für Umwelt und Entwicklung in Rio 1992 wurden auf dieser Grundlage die einzelnen Aspekte eines notwendigen Wandels benannt. Hierbei gehe es um eine dauerhafte Strategie zur Lösung der Umweltkrise und der Probleme weltweiter Ungleichheit. Zur Strategie gehöre auch Forschung und Bildung mit dem Ziel eines globalen Mentalitätswandels durch neue Wissensbestände und -formen, veränderte Normen und Wertvorstellungen. Mit dem Leitbild der Nachhaltigkeit ist die Vorstellung eines Modernisierungs- und Gestaltungskonzepts von Gesellschaft verbunden, das auch ein stärkeres Engagement der Bürgerinnen und Bürger erforderlich macht (vgl. Michelsen/ Overwien 2008).

Konzept der nachhaltigen Entwicklung

In der deutschen Diskussion über Bildung für eine nachhaltige Entwicklung wurden unter Bezug auf OECD-Diskussionen Kompetenzvorstellungen definiert, von denen man erwartet, dass sie eine aktive, reflektierte und kooperative Teilhabe an dem Gestaltungsauftrag einer nachhaltigen Entwicklung ermöglichen. Häufig wird der Erwerb von Gestaltungskompetenz als zentrales Ziel benannt (de Haan/Harenberg 1999).

Bildungsprozesse im Kontext nachhaltiger Entwicklung, der ja immer ein globaler Kontext ist, erfordern eine komplexe, mehrperspektivische Sichtweise. So sind die Stadt, die belebte und unbelebte Natur, die soziale Umwelt durch ökonomische, ökologische und soziale sowie die jeweiligen kulturellen Perspektiven zu erschließen. Bildung für nachhaltige Entwicklung ist dabei eng mit globalem Lernen verbunden (vgl. Brunold 2004).

Zunehmende Verankerung in den Curricula

Seit einigen Jahren scheinen sich Fragen nachhaltiger Entwicklung stärker in den Ländercurricula verschiedener schulischer Fächer zu verankern, darunter auch des politischen Unterrichts und des Sachunterrichts. Dies ist offenbar auch die Folge zweier einschlägiger Empfehlungen der Kultusministerkonferenz (KMK 2007a, b).

Bildung für nachhaltige Entwicklung hat wichtige Schnittmengen zur politischen Bildung. Die inhärenten politischen Kontroversen und die Konflikthaftigkeit des Konzeptes der Nachhaltigkeit lassen sich aufnehmen und zum Gegenstand von Unterricht und außerschulischer Bildung machen (Zeuner 2008, Peter u. a. 2011). Auch im Sachunterricht der Grundschule zeigen sich Anschlüsse. Fragen einer nachhaltigen Entwicklung gehören heute zu einem beginnenden Selbst- und Weltverständnis dazu, wenn auch die dem Konzept innewohnende Komplexität nur vorbereitend bearbeitet werden kann. Anknüpfungen an lebensweltliche Erfahrungen der Kinder und entsprechende Problemaufschlüsse sind allerdings auf verschiedenen Ebenen möglich (vgl. Wulfmeyer 2008). Forschungsergebnisse auf unterschiedlichen Bildungsebenen zeigen die Möglichkeiten (vgl. Overwien/Rode 2013).

Literatur

Becker, Gerhard 2001: Urbane Umweltbildung im Kontext einer nachhaltigen Entwicklung. Theoretische Grundlagen und schulische Perspektiven. Opladen

Beer, Wolfgang/De Haan, Gerhard 1986: Neue Tendenzen im Verhältnis von Ökologie und Pädagogik. In: Ökopäd, Heft 4, S. 36-43

BMU (Bundesministerium für Umwelt, Naturschutz und Reaktorsicherheit) 2008: Umweltbewusstsein 2008. Ergebnisse einer repräsentativen Bevölkerungsumfrage. Berlin

Brunold, Andreas 2004: Globales Lernen und Lokale Agenda 21. Wiesbaden

De Haan, Gerhard/Harenberg, Dorothee 1999: Bildung für eine nachhaltige Entwicklung. Gutachten zum Programm. Heft 72. BLK (Bund-Länder-Kommission für Bildungsplanung und Forschungsförderung). Bonn

Literatur

De Haan, Gerhard 2002: Die Kernthemen der Bildung für eine nachhaltige Entwicklung. – Zeitschrift für internationale Bildungsforschung und Entwicklungspädagogik 1, S. 13-20

Eulefeld, Günter/Fry, Karl/Haft, Henning 1981: Ökologie und Umwelterziehung. Ein didaktisches Konzept. Stuttgart

Gärtner, Helmut/Hellberg-Rode, Gesine 2001: Umweltbildung und Gestaltungskompetenz für nachhaltige Entwicklung. In: Gärtner, Helmut; Hellberg-Rode, Gesine: Umweltbildung und nachhaltige Entwicklung. Bd. 1: Grundlagen. Hohengehren, S. 7-30

Grunenberg, Heiko/Kuckartz, U. 2005: Umweltbewusstsein. Empirische Erkenntnisse und Konsequenzen für die Nachhaltigkeitskommunikation. In: Michelsen, Gerhard/Godemann, Jasmin (Hrsg.): Handbuch Nachhaltigkeitskommunikation. Grundlagen und Praxis. München, S. 195-206

Hauff, Volker 1987: Unsere gemeinsame Zukunft – Der Brundtland-Bericht der Weltkommission für Umwelt und Entwicklung. Greven

Jänicke, Martin/Kunig, Philip/Stitzel, Michael 2003: Umweltpolitik. Politik, Recht und Management des Umweltschutzes in Staat und Unternehmen. 2. Aufl., Bonn

Kahlert, Joachim 1991: „Ökopädagogik" – zur Kritik eines Programms. In: Schweizer Schule, Vol. 78, Nr. 5, S. 23-28

Kahlert, Joachim 1996: Rationalitätsmängel in der ökologieorientierten Bildungsarbeit. Sozialwissenschaftliche Problemanzeige, Beispiele und eine didaktische Alternative. In: Claußen, Bernhard/Wellie, Birgit (Hrsg.): Umweltpädagogische Diskurse. Sozialwissenschaftliche, politische und didaktische Aspekte ökologiezentrierter Bildungsarbeit. Frankfurt/M., S. 137-160.

KMK (Kultusministerkonferenz) 1980: Umwelt und Unterricht. Beschluss der Kultusministerkonferenz (KMK) vom 17.10.1980. Neuwied

KMK 2007a: Empfehlung der Ständigen Konferenz der Kultusminister der Länder in der Bundesrepublik Deutschland (KMK) und der Deutschen UNESCO-Kommission (DUK) zur „Bildung für nachhaltige Entwicklung in der Schule", Bonn

KMK 2007b: Gemeinsames Projekt der Kultusministerkonferenz (KMK) und des Bundesministeriums für wirtschaftliche Zusammenarbeit und Entwicklung (BMZ): Orientierungsrahmen für den Lernbereich Globale Entwicklung im Rahmen einer Bildung für nachhaltige Entwicklung, Bonn 2007

Kuckartz, Udo/Rädiker, Stefan/Rheingans-Heinze, Anke 2006: Repräsentativumfrage zu Umweltbewusstsein und Umweltverhalten 2006. Berlin

Michelsen, Gerd/Overwien, Bernd 2008: Bildung für nachhaltige Entwicklung. In: Otto, Hans-Uwe/Coelen, Thomas (Hrsg.): Grundbegriffe der Ganztagsbildung. Das Handbuch. Wiesbaden, S. 299-307

Nationalpark Wattenmeer Schleswig-Holstein, Multimar Wattforum Tönning, http://www.multimar-wattforum.de/patner/bildungspartner-fuer-nachhaltigkeit, 10.1.2013

Overwien, Bernd/Rode, Horst (Hrsg.) 2013: Bildung für nachhaltige Entwicklung: Lebenslanges Lernen, Kompetenz und gesellschaftliche Teilhabe. Opladen

Peter, Horst/Moegling, Klaus/Overwien, Bernd 2011: Politische Bildung für nachhaltige Entwicklung. Immenhausen

Töpfer, Klaus 1993: Die Bedeutung des Geographieunterrichts für den Erfolg von Umweltpolitik. In: Geographie und Schule, Heft 15, S. 28-29

Wulfmeyer, Meike 2008: Bildung für nachhaltige Entwicklung an Schulen – Stand und Perspektiven. In: Kursiv – Journal für politische Bildung, Heft 4, Schwalbach/Ts., S. 43-50

Zeuner, Christine 2008: Umweltbildung = politische Bildung? Zum politischen Bildungsgehalt aktueller Konzeptionen und Ansätze. In: Kursiv. Journal für politische Bildung, Heft 4, Schwalbach/Ts.

Wolfgang Sander
Friedenserziehung

1. Zur Einführung: Frieden – normativer Konsens auf unsicherer Grundlage

Bei keinem anderen Politikbereich gibt es so eindeutige normative Vorgaben wie bei Fragen von Krieg und Frieden. Die Charta der Vereinten Nationen bekennt sich zum Ziel des Weltfriedens und die Allgemeine Erklärung der Menschenrechte der Vereinten Nationen von 1948 legt in Artikel 3 fest: „Jedermann hat das Recht auf Leben (...)". Nicht anders das deutsche Grundgesetz: Schon die Präambel erklärt den Willen des deutschen Volkes, „dem Frieden der Welt zu dienen"; Artikel 26 (1) legt fest: „Handlungen, die geeignet sind und in der Absicht vorgenommen werden, das friedliche Zusammenleben der Völker zu stören, insbesondere die Führung eines Angriffskrieges, sind verfassungswidrig. Sie sind unter Strafe zu stellen."

Eindeutige normative Vorgaben

Zwar weiß jeder, dass der nach 1945 in vielen Deklarationen bekundete Wille zum Frieden den Krieg nicht zum Verschwinden gebracht hat. Nach den Erfahrungen der Weltkriege im 20. Jahrhundert gilt aber der Krieg nicht mehr als legitimes Mittel staatlicher Interessenpolitik – mit der Ausnahme der Verteidigung gegen einen Angreifer. Aber selbst dieser Fall musste, jedenfalls aus deutscher und europäischer Sicht, in der Zeit des Ost-West-Konflikts um fast jeden Preis verhindert werden, war doch angesichts des Standes der Militärtechnik, insbesondere der atomaren Rüstung, und angesichts der denkbaren Kriegsszenarien auch im Verteidigungsfall mit der Zerstörung der Lebensgrundlagen von Angreifer und Verteidiger gleichermaßen zu rechnen. Deshalb begründete sich die militärische Rüstung letztlich auch nicht mit der Legitimität der Verteidigung, sondern mit dem Abschreckungsgedanken – Abschreckung als besondere Form der Friedenspolitik, oder, mit einem viel zitierten alten Satz: *Si vis pacem para bellum* („Wenn du den Frieden willst, rüste zum Krieg").

Abschreckung

Die Pädagogik hat diesen normativen Bezug auf den Frieden nach 1945 in Deutschland übernommen. Sie hat sich damit von einer

Abschied von der Kriegserziehung

unheilvollen Tradition der Kriegserziehung verabschiedet, von einer Verherrlichung des Militärischen und einer „Erziehung zur Wehrhaftigkeit", die die Geschichte der politischen Erziehung an deutschen Schule lange geprägt hat – im Westen bis 1945 und in gewisser Weise mit der Wehrerziehung in der DDR im Osten Deutschlands auch noch bis 1989 (vgl. Pöggeler 1985, Sander 2013). Gewiss hat dieser Abschied von der Kriegserziehung zur Demokratisierung, Humanisierung und Zivilisierung der Schule in Deutschland beigetragen. So umstritten die konzeptionellen Ansätze der Friedenserziehung in der Bundesrepublik zeitweise waren, so unbestritten war doch Frieden als „Grundwert", als eine normative Orientierung für die Schule. Allerdings zeigt sich am Beginn des 21. Jahrhunderts, dass dieser Grundkonsens auf Vorannahmen beruhte, die der politischen Situation nach dem Ende des Ost-West-Konflikts zu erheblichen Teilen nicht mehr entsprechen. Damit steht die Friedenserziehung vor fundamental neuen Herausforderungen.

2. Traditionen und Konflikte der Friedenserziehung in der Bundesrepublik

Die Diskussion um die Möglichkeiten und Grenzen friedenspädagogischen Handelns seit 1945 kann hier nicht im Einzelnen nachgezeichnet werden (vgl. hierzu die Dokumentation bei Heck/Schurig 1991; zum neueren Stand der Diskussion Grasse et al. 2008). Lediglich auf zwei besonders einflussreiche Strömungen soll in diesem Abschnitt etwas näher eingegangen werden.

Friedenserziehung bis in die 1960er-Jahre idealistisch geprägt

Bis in die 1960er-Jahre prägte ein idealistischer, sozialwissenschaftlich und politiktheoretisch wenig reflektierter Zugang die Debatte über die Friedenserziehung. Oft erschienen in entsprechenden Texten Weltkrieg und Atomrüstung als existenzielle Erfahrung und als weltgeschichtliche Zäsur, die eine sofortige und grundlegende Neuorientierung der Pädagogik verlangten: Die Erziehung sollte die Voraussetzungen für den Frieden durch die Hervorbringung des friedlichen und friedliebenden Menschen schaffen. Einige Sätze aus einem Vortrag von Friedrich Otto Bollnow auf dem XIII. Internationalen Montessori-Kongress im Jahr 1964 mögen diese Denkweise illustrieren:

„Wir sind heute nicht mehr, wie Kant, in der glücklichen Lage, die Erreichung eines ewigen Friedens vertrauensvoll einer unendlichen Zukunft vorzubehalten. Die Bedrohung durch einen Krieg, mit der in ihm gegebenen Gefahr einer totalen Vernichtung, hat heute ein solches Ausmaß angenommen, daß wir mit seiner Verwirklichung nicht mehr auf eine spätere Zukunft warten können. Heute noch, in unserer eigenen Generation, muß der ewige Friede verwirklicht werden, wenn wir nicht das Schicksal der gesamten Menschheit aufs Spiel setzen wollen. (…) Man sollte (…) den ehrlichen Abscheu vor dem Krieg wecken, um davor dann (im positiven Sinn) das Bild des Friedens als des einträchtigen Zusammenwirkens aller Menschen und aller Völker zur gemeinsamen Verwirklichung eines würdigen Lebens und einer hohen Kultur in allen leuchtenden Farben zu zeichnen. (…) Tiefer aber als diese erste Aufgabe, das Ziel des Friedens im Bewußtsein der Jugend zu erwecken und zu befestigen, geht die zweite Aufgabe, den Menschen selber zu einem friedfertigen Wesen zu erziehen, das seinem ganzen Wesen zufolge gar nicht anders kann als im Sinne des Friedens zu handeln." (zit. nach Heck/Schurig 1991, 62ff.)

Von konkreten politischen Analysen der Bedingungen der Möglichkeit des Friedens waren solche pädagogischen Überlegungen recht weit entfernt. Hier setzte denn auch die Kritik der „Kritischen Friedenserziehung" ein, die in den 1970er- und 1980-Jahren in der Erziehungswissenschaft und bei vielen damals jungen Lehrerinnen und Lehrern populär war. Diese Richtung der Friedenserziehung verstand sich als dezidiert politisch und sah sich in der Tradition einer kapitalismuskritischen Gesellschaftstheorie. Friedenserziehung sollte hiernach den sozialstrukturellen Wurzeln von Friedlosigkeit und Gewalt nachgehen: „Sie zielt auf die Herausbildung *gesellschaftskritischen Bewußtseins*, die Schaffung neuer *Handlungsdispositionen* und die Entwicklung eines entsprechenden *politischen Engagements*, die ihrerseits wieder dazu führen, die Erscheinungen und Voraussetzungen ‚struktureller Gewalt' und ‚organisierter Friedlosigkeit' aufzudecken und nach Möglichkeit an ihrer Verringerung mitzuwirken", so Christoph Wulf in seiner Einleitung zu dem 1973 erschienenen Sammelband „Kritische Friedenserziehung" (zit. nach Heck/Schurig 1991, 178). Diesem Verständnis von Friedenserziehung lag eine folgenreiche Unterscheidung zugrunde, die Johan Galtung vorgenommen hatte: die zwischen einem „negativen Frieden", der als bloße und letztlich immer nur vorübergehende Abwesenheit von Krieg verstanden wurde, und dem „positiven Frieden", der die Überwindung „struktureller Gewalt" bedeuten sollte. Unter „strukturelle Gewalt" wurden alle sozialen Verhältnisse verstanden, die

Kritische Friedenserziehung

Unterscheidung von negativem und positivem Frieden

Menschen durch vermeidbare Herrschaft, Unterdrückung und Ausbeutung an der Entfaltung ihrer Möglichkeiten hindern; im Umkehrschluss folgte daraus, dass „Frieden" erst dauerhaft möglich sei, wenn diese Formen struktureller Gewalt im einem Zustand weltweiter sozialer Gerechtigkeit beseitigt seien. In dieser Denktradition konnte nahezu jede Form von Hierarchie und Ungleichheit als Ausdruck struktureller Gewalt interpretiert werden, von der Armut in der „Dritten Welt" über das Konkurrenzprinzip der Marktwirtschaft bis zum lehrerzentrierten Unterricht und zur Notengebung in der Schule.

    Es ist sicher ein Verdienst dieser Richtung der Friedenspädagogik, auf mögliche Zusammenhänge zwischen Innen- und Außenpolitik, Sozialstruktur und Friedensbereitschaft einer Gesellschaft, sozialen Mikroverhältnissen und manifester Gewaltbereitschaft großer Gruppen hingewiesen zu haben. Aber zugleich wurden diese möglichen Zusammenhänge mit dem analytisch äußerst unscharfen Begriff der „strukturellen Gewalt" auch auf höchst problematische Weise pauschalisiert. Einen begrifflichen Bogen von Konkurrenzspielen im Kindergarten bis zum Atomkrieg zu schlagen, trivialisiert ungewollt den Krieg. Gleichzeitig kann eine solche Theorie der Friedenserziehung für die Friedenspolitik wesentliche Fragen nicht klären, wie beispielsweise die Frage, warum kulturell und sozialstrukturell ähnliche Staaten wie etwa das Deutsche Reich, die Schweiz, Österreich und Schweden sich friedenspolitisch in den vergangenen Jahrhunderten extrem unterschiedlich verhalten haben. Am Ende erwies sich die „kritische Friedenspädagogik" als nicht viel weniger idealistisch als ihre Vorgänger: Indem sie jede Gewalt als Produkt gesellschaftlicher Verhältnisse ansah, war sie anthropologisch naiv, und indem sie als „Frieden" letztlich nur einen Zustand völliger Gewaltlosigkeit und vollendeter Gerechtigkeit gelten ließ, verlegte sie das Ziel der Friedenserziehung in eine unendlich ferne Zukunft und verlor dabei die konkreten Handlungsprobleme, Alternativen und Dilemmata, vor denen die Friedenspolitik in der Gegenwart stand und steht, weitgehend aus dem Blick.

> Begriff „strukturelle Gewalt"

3. Neue Herausforderungen für Friedenspolitik und Friedenserziehung am Beginn des 21. Jahrhunderts

Am Beginn des 21. Jahrhunderts ist von den Hoffnungen und Erwartungen in Deutschland und Europa, mit dem Ende der Ost-West-Konfrontation 1989 sei im Grunde jede Kriegsgefahr für die Europäer gebannt, die sicherheitspolitischen Streitfragen seien entschieden und jetzt breche die Epoche eines gesicherten Friedens aus, nicht viel übrig geblieben. Zwar besteht in absehbarer Zeit wohl in der Tat in Europa nicht mehr die Gefahr eines großen Krieges zwischen Staaten oder gar Militärblöcken, scheint das Damoklesschwert einer denkbaren Vernichtung binnen weniger Minuten in einem atomaren Konflikt vorerst verschwunden zu sein. Aber dass die NATO ihren ersten Krieg geführt hat, *nachdem* ihr Gründungsgrund, die Bedrohung durch die Sowjetunion, sich gewissermaßen in Luft aufgelöst hatte, musste die Öffentlichkeit irritieren. Mehr noch aber mussten Grund und Ziel für diesen militärischen Einsatz, die Beendigung des Bürgerkrieges in Jugoslawien, die Deutungsmuster verstören, die der friedenspolitischen und friedenspädagogischen Debatte in der Bundesrepublik zugrunde gelegen hatten. Die Renaissance eines längst überwunden geglaubten aggressiven Nationalismus, Massenmorde und so genannte ethnische Säuberungen in einem ehemals sozialistischen Land, das Scheitern vielfältiger Vermittlungsversuche von außen, schließlich die (zumindest vorläufige) Beendigung des Bürgerkrieges durch einen militärischen Angriff, der zumal noch dank der militärtechnischen Überlegenheit der USA ohne eigene Verluste an Menschenleben geführt werden konnte – dies waren Situationen und Ereignisse, die in keinem der in Deutschland kontrovers diskutierten sicherheits- und friedenspolitischen Szenarien vorgesehen waren.

Dies gilt auch für die „neuen Kriege" (Münkler 2002a), die mit den Terroranschlägen vom 11. September 2001 ins Bewusstsein der Öffentlichkeit gerückt sind. Entstaatlichung des Krieges, private Kriegsunternehmer, global vernetzte Organisationen wie Al Qaida, die als nicht-staatliche Akteure gestützt auf eine totalitäre Ideologie mit einer globalen Perspektive einen Krieg gegen die westlichen Gesellschaften führen – dies sind Signaturen einer völlig veränderten sicherheitspolitischen Landschaft, zu der die Denkmuster aus der Zeit des Ost-West-Konflikts nicht mehr passen. Die Doktrin der

Neue Situation durch Ende der Ost-West-Konfrontation

NATO-Einsatz in Jugoslawien

„Neue Kriege"

Friedenssicherung durch Abschreckung, die ein Mindestmaß an rationalem Handeln und Berechenbarkeit der Gegenseite voraussetzt, kann Selbstmordattentäter wenig beeindrucken. Aber auch und gerade die Deutungsmuster aus dem Bereich der „kritischen Friedenserziehung" versagen nahezu vollständig angesichts der neuen Bedrohungen des Friedens: Weder ließ sich der jugoslawische Bürgerkrieg aus den vorgeblich Gewalt fördernden Strukturen kapitalistischer Ökonomie erklären, noch ist der islamisch-fundamentalistische Terrorismus ein Aufstand der Unterdrückten und Ausgebeuteten. Auch lässt sich etwa der Einsatz oder Nicht-Einsatz der Bundeswehr in einem dieser neuen militärischen Konflikte nicht aus der Erziehungsgeschichte der beteiligten Soldaten erklären.

Moralischer Status des Krieges hat an Eindeutigkeit verloren

Nicht einfacher wird die Lage für die Friedenserziehung dadurch, dass angesichts dieser neuen Konflikte der moralische Status des Krieges seine Eindeutigkeit, die er in Deutschland in der Zeit der Blockkonfrontation hatte, verloren hat. Es kann bei diesen neuen Kriegen durchaus sehr gute moralische Gründe dafür geben, von außen mit militärischer Gewalt zu intervenieren, um noch größere humanitäre Katastophen zu verhindern, was mehrfach (und anders als im Jugoslawienkrieg) auch zu vom UNO-Sicherheitsrat gebilligten Interventionen geführt hat, so im Irak 1991, in Afghanistan 2001, Libyen 2011 und Mali 2013. Selbstverständlich wird damit die prinzipielle Ächtung des Krieges, die sich nach 1945 erstmals in der Geschichte in den Vereinten Nationen als gewissermaßen kontrafaktischer kultureller Standard durchgesetzt hat, nicht aufgegeben. Es kann auch keinen Zweifel daran geben, dass ein Krieg, gleich welcher Art, ohne Verletzungen des Menschenrechts auf Leben und körperliche Unversehrtheit wohl kaum zu führen ist. Aber es ist heute nicht mehr von vornherein sicher, dass die Anwendung militärischer Gewalt ein höheres Maß an Menschenrechtsverletzungen mit sich bringen muss als der Verzicht auf den Einsatz militärischer Mittel. Dieses Problem stand bereits im Zentrum früherer Lehren vom „gerechten Krieg", die nach 1945 gänzlich obsolet schienen, aber deren Ausgangsfragen sich unter veränderten Umständen heute neu zu stellen scheinen (Sutor 2004).

4. Friedenserziehung als Aufgabe der politischen Bildung

In einem nachdenklichen, differenzierten und sowohl skeptischen wie optimistischen Aufsatz über „Erziehung zum Frieden" hat Hartmut von Hentig bereits 1967 die zentrale Perspektive benannt, unter der jede Friedenserziehung sinnvollerweise konzipiert werden muss:
„Wir sollten von der pädagogischen ‚Pflege', von Einstellungen nicht zuviel erwarten, ja, die Einstellungen der Menschen möglichst nicht direkt angehen und statt dessen lieber lehren, wie man *Tatbestände* beurteilt und verändert. (...) Erziehung zum Frieden heißt darum in erster Linie Erziehung zur Politik. Politik ist eine Verfahrensweise, ein System von Regeln, Institutionen und Prozeduren, die das Verhältnis der Menschen zueinander *beweglich* ordnen. (...) Wehe dem, der nicht weiß, was er in diesem System vermag und nicht vermag: Er wird keine Entscheidung mitbestimmen und doch alle Schuld mit davontragen. (...) Die bloß Friedliebenden haben noch keinen Krieg verhindert. Das Friedenschließen ist eine Technik, keine Gesinnung." (zit. nach Heck/Schurig 1991, 112 ff.)

<small>Erziehung zum Frieden als Erziehung zur Politik</small>

Zwar nennt von Hentig auch weitere Aufgaben der Friedenserziehung wie eine „Erziehung zur Empfindsamkeit", zur Abneigung gegen Gewalt und zum Leben mit Konflikten, sehr deutlich werden diese weiter gefassten Aufgaben jedoch der Kernaufgabe der politischen Bildung zugeordnet. Ähnlich spricht Bernhard Sutor aus heutiger Sicht von der „Friedenserziehung durch Urteilsbildung"; politische Bildung setze zwar eine Friedenserziehung „in dem Sinne voraus, dass ihre Teilnehmer in ihrer Sozialisation befähigt wurden, in Konflikten gewaltfrei miteinander umzugehen", aber die eigentliche Aufgabe bestehe „dann im Einüben politischer Urteilsbildung in der dialogisch-kommunikativen Auseinandersetzung mit Konflikten", und bezogen auf die aktuelle Friedenspolitik: „So muss sich politische Bildung heute verstehen als Versuch, das Ringen um eine neue Ordnung der Staatenwelt realistisch, reflexiv und kritisch zu begleiten." (Sutor 2003, 32 ff.)

„Friedenserziehung" ist sinnvoll nur als Teilaufgabe politischer Bildung möglich, weil die Sicherung und Entwicklung des Friedens eine *politische* Aufgabe ist. Dies heißt nicht, dass die Friedenspolitik alleine als Problem zwischenstaatlichen Verhaltens, der klassischen Außenpolitik, betrachtet werden kann; selbstverständlich gehören beispielsweise wirtschaftliche Interessen, sozial- strukturelle und in-

<small>Friedenserziehung als Teilaufgabe politischer Bildung</small>

nenpolitische Bedingungen sowie kulturelle Begründungsmuster in den Reflexionshorizont jeder differenzierten Auseinandersetzung mit kriegerischen Konflikten und Möglichkeiten der Friedensstiftung. Aber zugleich wird damit für einen eher engeren Friedensbegriff als inhaltlichen Bezugspunkt der Friedenserziehung plädiert. Eine Ausweitung des Friedensbegriffs auf alle sozialen Beziehungen ist problematisch, weil sie Zusammenhänge zwischen sozialen Mikrobereichen und der internationalen Politik unterstellt, die entweder überhaupt nicht oder nur über von Fall zu Fall höchst unterschiedliche Wirkungsketten plausibel nachvollziehbar sind.

Thematisch geht es in der Friedenserziehung um Krieg und Frieden. Dies ist nur auf den ersten Blick eine sehr enge thematische Festlegung. Bei genauerem Hinsehen eröffnet sich hier ein weites, vielschichtiges und komplexes Problemfeld, das die menschliche Geschichte von Anfang an begleitet hat und auf grundlegende Fragen des Politischen hinweist. An kaum einen Themenbereich politischer Bildung lässt sich Max Webers Unterscheidung zwischen Gesinnungs- und Verantwortungsethik so gut verstehen wie an dem der Friedenserziehung – den Frieden bloß zu *wollen* und ihn deshalb gewissermaßen auf direktem Wege, durch friedliches Verhalten und Entgegenkommen anzusteuern, sichert ihn keineswegs zwangsläufig, ja es kann Situationen geben (wie die britische Appeasement-Politik gegenüber Hitler), in denen damit das genaue Gegenteil erreicht wird. Friedenserziehung in diesem Sinn ist keineswegs den höheren Klassen und der außerschulischen Bildung vorbehalten, sondern beginnt schulisch bereits in der Grundschule, weil auch kleinere Kinder sich für dieses Problemfeld interessieren und über die Medien und manchmal auch über den Kontakt mit Kriegsflüchtlingen mit ihm konfrontiert werden (vgl. Dettmar-Sander/Sander 2007).

Auseinander-
setzung mit
Dilemmata Friedenserziehung ist nicht möglich ohne Auseinandersetzung mit den Dilemmata, in die Friedenspolitik häufig gerät. Es ist ja eher selten der Fall, dass in Konflikten, die zu Kriegen eskalieren oder zu eskalieren drohen, sowohl die Schuldigen wie auch das richtige Handeln derer, die ihnen in friedensfördernder Absicht entgegentreten wollen oder müssen, eindeutig zu identifizieren sind. Auch sind Anlass und Ursache eines Krieges in der Regel nicht identisch und werden zudem meist kontrovers diskutiert. Moralische Urteilsbildung ist zwar bei der Auseinandersetzung mit exzessiver Gewalt, wie sie jeder Krieg darstellt, notwendig und unvermeidlich, aber die von den Lernenden am Beginn eines Lernvorhabens „mitgebrachten" moralischen Einschätzungen zum Thema der Konfrontation mit sachbezogenen, differenzierten und multiperspektivischen Analysen auszusetzen, ist die zentrale Aufgabe politischer Bildung. Das Fach wird sich dazu auf Fragestellungen (rück-)besinnen müssen, die nach allen Beobachtungen nur eine sehr geringe Rolle in der Praxis der politischen Bildung in Deutschland spielen: auf strategische, auch militärstrategische Fragen, außenpolitische Handlungslogiken und Theorien des Krieges (vgl. Münkler 2002b). Wer nicht versucht, die Logiken des Krieges zu entschlüsseln, wird auch die Logiken der Friedensstiftung nicht verstehen.

Literatur

Dettmar-Sander, Christiane/Sander, Wolfgang 2007: Krieg und Frieden, Terror und politische Gewalt. In: Richter, Dagmar (Hrsg.): Politische Bildung von Anfang an. Demokratie-Lernen in der Grundschule. Bonn

Grasse, Renate/Gruber, Bettina/Gugel, Günther (Hrsg.) 2008: Friedenspädagogik. Grundlagen, Praxisansätze, Perspektiven. Reinbek

Heck, Gerhard/Schurig, Manfred (Hrsg.) 1991: Friedenspädagogik. Theorien, Ansätze und bildungspolitische Vorgaben einer Erziehung zum Frieden. Darmstadt

Lutz, Dieter S. (Hrsg.) 1984: Weder Wehrkunde noch Friedenserziehung? Der Streit in der Kultusministerkonferenz 1980/83 – Arbeitsmaterialien zum Thema Frieden in Unterricht und Politischer Bildung. Baden-Baden

Münkler, Herfried 2002a: Die neuen Kriege. Reinbek

Münkler, Herfried 2002b: Über den Krieg. Stationen der Kriegsgeschichte im Spiegel ihrer theoretischen Reflexion. Weilerwist

Pöggeler, Franz (Hrsg.) 1985: Politik im Schulbuch. Bonn

Sander, Wolfgang 2013: Politik in der Schule. Kleine Geschichte der politischen Bildung in Deutschland. 3. Aufl., Marburg

Sutor, Bernhard 2003: Friedenserziehung und politische Bildung. Überlegungen anlässlich neuer Friedlosigkeit. In: kursiv – Journal für politische Bildung 4/2003

Sutor, Bernhard 2004: Vom gerechten Krieg zum gerechten Frieden? Stationen und Chancen eines geschichtlichen Lernprozesses. Schwalbach/Ts.

Stefan Rappenglück

Europabezogenes Lernen

Einführung

Der Europäische Einigungsprozess wurde in seiner Bedeutung und Vermittlung lange Zeit in der politischen Bildung unterschätzt und vernachlässigt. Mittlerweile hat die zunehmende Europäisierung mit ihren Folgen für die nationale Politik und der Alltagswelt der Bürger (z. B. Ausbildung, Mobilität) zu einer intensiveren Europadebatte in Politik, Politikwissenschaft und politischer Bildung geführt. Die aktuelle Diskussion um den Euro und das Krisenmanagement der EU-Institutionen ist zugleich geprägt von einer weiteren Erosion des Vertrauens der Unionsbürger. Weitere Integrationsschritte hängen daher nicht nur von wirtschaftlichen und politischen Erfolgen ab, sondern in hohem Maße auch davon, ob die Bürger einen Mehrwert in der EU sehen und die Europäische Komplexität verarbeiten können.

<small>Europäisierung führt zu intensiveren Debatten</small>

Dies gilt u. a. für junge Menschen, denn sie sind es, die im Europa von morgen leben werden und es gestalten sollen (vgl. Europäische Kommission 2002, 9). So wurden und werden eine Vielzahl europabezogener bildungspolitischer Programme in der schulischen und außerschulischen Jugend- und Bildungsarbeit initiiert, um das europäische Projekt jungen Menschen näherzubringen und den Stellenwert von Jugendlichen in der Europäischen Politik zu stärken. Die aktuelle „EU-Jugendstrategie" der Europäischen Kommission (2010-2018) stellt besonders die Förderung der Jugendpartizipation, „Mehr Wissen über die EU" und politische Bildung in den Mittelpunkt ihrer Aktivitäten und Forderungen.

1. Jugend und die EU

Intensive Schüleraustauschmaßnahmen, der boomende Fremdsprachenunterricht und eine steigende Anzahl junger Menschen, die durch das Erasmus- bzw. Leonardo-Programm der EU in europäischen Ländern studieren oder ihre Ausbildung absolvieren, belegen, dass europäisches Lernen und interkulturelle Kompetenz für eine erfolgreiche Sozialisation der heranwachsenden Generationen immer bedeutsamer werden.

Dennoch: das Verhältnis Jugendlicher zur EU ist ambivalent. Besonders für viele Gymnasiasten gehört Europa bereits zu ihrem Alltag. Sie denken global und europäisch. Sie sehen die EU als Chance und Herausforderung und fühlen sich auf ein grenzüberschreitendes Leben vorbereitet. Jugendliche in Real- oder Hauptschulen hingegen nutzen die Möglichkeiten eines Aufenthaltes in europäischen Nachbarländern weniger.

Ambivalentes Verhältnis Jugendlicher zur EU

Teilweise kennen junge Menschen zwar die rechtlichen Auswirkungen europäischer Zusammenarbeit und sehen sich auch als Teil der EU, allerdings fehlt ihnen eine emotionale Verknüpfung zur EU und damit eine Grundlage für die Herausbildung einer europäischen Identität. Ungeachtet einer Vielzahl von Kampagnen zeigt sich – besonders unter jungen Menschen – ein erschreckend niedriger Wissensstand zu europäischen Themen.

Nach dem 2. EU-Jugendbericht der Europäischen Kommission vom September 2012 vertrauen weniger als 40 % der Jugendlichen zwischen 16 und 29 Jahren den Politikerinnen und Politikern sowie politischen Parteien bzw. stehen ihnen „neutral" gegenüber. Nur 4 % der jungen Menschen in der EU haben schon einmal bei Aktivitäten politischer Parteien oder Gewerkschaften mitgemacht. Zugleich zeigen junge Menschen jedoch eine hohe Bereitschaft für neue Formen der politischen Partizipation. Zugleich sieht der Bericht angesichts der dramatisch hohen Jugendarbeitslosigkeit in der EU das Risiko einer „verlorenen Generation", was erst recht die Frage der Akzeptanz unter Jugendlichen aufwirft.

2. Europäische Dimension in der politischen Bildung

Die Fachdidaktik hat in den letzten Jahrzehnten den Blick auf den Gegenstand immer wieder geändert und verschiedene politikdidaktische Ansätze entwickelt (vgl. Weißeno 2004, 108). Häufig werden Begriffe wie europäische Bildung, europapolitische Bildung, europabezogene politische Bildung, Europabildung oder Erziehung zu Europa verwendet (vgl. Rappenglück 2005, 458). Bildung in Europa analysiert vor allem die Bildungssysteme in den europäischen Ländern und fördert die gegenseitige Kenntnis und Zusammenarbeit, während Bildung über Europa sich primär auf die Vermittlung der geografisch-geschichtlichen Aspekte und des politischen Systems bezieht. Schließlich wird Bildung für Europa als Vorbereitung auf das Leben in einem zunehmend komplexen Europa verstanden. Eine andere Sichtweise unterscheidet die europäische Dimension nach ihren Folgen für die Schulkultur, dem fächerübergreifenden Unterrichtsprinzip und als fachspezifischen Unterrichtsgegenstand (vgl. Oberle 2012, 126).

Begriff der „Europäischen Dimension"

Als „Klammer" bietet sich der Begriff der sog. „Europäischen Dimension" an:

„Die europäische Dimension im Bildungswesen bezeichnet diejenigen Ziele, Inhalte und Methoden, die es dem Lernenden ermöglichen,
- den Prozess der zunehmenden politischen, wirtschaftlichen, sozialen Einigung und Entzweiung in Europa wahrzunehmen (= europäisches Bewusstsein entwickeln),
- wahrzunehmen, dass er persönlich in seinem Alltag und für seine Zukunft unmittelbar von diesem Prozess betroffen ist (= europäisches Bewusstsein entwickeln),
- wahrzunehmen, dass er dies mit allen Menschen in Europa gemeinsam hat, dass er also Mitglied einer größeren, grenzüberschreitenden Gemeinschaft ist (= europäische Identität entwickeln): sich als „dazugehörig" identifizieren,
- Informationen über Motive, Stand und Perspektiven dieses Prozesses aufzunehmen (Orientierungswissen erwerben),
- sich mit diesen Informationen auf der Grundlage reflektierter Wertungen auseinanderzusetzen und schließlich,
- zur Entscheidung, sich aktiv „einzumischen" – oder auch nicht – zu kommen." (Jansen 1994, 104).

3. Europabildung in der Schule

Institutionen der EU weisen seit den 1970er-Jahren regelmäßig auf die Bedeutung der „europäischen Dimension" hin und unterbreiten Vorschläge zur Implementierung dieses Ansatzes (vgl. Oberle 2012, 136). So hat die Entschließung des Rates zur europäischen Dimension im Bildungswesen 1988 die Notwendigkeit entsprechender didaktischer Angebote unterstrichen und die Vorbereitung der Jungen Generation an ihrer Beteiligung an der wirtschaftlichen und sozialen Entwicklung der Gemeinschaft gefordert (vgl. Entschließung 1990, 89).

Europabildung in der Schule

Eine besondere Rolle bei der Vermittlung der Europäischen Dimension fällt dem Schulsystem zu. Die Kultusministerkonferenz hat mit ihrer Empfehlung über „Europa im Unterricht" vom 8. Juni 1978 erstmals Grundlagen des europäischen Bildungsauftrages der Schule dargelegt und diese bisher zweimal modifiziert. Nach der aktuellen Empfehlung zum Europatag 2008 unter dem neuen Titel „Europabildung in der Schule" soll die Schule „dazu beitragen, dass in der heranwachsenden Generation ein Bewusstsein europäischer Zusammengehörigkeit entsteht und Verständnis dafür entwickelt wird, dass in vielen Bereichen unseres Lebens europäische Bezüge wirksam sind und europäische Entscheidungen verlangt werden." (KMK 2008,5)

Besondere Rolle des Schulsystems

Zu den zu vermittelnden europaorientierten Kompetenzen und Einstellungen zählen u. a. die Einsicht in die Notwendigkeit gemeinsamen Handelns in Europa zur Lösung gemeinsamer Herausforderungen, die Bereitschaft für die erforderliche Mobilität im zusammenwachsenden Europa und das Bewusstsein für die Bedeutung des eigenen Engagements für ein demokratisches Europa (vgl. KMK 2008, 5 f.).

Wesentliches Ziel der Schulen „muss es sein, in den jungen Menschen das Bewusstsein einer europäischen Identität zu wecken und zu fördern. Hierzu gehört auch die Vorbereitung der jungen Menschen darauf, ihre Aufgaben als Bürgerinnen und Bürger in der Europäischen Union aktiv wahrzunehmen" (KMK 2008, 7).

Für die Entwicklung des sog. „Europäischen Bewusstseins in der Schule" sollen u. a. die sozialwissenschaftlichen Fächer und Projekte der Schule beitragen. Zur Stärkung der „Europäischen Dimension als Querschnittsansatz" werden viele Möglichkeiten (z. B. die Durchführung eines Europatages, Teilnahme an internationalen Schulpartnerschaften/Europäischen Wettbewerben) und für die Weiterentwicklung der „Europabildung in der Schule" u. a. die Umsetzung der Beschlüsse bei der Neufassung von Lehrplänen und die Berücksichtigung der europäischen Dimension in der Lehrerausbildung (Studium, Vorbereitungsdienst) empfohlen (vgl. KMK 2008, 7-11).

Entwicklung eines europäischen Bewusstseins

Die KMK kann den Bundesländern nur Empfehlungen für ihre Lehr- bzw. Bildungspläne aussprechen. Europa ist daher in den Lehrplänen unterschiedlich verankert und wird eher randständig behandelt, wie eine Studie zur Evaluation zum Europabezug gymnasialer Lehrpläne in Deutschland 2007 bilanziert.

Entscheidend sind jedoch weniger die Lehrpläne, sondern die verwendeten Materialien (in der Regel Schulbücher) und das eigene individuelle Fachwissen sowie die Motivation der Lehrkräfte (vgl. Oberle 2012, 144). Die Behandlung Europas in der Schule kann als fächerübergreifendes Unterrichtsprinzip oder als fachspezifischer Gegenstand des Politikunterrichts erfolgen, wobei viele Argumente für die Behandlung der politischen Dimension Europas im Fachunterricht sprechen (vgl. Oberle 2012, 128/129).

4. Lernziele

Der „nationale" Politikprozess wird zunehmend durch europäische Debatten und Entscheidungen geprägt, wie aktuell die Diskussion um den Europäischen Rettungsschirm und seine mögliche Auswirkungen auf die nationale Haushaltspolitik zeigen. Europapolitik betrifft jeden und das in zunehmendem Maße. Der Europäische Einigungsprozess muss daher sowohl von der Politik als auch der Bildungsarbeit deutlicher als bisher vermittelt werden und der Bezug des europäischen Einigungswerkes zum Alltag der Bürger und Bürgerinnen erfahrbar werden – dies gilt im besonderen Maße für junge Menschen.

Es gilt eine Europakompetenz als Ergänzung des Leitbildes des demokratiekompetenten Bürgers für politisch handlungsfähige Bürger in einem vereinten demokratischen Europa zu fördern. Hierbei sollte ein konzeptuelles Deutungswissen ermöglicht werden, welches Lernenden den Sinngehalt und die innere Logik von europäischen Institutionen, Ordnungsmodellen und Denkweisen erschließt. Dafür muss aber die eigene nationale bisherige Perspektive im Sinne einer europabezogenen Sichtweise und einer emotionalen und rationalen (Teil)-Identifikation mit Europa erweitert werden: „Ziel des Politikunterrichtes ist es, politischen Alltag in den Unterricht zu holen und zwar den Alltag auf nationaler, europäischer und multinationaler Ebene. Wenn der Blick nicht zugleich auf die anderen Mitgliedsstaaten und auf Brüssel gerichtet ist, kann sich im Kern kein europäisches Bewusstsein herausbilden" (Weißeno 2004, 116).

Europa mit in den Blick nehmen

Europabezogene politische Bildung ist Querschnittsaufgabe der allgemeinen politischen Bildung. Politische (nationale) Fragestellungen – wie z. B. Umweltschutz, Energie- und Klimaschutzpolitik, Verbraucherschutz, – sind aus einem europäischen Blickwinkel zu betrachten.

Ein zentrales Ziel europabezogenen Lernens ist die Vermittlung und Verarbeitung der europäischen Komplexität durch eine größere kulturelle, religiöse und ethnische Pluralität – erst recht vor dem Hintergrund der Migration in der EU.

Eine weitere Aufgabe besteht darin, ein Europabewusstsein bei Jugendlichen zu fördern. Es soll das Verständnis gestärkt werden, einem europäischen Bildungsraum mit gemeinsamen politischen, sozialen und kulturellen Werten anzugehören, der insgesamt mit einem subjektiv empfundenen europäischen Mehrwert verbunden ist. Die Stärkung des Europabewusstseins ist allerdings nicht automatisch gleichzusetzen mit der Herausbildung einer europäischen Identität.

Eine wesentliche Kernanforderung ist die Wissensvermittlung und eine kritische Auseinandersetzung mit Leitbildern und Funktionslogik des europäischen Einigungsprozesses, d. h. mit dem politischen und institutionellen System der EU. Für das Verständnis der EU-Politik und der aktuellen EU-politischen Diskussion ist ein Grundwissen notwendig, das generelles Ortungswissen über die EU, Zuständigkeiten und Entscheidungsmodi, Kompetenzen sowie Partizipationsmöglichkeiten umfasst. Je nach Altersstufe und Bildungszugang muss die Wissensvermittlung unterschiedlich intensiv geschehen.

Die Vermittlung nationaler und europäischer Zusammenhänge bedeutet nicht eine kritiklose Akzeptanz der aktuellen europäischen Entwicklungen. Kontroverse politikwissenschaftliche Positionen über den Politikgegenstand „Europa", Europabilder und Konzeptionen müssen auch in der Bildungsarbeit ambivalent dargestellt werden: „Europapolitische Bildung hat nicht die Aufgabe, für die EU zu werben, sie muss aber die tatsächliche, im letzten halben Jahrhundert ständig gewachsene politische Bedeutung der europäischen Integration verstehbar machen, Probleme und offene Zukunftsfragen herausarbeiten (…)" (Sander 1999, 69).

Keine Werbung für die EU

Ausgehend von der Europäisierung muss der Europäische Integrationsprozess immer stärker und früher ein Thema für die politische Bildung werden. So ist durchaus denkbar, Europa bereits in der Grundschule zu thematisieren.

5. Methoden

Die Vermittlung des Europäischen Einigungsprozesses ist kein leichtes Unterfangen, nicht nur bei Jugendlichen! Zwar wird die Mitgliedschaft des eigenen Landes grundsätzlich befürwortet, aber für viele

Menschen bleibt die EU undurchschaubar und nicht relevant für ihren Alltag. Vor allem Jugendliche haben das Gefühl, dass ihre Stimme in der EU nicht zählt. Auch wissen Jugendliche über europäische Politikfelder und Abläufe in der Regel sehr wenig.

Alle didaktischen Angebote sollten an der eigenen Lebenswelt (z. B. Verbraucherschutz) ansetzen, den Geboten der Kontroversität entsprechen und zukunftsorientiert sein, d. h. Europa als gestaltungsoffen für die Zukunft vermitteln.

Europa in der Bildungsarbeit ist vor allem als interkulturelle Erziehung zu verorten.

Für die schulischen Bildung bieten sich vor allem Mikromethoden an (vgl. Rappenglück 2011, 206; Europa sind wir!, 2007). Zunehmend werden zur Vermittlung der europäischen Dimension auch europabezogene Planspiele angeboten.

Weil es Jugendlichen schwerfällt, den Bezug der Union zu ihrem Alltag herzustellen, können sie jedoch kaum direkt für das Thema „Europa" sensibilisiert werden. Die EU-Ferne gilt erst recht für den normalen Schüleralltag (vgl. Oberle 2012, 134).

EU-Ferne des normalen Schüleralltags

Um Jugendliche und junge Erwachsene an die EU heranzuführen, reicht es nicht nur, ihren Informationsstand zu fördern. Denn ein „Mehr an Wissen über Europa" führt nicht automatisch zu einer stärkeren Unterstützung der EU. Vielmehr muss es gelingen, jungen Menschen die europäische Dimension und den europäischen Mehrwert zu vermitteln. Ein Schlüsselelement stellt hierbei eine verbesserte Partizipation Jugendlicher in Europa dar, d. h. ihre Interessen auch authentisch einbringen zu können (Rappenglück 2012, 16; 2005, 462).

Europabezogene Bildung muss interaktives, handlungsorientiertes und teilnehmer(=schülerorientiertes)orientiertes Lernen ermöglichen und Erfahrungsräume schaffen, in denen die Lehrenden und Lernenden gemeinsam die Bedeutung der europäischen Politik für ihre Lebenswelt erleben.

Eine zentrale Herausforderung für die Vermittlung stellt die hohe Komplexität und die Schnelligkeit des europäischen Integrationsprozesses dar. Für Lernende – zumal junge Menschen – ist es oft schwierig, politische Ereignisse, Auseinandersetzungen sowie Problemlagen und die längerfristige wirtschaftliche und gesellschaftliche Entwicklung in Bezug auf Sach- und Wertaspekte zu analysieren, zu reflektieren und zu beurteilen. „Deshalb sollten in der Schule zum einem grundlegende, möglichst dauerhafte bedeutsame Kenntnisse über die EU vermittelt, zum anderen sorgfältig auf die Aktualität der Unterrichtsinhalte geachtet, und schließlich diese Dynamik der EU selbst thematisiert werden" (Oberle 2012, S. 134).

6. Europabezogenes Lernen im außerschulischen Praxisfeld

Europabezogenes Lernen in der außerschulischen Bildung ist von einer großen Träger- und Methodenvielfalt geprägt und verfügt über eine lange Tradition. Europabezogenes Lernen findet vor allem in der internationalen Jugendarbeit statt, die zur Stärkung internationaler Kompetenz in den Schlüsselbereichen soziale Kompetenz, interkulturelle Kompetenz und berufliche Kompetenz beitragen (vgl. Rappenglück 1999, 104).

Der Jugendaustausch besitzt staatlicherseits einen hohen Stellenwert, der Schwerpunkt liegt auf den europäischen Staaten, denn „Jugendliche müssen fit für Europa werden". Einen besonderen Anteil am europabezogenen Lernen haben inzwischen die Jugendprogramme der Europäischen Union, die neben der Förderung interkulturellen Lernens mit der neuen Förderungsphase einen Schwerpunkt bei der Föderung der politischen Bildung setzen.

Die gegenwärtige Debatte ist vor allem durch die Förderung der aktiven europäischen Bürgerschaft (vgl. ausführlich Widmaier 2011) und der Forderung nach einer verbesserten Jugendpartizipation in der EU geprägt. Allerdings stellt sich zunehmend die Frage, ob die vielen gut gemeinten Initiativen auch wirklich bei Jugendlichen ankommen. Auch wäre zu wünschen, dass es gerade im Bereich der Jugendpartizipation zu einem fruchtbaren Austausch zwischen schulischer und außerschulischer Bildungsarbeit kommen würde.

Literatur

CAP/Landeszentrale für politische Bildung Baden-Württemberg (Hrsg.) 2007: Europa sind wir! Methoden für die europapolitische Jugendbildung. Stuttgart

Europäische Akademie Berlin (Hrsg.) 2007: Die Europäische Dimension in den Lehrplänen der deutschen Bundesländer. Berlin

European Commission 2012: EU Youth Report. Commission Staff Working Document: Status of the situation of young people in the European Union. SWD (2012) 257 final

Europäische Kommission (Hrsg.) 2001: Weißbuch: Neuer Schwung für die Jugend Europas. Brüssel

Europäischer Rat (Hrsg.) 2002: Schlussfolgerungen des Europäischen Rates von Barcelona 15./16.3.2002, Bulletin EU 3-2002, Brüssel

Jansen, Bernd 1994: Europa im Unterricht, in: Bundeszentrale für politische Bildung (Hrsg.): Lernen für Europa. Bonn

KMK (Konferenz der Kultusminister der Länder in der Bundesrepublik Deutschland) (Hrsg.) 2008: Europabildung in der Schule. Beschluss der Kultusministerkonferenz vom 8.6.1978 i. d. F. vom 5.5.2008. Bonn

Oberle, Monika 2012: Politisches Wissen über die Europäische Union. Subjektive und objektive Politikkenntnisse von Jugendlichen. Wiesbaden

Rappenglück, Stefan 2005: Europabezogenes Lernen. In: Sander, Wolfgang (Hrsg.): Handbuch politische Bildung. Schwalbach/Ts., S. 456-466

Rappenglück, Stefan 2008: Europabezogene Planspiele. In: Jugend für Europa (Hrsg.) Europa vermitteln. Handbuch zur europabezogenen Jugendbildung. Bonn, S. 79-83

Rappenglück, Stefan 2012: Jugendpartizipation – Ansatz, Erfahrungen und Initiativen. In: Forum Politikunterricht 3/2011, S. 14-18

Rappenglück, Stefan/Hampe, Peter 2011: Entgrenzung des Währungsraums: Zehn Jahre Europäische Gemeinschaftswährung: In: Lange, Dirk (Hrsg.): Entgrenzungen. Gesellschaftlicher Wandel und Politische Bildung. Schwalbach/Ts., S. 203-208

Weißeno, Georg (Hrsg.) 2004: Europa verstehen lernen. Eine Aufgabe des Politikunterrichts. Bonn.

Widmaier, Benedikt/Nonnemacher, Frank (Hrsg.) 2011: Acitive Citizenship Education. Internationale Anstöße für die politische Bildung. Schwalbach/Ts.

Zentrum für Europäische Bildung (Hrsg.) 1990: Die Europäische Dimension in Unterricht und Erziehung. Bonn. Entschließung des Rates und der im Rat vereinigten Minister für das Bildungswesen zur europäischen Dimension im Bildungswesen vom 24.5.1988

Barbara Asbrand, Annette Scheunpflug
Globales Lernen

Globales Lernen versteht sich als „pädagogische Reaktion auf die Entwicklungstatsache zur Weltgesellschaft" unter der normativen Perspektive der Überwindung von Ungleichheit bzw. orientiert am Leitbild globaler Gerechtigkeit (vgl. im internationalen Kontext Bourn 2001; North-South Center of Council of Europe 2002; Osler/ Vincent 2002). Es definiert sich in sachlicher Perspektive über Themenbereiche, die bezogen sind auf globale Zusammenhänge – wie Entwicklung, Umwelt, Migration und Frieden – und bearbeitet diese unter dem Leitbild weltweiter Gerechtigkeit. Globales Lernen wird über die thematische Definition hinaus bestimmt durch die räumliche Perspektive, nämlich die Berücksichtigung globaler, regionaler und lokaler sowie glokaler Zusammenhänge, und in sozialer Perspektive durch das Ziel, Lernenden den Erwerb von Kompetenzen für das Leben in der Weltgesellschaft zu ermöglichen (Scheunpflug/Schröck 2002, 15 ff.; Scheunpflug 2003). Konzepte Globalen Lernens fassen ihren Gegenstand also weiter als die Beschäftigung mit der ‚Dritten Welt'; stattdessen ist Globales Lernen im Sinne des Nachhaltigkeitsdiskurses auf die politischen, sozialen und ökologischen *Zusammenhänge* zwischen sogenannter ‚Dritter Welt' und Industrieländern des Nordens sowie auf das Zusammenleben unterschiedlicher Menschen in einer globalisierten Welt ausgerichtet.

Definition Globalen Lernens

1. Von der entwicklungspolitischen Bildung zum Globalen Lernen: Zur Geschichte eines Lernbereichs der politischen Bildung

Der Begriff „Globales Lernen" ist seit Beginn der 1990er-Jahre im deutschsprachigen Raum gängig. Die Konzeption hat sich aus verschiedenen pädagogischen Theorien entwickelt (vgl. ausführlich Scheunpflug/Seitz 1995).

Der wichtigste – und historisch älteste – Bezugsrahmen sind die *entwicklungspolitische Bildung* und die sogenannte *„Dritte-Welt-Pädagogik"*. In den 1950er-Jahren entstehen aus der Erfahrung des Zweiten Weltkriegs, der Rückkehr Deutschlands in die Völkergemein-

Entwicklungspolitische Bildung und Dritte-Welt-Pädagogik

schaft und der Gründung entwicklungspolitischer Hilfswerke erste Konzepte einer Dritte-Welt-Pädagogik. Während der Entkolonialisierung der 1950er- und 1960er-Jahre erscheinen die sogenannten Entwicklungsländer didaktisch zunächst als neues Bildungsgut: „Für den Schulgeographen ist unser Problem zunächst einmal ganz einfach das der Bewältigung von zusätzlichem Stoff" (Schiffers 1960, 385). Ende der 1960er-Jahre setzt eine deutliche *Politisierung* der entwicklungspolitischen Debatte ein. Erstmals rücken die Abhängigkeitsstrukturen internationaler Wirtschaftsverflechtungen in den Blick sowie der *Zusammenhang* zwischen der Entwicklung in der sogenannten Ersten Welt und der Dritten Welt. Mit der „Aktion e" (Einfacher leben, damit andere überleben können) von *Brot für die Welt* Anfang der 1980er-Jahre wurde erstmals als große Bildungskampagne auf den Zusammenhang zwischen dem Ressourcenverbrauch im Norden und den Entwicklungsmöglichkeiten im Süden hingewiesen; ein Gedanke, der später durch die „Bildung für nachhaltige Entwicklung" mit Rückgriff auf die Agenda 21 der Erklärung des Gipfels zur „Umwelt und Entwicklung" der Vereinten Nationen im Jahr 1992 in Rio de Janeiro wieder aufgegriffen und konzeptionell weitergeführt wird. Bereits in den 1970er-Jahren entsteht im angloamerikanischen Sprachraum der Begriff „Global Education" für alle diejenigen pädagogischen Konzeptionen, denen es um die Gestaltung der Globalisierung im Kontext von moralisch-ethischen Zielen wie Gerechtigkeit und Nachhaltigkeit geht (vgl. im Überblick Seitz 2002, 366 ff.). Der Begriff ‚Globales Lernen' wurde in der deutschsprachigen Debatte durch ein programmatisches Papier des Schweizer Forums ‚Schule für Eine Welt' eingeführt und verbreitet (1995). In diesem Konzept wird die globale Perspektive mit dem persönlichen Nahbereich der Lernenden verknüpft, es geht um Persönlichkeitsbildung bzw. ‚Bewusstseinsbildung', um Veränderung der Einstellungen und des persönlichen Lebensstils im Rahmen ganzheitlicher Lernprozesse. Die konzeptionellen Grundgedanken des Papiers sind vielfältig rezipiert worden und finden sich in weiteren handlungstheoretischen Konzepten in dieser oder ähnlicher Form (z. B. Bühler 1996, Fountain 1996, VENRO 2000, Seitz 2002). Globales Lernen wird hier als Querschnittsaufgabe aller Bildungsprozesse betrachtet.

In den folgenden Jahren differenziert sich die Diskussion um das Globale Lernen vor dem Hintergrund eines im Jahr 2000 geführten

„Paradigmenstreites" (Scheunpflug/Hirsch 2000) weiter aus. Thema des Diskurses ist der Umgang mit der Normativität des Gegenstandes, Auslöser war die Kritik aus evolutions- bzw. systemtheoretischer Perspektive (vgl. Treml 1993a, b, 1996a, b) an den herrschenden Theorieansätzen Globalen Lernens zu Beginn der 1990er-Jahre, die als normative ‚Postulativpädagogik' aufgrund ihres hohen ‚Moralingehalts' ihre Anliegen verfehlten (Scheunpflug/Seitz 1993). Aus der normativen Gegenkritikperspektive (Bühler u. a. 1996) nahm die Kontroverse ihren Lauf. Es standen sich zwei Positionen gegenüber: Auf der einen Seite sogenannte handlungstheoretische Entwürfe, die häufig ein holistisches Welt- und Menschenbild zugrunde legen und normative Bildungsziele und Inhalte Globalen Lernens formulieren, die mittels Bildung erreicht werden sollen, wie solidarisches Handeln, Toleranz, Empathie, ganzheitliche Weltsicht usw. (z. B. Schweizer Forum 1996; Bühler 1996). In diesem Ansatz wird auf „Parteinahme für die Leidtragenden des Globalisierungsprozesses" (VENRO 2000, 11) gesetzt. Sinnliches Lernen, Perspektivenwechsel sowie positive, kulturelle und kreative Zugänge zur „Dritten Welt" eröffnen sind zentrale Lernzugänge. Auf der anderen Seite hat sich ein Theoriediskurs entwickelt, der Globales Lernen aus der Perspektive evolutionärer Theorie reflektiert (Treml 1993; Scheunpflug/Schröck 2002; Asbrand 2003). In diesem Ansatz geht es Globalem Lernen darum, Lernende auf das Leben in einer Weltgesellschaft und einer ungewissen Zukunft vorzubereiten, den Umgang mit Komplexität zu lernen und entsprechende Kompetenzen zu erwerben.

2. Diskurse um Konzepte Globalen Lernens

2.1 Weltgesellschaftlich fundiertes Globales Lernen

Aus der genannten Kontroverse entwickelte sich das Konzept eines weltgesellschaftlich fundierten Globalen Lernens weiter (vgl. zusammenfassend Scheunpflug/Schröck 2002; Sander/Scheunpflug 2011; Scheunpflug 2011, Treml 2011). Es basiert auf einer systemtheoretischen Analyse der Globalisierung, in der im Anschluss an den Soziologen Niklas Luhmann (1975; 1997) Entwicklungsprobleme als Nebenfolgen einer „Entwicklung zur Weltgesellschaft" beschrieben werden. Aus dieser Perspektive wird Wachstum als begrenzt und globale Risiken bergend wahrgenommen; Wissen verliert innerhalb immer kürzerer Zeitspannen seine Bedeutung; und durch den be-

Systemtheoretische Analyse der Globalisierung

schleunigten sozialen Wandel stoßen Fremdes und Vertrautes im Nahbereich aufeinander. Globalem Lernen im Sinne einer weltbürgerlichen Erziehung geht es vor diesem Hintergrund um den Umgang mit Unwissenheit, Ungewissheit, Unbegrenztheit und Fremdheit. In globalen Zusammenhängen beziehe sich ethisch verantwortliches Handeln auf das Einüben in abstraktes Denken, denn mit Hilfe der Reflexionsfähigkeit können Menschen die Begrenztheit ihrer Bindung im Nahbereich im Hinblick auf die Bedürfnisse weit entfernter Menschen, zukünftiger Generationen und die natürlichen Lebensgrundlagen der Menschheit überwinden (vgl. Treml 1992, 10 ff.; Scheunpflug 2001, 94 f.; Scheunpflug/Schröck 2002, 7).

2.2 Kompetenzorientierung

Zwar existiert mit dem Konzept von Scheunpflug und Schröck (2000) ein Ansatz, der die Lehrziele Globalen Lernens als Kompetenzen fasst, aber die Kompetenzorientierung erfährt erst mit der Veröffentlichung des Orientierungsrahmens ‚Globale Entwicklung' (KMK/BMZ 2007) durch die Kultusministerkonferenz (KMK) und das Bundesministerium für wirtschaftliche Entwicklung und Zusammenarbeit (BMZ) im Jahr 2007 größere Aufmerksamkeit. Mit dem Orientierungsrahmen wird der Anspruch verfolgt, ein domänenspezifisches Kompetenzmodell für den Lernbereich vorzulegen (vgl. einführend Schreiber 2012; kritisch Asbrand/Lang-Wojtasik 2007). Das Kompetenzmodell des Orientierungsrahmens basiert neben der vielzitierten Definition von Kompetenz nach Weinert (2001) auf dem European Qualification Framework (Commission of the European Communities 2005), wonach Handlungskompetenz nicht nur Wissen und Fähigkeiten, sondern auch eine ethische Teilkompetenz umfasst. Vor diesem Hintergrund werden die drei zentralen Kompetenzbereiche Erkennen, Bewerten und Handeln definiert und diese jeweils in drei oder vier Teilkompetenzen ausdifferenziert. Im zweiten Teil des Orientierungsrahmens werden diese Kompetenzen für verschiedene Unterrichtsfächer der Sekundarstufe, die Berufliche Bildung sowie für den Unterricht in der Grundschule präzisiert und anhand von Beispielaufgaben illustriert.

Allerdings ist das Kompetenzmodell des Orientierungsrahmens bisher weder theoretisch noch empirisch fundiert. Mit anderen kultur- und sozialwissenschaftlichen Domänen teilt das Globale Lernen die Komplexität seiner Bildungsziele. Einstellungen, Werthaltungen und die Handlungsbereitschaft sind für seine Bildungsziele von großer Bedeutung; die Messbarkeit dieser Kompetenzaspekte ist im Rahmen der psychometrischen Kompetenzdiagnostik aber unrealistisch. Die anspruchsvollen Kompetenzen Globalen Lernens sind auch deshalb kaum zu operationalisieren, weil Lerntheorien zu den spezifischen Lernprozessen im Blick auf weltgesellschaftliche Komplexität bisher erst in Ansätzen entwickelt sind.

2.3 Handlungstheoretische Konzepte Globalen Lernens

Während handlungstheoretische Positionen in der Theoriedebatte zum Globalen Lernen seit den 2000er Jahren nicht mehr aktiv vertreten werden, sind die Grundgedanken in praxisorientierten Konzepten und in Positionspapieren, die im Praxisfeld entstehen, nach wie vor außerordentlich wirkmächtig (vgl. auch Scheunpflug 2008; Frieters-Reermann 2012). So ist etwa für Selbys Ansatz (2000; 2004; Selby/Rathenow 2003; kritisch Bourn 2005) das Prinzip der Ganzheitlichkeit charakteristisch. Grundlage ist ein holistisches Weltbild; als Ziele Globalen Lernens werden der Perspektivenwechsel, das Einüben in ganzheitliches Denken sowie das Lernen von Solidarität, Selbstbestimmung und Empathie formuliert. Globales Lernen wird als transformatorische Pädagogik aufgefasst, die die Lernenden verändert und in die Lage versetzen will, die gesellschaftlichen Verhältnisse umzuformen (Selby/Rathenow 2003, 10). Insbesondere im Kontext der politischen Bildung ist dies problematisch, da im Sinne des Beutelsbacher Konsenses Lehren und Lernen nicht auf eine bestimmte Weltsicht beschränkt werden darf.

2.4 Postkoloniale Theorie

In der jüngeren Zeit ist eine konzeptionelle Bewegung des Globalen Lernens zu beobachten, die sich auf postkoloniale, kritische Theorietraditionen beruft und sich vor diesem Hintergrund sehr kritisch mit herrschenden Konzepten Globalen Lernens, v.a. mit Unterrichtsmaterialien und Workshopformen, auseinandersetzt (vgl. z. B. Danielzik u. a. 2013). Kritikpunkt sind die unterstellte unkritische, eindimensionale und paternalistische Verwendung des Entwicklungsbegriffs, der kulturell homogenisierende Blick auf Afrika und die als unpolitisch wahrgenommenen, individualisierenden Handlungsempfehlungen (z. B. im Hinblick auf kritischen Konsum). In Unterrichtsmaterialien Globalen Lernens würden „Ausschlüsse und Diskriminierungen erzeugt: Nicht alle potenziellen Teilnehmenden mit ihren unterschiedlichen gesellschaftlichen Positionen werden mitge-

> Kritische Auseinandersetzung mit herrschenden Konzepten Globalen Lernens

dacht und angesprochen; es findet ein Lernen anhand und auf Kosten der ‚Anderen' statt; ‚nicht-Weiße' Teilnehmende werden nicht als vollwertige Bürger_innen der deutschen Gesellschaft angesehen; die ‚Anderen' werden als ‚Andere' markiert und so Grenzen zwischen ihnen und den ‚echten' Deutschen gezogen." (Danielzik u. a. 2013). Auf der einen Seite hat diese Kritik die hilfreiche Funktion, an bereits diskutierte Standards Globalen Lernens zu erinnern. Auf der anderen Seite ist sie in ihrer unhinterfragten Positionierung und ihrer exkludierenden Diskursart, die vornehmlich auf andere zeigt (ein für Schulen geeignetes Unterrichtsmaterial, das den Ansprüchen der Kritiker genügt und von ihnen selber konzipiert ist, wurde bisher nicht vorgelegt) selbst wiederum begründungsbedürftig.

3. Felder Globalen Lernens

3.1 Schule und Unterricht

Mit dem Orientierungsrahmen ‚Globale Entwicklung' (KMK/BMZ 2007) wurde das Ziel verfolgt, Globales Lernen stärker in Schule und Unterricht zu verankern (s. 2.2). Er versteht sich als Orientierungshilfe für die Entwicklung von Lehrplänen und Kerncurricula in den einzelnen Bundesländern, hat allerdings keinen verbindlichen Charakter. Das Konzept des Orientierungsrahmens setzt darauf, Lernangebote zu globalen Fragen im Fachunterricht zu realisieren und die entsprechenden fachlichen Kompetenzen zu fördern. In Hamburg ist Globales Lernen in den Bildungsplänen der allgemeinbildenden Schulen als fächerübergreifende *Querschnittsaufgabe* curricular verankert; Globales Lernen zielt dabei auf die Entwicklung und Förderung überfachlicher Kompetenzen (vgl. z. B. Freie Hansestadt Hamburg 2011). Ein dritter Weg ist die Integration Globalen Lernens im Schulprogramm einer Einzelschule und die Realisierung der Bildungsangebote nicht nur im Unterricht, sondern auch im Rahmen von außerunterrichtlichen Projekten (vgl. z. B. Reinhardt 2009). Globales Lernen im Schulleben einer Schule zu etablieren ist beispielsweise der Ansatz von UNESCO-Projektschulen. Schulprojekte außerhalb des Unterrichts sind etwa Schülerfirmen, die fair gehandelte Produkte verkaufen oder auf eine andere Art und Weise nachhaltig wirtschaften, oder Schulpartnerschaften (vgl. z. B. Kleem 2009).

Globales Lernen als Querschnittsaufgabe

3.2 Reisen und Begegnungen

Zwei weitere Praxisfelder Globalen Lernens, die im letzten Jahrzehnt einen Bedeutungszuwachs erfahren haben, sind Reisen und Begegnungen. Während mit Reisen (sowohl im Erholungstourismus als auch in der Kultur- und Studienreise) eher mitgängige Erfahrungen Globalen Lernens unterstellt werden, wird mit Begegnungsreisen die explizite Erwartung verbunden, dass durch Begegnung mit Menschen zum interkulturellen Lernen, dem Abbau von Rassismen und Stereotypen beigetragen sowie das Globale Lernen im Sinne der Förderung eines Verständnisses für weltweite Gerechtigkeit gefördert wird.

In der Forschung konnte gezeigt werden, dass sich die Erwartungen an mitgängiges globales Lernen im Tourismus nicht erfüllen (vgl. z. B. Breitenbach 1975-1980; Danckwortt 1995). Zudem ist die Gefahr gegeben, dass der Tourismus selber zur Verschärfung von Entwicklungsproblemen im Süden beiträgt. Begegnungsreisen in Länder der Entwicklungszusammenarbeit werden seit 1965 durch die Bundesregierung unterstützt (vgl. Scheunpflug/Seitz 1995), seit 2002 werden mit dem Programm ENSA gezielt Begegnungsreisen von Schulen in Länder des Südens gefördert. Für Begegnungsreisen in den Süden konnten Forschungsergebnisse zeigen, dass damit nur bei guter pädagogischer Begleitung weltgesellschaftliche Perspektiven entstehen (vgl. Krogull/Scheunpflug 2013; Krogull 2012).

Begegnungsreisen

3.3 Formen des Engagements

Ein weiteres Praxisfeld Globalen Lernens zeigt sich in der Arbeit von entwicklungspolitischen Nichtregierungsorganisationen und lokalen entwicklungspolitischen Initiativen. Auch wenn NRO in der Regel keine Bildungsakteure sind, sondern politische Ziele verfolgen oder/und in der Entwicklungszusammenarbeit (EZ) mit Partnern in Ländern des Südens zusammenarbeiten, bieten diese Arbeitsfelder Lerngelegenheiten im Sinne des informellen Lernens (vgl. Overwien 2005). Im Rahmen des freiwilligen Engagements erwerben Lernende nicht nur Schlüsselkompetenzen, sondern auch für das Globale Lernen relevante Kompetenzen im Umgang mit Komplexität (vgl. auch Düx/Sass 2006). Kontexte, die in diesem Sinne Lerngelegenheiten für Globales Lernen sein können, sind zum Beispiel entwicklungspolitische Kampagnen, der Faire Handel oder Freiwilligendienste.

Nichtregierungsorganisationen

4. Forschung

Übersichtliche Forschungslage Nach wie vor ist die Forschung zum Globalen Lernen übersichtlich, insbesondere im Feld der außerschulischen Bildung und des Engagements für den Globalen Süden (vgl. dazu Gritschke u. a. 2011). Eine „empirische Wende" des Globalen Lernens steht bisher noch aus (vgl. den Forschungsüberblick bei Scheunpflug/Uphues 2010). Empirische Studien liegen vor zu Einstellungen Jugendlicher zur Globalisierung bzw. Orientierungen im Umgang mit weltgesellschaftlicher Komplexität (Uphues 2007; Asbrand 2009). Schulischen Unterricht zu Themen des Globalen Lernens haben Wettstädt (2013) und Applis (2012) untersucht, des Weiteren sind Befunde der Unterrichtsforschung zu Bildung für nachhaltige Entwicklung auch für das Globale Lernen aufschlussreich (z. B. Wolfensberger 2008). Im schulischen Bereich ist die Forschung allerdings in unterschiedlichen Disziplinen angelegt (in der allgemeinen Unterrichtsforschung sowie vor allem in den Fachdidaktiken Biologie und Geographie bzw. Sachunterricht), die oft nicht aufeinander Bezug nehmen. Entsprechend ist die Forschung oft nicht kumulativ aufeinander aufbauend. Modelle Globalen Lernens, die sukzessive überprüft werden, gibt es bisher nur wenig; der Vorschlag von Scheunpflug/Uphues (2010), Forschung entlang des Angebot-Nutzungs-Modells von Helmke zu orientieren, wurde bisher nicht aufgegriffen. Eine konsistente, empirisch geerdete Theoriebildung liegt bisher auch nur in Ansätzen vor.

Literatur

Applis, Stephan 2012: Wertorientierter Geographieunterricht im Kontext Globales Lernen. Theoretische Fundierung und empirische Untersuchung mit Hilfe der dokumentarischen Methode (= Geographiedidaktische Forschungen, Bd. 51). Weingarten

Asbrand, Barbara 2002: Globales Lernen und das Scheitern der großen Theorie. Warum wir heute neue Konzepte brauchen. In: Zeitschrift für internationale Bildungsforschung und Entwicklungspädagogik 25. Jg., H. 3, S. 13-19

Asbrand, Barbara 2003: Keine Angst vor Komplexität. Fairer Handel als Lernort und Gegenstand Globalen Lernens. In: Zeitschrift für internationale Bildungsforschung und Entwicklungspädagogik 26. Jg., H. 2, S. 7-13

Literatur

Asbrand, Barbara 2009: Wissen und Handeln in der Weltgesellschaft. Eine qualitativ-rekonstruktive Studie zum Globalen Lernen in der Schule und in der außerschulischen Jugendarbeit. Münster

Asbrand, Barbara/Lang-Wojtasik, Gregor 2007: Vorwärts nach weit? Anmerkungen zum Orientierungsrahmen für den Lernbereich Globale Entwicklung im Rahmen einer Bildung für nachhaltige Entwicklung. In: Zeitschrift für Internationale Bildungsforschung und Entwicklungspädagogik 30, H. 3, S. 33-36.

Bourn, Douglas 2001: Global Perspectives in Lifelong Learning. In: Research in Post-Compulsery Education, Vol. 6, I. 3, S. 325-338

Bourn, Douglas 2005: ‚Interconnectedness versus Interdependence'. Reflections in response to David Selby. In: Zeitschrift für internationale Bildungsforschung und Entwicklungspädagogik 28, H. 1, S. 29-34

Breitenbach, Diether (Hrsg.) 1975-1980: Kommunikationsbarrieren in der Internationalen Jugendarbeit. Ein Forschungsprojekt im Auftrage des Bundesministeriums für Jugend, Familie und Gesundheit. Saarbrücken

Bühler, Hans 1996: Perspektivenwechsel. Unterwegs zum Globalen Lernen. Frankfurt/M.

Bühler, Hans/Datta, Asit/Karcher, Wolfgang/Mergner, Gottfried: Ist die Evolutionstheorie erziehungswissenschaftlich brandgefährlich? In: Zeitschrift für internationale Bildungsforschung und Entwicklungspädagogik, H. 2, 1996, S. 27-29

Commission of the European Communities 2005: Towards a European Qualifications Framework for lifelong learning. Brüssel

Bendix, Daniel/Danielzik, Chandra-Milena/Kiesel, Timo 2013: Bildung für nachhaltige Ungleichheit? Eine postkoloniale Analyse von Materialien der entwicklungspolitischen Bildungsarbeit in Deutschland. Berlin

Danckwortt, Dieter 1995: Bericht über die Austauschforschung in Deutschland 1950-1990. In: Thomas, Alexander/Abdallah-Pretceille, Martine (Hrsg.), Interkultureller Austausch. Deutsche und französische Forschungen zum interkulturellen Lernen (Deutsch-französische Studien 5). Baden-Baden

Düx, Wiebken/Sass, Erich 2005: Lernen in informellen Kontexten. Lernpotenziale in Settings des freiwilligen Engagements. Zeitschrift für Erziehungswissenschaft 8, H. 3, S. 394-411

Forum Schule für Eine Welt 1995: Lernziele für eine Welt. Jona

Fountain, Susan 1996: Leben in Einer Welt. Anregungen zum globalen Lernen. Braunschweig

Gritschke, Hannah/Metzner, Christiane/Overwien, Bernd 2011: Erkennen – Bewerten – (Fair-Handeln). Kompetenzerwerb im Globalen Wandel. Kassel

Haan, Gerhard de/Hardenberg, Dorothee 1999: Bildung für eine nachhaltige Entwicklung. Gutachten zum Programm. Bonn

KMK/BMZ (Hrsg.) 2007: Orientierungsrahmen für den Lernbereich Globale Entwicklung. Bonn

Kleem, Harald 2009: Schulpartnerschaften: Illusionen, Hoffnungen, Wirklichkeiten. In: Zeitschrift für internationale Bildungsforschung und Entwicklungspädagogik 32, H. 1, S. 22-26

Krogull, Susanne 2012: Bildungsreisen als Lernmöglichkeiten. In: Lang-Wojtasik, Gregor/Klemm, Ulrich (Hrsg.): Handlexikon Globales Lernen. Münster und Ulm, S. 33-36

Krogull, Susanne/Scheunpflug, Annette 2013: „Organisation" als Kategorie des Lernens über Globalisierung in Begegnungen im Nord-Süd-Kontext, in: Göhlich, Michael et al. (Hrsg.): Organisation und kulturelle Differenz. Diversity, Interkulturelle Öffnung, Internationalisierung. Wiesbaden, S. 239-251

Luhmann, Niklas 1975: Die Weltgesellschaft. In: ders.: Soziologische Aufklärung Bd. 2, Opladen, S. 51-71

Luhmann, Niklas 1997: Die Gesellschaft der Gesellschaft. 2 Bände. Frankfurt/M.

North-South-Center of Council of Europe (Hrsg.) 2002: A European Strategy Framework. For Improving and Increasing Global Education to the Year 2015. Maastricht

OECD 2001: PISA Products, http://www.oecd.org/pisa/pisaproducts/, 2.8.2013

Osler, Audrey/Vincent, K. 2002: Citizenship and the Challenge of Global Education. London

Overwien, Bernd 2005: Stichwort: Informelles Lernen. Zeitschrift für Erziehungswissenschaft 8, H. 3, S. 339-355

Reinhardt, B. 2009: „Laufen fürs Leben"– vom Spendensammeln zum Schulprogramm einer „Schule der Achtsamkeit". Globales Lernen als handlungsleitendes Prinzip der Schulkonzept-Entwicklung. In: Zeitschrift für internationale Bildungsforschung und Entwicklungspädagogik 32, H. 1, S. 10-14

Sander, Wolfgang/Scheunpflug, Annette 2011: Politische Bildung in der Weltgesellschaft – Herausforderungen, Positionen, Kontroversen. Bd. 2 der Reihe Perspektiven Politischer Bildung, hrsg. von der Bundeszentrale für politische Bildung. Bonn

Scheunpflug, Annette 2003: Stichwort: Globalisierung und Erziehungswissenschaft. In: Zeitschrift für Erziehungswissenschaft, 6. Jahrgang, H. 2, S. 159-172

Scheunpflug, Annette/Bergmüller, Claudia/Schröck, Nikolaus 2010: Evaluation entwicklungsbezogener Bildungsarbeit. Eine Handreichung. 3. Aufl., Münster

Scheunpflug, Annette/Hirsch, Klaus (Hrsg.) 2000: Globalisierung als Herausforderung für die Pädagogik. Frankfurt/M.

Scheunpflug, Annette/Seitz, Klaus 1995: Die Geschichte der entwicklungspolitischen Bildung. 3 Bände, Frankfurt/M.

Scheunpflug, Annette/Schröck, Nikolaus 2002: Globales Lernen, Stuttgart

Scheunpflug, Annette/Uphues, Rainer 2010: Was wissen wir im Bezug auf das Globale Lernen? Eine Zusammenfassung empirisch gesicherter Erkenntnisse. In: Schrüfer, Gabriele/Schwarz, Ingrid (Hg.): Globales Lernen. Ein geographischer Diskursbeitrag. Münster, S. 63-100

Schiffers, Heinrich 1960: Der Schulgeograph vor dem Problem „Entwicklungsländer". In: Geographische Rundschau, 10/1960, Braunschweig, S. 385-390

Schößwender, Birgit 2003: Lernanlass, Lernort, Lerninhalt. Bildung aus der Perspektive der Fair-Handels-Bewegung. In: Zeitschrift für internationale Bildungsforschung und Entwicklungspädagogik 26. Jg., H. 2, S. 2-6

Seitz, Klaus 2002: Bildung in der Weltgesellschaft. Gesellschaftstheoretische Grundlagen Globalen Lernens. Frankfurt/M.

Selby, David 2000: Global Education as Transformative Education. In: Zeitschrift für internationale Bildungsforschung und Entwicklungspädagogik 23, S. 2-10

Selby, David 2004: The Signature of the Whole. Radical Interconnectedness and its implications for Global and Environmental Education. In: Zeitschrift für internationale Bildungsforschung und Entwicklungspädagogik 27, H. 4, S. 23-32

Selby, David/Rathenow, Hanns-Fred 2003: Globales Lernen. Praxishandbuch für die Sekundarstufe I und II. Berlin

Treml, Alfred K. 1993a: Desorientierung überall – oder Entwicklungspolitik und Entwicklungspädagogik in neuer Sicht. In: Scheunpflug, Annette/Seitz, Klaus (Hrsg.): Selbstorganisation und Chaos. Entwicklungspolitik und Entwicklungspädagogik in neuer Sicht. Tübingen/Hamburg, S. 15-36

Treml, Alfred K. 1993b: Entwicklungspolitik und Entwicklungspädagogik in evolutionstheoretischer Sicht. In: Scheunpflug, Annette/Seitz, Klaus (Hrsg.): Selbstorganisation und Chaos. Entwicklungspolitik und Entwicklungspädagogik in neuer Sicht. Tübingen/Hamburg, S. 111-134

Treml, Alfred K. 1996a: Die pädagogische Konstruktion der „Dritten Welt": Bilanz und Perspektiven der Entwicklungspädagogik. Frankfurt/M.

Treml, Alfred K. 1996b: Die Erziehung zum Weltbürger. Und was wir dabei von Comenius, Kant und Luhmann lernen können. In: Zeitschrift für internationale Bildungsforschung und Entwicklungspädagogik 19, 1, S. 2-8

Treml, Alfred K. 2011: Globalisierung als pädagogische Herausforderung: Möglichkeiten und Grenzen einer weltbürgerlichen Erziehung. In: Sander, Wolfgang/Scheunpflug, Annette (Hrsg.): Politische Bildung in der Weltgesellschaft – Herausforderungen, Positionen, Kontroversen. Bonn, S. 190-203

Uphues, Rainer 2007: Die Globalisierung aus der Perspektive Jugendlicher. Theoretische Grundlagen und empirische Untersuchungen. (= Geographiedidaktische Forschungen, Bd. 42). Weingarten

VENRO 2009: Diskussionspapier zur Halbzeit der UN-Dekade ‚Bildung für nachhaltige Entwicklung' (BNE). Bonn

Weinert, Franz E. 2001: Vergleichende Leistungsmessung in Schulen – eine umstrittene Selbstverständlichkeit. In: Ders. (Hrsg.): Leistungsmessung in Schulen. Weinheim/Basel, S. 17-31

Wettstädt, Lydia/Asbrand, Barbara 2012: Unterrichtsmaterialien im Globalen Lernen. In: Lang-Wojtasik, Gregor/Klemm, Ulrich (Hrsg.): Handlexikon Globales Lernen. Ulm, S. 230-235

Wolfensberger, Balz 2008: Über Natur, Wissenschaft und Gesellschaft reden. Eine empirisch-qualitative Untersuchung von Naturwissenschaften, Umwelt und Gesellschaft. Universität Zürich.

VI. Methoden und Medien

Mirka Mosch

Methoden der Diagnostik: Vorstellungen und Vorwissen erfassen

Einleitung und Begriffsklärung

Im Zuge der Kompetenzorientierung und angesichts der Erkenntnisse der neueren Lerntheorien ist die Aneignungsperspektive der Lernenden verstärkt in den Fokus der politischen Bildung gerückt (GPJE 2004, Mietzel 2007, Sander 2008). Damit Schüler/-innen nachhaltig lernen können, muss „neues Wissen mit bereits vorhandenem Wissen und Verstehen verknüpft [werden]" (Gessner et al. 2011, 166). Empirische Studien können belegen, dass bereits Schüler/-innen im Grundschulalter Vorstellungen über Politik und Gesellschaft besitzen (Moll 2001; van Deth et al. 2007). Für Lehrende ergibt sich somit die zentrale Aufgabe, diese vielfältigen Vorstellungen zu erheben, zu analysieren und zu verstehen und diese (diagnostischen) Erkenntnisse bestmöglich in die Planung des Unterrichts einzubeziehen, damit fruchtbare Lehr-Lernprozesse möglich werden. Eine solche (Vorstellungs-)Diagnostik (Lutter 2011) erscheint besonders in einem Fach wie der politischen Bildung von Bedeutung, da hier die Übergänge zwischen Alltags- und Wissenschaftswissen fließend sein können und nahezu alle Themengegenstände auch Teil der Lebens- und Alltagswelt der Schüler/-innen sind. Eine so verstandene „Diagnostik" meint die alltägliche Erhebung der Lernendenperspektiven, welche eingebettet in den Unterricht ist und von den Lehrenden selbst durchgeführt wird und sich dadurch von einem defizitär geprägten Diagnostikverständnis abgrenzt (vgl. Winter 2008). Diesem Verständnis folgend umschließt Diagnostik „alle diagnostischen Tätigkeiten, durch die bei einzelnen Lernenden und den in einer Gruppe Lernenden Voraussetzungen und Bedingungen planmäßiger Lehr- und Lernprozesse ermittelt, Lernprozesse analysiert und Lernergebnisse festgestellt werden, um individuelles Lernen zu optimieren" (Ingenkamp/Lissmann 2008, 13). Eine so verstandene Diagnostik steht im Dienste des individuellen Lernens und dient weniger dem Aufspüren von Fehlern (vgl.

(Vorstellungs-) Diagnostik

Winter 2006). Die schulische politische Bildung braucht demnach praxistaugliche Diagnostikmethoden, die mit einem überschaubaren Arbeits- und Zeitaufwand eingesetzt werden können und Erkenntnisse darüber liefern, wie Schüler/-innen Phänomene des Politischen wahrnehmen und bewerten. Ferner sollte die Durchführung dieser Methoden den Lehrenden Ergebnisse liefern, die in pädagogisches Handeln übertragen und weiter in der konkreten Unterrichtsplanung umgesetzt werden können.

1. Diagnostikmethoden im Unterricht

In diesem Beitrag werden ausschließlich Diagnostikmethoden vorgestellt, bei deren Einsatz im Unterricht ein Produkt entsteht – ebenso denkbar und diagnostisch nicht weniger ertragreich sind beispielsweise verbale Verfahren (z. B. 4-Ecken-Spiel, Brainstorming, Streitlinie, Kartenabfrage usw.) oder ein von Lehrenden geführtes diagnostisches Tagebuch (vgl. Sander 2008, Gugel 2007). Einen guten Überblick über verschiedene Diagnosezwecke und -interessen und die dazu geeigneten Methoden für die politische Bildung gibt Andreas Füchter (2010).

Diagnostik vor Beginn eines neuen Lernvorhabens Vor dem Beginn eines neuen Lernvorhabens können die Interessen, Einstellungen und Vorstellungen der Schüler/-innen mit assoziativen und möglichst offenen Methoden wie Brainstorming, Collagen oder Mind-Mapping erhoben werden (vgl. Sander 2013; Mosch 2011). Die politischen Erklärungsmodelle der Schüler/-innen zu einem bestimmten Themengebiet lassen sich besonders mit der Methode des Concept-Mapping erfassen. Damit die Diagnoseergebnisse optimal für den weiteren Unterricht genutzt werden können, sollten sich Lehrer/-innen vor dem Einsatz folgende Fragen stellen:
1. Was soll überhaupt erhoben werden (Vorstellungen/Vorwissen/Einstellungen)?
2. Wozu sollen die Ergebnisse genutzt werden (Unterrichtsplanung/Themenfindung/Unterrichtsevaluation/Lernstandserhebung)? Je nach Schwerpunktsetzung ist der Einsatz bestimmter Methoden und Verfahren sinnvoll (vgl. Füchter 2010, Mosch 2011).

Im Folgenden soll der Fokus auf der Phase des Beginnens vor einer neuen Unterrichtseinheit liegen; es werden zwei unterschiedliche Diagnostikmethoden vorgestellt, die sich in der politischen Bildung eignen, um vor der Unterrichtsplanung besonders die Vorstellungen (Collage) oder das Vorwissen (Concept-Map) der Schüler/-innen zu ermitteln.

1.1 Collage als Diagnostikmethode – Vorstellungen ästhetisch darstellen

Mit der Collage als ästhetische und nonverbale Unterrichtsmethode lassen sich besonders die emotional geprägten Vorstellungen der Schüler/-innen ermitteln. Verschiedene Autor/-innen sehen in dieser Methode ein besonderes Potenzial, wenn Schüler/-innen ihre eigenen Einstellungen zum Thema zur Sprache bringen, Stimmungen und Gefühle, aber auch bewusste politische Meinungen und Aussagen ausdrücken und darstellen sollen (Gugel 1993; Grünberg 2007; Sander 2013). Die Lernenden können durch die Gestaltung der Collagen Begriffe erklären, Aussagen durch andere, neue, entgegengesetzte kontrastieren, Aussagen ergänzen und korrigieren, in Frage stellen, aber auch Antworten geben (vgl. Gugel 1993, 232 f.). Die vielfältigen Vorstellungen der Lernenden zu einem politischen Thema können vor dem Beginn eines neuen Lernvorhabens mithilfe der Diagnostikmethode Collage erhoben werden.

Collage als ästhetische, nonverbale Unterrichtsmethode

1.1.1 Durchführung

Die Lehrer/-innen, aber auch die Schüler/-innen bringen möglichst vielfältige Zeitschriftentypen mit. Die Lernenden arbeiten in Kleingruppen mit maximal fünf bis sechs Schüler/-innen zusammen und ihnen stehen jeweils ein vergleichbares Kontingent an Zeitschriftenformaten zur Verfügung. Die Schüler/-innen können nun frei und ästhetisch gestalten, was sie mit dem vorgegebenen Begriff/Themengegenstand assoziieren, ohne dass weitere Einschränkungen gemacht werden. Für die Durchführung der Methode sollte eine Doppelstunde zur Verfügung stehen.

1.1.2 Auswertung

Für eine optimale Auswertung stellen die Gruppen der Klasse ihre Collagen vor. Während dieser Phase haben Lehrende die Möglichkeit sich Notizen zu machen, die sie später für ihre weitere Unterrichtsplanung nutzen können. Denn „indem die Lehrperson die Kommunikation der Lernenden in der Einstiegsphase mit einer spezifischen diagnostischen Perspektive und einem diagnostischen Interesse beobachtet oder in dieser Phase entstandene Lernprodukte entsprechend auswertet, kann sie umfangreiche Informationen zur Lernausgangslage gewinnen" (Füchter 2010, 78).

Eine Zeitersparnis stellt die alleinige Auswertung der Collagen durch die Lehrenden dar, aber auch hier sollte zumindest die Möglichkeit zur Nachfrage bei den jeweiligen Gruppen bestehen, wenn einzelne Elemente der Collage nicht nachvollzogen oder gedeutet werden können.

Fragen zur diagnostischen Auswertung von Collagen

Für eine diagnostische Auswertung der Collagen können für Lehrer/-innen folgende Fragen hilfreich sein:
- Welche Aspekte, Inhalte und Themen werden angesprochen? Welche *politisch relevanten* Aspekte, Themen und Inhalte werden angesprochen?
- Wie wirkt die Collage auf mich (positiv/negativ/bedrückend/erheiternd), welche emotionalen Reaktionen löst das Bild/lösen die Bilder bei mir aus?
- Welche Grundaussage erkenne ich?
- Welche Themenbezüge/Aspekte habe ich erwartet? Werden diese bestätigt?
- Welche Themen/Aspekte, die in der Collage auftauchen, sind auch Teil der geplanten Unterrichtseinheit?
- Was bleibt unklar, was verstehe ich nicht? Wo möchte ich nachfragen?
- Fehlen mir für eine Interpretation des Materials Informationen, und wenn ja, welche?
- Inwiefern transportiert die Collage (bzw. einzelne Elemente daraus) eine Aussage/Deutung über Gesellschaft und Politik?
- Welche (politischen) Vorstellungen der Schüler/-innen vermittelt die Collage?
- Welche (thematischen) Interessen der Schüler/-innen zeigen sich in der Collage?
- Welche Konsequenzen erscheinen aufgrund der Materialbetrachtung notwendig für die Planung des Unterrichts (vgl. Schelle 2005/2007)?

Mögliche Unterrichtskonsequenzen

Durch die diagnostische Auswertung der Produkte der Schüler/-innen können sich beispielsweise folgende Konsequenzen für den weiteren Unterricht ergeben: Das Material verweist auf ein neues Thema, welches für die Schüler/-innen im thematischen Kontext eine besondere Rolle spielt; es zeigt notwendige thematische Perspektiven auf, die bei den Lernenden bislang zu wenig Berücksichtigung gefunden haben oder lässt die Diskussion einer bestimmten Fragestellung im Unterricht notwendig erscheinen.

1.2 Concept-Mapping als Diagnostikmethode – Vorwissen erheben

Das Vorwissen der Schüler/-innen kann mit der Methode der Concept-Map aktiviert und erhoben werden.

1.2.1 Durchführung

Bei dieser Methode erhalten die Schüler/-innen kleine Kärtchen, auf denen die für das Themengebiet relevanten Begriffe stehen. Je nach Verfahren werden von den Schüler/-innen einzelne oder alle Begriffe frei ergänzt. Damit sich das diagnostische Potenzial dieser Methode entfaltet, ist die Möglichkeit der freien Strukturierung durch die Schüler/-innen besonders bedeutsam, „da die konstruierten Zusammenhänge zwischen den einzelnen Begriffen Einblick in die Wissensstruktur von Lernenden gewähren" (Stracke 2004, 44). Die Schüler/-innen sollten jedoch nicht mehr als 10-15 Begriffe vorgeschlagen bekommen und hierbei immer die Möglichkeit erhalten, Begriffskarten auszusortieren. Die Lernenden erhalten die Aufgabe, die Begriffskarten nun so anzuordnen, wie sie die Zusammenhänge zwischen den einzelnen Begriffen sehen. Außerdem sollen zusätzlich – anders als bei einer Mind-Map – die Verbindungslinien, die zwischen den einzelnen Begriffen bestehen, benannt werden. Für die Durchführung dieser Methode ist eine Schulstunde ausreichend (45 Minuten).

> Freie Strukturierung durch die Lernenden

In den naturwissenschaftlichen Didaktiken ist diese Diagnostikmethode besonders gut erforscht worden (vgl. Stracke 2004; Fischler/Peuckert 2000). Die diagnostische Funktion dieser Maps besteht darin, dass „durch das Konstruieren und Explizieren von Relationen und Konzepten (...) Verstehensschwierigkeiten offenkundig werden" (Renkl/Nückles 2006, 139).

1.2.2 Auswertung

Für eine diagnostische Auswertung der Concept-Maps empfiehlt sich statt einer quantitativen Auswertung eine qualitative Analyse und Interpretation der Maps. Hierbei werden die Maps der Schüler/-innen nicht wie bei einer quantitativen Auswertung mit einer Expertenmap verglichen oder die Anzahl der „richtigen" Relationen gemessen, sondern versucht, die politischen Erklärungsmodelle und Deutungszusammenhänge der einzelnen Schüler/-innen nachzuvollziehen. Lehrende können sich für eine diagnostische Auswertung der Concept-Maps folgende Fragen stellen:

- Welche Begriffe verwenden die Schüler/-innen, welche wurden aussortiert?
- Wie viele und welche Begrifflichkeiten werden von den Schüler/-innen selbstständig ergänzt?
- Gibt es einen/mehrere Begriffe, die im Zentrum der Map stehen?
- Ist eine Hierarchisierung der Begriffe in Ober- und Unterbegriffe erkennbar?
- Gibt es Begriffe, die mit besonders vielen anderen Begriffen verbunden sind?
- Sind die wichtigsten Zusammenhänge des Inhaltsbereichs richtig wiedergegeben, gibt es Verständnisprobleme?
- Kann ich den Aufbau der Concept-Map nachvollziehen, erscheint er mir sinnvoll?
- Lassen sich (politische) Erklärungsmodelle der Schüler/-innen zu den Themengebieten erkennen?
- Welche Relationen zwischen den Begriffen finde ich sinnvoll/ welche nicht (vgl. Fischler/Peuckert 2000, 12)?

In einer empirischen Untersuchung (Mosch 2013) zeigte sich, dass mit den Concept-Maps besonders die politischen Deutungs- und Erklärungsmodelle der Schüler/-innen zum jeweiligen Themengebiet visualisiert werden. Lehrende schöpfen das diagnostische Potenzial der realisierten Produkte der Schüler/-innen jedoch nicht aus, wenn sie die Auswertung der Maps ausschließlich unter einer Falsch-/Richtig-Perspektive vollziehen. Die Erklärungsmodelle der Schüler/-innen, auch wenn sie unter einer fachwissenschaftlichen Perspektive als erweiterungsbedürftig erscheinen, geben wichtige Hinweise über das subjektive Deuten und Verstehen der Lernenden und liefern somit wertvolle Hinweise für die weitere Planung des Unterrichts.

(diagnostisches) Potenzial von Concept-Maps

2. Diagnostik als bewertungsfreie Lernphase

Neben der *Erhebung* stellt die *Auswertung* der individuellen Vorstellungen der Schüler/-innen einen zentralen Bereich der Diagnostik dar. Es müssen Auswertungsverfahren eingesetzt werden, die einen überschaubaren Zeit- und Arbeitsaufwand mit sich bringen und den Lehrer/-innen dennoch möglichst detaillierte Einblicke und Erkenntnisse gewähren.

Für die Auswertung ist es besonders wichtig, dass Lehrer/-innen eine *verstehende* statt *bewertende* Perspektive einnehmen: Sie sind dazu angehalten, Fragen an die Produkte der Schüler/-innen zu stel-

Lehrende nehmen verstehende Perspektive ein

len, die es ihnen ermöglichen, deren Intentionen nachzuvollziehen (vgl. Groeben 2003). In dieser Phase des Unterrichts gilt es Bewertungen zu vermeiden und den entstandenen Materialien und Äußerungen der Schüler/-innen eine möglichst hohe Sensibilität, Offenheit und Wertschätzung entgegenzubringen (vgl. Mosch 2011). Werden zur Analyse und Interpretation des Materials die sonstigen (Fach-)Leistungen und Einschätzungen über die Schüler/-innen herangezogen, kann dies eine effektive Auswertung behindern (vgl. Mosch 2011). Für eine verstehensorientierte Diagnostik ist eine bewertungsfreie Unterrichtssituation notwendig, in der die Schüler/-innen ihre Deutungen und Erklärungen möglichst frei äußern können, ohne eine Bewertung durch die Lehrer/-innen zu befürchten. Somit muss die diagnostische Situation – soll sie ertragreich sein – eine bewertungsfreie Lernphase darstellen, die sich für alle Beteiligten möglichst klar vom sonstigen Unterrichtsalltag abgrenzt (vgl. Paradies/Linser/Greving 2008). Für eine gelungene Diagnostik setzen sich Lehrer/-innen in einem dreistufigen Prozess mit den Produkten der Schüler/-innen auseinander: erstens deskriptive, bewertungsfreie und verstehende Analyse der entstandenen diagnostischen Produkte (erste Annäherung an das Material), zweitens Bezug zum Politik- und Gesellschaftsverständnis der Schüler/-innen herstellen, drittens didaktisch-methodische Konsequenzen für den Unterricht formulieren. Nur wenn diese drei Schritte von den Lehrenden vollzogen werden, lässt sich von einer gelungenen Diagnostik sprechen, denn, so Felix Winter, eine pädagogische Diagnostik bleibt bedeutungslos, wenn sie nicht in konkretes pädagogisches Handeln mündet (Winter 2008).

Gelungene Diagnostik als dreistufiger Prozess

Literatur

Deth, Jan W. van et al. 2007: Kinder und Politik. Politische Einstellungen von jungen Kindern im ersten Grundschuljahr. Wiesbaden

Fischler, Helmut/Peuckert, Jochen 2000: Concept-Mapping in Forschungszusammenhängen. In: Fischler, Helmut/Peuckert, Jochen (Hrsg.): Concept-Mapping in fachdidaktischen Forschungsprojekten der Physik und Chemie. Berlin

Füchter, Andreas 2010: Diagnostik und Förderung im gesellschaftswissenschaftlichen Unterricht: didaktische Konzeption und unterrichtspraktische Ansätze für die Unterrichtsfächer Politik, Wirtschaft, Geschichte und Geographie. Immenhausen bei Kassel

Gessner, Susann/Mosch, Mirka/Raths, Kathleen/Sander, Wolfgang/Wagner, Anika 2011: Schülervorstellungen in der politischen Bildung – ein Forschungsverbund aus vier Dissertationen. In: zdg (zeitschrift für didaktik der gesellschaftswissenschaften). H. 1/2011, Schwalbach/Ts., S. 166-169

GPJE (Hrsg.) 2004: Anforderungen an Nationale Bildungsstandards für den Fachunterricht in der politischen Bildung an Schulen. Ein Entwurf. Schwalbach/Ts.

Groeben, Annemarie von der 2003: Verstehen lernen. Diagnostik als didaktische Herausforderung. In: PÄDAGOGIK H. 4/2003, S. 6-9

Grünberg, Christine 2007: Arbeiten mit Collagen – Tipps für den Unterricht. In: Brüning, Barbara/Martens, Eckhard (Hrsg.): Anschaulich philosophieren. Weinheim, S. 109-115

Gugel, Günther 2007: 1000 neue Methoden: Praxismaterial für kreativen und aktivierenden Unterricht. Neu ausgestattete Sonderausg. Weinheim u. a.

Gugel, Günther 1993: Praxis politischer Bildungsarbeit. Methoden und Arbeitshilfen. Tübingen

Ingenkamp, Karlheinz/Lissmann, Urban 2008: Lehrbuch der Pädagogischen Diagnostik, 6. neu ausgestatt. Aufl., Weinheim u. a.

Lutter, Andreas 2011: Integration im Bürgerbewusstsein von SchülerInnen. Wiesbaden

Mietzel, Gerd 2007: Pädagogische Psychologie des Lehrens und Lernens. 8., überarb. und erweit. Aufl., Göttingen

Moll, Andrea 2001: Was Kinder denken. Zum Gesellschaftsverständnis von Schulkindern. Schwalbach/Ts.

Mosch, Mirka 2011: Verstehen statt bewerten. Zu den Problemen und Herausforderungen einer politikdidaktischen Diagnostik in der schulischen politischen Bildung. In: Polis, H. 2/2011, S. 14-16

Mosch, Mirka 2013: Diagnostikmethoden in der politischen Bildung. Vorstellungen von Schüler/-innen im Unterricht erheben und verstehen. Gießen http://geb.uni-giessen.de/geb/volltexte/2013/9404/, urn:nbn:de:hebis:26-opus-94043

Paradies, Liane/Linser, Hans Jürgen/Greving, Johannes 2008: Diagnostizieren, Fordern und Fördern. 2. Aufl., Berlin

Renkl, Alexander/Nückles, Matthias 2006: Lernstrategien der externen Visualisierung. In: Mandl, Heinz/Friedrich, Helmut F. (Hrsg.): Handbuch Lernstrategien. Göttingen, S. 135-147

Sander, Wolfgang 2013: Politik entdecken – Freiheit leben. 4., durchges. Aufl., Schwalbach/Ts.

Schelle, Carla 2005: Mit Bildern lernen: Foto, Karikatur, Grafik, Gemälde. In: Sander, Wolfgang (Hrsg.): Handbuch politische Bildung. Schwalbach/Ts., S. 523-536

Schelle, Carla/Meister, Nina 2007: Ästhetische Zugänge – politische Bildung mit Grundschülern und Grundschülerinnen: In Richter, Dagmar (Hrsg.):

Literatur

Politische Bildung von Anfang an – Grundlagen und Themenfelder für die Grundschule. Bonn, S. 305-320
Stracke, Iris 2004: Einsatz computerbasierter Concept Maps zur Wissensdiagnose in der Chemie. Münster
Winter, Felix 2008: Leistungsbewertung. Eine neue Lernkultur braucht einen anderen Umgang mit Schülerleistungen. 3., unveränd. Aufl., Baltmannsweiler
Winter, Felix 2006: Diagnose im Dienste des Lernens. In: Friedrich Jahresheft XXIV. Seelze, S. 22-25

Johannes Greving, Hannes Strelow

Methoden des Beginnens: Unterrichtseinstiege und Anfangssituationen

Vorbemerkung

Unterricht im weitesten Sinne – in der Schule, der Universität, den Institutionen der Erwachsenenbildung und der beruflichen Fort- und Weiterbildung – ist kein natürlich sich entwickelnder Prozess, sondern etwas ganz und gar Künstliches, Konstruiertes, pointiert ausgedrückt sogar ein Zustand, der den Lernenden Zwang auferlegt. Daher ist streng genommen alles, was im Unterricht „passiert", eine bewusst geschaffene „Situation". Selbstverständlich lebt jeder (gute) Unterricht von einer Portion Spontaneität, wie sie jede kommunikative Interaktion auszeichnet, aber grundsätzlich ist alles das, was zwischen dem Anfang und dem Ende jeder Unterrichtsstunde abläuft, mit einer speziellen didaktischen Absicht vorgeplant. Mit anderen Worten: Jeder Unterricht schafft bewusst antizipierte Situationen. Daher muss jede „Methode des Beginnens" eigentlich auch von Anfang an das mögliche Ende bedenken. Die Trennung in einen Einstiegs-, einen Haupt- und einen Schlussteil ist also im Grunde genommen eine rein analytische – und dies gilt für die politische Bildung in sicher noch stärkerem Maße als beispielsweise im naturwissenschaftlichen Bereich, denn der politischen Bildung geht es genuin immer um Einstellungen, Verhalten, Engagement und politische Urteilsbildung.

Unterricht als eine bewusst geschaffene „Situation"

1. Allgemeindidaktische Funktionen von Unterrichtseinstiegen

Unterrichtseinstiege sind eigenständige didaktische Unterrichtsphasen, die in der Regel am Beginn einer Unterrichtsstunde stehen (vgl. Greving/Paradies 2012, 12). Grundsätzlich unterschieden werden in der allgemeinen Didaktik *Reiheneinstiege* und *Stundeneinstiege:* Während Reiheneinstiege neue thematische Unterrichtseinheiten eröffnen, sind Stundeneinstiege kurze Phasen zu Beginn einer Einzelstunde,

Reihen- und Studeneinstiege

die die Bearbeitung eines politischen (Teil-) Problems oder (Teil-) Konflikts einleiten. Von Reihen- und Stundeneinstiegen zu unterscheiden sind die sogenannten Stundeneröffnungsrituale, die in der Regel keinen oder nur einen sehr geringen thematischen Bezug haben (vgl. ebd., 16 ff.) und im folgenden keine weitere Rolle spielen werden.

Grundlegend haben Unterrichtseinstiege allgemeindidaktische und fachdidaktische Funktionen, wobei sich die fachdidaktischen häufig aus den allgemeindidaktischen Funktionen ergeben. So ist zum Beispiel das „Fragen-Provozieren" zunächst eine allgemeindidaktische Funktion. Die ganz konkrete Frage, die sich aus dem Einstieg ergeben soll und vorher durch die Lehrkraft antizipiert wurde, ist hingegen die fachdidaktische Funktion des Unterrichtseinstiegs. Somit lohnt zunächst der allgemeine, aber keineswegs vollständige Blick auf die Aufgaben von Einstiegen:

Eine gelungene und im Hinblick auf die Lernprogression effiziente Unterrichtsstunde verlangt (bestenfalls intrinsisch) motivierte Schüler! Da diese Notwendigkeit für gelungene Stunden nicht durch Erarbeitungsphasen aufgebaut werden kann, muss dies bereits am Stundenbeginn und damit in der Einstiegsphase geschehen (vgl. auch Lach/Massing 2006, 210). Damit ist die *Motivationsfunktion* die wichtigste allgemeindidaktische Funktion von Unterrichtseinstiegen überhaupt! **Motivationsfunktion**

Motivation bei Schülern wird auch – aber nicht ausschließlich – durch die *Herstellung von Transparenz* über den folgenden Unterrichtsgegenstand hergestellt. Unter diesem von Kurt Lach und Peter Massing auch als „Strukturierungsfunktion" bezeichneten Begriff wird ganz allgemein verstanden, dass die Schülerinnen und Schüler nach dem Einstieg wissen müssen, was in den folgenden 45 oder 90 Minuten eigentlich auf sie zukommt (vgl. ebd., 209 f.). Dies setzt voraus, dass die Lehrkraft im Vorfeld genau antizipiert hat, welche Probleme oder Konflikte die Lernenden durch das verwendete Material entdecken können. Transparenz ist somit *nicht* hergestellt, wenn nach dem Einstieg mehrere, thematisch völlig unterschiedliche Fragen im Raum stehen, von denen nicht klar ist, welche denn nun den Mittelpunkt des Unterrichts bilden soll.

Gleichwohl sollen Unterrichtseinstiege die Schülerinnen und Schüler natürlich zu *Fragen provozieren*. Diese Funktion ist insoweit auch aus politikdidaktischer Sicht von enormer Bedeutung, als vor allem bei problem- und konfliktorientierten Unterrichtseinstiegen **Unterrichtseinstiege sollen Lernende zu Fragen provozieren**

(siehe unten) nur so sichergestellt werden kann, dass die Lernenden sowohl das Problem erkannt als auch ein Problembewusstsein entwickelt haben. Somit sichern Schülerfragen, die durch das Einstiegsarrangement generiert wurden, das thematische Verständnis des Unterrichtsgegenstandes (vgl. „Thematisierungsfunktion" bei Lach/ Massing 2006, 209).

Aktivierung von Vorwissen

Die letzte hier genannte und besonders aus lernpsychologischer Sicht bedeutende Funktion von Unterrichtseinstiegen ist die *Aktivierung von Vorwissen*. Das von Schülerinnen und Schülern mühsam angeeignete Wissen bleibt bedeutungslos, wenn es nicht immer wieder angewendet und neu vernetzt wird. Unterrichtseinstiege können für diese so wichtige Vernetzung eine bedeutende Rolle spielen, wenn die Konfrontation mit dem „Neuen" so angelegt ist, dass das bereits vorhandene Wissen für die Erschließung und das Verständnis benötigt wird.

Natürlich können nicht alle Funktionen bei jedem Einstieg Berücksichtigung finden; vielmehr sind die benötigten Funktionen abhängig vom intendierten Stundenziel und der Gesamtanlage der Unterrichtsstunde. Niemals aber sollte ein Einstieg unabhängig von der Stunde geplant werden. Der Einstieg ist nicht Selbstzweck, sondern vielmehr Grundlage für eine gelungene Stunde (vgl. ebd., 210)!

2. Politikdidaktische Typen von Unterrichtseinstiegen und deren Funktionen

Demzufolge ist es von großer Bedeutung, einen Unterrichtseinstieg zu wählen, der zur Stunde/Einheit passt und gleichzeitig zielgerichtet zum eigentlichen intendierten Stunden- oder Reihenziel führt. Die folgenden Einstiegstypen können hierfür Hilfen anbieten:

2.1 Problem- und konfliktorientierte Einstiege

Konflikt- und problemorientierte Stunden – auch in klassischen Lehrgängen – entfalten bei einer sorgfältigen Planung häufig eine solche innere Dynamik, dass sie schnell zum „Selbstläufer" werden (Reinhardt 2005, 78). Allerdings kann diese Dynamik nur dann erzeugt werden, wenn die Schülerinnen und Schüler tatsächlich zur Bearbeitung des konkreten Problems bzw. des konkreten Konflikts *motiviert* sind, weshalb durch den Einstieg zwei weitere wesentliche Funktionen erfüllt werden müssen: Einerseits muss der Einstieg ermöglichen, dass die Lernenden das *Problem identifizieren und benennen* können. Andererseits sichert diese reine Identifikation des Problems noch nicht, dass sich die Lernenden der Problematik auch bewusst und somit für die Bearbeitung tatsächlich motiviert sind. Dementsprechend ist die Generierung dieses *Problembewusstseins* die zweite wesentliche Funktion dieses Einstiegstyps: Die Schülerinnen und Schüler müssen wissen, was das erkannte Problem/der erkannte Konflikt eigentlich mit ihnen zu tun hat (vgl. Ackermann u. a. 1995, 120 f.).

Problemidentifizierung und Generierung von Problembewusstsein

Aus diesen drei Funktionen des problem- und konfliktorientierten Einstiegs ergeben sich mehrere, teilweise der klafkischen Bildungstheorie entlehnte und ineinandergreifende Kriterien, die bei der Planung beachtet werden sollten:

Zugänglichkeit (vgl. Klafki 1958, 20 f.):
Das Kriterium der Zugänglichkeit beeinflusst vor allem die Funktion der Problemerkennung. Das im Einstieg verwendete Material muss zwar für die Schülerinnen und Schüler zu bewältigen, darf aber auch nicht so einfach sein, dass alle sofort das Problem identifizieren können. Idealerweise führt erst das Gespräch der Schülerinnen und Schüler zum didaktischen Kernproblem der Stunde und fördert somit auch das Problembewusstsein! Die Lehrkraft muss in der Planungsphase also mögliche Schüleräußerungen genau antizipieren und danach entscheiden, ob das ausgewählte Material tatsächlich für den Einstieg nutzbar ist.

Problemidentifikation ohne Unterforderung

Leitfrage: Können die Schülerinnen und Schüler mit Hilfe des Materials – ohne unterfordert zu werden – das Problem identifizieren?

Gegenwartsbezug (vgl. Klafki 1958, 16 f.):
Der Gegenwartsbezug hat vor allem für die Erzeugung des Problembewusstseins und damit für die Motivation eine hohe Relevanz. So werden die Schülerinnen und Schüler dieses Bewusstsein nicht erzeugen können, wenn sie das konkrete Problem/der konkrete Konflikt nicht betrifft oder betroffen macht.
Leitfrage: Wird den Schülerinnen und Schülern durch das im Einstieg verwendete Material bewusst, was das Thema mit ihnen zu tun hat?

Unerwünschtheit und Dringlichkeit:
Der „unerwünschte Ausgangszustand" ist ein wesentliches Kriterium für die Existenz eines Problems (vgl. Breit 2005, 108). Dementspre-

chend muss diese Unerwünschtheit – auch im Sinne des Gegenwartsbezugs – durch das im Einstieg verwendete Medium zum Ausdruck gebracht werden. Den Lernenden muss also die Dringlichkeit des Problems bewusst werden (vgl. Gagel 2007, 22).
Leitfrage: Wird den Schülerinnen und Schülern die Dringlichkeit des zu lösenden politischen Problems bewusst?

Passgenauigkeit:

<small>Einstieg und folgende Unterrichtsphasen müssen zusammenpassen</small>

Passgenauigkeit bezieht sich hier vor allem auf die Frage, ob der geplante Einstieg auch zu den folgenden Phasen passt. Wenn beispielsweise die politics-Dimension eines Konflikts im Vordergrund steht, sollte auch der Einstieg auf diese Ebene von Politik verweisen und nicht etwa zur polity-Dimension führen. Gerade wenn Lernende in der Einstiegsphase schon angeregt über das konkrete Problem diskutiert und ein Problembewusstsein erzeugt haben, führt ein inhaltlicher Bruch zwischen Einstieg und Erarbeitungsphase zu einer erheblichen Demotivation.
Leitfrage: Führt der Einstieg zum politischen Kernproblem der Unterrichtsstunde?

2.2 Anknüpfende Unterrichtseinstiege

<small>Thematik der letzten Stunde rückt erneut ins Zentrum des Unterrichts</small>

Anknüpfende Unterrichtseinstiege sollten immer dann zur Anwendung kommen, wenn die in der letzten Stunde behandelte Thematik noch einmal im Zentrum des Unterrichts stehen soll. Somit bietet sich diese Einstiegsvariante bei reinen problem- und konfliktorientierten Unterrichtsreihen (etwa die Fortsetzung einer Konfliktanalyse oder einer Problemstudie) und bei Fortsetzungsstunden in klassischen Lehrgängen (etwa wenn mitten in einer Unterrichtsphase das Pausenklingeln ertönt) an.

In der Praxis haben sich bei solchen Stunden zwei – völlig nachvollziehbare – Phänomene gezeigt, die auf die Relevanz dieses Einstiegstyps hinweisen: Einerseits wissen Schülerinnen und Schüler häufig nur noch einen Bruchteil des in der vergangenen Stunde behandelten Stoffes, andererseits sind sie nur in den wenigsten Fällen für eine weitere oder nochmalige Beschäftigung mit derselben Thematik bereit.

In der Literatur wird die Kontrolle der Hausaufgaben als eine Form des anknüpfenden Unterrichtseinstiegs genannt (vgl. Greving/Paradies 2012, 19 f.). Obwohl diese Möglichkeit sicherlich für andere Fächer nicht von der Hand zu weisen ist, muss für den Politikunterricht hinterfragt werden, ob die oben angedeutete Grundproblematik von Fortsetzungsstunden durch das Vorlesen einiger Hausaufgaben gelöst werden kann. Vielmehr muss für den anknüpfenden Einstieg ein Medium gefunden werden, was einerseits die Lernenden *motiviert* und andererseits das bereits *vorhandene Wissen aktiviert*. Ebenso hat sich herausgestellt, dass die *Herstellung von Transparenz* als eine weitere Funktion des anknüpfenden Einstiegs für den Unterrichtsverlauf sehr förderlich ist.

Somit stellt der anknüpfende Unterrichtseinstieg die Lehrkraft vor eine besondere Herausforderung: Es muss für den Einstieg ein Medium gefunden werden, was den Schülern den Gegenwartsbezug der zu behandelnden Problematik und die persönliche Betroffenheit nochmals aufzeigt, ohne neue Fragen aufzuwerfen, die nicht Gegenstand der Stunde sein sollen. Zudem soll dieses Medium zur Rekapitulation des Wissens anregen und eine gemeinsame Planung des weiteren Verlaufs ermöglichen. Daraus lassen sich die bereits angedeuteten wichtigsten Kriterien für die methodische und mediale Gestaltung des anknüpfenden Unterrichtseinstiegs ableiten:

Reproduktivität:
Mit diesem Kriterium ist gemeint, dass das zum Einstieg verwendete Material tatsächlich die Möglichkeit bietet, das Vorwissen der Schülerinnen und Schüler zu aktivieren. Dementsprechend sollten hier Elemente vorhanden sein, die z. B. in der vergangenen Stunde kontroverse Diskussionen ausgelöst haben.

Leitfrage: Werden die Schülerinnen und Schüler durch das verwendete Material zur Aktivierung ihres Vorwissens animiert?

Reproduktivität und Exklusion als Kriterien für anknüpfende Unterrichtseinstiege

Exklusion:
Exklusion meint hier, dass die im Einstieg verwendeten Materialien keine neuen Fragen aufwerfen, die über den didaktischen Kern der Stunde, der ja bereits schon einmal eine Rolle spielte, hinausgehen. Dieses Kriterium darf keine Berücksichtigung erfahren, wenn die Stunde über den Kernbereich des vergangenen Unterrichts hinausführen soll. Für diesen Fall ist es sogar ratsam, einen Zeitungsartikel o. Ä. zu präsentieren, der einerseits auf die noch fehlenden Wissenslücken hinweist und gleichzeitig Fragen für die kommenden Phasen aufwirft.

Leitfrage: Wirft das verwendete Material tatsächlich keine neuen Fragen auf, die vom bereits in der letzten Stunde im Mittelpunkt stehenden didaktischen Kern wegführen?

2.3 Informierender Unterrichtseinstieg

Obwohl das Konzept des „informierenden Unterrichtseinstiegs" in der allgemeinen Didaktik häufig abgelehnt wird, hat es auch im Politikunterricht seine Berechtigung. So geht beispielsweise die von Sibylle Reinhardt vorgeschlagene „Schrittfolge" für eine Bürgeraktion von einem informierenden Unterrichtseinstieg aus (vgl. Reinhardt 2005, 115).

Die theoretischen Überlegungen zu informierenden Unterrichtseinstiegen gehen vor allem auf Monika und Jochen Grell zurück. Sie postulieren, dass Schülerinnen und Schüler „in der Regel ihre Motivation erst dann einschalten, wenn sie wissen, um was es genau geht." (Grell 1990, 152). Genau an dieser Stelle setzt auch dieser Einstiegstyp an, der einzig und allein die Funktion erfüllt, Schülerinnen und Schülern über den im Mittelpunkt der Unterrichtsstunde stehenden Lernstoff zu informieren (vgl. Meyer 1999, 136). Damit verbunden ist zweifelsohne die Herstellung von Transparenz, was gleichzeitig das Ziel des „informierenden Unterrichtseinstiegs" offenbart: Die Schülerinnen und Schüler sollen am Ende der Einstiegsphase wissen, *warum* sie etwas tun. Die Lehrkraft legt also „die Karten auf den Tisch" (Grell 1990, 153). Deshalb reicht es auch nicht aus, den Lernenden lediglich zu sagen, was getan wird – vielmehr müssen die Ziele der Stunde der Lerngruppe transparent gemacht werden.

(Randnotiz: Transparenz)

Neben dieser Herstellung von Transparenz bietet der informierende Unterrichtseinstieg auch die Möglichkeit, Schülerinnen und Schüler an der Planung der Unterrichtsstunde zu beteiligen. So verbietet das Konzept von Grell nicht, bei der Vorstellung der Planung für die kommende Stunde Alternativen anzubieten, über die die Lernenden mitentscheiden können (vgl. ebd.).

Aufgrund der Tatsache, dass beim informierenden Unterrichtseinstieg i. d. R. keine Materialien verwendet werden, kann auch auf die Aufstellung von Auswahlkriterien verzichtet werden.

2.4 Handlungsorientierte Einstiege

Handlungsorientierte Unterrichtseinstiege werden in der Schulpraxis aufgrund ihres relativ hohen zeitlichen Bedarfs nur selten praktiziert. Streng genommen stellt diese Einstiegsvariante auch keinen eigenständigen Typus dar, sondern kann vielmehr im Sinne der vorgestellten Einstiegstypen eine Rolle spielen.

Der große Vorteil von handlungsorientierten Einstiegen ist die enorme *motivierende Wirkung*, die gleichzeitig als wesentlichste Funktion dieser Einstiegsvarianten begriffen werden muss. Durch das „ganzheitliche, wirklichkeitsnahe" (vgl. Reinhardt 2005, 107) Erleben von Politik werden die Schülerinnen und Schüler häufig (wenngleich auch nicht immer) von einem zu behandelnden Unterrichtsgegenstand so fasziniert, dass die Bereitschaft, sich mit diesem auch vertieft auseinanderzusetzen, wesentlich höher ist.

Weiterhin müssen handlungsorientierte Einstiege *Fragen provozieren:* Durch die Auswertung von z. B. kleineren Rollen- und Entscheidungsspielen oder selbstverfasste Briefe an Politiker können Probleme aufgeworfen werden, die im Mittelpunkt der Stunde stehen oder in der Unterrichtseinheit eine Rolle spielen sollen. Damit sind handlungsorientierte Stunden nicht Selbstzweck, sondern führen vielmehr in den didaktischen Kernbereich der Stunde oder der Unterrichtsreihe ein.

Handlungsorientierte Einstiege provozieren Fragen

Neben den im Abschnitt zu problem- und konfliktorientierten Einstiegen bereits kurz vorgestellten Kriterien der Zugänglichkeit und Passgenauigkeit spielt hier zudem das Kriterium der Zweckrationalität eine wesentliche Rolle:

Zweckrationalität:
Handlungsorientierte Einstiege sind in der Regel sowohl in der Vorbereitung als auch in der Durchführung zeitintensiver als andere Einstiegsvarianten. Dementsprechend muss im Vorfeld genau antizipiert werden, ob eine Spielform als Einstieg tatsächlich zum Kern der Stunde bzw. der Reihe führt und ob die Schülerinnen und Schüler diesen Kern auch tatsächlich durch die Reflexion des Handelns erkennen können.

Leitfrage: Ermöglicht der Einstieg durch ein handlungsorientiertes Verfahren das Erkennen des eigentlichen Unterrichtsgegenstandes?

Literatur

Ackermann, Paul u. a. 1994: Politikdidaktik kurz gefasst. Planungsfragen für den Politikunterricht. Bonn (= Schriftenreihe der Bundeszentrale für politische Bildung, Bd. 326)

Breit, Gotthard 2005: Problemorientierung. In: Sander, Wolfgang (Hrsg.): Handbuch politische Bildung. Schwalbach/Ts., S. 108-125

Gagel, Wolfgang 2007: Drei didaktische Konzeptionen. Giesecke, Hilligen, Schmiederer. Schwalbach/Ts.
Grell, Monika und Jochen 1990: Unterrichtsrezepte. Weinheim/Basel
Greving, Johannes/Paradies, Liane 2012: Unterrichts-Einstiege. 9. Aufl., Berlin
Klafki, Wolfgang 1958: Didaktische Analyse als Kern der Unterrichtsvorbereitung. In: Die deutsche Schule Heft 10/1958, hier zitiert nach: Roth, Heinrich/Blumenthal, Alfred: Grundlegende Aufsätze aus der Zeitschrift „Die deutsche Schule". Hannover 1964, S. 5-34
Lach, Kurt/Massing, Peter 2006: Die Einstiegsphase. In: Breit, Gotthard u. a.: Methodentraining für den Politikunterricht Bd. 2, Bonn 2006 (Lizenzausgabe der Bundeszentrale für politische Bildung), S. 209-218
Meyer, Hilbert 1999: Unterrichts-Methoden. Band 2: Praxisband, 10. Aufl., Berlin
Reinhardt, Sibylle 2005: Politik-Didaktik. Praxishandbuch für die Sekundarstufe I und II. Berlin

Christoph Kühberger

Individualisiertes Lernen: Methoden der Differenzierung in der politischen Bildung

1. Individualisierung – Differenzierung

Ausgehend von der empirischen Unterrichtsforschung bzw. den unterschiedlichsten qualitativen Erhebungen zum politischen Denken von Kindern und Jugendlichen drängt sich die Frage nach dem methodischen Umgang mit stets individuellen Denk- und Aneignungsleistungen in fachspezifischen Lernprozessen auf (vgl.van Deth et al. 2007; Manzel 2007; Hofmann/Windischbauer 2010; Kühberger 2010; Kalcsics et al. 2010). Die Bewältigung dieser Herausforderung wird jedoch durch etablierte schulische und normative Strukturen erschwert. Eine feststellbare Heterogenität in Lerngruppen (z. B. in Klassenverbänden) wird durch eine äußere Differenzierung in Jahrgangsstufen und, in Ländern wie Österreich und Deutschland, auch durch ein hoch selektives Schulsystem nur scheinbar gelöst. Doch die Vorstellung einer homogenen Lerngruppe, in der Lebens- und Lernalter übereinstimmen und die aufgrund enger formaler Strukturen eine ideale Passung hätte, ist bereits seit längerem sowohl aus der Sicht der Praxis als auch aus der Sicht der Wissenschaft obsolet (vgl. Manzel 2010). Es sind aber nicht nur die individuellen Aneignungs- und Verarbeitungsprozesse, die eine derartige Heterogenität schaffen, sondern vor allem auch eine weiter gefasste vielschichtige Diversität, der man in Klassenzimmern oder anderen Gruppen im Hinblick auf kulturelle und soziale Herkunft, Geschlecht, Haltung, Interesse etc. begegnet. Für die politische Bildung sollte dies nicht als Störfaktor betrachtet werden, sondern kann durchaus produktiv in die adäquate Gestaltung von Lehr-Lernprozessen eingebracht werden, um die für demokratische Systeme und wissenschaftsorientierte Herangehensweisen wünschenswerten Dissonanzen produktiv zur kritischen und intersubjektiven Auseinandersetzung mit dem Politischen heranzuziehen. Gleichwohl gilt es zu beachten, dass alle Lernenden eine Chance erhalten, gemäß ihren Bedürfnissen zu lernen.

Heterogenität in Lerngruppen

Individualisierung im Politikunterricht	Dementsprechend wird im Folgenden unter Individualisierung ein Politikunterricht verstanden, der – in Anlehnung an Altrichter – es zum Ziel hat, den „Schüler/inne/n durch Aufgabenstellungen und flexible Unterrichtsmethoden solche Lernwege und Lernziele zu ermöglichen, die ihren individuellen Voraussetzungen im Hinblick auf Leistungsvermögen, Interesse usw. gut entsprechen, sie durch die ‚Passung' zu optimaler Ausschöpfung ihrer Lernpotentiale zu motivieren und sie dabei auf ihrem Lernweg zu unterstützen." (Altrichter 2009, 344)

Eine damit intendierte Öffnung der politischen Bildung in Lernprozessen sollte jedoch nicht nur auf organisatorische Strukturen von Lernsettings abzielen, sondern vor allem in einer Interaktion aus Instruktion und Konstruktion Räume eröffnen, um individuelle Lernwege und damit verbundene (inter)subjektive Verarbeitungen zuzulassen (vgl. Sander 2005; Hattie 2009, 25 f.; Hellmuth/Jurjevec 2012). Neben den Optionen, die versuchen, im Sinne einer Graduierung von domänenspezifischen Kompetenzen den Schülerinnen und Schülern zumindest einen Zugang zu einem konventionellen Niveau als Teil des Minimums an gesellschaftlicher Teilhabe zu legen (u. a. angebotene und individuell nutzbare Hilfestellungen zur Bewältigung bzw. Bearbeitung von Aufgabenstellungen), sollten jene (fach-)didaktischen Zuschnitte nicht übersehen werden, die mit unterschiedlichen Lernfortschritten, -tempi und -stärken arbeiten und dabei sowohl die Ressourcen der Lerngruppe als auch der Lehrperson aktivieren, um damit eine Öffnung auch weit über ein erwartetes Niveau zuzulassen (vgl. etwa Ruf/Keller/Winter 2008).

2. Innere Differenzierung als Zugang

Zwei Ebenen der inneren Differenzierung	Empirische Studien haben darauf verwiesen, dass individualisiertes Lernen seine Wirksamkeit besonders dann entfaltet, wenn unterschiedlichste Bereiche, welche differenziert werden können, miteinander kombiniert werden (vgl. Astleitner 2007, 138). Vor diesem Hintergrund lassen sich prinzipiell zwei Ebenen der inneren Differenzierung festmachen, die es mit ihren jeweiligen Optionen für die Gestaltung von Lernumgebungen und -arrangements zu berücksichtigen gilt. Paradies/Linser machen dazu (a) eine schulorganisatorische und (b) eine didaktische Differenzierung aus (Paradies/Linser 2001, 35):

> *Schulorganisatorische Möglichkeiten der Differenzierung:*
> Zugehörigkeit von Schülerinnen und Schülern zu Lerngruppen nach (a) Zielen, (b) Unterrichtsinhalten, (c) Unterrichtsmethoden und Medien, (d) Sozialformen, (e) Lernvoraussetzungen oder (f) Organisation und Zufall.
>
> *Didaktische Möglichkeiten der Differenzierung:*
> Variierendes Vorgehen bei der Darbietung und Bearbeitung von Lerninhalten über (a) Lerninteresse, (b) Lernbereitschaft, (c) Lerntempo und (d) Lernstile.

3. Methoden der Differenzierung

Für die Umsetzung der Anliegen einer Differenzierung zur Ermöglichung von individualisiertem Lernen haben sich ausgehend von den theoretischen Diskursen unterschiedliche Modelle für den Unterricht entwickelt, die jedoch hinsichtlich ihrer Öffnung verschiedene Aspekte fokussieren (Kühberger/Windischbauer 2013):

Lernzirkel: Stationenlernen
Dabei steht eine größere Anzahl von Lernangeboten zu einem Thema im Unterrichtsraum bereit; nicht alle Aufgaben werden von allen Schüler/-innen bearbeitet; die Schüler/-innen entscheiden selbst über Auswahl und Reihenfolge und arbeiten lehrerunabhängig. Festgelegt sind das Thema, manche „Pflichtstationen", möglicherweise Zeitvorgaben, möglicherweise Sozialformen (vgl. Faust-Siehl 1995, 24; Paradies/Linser 2001, 56f.; Geisz 2005; van der Gieth/van der Gieth 2005).

<small>Lernende entscheiden über Auswahl und Reihenfolge der Aufgaben selbst</small>

Wochenplanarbeit:
Die Schüler/-innen erhalten einen Plan, auf dem die Aufgaben für eine Woche festgehalten sind. Die Schüler/-innen bestimmen die Reihenfolge der Aufgaben, die Sozialform und das Tempo. Es stehen Pflicht- und Wahlaufgaben zur Verfügung. Wochenplanarbeit kann Schritt für Schritt freier gestaltet werden, z. B. Beteiligung der Schüler/-innen bei der Planerstellung, Formulierung möglichst offener Aufträge etc. (vgl. Wallrabenstein 1997, 97; Vaupel 1995, 12ff.; Claussen 1995, 18; Paradies/Linser 2001, 57ff.; Strotzka/Windischbauer 1999; Kühberger/Windischbauer 2012).

<small>Aufgaben als Wochenplan</small>

Freiarbeit:
In der radikalen Form der Freiarbeit entscheiden Schüler/-innen völlig frei über Inhalte, Art ihrer Aktivitäten, Lerntempo, Sozialform, Materialien, Arbeitsplätze. In anderen Modellen steht Freiarbeitsmaterial zur Verfügung, das in einer vorbereiteten Lernumgebung bearbeitet wird. Freiarbeit findet in bestimmten Stunden pro Woche statt. Die Lehrer/-innen stehen als Lernberater/-innen zur Verfügung (vgl. Claussen 1995, 18; Reketat 2001, 27; Paradies/Linser 2001, 52 f.; Peschel 2009, 20 f.).

Projektunterricht:
Eine Gruppe von Lernenden wählt ein Thema, stellt sich eine Aufgabe, setzt sich Ziele, verständigt sich über die Aufgaben, entwickelt gemeinsam die Arbeitsfelder, führt in Gruppen-, Partner- oder auch Einzelarbeit die geplanten Arbeiten durch, bei denen meist ein am Ende vorzeigbares Produkt entsteht. In Politikprojekten wird meist an die unmittelbare Lebenswelt der Schüler/-innen angeknüpft (vgl. Frey 1996, 13 ff., bm:bwk 2001,16; Barricelli 2007, 111 ff.; Bundeszentrale Politische Bildung 2011; Reinhardt, 2005; Ziegler/Jung 2010, 76; Lange 2007).

Arbeit mit Kompetenzraster:

Individuelle Standortbestimmung für Lernziele und eigene „Pläne"

Die Schüler/-innen erhalten Kompetenzraster für jedes Fach. Mit einem Coach wird ausgehend von einer individuellen Standortbestimmung das Lernziel formuliert. Die Schüler/-innen erstellen auf der Grundlage ihres Ziels eigene „Pläne" und sammeln ihre Lernnachweise etwa in einem Lernportfolio (vgl. www.institut-beatenberg.ch/seite.php?top_id=3&nav_id=111&unav_id=34&unav_modul=0, 2.2.2012; Kühberger/Windischbauer 2012, 34).

Werkstattunterricht:
Den Schüler/-innen steht zu einem bestimmten Thema an verschiedenen Arbeitsplätzen ein vielfältiges handlungsorientiertes und entdeckendes Lernen förderndes Arrangement von Lernsituationen und Lernmaterial zur Verfügung, aus dem sie frei wählen. Es gibt wenige verpflichtende und viele frei wählbare Aufgaben, die sie in der von ihnen gewählten Sozialform bearbeiten. Es handelt sich um materialgestütztes, erfahrungsorientiertes Lernen in einer pädagogisch gestalteten Umgebung (Peschel 2009, 31 f.; Paradies/Linser 2001; Friedel 2009, 41 ff.; Botschen/Awakowicz 2012).

4. Besondere Perspektive für die politische Bildung

Es ist im Zusammenhang mit der pädagogisch-didaktischen Diskussion hinsichtlich einer Individualisierung/Differenzierung zu beachten, dass vor allem die unterschiedlichen Öffnungsgrade von Unterricht mit Demokratie als Lebensform in Verbindung gebracht werden. Eine solche Sichtweise ist grundlegend mit John Deweys Ansätzen in Zusammenhang zu bringen (Dewey 2011). Unterschiedliche Wissenschaftler/-innen vertreten daher die Auffassung, dass der Begriff des „offenen Unterrichtes" nur auf jene pädagogisch-didaktischen Konzepte zur Anwendung gebracht werden sollte, denen es auch gelingt, eine echte Mitbestimmung der Schüler/-innen auf inhaltlicher und/oder politisch-partizipativer Ebene zuzulassen (Bohl/ Kucharz 2010, 19; vgl. auch Prote 1997, 160). Man findet in der einschlägigen Fachliteratur durchaus Hinweise darauf, dass Ermöglichungskulturen der Partizipation im Sinn gesellschaftlicher Teilhabe in Schule und Unterricht sich positiv auf die Entwicklung demokratischer Werte auswirken (Eikel 2007, 11 ff.). Himmelmann strapaziert dafür die so genannte „through"-Perspektive, indem nämlich nicht nur „für" oder „über" Demokratie gelernt wird, sondern „durch" sie (Himmelmann 2005, 26). Für eine derartige Umsetzung stehen eine Menge an Optionen offen (u. a. Mitbestimmung, Mitentscheidung, Mitsprache, Aushandlung, Mitgestaltung, Engagement). Reinhardt betont etwa mit Blick auf die projektorientierte Arbeit in der politischen Bildung die Chancen, demokratische Lernprozesse auf der Handlungs- und Reflexionsebene zu initiieren (Reinhardt 2005, 35) und hebt für die politische Bildung hervor, dass ein solcher Zugang jedoch nicht in der Lebensform steckenbleiben darf, sondern Demokratie als Lebens-, Gesellschafts- und Herrschaftsform ansprechen sollte (Reinhardt 2005, 42 ff.). Auf diese Weise kommt auch verstärkt das politische Lernen in den Blick. Individualisiertes Lernen in der politischen Bildung eröffnet nämlich die Möglichkeit der gesteigerten Selbstartikulation, welche über eine reine politische Denkerziehung hinausgeht. Durch methodische Verfahren der Lernorganisation werden vor allem jene Settings zum Einsatz gebracht, die Möglichkeiten bieten, als Individuum innerhalb einer Gruppe oder einer Gesellschaft eigene Positionen in politischen Fragen zu formulieren und zu artikulieren, dabei andere Positionen aufzugreifen sowie an der konstruktiven Lösung von

Verbindungen einer Öffnung des Unterrichts mit Demokratie als Lebensform

Möglichkeit zur gesteigerten Selbstartikulation

Problemen handelnd mitzuarbeiten, wie dies politische Handlungskompetenz in verschiedenen Modellen der politischen Bildung vorsieht (vgl. GPJE 2004; Krammer/Kühberger/Windischbauer et al. 2008). Das Entwerfen und die differenzierte Umsetzung von eigenen politischen Manifestationen kommt damit intensiviert in den Fokus von Lernprozessen.

5. Subjektorientierte Politikdidaktik als Ziel

<small>Lernende müssen im Mittelpunkt stehen</small>

Wollen derartige methodische Zugänge mehr sein als ein organisatorisch umgebauter, aufgabenzentrierter und offener Politikunterricht, wird erhöhter Wert darauf zu legen sein, dass die Schüler/-innen auch tatsächlich im Mittelpunkt des Planungs-, Lern- und Evaluationsprozesses von Unterricht stehen. Damit kann eine politikdidaktische Position, die man als „subjektorientierte Politikdidaktik" bezeichnen könnte, ausgemacht werden, die politisches Lernen vor allem auch als individuellen Prozess versteht, in dem die Lernenden (Subjekte) und ihre je personalen Aneignungsprozesse eines Umgangs mit dem Politischen vor dem Hintergrund eines anzubahnenden reflektierten und (selbst)reflexiven Politikbewusstseins in den Mittelpunkt gestellt werden. Ein solcher Ansatz betont dabei unweigerlich empirische Dimensionen der politikdidaktischen Forschung, aber auch notwendige politikdidaktische Diagnostik im Rahmen fachspezifischer Lernprozesse, um Lernsettings an konkret feststellbaren Vorstellungen von Schüler/-innen ausrichten zu können, ohne dabei subjektivistisch zu werden (vgl. Kühberger 2012; Klee 2010).

Literatur

Altrichter, Herbert et al. 2009: Unterrichten in heterogenen Gruppen: Das Qualitätspotenzial von Individualisierung, Differenzierung und Klassenschülerzahl. In: Specht, W. (Hrsg.): Nationaler Bildungsbericht Österreich 2009. Bd. 2, Graz, S. 341-360

Astleitner, Hermann 2007: Das Verhältnis von Wissenschaft und Praxis bei innerer Differenzierung im Unterricht. Das besondere Problem der Umsetzungshilfen. In: Gastager, Angela et al. (Hrsg.): Pädagogisches Handeln: Balancierung zwischen Theorie und Praxis. Landau, S. 137-146

Barricelli, Michele 2007: Geschichtsprojekte. In: Günther-Arndt, Hilke (Hrsg.): Geschichtsmethodik. Handbuch für die Sekundarstufe I und II. Berlin, S. 111-118

Literatur

bm:bwk [Bundesministerium für Bildung, Wissenschaft und Kunst] (Hrsg.) 2001: Grundsatzerlass zum Projektunterricht. Tipps zur Umsetzung. Wien

Bohl, Thorsten/Kucharz, Diemut 2010: Offener Unterricht. Konzeptionelle und didaktische Weiterentwicklung. Weinheim/Basel

Botschen, Peter/Awakowicz, Christiane 2012: Lernwerkstatt. „Die Zeit der RAF." Der Deutsche Herbst. Kerpen-Buir

Bundeszentrale Politische Bildung (Hrsg.) 2011: Projektunterricht mit dem Schülerwettbewerb zur politischen Bildung. Bonn

Claussen, Claus 1995: Freie Arbeit als Element eines Konzepts der Öffnung von Schule und Unterricht. In: Ders. (Hrsg.): Handbuch freie Arbeit. Konzepte und Erfahrungen. Weinheim/Basel, S. 13-23

Dewey, John 2011: Demokratie und Erziehung. Eine Einleitung in die philosophische Pädagogik [1916] (Hrsg. v. J. Oelkers). Weinheim/Basel

Eikel, Angelika 2007: Demokratische Partizipation in der Schule. In: Eikel, Angelika/de Haan, Gerhard (Hrsg.): Demokratische Partizipation in der Schule ermöglichen, fördern, umsetzen. Schwalbach/Ts., S. 7-41

Faust-Siehl, Gabriele 1995: Lernzirkel – Themenbezogene Freiarbeit im wahldifferenzierten Unterricht. In: Claussen, Claus (Hrsg.): Freie Arbeit als Element eines Konzepts der Öffnung von Schule und Unterricht. In: Ders. (Hrsg.): Handbuch freie Arbeit. Konzepte und Erfahrungen. Weinheim, Basel, S. 24-31

Frey, Karl 1996 Die Projektmethode. Der Weg zum bildenden Tun. Weinheim/ Basel

Geisz, Martin 2005: Lernzirkel Indien. Kempen

GPJE 2004: Nationale Bildungsstandards für den Fachunterricht in der Politischen Bildung an Schulen. Ein Entwurf. Schwalbach/Ts.

Hattie, John 2009: Visible learning. Asynthesis of over 800 meta-analyses relating to achievement. London/New York

Hellmuth, Thomas/Jurjevec, Hanna 2012: Instruktion und Konstruktion. Überlegungen zu einer konstruktivistischen Geschichtsdidaktik. In: Historische Sozialkunde 2/2012, S. 15-19

Hofmann, Sabine/Windischbauer, Elfriede 2010: „Er soll schöne Klamotten haben und eine Krawatte, so schauen die alle aus …". Was Kinder über Politik denken. In: Kühberger, Christoph/Windischbauer, Elfriede (Hrsg.): Politische Bildung in der Volksschule. Annäherungen aus Theorie und Praxis. Wien-Innsbruck, S. 60-78

Katharina Kalcsics/Raths, Kathleen/Dätwyler, Beatrice 2007: Was Schülerinnen und Schüler unter Politik verstehen. In: Giest, Harmut/Pech, Detlef (Hrsg.): Anschlussfähige Bildung im Sachunterricht. Bad Heilbrunn, S. 13-22

Klee, Andreas 2010: Schüler- und Teilnehmerorientierung. In: Lange, Dirk (Hrsg.): Strategien der Politischen Bildung. Bd. 2. Baltmannsweiler, S. 115-123

Krammer, Reinhard/Kühberger, Christoph/Windischauer, Elfriede et al. 2008: Die durch politische Bildung zu erwerbenden Kompetenzen. Ein Kompetenzstrukturmodell. Wien

Kühberger, Christoph 2010: Zur Konzeption eines konstruktivistischen Wissenserwerbs im frühen politischen Lernen. In: Kühberger, Christoph/Windischbauer, Elfriede (Hrsg.): Politische Bildung in der Volksschule. Annäherungen aus Theorie und Praxis. Wien/Innsbruck, S. 43-59

Kühberger, Christoph 2012: Konzeptionelles Lernen als besondere Grundlage für das historische Lernen. In: Kühberger, Christoph (Hrsg.): Historisches Wissen. Geschichtsdidaktische Erkundungen über Art, Umfang und Tiefe für das historische Lernen. Schwalbach/Ts., S. 33-74

Kühberger, Christoph/Windischbauer, Elfriede 2012: Individualisierung und Differenzierung im Geschichtsunterricht. Offenes Lernen in Theorie und Praxis. Schwalbach/Ts.

Kühberger, Christoph/Windischbauer, Elfriede 2013: Individualisierung und Differenzierung im Politikunterricht. Offenes Lernen in Theorie und Praxis. Schwalbach/Ts.

Lange, Dirk 2007: Projekt. In: Reinhardt, Sybille/Richter, Dagmar (Hrsg.): Politik-Methodik. Handbuch für die Sekundarstufe I und II. Berlin, S. 78-82

Manzel, Sabine 2007: Kompetenzzuwachs im Politikunterricht. Ergebnisse einer Interventionsstudie zum Kernkonzept Europa. Münster

Manzel, Sabine 2010: Offener Unterricht. In: Lange, Dirk (Hrsg.): Strategien der Politischen Bildung. Bd. 2. Baltmannsweiler, S. 134-141

Paradies, Liane/Linser, Hans Jürgen 2001: Differenzieren im Unterricht. Berlin

Peschel, Falko 2009: Offener Unterricht. Idee – Realität – Perspektive und ein praxiserprobtes Konzept zur Diskussion. Teil 1: Allgemeindidaktische Überlegungen. Hohengehren

Prote, Ingrid 1997: Politische Bildung und Erziehung in der Grundschule. In: Sander, W. (Hrsg.): Handbuch politische Bildung. Schwalbach/Ts., S. 157-172

Reinhardt, Sybille 2005: Politik-Didaktik. Praxishandbuch für die Sekundarstufe I und II. Berlin

Reketat, Heike 2011: Offener Unterricht – eine Förderungsmöglichkeit für hoch begabte Kinder in Regelschulen!? Münster

Ruf, Urs/Keller, Stefan/Winter, Felix (Hrsg.) 2008: Besser lernen im Dialog. Dialogisches Lernen in der Unterrichtspraxis. Seelze-Velber

Sander, Wolfgang 2005: Die Welt im Kopf. Konstruktivistische Perspektiven zur Theorie des Lernens. In: kursiv – Journal für politische Bildung 2/2005, S. 45-59

Strotzka, Heinz/Windischbauer, Elfriede 1999: Offenes Lernen im Geschichtsunterricht für die Sekundarstufe. Wien

van der Gieth, Hans-Jürgen/van der Gieth, Hildegard 2005: Lernzirkel Bundesrepublik. Lernzirkel Grundrechte, Lernzirkel Soziales Netz. Unterrichtsmaterialien für die 7. bis 11. Klassen. Kempen

van Deth, Jan W. et al. 2007: Kinder und Politik. Politische Einstellungen von jüngeren Kindern im ersten Grundschuljahr. Wiesbaden

Vaupel, Dieter 1995: Das Wochenplanbuch für die Sekundarstufe. Schritte zum selbstständigen Lernen. Weinheim/Basel

Wallrabenstein, Wulf 1997: Offene Schule – offener Unterricht. Ratgeber für Eltern und Lehrer. Reinbek bei Hamburg

www.institut-beatenberg.ch/seite.php?top_id=3&nav_id=111&unav_id=34&unav_modul=0 (2.2.2012)

Ziegler, Béatrice/Jung, Michael 2010: Politik erforschen. In: Lange, Dirk (Hrsg.): Strategien der Politischen Bildung. Bd. 2. Baltmannsweiler, S. 72-84

Peter Massing

In Gesprächen lernen: Gesprächsformen in der politischen Bildung

Vorbemerkung

„Sprechen" in der Gesamtgruppe ist nach wie vor der Normalfall in Veranstaltungen zur politischen Bildung, auch wenn die Häufigkeit und die dominierende Rolle des Gesprächs zwischen der schulischen und der außerschulischen politischen Bildung variieren mag. Lernprozesse bedürfen als produktive und nachvollziehbare Auseinandersetzung mit Lerngegenständen einer Verständigung der am Lehren und Lernen Beteiligten. Sie bestehen also im eigentlichen Sinne aus sprachlicher Interaktion. Lehr- und Lernveranstaltungen beinhalten immer einen sprachlichen und sozialen Verständigungsprozess als ein „Miteinander-sprechen" (vgl. Ritz-Fröhlich 1982, 20).

Trotz dieser Bedeutung erfährt das Gespräch in der Politikdidaktik und in Konzeptionen der politischen Bildung wenig Aufmerksamkeit. Zwar beschäftigen sich eine Reihe von Veröffentlichungen zu „Methoden der politischen Bildung" mit „Argumentationstraining", „Debattentraining", „sokratischem Gespräch", „authentischem Gespräch" usw., das „normale" Gespräch aber, das den pädagogischen Alltag prägt, ist kaum Gegenstand von Reflexionen und Auseinandersetzungen.

1. Das Unterrichtsgespräch – Versuch einer begrifflichen Klärung

Viele Definitionen des Unterrichtsgesprächs

Das Gespräch als „normale" Handlungsform in Unterrichtsprozessen ist das Unterrichtsgespräch. Zum Unterrichtsgespräch existieren nun eine Vielzahl von Definitionen. Versucht man bei allen Unterschiedlichkeiten einen Art Minimalkonsens zu finden, bietet sich die Definition von Sibylle Reinhardt an: „Unterrichtsgespräch ist eine impulsgesteuerte und breitrahmig strukturierte Kommunikationsform, in der die Lernenden selbsttätig, kooperativ und ertragreich einen

Gegenstand (Thema, Material, Problem, Eigenerfahrungen u. a. m.) im Medium des sprachlichen Austauschs bearbeiten. Dieses Unterrichtsgespräch ist zugleich strukturiert und offen (der Widerspruch ist pädagogisch konstitutiv): die Lehrerin bzw. der Lehrer klärt einen Rahmen (z. B. das Fach, den Gegenstand, die interaktive Struktur der Situation) und regt es durch Impulse (Anstöße) und – wenn nötig – auch durch engere Fragen an. In diesem Rahmen und mit dieser Hilfe kommunizieren die Lernenden selbstständig und produktiv" (Reinhardt 2000, 199).

Darüber hinaus ist das Unterrichtsgespräch eine Kommunikationssituation und hat neben dem Inhalts- auch einen Beziehungsaspekt, wobei letzterer den ersteren beeinflusst. Ist der Beziehungsaspekt zwischen Lehrenden und Lernenden weitgehend komplementär und konfliktfrei, steht im Unterrichtsgespräch der Inhalt im Vordergrund und der Beziehungsaspekt wird wenig Störungen produzieren. Da im Unterrichtsgespräch die Parteien ungleich sind, kommt den Lehrenden eine besondere Verantwortung für den Beziehungsaspekt zu, mit dem es sich bei Störungen selbstkritisch und selbstreflexiv auseinanderzusetzen gilt. In konfliktreichen Beziehungen kann die Inhaltsdimension fast völlig an Bedeutung verlieren. Hier ist es Aufgabe des Unterrichtsgesprächs, als „Metagespräch" erst die eigenen Voraussetzungen zu schaffen. Zu den Beziehungsaspekten des Unterrichtsgesprächs gehören auch geschlechtsspezifische Aspekte der Kommunikation, deren Auswirkungen gerade in der politischen Bildung immer mitreflektiert und problematisiert werden müssen. Denn je nach den Leitbildern von Männlichkeit und Weiblichkeit der Lehrenden und Lernenden werden in der politischen Bildung Handlungsspielräume eröffnet oder begrenzt (vgl. Kroll 2001, 252; Werner 1983, 253 f.)

Kommunikationssituation mit Inhalts- und Beziehungsebene

Damit ist jedoch noch nicht die Rolle des Unterrichtsgesprächs für politisches Lernen geklärt.

2. Das Unterrichtsgespräch im politischen Lernen

Die besondere Bedeutung des Gesprächs für die Entfaltung von Lernprozessen in der politischen Bildung wird in der Regel mit dem engen Zusammenhang von Gespräch und Demokratie begründet. Dies drückt sich unter anderem in Thesen aus wie: Eine lebendige Demokratie lebe vom Gespräch (Mickel 1969, 64) oder „Je mehr Gespräch, desto mehr Demokratie" (Beck 1994, 7).

Enger Zusammenhang von Gespräch und Demokratie

Die Betonung dieses Zusammenhangs soll deutlich machen, dass sprachliche Fähigkeiten einen wichtigen Teil politischer und demokratischer Kompetenz darstellen. Eine wichtige Dimension von Politikkompetenz ist politische Handlungskompetenz. Diese lässt sich unterteilen in kommunikative Handlungsfähigkeit und in partizipative Handlungsfähigkeit, die eng zusammenhängen. Beides sind komplexe Kompetenzen, die noch weiter in die Kompetenzfacetten „Artikulieren", „Argumentieren", „Verhandeln" und „Entscheiden" differenziert werden können (vgl. Detjen, u.a. 2012, 65 ff.). Vor allem die Kompetenzfacetten „Artikulieren" und „Argumentieren" können mit Methoden des Unterrichtsgesprächs und der Diskussion im Politikunterricht gefördert werden.

Gespräch kann Beitrag zum „Demokratie-Lernen" leisten

Soll das Unterrichtsgespräch in der politischen Bildung neben der Förderung kommunikativer und partizipativer Handlungsfähigkeit auch einen Beitrag zum „Demokratie-Lernen" leisten, ist es notwendig, dass es in seiner formalen Struktur bestimmten Anforderungen genügt. Es muss darin die Idee des Diskurses oder des Dialoges erkennbar sein. Das heißt: Ein möglichst geringes Gefälle zwischen den Gesprächsbeteiligten, Offenheit für Alternativen, Wille, den anderen zu verstehen, Bereitschaft, gegnerische Argumente zu bedenken, eigene Positionen in Frage stellen zu lassen, Fragen zu Ende zu denken, den Dingen auf den Grund zu gehen, sich nicht mit Schlagworten begnügen, die eigenen Emotionen zu kontrollieren, sich eigene Vorurteile bewusst zu machen usw. (vgl. Sutor 1971, 284) gehören mit dazu. Politische Bildung, die neben sprachlicher Kompetenz auch Selbstbestimmung und politische Beteiligung anstrebt, muss das Unterrichtsgespräch so organisieren, dass es vor allem ein Ort gemeinsamen Problemlösens und diskursiver Verständigung ist. In dieser Funktion bewegt sich das Unterrichtsgespräch schon sehr viel näher am Politischen.

3. Sprache und Gespräch als Medium der Politik und als Gegenstand politischer Bildung

Sprache als Gegenstand des Lernens

Bisher wurde Sprache in der Form des Unterrichtsgesprächs vor allem unter methodischen Gesichtspunkten als ein Lernweg beschrieben. Sprache gewinnt in politischen Bildungsprozessen aber auch noch in anderer Hinsicht an Bedeutung, nämlich als Gegenstand des Lernens. Insofern Politik selbst ein sprachliches Konstrukt ist, erschließt es sich nur über den Weg von Definitionen (vgl. Rohe 1994).

Dies führt in der politischen Bildung zu zwei Problemen: Wenn das, worüber im Unterrichtsgespräch verhandelt wird, das Politische, selbst ein sprachliches Produkt ist, dann hängt die „Qualität dieses Produkts" vor allem von der Gesprächsfähigkeit, vom Sprachniveau sowie von der Verwendung der Fachsprache durch die Beteiligten ab. Je höher das Sprachniveau, je differenzierter die Ausdrucksweise, desto präziser erscheint der Gegenstand des Unterrichts und desto klarer wird das „politische Denken". Einsichten in das Politische und in politische Zusammenhänge sind Ergebnisse der Fähigkeit, sie sprachlich angemessen zu fassen. Daraus ergibt sich als zentrale Aufgabe in politischen Lernprozessen: die gemeinsame ständige Kontrolle des sprachlichen Ausdrucksniveaus.

Die sprachliche Konstruktion des Politischen erfolgt jedoch nicht allein nach semantischen Regeln und wertfrei, sondern wer definiert, wahlt aus. Er stellt bestimmte Aspekte, die er für wichtig hält, in den Vordergrund und vernachlässigt andere, die ihm weniger charakteristisch erscheinen. Was er für wichtig oder für unwichtig hält, hängt im Wesentlichen von seinen Interessen und Erwartungen ab. Politik als sprachliches Konstrukt ist gruppenbedingt, ein „gesellschaftliches Produkt" und damit auch Ausdruck von Interessen und Ideologien. Politische Bildung hat danach eine doppelte ideologiekritische Aufgabe. Gegenstand der Ideologiekritik ist zum einen das „Unterrichtsgespräch" selbst, indem es nach Interessen, Vorurteilen, Halbwahrheiten, fehlerhaftem Denken, Abhängigkeiten usw. untersucht wird, zum anderen die Politik als sprachliche Konstruktion und vor allem die Sprache in der Politik. Die ideologiekritische Betrachtung der Sprache in der Politik zielt darauf, ihre Rolle als Medium gesellschaftlicher Implikate zu verdeutlichen, als Instrument der Herrschaftsausübung, der Interessenverschleierung, der Manipulation, der Stabilisierung von Vorurteilen, Denkschemata, Mythen usw. (vgl. Becker 1999, 481; Mickel 1969, 64). Politische Bildung muss nicht nur auf diese Funktion von Sprache aufmerksam machen, sondern sie muss auch für den spezifisch politisch-rhetorischen Sprachstil sensibilisieren. Wenn Sprache in diesem doppelten Sinne als „Unterrichtssprache" und als „Politiksprache" ideologiekritisch behandelt wird, ist damit eine weitere Aufgabe des Gesprächs im politischen Lernen genannt, das dieses von anderen Lernprozessen im Kern unterscheidet.

Doppelte ideologiekritische Aufgabe politischer Bildung

4. Formen des Unterrichtsgesprächs und ihr didaktischer Ort

Typologien von Unterrichtsgesprächen

So zahlreich die Definitionen des Unterrichtsgesprächs sind, so zahlreich sind auch die Versuche, Typologien von Unterrichtsgesprächen zu entwickeln. Die Veranlassung zur Typenbildung ist in der Regel pragmatisch. Die Lehrenden sollen feststellen, welcher Typus des Unterrichtsgesprächs in ihrem Methodenrepertoire bereits vorhanden ist, welcher fehlt, welcher Typus dominiert und welcher zu kurz kommt, um so eine Orientierung für die Professionalisierung ihres methodischen Handelns zu gewinnen. Typenbildende Elemente des Unterrichtsgesprächs sind häufig die Lehreraktivität bzw. -lenkung, der äußere Gesprächsverlauf, der Umfang der Gesprächsgruppe und das Ziel oder der Inhalt des Unterrichtsgesprächs.

Ordnet man mögliche Formen des Gesprächs nach dem Ausmaß der Lehrerlenkung, gelangt man zu einer Typologie, wie sie sich etwa bei Hilbert Meyer findet. Er unterscheidet zwischen freien und gebundenen Formen. Zu den freien Formen gehören „die Unterhaltung" (z. B. der Morgenkreis in der Grundschule), „das Schülergespräch" und die Diskussion (Streitgespräch, Pro-Contra-Gespräch, Debatte). Zu den gebunden Formen zählt es das „Gelenkte Unterrichtsgespräch oder Lehrgespräch", das „Fragend entwickelnde Gespräch", das „Sokratische Gespräch" und das „Prüfungsgespräch" (H. Meyer 1987, 280 ff.; ähnlich: Fina 1978, 29 f.; Fickel 1982, 254 ff.). Ordnet man die Gesprächsarten nach intentional-inhaltlichen Schwerpunkten, lassen sich „sachklärende Gespräche", „interpretierende Gespräche", „meinungsbildende Gespräche" und „Metagespräche" voneinander abgrenzen. Mickel trifft eine Unterscheidung zwischen dem „Erarbeitungsgespräch", in dem unterrichtliche Aufgabengebiete erschlossen werden, dem „Kontrollgespräch", in dem noch nicht bestätigte Behauptungen überprüft werden, dem „Assoziationsgespräch", das Zusammenhänge evident macht und dem „Koordinierungsgespräch", in dem die Isolierung eines Problems aufgehoben wird (vgl. Mickel 1969, 71). Georg Weißeno schlägt vor dem Hintergrund, dass Unterrichtsgespräche über Politik dem Informationsverständnis, dem Meinungsaustausch, dem systematischen Lernen, der Ideologiekritik, der emotionalen Auseinandersetzung und der Einübung in öffentliches politisches Diskussionsverhalten dienen sollen, folgende Systematik vor:

- Schüler-Schüler-Gespräch: vor allem im Rahmen handlungsorientierter Methoden;
- Lehrer-Schüler-Gespräch: sachklärend, interpretativ, meinungsbildend, Metagespräch;
- Gesprächsformen mit Dritten (z. B. bei Exkursionen, Erkundungen, Expertenbefragung u. a.), die andere Akteure mit einbeziehen und die neue Erfahrungen in der Gruppe, meist außerhalb traditioneller Lernorte schaffen (Weißeno 2004).

All diese Unterscheidungen, auch die letzte, sind jedoch nur mehr oder weniger trennscharf und nicht frei von Willkür. Sie gewinnen für politisches Lernen erst dann Bedeutung, wenn ihnen bei der Organisation des Lernprozesses der „richtige" didaktische Ort zugewiesen wird.

Geht man davon aus, dass jeder Unterrichtsprozess sich in seinem Verlauf in Einstiegsphase, Informationsphase, Anwendungsphase, Problematisierungsphase und Urteilsbildung sowie die Phase der Metakommunikation gliedern lässt, bieten sich folgende Zuordnungen an:

Einstiegsphase: Sie ist der Ort, an dem unterschiedliche Formen des Unterrichtsgesprächs sinnvoll sein können – offene Gespräche wie auch solche mit stärkerer Lenkung. Offene Gesprächsformen bieten sich an, wenn es darum geht, Vorkenntnisse zu aktivieren, Voreinstellungen zu klären oder Beziehungen zur Alltagswelt herzustellen. Mit gebundenen Formen wie dem „divergierenden Gespräch" (Becker) können im Einstieg Einfälle zu einer Frage- oder Problemstellung gesammelt werden, mögliche Aspekte eines Themas aufgelistet, verschiedene Erarbeitungsmethoden diskutiert werden usw.

Informationsphase: Für diese Phase eignen sich Formen des Gesprächs am wenigsten. Bestenfalls kann in Ansätzen das Lehrgespräch eingesetzt werden, das jedoch schon in einem fließenden Übergang zum „Lehrervortrag" steht.

Anwendungsphase (Problematisierung und Urteilsbildung): Hier ist das Unterrichtsgespräch in seinen verschiedenen Ausprägungen die maßgebliche Methode und Arbeitsweise. Dabei geht es um die Bearbeitung, Wiederholung und Kritik eines bereits bekannten Sachverhalts sowie um Erkenntnisse oder Positionen, also um Vertiefung (vgl. Giesecke 1973, 129) oder Verallgemeinerung. In dieser Phase, in der die wichtigsten Informationen bekannt sind und wo ein Gegenstand unter verschiedenen Perspektiven betrachtet werden soll, ist das „gleichberechtigte Gespräch" sinnvoll, das nur sehr zurück-

Unterrichtsphasen und Zuordnung von Gesprächsformen

haltend gelenkt wird. In der Phase der Urteilsbildung, in der die zu beurteilenden Sachverhalte vorgestellt, Werte und Normen als Bewertungsmaßstäbe entwickelt und Beziehungen hergestellt werden müssen, ist dann wieder eine höhere Lenkung in Form des „Bewertungsgesprächs" erforderlich, ohne dass die dialogische Struktur des Unterrichtsgesprächs aufgegeben werden darf. Gerade in dieser Phase sollen die Lehrenden die Lernenden als mündige Menschen ansehen und ihre Selbstständigkeit fördern. In der politischen Bildung können die Lehrenden das politische Urteil der Lernenden auch dann akzeptieren, wenn sie selbst einen anderen Standpunkt vertreten.

Metakommunikation: Wenn über den Unterricht selbst, über die Vorgehensweise, die Brauchbarkeit der Methoden und Materialien, über den Verlauf des Miteinandersprechens usw. geredet wird, bietet sich das offene Unterrichtsgespräch mit starker Schülerzentrierung oder Teilnehmerzentrierung an.

5. Zusammenfassung

In alltäglichen Lernprozessen der politischen Bildung können unterschiedliche Varianten des Unterrichtsgesprächs von offen bis eng genutzt werden. Ihr Sinn ergibt sich nicht aus der abstrakten Form, sondern aus ihrem begründeten Einsatz im konkreten Fall (vgl. Reinhardt 2000). Es existieren keine klaren Entscheidungsregeln für eine bestimmte Form des Unterrichtsgesprächs. Die enorme Variabilität der Formen und die notwendige Berücksichtigung des Implikationszusammenhangs von Zielen, Inhalten und Bedingungen des Lernens machen es schwer festzulegen, wann welche Form des Unterrichtsgesprächs „richtig" ist. Das Unterrichtsgespräch entzieht sich der „sicheren" Planung und ist vielleicht auch mehr der „Kunst" als dem „Handwerk" zuzuordnen (so Reinhardt 2000). Die Entscheidung für eine bestimme Form kann nur von den Lehrenden in der jeweiligen Situation selbst getroffen werden. Dazu sind sie aber nur in der Lage, wenn ihnen alle Formen des Gesprächs als Teil ihres methodischen Repertoires sicher zur Verfügung stehen.

Literatur

Beck, Martin 1994: Unterrichtsgespräche. Zwischen Lehrerdominanz und Schülerbeteiligung. Eine sprachwissenschaftliche Untersuchung zur Unterrichtskommunikation. St. Ingbert

Becker, Georg 1999: Gesprächs-und Diskussionsformen. In: Mickel, Wolfgang (Hrsg.): Handbuch zur politischen Bildung. Bonn, S. 481-485

Detjen, Joachim/Massing, Peter/Richter, Dagmar/Weißeno, Georg 2012: Politikkompetenz – ein Modell. Wiesbaden

Fickel, Johanna 1982: Ausgewählte Lernformen im politischen Unterricht: Gespräch – Gruppenarbeit – erkundende Lernwege. In: Nitzschke, Volker/ Sandmann, Fritz (Hrsg.): Neue Ansätze zur Methodik des politischen Unterrichts. Stuttgart, S. 246-301

Giesecke, Hermann 1973: Methodik des politischen Unterrichts. München

Fina, Kurt 1978: Das Gespräch im historisch-politischen Unterricht. München

Kroll, Karin 2001: Die unsichtbare Schülerin. Kommunikation zwischen Geschlechtern im Politikunterricht. Schwalbach/Ts.

Meyer, Hilbert 1987: Unterrichtsmethoden, II, Praxisband. 2. Aufl., Frankfurt/M.

Mickel, Wolfgang 1969: Methodik des politischen Unterrichts. 2. Aufl., Frankfurt/M.

Reinhardt, Sibylle, 2000: Unterrichtsgespräch. In: Weißeno, Georg (Hrsg.): Lexikon der politischen Bildung, Bd. 3., hrsg. von Hans-Werner Kuhn/ Peter Massing. Schwalbach/Ts.

Ritz-Fröhlich, Gertrud 1982: Das Gespräch im Unterricht. Anleitung, Phasen, Verlaufsformen. Bad Heilbrunn

Rohe, Karl 1994: Politik. Begriffe und Wirklichkeiten. 2. Aufl., Stuttgart/Berlin/ Köln

Sutor, Bernhard 1971: Didaktik des politischen Unterrichts. 2. Aufl., Paderborn

Weißeno, Georg 2004: Gespräche führen im Politikunterricht. In: Frech, Siegfried/Kuhn, Hans-Werner/Massing, Peter (Hrsg.): Methodentraining im Politikunterricht. Schwalbach/Ts.

Werner, Fritjof 1983: Gesprächsverhalten von Frauen und Männern. Frankfurt/M.

Hans-Werner Kuhn

Mit Texten lernen: Textquellen und Textanalyse

1. Lesekompetenz und Textkompetenz: Relevanz und empirische Befunde

Wie in anderen Fächern haben Texte auch im Politikunterricht eine herausragende Bedeutung als „Mittel der individuellen wie sozialen Wissenskonstitution" (Antos 1997, 45). Letztlich stellt die *Textkompetenz* (die Lese- und Schreibkompetenz einschließt) eine grundlegende Voraussetzung dafür dar, um am politischen und gesellschaftlichen Leben teilzunehmen. Lesekompetenz gilt als nicht domänenspezifisch, insofern sie inhaltsneutral ist (vgl. Detjen 2004, 45). Die Eingrenzung auf die Domäne Politik und politisches Lernen hebt ab auf Handlungs- und Urteilskompetenz als Ziele politischer Bildung.

2. Textsorten und Textquellen

Die Frage nach dem Material für die Textarbeit unterscheidet sich im Politikunterricht von der Quellenanalyse im Fach Geschichte (vgl. Schneider 1999, 15 ff.): Beim politischen Lernen existiert ein enger Zusammenhang zwischen Textquellen und Textsorten, insofern in der Unterscheidung von *Textsorten* bereits ein erster Schritt der Textanalyse und Quellenkritik erfolgen kann.

Breites Spektrum von Texten — Das Spektrum relevanter Texte im Politikunterricht reicht von Alltagstexten, Zeitungen (vgl. Breit 2000, 212), Internet (vgl. Breit/Lesske 2002, 145 ff.), Wochenzeitschriften (Spiegel, Fokus), über Theorietexte (Klassiker) bis zu fachwissenschaftlichen Beiträgen (z. B. Dahrendorf: homo sociologicus). Im *erweiterten Textbegriff* werden expositorische, wissenschaftliche und publizistische Texte unterschieden, auch die Kombination Text und Bild (vgl. Holzbrecher 2006, Oleschko 2012, 12: multiple Repräsentationen) zählt dazu. Erweitert man das Feld auf *politisch-kulturelle Bildung*, dann können zur Filmanalyse Dialogsequenzen aus Schlüsselszenen (s. Filmhefte der Bundeszentrale für politische Bildung) ebenso herausgegriffen werden wie Literatur und Songtexte mit gesellschaftlichen Bezügen. Bei der ersten PISA-Studie lag ein Schwerpunkt auf der Untersuchung der *Lesekompetenz* von 15-Jährigen. Im Blickpunkt stand das Verstehen von authentischen Texten. Neben kontinuierlichen Texten nennt die PISA-Studie nichtkontinuierliche Texte, die interessante Kombinationen von Bild und Text darstellen, also Diagramme, Tabellen und Graphiken. Auch diese „nicht-kontinuierlichen" Texte sind für den Politikunterricht relevant und eignen sich besonders für Transformationsaufgaben.

Lesekompetenz als Schwerpunkt in PISA-Studie

Texte können sich auf deklaratives oder prozedurales Wissen beziehen. Die genannte Unterscheidung zielt auf Anwendungssituationen, die motivationsfördernd sind. Eine unmittelbare „Anwendungssituation" politischen Wissens ist im Unterricht nicht vorhanden. Zwar hilft eine deutliche *Problemorientierung* bei der Auswahl der Texte, aber Anwendung im Sinne von politischer Partizipation wird allenfalls als Disposition zugrunde gelegt. Einen Ausweg stellt der Versuch dar, die Texte in einen *Verwendungszusammenhang* zu stellen, also in den Arbeitsaufgaben Bezüge zur realen Politik herzustellen. Hinzu kommen metakognitive Aspekte: Indem das Lernen mit Texten selbst zum Thema des Unterrichts wird – und damit die Reflexion einen deutlichen Stellenwert erhält –, lässt sich nachhaltige Textarbeit anstreben (vgl. Kuhn 2006, 147-156).

Die Wochen-, Tages- und Internet-*Zeitung* als häufig genutztes Medium im Politikunterricht umfasst verschiedene Textsorten: Meldungen, Nachrichten, Reportagen, Hintergrundberichte (Seite-3-Geschichten), Statistiken, Graphiken, Kommentare, Karikaturen und Leserbriefe. Die Rubriken ordnen das Material nach kommunaler, nationaler, europäischer und globaler Politikebene. Der Politiklehrer bzw. die Politiklehrerin verknüpft den Gegenstand mit den Schülerkompetenzen unter politikdidaktischer Perspektive und zielt dabei auf domänenspezifische Prinzipien, Methoden und Kompetenzen. Die notwendige Auswahl entscheidet nach diesen Kriterien, ob der Text verwendet wird oder als „Altpapier" endet.

Medium Zeitung beinhaltet verschiedene Textsorten

3. Hermeneutische Textinterpretation

Während es eine Reihe von Stufenschemata zur Textanalyse gibt, erfordern anspruchsvolle Aufgaben im Politikunterricht einen Zugang, der dem Gegenstand angemessen ist und nicht bei „Rezepten" stehen bleibt. Daher können einige Hinweise zur hermeneutischen

Textinterpretation hier Orientierung bieten (vgl. auch: Deichmann/ Juchler 2010; vgl. Juchler 2007).

Die hermeneutische Textinterpretation besitzt eine lange Tradition und unterliegt eigenen Regeln und Problemen. Das griechische Wort *Hermeneutik* (hermeneúein = aussagen, auslegen, übersetzen) bedeutet die Kunst der Auslegung und Deutung. Für unseren Zusammenhang meint Hermeneutik das *Verstehen von Texten* und damit auch das Verstehen von Politik.

Spezifische *Grundbegriffe* der Hermeneutik sind die hermeneutische Differenz, der hermeneutische Zirkel (oder die hermeneutische Spirale), Interpretation und Ideologiekritik.

Hermeneutische Differenz

Der Ausdruck ‚*hermeneutische Differenz*' oder auch ‚Distanz' macht darauf aufmerksam, dass das, was in einem Text verstanden bzw. gedeutet werden soll, zunächst fremd ist und im Verstehen und Deuten erst ‚angeeignet' werden muss. Ohne Bezüge zum ‚Vorverständnis' bleibt das Fremde allerdings stumm. Eine hermeneutische Grundregel besagt, dass das Ganze aus dem Einzelnen und das Einzelne aus dem Ganzen verstanden werden muss. Dieses Prinzip wird traditionell als *hermeneutischer Zirkel* (auch: Spirale) bezeichnet. Ein weiterer Grundbegriff ist die ‚*Interpretation*' (lat. interpretatio, Deutung, Übersetzung, Erklärung). Bezogen auf Texte meint Interpretation ein Verfahren, bei dem die methodisch reflektierte Auslegung oder Deutung eines sprachlichen Textes, aber auch anderer sinntragender Strukturen, erfolgt. Die Interpretation wäre demnach ein rational begründetes und kontrollierbares Verfahren zur Verdeutlichung der ‚Aussage', ‚Botschaft' oder ‚Bedeutung' eines Textes.

Hermeneutischer Zirkel und Interpretation als Grundbegriffe der Hermeneutik

Interpretation als Deutungshoheit

Nicht unerwähnt bleiben sollen *Probleme* der Interpretation, die sich aus subjektiver Willkür, lediglich psychologischem Einfühlen und methodenfreiem Deuten ergeben können. Im Kontext von Politik und Politikunterricht relevant bleibt der Hinweis, dass es bei Interpretationen nicht nur um Erkenntnisse, sondern ebenso um die Deutungshoheit, um Definitionsmacht, geht. Im Politikunterricht kann es zu einem „Wettstreit" verschiedener Interpretationen kommen, der einseitige Deutungen relativiert und somit dazu beiträgt, der Komplexität des Gegenstandes Politik gerecht zu werden. Letztlich kommt auch keine Textinterpretation ohne Ideologiekritik aus. Dieser Grundbegriff wird als Wunschbild oder als Zerrbild der Wirklichkeit gefasst. Er dient als kritisches Korrektiv gegen ein affirmatives Verstehenskonzept (vgl. zur Hermeneutik auch: Gericke 2012, 44-49).

4. Interpretation von Texten im Politikunterricht

Eine Textinterpretation erfolgt immer unter bestimmten *Fragestellungen*, konkret unter politisch relevanten Kategorien, wie sie beispielsweise im Politikzyklus oder im Modell der Dimensionen des Politischen erfasst sind. Hierin drückt sich ein kategoriales Politikverständnis aus.

In den Sozialwissenschaften handelt es sich vielfach um *Kontroversen*, um Stellungnahmen oder um Kommentare. Dies bedeutet implizit, dass auch die jeweiligen Gegenspieler in die Interpretation einbezogen werden müssen. Dies führt zu kontrastiven Textvergleichen, die über die immanente Deutung hinausgehen und weitere Quellen mit einbeziehen.

Da es sich bei den Textsorten im Politikunterricht häufig um Argumentationszusammenhänge handelt (vgl. Grundler/Vogt 2006), haben die syntaktischen Mittel, die Sätze oder Satzteile verbinden, große Bedeutung. Der gesamte Text, aber auch sog. „Schlüsselpassagen" (analog zu Schlüsselszenen bei der Filmanalyse), muss bzw. müssen systematisch rekonstruiert werden. Hinweise der Verfasser können hilfreich sein (advanced organizer, Überschriften, Kursivdruck usw.). Erst die Abgrenzung lässt die *Struktur* des Textes deutlich werden. Diese Struktur sollte in einem differenzierten Gliederungsschema schriftlich fixiert werden.

Relevanz der Textstruktur und ideologiekritischer Fragen

Ein weiterer Arbeitsschritt besteht darin, die gesellschaftliche Situation des Verfassers zu berücksichtigen. Inwieweit sind seine Auffassungen, Zielsetzungen usw. durch individuelle oder kollektive Interessen bedingt? Hier kommen *ideologiekritische* Fragen ins Spiel.

Texte haben eine lineare innere Struktur, sie werden aber im Unterricht in einen spezifischen Verwendungszusammenhang gestellt, der diese Struktur überlagert – man denke etwa an den Unterschied zwischen „Faust" als Drama und „Faust" als Prüfungswissen. In gewisser Weise *verfremdet* Unterricht den Umgang mit Zeitungstexten.

Im Zentrum des methodischen Konzeptes der Textanalyse steht der Vorschlag, im Politikunterricht nach der *„politikdidaktischen Hermeneutik"* vorzugehen (vgl. ausführlich: Kuhn 2009, 195-215). Für unseren Zusammenhang konzentrieren sich die Überlegungen auf die drei Stufen der hermeneutischen Rekonstruktion: Verstehen, Auslegen und Anwenden (vgl. Gadamer 1995).

Drei Stufen der hermeneutischen Rekonstruktion

Verstehen bedeutet zunächst, den Inhalt eines Textes nachzukonstruieren, es bedeutet, sich in einem sozialen Perspektivenwechsel in die Rolle des Journalisten zu versetzen (Binnenperspektive). Ausgehend vom eigenen „Vorverständnis" werden wichtige politische Grundbegriffe geklärt und Zusammenhänge verdeutlicht. Ohne eigenes politisches Vorverständnis und entsprechende Fragen bleibt das Material stumm oder unverständlich.

Nimmt man den zweiten Begriff, das *Auslegen*, wörtlich, so impliziert er, dass bereits ein Rahmen vorhanden ist, der durch den politischen und politikdidaktischen Kontext bestimmt wird. In welchem Politikfeld bewegt sich der Text? Um welche Textsorte handelt es sich? Die Texte werden nicht an sich gesehen, sondern in einem pädagogisch-didaktischen Zusammenhang. Bei der Auslegung bilden bestimmte Fragestellungen, Theorien und Konzepte zum Gegenstand Politik/Gesellschaft sowie der Fachdidaktik die Interpretationsfolie.

Anwendung als die dritte Funktion erfährt im Kontext der Textanalyse eine spezifische Ausprägung. Anwendung bedeutet, die Texte unter (gesellschaftspolitischen, fachdidaktischen und methodischen) Kriterien einzuordnen, zu kritisieren und weiterzudenken.

Wie lässt sich *kreative Textarbeit* durch Lese- und Schreibstrategien stärken? Dafür wird ein Handlungsrahmen gebraucht, der es den Schülerinnen und Schülern ermöglicht, den Umgang mit Texten sichtbar zu machen, Textsortenvielfalt zu organisieren, Feedback einzufordern bzw. zu geben, die erbrachte Leistung zu veröffentlichen und Arbeitsprozesse und -produkte zu reflektieren. Das sind Maßnahmen, die auf eine veränderte *Schreib- und Lesekultur* abzielen und damit fächerübergreifende Ziele darstellen. Dieser Ansatz umfasst One-Minute-Papers, Zusammenfassungen, Kommentare, Referate, Hausarbeiten. Dazu zählen das Verfassen und Umschreiben von Texten (vgl. Becker 1994). Jeder Umgang mit Texten, der auf aktives Lernen abzielt, braucht die Rückmeldung zu Geschriebenem und/oder Gelesenem. Feedback ist der Spiegel des aktuellen Arbeitsstandes und dessen Qualität.

5. Ausgewählte Anwendungsbeispiele

Im Folgenden werden einige ausgewählte Anwendungsbeispiele aus dem Politikunterricht skizziert, die das Spektrum kreativer Ideen zur Textarbeit widerspiegeln (vgl. dazu das Themenheft Wortmächtig. Text und Politik, Praxis Politik 2/2012).

Beispiel 1: *Von der Schlagzeile zur Makromethode*
Bei der Zeitungslektüre fällt der Fachlehrerin bzw. dem Fachlehrer die *Schlagzeile* „Gehören straffällig gewordene Kinder hinter Gitter?"

auf. Sie/Er assoziiert damit nicht nur ein kontroverses Thema, sondern auch die für eine Pro-Contra-Debatte typische „alternativ formulierte Problemfrage". Sie kann sinnvoll mit Ja oder Nein beantwortet werden; die Begründung macht aber erst das politische Urteil aus (vgl. Detjen u. a. 2012, 60 f.). Der Artikel liefert Akteure, Argumente, Daten und kontroverse Expertenmeinungen, die handlungsorientiert weitergedacht zu einer Pro-Contra-Debatte führen (vgl. Kuhn 2003, 162-165).

Vorlage für Pro-Contra-Debatte

Darüber hinaus lässt sich der Umgang mit Texten auch visualisieren (vgl. Ebertowski 2012, 36-43, mit Unterrichtsmaterialien).

Beispiel 2: *Kontrastiver Textvergleich*
Vor Wahlen können mehrere Parteiprogramme in ausgewählten Politikfeldern (z. B. Bildungspolitik) verglichen werden. Die Konzentration auf die Texte erhöht sich, wenn zentrale Begriffe und Forderungen „vertauscht" werden. In der Auflösung der Verfremdung werden vom Schüler Zusammenhangsdenken und Zuordnungen provoziert.

Beispiel 3: *Vom Zeitungskommentar zur eigenen politischen Urteilsbildung*
Zeitungs-, aber auch Radio- oder Fernsehkommentare stellen professionelle Urteile zu aktuellen politischen Ereignissen dar. Im Politikunterricht können diese meist kurzen Texte analytisch auf immanente Kriterien und Perspektiven untersucht werden. Vor dieser Folie können Schüler und Schülerinnen dann eigene *Kommentare* schreiben und sich eigener Kriterien bewusst werden. Gleiches gilt für politische Karikaturen (vgl. Kuhn 2007, 181-188).

Beispiel 4: *Metaphernanalyse*
Politische Texte in den unterschiedlichen Formaten enthalten oft Metaphern aus anderen Bereichen (Sport, Wirtschaft, Militär). Die politische Sprache dient der Machtausübung und Legitimation. Die Analyse und Befragung dieser Metaphern kann deren Funktion und Berechtigung aufklären (vgl. Klose 2012, 14-19, mit Unterrichtsmaterialien).

6. Forschungsperspektiven

Betrachtet man die fachdidaktische Unterrichtsforschung unter der Frage der Textarbeit im Politikunterricht, können allenfalls punktuelle Befunde identifiziert werden. Der Einsatz der verschiedenen Textsorten, der methodische Umgang und die Wirkung sind weitgehend unbekannt. Es liegen kaum empirisch gesicherte Befunde zur nachhaltigen Textarbeit im Unterricht vor. Die Einschätzung, die Georg Weißeno vor über 20 Jahren formuliert hat, gilt noch immer: „Texte konstituieren politische Erfahrungen. (…) Allerdings ist die politikdidaktische Betrachtung der unterrichtlichen Textarbeit eher ein Desiderat" (Weißeno 1993, 5). Hier wäre die qualitative und quantitative Unterrichtsforschung gefragt, um Texte als zentrales Medium in ihrem Potenzial für politisches Lernen näher zu bestimmen (vgl. Duncker 2003, 14 ff.); diese empirische Fundierung könnte für Fachlehrerinnen und Fachlehrer, aber auch für Schülerinnen und Schüler im Politikunterricht hilfreich sein, um eine angemessene *Politikkompetenz* zu entwickeln.

Forschungsdesiderate

Literatur

Antos, Gerd 1997: Texte als Konstitutionsformen von Wissen. In: Antos, Gerd/ Tietz, Heike (Hrsg.): Die Zukunft der Textlinguistik. Tübingen, S. 43-63
Becker, Howard S. 1994: Die Kunst des professionellen Schreibens. Ein Leitfaden für die Geistes- und Sozialwissenschaften. Frankfurt/M./New York
Breit, Gotthard 2000: Artikel Zeitung. In: Kuhn, Hans-Werner/Massing, Peter (Hrsg.): Methoden und Arbeitstechniken, Bd. 3 des Lexikons der politischen Bildung, hrsg. v. Georg Weißeno. Schwalbach/Ts., S. 212
Breit, Gotthard/Lesske, Frank 2002: Politikunterricht mit Zeitungstexten aus dem Internet – ein Experiment. In: Weißeno, Georg (Hrsg.): Politikunterricht im Informationszeitalter. Medien und neue Lernumgebungen. Schwalbach/Ts., S. 145-158
Dahrendorf, Ralf 2006: Homo Sociologicus. Ein Versuch zur Geschichte, Bedeutung und Kritik der sozialen Rolle. 16. Aufl., Wiesbaden
Deichmann, Carl/Juchler, Ingo (Hrsg.) 2010: Politik verstehen lernen. Zugänge im Politikunterricht. Schwalbach/Ts.
Detjen, Joachim 2004: Politische Urteilsfähigkeit – eine domänenspezifische Kernkompetenz der politischen Bildung. In: Politische Bildung, 2004/3, S. 44-58
Detjen, Joachim 2007: Lehrervortrag, Unterrichtsgespräch und Textarbeit als zentrale unterrichtliche Handlungsformen. In: ders. (Hrsg.): Politische Bildung. München, S. 346-351
Detjen, Joachim u. a. 2012: Politikkompetenz – ein Modell. Wiesbaden
Duncker, Ludwig 2003: Didaktik und Journalismus – Wechselwirkung im Dienste des Lehrens und Lernens. Analyse der Wechselwirkungen von Di-

Literatur

daktik und Journalismus zur Erweiterung der didaktischen Perspektive. In: Kursiv 2003/1, S. 12-17

Ebertowski, Monika 2012: Visualisierung – Jeder Text hat seine Landkarte. In: Themenheft Wortmächtig. Text und Politik, Praxis Politik 2012/2, S. 36-43

Gadamer, Hans-Georg 1995: Wahrheit und Methode, Grundzüge einer philosophischen Hermeneutik. 4. Aufl., Tübingen

Gericke, Robert 2012) Die Mutter aller Methoden? Hermeneutik im Politikunterricht Sek II. In: Themenheft Wortmächtig. Text und Politik, Praxis Politik 2012/2, S. 44-49

Grundler, Elke/Vogt, Rüdiger (Hrsg.) 2006: Argumentieren in Schule und Hochschule. Interdisziplinäre Studien. Tübingen

Holzbrecher, Alfred/Oomen-Welke, Ingelore/Schmolling, Jan (Hrsg.) 2006: Foto + Text. Handbuch für die Bildungsarbeit. Wiesbaden

Juchler, Ingo 2007: Hermeneutik. In: Lange, Dirk (Hrsg.): Methoden Politischen Forschens. Handbuch für den sozialwissenschaftlichen Unterricht, hrsg. v. Dirk Lange und Volker Reinhardt. Baltmannsweiler, S. 10-15

Juchler, Ingo 2007a: Texte. In: Reinhardt, Volker (Hrsg.): Planung Politischer Bildung. Handbuch für den sozialwissenschaftlichen Unterricht, hrsg. v. Dirk Lange und Volker Reinhardt Bd. 5. Baltmannsweiler, S. 151-157

Klose, Christina 2012: Politik – ein „Volkssport"? In: Themenheft Wortmächtig. Text und Politik, Praxis Politik 2012/2, S. 14-19

Kuhn, Hans-Werner 2003: Professionelle Urteile in Tageszeitungen. In: ders.: Urteilsbildung im Politikunterricht. Ein multimediales Projekt. Buch – Video – CD-ROM. Schwalbach/Ts., S. 160-169

Kuhn, Hans-Werner 2006: Metakommunikation im Politikunterricht: Wie argumentieren Oberstufenschüler/innen? In: Grundler, Elke/Vogt, Rüdiger (Hrsg.): Argumentieren in Schule und Hochschule. Interdisziplinäre Studien. Tübingen, S. 147-156

Kuhn, Hans-Werner 2009: Politikdidaktische Hermeneutik. Potenziale empirischer Unterrichtsforschung. In: Oberreuter, Heinrich (Hrsg.): Standortbestimmung Politische Bildung. Schwalbach/Ts., S. 195-215

Massing, Peter 1998: Handlungsorientierter Politikunterricht. Ausgewählte Methoden. Schwalbach/Ts.

Oleschko, Sven 2012: Sprache in Schaubildern. Potenzielle Schwierigkeiten von Schaubildern bei ihrem Einsatz im Unterricht. In: Themenheft: Wortmächtig. Text und Politik, Praxis Politik 2012/2, S. 12-13

Schneider, Gerhard 1999: Die Arbeit mit schriftlichen Quellen. In: Pandel, Hans-Jürgen/Schneider, Gerhard (Hrsg.): Handbuch Medien im Geschichtsunterricht. Schwalbach/Ts., S. 15-44

Weißeno, Georg 1993: Über den Umgang mit Texten im Politikunterricht. Didaktisch-methodische Grundlegung. Politische Bildung Kleine Reihe, Schwalbach/Ts.

Wortmächtig. Text und Politik 2012. Themenheft: Praxis Politik 2012/2

Anja Besand

Mit Bildern lernen: von Foto bis Videoclip

Einführung

Bereits ein oberflächlicher Blick in Schulbücher und Lernmaterialien der politischen Bildung macht offensichtlich, dass in diesem Bildungsbereich Texte eine große Rolle spielen (vgl. Besand 2004). Diese werden in aktuellen Materialien zwar vielfach durch bunte Zeichnungen, Fotographien oder Graphiken ergänzt. Solche visuellen Angebote haben aber zumeist eher illustrierenden Charakter und sind damit für den Lernprozess von deutlich nachgeordneter Bedeutung. Aber warum ist das eigentlich so? In der Vermittlung von Politik sind Bilder – ob bewegte oder unbewegte – heute von durchaus zentraler Bedeutung (vgl. Müller 2003; Dörner/Vogt 2001). So werden politische Informationen beispielsweise in Nachrichtensendungen heute grundsätzlich über Bilder vermittelt. Kaum ein Beitrag kommt ohne filmische Unterstützung aus und selbst kürzeste politische Meldungen werden im Fernsehen mit Standbildern, Karten oder Graphiken unterstützt, welche einen nicht unerheblichen Anteil der Informationsvermittlung übernehmen. Sogar Qualitätszeitungen, als traditionell textorientierte Medien, legen heute mehr Wert auf Bilder. Die bekannte Wochenzeitung DIE ZEIT beispielsweise bietet seit mehreren Jahren eine Rubrik der Informationsvermittlung, in der sie vollständig auf Texte verzichtet. Die Rubrik trägt den Namen „Wissen in Bildern" und beinhaltet – anders als mancher vielleicht erwartet – hoch komplexe Zusammenhänge, die sich in Texten kaum noch verständlich vermitteln lassen. Hier wird sichtbar, was sich in den letzten Jahren im Bereich des sogenannten Visuellen Journalismus bzw. Daten-Journalismus formal entwickeln konnte (vgl. Haller 2008). Interessant an dieser Entwicklung ist, dass Medienrezipienten heute zunehmend daran gewöhnt sind, auch komplexe politische Informationen in visueller Form angeboten zu bekommen und dass die Politik – sei es in etablierter Form der Parteien und Verbände oder aber in den weniger etablierten Formen politischer Protestgruppen

Marginalien:
Zentrale Bedeutung von Bildern bei Vermittlung von Politik

Visueller Journalismus

u. Ä. – sich auf diese Bedürfnisse längst eingestellt hat. So verfügt heute nahezu jede politische Initiative über eine ausgefeilte und auch visuell oft aufwendig durchgestaltete Kampagne, über die zentrale politische Botschaften vermittelt werden. Warum sollte die politische Bildung an dieser Entwicklung also nicht anschließen?

Ein Argument könnte sein, dass es in der politischen Bildung auch und gerade um die rationale Vermittlung und Auseinandersetzung mit politischen Fragen geht und eine solche rationale Vermittlung mit Texten besser als mit Bildern gelingen kann. Dieses Argument ist durchaus nachvollziehbar. Bei genauerer Betrachtung ergeben sich allerdings Widersprüche. Denn gerade wenn es um die Entwicklung rationaler politischer Handlungs- und Urteilsfähigkeiten geht, kann die politische Bildung visuelle Informationsangebote nicht ignorieren oder diskriminieren, solange der Gegenstand diese als zentrale Kommunikationsmedien nutzt. Bilder sollten schon alleine deshalb selbstverständlicher Bestandteil der politischen Bildung sein, weil in diesem Rahmen erste Erfahrungen mit der reflektierten und kritischen Auseinandersetzung auch visueller politischer Kommunikationsangebote geübt werden müssen und darüber hinaus auch Erfahrungen mit der erfolgreichen Gestaltung und Vermittlung eigener gesellschaftlicher und politischer Forderungen und Wünsche gesammelt werden sollen.

Rationale Auseinandersetzung mit politischen Fragen

1. Bildformate in der politischen Bildung

Nachdem die Bedeutung von Bildern für die politischen Bildung im Vorangegangenen zumindest grob aufgezeigt worden ist, soll im Folgenden eher praxisorientierten Teil dieses Beitrags ein Überblick über verschiedene Bildformate gegeben werden, die sich für die politische Bildung eignen. Dabei wenden wir uns nicht nur klassischen Bildformaten wie dokumentarischen oder historischen Fotografien, Karikaturen oder Graphiken zu, sondern betrachten darüber hinaus auch Kunstwerke, Installationen, Skulpturen, Architektur, aber auch Comics und verschiedene Formen von bewegten Bildern.

Vielzahl an geeigneten Bildformaten

Wahlplakat
Ein klassischer Bildtypus der politischen Bildung ist das politische Wahlplakat. Es wird bereits seit vielen Jahren im Unterricht eingesetzt und ist didaktisch gut erschlossen (vgl.: Politik & Unterricht 2/3 2009). Die methodische Spannweite reicht hier von der historisch

vergleichenden Auseinandersetzung mit alten und neuen Wahlplakaten bis hin zur medienpraktischen Gestaltung eigener Plakate von fiktiven Parteien. In den letzten Jahren hinzugekommen sind Angebote, die mit Hilfe digitaler Bildverarbeitungsprogramme aktuelle Wahlplakate umgestalten oder Plakat-Remixe herstellen (vgl. Bieber 2012).

Fotografie
Fotografien, insbesondere dokumentarische und historische, gehören ebenfalls zu den wenigen bereits fest etablierten Bildsorten der politischen Bildung. Sie kommen in allen Unterrichtsmaterialien vor und fungieren nicht selten als historischer Beleg der über die Texte vermittelten Informationen. Ein kritischer Bildumgang kann in dieser Weise allerdings nur selten erprobt werden. Wichtig wäre es aus diesem Grund, Schülerinnen und Schüler zukünftig auch im Rahmen der politischen Bildung zu einem kritischen Bildumgang zu ermuntern, indem Bilder gründlich analysiert und im Hinblick auf die Botschaften, die sie vermitteln (sollen), untersucht werden.

Karikatur
Eine weitere eingeführte Bildsorte der politischen Bildung ist die Karikatur (vgl. Klepp 2010). Karikaturen werden – gerne als Einstieg oder Aufmacher – in Lerneinheiten genutzt, da sie Informationen zu konkreten politischen Zusammenhängen oder Fällen in zugespitzter Form vermitteln. Zudem werden sie von Lehrerinnen und Lehrern oft als witzig und damit auflockernd empfunden. Für Schülerinnen und Schüler muss sich dieser Effekt aber nicht zwangsläufig einstellen. Aus diesem Grund ist dafür Sorge zu tragen, dass Karikaturen in didaktischen Situationen nicht zu Ratespielen verkommen, denn ohne das entsprechende Hintergrundwissen sind Karikaturen oft nur schwer verständlich und selten witzig. Erfolgversprechender – weil näher an der Zielgruppe und in der Narration ausführlicher und expliziter – sind in diesem Zusammenhang politischen Cartoons, Comics oder Graphik Novels.

Cartoon, Comic, Graphik Novel
Wer unter der Überschrift Cartoon oder Comic nur an Garfield oder Micky Maus denkt, dem wird die Legitimation und Integration dieser narrativen Bildsorte in die politische Bildung sicherlich nicht leicht fallen. Jenseits solcher massenkultureller Formate hat sich allerdings ein reiches Spektrum an politisch hochinteressanten Comics entwickelt, mit deren Hilfe sich überaus interessante The-

men erschließen lassen (vgl. Marth 2010). Zu nennen wären hier nicht nur der Klassiker „Maus" von Art Spiegelman, der sich mit der Geschichte eines Holocaustüberlebenden beschäftigt, „Persepolis" von Marjane Satrapi, in dem es um eine Kindheit im Iran geht, oder auch „Da war mal was" von Flix über Erinnerungen an das geteilte Deutschland.

(Info-)Grafik
Eine weitere wichtige Bildsorte stellen Informationsgrafiken dar, mit deren Hilfe statistische Daten und Zusammenhänge visualisiert werden (vgl. Weißeno 2010). In den letzten Jahren hat sich unter der Überschrift Daten-Journalismus oder auch Visueller Journalismus in diesem Bereich einiges getan. Infografiken werden heute von Informationsdesignern als komplexe visuelle Oberflächen gestaltet, auf denen sich Rezipienten Zusammenhänge selbst erschließen können. Plattformen wie http://visual.ly/ oder ähnliche helfen Lehrerinnen und Lehrern aus diesem Grund nicht nur, passende Informationsgrafiken zu finden, sondern auch, diese mit ihren Schülerinnen und Schülern selbst zu gestalten.

Kunstwerke wie Gemälde, Installationen oder Performances
„Politische Bildung kann Kunst für ihre Ziele nutzen, da die Werke Interpretationen anregen, Lesarten thematisieren u. v. m., die neben einer sachlichen Auseinandersetzung mit einem Unterrichtsthema einen weiteren Zugang eröffnen" (Richter 2010, 275). Kunstwerke – zumal zeitgenössische – bieten oft besser noch als Karikaturen einen verdichteten und provokativen Zugriff auf politische Fragen und Zusammenhänge. Wenn die Künstlergruppe YES-Men beispielsweise in ihren Aktionen in künstlerischer Weise die Welt repariert oder Maria Eichhorn eine Aktiengesellschaft gründet, dann lassen sich daraus für die politische Bildung wunderbare Thematisierungsmöglichkeiten finden.

Kunst für Ziele der politischen Bildung nutzen

Architektur und Denkmal oder Skulptur
Gebäude und Skulpturen sind keine Bilder, jedenfalls keine zweidimensionalen. Gleichwohl lassen sie sich vornehmlich visuell erschließen und sollen aus diesem Grund an dieser Stelle nicht unerwähnt bleiben. Denn in Architektur und in Denkmälern drücken sich nicht nur politische Herrschaftsansprüche aus, sie haben auch wichtige gestaltende Funktionen innerhalb von Gemeinwe-

sen. So lässt sich an Schularchitektur mehr über die politische Struktur eines Schulsystems ablesen als an so manchem Bildprogramm und ob ein Parlament in einem halbkreisförmigen oder eckigen Raum untergebracht ist, ist im Hinblick auf die zugrundeliegende politische Kultur ebenfalls nicht ohne Belang (vgl. Drechsel 2010). Solche Zusammenhänge deuten zu lernen gehört zu den Aufgaben der politischen Bildung. Aus diesem Grund sollte diese sich auch mit Architektur und Skulptur im Bildungsprozess auseinandersetzen.

Bewegte Bilder Nachdem wir uns in dieser Weise mit stehenden Bildern für die politische Bildung beschäftigt haben, wenden wir uns im Folgenden bewegten Bildern zu:

Wahlwerbespot
Wir beginnen erneut mit einer naheliegenden und bereits eingeführten Sorte von bewegten Bildern: Den politischen Wahlwerbespots. Wahlwerbespots erscheinen im Vorfeld von Wahlen und vermitteln in verdichteter Form die Kernbotschaften der jeweiligen parteipolitischen Kampagne. Sie sind – das zeigen politikwissenschaftliche Studien – für den Ausgang von Wahlen oft entscheidender als die entsprechenden Wahlprogramme (vgl. Dörner/Schicha 2008). In der Vergangenheit war die Integration politischer Wahlwerbespots in den politischen Unterricht oft nicht gerade einfach, denn sie wurden in den Fernsehprogrammen nicht als solche ausgewiesen und konnten aus diesem Grund nicht systematisch aufgezeichnet werden. Heute stehen politische Wahlwerbespots im Regelfall digital zur Verfügung und können auf diese Weise leicht in den Unterricht integriert werden (vgl. Besand 2008).

Digitale Verfügbarkeit erleichtert Einsetzbarkeit im Unterricht

(Fernseh-)Nachricht
Ähnliches gilt für Fernsehnachrichten. Während auch diese früher nur sehr schwer in Unterrichtssituationen integriert werden konnten, stehen sie heute als digitale Angebote jederzeit und sogar in unterschiedlichen Formaten zur Verfügung. Durchaus etabliert sind Unterrichtsangebote, in denen die Nachrichtenangebote unterschiedlicher Sender verglichen werden. Lohnenswert scheint darüber hinaus aber auch die Frage, wie Nachrichten ihre Inhalte aufbereiten, also mit welchen Bildern sie illustrieren und welche Meldungen bevorzugt und welche eher im Hintergrund stehen. Gut aufbereitet ist der Zusammenhang bei Deichmann (2010).

Unterrichtsfilm/Dokumentation/Reportage
Während Unterrichtsfilme vor 20 Jahren noch als eigenes Filmgenre bezeichnet wurden, hat sich ihre Bedeutung heute – angesichts der Vielfalt der frei zur Verfügung stehenden Dokumentationen und Reportagen stark reduziert (vgl. Thoß 2010). Im Zeitalter digitaler Mediatheken können Reportagen und Dokumentationen zeitnah und sehr aktuell in die politische Bildung integriert werden. Wichtig bei dokumentarischen Formaten ist allerdings auch hier, Lernende auf den Konstruktionscharakter der Bewegtbildangebote hinzuweisen und sie im Hinblick auf die Botschaften, die sie vermitteln, genau wie fiktionale Angebote kritisch zu analysieren (Lesske 2010).

Spielfilm/Serie
Ein weiteres – für die politische Bildung nicht uninteressantes – Bewegtbildformat stellen fiktionale Produkte wie Spielfilme und Fernsehserien dar. Auch sie thematisieren nicht selten interessante politische Fragestellungen und stellen diese auf anschauliche Weise zur Diskussion (vgl. Thoß 2010a). Über die Möglichkeiten, Angebote zur politischen Bildung mit Hilfe der beliebten Fernsehserie „The Simpsons" zu entwickeln, liegen dementsprechend bereits Veröffentlichungen vor (vgl. Wehner et al. 2008), aber auch andere Serien wie „Homeland", „Breaking Bad" oder „Borgen" eignen sich gut als Ausgangspunkte.

Erklärstück/Jingle
Die letzten Bewegtbildformate, auf die wir an dieser Stelle eingehen werden, sollen sogenannte Erklärstücke und (Themen-)Jingles sein. Der Begriff des Erklärstücks stammt dabei ursprünglich aus dem Bereich der Kindernachrichtensendung, hat sich in den letzten Jahren aber auch auf kurze, häufig animierte Videoclips ausgeweitet, in denen komplizierte Zusammenhang möglichst einfach erklärt werden. Neben Anbietern wie Explainity oder der Simple-Show hat sich auch die Bundeszentrale für politische Bildung in den letzten Jahren daran gemacht, mit Hilfe solcher kurzen Videoclips komplizierte Zusammenhänge wie beispielsweise Überhangmandate u. Ä. zu erklären. Diese Angebote eignen sich hervorragend für Unterrichtszwecke – und zwar nicht nur als Input, der durch Lehrerinnen und Lehrer zur Verfügung gestellt wird, sondern auch als mögliches Unterrichtsprodukt, das von Schülerinnen und Schülern selbst entwickelt und produziert werden kann.

> Vereinfachte Darstellung komplizierter Zusammenhänge

2. In drei Schritten zur Bildanalyse

Kompetenter und kritischer Umgang mit Bildern

Unabhängig von der Auswahl und Struktur der Bilder muss das Ziel politischer Bildung grundsätzlich darin liegen, Lernende zu einem kompetenten und kritischen Umgang mit Bildern zu befähigen. Ob nun in Schulbüchern oder in Werbematerialien präsentiert, Bilder dürfen niemals unkritisch als Abbilder der Wirklichkeit verstanden werden, sondern sind immer intentionale Deutungsangebote und damit auch politisch und gesellschaftlich interpretierbar. Der Umgang mit Bildern muss im Rahmen politischer Bildung aus diesem Grund – genau wie der mit Texten – sorgfältig geübt und methodisch angeleitet werden. Anleitungen zur Bildanalyse für den Unterricht finden sich in mannigfaltigen Formen (vgl. dazu ausführlich Müller 2003). Tatsächlich unterscheiden sich diese aber stärker im Differenzierungsgrad und dem Gewicht, das die Bildanalyse im Unterricht haben soll, als in ihrem methodischen Aufbau und didaktischen Ziel. So folgen Bildanalysen bei genauer Betrachtung grundsätzlich einem Dreischritt-Schema. Nach einer möglichst sachlichen Beschreibung dessen, was zu sehen ist, folgt die Analyse von Bedeutungen, die schließlich in die Interpretation mündet.

Abb. 1: Schrittfolgen der Bildbeschreibung in Anlehnung an Panofsky (vgl. Müller 2003)

Diese Schrittfolge ist selbst dann im Unterricht umsetzbar, wenn das Bild, das bearbeitet werden soll, lediglich als Aufmacher oder kurzer Zwischenimpuls eingesetzt wird.

Literatur

Besand, Anja 2004: Angst vor der Oberfläche – Zum Verhältnis ästhetischer und politischer Bildung im Zeitalter neuer Medien. Schwalbach/Ts.

Besand, Anja 2006: Visuelle Spurensuche. Zu den Wirkungen von Bildern in Politik und politischer Bildung. In: kursiv 2/2006, S. 36-45

Besand, Anja 2008: Von Kugeln, Parkbänken und vermeintlicher Sachlichkeit im Wahljahr 2005 oder Wahlwerbespots als visuelle Kommunikationsangebote im und für den Politikunterricht. In: Politik im Spot Format, Wiesbaden, S. 379-388

Besand, Anja/Sander, Wolfgang (Hrsg.) 2010: Handbuch Medien in der politischen Bildung. Schwalbach/Ts.

Bieber, Christoph 2012: Partizipation durch Pixel? Visuelle politische Kommunikation und kreativer Umgang mit digitalen Bildern. In: Besand, Anja (Hrsg.): Politik trifft Kunst. Zum Verhältnis politischer und kultureller Bildung. Bonn, S. 66-82

Deichmann, Carl 2010: Nachrichten. In: Besand/Sander, a. a. O., S. 337-351

Dörner, Andreas/Schicha, Christian (Hrsg.) 2008: Politik im Spot Format, Wiesbaden

Dörner, Andreas/Vogt, Ludgera (Hrsg.) 2012: Unterhaltungsrepublik Deutschland. Medien, Politik und Entertainment. Bonn 2012

Dreschsel, Benjamin 2010: Architektur. In: Besand/Sander, a. a. O., S. 36-49

Haller, Michael (Hrsg.) 2008: Visueller Journalismus. Beiträge zur Diskussion einer vernachlässigten Dimension. Berlin

Klepp, Cornelia 2010: Karikaturen. In: Besand/Sander, a. a. O., S. 239-247

Lesske, Frank 2010: Dokumentarfilm. In: Besand/Sander, a. a. O., S. 169-178

Marth, Nina 2010: Comics. In: Besand/Sander, a. a. O., S. 102-114

Mitchell, William 2008: Bildtheorie, Frankfurt/M.

Müller, Marion 2003: Grundlagen visueller Kommunikation. Weinheim

Richter, Dagmar 2010: Kunstwerke. In: Besand/Sander, a. a. O., S. 274-282

Thoß, Nina 2010: Spielfilm. In: Besand/Sander, a. a. O., S. 489-494

Thoß, Nina 2010a: Unterrichtsfilm. In: Besand/Sander, a. a. O., S. 549 ff.

Wehner, Michael/Reinkunz, Sebastian/Flory, Isabel 2008: Civic Education with The Simpsons. In: Journal of social science education, 7/8 (2008) S. 86-97

Weißeno, Georg 2010: Statistik, Schaubild. In: Besand/Sander, a. a. O., S. 489-494

Ingo Juchler

Mit narrativen Medien lernen: Biografie, Belletristik, Spielfilm

Einführung

Das Erzählen und damit Narrationen gibt es von alters her. Sie machen ein Spezifikum des Menschseins aus. Erzählungen sind „grundlegend für die Organisation, Transformation und Kommunikation von Erfahrung", und der Mensch sieht sich selbst wie auch andere Menschen in seiner „Lebenswelt immer schon im Zusammenhang von Geschichten" (Stierle 1979, 92). Ausgehend von der Literaturtheorie geriet das Narrative zu Beginn der 1970er Jahre im Kontext des *narrative turn* in das Blickfeld der Geistes- und Sozialwissenschaften. In der Geschichtsdidaktik wird Narrativität bereits seit geraumer Zeit thematisiert und stellt dort ein weithin anerkanntes fachdidaktisches Prinzip dar (vgl. Barricelli 2012, 268).

<small>Narrative turn</small>

In der politischen Bildung kommen Narrationen vornehmlich in Gestalt der Medien Biografie, Belletristik und Spielfilm zum Einsatz. Diese Medien unterscheiden sich in vielfältiger Weise hinsichtlich ihrer spezifischen Eigenschaften, welche bei ihrem Einsatz in der politischen Bildung jeweils Beachtung finden müssen. So kann die Auseinandersetzung mit Biografien im Politikunterricht die Schülerinnen und Schüler insbesondere auch in ihrem Identitätsbildungsprozess unterstützen, indem sie diese zu „persönlichen Positionierungen" herausfordern (vgl. Partetzke 2013, 303). Bei der Beschäftigung mit biografischen Unterrichtsmaterialien muss es sich jedoch nicht ausschließlich um Biografien expressis verbis handeln, „sondern auch Reportagen und Romane können sich für die Arbeit in der Schule eignen" (Hoppe 1996, 301). Hier wird der enge didaktische Zusammenhang zwischen den narrativen Medien augenscheinlich.

<small>Auseinandersetzung mit Biografien</small>

Belletristischer Literatur kommt unter didaktischen Gesichtspunkten in besonderer Weise das Verdienst zu, die Rezipienten vermittels ihrer Vorstellungskraft in andere soziale und politische Welten eindringen zu lassen und durch diesen Perspektivenwechsel zur Reflexion über die eigene politische und ethische Position anzuregen

<small>Förderung von Perspektivenwechsel und Reflexion durch Belletristik</small>

(vgl. Juchler 2012, 44 ff.). Martha Nussbaum erkannte hierin den sozialen und ethischen Ertrag der Beschäftigung mit belletristischen Werken: „In fact, I defend the literary imagination precisely because it seems to me an essential ingredient of an ethical stance that asks us to concern ourselves with the good of other people whose lives are distant from our own." (Nussbaum 1995, XVI)

Dem Medium des Spielfilms ist im Unterschied zu Biografien und zur Belletristik eine besondere Ästhetik zu eigen, die sich aus dem Umstand ergibt, bewegte Bilder zu zeigen, die mit Ton unterlegt sind: „Film is also a medium for a *Gesamtkunstwerk* (total work of art), a medium that integrates most other arts in its representation, from music, architecture, and acting to literature and poetry." (Grodal 2005, 168; Hervorhebung im Original) Beim Einsatz von Spielfilmen in der politischen Bildung sollte deshalb auch dem spezifischen Zusammenhang von Inhalt und Form durch die Analyse der filmischen Mittel nachgegangen werden (vgl. Thoß 2010, 492) und die besonderen Eigenschaften des Mediums „didaktisch reflektiert und methodisch berücksichtigt werden" (Straßner 2013, 21).

<small>Medium Spielfilm</small>

Gemeinsam ist den Medien Biografie, Belletristik und Spielfilm, dass sie erzählende Werke sind, wobei die Erzähltheorie die Begriffe Erzählung und Narration synonym gebraucht (vgl. Leubner/Saupe 2006, 10). Im Folgenden sollen deshalb die didaktischen Dimensionen dieser narrativen Medien vorgestellt werden, welche prinzipiell allen Narrationen eigen sind. Dessen unbeschadet wird beim unterrichtlichen Einsatz des jeweiligen narrativen Mediums die eine oder andere Dimension stärker zu berücksichtigen sein. Die Auseinandersetzung mit narrativen Medien erfordert darüber hinaus die Berücksichtigung der hermeneutischen Methode im Politikunterricht.

1. Didaktische Dimensionen beim Einsatz narrativer Medien in der politischen Bildung

1.1 Kompetenzorientierte politische Bildung und vernetztes Wissen

In der kompetenzorientierten Bildung wird Konzepten (auch als Basis- und Fachkonzepte bezeichnet) die Funktion zugeschrieben, die jeweiligen Fachinhalte der Domänen unterschiedlicher Fachdisziplinen auszuweisen (vgl. hier und im Folgenden Juchler 2013). Für

<small>Konzepte</small>

die politische Bildung sind weithin anerkannte Konzepte etwa Macht, Recht, Interesse, Staat, Legitimation, Freiheit, Gleichheit und Gerechtigkeit (vgl. Weißeno et al. 2010, 12; Autorengruppe Fachdidaktik 2011, 170). Die Konzepte sind hierbei als strukturierte Vernetzung aufeinander bezogener Begriffe zu verstehen. Vor diesem Hintergrund ist für die Bestimmung politischer Konzepte festzuhalten, dass diese die inhaltliche Dimension des Politischen abbilden sollen. Mit Hilfe von Konzepten können Schülerinnen und Schüler politische Kontexte analysieren, politische Inhalte strukturieren und systematisieren. Sie vermögen auf diese Weise grundlegendes, vernetztes politisches Wissen zu erwerben. Konzepte bilden mithin für die Lernenden die Grundlage eines systematischen Wissensaufbaus unter fachlicher und zugleich lebensweltlicher Perspektive.

Nun finden in der politischen Bildung vornehmlich Sachtexte Verwendung, die in der Regel auf einen inhaltlichen Gegenstand fokussiert sind. Durch die unterrichtliche Auseinandersetzung mit mehreren Sachtexten kann – vorbehaltlich der Qualität der Texte – sicherlich die in Frage stehende Thematik erschlossen, analysiert und erörtert werden. Eine Verbindung von thematischen Schwerpunkten, die mehreren Konzepten inhaltlich zuzuordnen sind, oder gar ein fächerübergreifender Ausblick auf historische, geografische, rechtliche oder psychische Aspekte kann hier gewöhnlich nicht vorgenommen werden. Die Befähigung der Schülerinnen und Schüler zum Aufbau von „politischen Wissensnetzen" (Sander 2011, 22) respektive eine „Vernetzung des Wissens im Unterricht" (Weißeno et al. 2010, 48) ist allein auf der Grundlage von Sachtexten nur schwerlich möglich.

> Narrationen fördern Entwicklung eines ganzheitlichen, vernetzten Verständnisses

Zur Vernetzung von Wissen mit Bezug auf unterschiedliche inhaltliche Facetten des Politischen und zur weiteren Verankerung dieses domänenspezifischen Wissens in lebensweltliche Kenntnisse und Erfahrungen der Lernenden bietet sich der Einsatz von Narrationen im politischen Unterricht an. Narrationen können die Auseinandersetzung mit inhaltlich explizit politisch bestimmten Sachtexten nicht ersetzen. Sie verfügen jedoch bisweilen über politisch-inhaltliche Momente, die als implizite didaktische Anschlussstellen für die Beschäftigung mit dem Politischen dienen und vermögen zur Entwicklung eines ganzheitlichen vernetzten Verständnisses politischer Sachverhalte beizutragen. Politische Sachtexte sind in der politischen Bildung die inhaltsbezogene Pflicht, Narrationen können

Didaktische Dimensionen beim Einsatz narrativer Medien in der pol. Bildung 469

die Horizont erweiternde und das Verständnis des Politischen vertiefende Kür sein.

1.2 Fächerübergreifende politische Bildung

Das Politische erscheint vielfach in Erzählungen implizit und ist mit anderen Momenten der menschlichen Existenz verwoben. Vor diesem Hintergrund eignet sich die Auseinandersetzung mit Narrationen in der politischen Bildung im fächerübergreifenden Unterricht. Der heute in der Schule vorhandene Fächerkanon ist historisch gewachsen und ermöglicht dieser Institution die Ordnung und Strukturierung von Kenntnissen und Erfahrungen in domänenspezifischen Wissensbereichen. Zugleich bedingt diese Einteilung aber auch eine arbiträre Trennung von lebensweltlichen Zusammenhängen, die im schulischen Kontext nur sehr selten, etwa bei fächerübergreifenden Projektarbeiten, wieder aufgehoben wird. Die Entwicklung einer pädagogisch wünschenswerten „ganzheitlichen Weltsicht" (Deichmann 2001, 8) durch die Schülerinnen und Schüler wird im ausdifferenzierten fachlichen Regelunterricht zumindest erschwert, wenn nicht gänzlich verhindert.

Einsatz von Narrationen im fächerübergreifenden Unterricht

Im fächerübergreifenden Politikunterricht mit Narrationen können die fachspezifischen Kenntnisse in Verknüpfung mit Gegenständen anderer Domänen vermittelt werden. Diese Verflechtung von politischen, historischen, wirtschaftlichen, rechtlichen, religiösen und anderen Themen in Narrationen ermöglicht in der fächerübergreifenden politischen Bildung ein ganzheitliches Lernen und Verstehen des Politischen. Hierbei ist die von den Lernenden einzunehmende Erkenntnishaltung nicht – wie etwa bei der Rezeption von Sachtexten – allein auf politische Gegenstände gerichtet. Vielmehr können sie durch die Lektüre eines belletristischen Textes oder bei der Rezeption eines Spielfilms zunächst ganzheitlich eine ästhetische Erfahrungswelt respektive Weltwissen kennenlernen und, hiervon motiviert und angeregt, im Anschluss fachspezifische politische Aspekte analysieren und sich darüber austauschen.

1.3 Mehrdeutigkeit, Ambiguität und Kontingenzerfahrungen

Narrationen eignen vielfach Momente der Mehrdeutigkeit, Rätselhaftigkeit, Ambiguität und Kontingenz. Narrationen vermögen vermeintliche Gewissheiten zu erschüttern, liebgewonnene Klischees, Vorurteile und vertraute Wertvorstellungen anzuzweifeln sowie politische Überzeugungen in Frage zu stellen. Dadurch werden den Rezipienten neue Möglichkeiten des Seins eröffnet. Die fächerübergreifende Beschäftigung mit Narrationen in der politischen Bildung ermöglicht den Schülerinnen und Schülern die Erfahrung von lebensweltlicher Kontingenz und die Auseinandersetzung mit dieser im Kontext des Unterrichts. Auf diese Weise können sie die spezifischen Bedingungen derselben im Bereich des Politischen sowie deren Folgen für die Lebenswelt der Menschen besser einschätzen und verstehen lernen. Von den ästhetisch vermittelten Erfahrungen ausgehend können die Schülerinnen und Schüler mit Kontingenz im Bereich des Politischen konfrontiert werden (vgl. Toens/Willems 2012) und durch die unterrichtliche Auseinandersetzung damit zur „Kontingenzbewältigung" gelangen (Sander 2009, 245). Durch narrative Medien vermittelte Kontingenzerfahrungen kann bei den Lernenden eine gerade für das Verständnis des Bereichs des Politischen erforderliche Bewusstheit, Bereitschaft und Offenheit für das Unerwartete, Mögliche und Unvorhersehbare geschaffen werden. Narrationen bieten einen lebensweltlichen und nachvollziehbaren Zugang zu diesen Erfahrungen.

Lernende können für Offenheit pluralistischer Demokratien gewonnen werden

In diesem Kontext können die Schülerinnen und Schüler in der politischen Bildung vermittels der fächerübergreifenden Auseinandersetzung mit narrativen Medien schließlich gegen die vereinfachenden Sichtweisen politischer Demagogen und die manichäische Weltsicht von politischen wie religiösen Extremisten gefeit und für die Offenheit pluralistischer Demokratien gewonnen werden. Narrationen vermitteln den Schülerinnen und Schülern Erfahrungen von Ambiguität, Kontingenz und einen Sinn für die Pluralität von Werten, Einstellungen und politischen Möglichkeiten. Sie können damit den einschränkenden bzw. repressiven Charakter jedweder Diktatur, verabsolutierende Ideologien und politischen respektive religiösen Ismus erkennen und ein positives Verständnis für die Vielfalt menschlicher Interessen, Werturteile und politischer Auffassungen entwickeln. Die Beschäftigung mit Narrationen in der politischen Bildung und die Auseinandersetzung mit den darin vorgestellten Ambiguitäten ermöglicht den Schülerinnen und Schülern die Fähigkeit, Ambiguitätstoleranz auszubilden.

1.4 Multiple Perspektiven und politische Urteilsbildung

Die in Narrationen zutage tretenden Mehrdeutigkeiten ergeben sich insbesondere aufgrund der darin präsentierten unterschiedlichen

Sichtweisen der Figuren. Die verschiedenen und zum Teil disparaten Perspektiven der Gestalten offenbaren den Facettenreichtum persönlicher, weltanschaulicher, moralischer und politischer Auffassungen. Den Schülerinnen und Schülern kann dadurch die Relativität lebensweltlicher und spezifisch politischer Perspektiven – auch der eigenen – bewusst werden. Der fiktive Raum von Narrationen bietet den Lernenden Motivation und Anreize, die Perspektive von anderen einzunehmen, die Welt aus deren Sicht zu betrachten und sich empathisch auf eine neue soziale Rolle einzulassen. Narrative Medien können auf diese Weise die Schülerinnen und Schüler auch emotional ansprechen und anregen, sich mit den verschiedenen Perspektiven geistig auseinanderzusetzen, wodurch ihr lebensweltlicher und kultureller Horizont erweitert und bereichert wird.

Fiktiver Raum bietet emotionale Anregungen

Hannah Arendt hat die Entwicklung eines eigenständigen Urteils, welches sich gleichwohl durch intersubjektive Gültigkeit auszeichnet, in einer unveröffentlichten Vorlesung eindrucksvoll beschrieben: „Stellen Sie sich vor, ich schaute auf ein bestimmtes Wohnhaus in einem Slum und würde in diesem besonderen Gebäude die allgemeine Vorstellung, die es nicht direkt ausdrückt, erkennen: die Vorstellung von Armut und Elend. Ich gelange zu dieser Vorstellung, indem ich mir vergegenwärtige, repräsentiere, wie ich mich fühlen würde, wenn ich dort zu leben hätte. Das heißt: Ich versuche, vom Standort des Slumbewohners aus zu denken. Das Urteil, zu dem ich komme, wird keinesfalls unbedingt das gleiche sein wie das der Bewohner, bei denen die Zeit und die Hoffnungslosigkeit eine Abstumpfung gegenüber ihren schändlichen Lebensbedingungen bewirkt haben mögen; aber es wird für mein weiteres Urteilen in diesen Angelegenheiten ein außergewöhnliches Beispiel werden, auf das ich zurückgreife (…) Mehr noch, auch wenn ich beim Urteilen andere berücksichtige, so heißt das nicht, dass ich mich in meinem Urteil den Urteilen anderer anpasse. Ich spreche noch immer mit meiner eigenen Stimme und zähle nicht eine Majorität aus, um zu dem zu gelangen, was ich für richtig halte. Allerdings ist mein Urteil auch nicht länger subjektiv." (Arendt zitiert nach Beiner 1998, 138; Auslassung im Original)

Beispiel

Ein politisches Urteil qualifiziert sich dadurch, dass es nicht allein die eigene politische Sichtweise, sondern auch die Perspektiven anderer berücksichtigt (vgl. Juchler 2012a, 20). Die Auseinandersetzung mit in Narrationen repräsentierten unterschiedlichen Perspektiven fordert die Schülerinnen und Schüler zur Bewertung derselben sowie zur Infragestellung der eigenen Sichtweise heraus. Deshalb kann der Einsatz narrativer Medien in der fächerübergreifenden politischen Bildung dem Ziel der Befähigung der Lernenden zur politischen Urteilskraft in besonderer Weise nachkommen.

Literatur

Autorengruppe Fachdidaktik 2011: Sozialwissenschaftliche Basiskonzepte als Leitideen der politischen Bildung. In: Autorengruppe Fachdidaktik: Konzepte der politischen Bildung. Eine Streitschrift. Schwalbach/Ts., S. 163-171

Barricelli, Michele 2012: Narrativität. In: Barricelli, Michele/Lücke, Martin (Hrsg.): Handbuch Praxis des Geschichtsunterrichts. Bd. 1. Schwalbach/Ts., S. 255-280

Beiner, Ronald 1998: Hannah Arendt über das Urteilen. In: Arendt, Hannah: Das Urteilen. Texte zu Kants Politischer Philosophie. Hrsg. v. Ronald Beiner. München, S. 115-197

Deichmann, Carl 2001: Fächerübergreifender Unterricht in der politischen Bildung. Schwalbach/Ts.

Grodal, Torben 2005: Film Narrative. In: Herman, David/Jahn, Manfred/Ryan, Marie-Laure (Hrsg.): Routledge Encyclopedia of Narrative Theory. London/New York, S. 168-172

Hoppe, Heidrun 1996: Subjektorientierte politische Bildung. Begründung einer biographiezentrierten Didaktik der Gesellschaftswissenschaften. Opladen

Juchler, Ingo 2012: Der narrative Ansatz in der politischen Bildung. Berlin

Juchler, Ingo 2012a: Politisches Urteilen. In: zeitschrift für didaktik der gesellschaftswissenschaften (zdg), Jg. 3, Heft 2, S. 10-27

Juchler, Ingo 2013: Narrationen in der politischen Bildung. In: zeitschrift für didaktik der gesellschaftswissenschaften (zdg), Jg. 4, Heft 2, S. 36-54

Leubner, Martin/Saupe, Anja 2006: Erzählungen in Literatur und Medien und ihre Didaktik. Baltmannsweiler

Nussbaum, Martha C. 1995: Poetic Justice. The Literary Imagination and Public Life. Boston

Partetzke, Marc 2013: Der biographisch-personenbezogene Ansatz. In: Deichmann, Carl/Tischner, Christian K. (Hrsg.): Handbuch Dimensionen und Ansätze in der politischen Bildung. Schwalbach/Ts., S. 301-313

Sander, Wolfgang 2009: Bildung und Perspektivität – Kontroversität und Indoktrinationsverbot als Grundsätze von Bildung und Wissenschaft. In: Erwägen – Wissen – Ethik, Jg. 20, Heft 2, S. 239-248

Sander, Wolfgang 2011: Kompetenzorientierung in Schule und politischer Bildung – eine kritische Zwischenbilanz. In: Autorengruppe Fachdidaktik: Konzepte der politischen Bildung. Eine Streitschrift. Schwalbach/Ts., S. 9-25

Stierle, Karl-Heinz 1979: Erfahrung und narrative Form. Bemerkungen zu ihrem Zusammenhang in Fiktion und Historiographie. In: Kocka, Jürgen/ Nipperdey, Thomas (Hrsg.): Theorie und Erzählung in der Geschichte. München, S. 85-118
Straßner, Veit 2013: Filmeinsatz im Politikunterricht: didaktische und methodische Überlegungen. In: Straßner, Veit (Hrsg.): Filme im Politikunterricht. Schwalbach/Ts., S. 9-31
Thoß, Nina 2010: Spielfilm. In: Besand, Anja/Sander, Wolfgang (Hrsg.): Handbuch Medien in der politischen Bildung. Schwalbach/Ts. 2010, S. 489-494
Toens, Katrin/Willems, Ulrich (Hrsg.) 2012: Politik und Kontingenz. Wiesbaden
Weißeno, Georg et al. 2010: Konzepte der Politik – ein Kompetenzmodell. Schwalbach/Ts.

Anja Besand

Mit digitalen Medien lernen –
Lernprodukte und Lernumgebungen

Während man in der schulpädagogischen und fachdidaktischen Diskussion noch darüber debattiert, welche Bedeutung digitale Medien und hier insbesondere soziale Medien für Schule und Unterricht haben könnten oder sollten, hatte sich die Frage in der politischen und gesellschaftlichen Realität bereits erledigt. Im Jahr 2013 können die Bürgerinnen und Bürger die Aktivitäten der meisten Bundestags- und Landtagsabgeordneten über Plattformen wie abgeordnetenwatch überprüfen und kommentieren. Es findet sich kaum ein deutscher Politiker oder eine Politikerin ohne eigenes *Facebookprofil* – viele *twittern* – und vor dem Hintergrund der Fragen zu Urheberrecht und Datenschutz hat sich gar eine völlig neue Partei entwickelt. (vgl. Bieber/Leggewie 2012) Aber nicht nur national, auch international haben wir uns daran gewöhnt, das Verhältnis von digitalen Medien und Politik neu zu bewerten. Dazu hat insbesondere die Beobachtung *Sozialer Medien* wie *Facebook* und *Twitter* beigetragen, die einen nicht unerheblichen Einfluss auf die Organisation und Kommunikation der Demokratiebewegungen im sogenannten Arabischen Frühling ab 2011 hatten, aber auch die Auseinandersetzung mit iranischen und chinesischen Bloggern (vgl. Assenburg 2011; Meckel 2008). Das demokratische Potenzial digitaler Medien, das beim Blick auf Nordafrika, den Iran oder auch China leicht sichtbar gemacht werden kann, tritt in der deutschen schulpädagogischen und fachdidaktischen Debatte bislang allerdings nur selten zutage. Vielmehr ist diese Auseinandersetzung von starken Bedenken geprägt: Sollten Lehrerinnen und Lehrer beispielsweise auf Plattformen wie Facebook und Twitter mit ihren Schülerinnen und Schülern in Kontakt treten – oder lieber nicht? Wie groß ist die Gefahr von Cybermobbing/Rechtsextremismus und Pädophilie im Netz? Welchen Stellenwert sollten mobile Geräte wie Tablets und Smartphones in der Schule haben?

Doch angesichts der medialen wie gesellschaftlichen Veränderungen, die digitale Medien mit sich bringen, reicht es nicht aus, das thematische Spektrum des politischen Unterrichts um einen Aspekt

Bedeutung von Sozialen Medien

Was sind überhaupt digitale Medien? 475

zu ergänzen und eine Doppelseite zum Thema Cybermobbing in die neuen Schulbücher aufzunehmen, oder neben der Zeitungslektüre nun auch hin und wieder mit Schülerinnen und Schülern im Internet zu surfen. Durch digitale Datenverarbeitung ergeben sich für mediale Informationen und ihre Übertragung vielmehr ganz grundsätzlich neue Möglichkeiten und Chancen. Um diese Potenziale auch für die politische Bildung zu erschließen, müssen deshalb zunächst die grundsätzlichen Veränderungen beschrieben werden, die Medien und Gesellschaft durch Digitalität erfahren haben.

1. Was sind überhaupt digitale Medien?

Zu den grundlegendsten Kennzeichen von Digitalität zählt: a) eine ungeheure Verarbeitungsgeschwindigkeit, die b) eine erhöhte Interaktivität im medialen Kommunikationsprozess und c) eine weitreichende Virtualisierung von Kommunikation und Information ermöglicht. Zu den zentralen Kennzeichen digitaler Medien gehört aber auch – und das ist für Bildungsprozesse von nicht zu unterschätzender Bedeutung – d) die digitale Medienintegration. Mit der Digitalisierung von Daten sind allerdings nicht nur Vorteile verbunden. Gesellschaftlich ergeben sich durchaus erhebliche Herausforderungen. Zu den zentralsten zählt dabei sicherlich die Frage von Datenschutz und Urheberrecht.

Kennzeichen von Digitalität

Doch zunächst zum Begriff der Dynamik: Digitale Datenverarbeitung ermöglicht (zusammen mit den Entwicklungen im Bereich der Telekommunikations- und Satellitentechnologie) eine immense Beschleunigung medialer Kommunikationsprozesse und damit eine Verkürzung von Informationswegen und Vergößerung von Kommunikationsräumen. Digitale Daten können in *Echtzeit* von einer Seite der Erde auf die andere Seite vermittelt und damit ortsunabhängig wahrgenommen oder (mit-)geteilt werden. Das erzeugt hohe Anforderungen an die Urteilsfähigkeit der Subjekte, gleichzeitig entsteht damit aber auch die Möglichkeit zu einer ortsunabhängigen Steuerung digitaler Prozesse (von Operationen, Diskussionen bis hin zur Navigation) und damit auch zur ortsunabhängigen kollaborativen Arbeit unterschiedlicher Akteure an einem gemeinsamen Projekt. Welche ungeheure Dynamik solche Prozesse entwickeln können, lässt sich an Plattformen wie Wikipedia, aber auch am Beispiel der kollaborativen Aufdeckung wissenschaftlicher Plagiate (die die Zusammenarbeit unzähliger Akteure notwendig machen) sehr gut nach-

a) Dynamik

vollziehen. Kollaborative Prozesse sind schulischen Bildungsprozessen zwar nicht fremd, stellen diese aber nicht selten vor erhebliche Herausforderungen, weil sie sich durch Lehrkräfte nur schwer steuern und individuell kaum bewerten lassen. Für Schülerinnen und Schüler werden sie unter diesen medialen Bedingungen aber als weitgehend normal angesehen (vgl. JIM Studie 2010).

b) Interaktivität Das zweite Kennzeichen digitaler Medien lässt sich am besten mit dem zwischenzeitlich leicht abgegriffenen Begriff der Interaktivität beschreiben. Denn Informationen können, vermittelt über digitale Medien, nicht nur von unbegrenzt vielen Teilnehmern erhalten, sondern von ebenso vielen verändert, beeinflusst, ja produziert werden (vgl. Meckel 2008, 17). Spätestens unter diesem Gesichtspunkt erweist sich das klassische Sender-Empfänger-Modell, das zwischen Produzenten und Konsumenten medialer Information grundsätzlich unterscheidet, als überholt. Medientheoretisch spricht man statt dessen von sog. *Prosumenten* (vgl. Toffler 1980) und betont damit, dass in digitalen Umgebungen jeder gleichzeitig Produzent und Konsument sein kann. Den Schritt vom rezeptiven Modell zum interaktiven Modell digitaler Medien markieren in der gegenwärtigen Diskussion die Begriffe: Vom Web 1.0 (als Lese-Web) hat es sich zum Web 2.0 (als Lese- und Schreib-Web) entwickelt. Die sozialen wie gesellschaftlichen Folgen dieser Veränderung sind heute noch kaum absehbar, betreffen unsere Vorstellung von Wissen- und Expertenschaft und damit auch unsere Vorstellung von Bildung und Vermittlung aber in einem sehr direkten Maße.

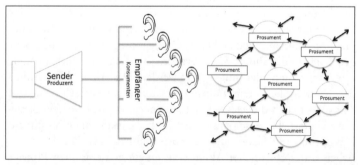

Eigene Darstellung

c) Virtualisierung Als drittes Merkmal digitaler Medien soll in diesem Zusammenhang noch das Phänomen der Virtualisierung angesprochen werden. Denn

Was sind überhaupt digitale Medien? 477

durch die beschleunigte Datenverarbeitung und -übertragung ist es nicht nur möglich, mediale Informationen in Echtzeit zu übermitteln, sondern auch eigene Daten dezentral abzulegen. Die zentralen Stichworte lauten hier *Streaming* oder auch *Cloud Computing*. Durch diesen Prozess der Virtualisierung ist es für den einzelnen Nutzer oder die entsprechende Nutzerin nicht mehr nötig, mediale Information wie Musik, Bilder, Filme oder Daten und Anwendungen auf eigenen Datenträgern zu besitzen oder zu sichern. Sie können stattdessen dezentral zur Verfügung gestellt oder genutzt werden. Diese Virtualisierung der Datenträger hat weitreichende Konsequenzen für unsere Vorstellung von Informationsträgern, damit aber auch von Datenschutz und Urheberrecht. Gleichzeitig eröffnen sich für den Bildungsbereich über die Open Source und Open Data Bewegung aber auch viele Chancen. Denn während die Integration von Medien in Bildungsprozessen lange Zeit mit erheblichen technischen Herausforderungen verbunden war, stehen Medien (ein robuster Onlinezugang vorausgesetzt) im digitalen Zeitalter in Bildungskontexten nicht selten weitgehend kostenfrei zur Verfügung.

Als letztes Kennzeichen soll in diesem Kontext noch der Begriff der Medienintegration vorgestellt werden, denn im Zuge fortschreitender Digitalisierung werden nicht nur ausgewählte Medien in ihrem Produktionsprozess digital bestimmt, vielmehr entwickelt sich ein Medienverbund, in dem Telefon, Presse, Radio, Fernsehen, Foto/Video und auch das Internet selbst digital miteinander verbunden und verflochten werden (vgl. Münkler 2009, 64 f.). Digitale Datenverarbeitung bleibt demnach nicht auf ein Medium beschränkt. Mit einem Telefon kann man heute Fotos machen, Filme drehen oder Interviews aufzeichnen und mit einem Fotoapparat telefonieren. Der Computer oder Laptop ist heute nicht mehr nur das zentrale Medium der *Text-, Bild-* oder *Tonverarbeitung*, sondern auch zum zentralen *Kommunikationsmedium* geworden, welches überdies nicht nur am heimischen, schulischen oder beruflichen Arbeitsplatz zur Verfügung steht, sondern uns auf Schritt und Tritt begleitet. In Kürze werden wir mit unserer Armbanduhr E-Mails empfangen. Das heißt: Durch Digitalisierung werden die Grenzen vormals getrennter Medien aufgeweicht und es entwickeln sich vielfältige neue Übergänge (vgl. ebd.). Die Zeitung verweist auf Computerlinks oder erscheint gleich in digitaler Form, in der die Leserinnen und Leser sich an der Diskussion der Artikel direkt und unmittelbar beteiligen können. Fernsehdiskussionsrunden werden erweitert durch digital eingereich-

d) Medienintegration

te Zuschauerfragen und einen anschließenden Experten-Chat und sogar Bücher können (in elektronischer Form) heute Filme oder Hörspielsequenzen enthalten. An diesen Beispielen wird sichtbar: Der digitale Produktionsprozess greift nach und nach in den Produktionsprozess aller anderen Medien ein und macht diese zu omnipräsenten Instrumenten, die unseren Alltag nahezu rund um die Uhr beeinflussen können und aus diesem Grund auch aus Lernprozessen nicht herausgehalten werden können.

2. Konsequenzen für die politische Bildung

Bereits im Kontext des Begriffs der Medienintegration deutet sich an, dass die Veränderungen, die sich durch Digitalisierung für die mediale Information und Kommunikation ergeben, nicht nur Prozesse betreffen, die wir im Sinne ektronischer Datenverarbeitung als digitale Prozesse beschreiben würden, sondern in ihren Wirkungen weit über diesen Bereich hinaus weisen. Was bedeutet es beispielsweise, wenn der Zugang zu Information zu jeder Zeit und an jedem Ort gewährleistet zu sein scheint? Wenn in jedem Klassenzimmer (zumindest potenziell) alle (Tages-)Zeitungen der Welt zugänglich sind? Was bedeutet es, wenn – neben Lehrerinnen und Lehrern – in Bildungsprozessen jederzeit auch andere Experten oder Zeugen hinzugezogen werden können, die die Zusammenhänge möglicherweise besser kennen oder anders einschätzen? Was bedeutet es, wenn in der Dynamik des Kommunikationsprozesses die Halbwertzeit des Wissens abnimmt und möglicherweise morgen schon nicht mehr stimmt, was wir gestern gelernt haben? Welche Konsequenzen hat das für unsere Vorstellung von Bildung und insbesondere von politischer Bildung?

Integrationsmöglichkeiten und -notwendigkeiten digitaler Medien

Antworten auf diese grundlegenden Fragen können an dieser Stelle natürlich nur angedeutet werden. Für die politische Bildung bedeutet das aber zumindestens, dass digitale Medien nicht *nur* als inhaltliche Herausforderung und damit als Thema in den politischen Unterricht integriert werden können. Die politische Bildung muss sich vielmehr in einem sehr grundlegenden Sinn den didaktischen Herausforderungen stellen, die sich durch die Veränderung digitaler Medien ergeben, und ihren Unterricht auf die gewandelte mediale und gesellschaftliche Situation anpassen. Natürlich spricht weiterhin nichts gegen eine thematische Bearbeitung von Fragestellungen, die sich direkt auf digitale Medien beziehen. Daneben ergeben sich aber auch verschiedene andere Integrationsmöglichkeiten und Notwendigkeiten. So sollten digitale Medien genauso ein selbstverständliches Arbeitsmittel des politischen Unterrichts werden wie Material sein. Sie sind notwendige Instrumente und Werkzeuge, mit denen sich sowohl Unterrichtsmaterialien wie -produkte gestalten lassen. Sie können aber auch Lernumgebung sein, in denen Schüler sich selbstständig Informationen suchen, Experimente durchführen oder Wissen trainieren. Um die Vielfalt der Einsatzmöglichkeiten für die politische Bildung zu illustrieren, sollen im Folgenden einige idealtypisch skizziert werden.

3. Digitale Medien als Gegenstand des politischen Unterrichts

Werden digitale Medien als Gegenstand in den politischen Unterricht integriert, geht es zunächst um die reflexive Auseinandersetzung mit ihren sozialen wie politischen Wirkungen, also um ihre bereits angesprochenen gesellschaftsverändernden Potenziale. Diese Auseinandersetzung beginnt mit Fragen, wie sie bereits traditionell unter der Überschrift *Medien als Vierte Gewalt* gestellt worden sind, also mit Fragen nach Machtverhältnissen oder -konzentrationen und dem damit zusammenhängenden Regulierungs- oder Kontrollbedarf in der Medienlandschaft. Thematisch führt dies allerdings weiter zu der Frage, welche Rückkopplungseffekte sich zwischen Medien und Politik ergeben, also wie Politik sich verändert im Spiegel der Medien.

Um solchen Fragestellungen gerecht zu werden, muss sich der politische Unterricht selbstverständlich auch auf digitale *Medien als Unterrichtsmittel oder Unterrichtsmedium* einlassen. Denn so wenig man in der politischen Bildung sinnvoll über die politische Bedeutung der Presse (vgl. Breit 2010) oder des Fernsehens (Deichmann 2010) sprechen konnte, ohne Zeitungen zu lesen oder Fernsehbeiträge zu sehen, so wenig lässt sich wohl die Bedeutung digitaler Medien für die globalisierte politische Kommunikation verstehen, ohne diese zu benutzen (vgl. Besand/Sander 2010, 9 f.). Kompetenzen im Umgang mit den neuen Zeichensystemen und veränderten Kommunikationsstrukturen lassen sich letztlich nur erwerben, indem der selbstverständliche Umgang mit ihnen trainiert werden kann. So weit erscheint die Integration noch relativ einfach, doch wir werden den Potenzialen digitaler Medien nicht gerecht, wenn wir sie lediglich als

Digitale Unterrichtsmedien

Thema oder Arbeitsmittel im politischen Unterricht einzusetzen versuchen. Digitale Medien lassen sich weder in zwei bis drei noch in zwanzig Schulstunden einfach als Stoff durchnehmen und der Computer lässt sich im Unterricht auch nicht wie ein digitaler Overheadprojektor einfach als Arbeitsmittel einsetzen (vgl. Besand 2010, 115). Digitale Medien verändern die Struktur politischen Unterrichts. Das wird vor allem dann deutlich, wenn man sich vergegenwärtigt, für welche Handlungsfelder sich digitale Medien im Politikunterricht am besten eignen.

Informieren und recherchieren:
Digitale Medien bieten sich in der politischen Bildung auf den ersten Blick vor allem als Recherchegrundlage an, denn durch Medien wie das Internet stehen für den politischen Unterricht zu jeder Zeit an jedem Ort eine ungeheure Zahl an vielfältigen und aktuellen Informationen zur Verfügung. Diese Vielfalt an Informationen stellt gerade für den politischen Unterricht ein enormes Potenzial dar. So kann über das Internet zu jedem beliebigen politischen Problem oder Konflikt nicht nur der tagesaktuelle Inhalt von Tages- oder Wochenzeitschriften kostengünstig und schnell eingesehen werden, im Internet bietet sich darüber hinaus vor allem auch die Möglichkeit, die politischen Positionen und Perspektiven der beteiligten Parteien oder Akteure auch direkt zugänglich zu machen. Das Problem besteht damit nicht mehr darin, *zur* Information zu gelangen, sondern *in* der Information das Wesentliche vom Unwesentlichen, das Bedeutungsvolle vom Banalen, das Neue vom Aufgewärmten zu unterscheiden. Eben dies stellt eine besondere Herausforderung an die Urteilsfähigkeit der Subjekte dar, die im Rahmen politischer Bildung ausführlich trainiert werden sollte.

Kommunizieren und kollaborieren:
Über die Recherche hinaus besteht in digitalen Umgebungen zudem die Möglichkeit, sich mit Fragen oder Positionen direkt an beteiligte Akteure zu wenden und auf elektronischem Weg eine direkte Kommunikationssituation zu suchen. So können Schülerinnen und Schüler heute ohne weiteres den Tweets von Politikern oder Politikerinnen oder auch politischen Experten und Expertinnen folgen oder direkt und unmittelbar mit diesen in Kontakt treten. Via E-Mail, Chat, Skype oder vergleichbaren anderen Diensten ist es zudem ohne Weiteres möglich, Unterrichtsprojekte auch gemeinsam

mit geographisch weit entfernten schulischen oder außerschulischen Projektpartnern durchzuführen, zu koordinieren oder Daten und Ergebnisse auszutauschen (vgl. Hardt 2010).

Simulieren und ausprobieren:
Digitale Medien eignen sich in besonderem Maße dazu, komplexe politische und soziale Prozesse an geschützten Lernorten zu simulieren. So stehen heute bereits vielfältige Computerspiele und Serious Games zur Verfügung, die auch für den Bereich der politischen Bildung interessant sind (vgl. www.spielbar.de). Diese Produkte ermöglichen es, im Rahmen politischer Bildung die Effekte und Auswirkungen politischer oder sozialer Ereignisse nachzuvollziehen und sich in unterschiedliche soziale Rollen einzufühlen (vgl. Kücklich 2005).

Üben und lernen:
Neben digitalen Simulations- und Planspielen können im Rahmen politischer Bildung auch Lernangebote, -programme und -tutorials genutzt werden, mit deren Hilfe sich die Teilnehmerinnen und Teilnehmer selbstständig und individuell über verschiedene Fragestellungen informieren und ihr Wissen trainieren können. So ist beispielsweise das Angebot an aufwendig gestalteten Onlinekursen und digitalen Lernmaterialien in den letzten Jahren geradezu explosiv gewachsen und ermöglicht es zu jeder Zeit und an jedem Ort, an den interessantesten Kursen internationaler Universitäten teilzunehmen, ohne das Klassenzimmer oder die Schule zu verlassen.

Ordnen und archivieren:
Neben aufwendigen multimedialen Lernprogrammen sollen aber auch die werkzeugorientierten Softwareprodukte nicht übersehen werden, die im politischen Unterricht weniger als Lern- oder Übungsprogramme denn als Tools eingesetzt werden können, mit deren Hilfe sich beispielsweise Mindmaps erstellen, Interviews aufzeichnen und auswerten, Fotos ordnen und analysieren oder empirische Daten auswerten und aufbereiten lassen. Viele dieser Programme stehen heute überdies als offene Softwareprodukte auf dezentralen Servern bereit – was Lizenz- und Aktualisierungsfragen in Bildungsinstitutonen erheblich vereinfacht.

Gestalten und präsentieren:
Neben der Fähigkeit, mediale Produkte verstehen und *lesen* zu lernen und mit digitalen Medien reflektiert und sicher umzugehen, sollte es im Rahmen politischer Bildung unter dem Stichwort *politische Handlungsfähigkeit* auch darum gehen, Medienprodukte selbst herstellen und öffentlich präsentieren zu können. Dies ist mit digitalen Medien sehr viel einfacher als mit analogen Medien möglich. Ob selbst gestaltete Infografik, Broschüre oder Buch, Multimediapräsentation, Internetseite, Posterausstellung oder digitaler Videoclip – die Möglichkeiten angesichts des immer komplexer werdenden Medienverbundes sind nahezu unbegrenzt. Spätestens morgen wird jeder Teilnehmer und jede Teilnehmerin die notwendige Technologie dazu bereits in der Hosentasche mit sich führen.

Zusammenfassend kann damit festgehalten werden: Im Kontext der fortschreitenden medialen Entwicklung stellt sich in Bildungskontexten weniger die technische Frage nach Medienausstattung und Medienkompetenz – im Sinne der handwerklich-technischen Fähigkeit, Medien zu nutzen. Denn im Zuge der zunehmenden intuitiven Nutzerführungen werden auch komplexe mediale Prozesse wie Video oder Audioschnitt zum ersten Mal auch für Laien zugänglich. Zentral wird unter diesen Bedingungen vielmehr die didaktische Frage, wie ein reflektierter Umgang mit digitalen Medien am sinnvollsten angeleitet werden kann und welche Folgen das für den Bildungsprozess als Ganzes haben könnte.

Literatur

Assenburg, Muriel 2011: Zur Anatomie der arabischen Proteste und Aufstände. In: Aus Politik und Zeitgeschichte 39/2011, S. 3-8

Besand, Anja 2004: Angst vor der Oberfläche. Zum Verhältnis ästhetischer und politischer Bildung im Zeitalter Neuer Medien. Schwalbach/Ts.

Besand, Anja 2010: Computergestützte Präsentation. In: Besand/Sander, a. a. O., S. 115-123

Besand Anja/Sander, Wolfgang (Hrsg.) 2010: Handbuch Medien in der politischen Bildung. Schwalbach/Ts.

Bieber, Christoph/Leggewie, Claus (Hrsg.) 2012: Unter Piraten. Bielefeld

Breit, Gotthard 2010: Zeitungen/Zeitschriften. In: Besand/Sander, a. a. O., S. 605-616

Deichmann, Carl 2010: Nachrichten. In: Besand/Sander, a. a. O., S. 337-350

Harth, Thilo 2010: E-Mail. In: Besand/Sander, a. a. O., S. 179-185

Literatur

Kücklich, Julian 2005: Soziale Experimientierräume. http://www.bpb.de/gesellschaft/medien/computerspiele/63759/julian-kuecklich, 22.3.2013
Medienpädagogischer Forschungsverbund Südwest (Hrsg.) 2010: JIM-Studie 2010. Basisuntersuchung zum Medienumgang 12- bis 19-Jähriger. Stuttgart (online: www.mpfs.de/index.php?id=305 (22.11.2013))
Meckel, Miriam 2008: Aus Vielen wird das Eins gefunden – wie Web 2.0 unsere Kommunikation verändert. In: Aus Politik und Zeitgeschichte 39/08
Münkler, Stefan 2009: Emergenz digitaler Öffentlichkeit. Die sozialen Medien im Web 2.0. Frankfurt/M.
Toffler, Alvin 1980: The Third Wave. New York

Lothar Scholz

Spielend lernen: Spielformen in der politischen Bildung

Einführung

Didaktik und Praxis der politischen Bildung verfügen über ein breites Methodenrepertoire, in dem Spiele und spielerische Lernformen zum festen Bestandteil gehören. In Fachbeiträgen, Unterrichtsmaterialien, Schulbüchern und Arbeitsheften finden sich zahlreiche kreative und variantenreiche Spielvorschläge; hinzu kommen separate Spielvorlagen und Spielmaterialien (Kartenspiele, Brettspiele, Puzzles), die über Verlage oder Träger der politischen Bildung verbreitet werden (vgl. Scholz 2009, 81 ff.). Über ihre Nutzung und den Einsatz im Unterricht gibt es keine empirischen Befunde. Studien über die Verbreitung im Unterricht liegen bislang ebenso wenig vor wie über die didaktische Wirksamkeit von Spielen.

<small>Zunehmende Beachtung spielerischer Lernformen</small>

In der didaktischen Fachdiskussion haben spielerische Lernformen – mit Ausnahme von Simulationsspielen – erst seit zwanzig Jahren größere Beachtung gefunden, vor allem auch durch die Akzeptanz von spielerischen Kleinformen („Mikromethoden"). Im letzten Jahrzehnt ist ein deutlicher Anstieg von Publikationen mit methoden- und spielorientierten Unterrichtsmaterialien, Methodenkarten, Kartenspielen und anderen Spielformaten zu verzeichnen (vgl. Bundeszentrale für politische Bildung, 2009; Publikationen der Landeszentrale für politische Bildung Baden-Württemberg).

Absicht des spielerisch-kreativen Ansatzes ist es, das in der politischen Bildung seit langem beklagte Defizit an emotionaler, ästhetisch-sinnlicher Erfahrung zu beheben und auf anregende Weise zum Kompetenzerwerb in der politischen Bildung beizutragen.

1. Spielpädagogische Grundgedanken

In der Geschichte der theoretischen Auseinandersetzung mit dem Spiel und dem Spielen ist eine Vielfalt konzeptioneller Ansätze entwickelt worden, an der verschiedene Wissenschaften beteiligt waren. Es gibt keine einheitliche oder geschlossene Spieltheorie, die als Grundlage auch eines spielpädagogischen oder politikdidaktischen Verständnisses dienen könnte. Eine einheitliche Definition dessen, was Spiel ist, existiert nicht. Die unterschiedlichen historischen Theorieansätze und -konzepte weisen dem Spiel – von wenigen Ausnahmen abgesehen – eine herausragende und für den Menschen existentielle Bedeutung zu (bezogen auf Verhalten und Handeln, gesellschaftliche kulturelle Entwicklung, Selbst- und Weltverständnis, Erziehung und Sozialisation, persönliche Entwicklung). Eine pragmatische, auf handlungstheoretischer Grundlegung basierende Sicht des Spielens, die auf einen universellen, allgemeingültigen Spielbegriff verzichtet und ein injunktes Begriffsverständnis verwendet, charakterisiert das Spielen in der Schule mit einem weiten Spielbegriff und legt damit auch das Fundament für eine spielakzentuierte politische Didaktik:

Universeller, allgemeingültiger Spielbegriff

– Spielen ist eine aktive Handlung mit starken kommunikativen und interaktiven Elementen.
– Spielen ist abhängig von dem subjektiven Empfinden und der inneren Einstellung des Einzelnen.
– Die Grenzen zwischen Spiel und Nicht-Spiel sind fließend; Spiel kann in nichtspielerische Tätigkeiten münden bzw. aus ihnen erwachsen.
– Spielen erfolgt ohne äußeren Druck; das Subjekt bestimmt weitgehend über das Spielobjekt.
– Spielen fördert Spontaneität und persönliche Entfaltung.
– Spielen macht Spaß, erlaubt Freude, Abwechslung und Geselligkeit.
– Spielen ist „spannend", verläuft in Spannungskurven von Anspannung und Entspannung.
– Spielen erfordert Regeln und findet in einer begrenzten Spielwelt statt.
– Spielen ist ganzheitlich angelegt und integriert Emotion und Kognition.
– Spielen in der Schule unterliegt (fach-)didaktischen Zwecken und bietet motivierende Lernanreize.

Die Verbindung von Emotionalität und Rationalität ist für die politische Bildung unerlässlich. Die Vernachlässigung der affektiven Komponente bei der Vermittlung politischer Bildung wird als ein Grund für die relative Folgenlosigkeit der politischen Bildung gese-

Verbindung von Emotionalität und Rationalität

hen. Insofern muss politische Bildung „als zentraler Bestandteil von Allgemeinbildung (...) neben den unverzichtbaren kognitiven Strukturen die affektiven Komponenten im Auge haben, weil sie sonst zur Wirkungslosigkeit verdammt ist" (Schiele 1996, 137).

Praktische Erfahrungen sowohl im Politikunterricht in der Schule wie auch in der politischen Erwachsenenbildung zeigen, „dass politische Bildung dann am besten gelingt, wenn die Lernenden mit Haut und Haaren beteiligt sind" (Kaiser 1996, 67). „Politische Bildung muss Spaß machen" und „mit abwechslungsreichen Methoden macht politische Bildung Spaß" (Ruprecht 2000, 32 ff.). Hierbei spielen Spiele eine wichtige Rolle.

2. Spiele und Kompetenzen der politischen Bildung

Veränderter Lernbegriff
Durch den Einbezug spielerischer Elemente in politische Lernprozesse werden auch ein verändertes Lernverständnis und ein veränderter Lernbegriff generiert. Lernen als „,Zulassen von Erfahrungen' durch Ausprobieren, Kreativität und Spiel" (Miller 1997, 29), als Ausloten von Spielräumen („Spiel ist das Vergnügen daran, sich selbst auszuloten" [Menzel 1995, 73]), als „Perspektivwechsel und Umstrukturierung des Vertrauten (...), Entdecken und Erproben, Entlastung und Spaß am neuen Einfall" (Baer/Dietrich/Otto 1995 [Editorial]) – ein solches spielpädagogisch begründetes Lernverständnis steht im Gegensatz zu einem herkömmlichen Lernbegriff, der Lernen als ausschließlich kognitiv ausgerichtete, gradlinig und eindimensional strukturierte Vermittlung von Wissen versteht. Aus politikdidaktischer Sicht kann bei der spielerischen Akzentuierung von Lehr- und Lernstrategien angeknüpft werden an die Diskussion über Kompetenzen einerseits sowie an die Debatte über den Konstruktivismus andererseits. Insbesondere die gegenwärtig bundesweite Einführung von Bildungsstandards, die einem neuen Lehr- und Lernverständnis folgend den Erwerb von Kompetenzen in den Mittelpunkt rückt, bildet einen produktiven Rahmen für spielerischorientiertes Lernen.

Förderung unterschiedlicher Fähigkeiten und Fertigkeiten
Bezogen auf diese Kompetenzen (vgl. das Strukturmodell von Andreas Petrik 2010, 143 ff.) kann davon ausgegangen werden, dass spielerische Lernformen aufgrund ihrer Intentionen, ihrer Spielcharakteristik und ihrer didaktischen Potenziale gute Chancen bieten, methodische, personale und soziale sowie im engeren Sinne politische Kompetenzen anzubahnen.

Spiele im Politik- und Sozialkundeunterricht bieten Lerngelegenheiten für:
- soziale und demokratische Interaktion, Kommunikation, Kooperation
- kontroverses Denken, Konfliktlösungsstrategien und Diskursfähigkeit
- Selbstreflexion und soziale Wahrnehmung
- Rollenübernahme, -distanzierung, -reflexion
- Empathie, Solidarität, Akzeptanz, Toleranz
- Identitätsbildung, Stärkung des Selbstwertgefühls
- Rhetorik, Inszenierung, Präsentation
- Festigung und Sicherung politischen Wissens
- Förderung sozialer und politischer Phantasie und Vision
- Förderung von Mitwirkung und Mitbestimmung
- Offenheit im Denken, Verflüssigung von Sichtweisen
- Denken in Alternativen, strategisches Denken
- Integration von Emotion und Intuition
- risiko- und sanktionsfreies Probehandeln.

3. Spieltypen und Spielformen

Da es bis heute noch keine überzeugende Definition von Spielen gibt, mit der das Gemeinsame aller Spielformen auf einen Begriff gebracht werden könnte, gibt es auch für Spiele generell und für solche der politischen Bildung im besonderen keine gemeinhin anerkannte, einheitliche Systematik. Der folgende Vorschlag fasst spielerische Lernaktivitäten zu Spieltypen zusammen, die jeweils ähnliche charakteristische Handlungsformen zum Ausdruck bringen. Außerdem verfolgen sie in jedem Typ bestimmte unterscheidbare didaktische Intentionen und zielen schwerpunktmäßig auf den Erwerb bestimmter, spezifischer Kompetenzen (ausführlich in: Scholz 2009, 101 ff.)

Keine einheitliche Systematik von Spielen

3.1 Assoziations- und Einstiegsspiele

Für Einstiegsphasen des Politikunterrichts eignen sich spielerische Lernformen, die über Assoziationen und Konfrontationen die „eigene Person ins Spiel bringen". Spielorientierte assoziative Einstiegsformen können dazu beitragen, kognitive Dissonanzen auszulösen und durch Verfremdungen anscheinende Selbstverständlichkeiten fragwürdig werden zu lassen. Spielerische Zugänge können die Be-

Auslösen kognitiver Dissonanzen

ziehungen zwischen Person und Sache artikulieren helfen und Lernende spielerisch in eine Spannungssituation zum Lerngegenstand versetzen. Mit Impulsmedien wie Bildern, Schrifttexten, akustischen Produktionen und verschiedenen Spielmaterialien lassen sich Assoziationen hervorrufen und Lernsituationen spielerisch arrangieren. Assoziative Spielformen können insgesamt gesehen einen Komplexitätszuwachs der politischen Urteilsfähigkeit bewirken und einen Beitrag zu Konfliktfähigkeit, Perspektivenwechsel und Selbstreflexion leisten. Die in den spielerischen Aktivitäten angelegte Steigerung der Kommunikationsfähigkeiten kann politische Handlungskompetenz fördern.

3.2 Diskussions- und Entscheidungsspiele

Diskussions- und Entscheidungsspiele strukturieren kontrovers angelegte Kommunikationssituationen und zielen auf die Befähigung zum kontroversen Denken ab. Spielerisch-simulative Lernarrangements wie Pro- und Contra-Debatte oder Streitgespräche bieten Trainingsfelder für das Erlernen von Diskussions- und Argumentationsfähigkeit und letztlich zum Aufbau einer Streitkultur. Neben diesen aufwändigeren und komplexeren Formen bieten sich aber auch eine Reihe kleinerer, über formal strukturierte Arbeitshilfen gestützte Arrangements an, die eher spontane Entscheidungen und Positionierungen verlangen und gleichfalls eine Spieldynamik entwickeln können. Da immer auch ein sachliches Thema diesen kontroversen Kommunikationssituationen zugrunde liegt, ist eine Befassung mit der „Sache" bzw. den Sachaspekten des Themas unerlässlich. Insofern dienen diese Spiele auch der Wissensaneignung. Die politikdidaktische Bedeutung von Spielformen, die kontroverses Denken spielerisch einüben und simulieren, liegt in der Chance zum Erwerb von Konfliktfähigkeit, von Kommunikations- und Diskurskompetenzen sowie politischer Handlungskompetenz, die auf methodischen Fähigkeiten beruht (dialogische Aufmerksamkeit, Perspektivenwechsel, rhetorische Fähigkeiten).

Aufbau einer Streitkultur

3.3 Simulationsspiele

Ein als traditionell zu bezeichnendes Verständnis zählt Rollenspiele, Planspiele und Tribunal zu den klassischen Simulationsspielen. „Moderne", zum Teil durch TV-Medien verbreitete Kommunikationsformen erweitern die Palette der simulativen Lernformen: Dazu zählen Talkshow, Hearing, Konferenz- und Entscheidungsspiele, simulierte

Befragung, Interview und Podiumsdiskussion. Der Spielcharakter dieser Simulationsspiele ist sehr ausgeprägt. Meist ist eine problemhaltige, modellhafte Situation vorgegeben, in der durch Übernahme interessengeleiteter Rollen ein Probehandeln („Als ob"-Handeln) erfolgt. Dies bleibt sanktionsfrei und für den Spieler folgenlos, da es nur ein Spiel ist. Die Spieler können sich je nach dem Grad der Verregelung unterschiedlich entfalten und die Handlungssituation individuell ausfüllen. In erster Linie bieten Simulationsspiele didaktisch-methodische Möglichkeiten, politische Handlungskompetenzen zu erwerben, indem sie in die Lage versetzt werden, eine Rolle bewusst zu spielen und „im Sinne von Perspektivenwechseln sich in die Situation, Interessenlage und Denkweisen anderer, auch und gerade von Andersdenkenden versetzen zu können" (Sander 2013, 93). Kommunikative und kooperative Fähigkeiten können in Simulationsspielen ebenso geübt werden wie Konflikt- und Kompromissfähigkeit. Rollenübernahme, Rollenpräsentation und Rollenreflexion können auch zur Stärkung von Selbstbewusstsein und Identität führen. Damit werden auch Sozial- und Selbstkompetenzen gefördert.

Sanktionsfreies „Als ob"-Handeln

3.4 Interaktions- und Kooperationsspiele

Die breite Palette interaktioneller, kommunikativer und kooperativer Spielformen und Übungen können in allgemeinpädagogische Interaktions- und Kommunikationsspiele, Spiele zur kooperativen Kommunikation und in Spiele und Übungen, die sich thematisch auf Themenstellungen des Politikunterrichts beziehen, unterschieden werden. Der politikdidaktische Gehalt dieser Spiele, deren Spielcharakter offenkundig ist, liegt in der Stärkung personaler und sozialer Kompetenzen sowie kommunikativer und emotionaler Fähigkeiten, die als Voraussetzung von Demokratiekompetenz angesehen werden können. Diese Kompetenzen werden nicht nebenbei erworben, sondern müssen in Prozessen sozialen Lernens erfahren werden, die mit inhaltlich orientiertem Lernen verbunden sind.

3.5 Wissensspiele

Die hier unter dem Spieltyp „Wissensspiele" zusammengefassten Spiele haben eine ausgeprägte Spielcharaktcristik. Sie umfassen neben unterschiedlichen Rätsel- und Quizformen Brett-, Würfel- und Kartenspiele sowie Lege-, Zuordnungs- und Kombinationsspiele (Puzzle, Lückentexte). Als im traditionellen Sinne weitgehend zweckfreie Spiele werden sie außerhalb der Schule in unterschiedlichen Verwendungszusammenhängen und Lebenssituationen meist um des Spielens (oder des Gewinnens) willen gespielt. „Fachdidaktisch aufgeladen" (Weißeno 1998, 220) verzwecken sie das jeweilige Spiel deutlich und können je nach Grad der Intentionalität dem Spiel seine implizite Spielcharakteristik nehmen. Hier kommt es entscheidend auf die didaktische Qualität der mit fachdidaktischen Intentionen „aufgeladenen" Spiele an, ob sie ihren spielerischen Charakter behalten und „beiläufiges" Lernen en passant ermöglichen. Die didaktische Funktion der Spielformen Rätsel, Quiz, Puzzle, Lückentext ist durch die charakteristische Grundform dieser Spielaktivitäten deutlich eingeschränkt. Die Spieler vollziehen eine vorgegebene Struktur nach und füllen sie aus. Ergebnisse in Form von Antworten, zu suchenden oder zusammenzusetzenden Begriffen oder Bildern (Silbenrätsel, Puzzle) liegen im Vorhinein fest und werden durch den Lösungsvorgang in der Regel nicht weiter problematisiert. Fakten- und Begriffswissen können abgefragt, gefestigt und geübt werden. Insofern dienen diese spielerischen Aktivitäten dem Erwerb und der Sicherung von Sachkompetenz.

Erwerb und Sicherung von Sachkompetenz

Vor allem für lernschwächere Schülerinnen und Schüler können diese Spielformen durch ihre sprachentlastende Funktion eine Lernerleichterung und einen Zugang auch zu komplexen Sachverhalten darstellen. Ergänzt werden müssen diese spielerischen Lernaktivitäten durch problemerörternde Reflexionen, um Urteils- und Handlungskompetenz anzubahnen.

3.6 Szenische Spielformen

Von spontanen Stegreifspielen und Sketchen über Improvisationen und Pantomimen bis hin zu komplexeren Spielprojekten reicht die Palette szenischer Spiele, die eine Verbindung von ästhetischem und politischem Lernen herstellen können. Im Mittelpunkt stehen Haltungen und Handlungen, Wahrnehmungen und Empfindungen, Vorstellungen und Phantasien sowie soziale Interaktionen, die in Szenen umgesetzt und vorgeführt werden. Aus politikdidaktischer Perspektive können eine Vielzahl von sozialen und politischen Themen mithilfe szenischer Spiele problemorientiert erschlossen werden. Dabei müssen nicht immer Konfliktsituationen oder soziales Interaktionsverhalten Gegenstände des Unterrichts sein; auch das szenische Spielen und Interpretieren von Textvorlagen aus dem Bereich der politischen Publizistik oder von (fiktiven) gesellschaftlichen oder politischen Ereignissen und Situationen bietet sich an. Sinnlich-ästhetische, körperliche und emotionale Elemente verknüpfen sich im szenischen Spiel und ermöglichen ausdrucksstarke Darstellungen von Handlungen, Einstellungen und Haltungen (z. B. bei dem Standbild oder Statuentheater). Damit können szenische Spiele Beiträge zum Erwerb von Sozialkompetenz (soziales Lernen, soziales Verständnis), Selbstkompetenz (Persönlichkeitsentwicklung und Identität) sowie Methodenkompetenz (Sprach- und Ausdrucksfähigkeit, Kooperation und Verantwortungsbewusstsein) und damit im weiteren Sinne auch zur politischen Handlungs- und Urteilskompetenz leisten.

3.7 Spielerische Präsentations- und Produktionsformen

Die kreativ-spielerische Gestaltung und gegenständliche Ausarbeitung von Lernergebnissen ermöglicht den Lernenden, mit Worten, Bildern und Tönen zu „spielen" sowie eigene Ausdrucksformen zu realisieren, die abseits herkömmlicher Ergebnispräsentation liegen. Durch die ästhetische und phantasievolle Ausformung von Lernergebnissen können Schüler und Schülerinnen eigene kreative Fähigkeiten entwickeln und zur Geltung bringen. Die Bandbreite möglicher Präsentationsformen ist groß: Visuelle, auditive, audiovisuelle Texte oder gegenständliche Produkte können vielfältige Ausdrucks- und Gestaltungsformen annehmen. Ob sachlich-nüchtern, ironisch-überzeichnet, witzig oder tiefsinnig – immer setzen die „Produkte" einen Entscheidungs- und Interpretationsprozess voraus, der auf der Basis einer sachlichen Auseinandersetzung mit dem Thema beruht. Methoden des kreativen Schreibens bieten Anregungen für die kreative Auseinandersetzung mit Textvorlagen, die dann zu publizierbaren Ergebnissen ausgearbeitet werden. Da die Präsentation immer für ein Publikum (Mitschüler, Schulgemeinde, Öffentlichkeit) gedacht ist, müssen auch Wirkung und Rezeptionsweisen der Adressaten antizipiert werden.

Literatur

Baer, Ulrich/Dietrich, Knut/Otto, Gunter (Hrsg.) 1995: Spielzeit. Spielräume in der Schulwirklichkeit. Friedrich Jahresheft XIII. Seelze
Bundeszentrale für politische Bildung (Hrsg.) 2009: wahlzeit! warum wählen? 56 Thesen- und Spielkarten. Reihe Spiele im Unterricht. Autor: Lothar Scholz. Bonn

Juchler, Ingo (Hrsg.) 2010: Kompetenzen in der politischen Bildung. Schriftenreihe der Gesellschaft für Politikdidaktik und politische Jugend- und Erwachsenenbildung. Schwalbach/Ts.

Kaiser, Hansjörg 1996: Handlungsorientierung als didaktisch-methodisches Element im Gemeinschaftskundeunterricht und in der Erwachsenenbildung am Beispiel der Museumsmethode. Frankfurt/M.

Menzel, Wolfgang 1995: Spiel ist das Vergnügen, sich selbst auszuloten. In: Baer/Dietrich/Otto, a. a. O., S. 73

Miller, Reinhold 1997: Beziehungsdidaktik. Weinheim und Basel

Petrik, Andreas 2010: Ein politikdidaktisches Kompetenz-Strukturmodell. In: Juchler (Hrsg.) 2010, a. a. O., S. 143-158

Ruprecht, Gisela 2000: „Politische Bildung muss Spaß machen". In: kursiv – Journal für politischen Bildung. Heft 4/2000, S. 32-34

Sander, Wolfgang 2013: Politik entdecken – Freiheit leben. Didaktische Grundlagen politischer Bildung. 4. Aufl., Schwalbach/Ts.

Schiele, Siegfried 1996: Quo vadis ? In: Weidinger, Dorothea (Hrsg.): Politische Bildung in der Bundesrepublik. Zum 30jährigen Bestehen der Deutschen Vereinigung für Politische Bildung. Opladen, S. 133-139

Scholz, Lothar 2012: Methoden-Kiste. Thema im Unterricht. Karteikarten. 5. Aufl., Bonn

Scholz, Lothar 2009: Spielerisch Politik lernen. Methoden des Kompetenzerwerbs im Politik- und Sozialkundeunterricht. 2. Aufl., Schwalbach/Ts.

Weißeno, Georg 1998: Welche Bedeutung haben Ziele und Inhalte im handlungsorientierten Unterricht? In: Breit, Gotthard/Schiele, Siegfried (Hrsg.): Handlungsorientierung im Politikunterricht. Schwalbach/Ts., S. 214-225

Joachim Detjen

Forschend lernen: Recherche, Interview, Expertenbefragung

1. Grundsätzliches zum forschenden Lernen

Forschendes Lernen ist das genaue Gegenteil des rezeptiven Lernens. Rezeptives Lernen zeichnet sich dadurch aus, dass die Lernenden dargebotene Inhalte passiv aufnehmen, speichern und je nach Anforderung wiedergeben können. Rezeptives Lernen findet üblicherweise im darbietenden Unterricht statt. In einem solchen Unterricht wird der zu vermittelnde Wissensstoff vom Lehrer vollständig aufbereitet. Er kennt das Ergebnis, hat die einzelnen Lernschritte hierauf abgestimmt und ist deshalb weitgehend vor Überraschungen sicher. Das rezeptive Lernen hat den großen Nachteil, dass es wenig nachhaltig ist: Das lediglich passiv aufgenommene Wissen bleibt nicht haften. Der darbietende Unterricht unterstellt außerdem, dass das Wissen finit, also gesichert ist. Hiervon kann auf dem Felde von Politik und Gesellschaft in vielen Fällen aber gar keine Rede sein.

<small>Forschendes Lernen als Gegenteil rezeptiven Lernens</small>

Das forschende Lernen ist demgegenüber durch eine weitgehend *offene* Lehr-Lern-Situation gekennzeichnet. Es gibt den Lernenden Gelegenheit, mit ihren eigenen Kräften politische *Einstellungen* zu ermitteln, *Sachverhalte* aus der politisch-sozialen Umwelt zu eruieren oder sich um die Lösung von *Problemen* aus diesem Bereich zu bemühen. Die Einstellungen, Sachverhalte und Probleme sind nicht im Schulbuch aufbereitet, und sie bilden in der Regel auch keinen Bestandteil des von den Lehrplänen vorgeschriebenen Wissenskanons. Was als Ergebnis forschenden Lernens am Ende herauskommt, ist zu Beginn nicht bekannt. Viel hängt von der Fragestellung, der Kommunikation innerhalb der Lerngruppe und der gewählten Forschungsstrategie ab. Forschendes Lernen weist mithin eine Nähe zum *Projektunterricht* auf.

<small>Nähe zum Projektunterricht</small>

Aus der Sicht der Lernenden ist es unerheblich, ob das zutage geförderte Wissen wirklich neu ist, wie es die wissenschaftliche Forschung für sich beansprucht (exploratives Forschen), oder ob es sich um allgemein bekannte Tatsachen handelt, die aber für die Lernenden neu sind (reproduktives Forschen) (Lange 2005, 73). Entscheidend ist, dass es sich um ein Bemühen handeln muss, mittels eigener Anstrengung über das Vermittelte und Bekannte hinaus zu neuem, erweitertem Wissen zu gelangen. Es geht darum, bisher *subjektiv* Unbekanntes in den eigenen Wissenshorizont zu heben.

Um dem Anspruch forschenden Lernens gerecht zu werden, ist es weiterhin wichtig, dass die gewählten Vorgehensweisen Ähnlichkeiten mit wissenschaftlichen Forschungsmethoden aufweisen. Recherchen als Vorbereitung von Dokumenten- oder Inhaltsanalysen, Interviews und Umfragen sowie Expertenbefragungen gehören zweifellos zu den etablierten Instrumenten sozialwissenschaftlicher Forschungspraxis. Forschendes Lernen leistet mithin einen Beitrag zur *Wissenschaftspropädeutik*.

> Beitrag zur Wissenschaftspropädeutik

Das forschende Lernen kann sowohl die Makrostruktur (Unterrichtseinheit) als auch die Mesostruktur (Unterrichtsphase) des Unterrichts bestimmen. Auf der Makroebene prägt es durch und durch die Methodenkonzeption der *Sozialstudie* und ganz erheblich die des *Projekts* und der *Erkundung* (Detjen 2004, 195 ff., 216 ff.). Auf der Mesoebene findet es vorrangig statt als *Recherche*, als *Interview* und als *Expertenbefragung*. Während das Interview und die Expertenbefragung zu Begegnungen mit Personen und deren Sichtweisen von Welt führen, eröffnet die Recherche den Kontakt zu Texten und damit zur symbolisch repräsentierten Wirklichkeit. Gemeinsam haben die drei Methoden, dass sie vorzugsweise in der *Informationsphase* von Unterrichtseinheiten eingesetzt werden. Man kann sie aber auch in der *Anwendungsphase* einsetzen. In diesem Fall lässt sich mit ihnen überprüfen, ob die vorangegangene Informationsverarbeitung gelungen ist und die Lernenden zu Generalisierungen und Transferleistungen imstande sind (Massing 2004, 228 f.).

Allgemein gilt: Forschendes Lernen ist experimentell und einfallsreich. Fragen, Hypothesen und Antworten finden die Lernenden nach Möglichkeit selbst. Dem forschenden Lernen wohnt folglich eine Lernqualität inne, bei welcher die *Eigentätigkeit* und die *aktive Auseinandersetzung* der Lernenden mit ihrer Umwelt ein Maximum erreichen (Terhart 1997, 149). Das forschende Lernen weist somit Gemeinsamkeiten oder Ähnlichkeiten mit einer Reihe anerkannter pädagogischer und didaktischer Prinzipien auf. Zu diesen gehören das produktive Lernen, das problemorientierte Lernen, das selbstgesteuerte Lernen, das genetische Lernen, das erfahrungsorientierte

> Eigentätigkeit und aktive Auseinandersetzung der Lernenden

Grundsätzliches zum forschenden Lernen

Lernen, das handlungsorientierte und das entdeckende Lernen. Vom entdeckenden Lernen unterscheidet es sich durch die Nähe zu wissenschaftlichen Methoden (Ziegler/Jung 2007, 73 ff.). Das forschende Lernen geht zurück auf die Reformpädagogik der 1920er-Jahre und die Lernpsychologie der 1960er-Jahre. Zu nennen sind Hugo Gaudigs „freie geistige Tätigkeit" und sein Postulat, dass der Schüler „Methode habe", Georg Kerschensteiners Begriff der Arbeitsschule, John Deweys Projektmethode sowie Jerome Bruners Konzept des entdeckenden Lernens.

Die lernpsychologischen Vorzüge forschenden Lernens liegen auf der Hand: Seit Piaget weiß man, dass das Denken des Menschen in der Fähigkeit besteht, geistige Operationen durchzuführen. Der darbietende Unterricht fördert aber nicht das lebendige Spiel der Operationen, er lähmt es eher. Hingegen entwickelt sich das Denken, wenn die Lernenden durch eigenes Forschen und Suchen ihre Begriffe und Operationen selbst aufbauen können (Aebli 1976, 87 ff.). Es spricht viel dafür, dass das forschende Lernen auch die wichtige kognitive Fähigkeit steigert, Informationen so zu erwerben und auszuwerten, dass neue Situationen damit bewältigt werden können. Ebenso fördert es Such- und Findungstechniken, baut also das heuristische Vermögen des Einzelnen auf. Weiterhin ist das durch forschendes Lernen Entdeckte in hohem Grade nachhaltiges, weil situiertes Wissen und steht zum Transfer auf neue Gegenstände bereit. Schließlich erhöht das forschende Lernen das Interesse der Lernenden für das forschende Vorgehen selbst: Sie sind motiviert, neue Aufgaben ebenfalls forschend zu bewältigen.

Lernpsychologische Vorzüge

Hinsichtlich der unterrichtlichen Arrangements verlangt forschendes Lernen vom Lehrer zunächst ein neues Rollenverständnis. Denn er fungiert hier nicht als Wissensvermittler. Er ist vielmehr Arrangeur einer anregenden Lernumgebung, darüber hinaus ein sich bereithaltender Berater und Helfer. Dann muss dem Lehrer klar sein, dass die Methode des forschenden Lernens eine sehr schwierige Unterrichtsform ist. Denn er gibt nicht nur die straffe Führung des Unterrichts auf, sondern nimmt auch das Wagnis des Misserfolges auf sich. Er muss bereit sein, das Risiko der Ungewissheit zu tragen. So weiß er nicht, was an Denkvorgängen in den Schülern vorgeht. Er kann ihre Fehldispositionen und Umwege nicht vorab einschätzen. Und er hat keine Gewissheit darüber, ob der Gegenstand für die Lernenden so bedeutungsvoll ist, dass sie ihn von sich aus einer Klärung zuführen wollen.

Neues Rollenverständnis der Lehrenden

Forschendes Lernen setzt bei den Lernenden eine epistemische Haltung der Neugier voraus. Fragen und Probleme stehen am Anfang. Damit nicht blind gehandelt wird, ist ein Plan für das weitere Vorgehen zu entwerfen: Wo kann man etwas nachschlagen? Welche Experten gibt es? Was kann eine Umfrage ergeben? Nach Maßgabe des Plans können die Forschungsaktivitäten allein, in Gruppen, gemeinsam oder arbeitsteilig durchgeführt werden. Die eruierten Daten müssen gesichtet, zusammengeführt und bewertet werden. Das Ergebnis kann gegebenenfalls veröffentlicht werden (Bönsch 2000, 236).

Beispiel Politikwerkstatt Eine nachahmenswerte Form hat das forschende Lernen in der *Politikwerkstatt* gefunden. Dort erforschen Sekundarstufen-Schüler mit diversen Instrumenten der empirischen Sozialforschung aktuelle politische Probleme ihres Nahbereiches. Bei der Präsentation ihrer Ergebnisse versuchen sie, Öffentlichkeit herzustellen (Moegling 2003, 10 ff.).

2. Recherche

Die Recherche ist eine Methode, wohl mehr aber noch eine *basale Arbeitstechnik* im Rahmen des forschenden Lernens. Das Recherchieren bezeichnet das Beschaffen und Auswerten von Informationen. Dies können Lernende einzeln oder in Gruppen, arbeitsteilig oder gemeinsam tun. Recherchieren kann man in Printmedien, Rundfunk- und Fernsehaufzeichnungen, elektronischen Datenbanken sowie im Internet. Orte des Recherchierens können neben dem Personalcomputer Bibliotheken, Archive und Museen sein (Sander 2013, 202). Bestandteile des Recherchierens sind die Ermittlung neuer Informationen, das Überprüfen des Wahrheitsgehaltes dieser Informationen sowie das Eruieren von Hintergrundwissen.

Quellen- und Textkritik im Internet Es gibt keinen Anlass, dem Internet unkritisch gegenüberzustehen. Denn im World Wide Web werden nicht nur Informationen, sondern auch Fehlinformationen ungehindert verbreitet. Die Veröffentlichungsschwelle ist im Internet weitaus geringer als im Buchwesen. Es gibt keine Zensur, aber eben auch keine Qualitätskontrolle. Deshalb enthält ein Internetdokument nicht von vornherein besonders wertvolle Daten. Das Recherchieren ist daher mit *Quellen- und Textkritik* zu verbinden: Ist der Herausgeber eine offizielle oder eher eine unbekannte oder gar dubiose Organisation? Ist eine E-Mail-

Adresse angegeben, so dass man gegebenenfalls Rückfragen stellen kann? Ist die Seite gut gepflegt? Ist die Aktualität zu erkennen? Ist der Text seriös oder tendenziös?

3. Interview und Umfrage

Das Interview und die Umfrage sind eng verwandt. Beide Methoden kommen in der Regel im Rahmen von *Erkundungen* zum Einsatz. Bei beiden Methoden geht es darum, von den Befragten zu erfahren, wie sie bestimmte Sachverhalte sehen und beurteilen. Es wird also nach *Einstellungen, Erinnerungen* und *Wahrnehmungen* gefragt.

Das *Interview* ist ein Gespräch mit einer einzelnen ausgewählten Person oder mehreren ausgesuchten Personen. Die *Umfrage* ist anonymer. Sie holt beispielsweise bei Passanten auf der Straße Meinungen und Stellungnahmen ein. Der Kreis der Befragten ist bei einer Umfrage auch deshalb erheblich größer, weil man mit ihrer Hilfe zu repräsentativen Aussagen gelangen möchte. Das Interview unterscheidet sich von der Umfrage weiterhin dadurch, dass es offener gehalten ist: Der Gesprächsablauf wird nicht durch einen festen, unverrückbaren Fragenkatalog gesteuert. Es gibt nur einen Interviewleitfaden. Wesentlich für das Interview ist die Gesprächssituation, das spontane Reagieren auf Äußerungen des Interviewten. Das Interview setzt schließlich ein gewisses Vertrauen zwischen dem Interviewer und dem Befragten voraus. Sowohl beim Interview als auch bei der Umfrage versteht es sich, dass der Interviewer die Institution nennt, der er entstammt (Schule und Klasse/Kurs bzw. Bildungsinstitution), und erzählt, in welches Thema das Interview eingebunden ist. Er muss allerdings streng vermeiden, die hinter dem Interview stehenden Hypothesen darzulegen. Dadurch würde er das Antwortverhalten unzulässig beeinflussen (Becker 1991, 199).

Das Interview und die Umfrage verlangen eine intensive Vorbereitung, bei der vor allem der Arbeits- bzw. Forschungsplan zu entwickeln ist: Welche Hypothesen gibt es zum Fragegegenstand? Welche Fragen sind vor diesem Hintergrund sinnvoll? Welche Personen bzw. welche Segmente aus der Bevölkerung sollen befragt werden? Dann sind der *Interviewleitfaden* bzw. der *Fragebogen* zu erstellen. Deren Tauglichkeit sollte durch einen *Pretest* überprüft werden. Als Anhaltspunkt gilt: Ein Interview darf höchstens dreißig Minuten dauern. Ein Fragebogen darf maximal fünfzehn Fragen enthalten. Die Interviewtechnik sollten die Lernenden in *Rollenspielen* üben.

Erfragen von Einstellungen, Erinnerungen und Wahrnehmungen

Intensive Vorbereitung notwendig

Bei der Durchführung ist darauf zu achten, dass die Antworten aufgezeichnet werden. Das bereitet bei Fragebögen keine Probleme. Bei Interviews ist es günstig, wenn der Interviewte seine Erlaubnis für eine Tonbandaufzeichnung gibt. Andernfalls gibt es nur die Möglichkeit, sich Stichwortnotizen zu machen.

Bei der Erstellung eines Fragebogens ist der Frageformulierung besondere Beachtung zu schenken: Die Fragen sollen einfache Wörter enthalten. Fremdwörter sind strikt zu vermeiden. Es empfiehlt sich, die Fragen in kurze Sätze einzukleiden. Die Fragen dürfen den Befragten nicht überfordern. Er muss sie vor dem Hintergrund seiner Erfahrungen und Einsichten beantworten können. Die Fragen dürfen keine bestimmte Beantwortung provozieren. Suggestivfragen sind also verboten. Die Fragen sollen neutral formuliert sein, d. h., sie sollen keine „belasteten" Wörter enthalten, wie beispielsweise „Parteienfilz" oder „Bürokrat". Dann ist darauf zu achten, dass die ersten Fragen nicht das Antwortverhalten bei den späteren Fragen beeinflussen.

Was immer bei Interviews und Umfragen geantwortet wird: Die Lernenden müssen wissen, dass die Antworten subjektive Einschätzungen, keine objektiven Tatsachenerkenntnisse wiedergeben. Und ihnen muss klar sein, dass man nie weiß, ob die gegebenen Antworten wahrhaftig sind.

4. Expertenbefragung

In einer Expertenbefragung werden einem/einer Spezialisten/in oder Sachverständigen zur Klärung eines Sachverhaltes vorbereitete Fragen gestellt. Erwartet wird, auf diese Weise Informationen zu erschließen, die auf anderen Wegen nur schwer oder gar nicht zu erhalten sind.

Expertenbegriff — Für den Erfolg einer Expertenbefragung kommt der Auswahl des Experten eine besondere Bedeutung zu. Dabei empfiehlt es sich, den Begriff des Experten nicht zu eng zu fassen. Experten sind nicht nur fachlich qualifizierte oder wissenschaftlich ausgebildete Spezialisten. Im Prinzip ist jeder, der in einem Konflikt Partei, d. h. Beteiligter oder Betroffener, ist, Experte in der betreffenden Angelegenheit (Massing 2004, 230 f.). Dennoch greift man im Regelfall auf Personen zurück, die sich professionell in ihrem Metier auskennen, also auf den Leiter des Jugendzentrums, die Drogenberaterin, den Jugendrichter, die Bürgermeisterin, den Stadtkämmerer und die Vertreterin von Amnesty International. Es ist auch denkbar, zwei oder mehr Experten mit unterschiedlichen Auffassungen einzuladen und zu befragen.

Eine Expertenbefragung muss intensiv vorbereitet werden. Die Lehrkraft muss zunächst den Experten gründlich über drei Dinge informieren, nämlich über das *Thema* der Unterrichtseinheit, über das *Vorwissen*, das *Denk- und Abstraktionsvermögen* und die *Einstellungen* der Lerngruppe sowie über den *unterrichtlichen Vorlauf* und die *konkrete Vorbereitung* der Lernenden auf die Befragung. Auf diese Weise soll verhindert werden, dass der Experte bzw. die Expertin über die Köpfe der Lernenden hinweg redet.

<small>Gründliche Vorbereitung der Expertenbefragung</small>

Noch wichtiger ist die Vorbereitung der Lerngruppe. Schüler/-innen verhalten sich erfahrungsgemäß zurückhaltend gegenüber Fremden. Die Lehrkraft sollte sich also nicht darauf verlassen, dass die Schüler/-innen schon irgendwie spontan Fragen stellen werden. Es wäre auch illusorisch anzunehmen, Schüler/-innen würden ohne vorheriges Durchdenken vernünftige Fragen zu einem politischen Sachverhalt entwickeln. Deshalb müssen die Fragen im Vorbereitungsunterricht gründlich erarbeitet werden. Es empfiehlt sich, die Abfolge der Fragen festzulegen, die Fragen einzelnen Schüler/-innen oder kleinen Gruppen zuzuordnen sowie zu bestimmen, wer die erste Frage stellt.

Die Antworten müssen im Anschluss an die Befragung ausgewertet und in den thematischen Zusammenhang der Unterrichtseinheit gestellt werden. In der Auswertungsphase sollte auch darüber reflektiert werden, ob und inwieweit die politische Realität durch die „Expertenbrille" verzerrt oder einseitig erscheint. Es ist auch nicht auszuschließen, dass nebensächlich oder anekdotenhaft vorgetragene Äußerungen viel einprägsamer sind als die wichtigen Aussagen (Massing 2004, 232 ff.).

Literatur

Aebli, Hans 1976: Psychologische Didaktik. Didaktische Auswertung der Psychologie von Jean Piaget. 6. Aufl., Stuttgart

Becker, Franz Josef E. 1991: Politisches Lernen durch Realbegegnung. Zur Methode von Erkundung und Befragung. In: Methoden in der politischen Bildung – Handlungsorientierung. Bonn, S. 174-212

Bönsch, Manfred 2000: Variable Lernwege. Ein Lehrbuch der Unterrichtsmethoden. 3. Aufl., Paderborn

Detjen, Joachim 2004: Erkundungen und Sozialstudien. In: Frech, Siegfried/Kuhn, Hans-Werner/Massing, Peter (Hrsg.): Methodentraining für den Politikunterricht. Schwalbach/Ts., S. 195-226

Lange, Dirk 2005: Forschendes Lernen in politischen Projekten. In: Reinhardt, Volker (Hrsg.): Projekte machen Schule. Schwalbach/Ts., S. 68-76

Massing, Peter 2004: Die Expertenbefragung. In: Frech, Siegfried/Kuhn, Hans-Werner/Massing, Peter (Hrsg.): Methodentraining für den Politikunterricht. Schwalbach/Ts., S. 227-238

Moegling, Klaus 2003: Die Politikwerkstatt. Ein Ort politischen Lernens in der Schule. Schwalbach/Ts.

Sander, Wolfgang 2013: Politik entdecken – Freiheit leben. Neue Lernkulturen in der politischen Bildung. 4. Aufl., Schwalbach/Ts.

Terhart, Ewald 1997: Lehr-Lern-Methoden. Eine Einführung in Probleme der methodischen Organisation von Lehren und Lernen. 2. Aufl., Weinheim und München

Ziegler, Béatrice/Jung, Michael 2007: Politik erforschen. In: Lange, Dirk (Hrsg.): Strategien Politischer Bildung. Basiswissen Politische Bildung. Bd. 2. Baltmannsweiler, S. 72-84

Paul Ciupke

Reisend lernen: Studienreise und Exkursion

Exkursionen und Studienreisen – manchmal werden sie auch Studienseminare genannt, um sie von den touristisch geprägten Varianten abzugrenzen – erfreuen sich in der außerschulischen politischen Bildung seit mehr als 20 Jahren wachsender Beliebtheit und Nachfrage. Teilnehmende möchten immer öfter den herkömmlichen Seminarraum verlassen und sich suchend, recherchierend, jedenfalls aktiver und in der Lernform umfassender angesprochen, politisch bilden. Auch die Bildungseinrichtungen und die verantwortlichen Pädagogen nehmen gerne die Chance wahr, Lernorte außerhalb der Bildungsstätte aufzusuchen und deren besondere Qualitäten für ein intensiveres und motivierteres Lernen zu nutzen. Das führt unter anderem zu einer partiellen Delegitimierung traditioneller Lernorte, etwa der Bildungsstätten, und zu einer Aufwertung neuer Räume und der mit ihnen verbundenen Lernarrangements (vgl. Ciupke 2010). Offensichtlich ist aber auch eine zweite Beobachtung: Obgleich das Lernen an anderen Orten an erheblicher Bedeutung gewonnen hat, wird dieser Trend, vor allem seine praktische Ausführung, in der Disziplin und Profession vergleichsweise wenig didaktisch reflektiert (siehe als Ausnahmen Grillmeyer/Wirtz 2006 und 2008 und Außerschulische Bildung 2005). Ganz anders verhält sich das in den Nachbardisziplinen: im Bereich der Geographie z. B. gehört die Exkursion zu einem schon traditionellen und lange reflektierten Lernformat, und die Geschichtsdidaktik verzeichnet in den letzten 20 Jahren eine geradezu explosionsartige Beschäftigung mit außerschulischen Erinnerungs- und Lernorten und ihrer methodischen Erschließung, so dass der Blick in diese Fachdiskurse für die schulische wie außerschulische politische Bildung äußerst fruchtbar sein kann. Auch die Tourismuswissenschaft diskutiert Studienreisen im Hinblick auf ihren Lernwert und die angemessenen pädagogischen Verfahrensweisen (vgl. Günter 2003 und Treidel 2009).

Dabei verkörpern Exkursionen und Studienreisen kein völlig neues Lernformat, ein Blick in die Geschichte zeigt, dass das Reisen und Erkunden als Form politischer Bildung vielfältige historische Vorläufer kennt und schon in den 1920er-Jahren unter dem Einfluss von

Zunehmende Beliebtheit von Exkursionen

Dennoch bisher nur wenig didaktisch reflektiert

Vorläufer schon in den 1920er-Jahren

Jugendbewegung und Reformpädagogik ausgiebig praktiziert wurde. In der politischen Jugendbildung der 1950er- und 1960er-Jahre spielten Auslandsreisen eine eminent wichtige Rolle, um Deutschland stärker in die westliche Wertegemeinschaft und Demokratie einzubinden (vgl. Reulecke 1997 und Giesecke/Keil/Perle 1967). Und das historisch-politische Lernen, das insbesondere die katastrophalen Erfahrungen und Menschheitsverbrechen des 20. Jahrhunderts thematisiert, nutzt seit den 1960er-Jahren anwachsend Museen, Gedenkstätten und internationale Begegnungen, um zu erinnern, Wissen zu erarbeiten und Maßstäbe für künftige demokratische Entwicklungen zu diskutieren (vgl. u. a. Mütter 2008).

Man kann diese Entwicklung auch als Teil des „spatial turn" betrachten. „Im Raume lesen wir die Zeit", zitierte der Kulturhistoriker Karl Schlögel den Geographen Friedrich Ratzel (Schlögel 2003, 10). Das neuere Interesse am Raum, begleitet vom Fall der Mauer und dem Ende der kommunistischen Regime in Mittelosteuropa und den damit verbundenen Öffnungen, symbolisiert auch eine Abkehr von der früheren Dominanz politisch-ideologischer Diskurse und eine Hinwendung zur empirisch orientierten Aneignung politischer, sozialer und historischer Tatbestände. Hartmut von Hentig kennzeichnete das Reisen als „eine Form der Selbst- und Welterfahrung" und in Anlehnung an das griechische Wort empeiria als „peiratisch leben" und „suchend-versuchendes" Verhalten (von Hentig 2000, 324 f.).

Reisen als eine „Form der Selbst- und Welterfahrung"

1. Exkursion und Reise

Der Raum bzw. besondere Orte werden in der umfassender gestalteten Lernform der Reise und dem didaktisch eingegrenzteren Mittel der Exkursion zur gegenständlichen Quelle oder zum Sachzeugnis erhoben. Das entscheidende und kennzeichnende Grundmerkmal ist dabei das Verlassen des Seminar- oder Klassenraums (vgl. Hey 1978, 12) und die Nutzung der persönlichen Anschauung.

Eine Methode im engeren Sinne stellt das Reisen nicht dar, eher scheint der auf die Form zielende und damit unterschiedliche Dimensionen des pädagogischen Handelns integrierende Begriff des Veranstaltungsarrangements angemessen. Die Exkursion darf hingegen problemlos zu den Methoden der politischen Bildung gezählt werden, dabei arbeitet man mit den originären Qualitäten eines Lernortes. Insofern aber das Reisen aus der Addition von Exkursionen/Ortswechseln und weiteren kompatiblen Elementen, z. B. Expertengesprächen, Zeitzeugeninterviews oder Vorträgen, besteht, zeigt sich nicht nur eine äußere Verwandtschaft, sondern auch eine innere Beziehung auf der methodischen Ebene. Reisen – unter dem hier relevanten Bildungsaspekt betrachtet – ist die auf Dauer gestellte und in eine didaktische Form gebrachte, potenzierte Form der Exkursion.

Zentrale Strukturmomente sind also Raum und Ort. Die Orte stellen eigene Zeugnisse und Lerngegenstände dar, und der Raum bildet – insofern er durchmessen wird – eine spezifische und verbindende Erfahrungsdimension. Mit der Entgrenzung des traditionellen Lernraums verbinden sich Möglichkeiten neuer, zunächst materiell zu verstehender Perspektiven und Anschauungsoptionen, die aber auch im übertragenen Sinne neue Sichtweisen und Reflexionspotenziale eröffnen. Das Reisen als Bildungsprojekt fördert bei den Teilnehmenden eine investigative Haltung, die motivierend wirkt. Der Reiz und die besonderen Chancen sollen hier vor allem aus Sicht der politischen Jugend- und Erwachsenenbildung im Hinblick auf ihre methodische und didaktische Binnenkonstruktion ausgelotet werden. *Raum und Ort als zentrale Strukturmomente*

Die Anerkennung des Reisens ist sowohl in der pädagogischen Disziplin als auch bei den fördernden Institutionen der politischen Bildung und Erwachsenenbildung noch immer nicht selbstverständlich. Der Reise wie der Exkursion wird oft noch unterstellt, im Gewande einer Bildungsveranstaltung oberflächliche Erlebnisintentionen und Freizeitinteressen zu bedienen, und so werden sie mit purem Kulturtourismus assoziiert. Wolfgang Seitter hingegen zählte das Reisen zu den zu Unrecht vergessenen Elementen in der andragogischen Theoriebildung (Seitter 2000). In der Bildungswirklichkeit findet das Lernen durch Bildungsreisen nicht nur wachsendes Teilnahmeinteresse, es verspricht im Zeitalter der Globalisierung, der europäischen Integration und eines sich ausbildenden europäischen Erinnerungshorizontes auch vielfältig interessante Aussichten für die politische Bildung. Im Bereich der historisch-politischen Bildung sind die Fortschritte des Gedenkens, Erinnerns und der Aneignung einer schwierigen Zeitgeschichte ohne die seit den 1960er-Jahren stattfindenden Gedenkstättenfahrten nach Mitteleuropa, die Israelreisen und vielfältige internationale Jugendbegegnungen kaum vorstellbar. *Anerkennung des Reisens*

2. Zur Erschließung von Orten und Räumen

Spezifische
Lernoptionen
von Orten

Reisendes Lernen und Exkursionen sind zentriert um Raum und Ort, sie werden durchmessen und im doppelten Sinne erfahren. Deren spezifische Materialität und ihr Symbol- und Sinngehalt müssen erschlossen werden, denn Orte bergen spezifische Lernoptionen. Orte sind Sachzeugnisse, Gedächtnisspeicher oder materielle Archive, sie deuten auf historische Ereignisse oder auch auf gegenwärtige gesellschaftliche Problemlagen, die durch Lernhandlungen freigelegt und interpretiert werden müssen.

Orten haftet auf den ersten Blick eine besondere Aura und damit verbundene Zeugnis- und Beglaubigungsqualität an, diese Dimension darf auch nicht ignoriert werden, wenngleich die von dem Pädagogen Heinrich Roth bereits 1949 geprägte und heute wieder verbreitete Rede von der „originalen Begegnung" problematisch bleibt. Europäisch-vergleichende Untersuchungen zu den Methoden historisch-politischen Lernens bei Schülern haben gezeigt, dass Museen und historischen Stätten im Vergleich zu anderen Quellen wie etwa den Lehrkräften, Zeitzeugen, Dokumenten, Romanen und Spielfilmen ein höheres Vertrauen entgegengebracht wird (von Borries 2001, 11). Eine jüngere Befragung von jugendlichen Gedenkstättenbesuchern bestätigt diese Befunde: Die Geschichtsdidaktiker Alexandra Marx und Michael Sauer resümierten: „Für die Schülerinnen und Schüler spielt die Präsentation von Originalem, Authentischem eine besonders große Rolle." (Marx/Sauer 2011, 144) Es ist naheliegend und durchaus gerechtfertigt, solche Befunde auch auf die Zielgruppe der Erwachsenen zu übertragen (siehe Pampel 2007).

Jeder Ort kann
zum Gegenstand
politischen
Lernens werden

Dennoch muss der Begriff der Authentizität kritisch hinterfragt werden, denn die implizierten bzw. angesonnenen Erfahrungsdimensionen von Unmittelbarkeit und Echtheit erweisen sich bei näherem Hinsehen als recht fragwürdig. Grundsätzlich kann natürlich jeder Ort durch geeignete Verfahren zum Gegenstand politischen Lernens befördert werden. Es gibt aber Orte, die eigens für Vermittlungszwecke in einem weiten Sinn inszeniert sind, dazu zählen Museen, Gedenkstätten, Archive, Denkmale, Geschichtspfade. Ihnen liegt ein offenes, manchmal auch verborgenes „Drehbuch" zugrunde, das die Auseinandersetzung mit steuert. Ihre Aneignung sollte daher unter anderem durch die diskursive Thematisierung der Vermittlungs- und Rezeptionsästhetik erfolgen. Gedenkstätten fundieren ihre Lernbedeutung aber auch in den historisch verbürgten und wissenschaftlich bestätigten Handlungen, die hier einmal geschehen sind. Andere Stätten scheinen für sich zu sprechen: ein Dorf oder eine Stadt mit ihrem Alltagsleben, eine (ehemalige) Fabrik, eine Zeitungsredaktion oder ein Rathaus. Orte sind aber dennoch in der Regel nicht eindeutig, sondern enthalten unterschiedliche Ereignis- und Zeitschichten. Auch deshalb müssen Orte durch Lernhandlungen und geeignete Arrangements didaktisch erschlossen werden.

Das im Allgemeinen immer noch am meisten verbreitete Mittel der Ortserkundung ist die Führung. Durch Führungen können und sollen Aufmerksamkeiten und Lernhandlungen an Orten in bestimmte Richtungen gesteuert werden. Im Bereich der politischen Bildung wird dieses allgemein als probat empfundene Bildungsmittel allerdings kaum gelehrt und reflektiert. Oftmals wird die Realisierung von Führungen im Rahmen der Arbeitsteilungen anderen Personen überlassen, die sich weniger von pädagogischen Überlegungen und mehr von anderen Diskursregimen leiten lassen. Ein großes Problem sind oft fehlende Abstimmungen zwischen den beteiligten Institutionen (Schule, außerschulische Einrichtung, Gedenkstätte oder Museum) und Personen (etwa Lehrkräfte und nebenberufliche Mitarbeiter von außerschulischen Lernorten). Eine gute Führung ist zeitlich begrenzt, hat ein klares Thema, ufert somit inhaltlich nicht aus und ist dialogisch angelegt (vgl. Ciupke 2009, 351).

Führung als Mittel der Ortserkundung

Orte und Räume können aber auch auf vielfältige Weise anders erschlossen werden: durch Spurensicherungen und aktive Erkundungen der Teilnehmenden, die hierfür Arbeitsaufgaben und Beobachtungskriterien an die Hand bekommen, durch eigenständige Besichtigungen und sich anschließende Auswertungsdiskussionen, durch Planspiele, durch das Lesen von Landschaften, durch mediale Erfassungen und Verarbeitungen (Fotos, Videos, Interviewaufnahmen, Website), durch biografisch orientierte Kommunikation, durch Zeitzeugen- und Expertengespräche und anderes mehr. (Zur Vertiefung siehe z. B. Kröll 2009, Dittmer/Siegfried 2005 und http://www.sowi-online.de/methoden/uebersicht.html.)

Weitere Annäherungen an Orte und Räume

Aber auch hier geht es um die Erfassung, die Auslegung und den Vergleich von Perspektiven. Die Erschließung von Orten und Räumen ist immer mit Perspektivität und Blickwechseln verbunden. Die besondere Qualität des reisenden Lernens liegt im Wechsel der Standorte und damit der Perspektiven. Reisen nach Osteuropa z. B. erlauben so einen politischen und historischen Blick aus der Peripherie und muten den Teilnehmenden eine Dezentrierung der mittel- oder westeuropäischen Standpunkte zu (vgl. Ciupke 2002).

3. Lernstile und pädagogische Chancen

Trotz einer in der Regel dichten Veranstaltungsstruktur bilden Reisen und Exkursionen ein relativ offenes Lernarrangement, das den Teilnehmenden mehr Mündigkeit und eine aktive Rolle zubilligt. Dem entsprechen besondere Formelemente, Aneignungsroutinen und Lernstile – einige werden im Folgenden kurz erläutert.

Betrachtung als Mittelpunkt des Interesses
Erkundungen, Ortserschließungen und Reisen versprechen einen Blick in die Wirklichkeit, die Anschauung steht deshalb zunächst im Mittelpunkt des Interesses. Anschauung wird hier als schlichte Beobachtungstätigkeit verstanden. Trotz der vorgetragenen Einwände gegen Aura, Authentizität und Originalität muss genügend Zeit gegeben werden für die persönliche In-Augenschein-Nahme, so ergeben sich neben Bestätigungen immer auch Überraschungsmomente und Enttypisierungserfahrungen. An die Betrachtung schließen sich oft ein Stutzen, Staunen, Fragen und Vergleichen an. Das Lernen vor Ort ist daher ein induktives und genetisches Lernen.

Reisen als Erlebnis
Das Reisen hat selbstverständlich Erlebnisqualitäten. Obgleich das Erlebnis in der politischen Bildung den Ruf hat, eher Tauschmittel einer Kultur- und Freizeitindustrie zu sein als Geburtshelfer eines kritischen Urteilens, sollte die Pädagogik nicht auf seine animierende und katalytische Funktion verzichten. Das Erlebnis kann in der Nichtalltäglichkeit einer Situation oder in einem subjektiven Intensitätsverhältnis bestehen. Der Satz, dass wer reist, auch etwas erleben kann, hat dies immer schon zum Ausdruck gebracht. Auch organisierte Bildungsreisen bieten Unvorhergesehenes und Beiläufiges. Ein „Lernen en passant" findet in den vielen Nischen und an den touristisch geprägten Rändern des organisierten Veranstaltungsprogramms statt, dieses sollte man fördern und nutzen.

Die mit der ständigen Ortsveränderung einhergehende Abwechslung verschafft dem Reisen den Charakter eines dynamischen Prozesses und eine eigene Dramaturgie. Im Aufbau einer Reise bieten die Themen, Personen und Orte, denen begegnet wird, nicht nur inhaltliche Ausdifferenzierungen und neue Verknüpfungen, sondern auch in Erwartung des nächsten Lerngegenstandes Steigerungen, die insgesamt einen besonderen Zeitrhythmus unmittelbarer Erfahrung und subjektiver Beteiligung bewirken.

Teilnehmende an Bildungsreisen und Exkursionen imitieren (un-)bewusst den Habitus des Entdeckers, sie bewegen sich als Rechercheure und mit einer der ethnologischen Untersuchungsperspektive verwandten Haltung im Raum und interaktiven Geschehen. Es handelt sich um ein ausgesprochen aktives und investigatives subjektives Lernhandeln, weil die Konfrontation immer auch im Modus der Befragung und des Austausches stattfindet. Damit verbunden ergibt sich auch eine kritische Lernhaltung, denn die Ergebnisse der Befragungen von Orten und Personen werden in der Regel mit dem Vorwissen und anderen, bereits erworbenen Erkenntnissen verglichen. Entdeckendes, ethnologisches Lernen

Fremde Orte können Anknüpfungspunkte für biografisches Lernen sein und entsprechende Erinnerungen und Schilderungen evozieren. Lebensgeschichten und Generationserfahrungen werden anderen Wissensbeständen und Sichtweisen gegenübergestellt.

Die Konfrontation und Verschränkung von Perspektiven gehört zu den zentralen Werkzeugen des reisenden Lernens. Dies vollzieht sich insbesondere auch in der Begegnung mit Gesprächspartnern, die als Wissenschaftler, Journalisten, Engagierte und professionell in ihrem Feld Tätige über Gesellschaft, Institutionen, Orte, Verbände oder Initiativen Auskunft geben. In der Diskussionsauseinandersetzung im Ausland kommt es dabei oft zum Rollentausch, denn die kontaktierten Fachleute und Persönlichkeiten sind oft nicht nur an Rückmeldungen zu ihren Ausführungen interessiert, sondern wollen sehr häufig eigene Fragen stellen und beantwortet wissen. Es setzt ein Wechselspiel von Fremd- und neuer Selbstwahrnehmung ein, man wird in ungewohnter Weise Identitäten und Kollektiven zugeordnet. Plötzlich ist man Experte für seine Heimatstadt, sein Herkunftsland und dessen Gesellschaft oder für einen Berufsbereich und muss bei den Äußerungen abwägen, ob die Darstellung angemessen ist. Das zu Hause oft kritisierte politische System erscheint beispielsweise neu vor dem Hintergrund osteuropäischer Demokratien oder der alltäglichen Gewaltverhältnisse in manchen Schwellenländern. Der Spiegel der realen Verhältnisse anderswo erlaubt ein besseres Verständnis der vertraut-unbegriffenen eigenen Strukturen.

Lernen durch Konfrontation und Verschränkung von Perspektiven

Zu den Eigenarten des reisenden Lernens und von Exkursionen gehört eine gewisse Leichtigkeit, die ein Ergebnis von Rollenvielfalt ist. Die Teilnehmenden teilen sich eine multiple Identität zu, denn sie bewegen sich zugleich als Touristen, Flaneure, Entdecker, Lernende, politisch Interessierte, Rechercheure, Experten, den Augenblick Genießende und Gäste.

Eine beiläufige, aber für die Selbstbildung wichtige Lernebene betrifft die Gesprächskultur, denn vor dem Hintergrund manchmal sehr unterschiedlicher historischer Erfahrungen und Deutungsmuster vollzieht sich die Einübung von Taktgefühl und Empathie. Studienreisen und Exkursionen bieten darüber hinaus weitere informelle Dimensionen des Lernens: Die vielfältigen Anlässe zur Geselligkeit auch im nichtorganisierten Teil des Programms etwa bieten Gelegenheiten zum Austausch, in denen die eigenen Beobachtungen nicht nur verglichen, sondern allmählich auch zu einer eigenen Erzählung verdichtet werden. Solche Erzählungen werden zu Hause weiterentwickelt und stellen nicht nur ein Produkt des reisenden Lernens, sondern oft auch ein Zeugnis gewachsener politischer Urteilskraft dar.

Literatur

Außerschulische Bildung 2005: Lernen an anderen Orten: Erkundungen, Exkursionen, Studienreisen. 4-2005. http://www.adb.de/dokumente/ab_archiv/ab2005-4.pdf, 10.3.2013

Borries, Bodo von 2001: Unterrichtsmethoden im europäischen Vergleich. In: Polis 3/2001, S. 11-14

Ciupke, Paul 2002: „Zeitstrände" erkunden – Zur historisch-politischen Didaktik von Studienreisen nach Mittelosteuropa. In: kursiv – Journal für politische Bildung, Heft 2/2002, S. 26-32

Ciupke, Paul 2009: Historische Lernorte – Zur Einführung. In: Behrens, Heidi/Ciupke, Paul/Reichling, Norbert (Hrsg.): Lernfeld DDR-Geschichte. Ein Handbuch für die politische Jugend- und Erwachsenenbildung. Schwalbach/Ts., S. 347-354

Ciupke, Paul 2010: Orte der politischen Bildung. Von der Bildungsstätte zum Lernen vor Ort. In: Hessische Blätter für Volksbildung 4/2010, S. 315-324

Dittmer, Lothar/Siegfried, Detlef (Hrsg.) 2005: Spurensucher. Ein Praxisbuch für die historische Projektarbeit. Hamburg

Grillmeyer, Siegfried/Wirtz, Peter (Hrsg.) 2006 und 2008: Ortstermine. Politisches Lernen an historischen Orten, Bd. 1 und 2., Schwalbach/Ts.

Hey, Bernd 1978: Die historische Exkursion. Zur Didaktik und Methodik des Besuchs historischer Stätten, Museen und Archive. Stuttgart

Kröll, Ulrich 2009: Lernen und Erleben auf historischen Exkursionen. Museen, Freilichtmuseen und Gedenkstätten als Partner der Schule. Münster

Marx, Alexandra/Sauer, Michael 2011: Lerneffekte von Gedenkstättenbesuchen im Kontext des Geschichtsunterrichts. In: Pampel, Bert (Hrsg.): Erschrecken – Mitgefühl – Distanz. Empirische Befunde über Schülerinnen und Schüler in Gedenkstätten und zeitgeschichtlichen Ausstellungen. Leipzig, S. 115-144

Mütter, Bernd 2008: HisTourismus. Geschichte in der Erwachsenenbildung und auf Reisen, Bd. 1 und 2., Oldenburg
Pampel, Bert 2007: „Mit eigenen Augen sehen, wozu der Mensch fähig ist." Zur Wirkung von Gedenkstätten auf ihre Besucher. Frankfurt/M./New York
Reulecke, Jürgen (Hrsg.) 1997: Rückkehr in die Ferne. Die deutsche Jugend in der Nachkriegszeit und das Ausland. Weinheim/München
Schlögel, Karl 2003: Im Raume lesen wir die Zeit. München
Seitter, Wolfgang 2000: Lesen, Vereinsmeiern, Reisen. (Vergessene) Elemente einer Theorie lebenslangen Lernens. In: Zeitschrift für Pädagogik, Jg. 46, H. 1, Januar/Februar 2000, S. 81-96
sowi-online: http://www.sowi-online.de/methoden/uebersicht.html (10.3.2013)
Treidel, Rulf Jürgen 2009: Historische Erfahrungen im Urlaub. Vom Tagesausflug zur Studienreise. In: Horn, Sabine/Sauer, Michael (Hrsg.): Geschichte und Öffentlichkeit. Orte – Medien – Institutionen. Göttingen, S. 103-120
von Hentig, Hartmut 2000: Fahrten und Gefährten. Reiseberichte aus einem halben Jahrhundert. München/Wien

Dieter Maier

Methoden für komplexe Lernvorhaben: Projekt, Sozialstudie und Zukunftswerkstatt

Vorbemerkung

Lernprozesse in der Schule, die mit komplexen Lernvorhaben gestaltet werden, sind häufig mit dem Begriff des Projektes, einer Zukunftswerkstatt oder auch einer Sozialstudie verbunden. Gemeinsam ist diesen drei Methoden, dass sie als Varianten situierten Lernens mit unterschiedlicher Intention Möglichkeiten bieten, kontextbezogenes politisches Lernen zu ermöglichen und darüber hinaus in unterschiedlicher Intensität den Anspruch in sich tragen, als Methoden einer Demokratie im Kleinen zu gelten. Gleichzeitig wird zunehmende Komplexität in der Gesellschaft zu einer besonderen Herausforderung für politische Bildung, die, einer Entdeckungsreise gleich, Lernarrangements anbieten kann, um unbekanntes Terrain zu erschließen und um die komplexen Bezugssysteme stets neu zu verorten (vgl. Sander 2013, 170 f.).

<small>Demokratie im Kleinen</small>

Im Folgenden werden drei Lernarrangements vorgestellt, die Lernprozesse durch „Möglichkeiten des Handelns und Erlebens, also des Denkens, Fühlens und Wertens" (Aebli 2001, 277) auslösen. Hierbei bilden lebendig empfundene Probleme (Aebli) die Ausgangslage für die jeweilige Arbeitsweise der Methoden Projekt, Zukunftswerkstatt und Sozialstudie.

1. Das Projekt

Die Entwicklung zum Begriff Projekt bzw. der Projektmethode kann auf eine lange Tradition zurückblicken, die „zwischen definitorischer Enge und universeller Weite" (Duncker 1993, 67) in einer kaum noch überschaubaren Literaturvielfalt rezipiert wird und somit die Gefahr einer verwässerten Betrachtung beinhaltet.

So lassen sich in einer Archäologie des Projektlernens erste Hinweise eines Zusammenhangs „unterschiedlicher Praxisbegriffe und

Das Projekt

den darin jeweils aufgehobenen Theorieverständnissen" (Duncker 1993, 67) in der Antike finden. Auch wenn sich der Begriff Projekt eine etwa 300-jährige Geschichte hat (vgl. Frey 1998, 13), gehen die Anfänge des Projektunterrichts nach Knoll auf Aufgaben zurück, welche die Studenten der *Pariser Akademie Royale d'Architecture* als *project* zu bearbeiten hatten. Sie erhielten die Aufgabe, möglichst kreative Bauten zu planen und dabei kooperativ miteinander zu arbeiten. Im Vordergrund standen dabei werkpraktische Aspekte in Verbindung mit eigenverantwortlichem Handeln sowie die Orientierung an realen Alltagsproblemen und den Erfordernissen einer Produktorientierung (vgl. Knoll 1993, 58 ff.). Unberücksichtigt geblieben ist hier jedoch die Zusammenführung von Denken und Handeln in einer anthropologisch und ethisch begründeten Dimension als „verantwortliches Eingreifen in die soziale Lebenswelt" (Duncker 1993, 67). Ursprünge des Projektunterrichts

1.1 Die Projektmethode nach John Dewey

Die moderne Projektmethode geht auf John Dewey zurück, der in den USA im Zuge der Pragmatismusbewegung seine philosophischen und pädagogischen Überlegungen entwickelte und die Projektmethode in seinem Hauptwerk „Demokratie und Erziehung" (Dewey/Hylla 1930) als „Methode der denkenden Erfahrung" bezeichnete (ebd., 234). Für Dewey ist ein im Unterricht zergliedertes Wissen, ohne dass dabei eine Beziehung zu verständigem Handeln hergestellt wird, toter Ballast, da es Erkenntnis nur vorspiegele (Dewey/Hylla 1930, 237). Sein Ziel ist es, Handeln als aktives Tun zu verstehen und den Akt des Denkens in einen Erfahrungsprozess einzubinden.

Dewey beschreibt den prozesshaften Charakter der denkenden Erfahrung in fünf Schritten:

So soll erstens eine Sachlage vorhanden sein, die Befremdung, Verwirrung und Zweifel auslöst und in ihrem Wesen noch nicht abgeschlossen ist. Zweitens muss diese Sachlage ein echtes Problem beinhalten. Drittens wird die Sachlage zur Klärung des vorliegenden Problems sorgfältig erkundet. Viertens müssen für das Problem mögliche und ausgestaltete Lösungen entwickelt werden (vgl. Dewey/Hylla 1930, 234 f.). Fünftens schließlich erhält der Lernende die Möglichkeit, seine Ideen praktisch anzuwenden, „um so ihren persönlichen Sinn und ihre soziale Bedeutung herauszufinden" (Dewey, zit. nach Hänsel 1988, 25).

Fünf Schritte der denkenden Erfahrung

Die Generierung von Themen entwickele sich mit Hilfe des „Erziehers" aus den aktuell vorhandenen Erfahrungsfeldern der Lernenden und beschäftige sich mit deren gegenwärtigen Bedürfnissen und Fähigkeiten. Dewey verdeutlicht in seinen Erkenntnisschritten seine Vorstellung des Zusammenhangs von Zielgerichtetheit, planvollem Vorgehen und Handlungsorientierung (vgl. Hänsel 1988, 27).

Erziehungsphilosophie nach John Dewey — Diese grundlegenden Gedanken des Lernens sind bei Dewey zusammengeführt in einer Erziehungsphilosophie, die a) den Menschen mit seiner Welt interagierend betrachtet und b) Inhalt und Methode zur Problembewältigung in engen Zusammenhang stellt. Außerdem sollte die Methode c) den Lehrer zu einem – nach heutigem Verständnis – eher moderierenden Lernbegleiter machen, der den Verlauf eines Projektes als gemeinsam handelnde Anstrengung betrachtet und die Lernenden in ihrem Fortkommen unterstützt (vgl. Sander 2001, 101 ff.).

Die Idee von Dewey und später Kilpatrick – einem Schüler Deweys – ist vielfältig wieder aufgenommen worden. So verfolgte der ursprüngliche Projektgedanke „eine klare gesellschaftlich-politische Grundintention" mit dem Ziel, die Mitwirkungsmöglichkeiten für zukünftige Generationen in einer sich tiefgreifend verändernden Gesellschaft (vgl. Gudjons 1989, 54) als Erziehungsideal in die Konstruktion seiner Methode aufzunehmen. Dies geschah auch aus der Erkenntnis heraus, dass sich einfache, linear strukturierte und relativ voraussehbare Lebensverhältnisse nicht mehr beschreiben lassen, sich jeder Einzelne einer komplexer werdenden Zukunft gegenübersteht und diese letztlich selbständig und selbsttätig bewältigen muss. Auch wenn die bei Dewey vorhandene Hoffnung, Schule und Gesellschaft durch praktisches pädagogisches Handeln zu verändern, kritisch betrachtet werden muss (vgl. Hänsel 1988, 35), enthalten seine auf das handelnde Lernen bezogenen Ausführungen wichtige Impulse für die „Pädagogik unseres Jahrhunderts" (Duncker 1996, 52).

1.3 Handlungsschritte zur Realisierung eines Projekts

Die Arbeit in einem Projekt basiert auf einem gemeinsamen, zu vereinbarenden Verlaufsplan, dessen Phasen von der Steuerung des Vorhabens bis hin zur Erstellung eines Projektproduktes dienen. *10 Handlungsschritte nach Koopmann* — Deweys Projektschritte werden von Koopmann für Unterricht und außerschulische Bildung aufgenommen und in die nachfolgenden zehn Handlungsschritte gegliedert (Koopmann 1996).

Das Projekt

Handlungsschritte	Inhalte
1. Probleme sammeln Politische/gesellschaftliche Probleme in der Stadt bzw. in der Gemeinde herausfinden.	Soziale und/oder kulturelle Problemlagen im lokalen Umfeld wahrnehmen und identifizieren (policy).
2. Problem bestimmen Ein echtes Problem bestimmen, das untersucht werden soll.	Herausfinden, welches soziale/kulturelle Problem für den Stadtteil oder für die Gemeinde besonders wichtig ist und einer gemeinsamen, neuen Regelung bedarf und welche Institutionen, Personen, Behörden usw. daran beteiligt sind.
3. Informationen sammeln	Zusammentragen und Auswerten einschlägiger Informationen aus verschiedenen Quellen.
4. Lösungsansätze prüfen	Welche Lösungsansätze bieten die beteiligten Gruppen, Personen, Institutionen usw. zu dem Problem an (polity)?
5. Einen Lösungsweg entwickeln	Entwickeln eigener, begründeter Vorstellungen zur politischen Lösung des Problems.
6. Aktionsplan erstellen	Wie können die Beteiligten (Punkt 4.) für die entwickelten Lösungsansätze interessiert werden und welche Bündnispartner können gefunden werden (politics)?
7. + 8. Ausstellung Eine Dokumentation für eine Ausstellung anfertigen und präsentieren.	Erstellen einer Präsentation (Ausstellung, Film, Fotos, Dokumentation usw.) mit Darstellung der Punkte 1-6.
9. Das Problem anpacken	Den Verlauf des politischen Prozesses verfolgen, dokumentieren und sich gegebenenfalls weiter beteiligen.
10. Erfahrung reflektieren	Zwischenergebnisse, Ergebnisse und Erfahrungen – auch die innerhalb der Gruppe – reflektieren.

(Erweiterte Aufstellung nach Koopmann 2001, 9 ff.)

Auf schulischen Unterricht bezogen erweitert Bönsch die didaktische Dimension von Projekten, indem er sie nicht ausschließlich auf Themen aus der Lebenswirklichkeit außerhalb von Schule und Unterricht betrachtet. Schule und Unterricht sind für Schüler/-innen als Teil ihrer Lebenswirklichkeit zu verstehen und können somit ebenfalls zum Ausgangspunkt von Projekten werden. Hierbei unterscheidet er fünf didaktische Dimensionen von Projekten, die in ihren/m „Anliegen, Realisierungschancen, Voraussetzungen, Arbeitsumfang, Kompetenzen, Zeitressourcen u. a." (Bönsch 2003, 203) unterschiedlich weit tragen. Er differenziert

Fünf didaktische Dimensionen von Projekten

1. nach *gesellschaftlich-politischem* Aspekt – außerhalb der Schule soll etwas bewirkt werden;

2. nach *sozialem Aspekt* – indem für andere etwas unternommen wird;
3. nach *innerschulischem Aspekt* – um in der Schule etwas zu verändern;
4. nach *innergruppalem Aspekt* – um etwas zu tun, das Spaß macht;
5. nach *lerndidaktischem Aspekt* – um etwas zu tun, das den Unterricht interessanter macht, wie z. B. ein Schulbuch produzieren (vgl. Bönsch 2000, 203).

Das Projekt oder auch *die* Projektmethode gibt es nicht. Abgrenzungen finden sich neben der definitorischen Betrachtung auch in der begrifflichen Zuordnung. Grundlage für ein Projekt ist jedoch immer die lebendige Auseinandersetzung mit der erlebten Wirklichkeit, bei der in gemeinsamer Anstrengung eine oder mehrere Lösungen zu einem Problem erarbeitet werden, die letztlich in ein Produkt münden. Projekte überschreiten die übliche Gliederung in Fächer (Interdisziplinarität) – auch wenn das Kernproblem ein politisches ist. Die Arbeit an einem Projekt fördert Aspekte sozialen Lernen, der Kommunikation und Interaktion (vgl. Gudjons 1989, 58 ff.). Schwierigkeiten zur Umsetzung eines Projektes in Schulen bereiten jedoch häufig vorhandene Stundentaktungen sowie fach- bzw. fächerübergreifendes Lernen. Hier können phantasievolle Insellösungen oder auch die Fortentwicklung schulinterner Kurricula die Aufnahme von Projekten in den Unterricht erleichtern.

2. Die Zukunftswerkstatt

Robert Jungk konzipierte die Methode *Zukunftswerkstatt* aus dem Wunsch heraus, ein Instrument zu finden, das möglichst vielen Menschen erlaubt, über ihre Kritik an gesellschaftlichen Entwicklungen hinaus kreative Ideen zur Lösung von gesellschaftlichen Problemen zu entwickeln. Eine Zukunftswerkstatt besteht im Kern aus einer klar definierten Abfolge von Arbeitsphasen, für die jeweils unterschiedliche Arbeitsregeln gelten.

> Möglichst viele Menschen sollen kreative Lösungsvorschläge einbringen können

In sein Phasenmodell der Zukunftswerkstatt nahm Jungk insbesondere Anregungen aus der Kreativitätsforschung Alex Osborns der 1960er-Jahre in den USA auf. Anders als Osborn konzentrierte sich Jungk auf Fragen politischer Partizipation und auf die Gestaltung von Zukunft (vgl. Jungk 1995, 95 f.). Für Jungk war die „Veränderung der Gesellschaft immer ein Generalthema" (Jungk 1995, 103). Er wandte sich gegen die Tendenz einer einseitigen Vereinnahmung

Die Zukunftswerkstatt

durch Wirtschaft, Parteien, Industrie und Militär und entwickelte das Modell einer Zukunftswerkstatt mit dem Ziel der aktiven und intensiven Einbeziehung möglichst vieler Menschen in gesellschaftliche Prozesse (vgl. Dauscher 1998, 100).

Zukunftswerkstätten waren daher zunächst als eine Methode – basisdemokratischer – politischer Praxis gedacht. Erst später haben sie in andere soziale Handlungsfelder wie der betrieblichen Organisationsentwicklung, der Erwachsenenbildung und in schulischen Lernvorhaben Einzug gehalten.

2.1 Merkmale und Verlauf von Zukunftswerkstätten

Für Neumann-Schönwetter liegt die „geniale Entdeckung der Zukunftswerkstatt im Wechsel der Sichtweise" (Neumann-Schönwetter 1995, 58). Nicht die problembehaftete Gegenwart, sondern der Wunsch nach Veränderung, die Suche nach der Utopie wirke wie eine handlungsleitende Energie. Eine Zukunftswerkstatt läuft in drei Hauptphasen ab: Beschwerde- und Kritikphase, Phantasie- und Utopiephase sowie Verwirklichungs- und Praxisphase (vgl. Kuhnt/Müllert 2000, 58). Die Abfolge der drei Phasen soll, im Bild einer Doppelhelix, rational-analytisches mit intuitiv-emotionalem Lernen integrieren. Nach Dauscher wird durch die Arbeit in einer Zukunftswerkstatt die Überschreitung von linear-kausalem Denken und von Denken in komplexen Zusammenhängen ermöglicht.

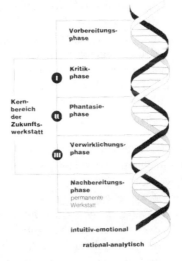

Drei Hauptphasen einer Zukunftswerkstatt

Eine Vorbereitungsphase geht den o. a. Phasen voraus. Eine Nachbereitungsphase kann sich an die Praxisphase anschließen. Innerhalb dieser Phasen wird nach bestimmten Regeln sowie mit verschiedenen Methoden und Sozialformen gearbeitet. Während der einzelnen Phasen ist darauf zu achten, dass möglichst einfach nutzbare Arbeitsmaterialien wie Stifte, Farben, großflächiges Papier oder auch Knete verwendet werden. Durch gemeinames Arbeiten und definierten

Methoden, Sozialformen und Arbeitsmaterialien wird auch versucht, den Unterschied zwischen „Experten" und „Laien" unter den Teilnehmenden aufzuheben.

Problematik aus der sozialen Praxis als Gegenstand

Gegenstand einer Zukunftswerkstatt ist immer eine Problematik aus der sozialen Praxis, die zukunftsoffen in dem Sinn ist, dass über mögliche Lösungen noch keine Klarheit herrscht und unterschiedliche Lösungen noch möglich sind.

2.2 Die Funktionen der Hauptphasen einer Zukunftswerkstatt

Die Beschwerde- oder Kritikphase
In dieser Phase werden nur die negativen Aspekte, der angestaute Unmut, die negativen Erfahrungen, die vorhandenen Befürchtungen zum Gegenstand der Zukunftswerkstatt gesammelt. Daraus ergibt sich eine gemeinsame Sicht der Problemlage. In der Gruppe soll „Dampf abgelassen", das Problem aber auch entpersonalisiert und genauer eingegrenzt werden. Die Gruppe soll die Erfahrung machen, dass die Problemlage alle Teilnehmenden, wenn auch aus unterschiedlichen Perspektiven, betrifft (vgl. Dauscher 1998, 122). Weiterführende Ideen und Lösungsmöglichkeiten, Diskussionen im Plenum und lange Redebeiträge sind hierbei noch nicht erwünscht.

Die Phantasie- oder Utopiephase
In der Utopie- und Phantasiephase soll versucht werden „sich auf das Unmögliche einzulassen" (Neumann-Schöwetter 1995, 59) und dann individuell entwickelte und gemeinsam gestaltete Utopien phantasievoll darzustellen. Grenzüberschreitendens Denken ist erwünscht. Einschränkendes „Das gibt es nicht" (Kuhnt/Müllert 2000, 79) oder ‚Das geht nicht' ist verboten. Die Teilnehmenden erhalten die gedankliche Möglichkeit, mit aller „Macht, aller Technik und alle(m) Geld dieser Welt" (Jungk nach Weinbrenner/Häcker 1995, 35) ihre Kritik positiv zu wenden, um eine ideale Zukunft zu entwerfen.

Die Verwirklichungs- oder Praxisphase
In der Verwirklichungs- und Praxisphase werden die neu entdeckten Veränderungsmöglichkeiten aus der „Weite des Träumens in die Enge der Realität" (Kuhnt/Müllert 2000, 95) geführt und mit realen

Die Zukunftswerkstatt

Bedingungen zusammengebracht. Diese Phase entscheidet über Erfolg oder Misserfolg einer Zukunftswerkstatt. Hier geht es nun darum, in genauer Analyse zu prüfen, welche der Idealvorstellungen unter realen Bedingungen umgesetzt werden können. Soll die Zukunftswerkstatt nicht nur als methodisch variantenreiche Idee und gruppendynamisches Zerfallsprodukt betrachtet werden, entscheidet der Prozess der Beratung über unmittelbar anstehende konkrete Handlungsmöglichkeiten, die sich aus der Kritik des Bestehenden einerseits und den utopischen Wünschen andererseits ergeben, über ihr Gelingen. Je nach Aufgabenstellung und Gruppe schlägt Dauscher drei Ergebnisformen vor:

Formen der Ergebnissicherung

1. Erkenntnisse und Folgen werden ohne direkten Handlungsbezug herausgearbeitet und dienen den Teilnehmenden als neue Perspektiven und Orientierung für eigenes Verhalten.
2. Die Gruppe formuliert Forderungen an andere wie z. B. den Stadtrat, die Schulleitung o. Ä.
3. Die Ergebnisse münden in ein Handlungsprojekt, indem sich die Gruppe ein Ziel setzt, welches sie durch ihre eigene Arbeit erreichen möchte, und Handlungsschritte hierfür plant (vgl. Dauscher 1998, 163).

Während einer späteren Nachbereitungsphase der gesamten Zukunftswerkstatt können die einzelnen Ergebnisse in ihrer Wirkung beurteilt und es kann über eine mögliche Fortführung beraten werden. Neue Projekte oder auch Zukunftswerkstätten können sich ergeben.

2.3 Die Moderation einer Zukunftswerkstatt

Die Moderatorin/der Moderator einer Zukunftswerkstatt nimmt gegenüber der Gruppe die Rolle einer Spielleitung ein, die das Geschehen lenkt und auf die Einhaltung der Regeln achtet. Sie ist nicht wissender Experte, sondern übernimmt die Aufgabe, die Teilnehmenden so anzuleiten, dass sie sich Neues und Unvorhergesehenes erschließen können. Die Moderation führt die Gruppe mit Techniken der Moderationsmethode, Körperübungen, Spielen und verschiedenen Sozialformen durch die Zukunftswerkstatt. Sie strukturiert die einzelnen Phasen zeitlich und übernimmt die Aufgabe, durch unterschiedlichste Methoden mal Kritik der Teilnehmenden anzuheizen, mal utopische Phantasie zu beleben, und sorgt dafür, dass die „phantastischen Ideen nicht im vorschnellen Realismus untergehen" (Dauscher 1998, 114).

So entsteht das Bild eines Trichters für jede Phase in folgenden Schritten:

1. Öffnen	Sammeln von Kritikpunkten
2. Einengen	Strukturieren und Vertiefen
3. Entscheiden	Gewichten und Auswählen
4. Abschluss und Überleitung	In die nächste Phase überleiten

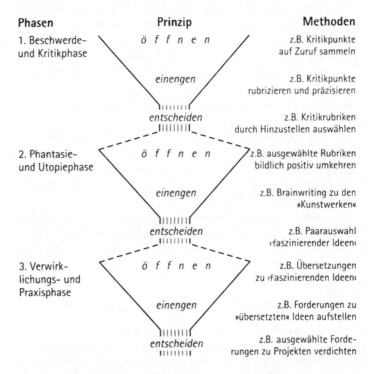

Zusammengeführt nach dem Trichtermodell von Kuhnt/Müllert (Kuhnt/Müllert 2000, 60) und des Phasenverlaufs nach Dauscher (vgl. Dauscher, 1998, 124)

3. Die Sozialstudie als wissenschaftsorientierter Politikunterricht

Die Methode der Sozialstudie ist in besonderem Maße dem didaktischen Prinzip der Wissenschaftsorientierung verbunden. Im wissenschaftsorientierten Unterricht werden Lernsituationen realisiert, die es den Lernenden erlauben, mit wissenschaftlich verantwortbaren

Methoden forschend zu lernen und gezielt neues Wissen selbst zu erarbeiten (vgl. Sander 2013, 199). „Schüler sollen politische Probleme und Realitätsausschnitte möglichst authentisch erfahren, erforschen und intellektuell aufbereiten und dabei eigene Sicht- und Urteilsweisen entwickeln" (Klippert 1988, 81).

Sozialwissenschaftliches Denken und Handeln im Politikunterricht dient dazu, einen problematisierten Sachverhalt zunächst beschreibend zu rekonstruieren, zu hinterfragen und zu erschließen (vgl. Herrmann 1999, 29). Dabei werden ergebnisoffene Frage- und Problemstellungen mit Hilfe sozialwissenschaftlicher Methoden prozesshaft bearbeitet.

Werden Methoden im Zusammenhang mit sozialwissenschaftlichen Problemlösungsprozessen angewendet, stellt sich für den Anwender – in diesem Fall den Lernenden – die Frage, „welche allgemeine Funktion – welchen Nutzen, Sinn" (Hermann 1999, 40) eine sozialwissenschaftliche Methode für das Verständnis einer sozialen Situation oder eines Problems hat. Dieses suchende, heuristische Moment fordert die aktive Mitarbeit des Lernenden im Sinne forschend-entdeckenden Lernens und bietet Möglichkeiten, soziale Phänomene „besser als bisher (zu) wissen, tiefer (zu) durchschauen, präziser (zu) begreifen" (Hermann 1999, 25). Die Lernenden erwerben „Bedingungen der Herstellung wissenschaftlichen Wissens" (Lißmann 2002, 171).

<small>Aktive Mitarbeit der Lernenden</small>

Der Begriff Sozialstudie, so wie er hier verwendet wird, ist ein auf schulisches Lernen bezogenes didaktisches Konstrukt, welches Forschungsstrategien für den Politikunterricht nutzt. Nach wissenschaftlichen Kriterien produziertes Wissen – wenn auch in einer möglicherweise sehr elementarisierten Form – präsentiert sich für den Lernenden dann nicht als abgeschlossene Wahrheit, sondern als „methodisch gewonnenes, gut begründetes, aber auch jederzeit durch bessere Gründe überholbares Wissen" (Sander 2013, 200).

Von den Lehrkräften verlangt die Integration empirischer Sozialforschung in den Politikunterricht die „Beachtung bzw. Berücksichtigung von Standards wissenschaftlichen Vorgehens" (Lißmann 2002, 172) sowie die Kenntnis der „wichtigsten Methoden, der Fehlerquellen und Fallstricke" (Diekmann 1995, 11).

Im Mittelpunkt der Sozialstudie stehen Lernende als Forschende. Auf Unterricht bezogen bieten sich hier verschiedene erprobte Möglichkeiten an, die in der Schule und an außerschulischen Lernorten mit z. T. geringen Mitteln umgesetzt werden können. Gugel zeigt

<small>Lernende als Forschende</small>

verschiedene Formen der Erkundung als „geplante und methodisch organisierte (problemorientierte) Wirklichkeitserkundung" (Gugel 1998, 144) auf und gliedert einzelne Schritte themenbezogen bereits vor. Als Arbeitstechniken werden u. a. Beobachtung, Umgang mit Fragebogen und Interviewtechniken genannt. Ein anderes Beispiel ist das von Uwe Diener konzipierte Programm Grafstat-Fragebogenprogramm *GrafStat (vgl.*: www.grafstat.de). Die Software unterstützt alle Schritte für die Arbeit an Befragungsaktionen, liefert bereits beispielhafte Fragebögen, Werkzeuge für die eigene Entwicklung und Gestaltung von Fragebögen, für die Dateneingabe und -auswertung sowie für die grafische Präsentation der Ergebnisse (vgl. auch: http://egora.uni-muenster.de/FmG/index_forschen.shtml). Hier wird das Ziel verfolgt, Lernende als „Sozialforscher" (Sander 2003, 6) für verschiedene Themen zu gewinnen. „Gleichzeitig werden die benötigten methodischen Kenntnisse und Fertigkeiten der empirischen Sozialforschung in elementarer Weise vermittelt. So wird in die Hypothesenbildung, in die Techniken der Erhebungsinstrumente, Datengewinnung, -auswertung und -interpretation eingeführt" (Sander 2003: 7). Lernende arbeiten z. B. zu Themen wie „KlassenCheckUp", „Wahlen in der Demokratie", „Fußball-EM und Nationalbewusstsein" oder „Du kommst hier nicht rein" (http://egora.uni-muenster.de/FmG/index_forschen.shtml).

Literatur

Ackermann, Paul 1997: Forschend lernen: Exkursion, Sozialstudie, Projekt. In: Sander, Wolfgang (Hrsg.): Handbuch politische Bildung. Schwalbach/Ts.
Aebli, Hans 2001: Zwölf Grundformen des Lehrens. 11. Aufl., Stuttgart
Bönsch, Manfred 2003: Variable Lernwege. Ein Lehrbuch der Unterrichtsmethoden. 3. Aufl., Paderborn/München/Wien/Zürich
Bundesministerium für Bildung und Forschung (Hrsg.) 1998: Delphi-Befragung 1996/1998. Abschlussbericht zum „Bildungs-Delphi". München
Dauscher, Ulrich 1998: Moderationsmethode und Zukunftswerkstatt. Neuwied/Kriftel/Berlin
Dewey, John/Hylla, Erich 1930: Demokratie und Erziehung. Breslau
Diekmann, Andreas 1995: Empirische Sozialforschung. Grundlagen, Methoden, Anwendungen. 4. Aufl., Reinbeck
Diener, Uwe: „GrafStat – Das Fragebogenprogramm", Ausgabe 2013. www.grafstat.de (5.6.2013)
Duncker, Ludwig 1993: Handeln im Dienste von Aufklärung und Demokratie. In: Pädagogik 7-8, S. 67

Literatur

Duncker, Ludwig 1996: Zeigen und Handeln. Studien zur Anthropologie n der Schule. Langenau/Ulm
Frey, Karl 1998: Die Projektmethode. 8. Aufl., Weinheim und Basel
Gudjons, Herbert 1989: Handlungsorientiert lehren und lernen. Projektunterricht und Schüleraktivität. Bad Heilbronn
Gugel, Günther 1998: Methodenmanual II. Neues Lernen. Weinheim/Basel
Hänsel, Dagmar 1998: Was ist Projektunterricht und wie kann er gemacht werden? In: Hänsel, Dagmar/Müller, Hans (Hrsg.): Das Projektbuch Sekundarstufe. Weinheim/Basel
Herrmann, Theo 1999: Methoden als Problemlösemittel. In: Roth, Erwin/Holling, Heinz (Hrsg.): Sozialwissenschaftliche Methoden. Oldenburg
Huschke-Rhein 2003: Einführung in die systemische und konstruktivistische Pädagogik. 2. Aufl., Weinheim/Basel/Berlin
Jungk, Robert 1995: „In jedem Menschen steckt viel mehr, als er weiß" – Ein Interview. In: Burow, Olaf-Axel/Neumann-Schönwetter, Marina (Hrsg.): Zukunftswerkstatt in Schule und Unterricht. Hamburg
Klippert, Heinz 1988: Durch Erfahrung lernen. Ein Prinzip (auch) für die politische Bildung. In: Bundeszentrale für politische Bildung (Hrsg.): Erfahrungsorientierte Methoden der politischen Bildung. Bonn
Knoll, Michael 1993: 300 Jahre lernen am Projekt. In: Pädagogik, 7-8, S. 58-63
Koopmann, F. Klaus 2001: Projekt: aktive Bürger. Sich demokratisch durchsetzen lernen – Eine Arbeitsmappe. Mühlheim an der Ruhr
Kuhnt, Beate/Müllert, Norbert R. 2000: Moderationsfibel Zukunftswerkstätten. Münster
Lißmann, Hans-Joachim 2002: Sozialstudie. In: Kuhn, Hans-Werner/Massing, Peter (Hrsg.): Lexikon der politischen Bildung. Schwalbach/Ts.
Neumann-Schönwetter, Marina 1995: Wie Zukunftswerkstätten wirken. In: Burow, Olaf-Axel/Neumann-Schönwetter, Marina (Hrsg.): Zukunftswerkstatt in Schule und Unterricht. Hamburg
Sander, Wolfgang 2013: Politik entdecken – Freiheit leben. Didaktische Grundlagen politischer Bildung. 4. Aufl., Schwalbach/Ts.
Sander, Wolfgang/Bundeszentrale für politische Bildung (Hrsg.) 2003: Forschen mit GrafStat (CD-ROM). Bonn
Sander, Wolfgang: Forschen mit GrafStat, http://egora.uni-muenster.de/FmG/index_forschen.shtml (5.6.2013)
Siebert, Horst 2001: Selbstgesteuertes Lernen und Lernberatung. Neuwied
Weinbrenner, Peter/Häcker, Walter 1995: Theorie und Praxis von Zukunftswerkstätten. In: Burow, Olaf-Axel/Neumann-Schönwetter, Marina (Hrsg.): Zukunftswerkstatt in Schule und Unterricht. Hamburg

Carl Deichmann
Politische Bildung bewerten: Methoden der Evaluation und Leistungsbewertung

1. Problemaufriss und Begriffsbestimmungen

Leistungsbewertung bzw. Leistungsbeurteilung als pädagogisches Handeln zeichnen sich durch das Spannungsverhältnis zwischen den administrativen Vorgaben und den fachdidaktischen Anforderungen einerseits sowie ihrem *situativen Charakter* andererseits aus. Dabei besitzen die für die fachdidaktischen Vorgaben in der schulischen politischen Bildung der letzten Jahre ausdifferenzierten Kompetenzmodelle unterschiedliche Bedeutung für die Entwicklung einer schulischen Evaluationskultur und für die verschiedenen Formen der prozessualen Leistungsbeurteilung (vgl. Abschn. 2 und 3).

Die für konkrete soziale Situationen (Deichmann 2013, 93 f.) typischen Strukturen des gemeinsamen Zieles, der Vorstrukturiertheit durch die Organisation, der wechselseitigen Interpretation der Gesprächspartner, aber auch der subjektiven Gestaltungsmöglichkeiten gelten deshalb ebenfalls für die Leistungsbewertung und Leistungsbeurteilung, welche sich im Unterricht und bei Prüfungen in der Schule als Förderdiagnostik verstehen sollten (Ingenkamp/Lissmann 2005, 13 ff.; Langner 2007, 59 ff.; Mosch 2013).

In Abgrenzung zu dem Begriff der Leistungsbewertung ist es sinnvoll, solche Interaktionsvorgänge mit dem Begriff der *Evaluation* zu erfassen, in denen die Bedingungen, der Verlauf und die Ergebnisse des politischen Lernprozesses nach intersubjektiv überprüfbaren Kriterien bewertet werden (Moser 1999, 207 ff.; Bürger/Schmid 2013, 3 ff.).

Dies bedeutet zunächst einmal für die Selbstevaluation der an den Unterrichtsprozessen Beteiligten (Lehrer, Schüler, Prüfer), den Versuch zu unternehmen, von der subjektiven Betroffenheit und Eingebundenheit in den Interaktionsprozess möglichst stark zu abstrahieren und den *Prozess als solchen* – einschließlich der institutionellen Bedingungen und der Bedeutung der eigenen Rolle – zum Gegenstand der Analyse zu machen (Moser 1999, 206 ff.).

2. Entwicklung einer schulischen Evaluationskultur: Selbstevaluation von Schüler/-innen und Lehrkräften

Die *Selbstevaluation der Schüler* (Sander 2013, 241 ff. und 248) stellt deshalb einen Beitrag zur Realisierung des allgemeinen Lernzieles der aktiven Wahrnehmung der Bürgerrolle dar (Deichmann 2004, 28 ff.), weil den Schüler/-innen Partizipationsmöglichkeiten geschaffen werden (Moegling 2000, 293 ff.).

Selbstevaluation von Lernenden

Im Rahmen einer solchen Selbstevaluation untersuchen die Schüler/-innen zum Beispiel mit Hilfe eines Fragebogens (Moegling 2000, 494 ff.), einer „Ein-Punkt- oder Mehr-Punkt-Abfrage", einer „Wetterkarte" oder mit ähnlichen Methoden (Bürger/Schmid 2013,12 ff.; Kammertöns 2011) das politische Interesse und die politische Aktivität der eigenen Lerngruppe bzw. ihrer Mitschüler/-innen in der Schule, die Akzeptanz der politischen Bildung, die Methodenhäufigkeit und Methodenbewertung, die Unterrichtswirklichkeit und die Kritik (einschließlich der Lehrerrolle). Sie machen sodann Vorschläge zur Veränderung der Unterrichtsbedingungen und der Unterrichtsmethoden. Unter pädagogischen und politikdidaktischen Gesichtspunkten ist es allerdings notwendig, die Fragen auf konkrete Unterrichtseinheiten und deren Phasen zu beziehen.

Erst vor diesem selbstkritischen, die eigene Rolle und deren Ausgestaltung im Unterrichtsprozess gewichtenden Hintergrund lässt sich auch von Schüler/-innen sachbezogen die *Lehrerrolle* beurteilen und Verbesserungen fordern:

Sachbezogene Beurteilung der Lehrerrolle

– Wo hätte die Lehrkraft Informationen geben sollen?
– Hätten Schüler mit Kurzreferaten, eigenen Beiträgen, den Lehrervortrag ersetzen können?
– Hätten handlungsorientierte Methoden oder die Textlektüre z. B. verstärkt werden müssen?
– Wie kann die Lehrkraft dazu beitragen, die Zusammenarbeit und Auswertung in den verschiedenen Arbeitsgruppen zu fördern (Burkhard 1996, 16 ff.; Bürger/Schmid 2013, 29 ff.)?

So korrespondiert die Schülerselbstevaluation mit der Analyse des Unterrichtsprozesses, welche ohne die Evaluation der Lehrerrolle nicht möglich ist. Bei der Selbstevaluation der Lehrkraft sollten neben den Methoden der individuellen Unterrichtsbeobachtung, z. B. in Form von Unterrichtstagebüchern über den Verlauf des selbstgehaltenen Unterrichts und der Reflexion über entsprechende Verbesserungen, immer stärker Methoden der gegenseitigen, *kollegialen Unterrichtsbeobachtung* und gemeinsamen Analyse durchgeführt werden (Schratz 2001, 113 ff.).

Möglichkeit einer Evaluationskultur

Werden die Ergebnisse der Schülerselbstevaluation mit denjenigen der Selbstevaluation von Lehrern verbunden und auf konkrete Unterrichtsprozesse bezogen, besteht die Möglichkeit, an Schulen eine Evaluationskultur im Rahmen eines demokratischen Unterrichtsklimas und einer demokratischen Schulkultur zu entwickeln, welche erhebliche Anstöße aus dem Politikunterricht erfahren könnten. Denn im Politikunterricht sind, orientiert an dem Leitziel der „aktiven Wahrnehmung der Bürgerrolle durch Entwicklung einer demokratischen politischen Identität" (Deichmann 2004, 22 ff.), die kontroverse Diskussion über aktuelle Fragen, auch Fragen der Kommunikation in Gruppen, die Aufforderung zur Artikulation der eigenen (politischen) Meinung bei gleichzeitiger Toleranz gegenüber anderen Meinungen, welche u. a. eine demokratische Schulkultur ausmachen (Goll 2010, 160 f.), expliziter Gegenstand des Lernprozesses.

3. Prozessuale Leistungsbewertung als Beitrag zur politischen Bildung

3.1 Prozessuale Leistungsbewertung: Lösung des Konfliktes zwischen dem Ziel der politischen Bildung und der Leistungsbeurteilung

Die Selbstevaluation von Schüler/-innen und Lehrer/-innen kann allerdings nicht die Diskrepanz aufheben, die zwischen einem schülerorientierten, die aktive Wahrnehmung der Bürgerrolle fördernden Politikunterricht, und der Leistungsbeurteilung existiert (Unger 1999, 292 ff.; Rothe 1981, 172-179; Edler 2010; Goll 2010, 161 ff.).

Beobachtung, Beschreibung und Bewertung der Lernfortschritte

Jedoch eröffnet sich in der *prozessualen Leistungsbewertung* im Politikunterricht eine Möglichkeit, diese Diskrepanz zu reduzieren, indem das Ziel verfolgt wird, die Lernfortschritte der Schüler/-innen zu beobachten, zu beschreiben und zu bewerten (Deichmann 2009, 18 ff.). In der *prozessualen Leistungsbewertung* verwirklicht sich im Unterricht die Vorstellung von der aktiven Wahrnehmung der Bürgerrolle, wenn die Schüler/-innen auch an diesem Prozess aktiv teilnehmen.

In der Beobachtung, Beschreibung und Bewertung der Leistungen dürfen nicht die politischen Grundkenntnisse (im Sinne des Faktenwissens) von der Analysefähigkeit (mit Hilfe der analytischen Kategorien) und von der Beurteilungsfähigkeit (mit Hilfe der normativen Kategorien) abgekoppelt werden, weil die Ausbildung der Identität als aktive Bürger/-innen alle Dimensionen des politischen Wissens und der politischen Fähigkeiten einschließt.

Die prozessuale Leistungsbewertung bezieht sich somit auch auf das Methodenwissen/die Methodenkompetenz – sowohl im Sinne der Fähigkeit zur Anwendung von Methoden als auch im Sinne der Reflexionsfähigkeit über das Ziel und den jeweiligen Erkenntnisgewinn bei der Anwendung unterschiedlicher Methoden.

Die prozessuale Leistungsbewertung, welche die aktive Wahrnehmung der Bürgerrolle nicht vernachlässigt, umfasst ebenso die Lernfortschritte der Schüler im Bereich der *Handlungsfähigkeit*. Diese zu beobachten, zu beschreiben und zu bewerten, stellt eine besondere Herausforderung in der politischen Bildung dar.

Methodenkompetenz und Handlungsfähigkeit ebenfalls im Fokus

3.2 Beobachtungsgesichtspunkte: Aspekte des politischen Wissens

Die Beobachtung, Beschreibung und Bewertung der Schülerleistungen beziehen sich auf die folgenden Aspekte des politischen Wissens (Deichmann 2004, 107 ff.), welche über die standardisierten Kompetenzmodelle in der politischen Bildung hinausgehen müssen (vgl. Sander 2011, 23 ff.), weil die Wissensbestände einerseits den Zusammenhang zwischen dem Alltagswissen und dem politischen Ordnungswissen, andererseits die Handlungsdimension der jungen Bürger/-innen erfassen sollen:
Politisches Deutungs- und Ordnungswissen umfasst demnach
- Faktenwissen,
- Problemwissen,
- kategoriales Wissen,
- Handlungswissen/Handlungsfähigkeit,
- Methodenwissen und
- Zukunftswissen.

3.3 Beobachtung und Beurteilung mündlicher Leistungen im Verlauf des Unterrichtsprozesses

Die Beobachtung und Beurteilung mündlicher Leistungen sollte sich im Politikunterricht in besonderer Weise an der Konzeption des kommunikativen Unterrichts und an der Struktur des politischen Lernprozesses, der als Problemlösungsprozess verstanden wird, ausrichten (Grammes 1998, 17 ff.). Die Lehrkraft nimmt im Unterrichtsprozess zwei Rollen ein. Sie organisiert und steuert den Lehr-Lernprozess und wirkt an der Problemlösung mit. Sie ist Teil der Lerngruppe mit einem besonderen Status, nimmt aber auch die Rolle des teilnehmenden Beobachters wahr (Otten 2011), der unter den Gesichtspunkten „Wiedergabe der Informationen, Darstellung der Funktionszusammenhänge, Beurteilung/Zukunftsperspektiven" die Schülerleistungen und Lernfortschritte beobachten, beurteilen und bewerten will, um daraus pädagogische Konsequenzen für die Beratung und Förderung der Schüler/-innen zu ziehen (Deichmann 2010, Arbeitsvorschläge 14 ff.).

Lehrender als Teil der Lerngruppe und teilnehmender Beobachter

3.4 Beurteilung schriftlicher Leistungen

Bei schriftlichen Leistungen sind die Prinzipien, welche für die Beobachtung, Beschreibung, Bewertung und Förderung der mündlichen Leistungen herausgearbeitet wurden, auch auf die schriftliche Leistungskontrolle zu übertragen. Dabei geht es darum, die politikdidaktischen Überlegungen zur schriftlichen Leistungskontrolle (vgl. Langner 2007, 67 ff. zu verschiedenen Formen der schriftlichen Leistungskontrolle) in die Konzeption der prozessualen Leistungsbewertung zu integrieren.

Lernzielorientierte Tests

Lernzielorientierte *Tests* können trotz ihres Schwerpunktes bei der Überprüfung von Kenntnissen auch Einstellungsveränderungen, also Veränderungen des Deutungs- und Ordnungswissens der Schüler/-innen im zeitlichen Panel messen. Es besteht die Möglichkeit, sie für die Planung nachfolgender Unterrichtseinheiten zu verwenden. Lernzielorientierte Tests sollten sich – wie alle mündlichen und schriftlichen Leistungsüberprüfungen – auf alle Lernzielebenen, auf Kenntnisse, Erkenntnisse und Einsichten (Fischer 1973, 98 ff.) beziehen und nicht nur Faktenwissen überprüfen.

Informelle Tests

Informelle *Tests* nehmen auf den Unterrichtsprozess und auf die behandelten Materialien Bezug. Allerdings sind Mischformen aus lernzielorientiertem und informellem Test zu empfehlen, da sie sich inhaltlich durch Objektivierung und formal durch relativ einfache Auswertbarkeit auszeichnen.

Hausaufgaben, Berichte und Protokolle

Hausaufgaben sollten als Unterrichtsbeiträge in vielfältigen Formen verstanden werden: in Form eines Besinnungsaufsatzes, eines Essays zur schriftlichen Beurteilung eines Konfliktes, als Anfertigung einer Tabelle auf der Grundlage zuvor erarbeiteter statistischer Daten, als Ausarbeitung eines Kurzvortrages zum Abschluss einer Problemanalyse, Interpretation einer Tabelle u. Ä.

Berichte und Protokolle, auch Berichtshefte, dokumentieren das Ergebnis von Lernprozessen und geben ebenfalls die Möglichkeit, den Lernerfolg im Rahmen des Lernprozesses zu kontrollieren sowie Hilfen für die weitere Arbeit zu geben.

Struktur von Klassenarbeiten
Klassen- und Kursarbeiten sollten nicht nur unter der Perspektive der Kontrollfunktion gesehen werden. Sie stellen einerseits eine Lernkontrolle dar. Denn in der Praxis des Politikunterrichts bleibt es bei der Notwendigkeit der Benotung. Hinzu kommt, dass die schriftlichen Leistungen nach den Vorgaben der Kultusministerien meist bis zu fünfzig Prozent der Gesamtnote im Politikunterricht ausmachen. Notwendigkeit der Benotung

Sie sind aber andererseits als positives *Element des Lernprozesses* anzusehen, durch das neue Erkenntnisprozesse in Gang gesetzt werden, wenn z. B. unterschiedliche Beurteilungen politscher Probleme wieder zum Gegenstand der Diskussion im Unterricht gemacht werden. Besonders die vielfältigen Fehler, welche die Schüler/-innen im methodischen Bereich machen, müssen immer wieder in individuellen Gesprächen analysiert und korrigiert werden.

Die Klassen- und Kursarbeit sollte deshalb, orientiert an den im Zusammenhang mit der mündlichen Leistungsbewertung entwickelten Beurteilungskriterien, den folgenden Ansprüchen der Leistungsbeurteilung gerecht werden: Die Bearbeitungsgrundlage bilden *Materialien* (Texte, Grafiken), in denen möglichst kontroverse Positionen, ein politischer Konflikt oder ein politischer Prozess enthalten sind.

Beurteilungskriterien

Die Aufgaben zu den aktuellen Problemen und Konflikten sollen so gestellt sein, dass politische Probleme aus der Sicht *grundsätzlicher Erkenntnisse und Einsichten* heraus untersucht werden müssen.

Die Beurteilung bezieht sich insbesondere auf das Textverständnis und auf die Darstellung der Funktionszusammenhänge. Hierbei geht es im Sinne der Überprüfung politischen Ordnungswissens um die Untersuchung der Bedeutung der entsprechenden Probleme für die Weiterentwicklung der politischen Ordnung bzw. der internationalen Beziehungen.

Auch sollten Arbeitsaufträge zur Überprüfung der *Methodenkom-*

petenz formuliert werden (z. B.: „Untersuchen Sie die Politik der USA, der Nato, der Bundesrepublik Deutschland im aktuellen internationalen Konflikt mit Hilfe des Interaktionsmodells, indem Sie von der Interessenlage sowie den politischen Zielen der Beteiligten ausgehen und diese jeweils einer kritischen Würdigung unterziehen.").

Für die Berücksichtigung der verschiedenen *Anforderungsbereiche* (Kenntnisse – Erkenntnisse – Einsichten bzw. Transfer) (Fischer 1973, 98) ist es auch notwendig, die für die Analyse anzuwendenden Kategorien anzugeben (z. B.: „Untersuchen Sie die Stellung der Gewerkschaften bzw. der Unternehmer in diesem Konflikt mit Hilfe des Machtbegriffes. Definieren Sie den Machtbegriff.").

Transparenz der Beurteilungsgesichtspunkte

Damit die Beurteilung der schriftlichen Leistung der Schüler/-innen durch die Lehrkraft transparent wird, sind auch die *Beurteilungsgesichtspunkte* im Sinne der Angabe *normativer Kategorien* anzugeben (z. B.: „Beurteilen Sie die kontroversen Vorstellungen der Parteien unter dem Gesichtspunkt der Gerechtigkeit, indem Sie die von Ihnen gewählten Beurteilungskriterien wie Freiheit, Gleichheit, Solidarität etc. erläutern.").

4. Zusammenfassung

Wenn die Selbstevaluation von Schüler/-innen und Lehrer/-innen, verbunden mit den von Schüler/-innen in mündlicher und schriftlicher Form erbrachten Leistungen wieder zum Gegenstand des Reflexionsprozesses im Politikunterricht gemacht wird, stellt sie konstitutive Elemente einer prozessualen Leistungsbewertung dar und dient der pädagogischen Beratung und Förderung.

Es besteht sodann die Chance, im Politikunterricht eine Evaluationskultur zu entwickeln und damit die Spannung zwischen dem Ziel der politischen Bildung – der aktiven Wahrnehmung der Bürgerrolle – und der Leistungsbewertung produktiv zu gestalten.

Literatur

Beutel, Silvia-Iris/Beutel, Wolfgang (Hrsg.) 2010: Beteiligt oder bewertet? Leistungsbeurteilung und Demokratiepädagogik. Schwalbach/Ts.

Bürger, Regina/Schmid, Katharina 2013: Einführung in die interne Evaluation. Theorie und Materialien. Projektgruppe „Modus 21", Friedrich-Alexander-Universität Erlangen-Nürnberg, http://www.modus21.forschung.uni-erlangen.de/inhalt/Skript_Interne_Evaluation.pdf (26.01.2013)

Burkhard, Christoph 1996: Selbstevaluation – ein Beitrag zur Qualitätsentwicklung von Einzelschulen. Bönen

Deichmann, Carl 2004: Lehrbuch Politikdidaktik. Wien/München

Deichmann, Carl 2009: Leistungsbeurteilung im Politikunterricht. Schwalbach/Ts.

Deichmann, Carl 2010: Politisch denken – politisch handeln. Sozialkunde Gymnasiale Oberstufe. Leipzig

Deichmann, Carl 2013: Der institutionenkundliche Ansatz: Mehrdimensionale Institutionenkunde. In: Deichmann, Carl/Tischner, Christian K. (Hrsg.) a. a. O., S. 86-100

Deichmann, Carl/Tischner, Christian K. (Hrsg.) 2013: Handbuch Dimensionen und Ansätze in der politischen Bildung. Schwalbach/Ts.

Edler, Kurt 2010: Schulnoten und Demokratie. In: Beutel, Silvia-Iris/Beutel, Wolfgang (Hrsg.), a. a. O., S. 27-44

Fischer, Kurt Gerhard 1973: Einführung in die politische Bildung. 3. Aufl., Stuttgart

Gagel, Walter 2000: Einführung in die Didaktik des politischen Unterrichts. Opladen

Goll, Thomas 2010: Leistungsbeurteilung in der politischen Bildung – fachliche Aspekte und Beteiligungsmöglichkeiten. In: Beutel, Silvia-Iris/Beutel, Wolfgang (Hrsg.), a. a. O., S. 144-165

Grammes, Tilman 1998: Kommunikative Fachdidaktik. Politik, Geschichte, Recht, Wirtschaft. Opladen

Ingenkamp, Karlheinz/Lissmann, Urban 2005: Lehrbuch der pädagogischen Diagnostik. Weinheim/Basel

Kammertöns, Annette 2011: Selbstevaluation durch Schüler: Wie Schüler ihre politischen Urteile analysieren und reflektieren können. In: Zurstrassen, Bettina (Hrsg.), a. a. O., S. 167-185

Kuhn, Hans-Werner 2006: Methodenkompetenz entwickeln. Zwei Beispiele. In: Richter, Dagmar/Schelle, Carla (Hrsg.), a. a. O., S. 9-25

Langner, Frank 2007: Diagnostik als Herausforderung für die Politikdidaktik. In: Schattschneider, Jessica (Hrsg.), a. a. O., S. 58-70

Mosch, Mirka 2013: Diagnostikmethoden in der politischen Bildung. Vorstellungen von Schüler/-innen im Unterricht erheben und verstehen. http://geb.uni-giessen.de/geb/volltexte/2013/9404/ (19.11.2013)

Moegling, Klaus 2000: Schüler und Schülerinnen evaluieren ihren Politikunterricht – ein Bericht. In: Gegenwartskunde, H. 4, S. 293-503

Moser, Heinz 1999: Selbstevaluation und Schulentwicklung, In: PÄD Forum, Juni, S. 206-210

Otten, Tina 2011: Teilnehmende Beobachtung: der ethnologische Blick auf den Unterricht. In: Zurstrassen, Bettina (Hrsg.), a. a. O., S. 9-21

Rothe, Klaus 1981: Didaktik der politischen Bildung. Berlin

Richter, Dagmar/Schelle, Carla (Hrsg.) 2006: Politikunterricht evaluieren. Baltmannsweiler

Sander, Wolfgang 2011: Kompetenzorientierung in Schule und politischer Bildung – eine kritische Zwischenbilanz . In: Autorengruppe Fachdidaktik: Konzepte der politischen Bildung. Eine Streitschrift. Schwalbach/Ts., S. 9-25

Sander, Wolfgang 2013: Politik entdecken- Freiheit leben. Didaktische Grundlagen politischer Bildung. 4. Aufl., Schwalbach/Ts.

Schattschneider, Jessica (Hrsg.) 2007: Domänenspezifische Diagnostik. Wissenschaftliche Beiträge für die politische Bildung. Schwalbach/Ts.

Schratz, Michael, 2001: Methodenkoffer. Erste Hilfe zur Selbstevaluation. In: Friedrich Jahresheft, S. 113-139

Unger, Andreas 1999: Lernkontrolle und Leistungsmessung, In: Mickel, Wolfgang (Hrsg.): Handbuch zur politischen Bildung. Bonn, S. 292-297

Zurstrassen, Bettina (Hrsg.) 2011: Was passiert im Klassenzimmer? Methoden zur Evaluation, Diagnostik und Erforschung des sozialwissenschaftlichen Unterrichts. Schwalbach/Ts.

Helle Becker

Politische Bildung kommunizieren: Marketing für die außerschulische Bildung

Wenn das Team der Jugendbildungsstätte darüber nachdenkt, ob es einen Facebook-Auftritt einrichten soll, wenn im Bildungswerk beraten wird, mit welchen Kooperationspartnern politische Bildungsangebote für eine bestimmte Zielgruppe geplant werden können oder wenn Leitung und Küche der Akademie prüfen, ob das angebotene Mittagessen zu ihrem erklärten politischen Leitbild ‚lokal, global und fair' passt – dann denken sie alle über Marketinginstrumente nach.

Politische Bildung braucht ein Marketing, und zwar sowohl, um ‚politische Bildung' als Sachverhalt und Begriff bekannt und einschätzbar zu machen, wie auch um Veranstaltungen, Projekte und Unternehmungen politischer Bildung so zu konzipieren, dass diese wahrgenommen werden und um den Bildungsprozess derjenigen, die daran teilnehmen, größtmöglich fördern zu können. Dabei geht es nicht nur um Einzelmaßnahmen wie Werbung oder Programmplanung:

| Gründe für Marketing in der politischen Bildung

„Marketing für politische Bildung bedeutet die konsequente Ausrichtung aller Teilaspekte der Arbeit einer Bildungseinrichtung oder eines Verbandes an einem gemeinsamen Grundverständnis politischer Bildung und an einer engen Orientierung an den Interessen der anvisierten Zielgruppen (…). Die konsequente Ausrichtung schlägt sich unter anderem nieder in einem von außen und innen deutlich wahrnehmbaren Trägerprofil, der Transparenz der Ziele und Leistungen und der Einschätzbarkeit des Angebotes des Trägers" (Becker 2000, 25).

Die Ausrichtung an den Bildungsinteressen und Kommunikationsvorlieben der Adressaten ist dabei in mehrfachem Sinn geboten: Zunächst ist es eine *organisatorische* Notwendigkeit, die Angebote so zu kommunizieren, dass sie wahrgenommen und genutzt werden. Denn außerschulische Bildungsangebote, an denen Bürgerinnen und Bürger freiwillig und unter Einsatz von Zeit und Beteiligung teilnehmen sollen, müssen sich neben anderen Freizeit- und Bildungsmöglichkeiten, aber auch gegen negative Bilder von Politik und Bildung

Bildungsinteressen und Kommunikationsvorlieben der Adressaten im Fokus

behaupten. Dies ist auch eine *wirtschaftliche* Frage, denn nur wenn Angebote stattfinden, kann politische Bildung refinanziert werden. Eine möglichst große und gelingende Teilnahme ist *gesellschaftlich* wünschenswert und notwendig, um politische Aufklärung, Diskussion und Handeln demokratisch und lebendig zu erhalten. Und nicht zuletzt ist es ein *pädagogisches* Credo, für die Selbstbildungsprozesse lernender Subjekte die geeigneten Voraussetzungen und Bedingungen zu schaffen. Hierzu zählt die adäquate Gestaltung des Angebots von der Wahl des Themas bis zur Organisation des Settings.

1. Nicht unumstritten

Ökonomisierung der politischen Bildung als Kritikpunkt

Für ein Marketing für politische Bildung gibt es also mehrere Begründungszusammenhänge. Dennoch wurde und wird eingewendet, dass mit einem ‚Marketing' die Ökonomisierung der politischen Bildung vorangetrieben werde. Kritiker meinen, dass die Orientierung an der Ökonomie entlehnten Managementmodellen sowie ausschließlich am Bedarf von Zielgruppen dem gesellschaftlichen Auftrag und der gesellschaftlichen Verantwortung politischer Bildung widerspricht. Es wird befürchtet, dass damit ein verbindliches Verständnis der Ziele und Inhalte politischer Bildung verloren geht und dass politische Bildung unter ein Diktat der (individuellen und betriebswirtschaftlichen) Rentabilität gestellt wird, womit „normative Bezüge, Parteinahme bzw. Parteilichkeit, weltanschauliche Wurzeln und Überzeugungen etc. (…) in diesem Verständnis von politischer Bildung bedeutungslos" (Hufer 2003, 125) würden. Wenn es nur noch darum ginge, den „Absatz" politischer Bildung zu fördern, werde Bildung dem Marktgeschehen überlassen, was letztendlich ihrer Abschaffung gleichkäme. Die Diskussion wurde, vor allem für den Weiterbildungsbereich, von Verfechtern eines strengen marktwirtschaftlichen Gedankens befeuert, die politische Bildung als „Ware, genauso wie ein Auto oder ein Schokoladenriegel" bezeichneten und einen „konkreten Nutzen für die ‚Nachfrager'" (Motzko 1989, 360) einklagten. Sie formulierten genau das, was Kritiker der Marketingidee befürchteten, nämlich die Entlassung politischer Bildung aus der öffentlichen Verantwortung: „Allgemeine Ansprüche, dass politische Bildung als Allgemeingut der Bevölkerung selbstverständlich auch gefördert werden muss, reichen heute nicht mehr aus" (Motzko 1989, 360).

2. Schwierige Umstände

Derartige Sorgen und polarisierende Auseinandersetzungen lassen sich besser verstehen, wenn man sich den Kontext der Diskussionen vergegenwärtigt. Ende der 1980er-Jahre waren die Folgen eines abnehmenden Interesses an Politik, eines sich ausbreitenden Bildungs- und Freizeitbereichs sowie die Erosion tradierter Sozialmilieus für die Anbieter politischer Bildung deutlich zu spüren. Teilnehmerzahlen gingen zurück, und aufgrund knapper werdender öffentlicher Mittel erhöhte sich der politische Druck, Ausgaben zu legitimieren. In „härter werdenden Zeiten, in denen (...) die Förderung und die Teilnehmerzahlen gleichzeitig abnehmen" (Becker 2000, 9), sahen sich die Träger politischer Bildung vor die Anforderung gestellt, ihre Attraktivität (für potentielle und tatsächliche Teilnehmende) zu erhöhen und Wirkungen ihrer Angebote (Effektivität) ebenso nachzuweisen wie deren Wirtschaftlichkeit (Effizienz). Qualitätsmanagement und Marketing wurden zu Themen politischer Bildung, die allerdings nur zögerlich aufgenommen und adaptiert wurden.

Ursprünge von Qualitätsmanagement und Marketing

3. Initiativen

Die wichtigste Initiative ergriff der Arbeitsausschuss für Politische Bildung (heute: Bundesausschuss politische Bildung/bap), der 1996-1997 in Kooperation mit dem Arbeitskreis Universitäre Erwachsenenbildung und mit Förderung der Bundeszentrale für politische Bildung eine Workshopreihe durchführte, in der Marketingexpertinnen und -experten auf Vertreterinnen und Vertreter der politischen Bildung trafen, um Reichweiten und Grenzen von Marketing für die politische Bildung zu analysieren. Das Endprodukt war eine Handreichung, die verschiedene Aspekte des Marketings und des Qualitätsmanagements in eine für die außerschulische politische Jugend- und Erwachsenenbildung adäquate Gesamtkonzeption überführte (Becker 2000).

In der Folge wurde das Konzept unterschiedlich rezipiert und angewendet. Diskussionen und Transfer waren dabei abhängig von den Arbeitszusammenhängen und Erfahrungen der Träger. Im Bereich der Erwachsenenbildung hatte das Thema aufgrund der zunehmenden Kommerzialisierung und Konkurrenzsituation auf dem Weiterbildungsmarkt eine andere, wesentlich kritischere Resonanz als in der politischen Jugendbildung. Dort hatte man bereits ab 1996

Unterschiedliche Resonanz auf Marketing

(bis 2001) in Zusammenarbeit mit dem Ministerium und gemeinsam mit anderen Trägerbereichen der Kinder- und Jugendhilfe im Rahmen der Bundesinitiative „Qualitätssicherung in der Kinder- und Jugendhilfe" des Bundesministeriums für Familie, Senioren, Frauen und Jugend (http://www.bmfsfj.de/BMFSFJ/Service/publikationen.html) eine ganze Reihe von Management-, Qualitätsentwicklungs- und Evaluationsinstrumenten erprobt. Auch die jeweiligen Arbeitsbedingungen der Träger sorgten für eine unterschiedliche Rezeption des Themas. So kommt es in einer Volkshochschule oder einem Bildungswerk, die viele weitere Angebote in ihrem Portfolio haben, darauf an, politischer Bildung einen adäquaten Platz in einem Gesamtmarketingkonzept einzuräumen. Ganz anders sieht das für eine politische Jugendbildungsstätte aus, die für jegliches Handeln und die Kommunikation der Gesamteinrichtung ein Marketingkonzept entwirft, das gänzlich ihrem Grundverständnis von politischer Bildungsarbeit entspricht. Je nach Perspektive erscheint daher Marketing für die einen als gefährlicher Paradigmenwechsel (das „betriebswirtschaftliche Diktat" will „aus Einrichtungen der Erwachsenenbildung Wirtschaftsunternehmen machen", Hufer 2002, 100), die anderen sehen ihre „existenzsichernde Hilfsfunktion" (Becker 2000, 11), zum Beispiel wenn es um neue Wege zur Ansprache bis dahin wenig erreichter Zielgruppen geht.

4. Ein Modell für die politische Bildung

Für eine Bewertung der Rolle eines Marketings für die politische Bildung und für die Anwendung in der Praxis ist ebenfalls ausschlaggebend, welches Verständnis von Marketing man zugrunde legt und welche Rationalität man als leitend betrachtet. In keinem der oben genannten Fälle können Entscheidungen isoliert von Fragen der Wirtschaftlichkeit oder der Fördermittelakquise gefällt werden. Dennoch sind Wirtschaftlichkeit, Rentabilität oder Umsatzstärke nicht die bestimmenden Faktoren der Gestaltung politischer Bildungsangebote, sondern das gesellschaftliche Interesse an politisch gebildeten Bürgerinnen und Bürgern. Politische Bildung zählt, so würde man es in der Sprache der inzwischen florierenden Managementforschung für Non-Profit-Organisationen nennen (vgl. Schwarz et al. 2009), zu den ‚meritorischen Gütern', diese haben – „aus Sicht des Staates bzw. der Gesellschaft – einen hohen gewünschten öffentlichen Nutzen und werden genau aus diesem Grund mit öffentlichen Mitteln

Politische Bildung als „meritorisches Gut"

gefördert, da sie ansonsten nicht ausreichend hergestellt bzw. nachgefragt werden" (Klein 2010). Allerdings gibt es ein öffentliches Interesse nicht nur an der Bereitstellung von Angeboten, sondern auch an deren Nutzung. Mit anderen Worten: Nur wenn politische Bildung nachgefragt wird, erfüllt sie ihren Bildungsauftrag.

Die von Becker im Anschluss an die oben erwähnte Workshopreihe des Arbeitsausschusses für Politische Bildung vorgelegte Arbeitshilfe setzt deswegen als Ausgangspunkt einer adäquaten Marketingstrategie das allgemeine und spezifische (trägerabhängige) Grundverständnis politischer Bildung, als deren Ziel eine größtmögliche Nutzung und Effektivität der Angebote. Mit diesem Ansatz verknüpft das Modell Marketing- und Qualitätsentwicklungsinstrumente zu einem System und einer Denkhaltung, die immer wieder darauf zielt, das Anliegen politischer Bildung und die Bedürfnisse und Interessen ihrer ‚Abnehmer' in Einklang zu bringen. Schwerpunkte dieses Modells liegen daher in der Entwicklung eines tragfähigen Leitbildes (Selbstverständnis) und Trägerprofils als Basis und Ausgangspunkt, in einer umfassenden Analyse von Zielgruppen und ihrer Bedürfnisse, einer Prüfung der (fachlichen, personellen, finanziellen) Möglichkeiten und Reichweiten des Trägers sowie der Entwicklung geeigneter Kommunikationsinstrumente, die diese ‚Balancearbeit' nach innen und außen stützen kann. Die einzelnen Komponenten werden in eine Ablauflogik gebracht, die einen Qualitätsentwicklungszirkel und damit einen andauernden Entwicklungs- und Prüfprozess beschreibt. Zentral ist die Definition des „Produkts". So kann ein Träger Bildungsgelegenheiten bieten (und diese optimieren), nicht aber ein Endprodukt ‚Bildung' garantieren, da diese, verstanden als ‚Selbstbildung', nur durch die Bereitschaft und Selbsttätigkeit der Teilnehmerinnen und Teilnehmer zustande kommt und damit ein offener, unabgeschlossener, von vielen Faktoren abhängiger Prozess ist.

Die einsetzbaren Instrumente sind diversen Marketingtheorien entnommen und wurden für die Besonderheiten politischer Bildung adaptiert. So lassen sich eine Einigung über ein gemeinsames Verständnis von politischer Bildung, kollektive Wert- und Zielvorstellungen sowie Arbeitsprinzipien und ein Trägerprofil (Entwicklung einer ‚Corporate Identity') anhand von Leitbild- und Zielarbeit sowie Stärken-Schwächen-Analysen erarbeiten. Dazu zählt auch eine Umfeldanalyse, also beispielsweise die Klärung der Frage, auf welchen ‚Teilmärkten' sich der Träger positionieren will und wie die dortige

Entwicklung einer „Corporate Identity"

Konkurrenzsituation ist: auf dem übergreifenden Freizeitmarkt, dem allgemeinen Bildungsmarkt, auf einem bestimmten „förderungspolitischen Markt", einem Spenden- und Sponsoringmarkt, einem „Markt der Themen", auch einem „Tagungshausmarkt" und nicht zuletzt auf einem Teilnehmer/-innenmarkt (Beer/Cremer 1999, 332 f.). Auf dieser Grundlage kann eine Strategie entwickelt werden, wie mit Hilfe von ausgewählten Marketinginstrumenten die anvisierten Ziele zu erreichen sind. Der „Marketing-Mix" wird bestimmt aus den Antworten auf die Fragen:

Fragen zum „Marketing-Mix" für Anbieter außerschulischer Bildung

– „Was sind wir und was wollen wir? (Leitbild, Marktposition, Corporate Identity)
– Welche Zielgruppen wollen wir erreichen? Welchen Bedarf haben diese Zielgruppen? (Zielgruppenbestimmung, Bedarfserhebung und -bestimmung)
– Welches Angebot soll entwickelt werden? (Programm/Angebot)
– Welche Werbe-, Informations- und Motivationsmaßnahmen sollen ergriffen werden, um das Angebot zu präsentieren? Wie und auf welchen Wegen soll das Angebot den Zielgruppen nähergebracht werden, um sie zur Teilnahmen/Nutzung zu bewegen? (Kommunikation und Distribution)
– Zu welchen Bedingungen sollen die Leistungen angeboten werden? (Preis, Kosten, Rahmenbedingungen)" (Becker 2000, 48)

5. Praxis und Ausblick

Nach mehr als zehn Jahren Diskussion ist das Thema Marketing für politische Bildung kaum noch ein Aufreger. Je nach Ausrichtung und Ressourcen nutzen Träger politischer Bildung Marketinginstrumente mit unterschiedlichen Reichweiten. Häufig kommt der – oftmals noch isolierte – Einsatz einzelner Marketinginstrumente vor, weniger Träger verfolgen systematisch eine umfassende Marketingstrategie.

Teilnehmergewinnung im Vordergrund

Im Vordergrund steht die Teilnehmergewinnung. Im Rahmen der Diskussion um alte und neue „Zielgruppen" wird diskutiert, ob und wie man diese kategorisieren kann und wie ein entsprechendes „Zielgruppenmarketing" aussehen könnte. Dabei geht es vor allem darum, Wissen über die Bedürfnisse, Wünsche und Interessen der Adressaten (abgeleitet z. B. aus der Milieuforschung) zu operationalisieren und neue Kommunikationsformen, z. B. im Bereich der neuen Sozialen Medien, zu finden. Hierzu gibt es vereinzelte Umsetzungsmodelle für die Praxis, die man auch als Marketingstrategien verstehen kann (z. B. Rudolf 2002, Barz/Tippelt 2004, Bremer/ Kleemann-Göhring 2010). Gleichzeitig halten neue Formate sowie Angebotsformen wie „Bildung auf Bestellung" Einzug in den Alltag der politischen Bildung – auch dies Folgen einer konsequenteren Orientierung an den Wünschen der potenziellen „Abnehmer".

Jedoch sind noch längst nicht alle empirischen Befunde ausgewertet. So wären noch weitergehende praktische Schlussfolgerungen aus der Erkenntnis zu ziehen, dass viele Jugendliche wenig direktes Interesse an Politik zeigen, dafür aber über ihr „unsichtbares Politikprogramm" (Kohl/Seibring 2013), also über ihr politisches Interesse, das nur nicht so benannt wird, zu erreichen sind. Auch wird das, was im Marketing als „Nebennutzen" gehandelt wird, also z. B. das Interesse von Adressaten an Spaß, Geselligkeit, Lust auf Neues etc., noch nicht ausreichend beachtet. Und nicht zuletzt könnten die Erkenntnisse darüber, dass Teilnehmende vor allen durch eine so genannte Mund-zu-Mund-Propaganda zu den Angeboten finden, zu neuen Formen eines „viralen Marketings" führen.

Schwierigkeiten birgt die Tatsache, dass den Trägern kaum ausreichende Daten zur Verfügung stehen, auf deren Grundlage solide Entscheidungen getroffen werden können. Teilnehmer- oder Adressatenforschung ist aufgrund mangelnder Ressourcen für viele Träger nur in kleinem, „hausgemachten" Rahmen möglich. Ergebnisse der allgemeinen Bildungsforschung, der Milieu- oder der Jugendforschung bieten oft nur wenige Anhaltspunkte speziell für die politische Jugend- und Erwachsenenbildung. Erkenntnisse, die bisher über die empirische Forschung speziell zur außerschulischen politischen Bildung gewonnen wurden, sind noch sehr begrenzt und häufig spezialisiert (vgl. Becker 2012).

Literatur

Barz, Heiner/Tippelt, Rudolf (Hrsg.) 2004: Weiterbildung und soziale Milieus in Deutschland. Bd. 1: Praxishandbuch Milieumarketing. Bd. 2: Adressaten und Milieuforschung zu Weiterbildungsverhalten und -interessen. Hrsg. v. Deutschen Institut für Erwachsenenbildung (DIE). Bielefeld

Becker, Helle 2000: Marketing für politische Bildung. Schwalbach/Ts.

Becker, Helle 2012: Praxisforschung nutzen, politische Bildung weiterentwickeln – Stocktaking Study zur Gewinnung und Nutzbarmachung von empirischen Erkenntnissen für die politische Bildung in Deutschland (im Auftrag von AdB und bap). Teil 1: Auswertungsbericht mit Empfehlungen.

http://www.adb.de/dokumente/2011_PraFo_projekt_bericht.pdf (29.3.2013)

Beer, Wolfgang/Cremer, Will 1999: Marketing in der politischen Bildung. In: Bundeszentrale für politische Bildung (Hrsg.): Politische Erwachsenenbildung. Ein Handbuch zu Grundlagen und Praxisfeldern. Bonn, S. 325-351

Bremer, Helmut/Kleemann-Göhring, Mark 2010: Abschlussbericht der wissenschaftlichen Begleitung des Projektes „Potenziale der Weiterbildung durch den Zugang zu sozialen Gruppen entwickeln". Duisburg/Essen. http://www.uni-due.de/imperia/md/content/politische-bildung/potenziale_abschlussbericht_30.03.2010.pdf (29.3.2013)

Hufer, Klaus-Peter 2003: Politische Erwachsenenbildung: Situation und Debatten. In: REPORT 1/2003 – Erwachsenenbildung und Demokratie, S. 120-128

Hufer, Klaus-Peter 2002: Helle Becker. Marketing für politische Bildung (Rezension). In: Literatur- und Forschungsreport Weiterbildung. Nr. 50, Dezember 2002, S. 99-101

Klein, Armin 2010: Öffentliche Kulturbetriebe zwischen Bildungsauftrag und Besucherorientierung. http://www.bpb.de/gesellschaft/kultur/kulturellebildung/60011/oeffentliche-kulturbetriebe?p=all (27.3.2013)

Kohl, Wiebke/Seibring, Anne (Hrsg.) 2013: ‚Unsichtbares' Politikprogramm? Themenwelten und politisches Interesse von ‚bildungsfernen' Jugendlichen. Hrsg. v. d. Bundeszentrale für politische Bildung, Schriftenreihe Bd. 1138. Bonn

Motzko, Meinhard 1989: Politische Bildung und Öffentlichkeit. In: Außerschulische Bildung – Mitteilungen des Arbeitskreises deutscher Bildungsstätten e.V. 4/89, S. 360-367

Rudolf, Karsten 2002: Bericht politische Bildung 2002. Was wollen die Bürger? Eine Marktanalyse zur außerschulischen politischen Bildung in Deutschland, Politische Bildung und Markt, Bd. 2. Büdingen: Institut Junge Bürgergesellschaft. http://geb.uni-giessen.de/geb/volltexte/2003/1162/pdf/RudolfKarsten-2003-05-14_2.pdf (18.3.2013)

Schwarz, Peter/Purtschert, Robert/Giroud, Charles/Schauer, Reinbert 2009: Das Freiburger Management-Modell für Nonprofit-Organisationen. 6. Aufl., Bern/Stuttgart/Wien

VII.
Politische Bildung im internationalen Vergleich

Thomas Hellmuth
Politische Bildung in Österreich

Politische Bildung in Österreich erweist sich als schwieriges Terrain. Trotz zahlreicher Bemühungen in den letzten Jahren gleicht sie einem verwilderten „Gemüsegarten". Unterschiedliche Initiativen versuchen, politische Bildung sowohl im schulischen als auch außerschulischen Bereich fest zu verankern, selbst bei der inhaltlichen Schwerpunktsetzung herrscht aber Uneinigkeit: Zum einen wird darunter die traditionelle Staats- und Institutionenkunde verstanden, zum anderen die Herausbildung des „Citoyen", des „Aktivbürgers" bzw. der „Aktivbürgerin". Beide Positionen schließen sich freilich nicht aus, in Österreich wird aber dennoch ein Gegensatz konstruiert, insbesondere weil letztere die Furcht vor parteipolitischer Indoktrination weckt (Hellmuth 2012a, 12 f.)

1. Historische Entwicklung

Die schwierige Situation der politischen Bildung in Österreich lässt sich historisch erklären: Als vermeintliches „Opfer" des Nationalsozialismus bedurfte Österreich bzw. die junge Zweite Republik einer neuen Identitätsbasis. Staatsbürgerkunde diente daher gemeinsam mit dem Geschichtsunterricht der nationalen Identitätsbildung. Ein „Erlass zur staatsbürgerlichen Erziehung" von 1949 schrieb „das Einfügen des Einzelnen, das Unterordnen unter die Erfordernisse der Gemeinschaft" sowie die „Erziehung zum bewussten Österreichtum" und „zu treuen und tüchtigen Bürgern der Republik" als Ziel des Unterrichts vor (Verordnungsblatt des Bundesministeriums für Unterricht, Nr. 83 ex 1949, zit. nach: Wassermann 2004, 28). Das postulierte „Österreichtum" resultierte aus einer Gegenüberstellung von „Zivilisation" und „Barbarei" bzw. Faschismus, wobei sich die Zivilisation angeblich in den in der Vergangenheit verankerten österreichischen Wesensmerkmalen spiegelte. Dazu gehör(t)en Friedfertigkeit, Gutmütigkeit und Harmoniebedürfnis sowie die Liebe zur (Hoch-)Kultur. Österreich stellte sich als „Herz Europas" dar, das – eingebettet zwischen Ost und West – eine politische Vermittlerrolle einnehmen sollte (Rathkolb 2005, 17-59; Breuss u. a. 1995).

1949: „Erziehung zum bewussten Österreichtum"

Dieses auf Harmonie begründete „Österreichtum" bedingte eine „Dialektik des Unpolitischen" (Hellmuth 2010, 214): Aufgrund der Instrumentalisierung der Schule zur Zeit des „Austrofaschismus" und schließlich im Nationalsozialismus wurde die Thematisierung von Politik im Unterricht mit Skepsis betrachtet. Zudem hätte politische Bildung in der Schule bedeutet, vor allem den Nationalsozialismus aufzuarbeiten. Dies blieb aber ausständig, weil sich Österreich aufgrund des „Anschlusses" von 1938 als vermeintliches „Opfer" stilisierte. Die Haltung des „Unpolitischen" – noch verstärkt durch die Gründung von Parteiakademien in den beginnenden 1970er-Jahren – bedingte wiederum einen relativen Stillstand in der Entwicklung einer modernen, d. h. an den Stand der wissenschaftlichen Forschung orientierten politischen Bildung. „Harmoniebildung" und der kaum vorhandene fachdidaktische Diskurs ergänzten einander und ließen weniger den „Aktivbürger" und den politischen Diskurs als vielmehr den „Untertan" und die nationale Integration in den Mittelpunkt des Unterrichts rücken (Hellmuth/Klepp 2010, 51-65).

Opferhaltung nach dem Nationalsozialismus

Erst infolge der gesellschaftlichen Umbrüche seit Ende der 1960er-Jahre kam Bewegung in die politische Bildungslandschaft: Ab dem Schuljahr 1970/71 wurde eine „Unverbindliche Übung" und 1971/72 die Arbeitsgemeinschaft „Geschichte und Sozialkunde – Geographie und Wirtschaftskunde" an den Mittelschulen eingeführt, die laut Gesetzgeber eine „zeitgemäße Staatsbürgerkunde" (Bundesgesetzblatt, 4. Sept. 1970, Nr. 275, zit. nach: Wolf 1998, 28) entwickeln sollte. 1974 versuchte das Ministerium, Politische Bildung in der Abschlussklasse der Allgemeinbildenden höheren Schulen (AHS) und der Berufsbildenden höheren Schule (BHS) als Pflichtfach zu verankern. Damit wurden „die alten Instrumentalisierungsängste, Verdächtigungen und auch traumatischen Erinnerungen, die mit dem Thema ‚Politik und/in Schule und Unterricht' offenbar nach wie vor vorhanden waren", geweckt (Dachs 2008, 27). Wie in Deutschland kam es zu parteipolitischen Auseinandersetzungen um die politische Bildung (Sander 2013a, 146 f.), ohne allerdings eine Lösung wie den „Beutelsbacher Konsens" zu finden. Ein eigenes Pflichtfach wurde nicht eingeführt; das Unterrichtsministerium gab allerdings 1978 einen Grundsatzerlass heraus, der politische Bildung als Unterrichtsprinzip festlegte und einen eher eng gefassten Politikbegriff festschrieb. Neuerlich wurde der Konsensgedanke betont und die kritische Infragestellung des bestehenden gesellschaftlichen Sys-

Parteipolitische Auseinandersetzungen in den 1970ern

Grundsatzerlass von 1978: Politische Bildung als Unterrichtsprinzip

tems als Voraussetzung für eine demokratische Fortentwicklung weitgehend ausgeklammert (Wolf 1998, 28-48; Dachs 2008, 27 f.; Wassermann 2004, 20).

Dennoch kam es in der Fort- und Weiterbildung zu einem kurzen Aufschwung: Im Auftrag des Unterrichtsministeriums wurde ein Lehrgang konzipiert, der „in die politische Auseinandersetzung und gesellschaftlichen Reformbestrebungen" der 1970er-Jahre eingebettet war (Wimmer 2008, 36). Schule galt dabei als demokratischer Lebensraum, in dem über gesellschaftliche Probleme reflektiert, erfahrungsorientiertes und soziales Lernen gelehrt und praktiziert sowie geschlechterspezifische Perspektiven berücksichtigt werden sollten (Diem-Wille 2008).

So innovativ der Lehrgang auch konzipiert war, nach wenigen Jahren kühlte der kurz aufgeflammte Reformeifer wieder ab. Das Unterrichtsprinzip blieb in der schulischen Praxis nur begrenzt wirksam (Haubenwallner 1990; Fassmann/Münz 1991). Bis heute hat sich daran kaum etwas geändert, nicht zuletzt weil in den Lehramtsstudien zumeist nicht einmal die Grundlagen politischer Bildung vermittelt werden. Zudem besteht Konkurrenz mit mehreren anderen Unterrichtsprinzipien (Hellmuth 2012a, 14-18; Hellmuth 2012b, 170). Immerhin besitzt das Unterrichtsprinzip Politische Bildung aber den höchsten Bekanntheitsgrad: Eine 2007 durchgeführten Evaluierung belegt, dass 49 Prozent der befragten Lehrer/-innen das Unterrichtsprinzip zumindest kennen, die anderen Prinzipien rangieren zwischen drei und 16 Prozent (Filzmaier/Klepp 2009, 348).

Begrenzte Wirksamkeit des Unterrichtsprinzips

Auffällig ist zudem, dass die politische Bildung im bildungspolitischen Diskurs der letzten zehn Jahre wieder zunehmend an Bedeutung erlangt hat. Dafür scheint nicht zuletzt die Senkung des aktiven Wahlalters auf 16 Jahre verantwortlich zu sein. Eine damit einhergegangene Demokratie-Initiative der österreichischen Bundesregierung in den Jahren 2007/08 ist zwar längst ausgelaufen, dennoch war sie Anstoß für mehrere Projekte und Initiativen. Unter anderem wurde 2009 eine überparteiliche „Interessensgemeinschaft politische Bildung" (IGPB) gegründet, die als Plattform verschiedener Initiativen zur politischen Bildung dient (Hellmuth/Klepp 2010, 80; Hellmuth 2012a, 11 f.).

2. Innovation in alten Bahnen: Strukturprobleme und fehlende Professionalisierung

Im Zuge des Innovationsschubs der letzten Jahre wurde politische Bildung in den Schulen vor allem als Teilfach bzw. in Fächerkombinationen verankert; lediglich in den Berufsschulen findet sich seit den 1990er-Jahren ein eigenes Fach[1]. Zumeist besteht eine Verbindung mit dem Geschichtsunterricht, in den berufsbildenden Schulen auch mit Recht und/oder Wirtschaft sowie in der Polytechnischen Schule mit Wirtschaftskunde (Hellmuth 2012a, 22). Eine Vereinheitlichung ist allerdings festzustellen; curriculare Reformen zielen auf eine zunehmende Zusammenführung von politischer Bildung und Geschichte ab. Zudem ist ein Trend in Richtung breiterer Fächerverbund festzustellen; so ist etwa in der Höheren Technischen Lehranstalt (HTL) seit kurzem das Flächenfach „Geschichte, Politische Bildung und Wirtschaftskunde" implementiert.

Trend zur Zusammenführung von politischer Bildung und Geschichte

Die Ausbildung der Lehrkräfte in politischer Bildung ist vor allem Historiker/-innen, Geschichtsdidaktiker/-innen und Jurist/-innen, zum Teil auch Politolog/-innen anvertraut. Wird von wenigen Ausnahmen abgesehen, ist die Fachdidaktik der Politischen Bildung an den Pädagogischen Hochschulen (PH) und den Universitäten institutionell nur sehr bescheiden verankert.[2] An den PH wird Politische Bildung durch „Stammlehrpersonal" gelehrt, d. h. zumeist durch an der Universität ausgebildete Geschichtelehrer/-innen, die zuvor in Schulen beschäftigt waren und der PH zur dauerhaften Dienstleistung zugewiesen sind. Zudem werden Lehraufträge ausgeschrieben, die zunehmend nicht nur an Lehrer/-innen, sondern etwa auch an Jurist/-innen vergeben werden. An den Universitäten sind es zumeist Bundeslehrer/-innen im Hochschuldienst, nach neuem Dienstrecht Senior Lecturer und schließlich externe Lehrende, ebenfalls zumeist Bundeslehrer/-innen, die mit der Ausbildung in Politischer Bildung betraut sind. Lediglich an den Universitäten Wien und Salzburg ist eine außerordentliche Professur bzw. eine Assoziierte Professur[3] für die Didaktik der Geschichte und Politischen Bildung vorgesehen, an der Universität Wien existiert zudem ein „Fachdidaktikzentrum Geschichte, Sozialkunde und Politische Bildung" (FDZ). Eine im Zuge der erwähnten Demokratie-Initiative gegründete Universitätsprofessur für Didaktik der politischen Bildung an der Universität Wien ist seit längerer Zeit unbesetzt.

Lehramtsausbildung

In den Curricula der PH ist für die politische Bildung nur eine geringe Anzahl an Stunden – zumeist eine Semesterwochenstunde – reserviert (Luger 2012). Ähnlich problematisch verhält es sich mit der Didaktik der Politischen Bildung an den Universitäten. Das Unterrichtsprinzip wird weitgehend vernachlässigt, lediglich im Lehramtsstudium „Geschichte, Sozialkunde und Politische Bildung" gehört die Politikdidaktik seit der Implementierung der Politischen Bildung im Fach „Geschichte und Sozialkunde" sowohl in der gymnasialen Unterstufe (2008) als auch in der Oberstufe (2002) zur Ausbildung. Erst seit einigen Jahren wird allerdings fachdidaktischen Lehrveranstaltungen größere Bedeutung beigemessen, deren curricularer Anteil jedoch gering ist. Zudem überwiegen die für Geschichtsdidaktik vorgesehenen Lehrveranstaltungen, wenngleich darin zunehmend historisch-politische Bildung ihren Platz findet (Hellmuth 2012b, 170).

Die Fort- und Weiterbildung, welche die Defizite in der Primärausbildung von Lehrkräften zumindest partiell beheben könnte, leidet wiederum an der Willkürlichkeit der Angebote: Einzelne Kurse, (Kurz-)Lehrgänge und Masterstudien stehen zur Verfügung, die aber lediglich einen kleinen Teil der Lehrkräfte erreichen und nur in begrenztem Maß systematische Fort- und Weiterbildung garantieren (Hellmuth, 2012a, 14-18). In erster Linie sind die PH für die Fort- und Weiterbildung zuständig, an denen zum Teil auch Lehrgänge zur politischen Bildung angeboten werden. Aus dem erwähnten, Anfang der 1980er-Jahren gegründeten Lehrgang zur politischen Bildung hat sich ein Masterstudium an der Donauuniversität Krems entwickelt. Weitere Masterstudien werden an der Johannes Kepler Universität Linz und – in Kooperation mit der PH Kärnten und selbstorganisierten Initiativen – der Universität Klagenfurt angeboten (Hellmuth 2012b, 170).

Fort- und Weiterbildungsangebote

Wie in der Fort- und Weiterbildung besteht schließlich auch in der außerschulischen Jugend- und Erwachsenenbildung „der Eindruck einer Art ‚Fleckerlteppich', der klare Konturen, Kompetenzen und Verbindlichkeiten vermissen lässt" (Gruber 2008, 286). Öffentliche Träger wie etwa die „Bundeszentrale für politische Bildung" in Deutschland fehlen in Österreich. Eine ähnliche Funktion besitzt in Österreich das „Zentrum polis", das vertraglich im Auftrag des Unterrichtsministeriums arbeitet, allerdings als selbstorganisierte Initiative bezeichnet werden kann. Zu diesen Initiativen zählen etwa auch die „Österreichische Gesellschaft für Politische Bildung" oder das „Demokratiezentrum Wien", die sich in erster Linie über staatliche Subventionen finanzieren (Hellmuth 2012a, 22 f.).

Außerschulische politische Bildung

3. Wissenschaftliche Forschung

Die geringe institutionelle Verankerung der Didaktik der Politischen Bildung in Österreich bedingt eine relativ geringe wissenschaftliche Fundierung (Hellmuth, 2012a, 25). Angesichts der wenigen Ressourcen, die für die Forschung zur politischen Bildung zur Verfügung stehen, erscheinen aber die Bemühungen in den letzten Jahren als durchaus bemerkenswert: Im Zuge der erwähnten Demokratie-Initiative wurde – im Auftrag des Unterrichtsministeriums – ein österreichisches Kompetenz-Strukturmodell entwickelt (Krammer 2008; Ammerer u. a. 2009; siehe Grafik 1). Dieses hat zu einem großen Teil das Kompetenzmodell der GPJE (GPJE 2004) als Grundlage, weist aber mit der „politischen Sachkompetenz"[4] auch eine eigene Komponente auf. Diese wird zwar immer wieder mit „Wissen" verwechselt, bedeutet aber vielmehr, über „Wissen" auch verfügen zu können. Wird beispielsweise im Zusammenhang mit dem „Arabischen Frühling" von „Revolution" gesprochen, sollte der „Citoyen" über eine oder mehrere Definition des Begriffs „Revolution" verfügen. Erst mit diesem „Wissen" kann er beurteilen, ob und wenn ja, warum eine Revolution tatsächlich stattfindet („Kompetenz").

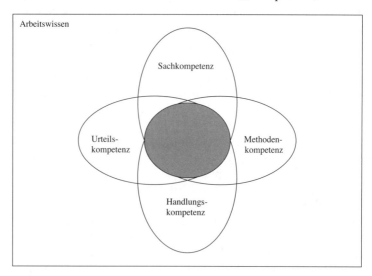

Grafik 1: Das österreichische Kompetenz-Strukturmodell für politische Bildung (Krammer 2008, 6)

Die österreichische Forschung zur politischen Bildung beschäftigt sich derzeit vor allem mit folgenden Themen:

Aktuelle Forschungsthemen

1) Das relativ abstrakte Kompetenzmodell muss auf die Unterrichtspraxis übertragen werden, weshalb verstärkt im Bereich einer adäquaten Methodik politischer bzw. historisch-politischer Bildung geforscht wird. Basierend auf derzeit vor allem im deutschsprachigen (Autorengruppe Fachdidaktik 2011; Weißeno u. a. 2010), aber auch im anglophonen Raum (Murphy 2004) geführten Diskussionen über „Konzepte", rückt dabei die Subjektorientierung ins Zentrum der Forschungsarbeit. Dabei wird davon ausgegangen, dass jeder Mensch von subjektiven Erfahrungen geprägte Vorstellungen, d. h. „Konzepte" von der Welt besitzt. (Sander 2013b, 9-87, 95-104) Eine adäquate Methodik hat sich daher mit der Schaffung von Lernräumen zu beschäftigen, in denen Schüler und Schülerinnen dazu angeregt und befähigt werden, ihre konzeptuellen Vorstellungen weiterzuentwickeln.

2) Die künstliche Trennung von „Wissen" und Kompetenzen sowie zusammenhängender Fähigkeiten und Fertigkeiten wirft die Frage nach der Brauchbarkeit politischer Kompetenzmodelle für die Praxis bzw. deren Weiterentwicklung auf. Die Lernpsychologie stütz sich etwa auf einen breiteren Wissensbegriff und zählt auch Kompetenzen zum Wissen (Arbinger 1997, 17-30; Günther-Arndt 2003, 37-42). Es ist daher durchaus zulässig, Überlegungen anzustellen, ob es nicht auch andere, praktikablere Zugänge gibt, um die von den Kompetenzmodellen formulierten Ziele zu erreichen. Erste Forschungsansätze in Österreich, die auf lernpsychologischen Überlegungen basieren, lassen die Kompetenzorientierung bereits in den Hintergrund treten und entwickeln neue Modelle (Hellmuth 2013).

3) Aufgrund des Unterrichtsprinzips, der engen Verbindung von politischer Bildung mit anderen Fächern sowie der Einführung von Flächenfächern bildet schließlich auch die Synthese der politischen Bildung mit anderen Didaktiken einen wichtigen Forschungsgegenstand. (Ammerer u. a. 2010; Ammerer u. a. 2012) Insbesondere die Verbindung mit dem Geschichtsunterricht macht es – schon allein aus pragmatischen Gründen – notwendig, die Didaktik der Geschichte und politischen Bildung stärker zusammenzuführen bzw. sogar deren Synthese zu erreichen.

Anmerkungen

1 Diese Sonderstellung ist historisch zu begründen und geht bereit auf Georg Kerschensteiners Überlegungen zur „Staatsbürgerliche[n] Erziehung der Jugend" (1901) zurück. In Mittelpunkt seiner Ausführungen, die vor allem den Lehrlingen gewidmet war, stand die Erziehung zum Beruf, damit verbunden die Vermittlung von Arbeitstugenden, die er zugleich als bürgerliche Tugenden betrachtete. Zu den Arbeitstugenden zählte Kerschensteiner „Gewissenhaftigkeit, Fleiß, Beharrlichkeit, Selbstüberwindung und die Hingabe an ein tätiges Leben", woraus sich auch „die obersten staatsbürgerlichen Tugenden entwickeln" könnten: „Selbstbeherrschung, Hingabe an die Allgemeinheit und Gerechtigkeit". (Kuhn/Massing 1990, 26) Ziel der politischen Bildung ist nicht der „Citoyen", sondern vielmehr der untertänige Bürger, der in der Berufsschule letztlich Tradition hatte.

2 In Österreich erfolgt die Ausbildung für die Volks-, Haupt- und Sonderschulen sowie Berufsschulen an Pädagogischen Hochschulen (PH), die 2007 aus den Pädagogischen Akademien (Pädak) hervorgegangen sind. Die Universität ist für die gymnasiale Unterstufe und die Sekundarstufe II zuständig. Während die Universitäten dem Wissenschaftsministerium zugeordnet sind, allerdings einen autonomen Status besitzen, sind die PH dem Unterrichtsministerium unterstellt und weisungsgebunden. Die Lehrverpflichtungen an den PH sind hoch und die wissenschaftliche Forschung war und ist bislang eher gering. Seit der Umwandlung der Pädagogischen Akademien zu Hochschulen wird aber die Weiterqualifizierung der Lehrenden angestrebt und versucht, die Forschung zu forcieren.

3 Gemäß des alten Dienstrechts der Universitäten haben Universitätsassistenten (Univ.-Ass.) mit abgeschlossener Habilitation den Titel „außerordentlicher Professor" (a. o. Univ.-Prof.) erhalten. Nun sind anstelle der außerordentlichen Professuren sogenannte „Laufbahnstellen" vorgesehen, d. h. ein System mit „tenure tracks": „Assistenzprofessuren" (Ass.-Prof.) werden demnach nach abgeschlossener Habilitation oder anderen Qualitätsvereinbarungen in „Assoziierte Professuren" (Assoz.-Prof.) umgewandelt. Die in Deutschland eingerichteten „Juniorprofessuren" und ihre Umwandlung in W2-Professuren nach abgeschlossener Habilitation sind damit vergleichbar.

4 Die „politische Sachkompetenz" bezieht sich auf ein – in Österreich hegemoniales, in Deutschland aber durchaus umstrittenes – historisches Kompetenzmodell, das im Rahmen des Projekts „Förderung und Entwicklung Reflektierten Geschichtsbewusstseins" (FUER Geschichtsbewusstsein) entwickelt wurde und den Begriff der „historischen Sachkompetenz" enthält (Körber/Schreiber/Schöner 2007).

Literatur

Ammerer, Heinrich/Krammer, Reinhard/Windischbauer, Elfriede (Hrsg.) 2009: Politische Bildung konkret. Beispiele für kompetenzorientierten Unterricht. Wien

Ammerer, Heinrich/Krammer, Reinhard/Tanzer, Ulrike (Hrsg.) 2010: Politisches Lernen. Der Beitrag der Unterrichtsfächer zur politischen Bildung. Innsbruck/Wien/Bozen

Ammerer, Heinrich/Fallend, Franz/Windischbauer, Elfriede (Hrsg.) 2012: Demokratiebildung. Annäherungen aus Fachwissenschaft und Fachdidaktik. Innsbruck/Wien/Bozen

Autorengruppe Fachdidaktik 2011: Konzepte der politischen Bildung. Eine Streitschrift. Schwalbach/Ts.

Breuss, Susanne/Liebhart, Karin/Pribersky, Andreas 1995: Inszenierungen. Stichwörter zu Österreich. Wien

Dachs, Herbert 2008: Politische Bildung in Österreich – ein historischer Rückblick. In: Klepp/Rippitsch (Hrsg.), a. a. O., S. 9-26

Diem-Wille, Gertraud 2008: Ein Praktisch-Werden der Politischen Bildung: Aufbau des Hochschullehrgangs Politische Bildung für LehrerInnen – eine Intervention im Schulsystem. In: Klepp/Rippitsch (Hrsg.), a. a. O., S. 52-82

Faßmann, Heinz/Münz, Rainer 1991: Politische Bildung im Schulunterricht. Behandelte Themen, verwendete Unterlagen, Wünsche der Lehrer. Bericht über eine empirische Erhebung im Auftrag des BMUK, Wien

Filzmaier, Peter/Klepp, Cornelia 2009: Mehr als Wählen mit 16: Empirische Befunde zum Thema Jugend und Politische Bildung. In: Österreichische Zeitschrift für Politikwissenschaft, 3, S. 341-355

GPJE 2004: Nationale Bildungsstandards für den Fachunterricht in der Politischen Bildung an Schulen. Ein Entwurf. Schwalbach/Ts.

Gruber, Elke 2008: Politische Bildung und Erwachsenenbildung – ein pädagogisch-struktureller Blick. In: Klepp/Rippitsch (Hrsg.): a. a. O., S. 281-290

Haubenwallner, Heinz 1990: Der Grundsatzerlass zur politischen Bildung in den Schulen und seine Auswirkungen in der schulischen Realität. In: Politische Bildung. Dokumentation der Studientagung vom 8. November 1989 im Dr.-Karl-Renner-Institut, Wien, S. 16-27

Hellmuth, Thomas 2008: Zeitgeschichte und Politische Bildung. In: Klepp/Rippitsch (Hrsg.): a. a. O., S. 322-332

Hellmuth, Thomas 2009a: Das „selbstreflexive Ich". Politische Bildung und kognitive Struktur. In: Ders. (Hrsg.): Das „selbstreflexive Ich". Beiträge zur Theorie und Praxis politischer Bildung, Innsbruck/Wien/Bozen, S. 11-20

Hellmuth, Thomas 2009b: Politische Bildung als historisch-politische Sinnstiftung: Überlegungen zu einem historisch-politischen Kompetenzmodell. In:

Österreichische Zeitschrift für Politikwissenschaften, 38/4 (2009), S. 483-496

Hellmuth, Thomas 2012a: Professionalisierung ohne Strukturwandel? Eine Analyse zur Politischen Bildung in Österreich. In: Diendorfer, Gertraud/ Hellmuth, Thomas/Hladschik, Patricia (Hrsg.): Politische Bildung als Beruf. Professionalisierung in Österreich. Schwalbach/Ts., S. 11-32

Hellmuth, Thomas 2012b: Didaktik der Politischen Bildung. In: Herzog-Punzenberger, Barbara (Hrsg.): Nationaler Bildungsbericht. Österreich 2012, Bd. 2. Fokussierte Analysen bildungspolitischer Schwerpunktthemen. Graz, S. 169-172

Hellmuth, Thomas 2014 (in Vorbereitung): Historisch-politische Sinnbildung. Anmerkungen zu einer Modifikation des Begriffs der „Mündigkeit". Schwalbach/Ts.

Hellmuth, Thomas/Klepp, Cornelia 2010: Politische Bildung. Geschichte – Modelle – Praxisbeispiele. Wien/Köln/Weimar

Klepp, Cornelia/Rippitsch, Daniela (Hrsg.) 2008: 25 Jahre Universitätslehrgang Politische Bildung in Österreich, Wien

Körber, Andreas/Schreiber, Waltraud/Schöner, Alexander (Hrsg.) 2007: Kompetenzen historischen Denkens. Ein Strukturmodell als Beitrag zur Kompetenzorientierung in der Geschichtsdidaktik. Neuried

Krammer, Reinhard 2008: Kompetenzen durch Politische Bildung. Ein Kompetenz-Strukturmodell. In: Informationen zur Politischen Bildung, 29, S. 5-14

Kuhn, Hans-Werner/Massing, Peter 1990: Einführung. In: Dies. (Hrsg.): Politische Bildung in Deutschland. Entwicklung – Stand – Perspektiven. Opladen, S. 7-12

Luger, Martin J. 2012: Die Rolle von politischer Bildung im Lehramtsstudium für Hauptschulen. Ansätze zur umfassenden Implementierung des Unterrichtsprinzips „Politische Bildung" in Ausbildung und Praxis. Masterarbeit, Linz.

Murphy, Gregory L. 2004: The Big Book of Concepts. Cambridge/London

Rathkolb, Oliver 2005: Die paradoxe Republik. Österreich 1945-200. Wien, S. 17-59

Sander, Wolfgang 2013a: Politik in der Schule. Kleine Geschichte der politischen Bildung in Deutschland. 3. Aufl., Marburg

Sander, Wolfgang 2013b: Politik entdecken – Freiheit leben. Didaktische Grundlagen politischer Bildung. 4., durchgesehene Aufl., Schwalbach/Ts.

Steinbach, Peter 1998: Geschichte: Vom Rückgrat politischer Bildung, in: Politische Bildung, 31, S. 112-126

Wassermann, Heinz P. 2004: Verfälschte Geschichte im Unterricht. Nationalsozialismus und Österreich nach 1945. Innsbruck/Wien/München/Bozen

Weißeno, Georg/Detjen, Joachim/Juchler, Ingo/Massing, Peter/Richter, Dagmar 2010: Konzepte der Politik – ein Kompetenzmodell. Schwalbach/Ts.

Wimmer, Rudolf 2008: Mehr Demokratie wagen. Eine Analyse der bildungspolitischen Rahmenbedingungen, die die Gründung des Hochschullehrganges für Politische Bildung stimulierten. In: Klepp/Rippitsch (Hrsg.): a. a. O., S. 36-51

Wolf, Andrea 1998: Zur Geschichte der politischen Bildung an Österreichs Schulen. In: Dies. (Hrsg.): Der lange Anfang. 20 Jahre „Politische Bildung in den Schulen". Wien, S. 13-74

Béatrice Ziegler

Politische Bildung in der Schweiz

Einführung

An Bürgerinnen und Bürger der Schweiz werden große Anforderungen gestellt: Da sie sich in einer direkten Demokratie bewegen und ihre politische Mitsprache weit ausgebaut ist, geht man von einer breit vorhandenen politischen Kompetenz, aber auch von politischem Interesse und Partizipationsbereitschaft aller aus. Gleichzeitig hat eine weitverbreitete Auffassung Bestand, die Bürgerqualitäten entstünden in der alltäglichen Lebenspraxis, in die junge Menschen hineinsozialisiert würden. So galt es in der Nachkriegszeit als absolut ausreichend, im schulischen Geschichtsunterricht im Rahmen des Themas der Gründung des Bundesstaates Gewaltenteilung, föderale Aufgabenteilung und kantonale bzw. bundesstaatliche Hoheiten als Wissensbestände zu lernen. Zusätzlich sollten die Verfahren kennengelernt werden, die mit der Abstimmung über Sachfragen und mit den Wahlen der Repräsentanten insbesondere für die beiden Kammern des nationalen Parlamentes, aber auch für die kantonale Legislative und Exekutive verbunden sind. Als weitere Themen, die man als Vorbereitung auf die sogenannte aktive Staatsbürgerschaft begriff, wurden punktuell die jeweils aktuellen Konflikte und Entwicklungen der „großen", also der internationalen Politik aufgegriffen. Dabei spielten die Gymnasien (teilweise aber auch die Berufsschule auf Sek II-Stufe) eine weit bedeutsamere Rolle als die (obligatorische, und damit alle Jugendlichen erfassende) Volksschule.

Seit dem Ende der Siebzigerjahre verlor sich dann die so ausgestaltete Staatsbürgerkunde, parallel mit dem Verzicht auf die Thematisierung einer eigentlichen „Schweizer Geschichte". Lehrpersonen schreckten zunehmend davor zurück, sich in der politischen Bildung zu engagieren, weil sie befürchteten, dass ihnen eine ideologische Beeinflussung der Jugendlichen vorgeworfen werde – eine Möglichkeit, die sich auch heute noch als Vorstellung vielerorts in der Öffentlichkeit, bei Jugendlichen selbst und in der Lehrerschaft hält (Jung/Reinhardt/Ziegler 2007).

Marginalien:
Annahme einer breit vorhandenen politischen Kompetenz

Staatsbürgerkunde der Nachkriegszeit

Einführung

Seit der Jahrtausendwende aber werden die Rufe nach politischer Bildung laut. Eine Ursache dafür ist zum einen die sinkende Beteiligung der Bevölkerung an traditionellen Formen des politischen Lebens, nämlich bei der Parteimitgliedschaft, der Ämterübernahme, der Stimm- und Wahlbeteiligung, aber auch in Vereinen und in der Freiwilligenarbeit. Alarmwirkung hatte dabei die IEA-Studie (Oser/Biedermann 2003), die den damals vor dem Abgang aus der obligatorischen Schule stehenden Jugendlichen (9. Schuljahr) ein deutlich unterdurchschnittliches Wissen, starke xenophobe Tendenzen, aber dafür eine hohe Aufgeschlossenheit gegenüber der Geschlechtergerechtigkeit bescheinigte. Die Ergebnisse der ICCS-Studie von 2009 entschärften den Eindruck einer dramatischen Lage etwas (Biedermann et al. 2010): Das Wissen der Jugendlichen des neunten Schuljahres war nun deutlich über dem internationalen Durchschnitt. Dennoch schlossen rund 30% der beteiligten Schülerinnen und Schüler deutlich unterdurchschnittlich ab. Die schweizerischen Ergebnisse der TEESAEC-Studie (Reinhardt, Waldis, Ziegler 2009; Ziegler/Reinhardt 2012) belegten ebenfalls, dass Jugendliche dieses Alters neben geringem Verständnis für die Gesetzgebungsprozesse in der EU für Politik überhaupt kaum Interesse aufbringen. Die Notwendigkeit, Wissen und Kompetenzen der Politischen Bildung zu fördern sowie Interesse und Partizipationsbereitschaft aufzubauen, scheint angesichts der direkten Demokratie in der Schweiz unabdingbar. Dennoch ist die Implementierung von politischer Bildung bislang nur ansatzweise gelungen, denn in den wenigsten Kantonen ist sie als Fach oder Perspektive in Lehrpläne der obligatorischen Schule und der Gymnasien integriert worden. Es bleibt den Schulen selbst bzw. engagierten Lehrpersonen überlassen, welches Gewicht sie der Thematik geben. In der Berufsschule (Sek. II-Stufe) sind die Möglichkeiten der politischen Bildung mit der jüngsten Reform sogar beschnitten worden. (Jung/Reinhardt/Ziegler 2007). Analog dazu ist die diesbezügliche Forschung, deren Stand 2007 dokumentiert wurde (Biedermann/Oser/Quesel 2007), auch weiterhin bescheiden.

Forderung nach politischer Bildung nimmt zu

Implementierung bislang nur ansatzweise

1. Politische Bildung als Staatsbürgerkunde oder als Unterstützung der Teilhabe an den politischen Entscheidungsfindungen

Die wenig entwickelte Diskussionskultur über politische Bildung zeigt sich auch in der Tatsache, dass über die zukünftige Stoßrichtung einer politischen Bildung keine Einigkeit besteht. Während einerseits direkt Bezug genommen wird auf die Rechte und Pflichten im schweizerischen Staat, was eine konzeptionelle und didaktische Aktualisierung der Staatsbürgerkunde nach sich ziehen könnte, wird andererseits darauf verwiesen, dass in der Politik mittlerweile die Zivilgesellschaft stärker in den Blick kommt, es also auf die Teilnahme an derselben und auf andere Ebenen der politischen Aktivität als der staatlichen ankomme. Allerdings wird konzeptionell noch wenig bedacht, dass inzwischen ein Fünftel der schweizerischen Gesellschaft die Staatsbürgerschaft nicht besitzt. Eine schulische politische Bildung hätte aber Kinder anderer Nationalität zwingend in den Blick zu nehmen, wenn es um Zielsetzungen, Themen, Inhalte und didaktische Formen der politischen Bildung geht (Ziegler 2009; 2010).

Uneinigkeit über fachliche Zielsetzung

2. Kindliche Vorstellungen von Politik

Neben den bereits erwähnten Studien zum Wissen von Jugendlichen gibt es kaum Untersuchungen zu Vorstellungen, Konzepten und Wissen von Kindern und Jugendlichen zu Politik.

Eine vergleichende Analyse kindlicher Vorstellungen von Politik in der Schweiz und Österreich basiert darauf, dass Kinder mit „Erfahrungen" in die Schule kommen, welche ihr Verständnis von Politik begründen. Dieses Politikverständnis zu kennen, ist Voraussetzung für eine gewinnbringende politische Bildung in der Schule. Die Untersuchung der Vorstellungen von Kindern der 2. und 5. Schulstufe zeigt diffuse Konzepte zu Macht, Regierung und Wählen sowie Abstimmen, die einer Bearbeitung durch schulische politische Bildung bedürfen (Kalcsics/Raths 2012).

3. Vorstellungen der politischen Bildung

Entsprechend der dürftigen Praxis ist politische Bildung in der Schweiz ein wenig geklärtes Konzept (Quesel/Allenspach 2007). Die weit verbreitete Vorstellung, Jugendliche würden über Partizipation an gesellschaftlichen Projekten politisch gebildet, ist mittlerweile breit diskutiert und dezidiert dementiert worden (Biedermann/Oser 2010; Quesel/Oser 2006; Allenspach 2012; Ziegler/Schneider 2012). Heute praktizierende Lehrpersonen, die politische Bildung unterrichten, sind in der Regel dafür nicht ausgebildet. Eine Studie untersuchte, welche Vorstellungen sie haben, was ein politisch gebildeter Jugendlicher sei, und eruierte damit die Vorstellungen der Lehrpersonen von politischer Bildung (Allenspach 2013). Demnach können Lehrpersonen drei Typen zugeordnet werden, den Typen mit kommunitaristischem (Schüler/-innen sollen kritisch, reflektiv sein), demokratischem (Schüler/-innen sollen demokratische Werte vertreten) und funktionalistischem Verständnis (zum Zeitpunkt der Mündigkeit sollen Schüler/-innen Tugenden wie Fleiß, Anstand besitzen). Ihrem Verständnis entsprechend favorisieren Lehrpersonen didaktische Mittel und Themen im Unterricht. Es gilt deshalb, die Vorstellungen der Lehrpersonen von politischer Bildung bewusst zu machen, auszuweiten und zu professionalisieren, um Unterricht in politischer Bildung systematisieren zu können.

Vorstellungen von Lehrenden

4. Unterricht zu politischer Bildung

Die Frage danach, was im aktuellen Unterricht geschieht und von Lehrpersonen, teilweise aber auch von der Öffentlichkeit als Beitrag zur politischen Bildung verstanden wird, ist bislang kaum Gegenstand von Forschung geworden.

In einem Folgeprojekt zur Studie zum Geschichtsunterricht im neunten Schuljahr „Geschichte und Politik im Unterricht" wurden videographierte Geschichtslektionen daraufhin untersucht, ob politische Bildung stattgefunden habe. Dabei galt es, die politische Perspektive im Geschichtsunterricht zu definieren und die Lektionen an dieser Definition zu messen (Bürgler/Hodel 2011).

Neben dem Geschichtsunterricht gilt der weit verbreitete „Klassenrat" als Ort, wo politische Bildung erfolge. Der Klassenrat ist eine Form der „Klassenlehrerstunde", in welcher Disziplinfragen, Mitbestimmungsmöglichkeiten für schulische Anlässe, Konflikte usf. thematisiert werden. Ein Dissertationsprojekt diskutierte den Beitrag des Klassenrats zum Gerechtigkeitsempfinden von Schülerinnen und Schülern der Primarstufe und beschäftigt sich insbesondere mit der Ambivalenz des Klassenrates zwischen Deliberation und hierarchischen Strukturen (Haeberli 2012). Ein weiteres Projekt untersuchte

Klassenrat als Ort politischer Bildung

empirisch, was „Klassenrat" in Klassen der Sek I-Stufe ist und inwiefern darin ein Beitrag zur politischen Bildung gesehen werden kann (Wyss/Lötscher 2012). Die Ergebnisse weisen darauf hin, dass ein direkter Beitrag zur politischen Bildung in der Regel nicht geleistet wird, dass aber im günstigen Fall personale Kompetenzen aufgebaut werden können, die durchaus für die politische Bildung bedeutsam sind (Gesprächskompetenzen etc.).

5. Unterrichtsmaterialien zur politischen Bildung

Angesichts der wenig verankerten schulischen politischen Bildung setzte die Arbeit an Unterrichtsmaterialien bei der Unterstützung von Lehrpersonen ein. Einerseits entstand in deutschschweizerischer Kooperation eine Handreichung für Lehrpersonen, die eine Konzeption von politischer Bildung vorschlägt und sie mit konkreten Unterrichtsvorschlägen und -materialien verbindet (Gollob et al. 2007). Ebenfalls für Lehrpersonen erscheint *Polis. Das Magazin für Politische Bildung*. Eigentliche Lehrmittel im Netz sind <www.politikzyklus.ch> und <www.politiklernen.ch>. Die Website <www.politischebildung.ch> stellt Unterrichtsmaterialien zu unterschiedlichsten Themen zur Verfügung. Daneben sind spezifischere Unterrichtswerke publiziert worden, so insbesondere zur Menschenrechts- und Kinderrechtserziehung. Dabei spielen auch das *Centre of Human Rights Education* (ZMRB) an der PH Luzern und das Zentrum *International Projects in Education* an der PH Zürich eine wichtige Rolle.

6. Programme zur politischen Bildung

Außerschulische Akteure bieten eine breite Palette von Schulungsangeboten an. Hervorzuheben sind die beiden folgenden Großprojekte.

Außerschulische Angebote für Schulen und Klassen

Der nationale Wettbewerb zu „Jugend debattiert" ermöglicht Schulen und Klassen, dass ihre Schülerinnen und Schüler sich unter Wettbewerbsbedingungen mit der Vorbereitung und Durchführung von politischen Debatten vertraut machen (<www.stiftung-mercator.ch/aktuell/artikel/gewinner-von-jugend-debattiert-2013.html>). Beim Programm „Schulen nach Bern" werden Klassen eingeladen, den parlamentarischen Betrieb im Rahmen eines Planspiels kennenzulernen (<http://www.schulen-nach-bern.ch/>).

Daneben gibt es zahlreiche kleinere Angebote von NGOs, Stiftungen usw., deren Ausrichtung höchst unterschiedlich ist. Insbesondere menschenrechtliche, Umweltbildungs- und Partizipationsangebote sind stark vertreten.

7. Verankerung von politischer Bildung im den neuen Lehrplänen

Die neuen sprachregionalen Lehrpläne, der bereits eingeführte Plan d'études romand PER (www.plandetudes.ch/) und der noch in Arbeit befindliche Lehrplan 21 (http://www.lehrplan.ch/) sehen die Integration der politischen Bildung vor. Im Lehrplan 21 soll politische Bildung zum einen als sogenanntes fächerübergreifendes Thema „Politik, Demokratie und Menschenrechte" unter der Leitidee der nachhaltigen Entwicklung in die Fachbereiche einbezogen werden. Ein Verweissystem macht Lehrpersonen auf geeignete Bezüge aufmerksam. Anderseits erhält politische Bildung im ersten und zweiten Zyklus (1. bis 8. Schuljahr) als eine von zwölf Kompetenzen (der Lehrplan weist nicht Themen, sondern sog. „Kompetenzen" auf) des Fachbereichs „Natur, Mensch, Mitwelt" (dem Sachunterricht vergleichbar) einen festen Ort. Auf Sek I-Stufe (3. Zyklus) ist eine von vier historischen Kompetenzen des Fachbereichs „Räume, Zeiten, Gesellschaften", in dem Geschichte und Geographie sowie eben politische Bildung zusammengefasst sind, reserviert (Ziegler 2012, Ziegler 2013). Die definitive Verabschiedung des Lehrplans zuhanden der Implementierung durch die Kantone ist auf Herbst 2014 vorgesehen. Sollte das Projekt erfolgreich zu Ende gebracht werden und die politische Bildung darin bestehen bleiben, würde damit eine erstmalige gesamtschweizerische Verankerung von politischer Bildung in der Volksschule erreicht. Dies dürfte unterstützende Wirkung für die weitere Arbeit im Bereich der politischen Bildung in der Schweiz haben.

Plan zur erstmaligen gesamtschweizerischen Integration von politischer Bildung

Literatur

Allenspach, Dominik 2013: Verständnisse Deutschschweizer Lehrpersonen von politischer Bildung: Annahmen und Befunde. In: Ziegler, Béatrice (Hrsg.): Vorstellungen, Konzepte und Kompetenzen von Lehrpersonen der politischen Bildung. Beiträge zur Tagung „Politische Bildung empirisch 2012". (Politische Bildung in der Schweiz 3). Zürich

Biedermann, Horst/Oser, Fritz 2010: Politische Mündigkeit durch schulische Partizipation? Zur Notwendigkeit der Entmythologisierung des Wirksamkeitsglaubens von Partizipation. In: kursiv, H. 1, S. 28-44

Biedermann, Horst/Oser, Fritz/Konstantinidou, Liana/Widorski, Dagmar 2010: Staatsbürgerinnen und Staatsbürger von morgen: Zur Wirksamkeit politischer Bildung in der Schweiz – ein Vergleich mit 37 anderen Ländern. Universität Fribourg: Departement Erziehungswissenschaften. http://www.unifr.ch/pedg/iccs/bericht1.pdf (14.11.2013)

Biedermann, Horst/Oser, Fritz/Quesel, Carsten (Hrsg.) 2007: Vom Gelingen und Scheitern Politischer Bildung: Studien und Entwürfe. Zürich

Bürgler, Beatrice/Hodel, Jan 2011: „Political Perspectives" in the Classroom – Results of Video Analyses in History and Civic Education. In: Journal of Social Science Education. (3), S. 26-34

Gollob, Rolf/Graf-Zumsteg, Christian/Bachmann, Bruno/Gattiker, Susanne/Ziegler, Béatrice 2007: Politik und Demokratie – leben und lernen. Politische Bildung in der Schule. Grundlagen für die Aus- und Weiterbildung. Bern

Haeberli, Philippe 2012: Partizipation, Schulleben und politische Konsequenzen: Das Beispiel der Gerechtigkeit in Klassenräten der Genfer Primarschule. In: Allenspach, Dominik/Ziegler, Béatrice (Hrsg.): Forschungstrends in der politischen Bildung. Beiträge zur Tagung „Politische Bildung empirisch 2010". (Politische Bildung in der Schweiz 1). Zürich, S. 93-108

Jung, Michael/Reinhardt, Volker/Ziegler, Béatrice 2007: Politische Bildung in der Schweiz. In: Lange, Dirk (Hrsg.): Strategien der Politischen Bildung (Handbuch für den sozialwissenschaftlichen Unterricht 2), S. 252-263

Kalcsics, Katharina/Raths, Kathleen 2012: Schülervorstellungen zum Regieren und Wählen. In: Allenspach, Dominik/Ziegler, Béatrice (Hrsg.): Forschungstrends in der politischen Bildung. Beiträge zur Tagung „Politische Bildung empirisch 2010". (Politische Bildung in der Schweiz 1). Zürich, S. 63-75

Oser, Fritz/Biedermann, Horst 2003: Jugend ohne Politik. Ergebnisse der IEA Studie zu politischem Wissen, Demokratieverständnis und gesellschaftlichem Engagement von Jugendlichen in der Schweiz im Vergleich mit 27 anderen Ländern. Zürich/Chur

Quesel, Carsten/Allenspach, Dominik 2007: Rahmenkonzept zur politischen Bildung in der Volksschule. Erarbeitet zuhanden des Departementes für Bildung und Kultur des Kantons Solothurn. Solothurn, http://www.fhnw.ch/ph/pbgd/downloads/forschungsberichte/fb_quesel-allenspach_2007 (14.11.2013)

Quesel, Carsten/Oser, Fritz (Hrsg.) 2006: Die Mühen der Freiheit. Probleme und Chancen der Partizipation von Kindern und Jugendlichen. Zürich/Chur

Reinhardt, Volker/Waldis, Monika/Ziegler, Béatrice 2009: Knowledge, interest and attitudes – Results from the TEESAEC intervention study in

Switzerland. In: Weißeno, Georg/Eck, Valentin (Eds.): Teaching European Citizens – A Quasi-experimental Study in Six Countries. Münster, S. 31-45

Wyss, Corinne/Lötscher, Alexander 2012: Class Councils in Switzerland: Citizenship Education in Classroom Communities? In: Journal of Social Science Education 11 (3), S. 44-64

Ziegler, Béatrice 2009: Heterogenität und Politische Bildung. In: Gut, Adolf/ Grunder, Hans-Ulrich (Hrsg.): Zum Umgang mit Heterogenität in der Schule I, Baltmannweiler, S. 93-106

Ziegler, Béatrice 2010: Studien und Konzepte zur politischen Bildung mit Migrant/-innen: Das Beispiel Schweiz. In: Weißeno, Georg (Hrsg.). Bürgerrolle heute. Migrationshintergrund und politisches Lernen. Bonn, S. 190-202

Ziegler, Béatrice 2012: Politische Bildung im Deutschschweizer Lehrplan (Lehrplan 21). In: Allenspach, Dominik/Ziegler, Béatrice (Hrsg.): Forschungstrends in der politischen Bildung. Beiträge zur Tagung „Politische Bildung empirisch 2010" (Politische Bildung in der Schweiz 1). Zürich/Chur, S. 29-48

Ziegler, Béatrice 2013: Competencies, Stabilization of the Democratic System, and Self-Empowerment. In: Print, Murray/Lange, Dirk (eds.): Civic Education and Competences for Engaging Citizens in Democracies. Rotterdam, S. 111-123

Ziegler, Béatrice/Reinhardt, Volker (Hrsg.) 2012: Was Schweizer Jugendliche von der EU wissen. Die schweizerische TEESAEC-Studie. (Politische Bildung in der Schweiz 2). Zürich

Ziegler, Béatrice/Schneider, Claudia 2012: Handlungsorientierung und Handlungskompetenz in der Politischen Bildung in der deutschsprachigen Schweiz. In: Weißeno/Buchstein, Hubertus (Hrsg.): Politisch Handeln – Modelle, Möglichkeiten, Kompetenzen. (Schriftenreihe 1191). Bonn, S. 306-319

Andreas Eis

Politische Bildung in der Europäischen Union – Ansätze und Entwicklungstrends

Einführung

Die Internationalisierung der politischen Bildung wurde in den vergangenen Jahrzehnten durch mehrere (bildungs-)politische Wegmarken auf ein neues Niveau gehoben. Neben der EU hat vor allem der Europarat mit seinen 47 Mitgliedsstaaten ein differenziertes Konzept demokratischer Bürgerbildung (*Education for Democratic Citizenship*, EDC) implementiert, das insbesondere die Transformationsprozesse nach den demokratischen Revolutionen von 1989/90 unterstützt und viele Länder an die EU heranführt. Gleichzeitig werden mit der Einführung der *Unionsbürgerschaft* in den EU-Vertrag von Maastricht seit 1992 die Stärkung der Zivilgesellschaft und die Schaffung einer europäischen Öffentlichkeit zum Verfassungsziel erhoben und in den Folgeverträgen weiter konkretisiert. Die lange vernachlässigte Dimension einer partizipatorischen Integrationsbewegung „von unten", d. h. die fehlende Entwicklung eines politisch geeinten solidarischen „Europas der Bürger/innen" wird mit dem Scheitern der EU-Verfassung 2005 umso deutlicher. Als Konsequenz der anhaltenden Bürgerdistanz und eines offenkundigen Demokratiedefizits stellt die EU ihre Kommunikations- und Öffentlichkeitspolitik auf eine neue Grundlage (*Plan D* für Demokratie und Dialog) und entwickelt politische Bildungsprogramme und neue Beteiligungsinstrumente (Art. 11, EU-Vertrag von 2007). Zugleich verfolgt die *Lissabon-Strategie* in den 2000er-Jahren – und nach deren Scheitern nun *Europa 2020* – das Ziel, die EU zur erfolgreichsten, wissensbasierten Region im globalen Standortwettbewerb zu entwickeln. *Aktive Citizenship* und *Employability* werden dabei als ergänzende Leitziele miteinander verschränkt. Bildungspolitische Kooperationen werden auf allen Ebenen der schulischen, beruflichen, universitären und non-formalen Bildung verstärkt und mit der Entwicklung von Standards, Schlüsselkompetenzen und einer quantifizierbaren Output-Steuerung verbunden. Auch die politische Bildung wird mit dem

Bürgerdistanz und Demokratiedefizit

Programm Europa 2020

Anspruch der Standardisierung und Messbarkeit ihres in internationalen Vergleichsstudien zu dokumentierenden Bildungserfolges konfrontiert. Im Mittelpunkt der politischen Bildungsforschung steht damit nicht zuletzt die Frage nach den Konsequenzen dieses europäischen „Paradigmenwechsels", der möglicherweise dem fachdidaktischen Grundverständnis einer auf die Entwicklung von Mündigkeit, Urteils- und Partizipationsfähigkeit ausgerichteten Demokratiebildung entgegensteht.

Der Beitrag umreißt zunächst die Ansätze und Debatten um ein neues (Fach-)Verständnis politisch-demokratischer Bürgerbildung im Anschluss an das EDC-Programm des Europarates. In einem zweiten Schritt wird die konzeptionelle Erweiterung von EDC im Rahmen der bildungs- und beteiligungspolitischen Initiativen der EU vorgestellt. Abschließend werden exemplarisch Entwicklungstendenzen ihrer bildungspraktischen Umsetzung in den Mitgliedsländern anhand erster Fall- und Vergleichsstudien skizziert.

1. Politische Demokratiebildung oder Pädagogisierung der politischen Bildung?

Education for Democratic Citizenship (EDC) steht für eine Reihe von bildungspolitischen Initiativen der Vereinten Nationen, des Europarates, der EU und nichtstaatlicher Netzwerke. Dabei greift der Europarat die von der UNESCO initiierten Ideen von *Human Rights Education* (HRE) und EDC auf und entwickelt diese zu einem umfassenden Bildungskonzept zur Förderung demokratisch-zivilgesellschaftlicher Strukturen in seinen heute 47 Mitgliedstaaten. Durch die Vernetzung europäischer, nationaler und lokaler Akteure aus Politik, Wissenschaft und pädagogischer Praxis werden Förderprogramme erarbeitet, die 2005 mit dem *European Year of Citizenship through Education* (EYCE), 2010 durch die *Charta zur Demokratie- und Menschenrechtsbildung* (Europarat, CM/Rec(2010)7) und 2013 mit dem *European Year of Citizens* der EU öffentlichkeitswirksame Verbreitung finden.

Im Mittelpunkt der Zielstellungen von EDC steht der/die aktive, verantwortungsbewusste Bürger/in. Demokratische Stabilität wird angesichts umfassender Wandlungsprozesse nicht nur von rechtsstaatlich verfassten Institutionen gesichert, sondern ist auf die zivilgesellschaftlich verankerten Kompetenzen des Einzelnen angewiesen (Europarat, Doc. DGIV/EDU/CIT(2002)38). Das Erlernen

> Aktive, verantwortungsbewusste Bürger im Mittelpunkt von EDC

von Demokratie und einer verantwortlichen Bürgerrolle umfasst dabei sowohl kognitive als auch soziale und affektive Dimensionen, es erstreckt sich über einen lebenslangen Prozess und beinhaltet eine Vielzahl von Akteuren und praktischen Erfahrungen. EDC versucht entsprechende Strukturen der verschiedenen Erziehungs- und Bildungsebenen miteinander zu vernetzten und dabei auf bereits vorhandene Konzepte, Fachkulturen und Best-Practice-Modelle zurückzugreifen (Becker 2012; Dürr 2011; Georgi 2008; Sliwka u. a. 2006).

Für die deutschsprachige Rezeption und Implementierung werden bereits bei der Übersetzung der in einer angelsächsischen Tradition geprägten Begriffe einige Spannungslinien deutlich (vgl. Eis 2010, 43 ff.). *Citizenship Education* steht neben *Civic Education, Education civique, Educazione alle Cittadianza* etc. für das, was in Deutschland traditionell der Begriff *politische Bildung* umfasst. Mit HRE und EDC hält jedoch zunehmend der Begriff der Demokratieerziehung in deutschen Dokumenten und Debatten Einzug. Er wird mitunter als Alternativbegriff einer vermeintlich zu verkopften, vordergründig an rationaler Analyse und Urteilsbildung statt an eigenen politischen Erfahrungen und Aktionen orientierten politischen Bildung ins Feld geführt. Zwar beziehen sich wesentliche Teile der EDC-Programme auf allgemeinpädagogische Anliegen der Schulentwicklung (z. B. partizipatorische Lernkulturen, Stärkung der SMV) sowie auf fächerübergreifende, wertorientierte Bildungsziele wie Antirassismus-, Toleranz-, Friedenserziehung oder Bildung für nachhaltige Entwicklung (BNE), deren Umsetzung nicht allein, aber doch immer auch zu den originären Aufgaben politischer Bildung gehörte (vgl. Sander 2011). Die gesellschaftliche und politische Dimension dieser Ziele liegt auf der Hand und steht seit der didaktischen Wende der 1960er-Jahre regelmäßig im Mittelpunkt fachdidaktischer Diskurse um Demokratisierung der Schule sowie über die Voraussetzungen und Hindernisse von Emanzipation, Herrschaftskritik sowie Selbst- und Mitbestimmung. In EDC-Dokumenten werden zwar immer wieder die selbst- und mitverantwortlichen Aktivbürger sowie die demokratische Schulentwicklung programmatisch herausgestellt. Die eigentlich politischen Fragen nach den realen Machtverhältnissen, nach Demokratie*defiziten*, Gründen für Politikdistanz (beginnend in Schule, Ausbildung, Universität), Ursachen für ungleiche Partizipationschancen und neue Mechanismen sozialer Schließung (sowohl auf schulischer und kommunaler Ebene,

Begriff Demokratieerziehung

Eigentliche politische Fragen wurden weitgehend vernachlässigt

als auch und umso stärker auf EU-Ebene) kommen dabei aber nur selten oder gar nicht in den Blick (Eis 2013).

Der EDC-Ansatz betont Erfahrungs- und Handlungsorientierung, er zielt auf ein Wirken der Bildungseinrichtungen auf die Gesellschaft, u. a. durch Praxisprojekte und soziales Engagement. Diese ebenfalls für die politische Bildung zentralen Prinzipien werden jedoch mitunter dadurch entpolitisiert, dass in vielen Praxisprojekten des Demokratie- und *Service-Lernens* gerade die Herrschaftsdimension und der Zusammenhang sozialen Engagements mit Macht- und Entscheidungsstrukturen unterbelichtet bleibt. Die „Spillover-These", nach der sich soziales Erfahrungslernen in Alltagssituationen auf die Entwicklung politischer Wertvorstellungen und Handlungskompetenzen positiv auswirke, konnte in einer Reihe von Einzelstudien bislang nicht bestätigt werden (Sander 2011, 151).

2. *European Union Citizenship Education* (EUCE) – ein integrationsorientierter Ansatz

Europäische (Unions-)Bürgerschaftsbildung wird seit Beginn des Integrationsprozesses durch zahlreiche Programme, Institutionen und NGOs gefördert. Viele Akteure verbindet das Ziel, parallel zum wirtschaftlichen und institutionellen Einigungsprozess ein Europa der Bürger/-innen als „buttom-up Konstruktion" zu stärken (Rhode-Jüchtern u. a. 2010). Zur Aussöhnung ehemaliger Kriegsgegner wurden bereits seit den 1960er-Jahren Schulpartnerschaften und Austauschprogramme für Millionen von Jugendlichen durchgeführt. Mittlerweile existiert ein breites Netzwerk von Bildungsinstitutionen und Interessenvertretungen: u. a. *Junge Europäische Föderalisten, Jugend für Europa, European Youth Parliament,* aber auch Organisationen wie *LobbyControl, Attac* oder der *Europäische Gewerkschaftsbund,* die sich europapolitischen Themen widmen und Bildungsangebote organisieren. Für die Förderperiode 2007-2013 hat die Europäische Kommission das zweite *Community Action Programm* zur Förderung von *Citizenship Policies* erarbeitet. *Jugend in Aktion* fördert dabei Projekte mit 886 Mio. €, das Programm *Europe for Citizens* ist im selben Zeitraum mit 215 Mio. € ausgestattet. Mit fast 7 Mrd. € unterstützt die EU die Zusammenarbeit von Schüler/-innen, Azubis, Studenten, Lehrkräften und Wissenschaftlern (Comenius, Erasmus, Leonardo, Grundtvig, Monnet; vgl. Müller 2011).

Europa der Bürger/-innen

Während die EDC-Initiativen des Europarates zunächst die politische Kultur der Mitgliedstaaten im Blick haben und einen eher "definitionsorientierten Ansatz" verfolgen (Dürr 2011, 25), intendiert die Weiterentwicklung dieses EU-Programmes vor allem eine Stärkung der Unionsbürgerschaft, d. h. den inneren Zusammenhalt und die Demokratisierung der EU. Dürr spricht hier von einem dezidiert "integrationsorientierten" sowie von einem "stabilitätsorientierten Ansatz" im Rahmen der Europäischen Nachbarschaftspolitik (ebd.). Gleichzeitig wurden EDC und *Citizenship Policies* als zentrale Bestandteile des *lebenslangen Lernens* seit 2001 in den Lissabon-Prozess aufgenommen. Die Bildungsziele *Aktive Citizenship* und *Employability* werden programmatisch mit den Zielen verbunden, eine zukunftsorientierte, wirtschaftlich prosperierende Wissensgesellschaft auch durch zivilgesellschaftliche Strukturen und soziale Integration demokratisch stärker zu verankern (Council of the EU, doc. 5980/2001 EDUC 18). Gleichwohl bleibt nach der Umsetzung und Bildungswirksamkeit derartiger politischer Absichtsbekundungen zu fragen. Bereits in der Folgeerklärung *Europa 2020: A strategy for smart, sustainable and inclusive growth* haben zwar die Forderungen nach "Chancengleichheit" und "sozialer Integration" im Sinne einer Steigerung europäischer Wettbewerbsfähigkeit Eingang gefunden, von *Active Citizenship* und Demokratisierung von Bildung, Ausbildung und Unternehmen ist jedoch nicht mehr die Rede (Com(2010) 2020 final). In der praktischen Umsetzung des *Europäischen Qualifikationsrahmens* (EQR) finden z. B. bei der deutschen Implementierung im DQR ebenso die demokratischen und politischen Qualifikationsziele kaum noch Erwähnung oder werden auf "Team-/Führungsfähigkeit" sowie verantwortungsvolle "Selbststeuerung" reduziert (vgl. DQR-Matrix; vgl. Overwien 2011).

Eine europaweite Evaluierung der EDC-Politiken wurde von der Generaldirektion für Bildung und Kultur der Europäischen Kommission beauftragt und von der *Europäischen Eurydice-Informationsstelle* sowie vom *Zentrum für die Forschung zum Lebenslangen Lernen* (CRELL) durchgeführt. Die Eurydice-Studien widmen sich dem Stand der Demokratieerziehung und Bürgerschaftsbildung in Grund- und weiterführenden Schulen in über 30 europäischen Ländern. Analysiert werden u. a. die Bereiche *Citizenship and Education Policy, Citizenship Education and the Curriculum, School Culture and Participation in Society, Assessment, Evaluation and Monitoring, Teacher Competencies and Support* und *The European Dimension of*

CE (www.eurydice.org). Empirische Grundlage sind offizielle Dokumente, amtliche Texte und exemplarische Auskünfte, deren Herkunft nicht immer eindeutig zuzuordnen ist. Die Berichte verstehen sich insofern auch nicht als empirisch abgesicherte repräsentative Erhebungen, sondern als „country descriptions". Besonders problematisch ist die künstliche Trennung von EDC und den Kernfächern der politischen Bildung (Politik, Sozialkunde, Gesellschaftswissenschaft, Politik-Wirtschaft), so dass z. B. für Deutschland der Eindruck erweckt wird, „Demokratie-Lernen" würde nicht als eigenes Fach und vornehmlich von „fachfremden" Lehrkräften unterrichtet (Eurydice 2012, 19 f.).

3. *Civic Education* und Demokratiebildung in den EU-Mitgliedsstaaten

Während die Eurydice-Studien eher die institutionellen Rahmenbedingungen beschreiben, entwickeln die *CRELL-Studien* ein Design zur Messung von bürgerschaftlichen Kompetenzen und Werthaltungen und untersuchen deren Zusammenhang zu aktiver Bürgerschaft (Hoskins u. a. 2006; 2008; vgl. Widmaier 2011). Im Rückgriff auf Daten und Skalen der IEA CivEd-Studie von 1999 und des European Social Survey von 2002 entwickelt die Forschergruppe um Bryony Hoskins zwei Analysemodelle und entsprechende Länderrankings. Der *Civic Competence Indicator* berücksichtigt insgesamt 84 Indikatoren in den vier Bereichen „Citizenship values, Social justice (both values and attitudes), Participatory attitudes and Cognitions about democratic institutions" (Hoskins u. a. 2008, 9). Das *Modell zur Aktiven Bürgerschaft* umfasst 63 Indikatoren in den Dimensionen „Democratic Values", „Participation in Political Life (Representative Democracy)", „Participation in Civil Society (Protest and Social Change)" und „Participation in Community Life" (vgl. Abb. 1, Hoskins/Mascherini 2009, 469).

Trotz der angedeuteten methodischen Probleme der Eurydice-Studien und grundsätzlicher Bedenken gegenüber der Zielrichtung der CRELL-Studien, die demokratische Werthaltungen sowie praktische Fähigkeiten und Motivationen des gesellschaftlichen Engagements meint quantifizierbar messen zu können, geben die vorliegenden Vergleichsstudien eine erste – streitbare – Orientierung in der Vielgestaltigkeit europäischer Lern- und Partizipationskulturen. Auch wenn in den CRELL-Studien die eigentlich kausale Verbin-

CRELL-Studien

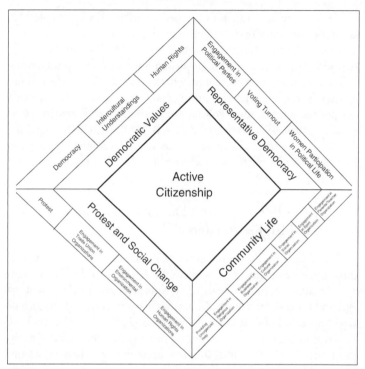

Abb. 1: The Active Citizenship Composite Indicator (Hoskins/Mascherini 2009, 469)

Länderrankings

dung „zwischen Bildung und Engagement weiterhin nur als ‚black box' bezeichnet werden" kann (Widmaier 2011, 48), wurde das kategoriale Konzept der Bürgerschaftsbildung geschärft und weder auf repräsentative Demokratiemodelle noch auf soziales Engagement reduziert (Abb. 1). Länderrankings bleiben problematisch und werfen neue Fragen auf z. B. nach dem Zusammenhang von demokratischer Werteorientierung und dem Aufbau zivilgesellschaftlicher Strukturen. Während die skandinavischen Länder (außer Finnland) in mehreren Bereichen die Listen „Aktiver Bürgerschaft" führen, liegen Polen und Ungarn in den Partizipations-Rankings auf den letzten Plätzen. Dennoch gehört Polen zur Spitzengruppe des Werte-Index, für Belgien wiederum gilt genau der umgekehrte Trend (Abb. 2).

Rank	Country	Rank	Country	Rank	Country
1	Norway	1	Austria	1	Sweden
2	Sweden	2	Norway	2	Luxembourg
3	Denmark	3	Belgium	3	Norway
4	Belgium	4	Sweden	4	Finland
5	Austria	5	Denmark	5	Poland
6	Netherlands	6	Luxembourg	6	Portugal
7	United Kingdom	7	Germany	7	Ireland
8	Germany	8	Ireland	8	Denmark
9	France	9	Netherlands	9	Austria
10	Ireland	10	Greece	10	Germany
11	Luxembourg	11	Finland	11	Netherlands
12	Finland	12	Spain	12	Italy
13	Slovenia	13	Slovenia	13	Spain
14	Spain	14	Italy	14	United Kingdom
15	Italy	15	United Kingdom	15	Slovenia
16	Portugal	16	France	16	France
17	Greece	17	Portugal	17	Greece
18	Hungary	18	Hungary	18	Hungary
19	Poland	19	Poland	19	Belgium
Tab. 7: Civil society index		Tab. 9: Political life index		Tab. 10: Values index	

Abb. 2: Measuring Active Citizenship (Hoskins u. a. 2006, 20 ff.)

Die Ergebnisse der CRELL-Studie zur Messung demokratischer *Bürgerkompetenzen* ergeben ein ebenso heterogenes Bild, das umso mehr Fragen aufwirft (Abb. 3). Anders als die Studie zur *Aktiven Bürgerschaft*, deren Daten sich auf Befragungen von Jugendlichen und Erwachsenen ab 15 Jahre gründen (European Social Survey), beruht die *Civic Competence*-Studie auf den Daten der CivEd-Studie, die ausschließlich 14-jährige Schüler/-innen testete. Dabei zeigte sich, dass einige süd- und osteuropäische Staaten (Zypern, Griechenland, Polen, Rumänien) in den Bereichen *bürgerschaftliche Werte* und *Partizipationseinstellungen* sehr hohe Ergebnisse erzielten, während die 14-Jährigen in einigen nord- und westeuropäische Ländern eher mittelmäßig oder schlecht abschneiden. Auch wenn hier die Ergebnisse im kognitiven Bereich etwas besser sind, zeigt sich in den bereits lange bestehenden, stabilen Demokratien mit einem hohen Partizipationsniveau in der Gesamtbevölkerung der Trend, dass Jugendliche in diesen Ländern eine eher niedrige bürgerschaftliche Werteorientierung aufweisen. „The opposite is true for less stable and more recent democracies that can be found in south and east Europe: in these countries young people have greater *Participatory attitudes* and values." (Hiskins u. a. 2008, 9; Hervorh. i. O.)

Citizenship values	Participatory attitudes	Cognition about democratic institutions	Civic Competence Composite Indicator
676-645 Greece Cyprus Romania	613-572 Cyprus Greece Romania Poland	595-583 Cyprus Greece Finland Poland	642-594 Cyprus Greece Poland
628-581 Lithuania Poland Portugal Slovenia Italy Bulgaria	540-493 Portugal Slovakia Italy Latvia Slovenia Hungary	571-528 Slovakia Italy Sweden Norway Czech Republic England Denmark	569-535 Slovakia Portugal Norway Italy Romania Sweden Denmark
567-537 Hungary Norway Russia Germany Latvia Switzerland Sweden Slovakia Czech Republic	490-462 Norway Russia Belgium Bulgaria Denmark Lithuania England Germany	526-482 Germany Switzerland Slovenia Hungary Russia Bulgaria Belgium Portugal	533-519 Finland England Lithuania Slovenia Hungary Germany Switzerland Bulgaria Russia
525-496 Denmark England Estonia Belgium Finland	456-443 Switzerland Estonia Finland Sweden Czech Republic	469-446 Estonia Romania Lithuania Latvia	516-494 Czech Republic Belgium Latvia Estonia

Abb. 3: Measuring Civic Competence (nach Hoskins u. a. 2008, 87 ff., eigene Darstellung)

Im Bereich *Werte sozialer Gerechtigkeit* – die vierte, in Abb. 3 nicht aufgenommene Kompetenzdimension, zu der auch Indikatoren zur Genderdemokratie und der Akzeptanz von Minderheitenrechten gehören – erzielen wiederum die nord- und westeuropäischen Länder ähnlich wie im kognitiven Bereich deutlich bessere Ergebnisse.

Einige der hier skizzierten Ergebnisse der CRELL-Kompetenzstudie korrespondieren durchaus mit den Reformbemühungen und der fortschreitenden institutionellen Verankerung von EDC-Programmen in vielen süd- und osteuropäischen Ländern, die in der neuesten

Eurydice-Studie dokumentiert werden (Eurydice 2012). Dennoch fehlen in diesen Forschungsarbeiten wesentliche Einsichten in die Prozesse der Lernentwicklung und der Kompetenzaneignung, zumal die CRELL-Studie den Entwicklungsstand einer Altersgruppe dokumentiert, die in vielen Ländern gerade erst mit dem politisch-sozialwissenschaftlichen Unterricht beginnt. Weitere empirische Einzelstudien geben hier erste Aufschlüsse wie z. B. die in sechs Ländern durchgeführte TEESAEC-Interventionsstudie, die sich jedoch ausschließlich auf die Kompetenzmessung konzeptuellen Deutungswissens zum europäischen Mehrebenensystem beschränkt (Eck/Weißeno 2009). Erste vergleichende Fallstudien zu Lernkulturen und zur Lernprozessanalyse liegen zudem für Deutschland, England, Frankreich und Italien mit der gemeinsamen Studie von Hunsicker, Heitz, Nonnenmacher und Rodrian-Pfennig vor (Nonnenmacher 2008; vgl. weitere qualitative Studien zu England: Eis 2010, 246-295, 316-322; zu Frankreich: Schmidt 2011). Mithilfe von Unterrichtsaufzeichnungen, hermeneutischen Sequenzanalysen sowie ergänzenden Schüler/-innen- und Lehrer/-inneninterviews konnten exemplarische Lernkulturen herausgearbeitet und hinsichtlich ihrer regionalen und politischen Rahmenbedingungen analysiert werden. Dabei zeigen sich deutliche Unterschiede hinsichtlich der fachlichen Einbindung politischer Bildung, aber auch der (mehr oder weniger vorhandenen) Umsetzung partizipatorischer Lernformen und Bedingungen demokratischer Schulkultur. Vielmehr werden gerade erst in exemplarischen Einzelstudien die Kontextbedingungen deutlich, wo politische Bildung und Demokratielernen auf strukturelle Hindernisse trifft, wenn etwa in Frankreich Schüler/-innen und Lehrer/-innen ein „Bündnis fürs Brevet" schließen, d. h. zur Vorbereitung auf die landesweiten Prüfungen nahezu ausschließlich vorgegebene Lehrplanthemen abarbeiten (Nonnenmacher 2008). Hingegen zeigt die exemplarische Studie in einer sozialen Brennpunktschule in Neapel, dass die zentralen Fragen demokratischer Bürgerschaftspraxis sich nicht allein in den europäischen „Versprechen von Freiheit und Gleichheit" erschöpfen, sondern nur durch die gleichzeitige Reflexion von neuen Grenzziehungen, „Abwertungs- und Diskriminierungserfahrungen" sowie durch das Infragestellen der Exklusionsbedingungen von Staats- und Unionsbürgerschaft zu verstehen sind (Rodrian-Pfennig 2008, 139 f.).

Vergleichende Fallstudien

Einzelstudien zeigen länderspezifische Kontextbedingungen

Literatur

Becker, Helle 2012: Politische Bildung in Europa. In: Aus Politik und Zeitgeschichte 46-47/2012, S. 16-22

Dürr, Karlheinz 2011: Ansätze zur Citizenship Education in Europa – Aktivitäten des Europarats und der Europäischen Union. In: Widmaier/Nonnenmacher, a. a. O., S. 13-29

Eck, Valentin/Weißeno, Georg (Hrsg.) 2009: Teaching European Citizens. A quasi-experimental study in six countries. Münster/New York

Eis, Andreas 2010: Europäische Bürgerschaftsbildung. Die Neukonstruktion der Bürgerrolle im europäischen Mehrebenensystem. Schwalbach/Ts.

Eis, Andreas 2013: Der europabezogene Ansatz: Politische Bildung in entgrenzten Demokratien. In: Deichmann, Carl/Tischner, Christian K. (Hrsg.): Handbuch Dimensionen und Ansätze in der politischen Bildung. Schwalbach/Ts., S. 129-144

Eurydice (Hrsg.) 2012: Citizenship Education in Europe, http://eacea.ec.europa.eu/education/eurydice/documents/thematic_reports/139EN.pdf (30.1.2013)

Georgi, Viola 2008: The Making of Citizen in Europe: New Perspectives on Citizenship Education. Bonn

Hoskins, Bryony u. a. 2006: Measuring Active Citizenship in Europe. CRELL Research Paper 4, Luxembourg

Hoskins, Bryony u. a. 2008: Measuring Civic Competence in Europe. A composite Indicator based on IEA Civic Education Study 1999 for 14 years old in School, Luxembourg

Hoskins, Bryony/Mascherini, Massimiliano 2009: Measuring Active Citizenship through the Development of a Composite Indicator. In: Social Indicators Research, 3/2009, S. 459-488

Müller, Ingrid 2011: Europäische Bürgerschaft im EU-Programm JUGEND IN AKTION – EU-Programme für die nicht-formale Jugendbildung. In: Widmaier/Nonnenmacher, a. a. O., S. 30-44

Nonnenmacher, Frank (Hrsg.) 2008: Unterricht und Lernkulturen. Eine internationale Feldstudie zum Themenbereich Migration. Schwalbach/Ts.

Nonnenmacher, Frank 2008: Ein Bündnis fürs Brevet. Politische Bildung zum Rahmenthema „Migration" in einem Collège in Montpellier. In: ders., a. a. O., S. 156-233

Overwien, Bernd 2011: „Employability" und „Active Citizenship" als Ziele lebenslangen Lernens, in: Widmaier/Nonnenmacher, a. a. O., S. 65-81

Rhode-Jüchtern, Tilman/Siebert, Annika/Schmelzer, Martin (Hrsg.) 2010: Europa wird gemacht – Variationen einer bottom-up-Konstruktion. Wien

Rodrian-Pfennig, Margit: Migration und nationaler Diskurs. Politische Bildung zum Rahmenthema „Migration" in einer 10. Klasse in Italien. In: Nonnenmacher 2008, a. a. O., S. 234-293

Sander, Wolfgang 2011: Politische Bildung in Europa – Herausforderungen und

strategische Positionierungen. In: Widmaier/Nonnenmacher, a.a.O., S. 143-157
Schmidt, Christian 2011: Politische Bildung als Spiegel politischer Kultur. Ein deutsch-französischer Vergleich. Marburg
Sliwka, Anne/Diedrich, Martina/Hofer, Manfred 2006: Citizenship Education. Theory – Research – Practice. Münster
Widmaier, Benedikt 2011: Lassen sich Aktive Bürgerschaft und Bürgerschaftliche Kompetenzen messen? Europäische Planungsdaten für Lebenslanges Lernen und Politische Bildung. In: Widmaier/Nonnenmacher, a.a.O., S. 45-64
Widmaier, Benedikt/Nonnenmacher, Frank 2011: Active Citizenship Education. Internationale Anstöße für die Politische Bildung. Schwalbach/Ts.

Karlheinz Dürr

Politische Bildung in den mittel-, ost- und südosteuropäischen Transformationsgesellschaften

1. Zur Demokratisierung Ost- und Südosteuropas

Ein Vierteljahrhundert nach den Systemumbrüchen in der östlichen Hälfte unseres Kontinents haben sich die früher in post-kommunistischen Gesellschaften bestehenden und bis zur Mitte der 1990er-Jahre im politischen, wirtschaftlichen und gesellschaftlichen Leben unschwer auszumachenden Gemeinsamkeiten weiter aufgelöst. Doch nach wie vor erweist sich der Transformationsprozess für die durch die kommunistische Planwirtschaft verarmte Region Mittelost-, Ost- und Südosteuropas (nachfolgend kurz MOE) als langwierige, enorme Herausforderung.

Transformationsprozess langwierige Herausforderung

Alle Staaten der Region – mit Ausnahme Weißrusslands und des Kosovo – sind inzwischen Mitglieder des Europarats, für den Demokratie, Menschenrechte und Rechtsstaatlichkeit unabdingbar sind; sie sind somit international als demokratische Systeme anerkannt, auch wenn in einigen Mitgliedsländern höchst problematische Entwicklungen der politisch-demokratischen Kultur zu konstatieren sind, so beispielsweise in Russland. Generell verläuft der Demokratisierungsprozess in den einzelnen Ländern mit unterschiedlicher Dynamik; die divergierenden Tendenzen lassen sich vor allem an drei Faktoren festmachen:

Unterschiedliche Entwicklung – v.a. bedingt durch drei Faktoren

- die unterschiedlichen historischen Erfahrungen im Kommunismus (Ostblockstaaten – Sowjetstaaten) und die daraus resultierenden Probleme bzw. Unfähigkeit einiger ehemaliger sowjetischer Teilrepubliken, sich vom Einfluss Russlands zu befreien;
- der Beitritt zur EU bzw. die sich konkretisierende Mitgliedschaftsperspektive einer Reihe früherer Ostblockstaaten;
- die durch den Zerfall Jugoslawiens und den Bürgerkrieg auf dem Westlichen Balkan verursachte verzögerte Transformation zu demokratischen Gesellschaften.

Vor diesem Hintergrund ergeben sich etwa seit der zweiten Hälfte der 1990er-Jahre in den „Sub-Regionen" im östlichen Europa – im

Kaukasus, auf dem Balkan, in Mitteleuropa – völlig unterschiedliche politische, soziale, wirtschaftliche Entwicklungen. Elf der ehemals kommunistischen Länder schafften den Sprung in die EU. Mehrere Länder befinden sich noch immer in einem Balanceakt zwischen West-(bzw. EU-)Orientierung und dem Einfluss Russlands; und auf dem Westlichen Balkan fand der von blutigen Konflikten begleitete Zerfall Jugoslawiens erst mit der Unabhängigkeit des Kosovo (2008) einen (noch keineswegs sicheren) Abschluss.

West- und EU-Orientierung

Die erwähnten Faktoren wirken sich auch auf das Bildungswesen aus, insbesondere auf die Situation der Lehr- und Lernprozesse, welche die Bildung kritischer, verantwortungsbewusster und mitwirkungsbereiter Bürgerinnen und Bürger und ihre Befähigung zu aktiver Teilhabe zum Ziel haben. Es wäre vermessen, angesichts dieser unterschiedlichen Entwicklungstendenzen auf so knappem Raum eine Beschreibung der politisch-demokratischen Bildung der ganzen Region zu versuchen. Der vorliegende Beitrag muss sich deshalb auf einige grundsätzliche Beobachtungen beschränken.

2. Reformanstrengungen in der politisch-demokratischen Bildung seit 1989/90

In praktisch allen MOE-Staaten war nach den Systemumstürzen die Einsicht weit verbreitet, dass dem Bildungswesen eine wichtige Funktion bei der Entwicklung demokratischer Werthaltungen und einer entsprechenden politischen Kultur zukommen müsse, doch fehlte es an den nötigen Ressourcen wie auch an den für Demokratievermittlung erforderlichen Kompetenzen, zumal eine personelle Erneuerung auf den meisten nachgeordneten Ebenen des Bildungswesens durch die gesamten 1990er-Jahre weitgehend unterblieb. Mit Ausnahme der baltischen Staaten lässt sich außerdem feststellen, dass die Reformbemühungen gerade mit Blick auf unseren Gegenstand in den Bildungssystemen der ehemals sowjetischen Republiken weit weniger dynamisch verliefen als in den übrigen post-kommunistischen Ländern.

Fehlende Ressourcen bei der Entwicklung demokratischer Werthaltungen

Allein mit Blick auf die einer politischen Bildung vergleichbaren Lernprozesse umfassten die Herausforderungen praktisch alle Ebenen des Lehr-Lern-Prozesses:
– die Bildungsprozesse mit Blick auf die Befähigung der Bürgerinnen und Bürger zur Teilhabe am neuen demokratischen System mussten neu etabliert werden;

Herausforderungen im Lehr-Lern-Prozess

- es musste eine umfassende Reform bzw. Neuentwicklung der Curricula und Lehrbücher erfolgen;
- die gesamte Erstausbildung sowie die Fort- und Weiterbildung des pädagogischen Personals musste neu strukturiert und programmatisch modernisiert werden;
- an den Schulen musste ein neues demokratisches Lernumfeld geschaffen werden;
- in der breiten Bevölkerung musste Demokratie-Lernen als lebenslange Bildungsaufgabe begreifbar gemacht werden.

Die Fülle der Reformaufgaben hätte selbst etablierte und besser ausgestattete Bildungssysteme vor große Probleme gestellt. Unterstützungsleistungen von außen stießen daher in allen MOE-Staaten auf große Aufnahmebereitschaft.

3. Unterstützung durch internationale Beiträge

Drei Entwicklungsphasen der Unterstützung in den 1990ern

Durch die 1990er-Jahre hindurch wurden die nationalen Reformbemühungen durch Beiträge von internationalen Organisationen, westlichen Stiftungen und Einzelorganisationen befruchtet, wobei sich drei Phasen der Entwicklung unterscheiden lassen:

3.1 Hilfe bei der Überwindung alter Mechanismen, Strukturen und Inhalte

Praktisch alle MOE-Staaten griffen bereitwillig viele der im westlichen Ausland entwickelten und erprobten Modelle und Programme der Citizenship Education auf. In dieser Phase „bildungspolitischer Atem- und Konzeptlosigkeit" stürzten dramatische Reformerfordernisse plötzlich und gleichzeitig auf völlig unvorbereitete Bildungssysteme ein, die dafür weder über qualifiziertes Personal noch über die erforderliche Ausstattung und Infrastruktur (von Lehrbüchern bis hin zu zumutbaren Unterrichtsräumen) verfügten. Da praktisch kein Personalaustausch stattgefunden hatte, war das Lehrpersonal fachlich nicht oder nur bedingt qualifiziert; viele, die früher indoktriniert hatten, „lehrten" nun eben Demokratie. Auch die Lehrerfortbildung war personell, inhaltlich und methodisch oftmals nicht in der Lage, das neue Wissen zu vermitteln und die Lehrkräfte entsprechend fortzubilden.

Völlig unvorbereitete Bildungssysteme

Ausländische oder internationale Organisationen stießen mit ihren umfassenden Unterstützungsprogrammen oftmals in ein Kompetenzvakuum. Die meisten MOE-Länder stützten sich in dieser frühen Phase mehr oder weniger weitgehend auf fertige Modelle, Konzepte und Expertise aus dem westlichen Ausland. Prekär war die Situation auch im Hinblick auf Schulbücher, da die bisherigen Lehrbücher fast schlagartig obsolet wurden und es sowohl an kompetenten Autoren wie auch an Mitteln für eine flächendeckende Neuversorgung fehlte. Amerikanische Bildungsorganisationen und Stiftungen konnten nach kürzester Zeit praktisch flächendeckend in den Reformstaaten eigene, in die jeweiligen Landessprachen übersetzte Lehr-Lern-Materialien einsetzen und Lehrerfortbildung und Austauschprogramme durchführen. Beispiele hierfür sind „Project Citizen", „We the People", „Street Law" und viele andere. In manchen Ländern flossen solche Konzepte bald auch in die neuen nationalen Lehrpläne ein.

Fehlende Lehr-Lern-Materialien

3.2 Stärkung der nationalen Identität und Kompetenzerwerb

Nicht alle Reformländer beteiligten sich mit vergleichbarer Intensität am internationalen Informations- und Erfahrungsaustausch. Generell rückten etwa ab Mitte der 1990er-Jahre die jeweiligen nationalen Gegebenheiten und Ziele und eigene bildungspolitische Konzepte deutlicher in den Vordergrund. Neben den amerikanischen Programmen etablierte sich ein vor allem vom Europarat angestoßener europäischer Austausch, der 1997 auf der Grundlage einer Entschließung des Zweiten Gipfels der Staats- und Regierungschefs der Mitgliedsländer und einem Aktionsprogramm zur Begründung des paneuropäischen Projekts „Education for Democratic Citizenship (EDC)" führte, das die Förderung demokratischer Grundhaltungen (mit dem Schwerpunkt auf den neuen Demokratien) zum Ziel hatte.

Europarat etabliert europäischen Erfahrungsaustausch

Der Europarat schien durch seine Arbeitsfelder Bildung und Menschenrechte für diese Aufgabe prädestiniert. Zwar konnte er aufgrund seiner Ressourcenknappheit nur sehr begrenzt konkrete Maßnahmen durchführen, stellte jedoch ein gesamteuropäisches Forum für den Erfahrungsaustausch dar. Im Mittelpunkt stand dabei nicht der Konzeptexport, sondern die gemeinsame Suche nach allgemein akzeptablen Grundprinzipien, „good practices" und Methoden der „Education for Democratic Citizenship", die sich in einer Vielzahl von Veröffentlichungen, Handbüchern und Studien niederschlug und EDC etwa zwischen 1997 und 2004 zum wohl bedeutendsten Großprojekt in diesem Bereich in Europa werden ließ (Council of Europe 2004).

Education for Democratic Citizenship-Projekt

Orientierung an Kompetenzen mit nationalen Besonderheiten

Die politische Neuorientierung an Bildungsstandards führte in vielen MOE-Staaten zu weiteren Konkretisierungen mit Blick auf die einzelnen Schulfächer, so auch im Bereich der Citizenship Education. Die Orientierung an mehr oder weniger genau definierten Kompetenzen hat sich in vielen Ländern durchgesetzt. Die Schlüsselkompetenzen unterscheiden sich in westlichen und östlichen Ansätzen kaum; in manchen MOE-Ländern wird jedoch großes Gewicht auf die Stärkung der nationalen Identität gelegt (z. B. Bulgarien, Ukraine). Auch gab und gibt es noch recht traditionell anmutende, vom Staat vorgegebene, eher affirmative Aufzählungen von Lernzielen der staatsbürgerlichen Bildung. In den meisten Ländern stehen jedoch (auch aufgrund früherer Erfahrungen der post-kommunistischen Gesellschaften) der Erwerb sozialer Kompetenzen, die Befähigung zu eigenständigem Lernen, Autonomie, Eigeninitiative und Handlungskompetenz im Mittelpunkt.

4. Gegenwärtige Trends in der politisch-demokratischen Bildung

4.1 Akzeptanz und Modernisierung

Dringlichkeit politisch-demokratischer Bildung infolge demokratiefeindlicher Tendenzen

Wie in den meisten westeuropäischen Staaten hat auch in den MOE-Ländern die Dringlichkeit einer soliden politisch-demokratischen Bildung drastisch zugenommen. Arbeitslosigkeit und soziale Spannungen als Folge der Wirtschafts- und Finanzkrise nehmen zu; religiös oder ethnisch bedingte Konflikte (insbesondere in Ländern mit Roma-Minderheiten), Fremdenfeindlichkeit, Extremismus und eine Vielzahl anderer sozialer Probleme werden in post-kommunistischen Ländern häufig als inhärente Schwächen der Demokratie interpretiert; anti-pluralistische oder nationalistische Einstellungen, Apathie, politische Abstinenz und der bei vielen jungen Menschen festzustellende Vertrauensverlust in demokratische staatliche und zivilgesellschaftliche Institutionen bilden einen Nährboden für demokratiefeindliche Tendenzen.

In den meisten MOE-Staaten werden die rechtlichen Grundlagen für politisch-gesellschaftliches Lernen durch eine Vielzahl von Bildungsgesetzen, Verordnungen oder Richtlinien geschaffen. Studien und Untersuchungen wie die von Eurydice erstellte Studie „Citizenship Education in Europe" belegen, dass der Themenkomplex in den meisten MOE-Staaten trotz vielfältiger Unterschiede im Allgemeinen gut etabliert ist. Auch ist die Unterrichtspraxis moderner geworden, die Abkehr vom reinen Wissenstransfer zu einem lernerorientierten Ansatz in vielen Ländern längst vollzogen. Waren es noch vor einem Jahrzehnt nur „Inseln der Modernität" in einem Meer weitgehend traditioneller Lehrmethoden, so ist heute festzustellen, dass die Inseln beträchtlich gewachsen sind. Dabei darf nicht vergessen werden, dass der Wandel viele Jahre lang von einem noch mehrheitlich im alten System sozialisierten Lehrkörper getragen werden musste. Vom Wirksamwerden curricularer Reformen abgesehen, verringert sich jedoch auch die heute noch bestehende Kluft zwischen den historisch geprägten Lebenserfahrungen der Lehrer/-innen und den gegenwartsbezogenen Perspektiven der Schüler/-innen, die in zwei völlig verschiedenen System aufwuchsen und lebten – eine Folge der natürlichen Fluktuation.

Curriculare Reformen und modernere Unterrichtspraxis

4.2 Verankerung in den Lehrplänen

Welcher Raum der politisch-demokratischen Wissens- und Kompetenzvermittlung in den Lehrplänen der MOE-Staaten heute gegeben wird, kann hier nicht dargestellt werden. Zu unterschiedlich sind die Regelungen in den verschiedenen Schularten und -stufen, ganz abgesehen davon, dass sich auch innerhalb einiger Staaten als Folge von Dezentralisierungsprozessen regionale Unterschiede herausgebildet haben. Der Eurydice-Bericht „Citizenship Education in Europe" (EACEA 2012) erfasst auch einige mittelost- und südosteuropäische EU-Mitgliedsländer und gibt einigen Aufschluss über die Situation.

Der Bericht stellt in den untersuchten europäischen Ländern vier Hauptkategorien von Zielen der Citizenship Education fest (EACEA 2012, 27):
- developing political literacy (knowledge of basic facts and understanding of key concepts);
- acquiring critical thinking and analytical skills;
- developing certain values, attitudes and behaviours (sense of respect, tolerance, solidarity, etc.);
- encouraging active participation and engagement at school and community levels.

In den meisten MOE-Ländern wird CE als integrierter Inhalt in anderen Fächern (Geschichte, Geographie, Ethik, Sozialwissenschaft etc.) oder fächerübergreifend unterrichtet. Eine Einführung als eigenständiges Fach erfolgte nur höchst selten, so zum Beispiel in Rumänien. In einigen Ländern steht es den Schulen in der Sekun-

Verankerung im Schulcurriculum

darstufe frei, Citizenship Education als eigenständiges Fach zu unterrichten. Die Gründe für die zögerliche Aufnahme des Gegenstands als eigenständiges Fach sind vielfältig, haben aber selten mit politischen Vorbehalten zu tun, sondern werden mit dem Mangel an qualifiziertem Personal, überfrachteten Lehrplänen und den Belastungsgrenzen der Schüler/-innen begründet.

4.3 Demokratisches Lernumfeld

Die Schaffung eines demokratischen Lernumfeldes bereitete noch bis in die jüngste Vergangenheit Schulleitung, Lehrkörper und Verwaltungspersonal, die strikt hierarchische Entscheidungsabläufe gewohnt waren, große Probleme, sowohl im Hinblick auf die konkrete Ausgestaltung der Mitwirkung von Schüler/-innen und Eltern als auch auf die Verknüpfung schulischer mit außerschulischen Aktivitäten.

Zunehmende Verankerung der Schülerbeteiligung an den Schulen

Obwohl alle Staaten entsprechende Regelungen über die Mitwirkungsrechte von Schüler/-innen und Eltern erlassen hatten, wurden diese im Schulalltag in manchen Ländern eher zögerlich umgesetzt oder zu einer eher ritualisierten Beteiligung (Mitwirkung an der Vorbereitung von Schulfesten etc.) verharmlost. Hier sind jedoch deutliche Veränderungen zu vermerken, die nicht zuletzt mit dem allmählichen Ausscheiden des noch im alten System sozialisierten Schulleitungs- und Lehrpersonals aus dem aktiven Dienst zusammenhängen. Die jüngeren Nachwuchskräfte, die kaum noch über eigene Erinnerungen an die kommunistische Zeit verfügen, stehen neuen schuldemokratischen Ansätzen aufgeschlossen(er) gegenüber.

Heute ist die Beteiligung von Schüler/-innen (Klassensprecher/-innen, Klassenrat, Schülerrat etc.) und, weniger ausgeprägt, von Eltern überall in den MOE-Staaten verankert.

Immer bessere Verbindung schulischer Inhalte und außerschulischer Aktivitäten

Auch gewinnt die Vorstellung an Gewicht, dass die Schule eine eigene demokratische Kultur entwickeln könne, ein System von Werten, Normen, Alltagspraktiken und alltäglichen Absprachen, die das Verhältnis von und die Interaktionen zwischen Schüler/-innen, Lehrer/-innen, Eltern und Verwaltung im Sinne einer offeneren Gestaltung des Schulalltags positiv prägen können. Immer besser gelingt auch die Verbindung schulischer Inhalte mit außerschulischen Aktivitäten, sei es in Bereichen wie Berufserkundung, Umwelt, Verkehr, Soziales, Wohlfahrt (im Sinne von „learning by doing"), aber auch mit Blick auf formalisierte Prozesse wie Jugendgemeinderäte. Showcase-Events und Begegnungsseminare auf regionaler, nationaler und internationaler Ebene verstärken die Disseminationswirkungen solcher Aktivitäten. Schulclubs wie die in Polen und der Ukraine verbreiteten EuroClubs werden als Keimzellen für nachhaltiges europapolitisches und zivilgesellschaftliches Engagement von Jugendlichen angesehen und von staatlichen Stellen ausdrücklich begrüßt. Überhaupt werden in vielen MOE-Staaten die Partizipationsaktivitäten von Schülerinnen und Schülern an den Schnittstellen von Schule und Gemeinde explizit gefördert, etwa durch Schulpreise für besonders gelungene Mitwirkungsinitiativen in der Gemeinde oder für freiwillige Solidaritätsaktivitäten und „Community Service". Auch Jugendgemeinderäte gibt es in vielen Ländern, so z. B. in Serbien.

Diese erfreuliche Entwicklung in der Zusammenarbeit von Schulen mit lokalen Behörden und Einrichtungen bezieht inzwischen auch eine Bandbreite zivilgesellschaftlicher Akteure ein, die mitunter um staatliche Aufträge (von Jugend- und Schülerinitiativen bis hin zur Lehrerfortbildung) konkurrieren.

4.4 Citizenship Education in der Erwachsenenbildung

Deutliche Veränderungen zeichnen sich in vielen Staaten, vor allem auf dem Balkan, im Blick auf die politisch-demokratische Erwachsenenbildung ab. Die Notwendigkeit, auch der breiten Bevölkerung bürgerschaftliche Kompetenzen zu vermitteln, hatte viele Jahre lang gegenüber beruflich relevanten Weiterbildungsangeboten und Sprachlernprogrammen kaum eine Rolle gespielt, zumal es auch nirgendwo Strukturen der Erwachsenenbildung gibt, die etwa den Volkshochschulen in Deutschland oder in Skandinavien vergleichbar wären, von spezifisch politischen Bildungseinrichtungen wie der Bundes- oder den Landeszentralen ganz zu schweigen. Im gesamten Demokratisierungsprozess blieb die Erwachsenenbildung ein vernachlässigtes Feld.

Fehlende Strukturen in der Erwachsenenbildung

Doch auch hier gab und gibt es Unterstützung aus dem Ausland. So verfügen z. B. die deutschen parteinahen Stiftungen und das Internationale Institut des Deutschen Volkshochschulverbands in vielen MOE-Ländern über eigene Landes- oder Regionalbüros, und viele ausländische Kulturzentren sind mit eigenen (auch politikbildenden) Angeboten aktiv. Kooperationen zwischen diesen und einheimischen nichtstaatlichen Akteuren sind weit verbreitet.

4.5 Europäisierung

Von der EU gehen schon seit Jahren immer stärkere Impulse aus, die auf die Festigung demokratischer Werte und Einstellungen, die Förderung und Stärkung der „Citizenship of the European Union", das „Empowerment" einer europäischen Bürgerschaft im Blick auf ihr Zusammenleben und den Aufbau einer europäischen Zivilgesellschaft hinwirken.

EU-Initiativen Schon zweimal rief die Europäische Union „Citizenship"-Jahre aus (2005; 2013). Das Förderprogramm „Europa der Bürger" („Citizens for Europe"), das auch in den dafür antragsberechtigten MOE-Staaten (EU-Mitglieder, Kandidaten) guten Anklang findet, will das Zusammenleben der Bürgerinnen und Bürger in Europa durch eine Vielzahl von Initiativen, Begegnungen und Projekten fördern. Im großen EU-Bildungsrahmenprogramm Lifelong Learning (2007-2013) stellt das „Spezielle Ziel 4" die Bedeutung von lebenslangem Lernen für „social cohesion, active citizenship, intercultural dialogue, gender equality and personal fulfilment" deutlich heraus.

Die EU-Förderprogramme eröffnen den MOE-Ländern neue Möglichkeiten, sich am europäischen Austausch im Bereich der Citizenship Education und des Europalernens zu beteiligen. Die Förderung der Mobilität in allen Bildungsbereichen ist ein Kernthema der EU, um gegenseitiges Verstehen, Toleranz und Erfahrungsaustausch zu ermöglichen. Für die Kandidatenländer des Westbalkan gibt es ferner Förderungsmöglichkeiten durch das Instrument der Heranführungshilfe, das einige Ziele umfasst, die dem Bereich der politisch-demokratischen Bildung zuzurechnen sind, darunter Rechtsstaatlichkeit, Menschenrechte, Grundfreiheiten, Minderheitenrechte, Nichtdiskriminierung. Im osteuropäischen Raum wurden mit der Osteuropa-Partnerschaft und der Neuen Nachbarschaftspolitik ebenfalls Programme ins Leben gerufen, die Demokratiestabilisierung und Rechtsstaatlichkeit zum Gegenstand von Fördermöglichkeiten machen. Ende 2012 wurde ferner auf Initiative Polens und in Anlehnung an amerikanische Modelle das European Endowment for Democracy gegründet, das zur Demokratieförderung primär in den östlichen Nachbarländern der EU beitragen soll. In der Summe ist unverkennbar, dass die Europäische Union im Bereich der (European) Citizenship Education und Education for Democracy immer größere Aktivität entfaltet.

Literatur

Abs, Hermann Josef (Hrsg.) 2009: Introducing quality assurance of education for democratic citizenship in schools. Comparative study of 10 countries. Council of Europe Publishing. Strasbourg

Council of Europe 2004: All-European Study on Education for Democratic Citizenship Policies. Council of Europe Publishing. Strasbourg

Dürr, Karlheinz 2010: Citizenship Education in the Context of the European Union: A New Challenge for School and Adult Learning. In: Andragogical Studies 2/2010, Belgrad

Dürr, Karlheinz 2011: Ansätze zur Citizenship Education in Europa – Aktivitäten des Europarats und der Europäischen Union. In: Widmaier, Benedikt/ Nonnenmacher, Frank (Hrsg.): Active Citizenship Education. Internationale Anstöße für die Politische Bildung. Schwalbach/Ts., S. 13-29

EURYDICE 2012: Citizenship Education in Europe. Veröffentlicht durch Education, Audiovisual and Culture Executive Agency (EACEA). Brüssel

Halbritter, Ingrid 2004: Politische Bildung in Südosteuropa – ein Entwicklungsprojekt. In: kursiv – Journal für politische Bildung 4/2004

Hoffmann, Nóra/Nikzentaitis-Stobbe, Monika (Hrsg.) 2008: Politische Bildung in Mittelosteuropa. Eine Annäherung an Polen, Tschechien und Ungarn. Berlin

Carole L. Hahn, Adrianne Pinkney

Civic Education in the United States

Since the founding of the nation in the 18th century and the expansion of the U.S. public school system in the 19th century, Americans have expected schools to educate young people for their roles as citizens of a democracy (see reviews in Hahn 2008; Reuben 2005). Toward that end, schools aim to develop knowledge, skills, and attitudes for participatory citizenship through the curriculum, extra-curricular activities, and the ethos of the school. Although families, the media, youth-serving organizations, and the broader society all contribute to civic and political learning, in this chapter we focus primarily on the schools' role in educating citizens. Traditionally political education focused on the role of the citizen with respect to government and politics. Today the concept 'civic education' is used more broadly to also include participation in civil society, such as volunteering. As we review current research, we note that many scholars frame their work in light of socio-cultural, constructivist, and ecological theories of learning (Rubin, 2007a; Torney-Purta, Lehmann, Oswald, and Schulz, 2001). Scholars also note that to prepare citizens for a multicultural democracy in a global society, it is important to draw on perspectives from multicultural and global education, as well as citizenship education (Banks, 2008; Banks et al, 2005).

We begin the chapter by first describing forces that influence school-based civic education at the beginning of the 21st century. Next, we describe what is known about contemporary civic education. Finally, we summarize several current lines of inquiry that researchers are investigating.

1. The Current State of Civic Education

Civic education is characterized by both continuity and change. On the one hand, civic education has a long tradition in the United States with features that persist over time and across the 50 states and approximately 15,000 school districts. On the other hand, civic education is varied and changing, reflecting changes in society and the political climate.

1.1 Policy Context

Ever since the Reagan administration published the report *A Nation at Risk* in 1983, politicians and the media have bombarded the public with the idea that American schools are failing and need to be held "accountable." In the 1990s, Congress and professional associations supported the development of voluntary national curriculum standards. Those efforts were followed by states developing their own state standards and corresponding assessments, including ones in civics, history, and social studies (Hahn 2008; Levine 2012).

The pressure for accountability intensified when Congress passed the No Child Left Behind (NCLB) legislation in 2001. In order to receive funds from the federal government, states have to comply with a list of requirements, which include testing all children annually in mathematics and reading/language arts from grades 1 through 8. Schools are required to show "annual yearly progress" (AYP) for subgroups of students or face sanctions. The subgroups are students from low-income families and from ethnic and racial minority groups, as well as students with limited English proficiency and students with disabilities. Due to many difficulties with meeting NCLB requirements, the Obama administration initiated the Race to the Top program, which allows a few states flexibility to develop alternative ways to meet NCLB goals. The cumulative effect of these policies is that in order to raise test scores in mathematics and reading/language arts, many elementary schools are giving little time and attention to social studies and civic education (Levine, Lopez, and Marcelo 2008; McMurres 2008). Additionally, when instruction is provided, in many schools (particularly schools serving low-income, minority youth) it focuses on reviewing memorized factual information for multiple-choice tests rather than teaching for understanding (Hahn 1999; Levinson 2012). Responding to these and other troubling trends, civic education scholars and organizations have called for greater attention to "the civic mission of schools"(Gould, 2011).

Recent calls for educational reform emphasize the need for students to develop 21st century skills to successfully compete in the global economy. Many states have agreed to use "common core" standards designed for that purpose. In 2010 states began implementing common core standards in mathematics and literacy. The literacy standards include guidelines that social studies teachers should follow to support reading and writing skills in social studies,

Druck durch Rechenschaftspflicht und jährliche Prüfungen

Anforderungen des NCLB-Programms lassen politische Bildung in Hintergrund treten

Einführung von Standards in den Pflichtfächern

such as analyzing primary sources, comparing different points of view, and writing document-based essays. Rather than developing content standards for social studies/civic education, the National Council for the Social Studies (NCSS) is working with other organizations to publish a framework for states to revise their own standards. The impact of these latest reforms remains to be seen.

1.2 Curriculum

Unterschiede bei Lehrplänen durch Zuständigkeit von Staaten und lokalen Schulbezirken

Because the primary responsibility for education in the United States falls to the states and local school districts, there is considerable variation in curriculum, instruction, and assessments. This makes it difficult to generalize about typical experiences. However, by drawing on varied research studies, we can identify a number of prevalent practices.

Fallstudie zur politischen Bildung in den USA in den 1990ern

In the 1990s, as part of the Civic Education Study (CivEd) of the International Association for the Evaluation of Educational Achievement (IEA), a team of researchers used a variety of qualitative methods to collect data for a case study of civic education in the United States (Hahn, 1999). Additionally, IEA CivEd researchers surveyed students and school administrators from a nationally representative sample of schools (Baldi, Perie, Skidmore, Greenberg, and Hahn, 2001). Available data since that time come primarily from National Assessments of Educational Progress in Civics/Government (NCES 2007; 2011).

1.2.1 Elementary school

The IEA CivEd case study noted that prior to age 14, most students acquire their civic education through the ethos of the school and lessons on the history of the country (Hahn 1999). Young children learn about civic and political ideals through celebrations of national holidays, such as Thanksgiving, Martin Luther King Jr.'s birthday, and Presidents' Day. They also learn stories about national heroes, such as Washington, Lincoln, and King. A morning flag salute and accompanying pledge of allegiance to the flag "and to the republic for which it stands" are customary, but not universal, practices in elementary schools. Other practices include giving children opportunities to vote and to voice opinions in their classes. Traditionally, children have also learned about democracy, rights and responsibilities of citizens, and the history of political ideals and processes in social studies lessons (Hahn 1999). However, there are fewer such lessons today in schools that reduce social studies time to give more attention to the tested subjects of math and reading as noted above.

Beispiele zur Vermittlung bürgerlicher und politischer Ideale an Kinder

Importantly, grade 4 students whose teachers say they emphasize politics and government a small extent or more have higher levels of civic knowledge than students of teachers who do not emphasize such topics (NCES 2011).

1.2.2 Middle/high school courses

Most deliberate civic/political instruction is delivered in civics or government courses in grades 8, 9, and 12 (Hahn, 1999). Eighty two percent of eighth grade students and 67% of 12th grade students report studying the U.S. Constitution; 78% of eighth graders and 66% of 12th graders report studying Congress (NCES 2011). Further, 40 states require a course in civics or government for high school graduation (Goodsay, Henderson, Levine, and Littenberg-Tobias 2012). Even when a course is not required, most students take such a course, most often in grade 12. For example, in 2005, 79% of high school graduates had taken a course in civics/government and 94% had a course in United States history, which includes much political history (Shettle, Roey, Mordica, and Perkins 2007). Looking at high school seniors and graduates, however, masks a serious problem; many youth "drop out" of school before reaching the 12th grade when such a course is most frequently taught.

Kurse zur politischen Bildung vornehmlich in Jgst. 8, 9 und 12

1.2.3 Textbooks

Despite variation in state and local requirements for courses, the content of what students study in civic education appears to be remarkably similar. Examining widely used civics and U.S. history textbooks for grades 7-9, Avery and Simmons (2000/2001) found that different books presented the same topics in the same order, conveying similar messages. The civics textbooks began with a discussion of representative democracy and the U.S. Constitution as the foundation of government. They then progressed through the legislative, executive, and judicial branches of the U.S. government and concluded with chapters on state and local government. The U.S. history textbooks presented a chronological narrative of U.S. history, beginning with the Magna Carta in England, through the founding and development of the nation, to the present. The books emphasized a theme of expanding rights through the struggles of social movements and individuals. The researchers noted that the books included far fewer women than men-258 women to 1899 men (122-23) and very few Hispanics and Asian-Americans.

Ähnliche Themenschwerpunkte in den Lehrbüchern

In a more recent study of civics and government textbooks, Saavedra (2012) also noted the similarity of topics across different textbooks. She further noted that the textbooks are "overpacked" with 100s of pages of facts and arguments, and give very little attention to the civic skills needed by citizens.

1.2.4 Topics

In focus groups for the IEA case study, ninth-grade students affirmed that they had studied about the three branches of government (legislative, executive, and judicial) and the three levels of government (national, state, and local). They also confirmed that they had learned about social cohesion and diversity by studying about Native American oppression, slavery, the women's suffrage movement, the internment of Japanese-Americans in World War II, and the Civil Rights movement. The IEA researchers noted, as had other researchers, that students tended to use the pronouns "we," "us," and "our" as they summarized the nation's story (Barton and Levstik 1998; Hahn 1999), even if their own ancestors were not part of the dominant group in society during the period they mentioned. Although many young people do develop national identity alongside an awareness of past injustices, others develop a counter narrative of oppression that contrasts with what is presented to them in social studies (Epstein 2009; Ladson-Billings 2004); and others report having few opportunities to explore issues of diversity (Kahne, Rodriquez, Smith, and Thiede 2000). In addition, although history classes give more attention to women in history than they did in the past, civics and government classes give virtually no attention to gender-related issues (Hahn 1996). Further, social studies classes in general rarely give attention to sexuality or sexual orientation (Hahn, Bernard-Powers, Crocco, and Woyshner 2007).

Lernende beschreiben Geschichte mit „wir", „uns" und „unser"

Wenig Aufmerksamkeit für Gender-Aspekte

1.2.5 Special programs and extra-curricular activities

Projekte ergänzen Lehrpläne

Students learn much about citizenship through experiences that complement the curriculum. Some special projects, such as Kids Voting, iCivics, Project Citizen, Deliberating in a Democracy, and Student Voices, are widely used as part of or alongside the social studies curriculum. Other activities occur after school. Most schools have student councils, whereby elected student representatives make decisions about some school activities, with varied amounts of authority across schools. Most schools have mock elections at the time of national presidential elections. Many schools also offer after-school

programs such as mock trial programs, Model United Nations, and
"We the People" competitions. Some schools send groups of students
to their state capitol or to Washington D.C. to see government in
action. Additionally, most schools sponsor a variety of clubs, music
groups, and after-school sports.

Ninth graders who participated in extra-curricular activities scored
higher on the IEA civic knowledge test than students who did not
participate (Baldi et al. 2001). In addition, in the IEA focus groups,
students reported learning about democracy and social cohesion and
diversity through extra-curricular activities, such as playing on sports
teams and participating in after-school clubs. Importantly, research- Partizipation an
ers have found that participating in high school extra-curricular ac- außerschulischen
tivities is associated with later adult civic engagement, such as voting Aktivitäten erhöht
and volunteering (Chapin 2005; Hart, Donnelly, Youniss, and At- bürgerschaftli-
kins 2007; Kirlin 2003; Thomas and McFarland 2010); participation ches Engagement
in extra-curricular activities is especially consequential for adult
women's civic engagement (Damico, Damico, and Conway 1998).

In recent years charter schools are becoming more widespread. Tendenz zu
Charter schools are independent public schools that are exempted Charter-Schulen
from state regulations to be innovative. Overall, charter schools tend
to be neither more nor less effective than other public schools in
producing civic outcomes (Chudowshy, Chudowsky, Kober, Yoshio-
ka, and Mcmurrer 2013). Only a few charter schools, such as Democracy Prep in New York, focus on civic goals.

1.2.6 Outcomes

Turning now to the outcomes of civic education, U.S. students com-
pared favorably on civic knowledge, skills, and attitudes with students in 27 other countries who participated in the IEA CivEd Study
(Torney-Purta et al. 2001). Indeed, U.S. ninth graders scored above
the international average on civic knowledge and skills. However, Überdurchschnitt-
within the U.S. sample and in later NAEP assessments, several prob- liche Ergeb-
lems appear. African American and Hispanic students score signifi- nisse – jedoch
cantly below white and Asian students. Students from lower so- sozioökonomi-
cio-economic backgrounds and students whose parents have less sche Probleme
education score lower than their peers (Baldi et al. 2001; NCES
1999, 2007, 2011).

No gender differences have been found in civic knowledge in the Ergebnisse zu
assessments since 1995 (NCES 1999; 2007; 2011; Torney-Purta et al. Geschlechter-
2001). Similarly, IEA researchers found no gender differences in po- fragen

litical interest or conventional citizenship in the U.S. sample. However, the study revealed some gender differences in other political attitudes; girls indicated higher trust in government institutions than boys and greater support for social-movement participation, immigrants' rights, and women's rights (Torney-Purta et al. 2001). With respect to civic behaviors, in a study of 15-25 year-old youth, no gender differences were found (Jenkins 2005). Both genders were equally likely to have participated in activities such as boycotting or "buycotting," signing a petition, protesting, and writing to an official or the media.

2. Recent Research in Civic Education

Vier Themengebiete von Forschung

Much of the recent research and advocacy in civic education addresses four topics. These are effective practices, inequality, immigrants, and digital citizenship.

2.1 Effective Instructional Practices

In recent years scholars have sought to identify the particular approaches to – or components of – civic education that affect civic outcomes. Several scholars have found that simply having civic-related instruction is important. In the IEA study, ninth graders who had daily social studies instruction scored higher on civic knowledge tests than students with less frequent instruction; students who studied topics like the Constitution had higher civic knowledge scores than their peers (Baldi et al., 2001; Torney-Purta and Barber, 2004). Similarly, 4th graders scored higher on the NAEP civics assessment when their teachers reported emphasizing political topics (NCES 2011).

2.1.1 Courses

Höheres Wissen durch Kursbelegung

Looking at high school courses, several researchers have found that students who take a high school course in civics or government have higher scores on civic knowledge tests than students without such courses (Gimpel, Lay, and Schuknecht 2003;Hart, et al. 2007; Niemi and Junn 1998). Increased knowledge is a significant predictor of actual voting eight years after high school (Chapin 2005; Hart et al. 2007). More directly, having a high school course in American Government/Civics has a positive, statistically significant effect on adult voting (Bachner 2010). Many researchers conclude, however, that taking a course may be a necessary but not sufficient condition for civic engagement. The quality of the instruction and the ways in which the courses are taught are very important (Feldman, Pasek, Romer, Jamieson 2007). Parker and his colleagues (2011) are conducting design-based research that demonstrates using issues-centered simulations and rigorous inquiry projects in Advanced Placement government courses can enhance in-depth conceptual understanding, and student interest, as well as increasing knowledge on traditional exams.

Gleichzeitig aber auch Unterrichtsqualität entscheidend

2.1.2 Discussion

Having discussions in an open classroom climate in which students are encouraged to hear diverse views and to express their own opinions has consistently been found to correlate with civic/political knowledge, political efficacy, political interest, a sense of civic duty, and expectations of later voting (Campbell 2005; Feldman, et al. 2007; Hahn1998; McDevitt and Kiousis 2006; Niemi and Junn 1998; Torney-Purta et al. 2001; Youniss 2012). Recent studies have revealed both the difficulties and benefits of leading high quality discussions of controversial public issues (Hess 2009; Parker 2003). The highly polarized political climate in the nation poses particular challenges for teachers (McAvoy and Hess 2013). Advocates for discussion conclude, however, that the benefits outweigh the difficulties (Gould 2011; McAvoy and Hess 2013). For example, youth who report discussing issues in school are more likely to be civically engaged in terms of following news, being civically engaged on the Internet, being involved in organizations, signing petitions, participating in a boycott, or raising money for charity (Feldman, et al. 2007; Zukin, Keeter, Andolina, Jenkins, and Delli Carpini 2006). Being required by teachers to keep up with news about politics and government and learning about one's community are especially important to developing civic commitments over the high school years, as well as to continuing to discuss issues with friends and family after graduation (Kahne and Sporte 2008; McDevitt and Kiousis 2006). With such positive outcomes it is unfortunate that many students have few opportunities for such discussions (Kahne and Middaugh 2008a; Kahne et al. 2000).

Schwierigkeiten und Vorteile der Diskussion kontroverser Themen

2.1.3 Service learning

Service in the community is supported in many schools and other socializing organizations, such as faith groups and civic clubs. Many high schools require "community service" or "service learning" in order for students to graduate. Two-thirds of high school seniors and approximately 75 percent of college freshman reported doing service the previous year (Youniss 2012). There are, however, some fundamental differences between community service and service learning. Community service often describes a single act of charity, such as serving food at a soup kitchen, visiting a home for the elderly, or contributing to a blood drive. Service learning, on the other hand, integrates meaningful community service with instruction and reflection to enrich the learning experience, teach civic responsibility, encourage lifelong civic engagement, and strengthen communities for the common good (National Youth Leadership 2008; Morgan and Streb 2001). High quality service learning has been shown to have positive effects on students' intent to vote and overall enjoyment of school. Importantly, high school service is associated with adult voting and volunteering (Hart et al. 2007). Further, students who engage in civic-political action (working on campaigns for candidates or issues) score higher than students in other types of service learning projects on measures of civic knowledge and dispositions (Billig, Root, and Jesse 2005).

Unterschied zwischen „Community service" und Service learning

2.1.4 Out-of-school participation

Contemporary researchers are increasingly interested in exploring students' civic participation and political socialization outside of school, including how community-based organizations affect youth political engagement (Flanagan 2004). The research on students' political socialization outside of school covers much ground. Some researchers are interested in understanding students' involvement in political activity (Campbell 2006; Gordan and Taft 2011), others are interested in students' civic behaviors (Westheimer and Kahne 2004), and many are interested in learning more about students' involvement in out-of-school educational programs with civic goals or outcomes (Bixby 2008; Ford 2011; Ginwright, Noguera, and Cammarota 2006; Green 2013; Rubin 2007b).

Interesse an Partizipation und politischer Sozialisation außerhalb der Schule

2.2 Inequalities in Civic Education

Inequality in civic education is one of the lines of inquiry that is receiving the most attention by contemporary researchers. There is concern about the role that schools play in educating all students for participatory citizenship, particularly because race and class are identifiable markers in pinpointing which students score well on tests of

Großes Forschungsinteresse an Ungleichheiten

civic knowledge and have access to high quality civics lessons (Gould 2011; Kahne and Middaugh 2008a, 2008b; Levinson 2012). The IEA CivEd study revealed that both race and socio-economic status are associated with civic knowledge (Baldi et al, 2001). NAEP assessments yield similar results. White and Asian students consistently score higher on tests of civic knowledge than Black and Hispanic students (NCES, 1999; 2007; 2011).

Further, researchers have found that schools exacerbate disparities in civic education because systemic inequalities in schools are reflected in social studies classrooms. Using a representative sample of students in California, Kahne and Middaugh (2008b) identified civic opportunities for more than 2,500 high school juniors and seniors using the instruments from the IEA CivEd Study. The purpose of this research was to gain insight to students' civic learning experiences and how well they aligned with "best practices" in civic education. The researchers found that "students who are more academically successful or white and those with parents of higher socioeconomic status receive more classroom-based civic learning opportunities" (5). Low-income, Latino, and Black students were less likely to discuss current events, engage in discussion, work on a service-learning project, or experience an open classroom environment.

<small>Systemische Ungleichheiten</small>

Other research has also revealed that Black, Latino, and students of low-socioeconomic status are less likely to receive quality citizenship instruction than their White and higher-socioeconomic status peers in part because of their high concentration in low-performing schools and tracking in lower-level social studies classes (Kahne and Sporte 2008; Mickelson and Nkomo 2012; Rubin 2007b). Additional research shows that minority and low-income students have less access to opportunities for civic engagement, receive less instructional time in social studies courses, and are more likely to drop out of school before receiving intensive citizenship education (De Jaeghere 2009; Hess 2008; Rubin 2007b).

<small>Sozioökonomische Hindernisse für bürgerschaftliches Engagement</small>

Many researchers are interested in finding solutions to the problem of unequal citizenship education. Using data from the bi-yearly study conducted by the Consortium on Chicago School Research, Kahne and Sporte (2008) conducted a longitudinal study of over 4,000 students in 52 schools throughout the Chicago area. Researching the effects on classroom content and citizen development, Kahne and Sporte found that for Latino, Black, and low-income students "civic learning opportunities can more than offset the impact of neighborhood or home contexts that are relatively inattentive to civic and political issues when it comes to the development of commitments to civic participation" (755). In addition to providing students with more civic learning opportunities, researchers have proposed that the curriculum offered to high-socioeconomic students should be offered to all students; the high-quality of education they receive should be "universal and common" (Kahne and Middaugh 2008b, 19).

2.3 Immigrants

The United States is becoming a more diverse nation and many of the newest residents are immigrants, primarily from Latin America (Stepick and Stepick 2002). Civic education is vital for immigrants to become familiar with democratic principles and to learn about the functions of government and processes of democracy in the United States. Varied researchers are interested in learning more about the civic behaviors of immigrant youth.

Immigrant youth often score low on tests of civic knowledge. Torney-Purta, Barber, and Wilkenfeld (2007) offer some explanations for why immigrant youth score lower on tests of civic knowledge than their native-born peers. They site poverty, linguistic barriers, and lack of political socialization through schools and home as plausible reasons for lower test scores. Because many immigrants are English language learners, linguistic barriers present challenges (Stepick and Stepick 2002).

Despite low scores on tests of civic knowledge, immigrant youth are equally as civically engaged as native-born citizens (Seif 2009; Stepick, Stepick, and Labissiere 2008). Many immigrant youth, particularly undocumented youth, have participated in political activities, including petitioning and marching in causes that would help support their citizenship status in the United States (Seif 2009).

Another important area of research surrounding immigrant students is the exploration of native students' attitudes toward immigrants and immigrants' rights. In a comprehensive qualitative study of civic attitudes among high school students, Gimpel and colleagues (2003) found that students' attitudes toward immigrants varied and students who were most open to immigrants had been exposed to diverse environments. Additionally, researchers have found that Latino students show significantly higher approval of immigrant rights than other ethnic and racial groups (Torney-Purta et al. 2007).

2.4 Civic Education in a Digital World

Changes in youth culture have led researchers to explore the role that technology and social media have in civic education. Kahne, Ullman, and Middaugh (2012) conducted four studies in which their ultimate goal was to examine the ways in which youth participated in politically driven online activity. They found that students who are highly involved in interest-driven, online participatory communities are more likely to volunteer in their community, raise money for a charitable cause, or work with others to solve problems in their communities than their less digitally active peers. The researchers also found that online political activity, particularly using Facebook, exposes youth to people who hold divergent views, which can have positive outcomes in helping students clarify their own perspectives upon hearing the perspectives of others.

Because students are accessing information about political happenings through online sources, many scholars feel that it is imperative that students learn media literacy skills in their civics classes (Bennett 2008; Kahne et al. 2012). Kahne and colleagues argue, "all youth must learn to judge the credibility of digital media content in order to navigate almost limitless options regarding both content and technology and to become competent, civil, critical online participants" (Kahne et al. 2012, 219). Many teachers are responding to this change by offering students opportunities to discuss issues in class blogs, or by creating class Facebook pages in order to share information with students. Researchers have found that classroom discussion informed by accessing information on the Internet has beneficial effects on knowledge and political interest. Using the Internet to communicate with other students, government officials, and candidates, and to participate in on-line polls has shown promising effects over time on students' following and discussing politics (Feldman et al. 2007).

There is also increased attention to the potential of video games to create a more equitable civic education for all students (Kahne et al., 2012). Former Supreme Court Justice Sandra Day O'Conner founded iCivics (2013), an online computer environment that prepares students to assume their roles as citizens in the 21st century. iCivics offers lesson plans that teachers can use to support students' learning online. Additionally, there are several new textbooks and curricula aimed at supporting teachers in using technology and gaming in their classrooms. Researchers are diligently working to better

Medienkompetenz

Online-Umgebung „iCivics"

understand and prepare for students' changing civic interactions by exploring the impact that digital media have on civic education (Earl and Schussman 2008; Mossberger, Tolbert, and McNeal 2007).

Conclusion. Traditional content, pedagogy, and problems persist in much U.S. civic education. Contemporary trends, such as increasing inequality, a polarized political environment, and debates about assessment pose challenges to civic educators. At the same time, as a result of changes in demographics, policies, and technology, new possibilities are emerging that can enhance civic education for all.

References

Avery, P. G./Simmons, A. M. 2000/2001: Civic life as conveyed in U.S. civics and history textbooks, International Journal of Social Education, 15 (2), 105-130

Bachner, J. 2010: From classroom to voting booth: The effect of high school civic education on turnout. <www.gov.harvard.edu>

Baldi, S./Perie, M./Skidmore, D./Greenberg, E./Hahn, C. 2001: What democracy means to ninth graders: US results from the international IEA civic education study. Washington, D.C.

Banks, J. 2008: Diversity, group identity, and citizenship education in a global age. Educational Researcher, 37, 129-139

Banks, J./Banks, C./Cortes, C./Hahn, C./Merryfield, M./Moodley, K./Osler, A./Murphy-Shigamatsu/Parker, W. 2005: Democracy and diversity: Principles and concepts for educating citizens in a global age. Seattle, WA

Barton, K./Levstik, L. 1998: It wasn't a good part of history: National identity and students' explanations of historical significance. Teachers' College Record, 99 (3), 478-513

Bennett, W. L. 2008: Changing citizenship in the digital age. In: Bennett, L. W. (Ed): Civic life online: Learning how digital media can engage youth, (1-24). Cambridge, MA

Billig, S./Root, S./Jesse, D. 2005: The impact of participation in service-learning on high school students' civic engagement. Working Paper #33. Washington, D.C: The Center for Information and Research on Civic Learning and Engagement. <www.civicyouth.org>

Bixby, J. 2008: To think, live and breathe politics: Experiencing democratic citizenship in Chicago. In: Bixby, J.S./Pace, J. L. (Eds.): Educating democratic citizens in troubled times: Qualitative studies of current efforts (252-280). Albany, NY

Campbell, D. E. 2005: Voice in the classroom: How an open classroom environment facilitates adolescents' civic development. CIRCLE Working Paper 28. <www.civicyouth.org>

Campbell, D. E. 2006: Why we vote: How schools and communities shape our civic life. Princeton, NJ

Chapin, J. R. 2005: Voting and community volunteer participation of 1988 eighth grade social studies students 12 years later. Theory & Research in Social Education, 33(2), 200-217

Chudowsky, N./Chudowsky, V./Kober, N./Yoshioka, N./McMurrer, J. 2013: Civic education and charter schools: Current knowledge and future research. <www.cep--dc.org>

Damico, A./Damico, S./Conway, M. 1998: The democratic education of women: High school and beyond. Women and Politics, 19 (1), 1-31

DeJaeghere, J. 2009: Critical citizenship education for multicultural societies. Interamerican Journal of Education for Democracy, 2(2), 223-236

Earl, J./Schussman, A. 2008: Contesting cultural control: Youth culture and online petitioning. In: Bennett, L. W. (Ed): Civic life online: Learning how digital media can engage youth (71-95). Cambridge, MA

Epstein, T. 2009: Interpreting national history: Race, identity, and pedagogy in classrooms and communities. NY

Feldman, L./Pasek, J./Romer, D./Jamieson, K. H. 2007: Identifying best practices in civic education: Lessons from the Student Voices Program. American Journal of Education, 114(1), 75-100

Flanagan, C. A. 2004: Volunteerism, leadership, political socialization, and civic engagement. In: Lerner, R.M./Steinberg, L. (Eds.): Handbook of adolescent psychology (721-746). Hoboken, NJ

Ford, J. C. 2011: Political socialization and citizenship education for queer youth. (Unpublished doctoral dissertation), Emory University, Atlanta, GA

Gimpel, J. G./Lay, J. C./Schuknecht, J. E. 2003: Cultivating democracy: Civic environments and political socialization in America. Washington, D.C.

Ginwright, S./Noguera, P./Cammarota, J. (Eds.) 2006: Beyond resistance! Youth activism and community change: New democratic possibilities for practice and policy for America's youth. NY

Godsay, S./Henderson, W./Levine, P./Littenberg-Tobias, J. 2012: State civic education requirements. CIRCLE Fact Sheet. <www.civicyouth.org>

Gordon, H. R./Taft, J. K. 2011: Rethinking youth political socialization: Teenage activists talk back. Youth and Society, 43(4), 1499-1527

Gould, J. 2011: Guardian of democracy: The civic mission of schools. Campaign for the Civic Mission of Schools. <www.civicmissionofschools.org>

Green, K. L. 2013: Toward a double Dutch methodology: Playing with the practice of participant observer. In: Paris, D./Winn, M. T. (Eds.): Humanizing research: Decolonizing qualitative inquiry with youth and their communities. California

Hahn, C. 1996: Gender and political learning.Theory and Research in Social Education, 24, 8-35
Hahn, C. 1998: Becoming political: Comparative perspectives on citizenship education. Albany, NY
Hahn, C. 1999: Challenges to civic education in the United States. In: Torney-Purta, J./Schwille, J./Amadeo, J. A.(ed.): Civic education across countries: Twenty four national case studies from the IEA civic education project (583-607). Amsterdam
Hahn, C. 2008: Education for citizenship and democracy in the United States. In: Arthur, J./Davies, I./Hahn, C. (eds.): Education for citizenship and democracy (263-278) London
Hahn, C./Bernard-Powers, J./Crocco, M./Woyshner, C. 2007: Gender equity in social studies. In: Klein, S. (ed.): Achieving gender equity through education (335-357). Mahwah, NJ
Hart, D./Donnelly, T.M./Youniss, J./Atkins, R. 2007: High school community service as a predictor of adult voting and volunteering. American Educational Research Journal, 44 (1), 197-219
Hess, D. 2008: Democratic education to reduce the divide. Social Education, 72(7), 373-376
Hess, D. 2009: Controversy in the classroom: The democratic power of discussion. NY
iCivics 2013: ICivics. <http://www.icivics.org/> (22.1.2013)
Jenkins, K. 2005: Gender and civic engagement: Secondary analysis of survey data. CIRCLE. <www.civicyouth.org>
Kahne, J./Middaugh, E. 2008a: High quality civic education: What is it and who gets it? Social Education, 72(1), 34-39
Kahne, J./Middaugh, E. 2008b: Democracy for some: The civic opportunity gap in high school. Working Paper #59. Washington, DC. <www.civicyouth.org>
Kahne, J./Rodriquez, M./Smith, B./Thiede, K. 2000: Developing citizens for democracy, Theory and Research in Social Education, 28 (3), 311-338
Kahne, J./Ullman, J./Middaugh, E. 2012: Digital opportunities for civics education. In: Campbell, D. E./Levinson, M./Hess, F. M. (Eds.): Making civics count: Citizenship education for a new generation (207-228). Cambridge, MA
Kahne, J. E./Sporte, S. E. 2008: Developing citizens: The impact of civic learning opportunities on students' commitments to civic participation. American Educational Research Journal, 45 (3), 738-766
Kirlin, M. 2003: The role of adolescent extracurricular activities in adult political participation.CIRCLE Working Paper 02. <www.civicyouth.org> (3/2013)
Ladson-Billings, G. 2004: Culture versus citizenship: The challenge of racialized citizenship in the United States. In: Banks, J. A. (Ed.): Diversity and citizenship education: Global perspectives (99-126). San Francisco

Levine, P. 2012: Education for a civil society. In: Campbell, D. E./Levinson, M./ Hess, F. (eds.): Making civics count: Citizenship education for a new generation (37-56). Cambridge, MA

Levine, P./Lopez, M. H./Marcelo, K. B. 2008: Getting narrower at the base: The American curriculum after NLCB. <www.civicyouth.org>

Levinson, M. 2012: No citizen left behind. Cambridge, MA

McAvoy, P./Hess, D. 2013: Classroom deliberation in an era of political polarization. Curriculum Inquiry, 43 (1), 14-47

McDevitt, M./Kiousis 2006: Experiments in political socialization: Kids Voting USA as a model for civic education reform. CIRCLE Working Paper 49. <www.civicyouth.org>

McMurres, J. 2008: Instructional time in elementary schools: A closer look at changes for specific subjects. A report in the series From the capital to the classroom: Year 5 of the No Child Left Behind Act. Center on Education Policy. <www.cep-dc.org> (20.2.2008)

Mickelson, R. A./Nkomo, M. 2012: Integrated schooling, life course outcomes, and social cohesion in multiethnic democratic societies. Review of Research in Education, 36(1), 197-238

Mossberger, K./Tolbert, C. J./McNeal, R. S. 2007: Digital citizenship: The Internet, society, and participation. MIT Press

Morgan, W./Streb, M. 2001: Building citizenship: How student voice in service – learning develops civic values. Social Science Quarterly, 82(1), 154-169

National Center for Education Statistics 1999: NAEP 1998: Civics report card for the nation. Washington, D.C. <www.nces.ed.gov>

National Center for Education Statistics 2007: The nation's report card: Civics 2006. Washington, D.C. <www.nces.ed.gov>

National Center for Education Statistics 2011: The nation's report card: Civics 2010. Washington, D.C. <www.nces.ed.gov>

National Youth Leadership Council 2008: K-12 service-learning standards for quality practice. <http://www.nylc.org/sites/nylc.org/files/files/Standards_Oct2009-web.pdf>

Niemi, R.G./Junn, J. 1998: Civic education: What makes students learn. New Haven

Parker, W. 2003: Teaching democracy: Unity and diversity in public life. New York

Parker, W./Mossborg, S./Bransford, J./Vye, N./Wilkerson,J./Abbott, R. 2011: Rethinking advanced high school coursework: Tackling the depth/breadth tension in AP US Government and Politics course. Journal of Curriculum Studies, 43, (4), 533-559

Reuben, J. A. 2005: Patriotic purposes: Public schools and the education of citizens. In: Fuhrman, S./Lazerson, M. (eds.): The public schools. Oxford, UK

Rubin, B. C. 2007a: Laboratories of democracy: A situated perspective on learning social studies in detracked schools. Theory and Research in Social Education, 35 (1), 62-95

Rubin, B. 2007b: "There's Still Not Justice": Youth civic identity development amid distinct, school and community contexts. The Teachers College Record, 109(2), 449-481

Saavedra, A. R. 2012: Dry to dynamic civic education curricula. In: Campbell, D. E./Levinson, M./Hess, F.: Making civics count: Citizenship education for a new generation (135-159). Cambridge, MA

Seif, H. 2009: The civic education and engagement of Latina/o immigrant youth: Challenging boundaries and creating safe spaces. Research Paper Series on Latino Immigrant Civic and Political Participation, No. 5. <www.wilsoncenter.org/migrantparticipation>

Shettle, C./Roey, S./Mordica,J./Perkins, N./Kastberg, D. 2007: America's high school graduates: Results from the 2005 NAEP high school transcript study. Washington, DC: National Center for Education Statistics. <www.nces.ed.gov>

Stepick, A./Stepick, C. 2002: Becoming American, constructing ethnicity: Immigrant youth and civic engagement. Applied Developmental Science, 6(4), 246-257

Stepick, A./Stepick, C. D./Labissiere, Y. 2008: South Florida's immigrant youth and civic engagement: Major engagement, Minor differences. Applied Development Science, 12(2), 57-65

Thomas, R./McFarland, D. 2010: Joining young, voting young: The effects of youth voluntary associations on early adult voting. CIRCLE Working Paper #73. <www.civicyouth.org>

Torney-Purta, J./Barber, C. 2004: Strengths and weaknesses in US students' knowledge and skills: Analysis from the IEA civic education study. CIRCLE Fact Sheet. <www.civicyouth.org>

Torney-Purta, J./Barber, C. H./Wilkenfeld, B. 2007: Latino adolescents' civic development in the United States: Research results from the IEA Civic Education Study. Journal of Youth and Adolescence, 36(2), 111-125

Torney-Purta, J./Lehmann, R./Oswald, H./Schulz, W. 2001: Citizenship and education in twenty-eight countries: Civic knowledge and engagement at age fourteen. Amsterdam

Westheimer, J./Kahne, J. 2004: What kind of citizen? The politics of educating for democracy. American Educational Research Journal, 41(2), 237-269

Youniss, J. 2012: How to enrich civic education and sustain democracy. In: Campbell, D. E./Levinson, M./Hess, F.: Making civics count: Citizenship education for a new generation (115-133). Cambridge, MA

Zukin, C/Keeter, S./Andolina, M./Jenkins, K./DelliCarpini, M.X. 2006: A new engagement? Political participation, civic life, and the changing American citizen. Oxford, UK

Kerry J. Kennedy, Li Hui
Civic Education in Asia

Introduction

Preparing young people for citizenship is a key objective for all nation states. When Kerr (1999, 4) reviewed civic education in sixteen European countries he concluded that "changes in social-political structure have had, and continue to have, a profound effect on civic education". What is true in Europe is even more so in Asia. Democracy, for example, has been a late starter in Asia. In some jurisdictions it is still a work in progress, in others it is a distant aspiration and in yet others it is not even on the political agenda. Thus any review of civic education in Asia must acknowledge in the first instance that there is not a single lens through which to view what goes on in schools in the name of preparation for citizenship. Rather, there are some distinctive features of Asian contexts that need to be recognized.

<small>Wirkung von strukturellen Veränderungen auf politische Bildung</small>

First, even where liberal democracy has been adopted in Asian societies, it may not be enough to account for prevailing political values. In a recent study Kennedy (2011) commented in relation to Thai students that "(they) may appear to be very traditional (but) (…) the broader context in which they live obviously also impacts on them. Being traditional and being democratic are not mutually exclusive – for Thai students these different sets of values sit side by side". The significance of this is that while new values' systems emerge in Asian societies, largely as a result of democratic development, old value systems do not simply disappear. The results of the study to which Kennedy (2011) refers, for example, showed that Thai students held very traditional values concerning obedience to elders, the need to maintain harmony in relationships and the need for strong government while at the same time endorsing democratic values very positively. This situation is not unique to Thailand. In North Asia, irrespective of democratic or authoritarian governments, Confucianism remains an important value system influencing daily living (Lee 2004). Indonesia has the world's largest Islamic popula-

<small>Verbindung traditioneller und demokratischer Werte</small>

tion and religious principles influence both the society at large as well as the development of citizen values (Fearnely-Sander, Muis & Gistituati 2004). In other words, multiple values systems are very often found in Asia and they continue to influence individuals both in their private and public lives. Democracy, therefore, does not always extinguish these older values and often they will compete with democratic values in the public sphere when it comes to solving civic problems.

Second, Kennedy & Lee (2010) have pointed out it is Asia's diversity rather than its uniformity that also needs to be recognized.

<small>Asiens große Vielfalt anerkennen</small>

Whether it is economic development, geography, history, cultures or religions, Asia displays a breath taking diversity which means there can be so simple answers to complex issues such as preparation for citizenship. Cultural contexts can be very influential in conveying values and the diversity of such contexts across the region means the messages conveyed are by no means uniform. For example, in recent studies of students from East Asia and South Asia there are significant differences between their attitudes to traditional values such as obedience to families and elders, the importance of relationships influencing voting decisions and the need to maintain harmony in social contexts (Kennedy 2011). Diversity extends in particular to the very value systems that create expectations about citizenship roles and responsibilities. There is thus no common foundation for the development of citizenship values in Asia.

<small>Zentrale Aspekte immer berücksichtigen</small>

The following analysis will take these two key issues into consideration and will identify key influences across Asia that shape the provision of civic education. This analysis will include:
1. A review of cross country studies that have sought to identify underlying values in Asian civic education;
2. An analysis of civic education across different regime types.

1. Cultures and values influencing Asian civic education

<small>Zwei verschiedene Perspektiven auf politische Bildung in Asien</small>

The twenty first century has seen considerable academic interest in citizenship and civic education in Asia. Two different approaches have been taken to investigating issues related to this interest. One set of studies has used frameworks that reflect the Western origins of citizenship whether in the liberal or republican tradition. Some of these studies focus exclusively on Asia (Cogan, Morris & Print 2002;

Grossman 2010) while others address issues both within the region and beyond (Cogan & Derricott 2000; Lee & Fouts 2005). The assumption of all these studies is that democratic development in Asia is simply a reflection of similar developments in other parts of the world. Another set of studies, however, has taken a different perspective. While acknowledging the dominance of Western views of citizenship, these studies have sought to understand indigenous views and how these affect the construction of civic education (Lee, Grossman, Kennedy & Fairbrother 2004; Grossman, Lee & Kennedy 2008; Lee 2008; Kennedy, Lee and Grossman 2010; Kennedy, Fairbrother & Zhao 2014). In understanding civic education in Asia it is important to recognize that there may be tensions between these indigenous views and essentialist Western views of citizenship. Some of the possible tensions will be outlined below.

Indigenous views of citizenship in Asia were given some prominence in the 1990s with what was called 'the Asian values debate' (Mendes 1995). These so called 'Asian values' can best be understood as political constructions that sought to develop a response to globalization and, what appeared to some at the time, to be the unstoppable assault of Western values. Thus the emphasis was on support for families and communities rather than individuals, on service to the collective rather than individual materialism, on respect for authority and obedience and, in one version at least, a tempering of support for human rights in light of 'cultural' values. These different views have been well summed up by Kennedy (2004, 14-17). The debate led one political scientist to talk about the 'soft authoritarianism' of Asian style democracy (Fukuyama 1995) but also led to the outright rejection of any need for a less tolerant and less open Asian political landscape (Sen 1997). It was thus a polarized debate that nevertheless opened the door on an important issue – are there distinctive Asian ways of considering citizenship and therefore civic education?

Die „asiatische Werte-Debatte" in den 1990ern

One approach to this question was taken by Lee, Grossman, Kennedy & Fairbrother (2004) who invited fourteen contributions from Asian scholars for the purpose of analyzing conceptual debates, historical and policy perspectives as well as empirical studies concerned with Asian conceptions of citizenship. Kennedy & Fairbrother (2004, 293) reviewed these contributions and identified six common themes across Asian countries, two of which are particularly relevant to the current discussion:

Zwei relevante Aspekte für die aktuelle Diskussion um politische Bildung	1. Asian countries are characterized by multiple modernities that provide rich and complex contexts for the development of citizenship education; 2. Asian citizenship education is characterized more by conceptions of moral virtues and personal values than by civic and public values.

These 'multiple modernities' consist of religion and philosophies (Confucianism, Islam and Buddhism and Hinduism) that sit alongside democratic discourses (where they exist). Kennedy and Fairbrother (2004, 294) noted that "Western political institutions may well have been adopted in many parts of the region, but the values underlying them are local values stemming from different modernities that have grown up in specific historical contexts". Thus voting may be practiced in democratic elections in countries like Japan, Taiwan, Korea and Indonesia but other practices such as filial piety, respect for leaders and religious observance will also be ranked highly by citizens. Lee (2004, 31) went so far as to assert that "to Asian citizens it does not matter who rules and in what way the country is ruled, as far as they are in a situation where they can live their lives, maintain their relationships and pursue their individuality (in terms of their spiritual development). Then they will live with whoever the

Demokratische Diskurse nicht immer die einzigen und wichtigsten	ruler is, unless the situation becomes intolerable". Democratic discourses exist in Asia, but they may not always bee seen as the most important and they are certainly not the only discourses influencing live and living across the region.

The second characteristic identified above – a focus on morality and personal values – rather than civic and public values has identifiable influences on civic education. In the West modern civic education emerged with a distinctive secular agenda to ensure the support of citizens for the nation state. This was often in the context of the separation between church and state so that the development of distinctively secular values related to the development of the nation state was seen to be important. Yet in Asia this broad impetus for the

Moralische Werte finden sich auch in Fachbezeichnung	development of new secular values has been missing. Rather, older values that have stressed the importance of moral behavior have simply been grafted onto new democratic values as outlined above. Thus it is not unusual to find school curriculum designated as 'Civic and Moral Education' in different parts of Asia such as Hong Kong and Singapore. Pan (2014) has also pointed out with respect to Mainland China that "citizenship education in the post-reform period was

reoriented from focusing solely on political ideology to cultivating moral qualities that would support economic modernization and prepare China's populace to embrace new economic realities. Civic education now emphasized teaching a specific set of moral values intended to maintain social order while preserving socialist and communist thought in a period of economic modernization In Mainland China over time has been missing". The Chinese approach to moral education, of course, is not the same as that of either Hong Kong or Singapore but what is common across the three Chinese societies is an orientation that highlights the moral character of citizens whether in support of Singapore's 'soft democracy', Hong Kong's hybrid political regime or China's authoritarianism.

Yet it is not only these Confucian societies that have highlighted the importance of moral education. Malaysia (with a Moral Education curriculum), and Indonesia (with a Pancasila Moral Education Curriculum) both infuse Islamic moral values into the curriculum. In Pakistan, (Ahmad 2008, 104) has pointed out that "it is evident from the national curriculum guidelines that the overarching theme of the curriculum on citizenship education (…) is Islamic ideology". In relation to Thailand, Sirikanchana (1998) commented that "the Ministry of Education in Thailand (…) mandates that all primary school pupils should study Buddhist ethics and should be trained to be morally good in their own traditions". The real implications of the influence of religious and cultural values on civic education is that future citizens in different Asian contexts are expected to be 'good people' equipped with appropriate personal virtues and, certainly in a Confucian context, governed by 'good' leaders. Of course, this is not very far from Aristotelian and Platonic conceptions of citizenship, but it is worlds apart from a rights based conception where individuals are imbued not with virtues but with rights. As Park & Shin (2004, 4) have pointed out in relation to these contexts, "a person's concern for his or her own needs and rights is always considered secondary to his or her social duty or collective welfare". A civic education based on the development of personal virtues, therefore, will be quite different from one based on assumptions about individual rights.

Cultures, of course, are not static and values can change over time. Park and Shin (2004, 21) have argued in relation to their analysis of traditional values in Korea, for example, that "as the analysis of demographic differences reveals, the replacement of older generations

Einfluss religiöser und kultureller Werte

and socioeconomic modernization would reduce the pocket of Confucian tradition in Korea". The results of the International Civic and Citizenship Education Study (Schultz et al. 2010; Fraillon, Schulz & Ainley 2012) tend to support this view since Korean students appeared to be least tolerant of these values whereas Indonesian and Thai students appeared to be most supportive of them. But this shows once again the diversity of the region – there is no single perspective that can neatly summarize the influences and their impact on civic education. Lee (2004, 25) was correct when he asserted that "culture matters": but it matters in different ways, in different contexts and with different outcomes. Cultures and values in Asia need to be understood in the contexts that nurture them, the historical conditions that produced them and the social and political influences that continue to shape them. The next section of this chapter will now focus on the political influences that inevitably must influence civic education in Asia.

Kontext der Kulturen und Werte berücksichtigen

2. Regime Types, Politics and Civic Education

In the research sited above, the emphasis has been on culture and values. These have been the focus of much academic work and they are certainly important influences on civic education shaping either specific subjects in the school curriculum, such as Moral Education, or providing cultural perspectives that infuse the entire curriculum. Yet these cultural values exist within political systems and it cannot be assumed that all of these are necessarily democratic. The Economic Intelligence Unit (2011), for example, indicated that 85% of the countries included in their Democracy Index were either "flawed democracies", "hybrid regimes" or "authoritarian regimes Thus in authoritarian states such as China, Burma, Vietnam, Laos and Brunei it can be assumed civic education will take special forms not determined by cultural values alone. Yet in keeping with the diversity of the region, it cannot be assumed that authoritarianism takes a common form.

Formen von Autoritarismus

Slater (2006) reviewed frameworks for analyzing authoritarian regimes in South East Asia and concluded that strong parties with control over state institutions (for example the media, government departments, the police, security forces, parliament etc) provided the best explanation for the existence of authoritarian regimes. At the same time, factors such as the control of the military the development of personality cults that Slater (2006, 8) referred to as 'sultanism' were also important in some contexts. Perhaps the most effective forms of authoritarianism combined all there – a single party in control of the state with deliberate attempts by the party leadership to cultivate personal connections and followers within civil society. It is not difficult to find examples: Communist Parties in China and Vietnam or the Cambodia People's Party in Cambodia, the military in Burma, personality cults in the Philippines (Ferdinand Marcos) and Indonesia (Suharto). But his analysis neglects a different kind of authoritarianism such as Brunei, a monarchy ruled within the framework of a single religion where it is not so much the relationship between a single party and the state that is important as the relationship between a single religion and the state. Thus authoritarianism takes many forms in Asia and the implications for civic education are important.

Despite different forms of authoritarianism across the region, there is one characteristic that applies to all authoritarian regimes: the control of the institutions of the state is limited to a single party, an individual or the military. There is no separation of powers, no pluralism and limited encouragement for participation in government decision making. There are some limited freedoms in authoritarian regimes (for example in economic and cultural development) but not to the extent that the control of the regime will be undermined (Roskin, Cord, Medeiros & Jones 1999, 84-85). This means that civic education in authoritarian regimes, by definition, must build support for the regime. This is done in different ways and in different contexts as shown by the following examples.

Brunei, for example, has opted for an Integrated Islamic Education. Its purpose is "to produce a balanced human being, from the Islamic perspective, (…) a type of education that trains the mind, body and soul of a person based on Islamic values and revelations (al-Qu'ran and al Sunnah) (Lubis, Mustapha & Lampoh 2009). In Vietnam "the objectives of general education are to help students develop comprehensively by acquiring morals, physical health, aesthetic values, flexibility and creativeness, with a view to forming the Vietnamese socialist personality, to building civic conduct and duty, to prepare them for further studies or the workforce, participating in the building and defending of the Fatherland" (UNESCO-IBE 2010/11). Tan (2008) has shown in relation to Cambodia how successive regimes, including the murderous regime of Pol Pot, have

Beispiele Brunei, Vietnam und Kambodscha

sought to shape civic morals and values in line with their distinctive ideologies, all of which have been far from democratic. She goes on to explain how attempts at a more Western style civic education in recent years have faltered due to a lack of a modern political culture and traditional values that are at odds with democratic principles.

3. Conclusion

Civic education plays an important role in the school curriculum of most Asian countries. Yet the form it takes, the purposes it serves and the contexts in which it is enacted means there is not a common approach across the region. Traditional cultural values continue to play an important role even in liberal democratic regimes and the existence of authoritarian regimes means that ideologies of different kinds also influence how different countries construct civic education to serve non democratic purposes. In essence, there is no totalizing discourse in Asia when it comes to civic education. Instead, there are multiple discourses that make it necessary to understand history, culture and context in order to understand how different countries go about the process of curriculum development for civic education.

References

Ahmad, I. 2008: The anatomy of an Islamic model: Citizenship education in Pakistan. In: Grossman, David L./Lee, Wing on/Kennedy, Kerry J. (Eds.): Citizenship Curriculum in Asia and the Pacific. Hong Kong and Dordrecht, 97-109

Cogan, J./Morris, P./Print. M. 2002: Civic education in the Asia-Pacific region: Case Studies across Six Societies. New York

Cogan, J./Derricott. R. 1998: Citizenship for the 21st Century: an International-al Perspective on Education. London

Economist Intelligence Unit 2011: Democracy Index 2011, Democracy Under Stress, https://www.eiu.com/public/topical_report.aspx?campaignid=-DemocracyIndex2011

Fraillon, J./Schulz, W./Ainley, J. 2012: ICCS 2009 Asian Report Civic knowledge and attitudes among lower-secondary students in five Asian countries. Amsterdam

Fukuyama, F. 1995: The primacy of culture. Journal of Democracy, 6(1), 7-14

Kennedy K./Fairbrother, G./Zhao, Z.Z 2014: Citizenship Education in China: Preparing Citizens for the "Chinese Century". New York

References

Grossman, D. 2010: Talking about pedagogy: Classroom discourse and citizenship education. In: Kennedy, Kerry J./Lee, Wing on/Grossman, David L. (Eds.): Citizenship Pedagogies in Asia and the Pacific. Hong Kong and Dordrecht, 15-33

Grossman, D./Lee, W.O./Kennedy, K. (Eds.) 2008: Citizenship Curriuclum in Asia and the Pacific. Hong Kong and Dordrecht

Kennedy, K./Fairbrother, G./Zhao, Z. (in press): Citizenship Education in China: Preparing Citizens for the "Chinese Century". New York

Kennedy, K. 2011: Thai students' citizenship identity: Preliminary results from the International Civic and Citizenship Education Study. Paper presented at the International Conference on Educational Research, Khon Kaen University, Thailand, 9-10 September

Kennedy, K./Lee, W.O./Grossman, D. (Eds.) 2010: Citizenship Pedagogies in Asia and the Pacific. Hong Kong and Dordrecht

Kennedy, K./Lee, J.K.C. 2010: The Changing Role of Schools in Asian Societies – Schools for the Knowledge Society [Paperback Edition]. London

Kennedy, K./Fairbrother. G. 2004: Asian perspectives on civic education in review: Postcolonial constructions or pre-colonial values?. In: Lee, W.O./Grossman, David L./Kennedy, Kerry J./Fairbrother, Gregory P. (Eds.): Civic Education in Asia and the Pacific: Concepts and Issues. Hong Kong and Amsterdam, 289-302

Kerr, D. 1999: Citizenship Education: An International Comparison, http://fachportal-paedagogik.de/rd.html/720751/http://www.inca.org.uk/pdf/citizenship_no_intro.pdf (11.2.2013)

Lee, W.O./Fouts, J. 2005: Education for Social Citizenship: Perceptions of Teachers in the USA, Australia, England, Russia and China. Hong Kong

Lee, W.O. 2004: Emerging concepts of citizenship in the Asia context. In: Lee, Wing On/Grossman, David L./Kennedy, Kerry J./Fairbrother, Gregory P. (Eds.): Citizenship Education in Asia and the Pacific: Concepts and Issues. Hong Kong and Amsterdam, 25-36

Lee, W.O. 2008: Conceptualizing citizenship and civic education in Asia. In: Arthur, James/Davies, Ian/Hahn, Carole (Eds.): Citizenship Education, Volumes 1-4. London

Lee, W.O./Grossman, David L./Kennedy, Kerry J./Fairbrother, Gregory P. (Eds.): Citizenship Education in Asia and the Pacific: Concepts and Issues. Hong Kong

Lubis, M./Mustapha, R./Lampoh, A. 2009: Integrated Islamic education in Brunei Daraussalam: Philosophical issues and challenges. Journal of Islamic and Arabic Education, 1(2), 51-60

Mendes, E. 1995: Asian values and human rights: Letting the tigers free, http://histheory.tripod.com/ASIAN_VALUES_1.html (3.2.2013)

Pan, S. Y. 2014: Multileveled citizenship education in Beijing in A global age: Liberation with limitation. In: Kennedy, Kerry J./Fairbrother, Gregory P./

Zhao, Zenzhou: Citizenship Education in China: Preparing Citizens for the "Chinese Century". New York

Park, C.M./Shin, D.C. 2004: Do Asian values deter popular support for democracy? The case of South Korea. Asian Barometer Working Paper Series No 26, http://www.asianbarometer.org/newenglish/publications/workingpapers/no.26.pdf (5.2.2013)

Roskin, M./Cord, R./Medeiros, J./Jones. W. 1999: Political Science: an Introduction. Upper Saddle River, N.J.

Schulz, W./Ainley, J./Fraillon, J./Kerr, D./Losito, B. 2010: ICCS 2009 International Report: Civic knowledge, attitudes, and engagement among lower-secondary school students in 38 countries. Amsterdam

Sen, A. 1997: Human rights and Asian values: What Lee Kuan Yew and Li Peng don't understand about Asia. The New Republic, 217(2-3), 33-40

Sirikanchana, P. 1998: Buddhism and education, The Thai experience. In: Saraswati, Baidyanath (Eds.): The Cultural Dimensions of Education. New Delhi, http://ignca.nic.in/cd_06017.htm (5.2.2013)

Slater, D. 2006: The architecture of authoritarianism – Southeast Asia and the regeneration of democratization theory. Taiwan Journal of Democracy, 2(2), 1-22

Tan, C. 2008: Two views of education: Promoting civic and moral values in Cambodia schools. International Journal of Educational Development, 28(5), 560-570

UNESCO-IBE. 2010/11: World Data on Education – Viet Nam, http://www.ibe.unesco.org/fileadmin/user_upload/Publications/WDE/2010/pdf-versions/Viet_Nam.pdf (11.2.2013)

This research reported here was supported by the Hong Kong Research Grants Council's General Research Fund project [HKIEd 842211] entitled, "Asian Students' Conceptions of Citizenship: Constructing Indigenous Views of Citizens, Citizenship Education and the State." (PI: Professor Kerry J. Kennedy)

Personenregister

A

Ackermann, Paul 260, 427
Adamski, Heiner 308
Adorno, Theodor W. 341
Aebli, Hans 495, 510
Allenspach, Dominik 555
Altrichter, Herbert 434
Ammerer, Heinrich 546
Antos, Gerd 450
Arendt, Hannah 85, 288, 471
Asbrand, Barbara 401
Astleitner, Hermann 434
Attia, Iman 346

B

Bachmair, Ben 372
Bandura, Albert 212
Baumgartner, Hans Michael 321
Becker, Georg 447
Becker, Gerhard 377
Becker, Helle 531
Beck, Martin 443
Beck, Ulrich 329
Beer, Wolfgang 377
Bergmann, Klaus 322
Bergsträsser, Arnold 252
Bernauer, Thomas 259
Besand, Anja 366, 458, 474
Biskupek, Sigrid 23
Bogdal, Klaus-Michael 345
Böhnisch, Lothar 217
Bollnow, Friedrich Otto 384
Bönsch, Manfred 496
Borinski, Fritz 19
Bosse, Dorit 147

Bransford, John D. 86
Breit, Gotthard 427
Brilling, Oskar 279
Brombach, Guido 367
Bruner, Jerome 249, 495
Buchberger, Friedrich 149
Buck, Günther 249
Budde, Jürgen 362
Bundschuh, Stephan 341
Burderwick, Ingrid 279

C

Christian, Wolfgang 250
Ciupke, Paul 223, 501
Criblez, Lucien 149

D

Dachs, Herbert 131, 209, 542
Dahrendorf, Ralf 284
Decker, Oliver 342
De Haan, Gerhard 377
Deichmann, Carl 452, 522
Derichs-Kunstmann, Karin 363
Derman-Sparks, Louise 182
Deth, Jan W. van 415
Detjen, Joachim 48, 278, 336, 444, 493
Dewey, John 66, 72, 213, 267, 437, 511
Dick, Lutz van 276
Diener, Uwe 520
Dilthey, Wilhelm 56
Dollhausen, Karin 140
Duncker, Ludwig 510
Dürr, Karlheinz 564, 572

E

Edelstein, Wolfgang 212, 280
Einstein, Albert 80
Eis, Andreas 560
Eulefeld, Günter 376
Exner, Adolf 18

F

Fahrenwald, Claudia 360
Famulla, Gerd-E. 318
Faulstich, Peter 139, 236
Fauser, Peter 280
Feige, Wolfgang 267
Fend, Helmut 214
Fischer, Christian 333
Fischer, Kurt Gerhard 32, 203, 251
Fischer, Sebastian 90
Fischler, Helmut 420
Frantzen, Eleonnore 308
Füchter, Andreas 416

G

Gadamer, Hans-Georg 57, 453
Gagel, Walter 47, 67, 70, 241, 259
Galtung, Johan 385
Gaudig, Hugo 252, 495
Gessner, Susann 96
Giesecke, Hermann 34, 68, 276, 277, 447
Glasersfeld, Ernst von 50, 81
Glöckel, Hans 286
Gloeckel, Otto 25
Gollob, Rolf 151
Goll, Thomas 258, 524
Golz, Hans-Georg 156
Grammes, Tilman 32, 68, 91, 249, 266, 298
Grell, Jochen 430
Grell, Monika 430
Greven, Michael Th. 296
Greving, Johannes 424
Grodal, Torben 467
Groeben, Annemarie von der 421
Grünberg, Christine 417
Gruschka, Andreas 272
Gugel, Günther 417, 519
Guggenberger, Bernd 297

H

Habermas, Jürgen 33, 58, 330
Hafeneger, Benno 217, 222
Hafen, Martin 343
Hahn, Carole L. 582
Hall, Stuart 342
Hamburger, Franz 357
Harenberg, Dorothee 378
Harring, Marius 227
Hattie, John 218, 262
Hawking, Stephen 80
Hedtke, Reinhold 42, 241, 312
Hegel, Georg Wilhelm Friedrich 17
Heidegger, Martin 57
Heitmeyer, Wilhelm 344
Hellmuth, Thomas 131, 541
Henkenborg, Peter 49, 91, 93, 114, 212, 272, 333
Hentges, Gudrun 159
Hentig, Hartmut von 219, 389, 502
Hey, Bernd 502
Hilligen, Wolfgang 35, 47, 216, 249, 261
Himmelmann, Gerhard 71
Hoffman, Donald D. 79
Holzbrecher, Alfred 351
Honneth, Axel 267
Hörisch, Jochen 86
Hoskins, Bryony 565
Hufer, Klaus-Peter 231, 532
Hui, Li 599

Personenregister

I

Illyricus, Matthias Flacius 54
Ineichen, Hans 54
Infeld, Leopold 80

J

Jänicke, Martin 376
Jansen, Bernd 394
Jeismann, Karl-Ernst 322
Jelich, Franz-Josef 223
Jikeli, Günther 345
Jongebloed, Hans-Carl 317
Juchler, Ingo 53, 198, 284, 452, 466

K

Kahlert, Joachim 377
Kaiser, Hansjörg 486
Kant, Immanuel 77, 177, 231
Kempfler, Klaus Friedrich 303
Kennedy, Kerry J. 599
Kerr, David 599
Kerschensteiner, Georg 18, 495
Klafki, Wolfgang 200, 427
Klee, Andreas 93, 438
Klein, Armin 535
Klieme, Eckhard 372
Klippert, Heinz 519
Knoll, Michael 511
Kogon, Eugen 20
Kohlberg, Lawrence 188, 333
Koopmann, Klaus 279, 512
Kost, Andreas 156
Krafeld, Franz Josef 344
Krammer, Reinhard 546
Kroll, Karin 92
Kruber, Klaus-Peter 316
Krüger, Hans Peter 279
Krüger, Helga 363

Kuckartz, Udo 375
Kühberger, Christoph 165, 433
Kuhn, Hans-Werner 92, 450

L

Lach, Kurt 425
Lange, Dirk 90, 128, 226, 321, 494
Langner, Frank 145
Lechner-Amante, Alexandra 145, 203
Lehner, Franz 43
Linser, Hans Jürgen 434
Lißmann, Hans-Joachim 519
Litt, Theodor 19
Luhmann, Niklas 322
Luther, Martin 55
Lutter, Andreas 95, 127
Lutter-Link, Christine 332

M

Maier, Dieter 510
Maier, Friederike 360
Mambour, Gerrit 130, 198
Manzel, Sabine 433
Marker, Michael 278
Marx, Alexandra 504
Massing, Peter 92, 115, 128, 140, 276, 295, 425, 442, 494
May, Michael 31, 333
Memmi, Albert 344
Meyer, Hilbert 446
Mickel, Wolfgang 443
Mietzel, Gerd 415
Mihr, Anja 309
Mlodinow, Leonard 80
Moegling, Klaus 279
Moll, Andrea 415
Mosch, Mirka 415
Moser-Léchot, Daniel 24
Motzko, Meinhard 532

Müller, Marion 464
Münkler, Herfried 387
Müntzer, Thomas 55

N

Negt, Oskar 20, 114, 233
Neuß, Norbert 177
Nolte, Paul 338
Nussbaum, Martha 467

O

Oberle, Monika 106, 360, 394
Oberreuter, Heinrich 303
Oeftering, Tonio 121
Oelkers, Jürgen 218
Oetinger, Friedrich 33, 67
Oevermann, Ulrich 59
Oser, Fritz 215
Otten, Tina 526
Otto, Berthold 250
Overwien, Bernd 375, 407

P

Paradies, Liane 434
Partetzke, Marc 466
Peirce, Charles Sanders 74
Petrik, Andreas 37, 241, 260
Peuckert, Jochen 420
Picht, Georg 284
Pinkney, Adrianne 582
Pöggeler, Franz 384
Pohl, Kerstin 186
Popper, Karl R. 258, 267
Priestley, Jonathan 266

R

Rappenglück, Stefan 392
Ratzel, Friedrich 502

Reichenbach, Roland 215
Reinhardt, Sibylle 37, 97, 132,
    191, 241, 252, 264, 272, 275,
    329, 426, 437, 442
Remmele, Bernd 317
Retzmann, Thomas 317
Richter, Dagmar 106, 244, 359,
    461
Ricœur, Paul 61
Ritz-Fröhlich, Gertrud 442
Roth, Heinrich 113, 253, 504
Roth, Roland 343
Rühlmann, Paul 18
Rüsen, Jörn 322, 323

S

Sander, Wolfgang 15, 69, 77, 83,
    92, 113, 115, 128, 192, 194, 204,
    383, 397, 468, 496, 563
Sarcinelli, Ulrich 295
Sauer, Michael 504
Schattschneider, Jessica 31
Schäuble, Barbara 345
Schelle, Carla 94, 244, 418
Scherb, Armin 66
Scherr, Albert 224
Scheunpflug, Annette 401
Schiele, Siegfried 20, 486
Schleiermacher, Friedrich Daniel
    Ernst 53, 55
Schmiederer, Rolf 36, 68, 242
Scholz, Lothar 484
Schreder, Gabriele 94
Schröder, Achim 227
Schröer, Wolfgang 217
Seeber, Günther 315, 317
Seitter, Wolfgang 503
Selby, David 405
Sliwka, Anne 279
Sontheimer, Kurt 267
Spranger, Eduard 19, 34, 243
Steinbach, Peter 321

Personenregister

Steinmann, Bodo   317
Stierle, Karl-Heinz   466
Stiller, Edwin   264
Stracke, Iris   419
Strelow, Hannes   424
Strunk, Gerhard   139
Sutor, Bernhard   34, 47, 68, 114, 261, 336, 389, 444

T

Taylor, Charles   58
Tenorth, Heinz Elmar   45
Terhart, Ewald   107, 494
Thome, Helmut   329
Töpfer, Klaus   378
Türcke, Christoph   273

U

Uslucan, Haci-Halil   347

V

Venth, Angela   362

W

Wagenschein, Martin   243, 249
Watzlawick, Paul   82
Weber, Birgit   314
Weber, Max   275, 390
Wehling, Hans-Georg   189
Wehner, Michael   463
Weinberg, Johannes   139
Weinert, Franz E.   44, 116
Weingart, Peter   51
Weißeno, Georg   92, 94, 102, 120, 276, 396, 446, 490
Weniger, Erich   19
Westle, Bettina   360
Widmaier, Benedikt   189, 566
Wilhelm II.   27
Wilhelm, Theodor   19, 33, 204
Wimmer, Rudolf   543
Windischbauer, Elfriede   435
Winkelmann, Ulrike   314
Winter, Felix   421
Wulf, Christoph   385

Z

Zeuner, Christine   136, 236
Ziegler, Béatrice   552
Ziehe, Thomas   245

Stichwortregister

A

Adressatenorientierung 204, 241 ff.
Analogiebildung 34
Anerkennung 182, 214, 357
Anti-Bias-Ansatz 182
Antisemitismus 344
Antiziganismus 345
Asien 599 ff.
Autoritarismus 341, 604

B

Balkan 579
Baltikum 573
Basiskonzept 86, 120
Begegnungen 407
Beutelsbacher Konsens 21, 160, 189, 266, 288
Bildanalyse 464
Bilder 458 ff.
Bildformate 459
Bildung 84, 224
Bildungsinstitutionen 138
Bildungsstandards 115, 117, 486, 576
Bildungsziel 313
Binnenorientierung 298
Brunei 605
Bundeszentrale für politische Bildung 23, 156 ff.
Bürgergesellschaft 352
Bürgerleitbild 190

C

Collage 417 f.
Concept-Map 416, 419 f.

D

DDR 18, 128, 267
Deduktion 249
Demokratie 73, 156, 186, 213
Demokratie-Lernen 71, 156, 212 ff., 444, 565, 574
Demokratiepädagogik 280
Denkmal 461, 504
Deutscher Bildungsrat 284
Deutsches Institut für Fernstudien 23
Deutsches Institut für Internationale Pädagogische Forschung (DIPF) 115
Deutsche Vereinigung für politische Bildung (DVPB) 19, 166
Deutungslernen 216
Diagnostik 119, 415 ff.
Didaktische Prinzipien 37, 241, 494
Differenzierung 433 ff.
Digitale Medien 172, 372, 474 ff.
Dilemma 241, 271, 331, 390
Diskussion 446, 488, 589
Disziplin 45
Domäne 44, 318

E

Elementarpädagogik 177 ff.
Empirische Forschung 90 ff., 102 ff.
Erfahrungsorientierung 297
Erklärstück 463
Erkundung 497
Erwachsenenbildung 136, 231 ff., 377, 579

Ethnozentrismus 347
Europabezogenes Lernen 392 ff.
Europäische Union 560 ff.
Europarat 561, 575
Evaluation 102, 522 ff.
Exemplarisches Lernen 189, 249 ff.
Exkursion 501 ff.
Expertenbefragung 498 f.

F

Fachkonzepte 86, 105, 314, 467
Fachprofil 120, 146
Fachunterricht 186 ff.
Fallprinzip 38
Fallstudie 91, 254
Forschendes Lernen 147, 286, 493 ff., 519
Freiarbeit 436
Friedenserziehung 383 ff.
Fundamentalismus 347

G

Gedenkstätte 296, 504
Geisteswissenschaften 56
Gender-Mainstreaming 361
Genetisches Prinzip 38, 71, 254
Geschichtsbewusstsein 322
Geschlecht 92, 106, 359 ff., 587
Gesellschaft für Politikdidaktik und politische Jugend- und Erwachsenenbildung (GPJE) 22
Gespräche 442 ff.
Globales Lernen 401 ff.
Globalisierung 403
Grundgesetz 305, 375, 383

H

Handlungsorientierung 38, 70, 190, 275 ff., 298

Hermeneutik 53 ff., 451, 467
Heterogenität 277, 433
Historisches Lernen 321 ff.

I

Individualisiertes Lernen 433 ff.
Indoktrination 21, 266
Induktion 249
Inhaltsfelder 287, 313
Institut für Qualitätsentwicklung im Bildungswesen (IQB) 102
Institutionenkundliches Lernen 295 ff.
Integrationsfach 197, 287
Interessensgemeinschaft Politische Bildung (IGPB) 27, 166, 543
Interkulturelles Lernen 351 ff.

J

Jugendbildungsgesetze 223
Just Community 335

K

Kambodscha 605
Karikatur 460
Kategorien 316
Klassenrat 279, 555, 578
Kommunikation 62, 205, 353
Kommunismus 572
Kompetenzbegriff 114, 116
Kompetenzorientierung 44, 113 ff., 192, 201, 207, 251, 404, 415, 486, 546
Kompetenzraster 436
Konfliktorientierung 38
Konstruktivismus 69, 77 ff., 582
Kontroversität 21, 266 ff., 398
Konzept 48, 79, 467

Stichwortregister 617

Korea 604
Kritisches Denken 289
Kultusministerkonferenz 19, 115, 128

L

Landeszentralen für politische Bildung 20, 156 ff.
Lehrerausbildung 145 ff.
Lehrplan 201, 584
Leistungsbewertung 522 ff.
Lernbegriff 486
Lernen 86
Lerngruppe 272, 433
Lernort 277, 501
Lernzirkel 435

M

Marketing 531 ff.
Medien 271, 366, 466
Medienerziehung 366 ff.
Methoden 236, 271, 314, 510
Methoden-Lernen 252
Moralisches Lernen 329 ff.
Motivation 262
Multiperspektivität 288
Mündigkeit 21, 28, 114, 177, 186

N

Nachhaltige Entwicklung 379 ff.
Narration 61
Neuhumanismus 16
Normen 303

O

Ökonomisches Lernen 312 ff.
Ökopädagogik 377

Österreich 25, 131, 141, 149, 166 f., 207, 541 ff.
Osteuropa 572 ff.

P

Partizipation 178, 215, 280, 367, 552
Partizipationsmöglichkeiten 215
Partnerschaftspädagogik 33, 67, 204
Perspektivenübernahme 271, 471, 507
PISA-Studie 113, 451
Pluralismus 267, 367
Pluralität 34
Polen 579, 580
Politikbegriff 195, 287
Politikgeschichtliches Lernen 325
Politikwerkstatt 279, 496
Politikzyklus 260
politische Jugendbildung 142, 222 ff., 502
politisches Lernen 177, 276, 324
Pragmatismus 66 ff., 511
Prävention 342 ff.
Problemorientierung 38, 189, 258 ff., 298
Pro-Contra-Debatte 455, 488
Projektmethode 510 ff.
Projektunterricht 436, 493

R

Rassismus 342, 344
Rechtserziehung 303 ff.
Rechtsextremismus 96, 343
Rechtsstaat 304, 309
Re-education 19, 138, 223
Rollenspiele 246, 488
Rumänien 577

S

Schlüsselproblem 252
Schülerorientierung 38, 68, 190, 241
Schülervertretung 279
Schulprinzip 212 ff.
Schweiz 23, 132, 149, 168, 552 ff.
SED 18
Service learning 215, 279, 589
Simulationsspiele 488
Soziale Medien 474, 593
Soziales Lernen 191, 280
Sozialisation 11, 234, 360
Sozialstudie 510
Sozialwissenschaften 43, 195, 453
Spiele 484 ff.
Sputnik-Schock 284
Staat 17
Staatsbürgerkunde 19, 131, 541
Stationenlernen 435
Streitkultur 269, 331, 488
Südtirol 168

T

Teilnehmerorientierung 235
Textanalyse 450 ff.
Toleranz 267, 334

U

Überwältigungsverbot 21, 160, 191
Ukraine 579
Umweltbildung 375 ff.
UN-Kinderrechtskonvention 178, 270
Unterrichtseinstieg 424 ff.
Unterrichtsfach 19, 186, 194
Unterrichtsmethode 417
Unterrichtsprinzip 203 ff., 396, 542
Urteilsbildung 38, 289, 333
Urteilskompetenz 188
USA 582 ff.

V

Verstehen 53
Vietnam 605
Volksrepublik China 602
Volkswirtschaftslehre 315, 319

W

Weimarer Republik 18, 159, 266
Werkstattunterricht 436
Werte 308, 329, 354, 599
Wiedervereinigung 22
Wissen 42, 50, 60, 86, 249, 262, 468
Wissenschaftorientierung 284 ff., 518
Wissenschaftspropädeutik 290, 494
Wissensverständnis 121
Wochenplanarbeit 435

Z

Zukunftswerkstatt 510, 514 ff.

Autorinnen und Autoren

Barbara Asbrand
Dr. phil., ist Professorin für Erziehungswissenschaft mit dem Schwerpunkt Allgemeine Didaktik und Schulentwicklung an der Goethe-Universität Frankfurt/Main.

Helle Becker
Dr. phil., Kultur- und Erziehungswissenschaften, ist Leiterin des Büros „Expertise & Kommunikation für Bildung", wissenschaftliche Autorin, Projektmanagerin und in Forschung und Lehre/Fortbildung tätig.

Anja Besand
Dr. rer. soc., ist Professorin für Didaktik der politischen Bildung an der Technischen Universität Dresden.

Stephan Bundschuh
Dr. phil., ist Professor für Kinder- und Jugendhilfe an der Hochschule Koblenz.

Paul Ciupke
Dr. phil., Dipl.-Päd., ist Mitglied im Leitungsteam des Bildungswerks der Humanistischen Union NRW, Essen.

Carl Deichmann
Dr. phil., ist Professor em. für Didaktik der Politik an der Friedrich-Schiller-Universität Jena.

Joachim Detjen
Dr. phil., von 1997 bis 2013 Inhaber des Lehrstuhls für Politikwissenschaft III (Politische Bildung) an der Katholischen Universität Eichstätt-Ingolstadt.

Karlheinz Dürr
Dr. M.A., ist Osteuropa-Berater der Europäischen Akademie Otzenhausen und Guest Lecturer an der Nationalen Verwaltungsakademie der Ukraine.

Andreas Eis
Dr. phil., ist Juniorprofessor für Didaktik des politischen Unterrichts und der politischen Bildung an der Carl von Ossietzky Universität Oldenburg.

Sebastian Fischer
Dr., ist Wissenschaftlicher Mitarbeiter der Professur für Didaktik der Politischen Bildung an der Leibniz Universität Hannover.

Thomas Goll
Dr. phil., ist Professor für Sozialwissenschaften und ihre Fachdidaktik an der Technischen Universität Dortmund.

Hans-Georg Golz
Dr. phil. M.A., ist Leiter des Fachbereichs Print in der Bundeszentrale für politische Bildung, Bonn.

Tilman Grammes
Dr. phil. M.A., ist Professor für Erziehungswissenschaft mit dem Schwerpunkt Didaktik sozialwissenschaftlicher Fächer an der Universität Hamburg.

Johannes Greving
ist Lehrer in Delmenhorst.

Benno Hafeneger
Dr. phil., ist Professor für Erziehungswissenschaft an der Philipps-Universität Marburg.

Carole L. Hahn
Ed. D., ist Charles Howard Candler Professor für Educational Studies an der Emory University in Atlanta, USA.

Reinhold Hedtke
Dr. rer. soc., ist Professor für Didaktik der Sozialwissenschaften und Wirtschaftssoziologie an der Universität Bielefeld.

Thomas Hellmuth
Dr. phil., ist Professor für Didaktik der Geschichte und politischen Bildung an der Paris Lodron Universität Salzburg.

Peter Henkenborg
Dr. rer. soc., ist Professor für Didaktik der politischen Bildung an der Philipps-Universität Marburg.

Alfred Holzbrecher
Dr. phil. habil., ist Professor für Schulpädagogik/Allg. Didaktik an der Pädagogischen Hochschule Freiburg.

Klaus-Peter Hufer
Dr. rer. pol. phil. habil., ist außerplanmäßiger Professor an der Universität Duisburg-Essen, Fakultät für Bildungswissenschaften.

Li Hui
ist Doktorand im Centre for Governance and Citizenship am Hong Kong Institute of Education.

Autorinnen und Autoren

Ingo Juchler
Dr. phil. habil., ist Professor für Politische Bildung an der Universität Potsdam.

Kerry J. Kennedy
ist Research Chair Professor of Curriculum Studies am Hong Kong Institute of Education und Direktor des Centre for Governance and Citizenship Education.

Andreas Kost
Dr. sc. pol., ist Honorarprofessor für Politikwissenschaft an der Universität Duisburg-Essen und stellvertretender Leiter der Landeszentrale für politische Bildung Nordrhein-Westfalen.

Christoph Kühberger
Dr. phil. habil., ist Privatdozent für Neuere und Neueste Geschichte und ihre Didaktik an der Universität Hildesheim und Vizerektor für Sozial- und Gesellschaftswissenschaften an der Pädagogischen Hochschule Salzburg.

Hans-Werner Kuhn
Dr. phil., ist Professor für politische Bildung mit dem Schwerpunkt Sozialwissenschaftlicher Sachunterricht an der Pädagogischen Hochschule Freiburg.

Dirk Lange
Dr., ist Professor für Didaktik der Politischen Bildung an der Leibniz Universität Hannover und Bundesvorsitzender der Deutschen Vereinigung für Politische Bildung (DVPB).

Frank Langner
ist Fachleiter für Sozialwissenschaften an dem Zentrum für schulpraktische Lehrerausbildung in Köln, Fachberater für Sozialwissenschaften bei der Bezirksregierung Köln und Fachlehrer für Sozialwissenschaften und Mathematik am Alexander-von-Humboldt-Gymnasium in Bornheim.

Alexandra Lechner-Amante
ist Lehramtsassessorin für die Fächer Sozialkunde, Deutsch und Geschichte, unterrichtet an der WMS/BRG 23 Anton-Krieger-Gasse in Wien und ist Lehrbeauftragte für Didaktik der politischen Bildung an der Universität Wien.

Andreas Lutter
Dr. rer. pol., ist Professor für Wirtschaft/Politik und ihre Didaktik an der Christian-Albrechts-Universität zu Kiel.

Dieter Maier
ist Rektor an einer schulformübergreifenden Gesamtschule.

Peter Massing
Dr. phil., ist Professor für Sozialkunde und Didaktik der Politik an der Freien Universität Berlin.

Michael May
Dr. phil., ist Professor für Didaktik der Politik an der Friedrich-Schiller-Universität Jena.

Mirka Mosch
Dr. rer. soc., ist wissenschaftliche Mitarbeiterin am Georg-Eckert-Institut – Leibniz-Institut für internationale Schulbuchforschung in Braunschweig.

Norbert Neuß
Dr. phil. habil., ist Professor für Pädagogik der Kindheit an der Justus-Liebig-Universität Gießen.

Heinrich Oberreuter
Prof. Dr. Dr. h.c., Ordinariums für Politikwissenschaft (em.); Akademiedirektor a.D.; Redaktionsleiter Neuauflage Staatslexikon Uni Passau

Bernd Overwien
Dr. phil. habil., ist Professor für die Didaktik der politischen Bildung an der Universität Kassel.

Andreas Petrik
Dr. phil., ist Professor für Didaktik der Sozialkunde an der Martin-Luther-Universität Halle-Wittenberg.

Adrianne Pinkney
ist Doktorandin in der Abteilung für Educational Studies an der Emory University, war zuvor Lehrerin für social studies an einer middle school. Ihre Forschung konzentriert sich auf die politische Sozialisation afroamerikanischer Studierender.

Kerstin Pohl
Dr., ist Professorin für Fachdidaktik Sozialkunde/Politik an der Johannes Gutenberg-Universität Mainz.

Stefan Rappenglück
Dr., ist Vertretungsprofessor für Europäische Studien/Politikwissenschaft an der Hochschule für angewandte Wissenschaften München.

Sibylle Reinhardt
Dr. phil. habil., war bis 2006 Professorin für Didaktik der Sozialkunde im Institut für Politikwissenschaft der Martin-Luther-Universität Halle-Wittenberg.

Autorinnen und Autoren

Dagmar Richter
Dr. phil., ist Professorin für die Didaktik des Sachunterrichts an der Technischen Universität Braunschweig.

Wolfgang Sander
Dr. phil. habil., ist Professor für Didaktik der Gesellschaftswissenschaften an der Justus-Liebig-Universität Gießen.

Jessica Schattschneider
ist Studienrätin für Politik-Wirtschaft und Informatik am Humboldtgymnasium in Gifhorn.

Armin Scherb
Dr. phil. habil., ist Professor für Didaktik der Sozialkunde an der Friedrich-Alexander Universität Erlangen-Nürnberg.

Annette Scheunpflug
Dr. phil., ist Professorin für Allgemeine Erziehungswissenschaft an der Otto-Friedrich-Universität Bamberg.

Lothar Scholz
Dr., Fortbildungsdezernent i.R. (Staatliches Schulamt Darmstadt-Dieburg), Lehrerfortbildner und Seminarleiter, Autor von Unterrichtsmaterialien zur Politischen Bildung.

Hannes Strelow
ist Gymnasiallehrer für die Fächer Politik-Wirtschaft und Geschichte und arbeitet an einem niedersächsischen Gymnasium.

Georg Weißeno
Dr. phil. habil., ist Professor für Politikwissenschaft und ihre Didaktik an der Pädagogischen Hochschule Karlsruhe.

Christine Zeuner
Prof. Dr., ist Professorin für Erwachsenenbildung an der Helmut-Schmidt-Universität/Universität der Bundeswehr Hamburg.

Béatrice Ziegler
Prof. Dr., ist Leiterin des Zentrums Politische Bildung und Geschichtsdidaktik der PH FHNW am Zentrum für Demokratie Aarau (ZDA).

... ein Begriff für politische Bildung

Standardwerke

Benno Hafeneger (Hrsg.)

Handbuch Außerschulische Jugendbildung

Das Handbuch repräsentiert den aktuellen Diskussions- und Erkenntnisstand eines breiten Bildungsfeldes, das sowohl in der Eigenständigkeit als auch in der Verzahnung mit (Ganztags-) Schule immer professioneller agiert. Ein „Must have" für alle in diesem Bereich Tätigen.

ISBN 978-3-89974797-3, 528 S., € 49,80

Jörg Althammer, Uwe Andersen, Joachim Detjen, Klaus-Peter Kruber (Hrsg.)

Handbuch ökonomisch-politische Bildung

Erstmalig haben Vertreter beider Fachwissenschaften und -didaktiken ein Gemeinschaftswerk erarbeitet, das wertvolle Hilfen für die unterrichtliche Ausgestaltung des gemeinsamen Faches „Politik und Wirtschaft" bietet. Sie finden im Buch alle für den Themenkanon der ökonomischen Grundbildung relevanten Themenfelder. Renommierte Vertreter der Fachdidaktik beleuchten deren unterrichtliche Relevanz.

ISBN 978-3-89974363-0, 528 S., € 39,80

Bettina Lösch, Andreas Thimmel (Hrsg.)

Kritische politische Bildung
Ein Handbuch

Die erste umfassende Publikation zur kritischen politischen Bildung: Autorinnen und Autoren aus den Bereichen der Politik-, Sozial-, Wirtschafts- und Erziehungswissenschaften, der Sozialen Arbeit sowie der politischen Bildungsarbeit geben einen umfassenden und interdisziplinären Überblick über Geschichte, Selbstverständnis und zentrale Themenfelder sowie methodisch-didaktische Anregungen für eine kritische politische Bildung.

ISBN 978-3-89974550-4, 544 S., € 49,80

Anja Besand, Wolfgang Sander (Hrsg.)

Handbuch Medien in der politischen Bildung

Das Handbuch stellt eine große Zahl von Medien für die politische Bildung vor. Alle Beiträge führen dabei zunächst in die Besonderheiten des jeweiligen Mediums und seine politische Relevanz ein, dann erläutern die Autor/-innen seine Bedeutung für die politische Bildung. Eine Präzisierung dieser Überlegungen erfolgt in Form eines konkreten Praxisbeispiels oder durch die Beschreibung von typischen Lehr-Lern-Situationen. Die Beiträge enden mit einer Checkliste mit wichtigen Hinweisen für die Nutzung des jeweiligen Mediums.

ISBN 978-3-89974611-2, 640 S., € 49,80

INFOSERVICE: Neuheiten für Ihr Fachgebiet unter www.wochenschau-verlag.de I Jetzt anmelden!
Adolf-Damaschke-Str. 10, 65824 Schwalbach/Ts., Tel.: 06196/86065, Fax: 06196/86060, info@wochenschau-verlag.de